Analecta Gregoriana
334

Ai miei genitori,
Carlo e Giuseppina,
e alla chiesa madre di Roma

LUCA ANGELELLI

I FARISEI IN ALCUNI PADRI DELLA CHIESA E IN ALTRI SCRITTI GRECI E LATINI DEL II E III SECOLO

Premio Bellarmino 2022

Pontificia Università Gregoriana
Pontificio Istituto Biblico

2022

Vidimus et approbamus ad normam Statutorum Universitatis
Romae, ex Pontificia Universitate Gregoriana
23 mensis iunii anni 2021
Prof. Joseph Sievers
Prof. Matthias Skeb

Direttore di Collana: Prof. Antonio Nitrola

In copertina:
Deserto di Giuda visto da Masada (Israele) - Foto Luca Angelelli

Copertina e impaginazione: Yattagraf srls

ISBN 978-88-7839-481-0

INTRODUZIONE

Fariseo! Sui dizionari la definizione suona generalmente così: «1. Aderente ad una setta che predominò nella vita religiosa e civile giudaica negli ultimi tempi precristiani [...] 2. *fig.* Persona ipocrita, che impronta e limita le proprie azioni a un rigoroso ma vacuo formalismo[1]»; tuttavia oggi chiunque venga così appellato in ogni lingua moderna, non gongolerà nell'esser stato paragonato ad un antico ebreo distinto per rigorismo etico e scrupolosa osservanza dei precetti della legge, piuttosto percepirà l'appellativo come un insulto, una malevola sottolineatura di una patente ipocrisia.

Si tratta di una percezione monoliticamente negativa che la cultura e le lingue moderne danno per acquisita. Eppure oggi, per gli specialisti, la conoscenza dei farisei è più problematica che mai: a partire dal secolo scorso è nata una *"new quest"* sul movimento farisaico, volta a rivalutare criticamente le fonti a disposizione e, a partire da una analisi obiettiva, ridefinire quanto sia possibile dire sulla storia e sulle caratteristiche del movimento farisaico.

La centralità e importanza attuale della questione è testimoniata dalla scelta di una istituzione come il Pontificio Istituto Biblico di Roma di organizzare, per celebrare il cento-decimo anniversario dalla fondazione (1909-2019), un convegno internazionale sul riesame interdisciplinare dei farisei. La conferenza "Jesus and the Pharisees. An Interdisciplinary Reappraisal" tenutasi dal 7 al 9 maggio 2019 ha riunito a Roma studiosi da tutto il mondo, ebrei e cristiani, e ha proposto sia lo stato dell'arte della questione, sia i risultati raggiunti dalla ricerca, come anche le nuove aree di indagine[2]. Tale interesse internazionale manifesta l'attenzione

---

[1] G. DEVOTO – C.G. OLI, *Dizionario della Lingua Italiana* [CD-ROM], Firenze 2001.

[2] La portata dell'evento si comprende considerando anche alcune co-sponsorizzazioni: Centro Cardinal Bea per gli studi giudaici (PUG), American Jewish Committee, la Conferenza Episcopale Italiana (CEI). La conferenza ha visto un pubblico di oltre 300 partecipanti e molti sono stati coloro che hanno seguito l'evento in streaming (https://www.jesusandthepharisees.org/Video). Gran parte degli interventi sono raccolti in: J. SIEVERS – A.-J. LEVINE, ed., *The Pharisees,* Grand Rapids 2021.

alla questione dei farisei per la ricerca esegetica, storica, teologica e interconfessionale.

Il presente studio s'inserisce all'interno della *new quest* sui farisei, esplorandone la presenza in alcuni padri e in alcuni scritti, latini e greci, dei primi secoli.

Ma da dove nasce l'interesse e la necessità di rivalutare la storia e la figura di una αἵρεσις giudaica oramai estinta, retaggio antico e immemore per il cittadino globale del III millennio?

Per rispondere a questa domanda e per sintetizzare la collocazione specifica di questo studio nell'ambito della ricerca attuale e si possono considerare tre aree, ovviamente interconnesse: storica, patristica, ecumenica.

1.1 *Dimensione storica: la "questione farisei" e la ricerca di nuove fonti*

La conoscenza del movimento farisaico si basa principalmente sugli scritti del Nuovo Testamento (Paolo, vangeli canonici, *Atti*), sulle opere di Flavio Giuseppe, e sulla letteratura rabbinica[3].

Ma vi sono diversi problemi nell'uso di queste fonti: anzitutto nessuna di esse è attribuibile direttamente ai farisei, perché, sebbene tanto Paolo quanto Flavio Giuseppe[4] affermino di essere stati farisei, i loro scritti non si possono definire farisaici.

In secondo luogo, dal punto di vista quantitativo, sono fonti limitate: solo Flavio Giuseppe fornisce materiale sufficiente per abbozzare una descrizione storica della αἵρεσις farisaica. Inoltre, è appena il caso di accennarlo, il contesto in cui le opere antiche offrono notizie sui farisei è lontano da quello di una storiografia modernamente intesa e spesso le informazioni sono finalizzate alla dimostrazione delle tesi degli autori (o redattori).

In terzo luogo vi è una non piccola distanza temporale fra gli inizi del movimento e le fonti utili a conoscerlo: stando alla notizia delle *Antichità giudaiche*, si potrebbe considerare l'esistenza di un gruppo chiamato

---

Per gli interventi non riportati nel volume farò riferimento alle sintesi pubblicate altrove o, in mancanza d'altro, ai filmati degli interventi disponibili sul sito della conferenza e su YouTube.

[3] Cfr. J.P. MEIER, *A Marginal Jew. Rethinking the Historical Jesus. Vol. 3. Companions and Competitors*, New York 2001; trad. italiana, *Un ebreo marginale. Ripensare il Gesù Storico 3. Compagni e antagonisti*, Brescia 2007², 315; G. STEMBERGER, «Pharisäer», in *Reallexikon für Antike und Christentum. Sachwörterbuch zur Auseinandersetzung des Christentums mit der antiken Welt*, XXVII *Pelagius – Porträt*, G. SCHÖLLGEN [et al.], ed., Stuttgart 2016, 553-573.

[4] Vedi nota 35 e 36.

"farisei" all'epoca di Gionata Asmoneo (161-143 a.C.)[5]; l'esatta portata dell'affermazione di Flavio Giuseppe deve essere valutata con attenzione, ma resta il fatto che il più antico documento che usa la parola "fariseo" risale ad almeno due secoli dopo – la *Lettera ai Filippesi* (Fil 3,5) scritta da Paolo attorno al 56-58 d.C. – e tutte le altre fonti appartengono o alla seconda metà del I secolo d.C. (scritti neotestamentari e opere di Flavio Giuseppe) o a periodi ancora più tardi, successivi all'inizio del III secolo (la *Mishnà*, prima opera della letteratura rabbinica, fu redatta attorno al 200-220 d.C., la *Tosefta* negli anni a cavallo tra III e IV secolo, i *Talmud* furono compilati in epoche ancora successive).

A questo si aggiunge che la rivoluzione indotta dalla distruzione del tempio di Gerusalemme (70 d.C.) e dal cambiamento della situazione politica e sociale in Palestina innescarono un processo che portò alla nascita del giudaismo rabbinico e alla scomparsa dei diversi partiti ebraici del secondo tempio.

Ma come raccordare il giudaismo pre-distruzione del tempio con il giudaismo rabbinico, come esso appare dal III secolo in poi? Qualsiasi risposta a questa essenziale domanda deve affrontare lo iato nelle fonti documentarie disponibili.

Tale iato ha due dimensioni. La prima è temporale: vi è (ottimisticamente) almeno un secolo di separazione fra gli scritti che parlano dei farisei alla fine del I secolo e la prima letteratura rabbinica, inizio III secolo, un intervallo nient'affatto trascurabile. La seconda è "qualitativa": ad eccezione di Flavio Giuseppe, gli scritti pervenutici non hanno intenti storici (ma anche gli obiettivi storiografici dello storico ebreo vanno valutati con attenzione). I primi scritti rabbinici sono per origine, linguaggio, cultura assai diversi tanto dagli scritti del NT quanto da Flavio Giuseppe; la valutazione preliminare degli aspetti letterari, culturali, religiosi è complessa e multidisciplinare, ma essenziale per estrarre dagli scritti rabbinici indicazioni storicamente utili.

In passato gli studiosi utilizzavano il paradigma secondo cui il giudaismo rabbinico sarebbe derivato direttamente e per continuità da quello farisaico: la conseguenza storiografica era che gli scritti del giudaismo rabbinico potevano essere usati senza problemi, stante una sostanziale coin-

---

[5] *Ant.* 13.171-173. Si tratta qui di un'inserzione in cui Flavio Giuseppe descrive le tre *hairéseis*; è dibattuto se effettivamente in questo periodo i farisei avessero una precisa connotazione e una presenza sulla scena politica.

cidenza fra farisei e maestri rabbinici[6], allo scopo di completare il quadro dell'identità farisaica.

Gli studi del secolo scorso hanno sottolineato la necessità di verificare e specificare questa tesi, tramite una attenta analisi critica degli scritti rabbinici: l'uso di queste opere, come fonti per lo studio dei farisei, è condizionato alla possibilità d'isolare tradizioni anteriori all'epoca della redazione dei testi e riconducibili, temporalmente e contestualmente, al movimento e al periodo d'interesse[7].

L'accertamento e l'accettazione da parte degli specialisti dei limiti delle fonti a disposizione, a partire grossomodo dagli anni '70, hanno provocato una riduzione della base documentaria disponibile per la definizione della storia e della dottrina specifica dei farisei[8]. Nel 1990 Joseph Sievers affermava: «After over two decades of research, there is at least one assured result: we know considerably less about the Pharisees than an earlier generation 'knew'»[9]. Ad oggi la situazione non è sostanzialmente cambiata e la questione dei farisei è più aperta che mai.

1.2 *Dimensione patristica: la figura dei farisei nei padri della chiesa*

Accanto alle tre fonti indicate (NT, Flavio Giuseppe, scritti rabbinici), che restano il nucleo fondamentale per lo studio dei farisei, sono stati indagati altri ambiti nel tentativo di estendere la base documentaria: i testi di Qumran[10] sono spesso usati in questo senso, ricercando definizioni di gruppi o dottrine riconducibili ad un contesto farisaico ma, consideran-

---

[6] L'uso di tale paradigma scaturisce, probabilmente, dalla pretesa dello stesso giudaismo di porsi quale diretto erede della tradizione dei *perushim*, pretesa che si presenta già a partire dal IV secolo e che raggiunge espressione esplicita e definitiva nel Medioevo. Cfr. R. DEINES, «Pharisaei, Pharisees», in H. CANCIK - H. SCHNEIDER - C.F. SALAZAR, ed., *New Pauly: Brill's Encyclopaedia of the Ancient World*, X, Leiden - Boston 2007, 926; S.J.D. COHEN, «The Significance of Yavneh: Pharisees, Rabbis, and the End of Jewish Sectarianism», *HUCA* 55 (1984), 39, 40, 53; ID., «The forgotten Pharisees», in J. SIEVERS – A.-J. LEVINE, ed., *The Pharisees,* 283-292.

[7] Cfr. G. STEMBERGER, *Pharisäer, Sadduzäer und Essener*, Stuttgart 1991; trad. ita. *Farisei, Sadducei, Esseni*, Brescia 1993, 54-86. Un esempio recente di ricerca di fonti antiche trasmesse in (con)testi posteriori è: V. NOAM, «The Story of King Jannaeus (*b. Qiddušin* 66a): A Pharisaic Reply to Sectarian Polemic», *HThR* 107/1 (2014), 31–58.

[8] Di sicura importanza è stata l'opera di Jacob Neusner a partire dal suo *The rabbinic Traditions about the Pharisees Before 70*, I-III, Leiden 1971.

[9] J. SIEVERS, «Who Were the Pharisees?», in CHARLESWORTH J.H., ed., *Hillel and Jesus*, Minneapolis 1997, 138.

[10] V. NOAM, «Pharisaic Halakha as Emerging from 4QMMT», in J. SIEVERS – A.-J. LEVINE, ed., *The Pharisees,* 55-79.

do che in essi non sono nominati direttamente i farisei, occorre molta attenzione per evitare argomentazioni circolari[11]; dati interessanti possono venire anche dallo studio dei testi apocrifi o gnostici[12] e della letteratura intratestamentaria e del II tempio[13], nonché dalla ricerca archeologica[14].

Un discorso a parte meritano gli scritti dei padri della chiesa, non solo perché in essi i farisei sono citati esplicitamente e in modo relativamente frequente, ma soprattutto perché lo sviluppo contemporaneo del giudaismo e del cristianesimo dalla medesima matrice permette d'ipotizzare che le comuni tradizioni e contesto, uniti al confronto serrato con la sinagoga, possano aver "trasportato" all'interno degli scritti dei padri informazioni utili ad una migliore conoscenza di questa αἵρεσις.

Tuttavia ancora nel 2007 Roland Deines scriveva: «So far the patristic evidence has not been comprehensively examined»[15].

Dunque all'interno della "questione farisei" si apre un ambito di ricerca finora non esplorato in maniera unitaria: benché non siano mancati in passato articoli che affrontano la questione della relazione fra taluni padri della chiesa e i farisei[16], più frequentemente informazioni sul tema posso-

---

[11] Taluni studiosi hanno voluto identificare i *dorše ha-halaqot*, "cercatori di cose lisce" (facili), con i farisei. Tuttavia la questione è ben lungi dall'essere definita. Cfr. A. J. SALDARINI, «Pharisees», in D. N. FREEDMAN, ed., in *The Anchor Bible Dictionary*, V, New York 1992, 300.

[12] Ad esempio il *POxy 840* e l'*Apocryphon Iohannis* ritrovato a Nag Hammadi (codex II.1.1.5-17) citano farisei, cfr. SIEVERS, «Who Were the Pharisees?», 138, nota 5.

[13] Cfr. G. BOCCACCINI, «Esiste una letteratura farisaica del secondo tempio?», in R. PENNA, ed., *Fariseismo e origini cristiane. Atti del VII Convegno di Studi Neotestamentari (Rocca di Papa, 12-15 Settembre 1997), RSB* 2/1999, Bologna 1999, 23-41.

[14] La ricerca archeologica propone una serie d'informazioni che vengono incrociate con i dati provenienti dai documenti letterari allo scopo di chiarire o precisare il contesto storico e culturale. Si tratta di un ambito complesso i cui risultati spesso divergono a seconda dei criteri di analisi scelti. Cfr. J.F. STRANGE, «Archeology and the Pharisees», in J. NEUSNER - B.D. CHILTON, ed., *In Quest of the Historical Pharisees*, Waco (TX) 2007, 237-251; R. DEINES, «The Pharisees between 'Judaisms' and 'Common Judaism'», in D.A. CARSON - P.T. O'BRIEN - M.A. SEIFRID, ed., *Justification and Variegated Nomism. Vol. 1: The Complexities of Second Temple Judaism*, Tübingen 2001, 457, nota 49; E. MEYERS, «*Purity Concerns and Common Judaism in Light of Archaeology*», in J. SIEVERS – A.-J. LEVINE, ed., *The Pharisees*, 41-54.

[15] DEINES, «Pharisaei, Pharisees», 925.

[16] Ad esempio: A.I. BAUMGARTEN, «Josephus and Hippolytus on the Pharisees», *HUCA 55* (1984), 1-25; G. VISONÀ, «Sopravvivenze farisaiche nel *Dialogo* di Giustino con l'ebreo Trifone?», in PENNA R., ed., *Fariseismo e origini cristiane*, 189-214; R. BERGMEIER, «Die Drei Jüdischen Schulrichtungen Nach Josephus Und Hippolyt Von Rom: Zu den Paralleltexten Josephus, B.J. 2,119-166 und Hippolyt, Haer. IX 18,2-29,4», *JSJ 34* (2003), 443-470; A. Y. REED, «When did Rabbis become Pharisees? Reflections on Christian Evidence for Post-70 Judaism», in A. Y. REED, *Jewish-Christianity and the History of Judaism. Collected Essays*, Tübingen 2018, 295-329 (si tratta dell'ultima revisione di un

no essere desunte da studi patristici con tematiche diverse[17], mancando a tutt'oggi un approccio sistematico.

. Gli scrittori ecclesiastici, nel loro sforzo di attualizzazione esegetica e apologetica, spesso fanno riferimento alla figura dei farisei come espressione di un giudaismo antagonista del messia e nemico della chiesa. Esistono però differenze fra diversi autori e soprattutto una evoluzione della figura dei farisei nel corso dei secoli, a partire dagli autori più prossimi al periodo apostolico per delinearsi in modo sempre più definito e univoco con il passare del tempo.

Seguire l'evoluzione del tipo farisaico significa definire elementi non secondari nella esegesi e nella apologia patristica, ambiti quest'ultimi certo studiati, ma per nulla esauriti. Altro contributo è relativo al filone eresiologico: molti studi hanno affrontato il complesso tema della "eresia" nei padri, arrivando a definirla come un concetto che si è sviluppato nel corso dei secoli, mano a mano che si fissava una determinata identità cristiana a scapito di "correnti" minoritarie e "perdenti"[18]. Spesso i farisei sono inseriti nelle liste ereticali con caratteristiche, descrizioni e ruoli diversi, con un'evoluzione[19] (nei lavori e nei trattati che sono stati trasmessi) che inizia con Giustino e che ha una prima grande sintesi nel *Panarion* di Epifanio di Salamina.

Lo studio dello sviluppo della tipologia farisaica apporta informazioni importanti alla questione della percezione del rapporto fra la chiesa e il popolo ebraico, quindi sulla comprensione da parte dei padri della propria identità e del proprio ruolo. Parimenti tale ricerca può portare elementi utili a caratterizzare lo sviluppo del giudaismo rabbinico, ad esempio nel senso indicato da Annette Yoshiko Reed: in un suo recente articolo[20] propone di esaminare come e quando gli scrittori cristiani inizino a considerare i *rabbi* dei propri tempi alla stregua di quelli del tempo di Gesù, in modo da ricavare un'immagine di tali maestri che possa essere confrontata

---

articolo già apparso precedentemente in R. S. Boustan – al., ed., *Envisioning Judaism*, Fs. P. Schäfer, II, Tübingen 2013, 859-959). Ultimamente M. Skeb, «"Pharisees" and Early Christian Heresiology», in J. Sievers – A.-J. Levine, ed., *The Pharisees*, 257-277.

[17] Recentemente, R. Perrotta, *Hairéseis. Gruppi, movimenti e fazioni del giudaismo antico e del cristianesimo (da Filone Alessandrino a Egesippo)*, Bologna 2008.

[18] La questione è enorme, ma riferimento importantissimo è il lavoro di A. Le Boulluec, *La notion d'hérésie dans la littérature grecque IIe-IIIe siècles*, I-II., Paris 1985.

[19] M. Skeb, «"Pharisees" and Early Christian Heresiology».

[20] A. Y. Reed, «When did Rabbis become Pharisees?», 297. La Reed ha raccolto molti suoi studi sull'argomento in: A. Y. Reed, *Jewish-Christianity and the History of Judaism*, Tübingen 2018.

con l'auto-rappresentazione che i saggi danno di sé nella *Mishnà*, *Tosefta* e *Talmud*.

Una ipotesi avanzata già anni addietro[21] è che i *rabbi* comincino a considerarsi eredi dei farisei circa nello stesso periodo in cui i padri affermino l'identità dei farisei con i maestri ebraici. Si tratta di un'ipotesi che attende la corroborazione di studi nei rispettivi campi[22]; i risultati di questo lavoro potrebbero contribuire anche a questa linea di ricerca.

1.3 *Il dialogo interreligioso e la rilettura della figura storica dei farisei*

Tal Ilan, in un suo articolo apparso su *The Harvard Theological Review*, ha scritto:

> Unlike Christianity, which regards the word "Pharisee" as synonymous with "hypocrite," "legalist," and "petty-bourgeois," Jews have always understood Pharisaism as the correct and trustworthy side of Judaism. Since the eighteenth century, all disputants who participated in the great controversies and schisms within Judaism have claimed to represent the true heirs of the Pharisees[23].

Nel suo intervento «Will the Real Pharisees Please Stand Up?», introduttivo ad una tavola rotonda nell'ambito della conferenza "Jesus and the Pharisees. An Interdisciplinary Reappraisal", il rabbino Rosen (American Jewish Committee) ha affermato di sentirsi erede dei farisei e in qualche modo un fariseo di questo tempo[24]. Una dichiarazione con una dimensione retorica e provocatoria per il pubblico, ma fatta soprattutto con l'intento di rifocalizzare la questione. Più esplicita è stata la Amy-Jill Levine nel suo intervento conclusivo:

> Malgrado i progressi nel lavoro storico sui farisei, la predicazione in tutto il mondo cristiano continua a raffigurare questi maestri ebrei come xenofobi, elitari, legalistici, amanti del denaro e ipocriti moralisti. Per giunta, in genere il termine "fariseo" sottintende "ebreo", giacché molti ebrei e cristiani con-

---

[21] Cfr. S.J.D. Cohen, «The Significance of Yavneh ...», 53. Vedi anche nota 6.

[22] Ad esempio Jonathan Bourgel in un suo recente articolo ha ritrovato apparenti analogie fra i farisei come presentati in *Ritrovamenti* 1,27-71 e alcune tradizioni rabbiniche: J. Bourgel, «The Holders of the "Word of Truth": The Pharisees in Pseudo-Clementine Recognitions 1.27–71», *JECS* 25 (2017), 171-200.

[23] T. Ilan, «The Attraction of Aristocratic Women to Pharisaism during the Second Temple Period», *HThR* 88/1 (Jan 1995), 1.

[24] D. Rosen, «Panel discussion: Will the Real Pharisees Please Stand Up?», intervento al congresso "Jesus and the Pharisees- An Interdisciplinary Reappraisal", 8 maggio 2019 [ultima consultazione: 15.06.2022], <https://www.youtube.com/watch?time_continue=2&v=YPpNya1zsUk>.

siderano i farisei i precursori del giudaismo rabbinico. Pertanto, le condanne dei farisei nei testi evangelici potrebbero sembrare condanne degli ebrei e dell'ebraismo[25].

Questi interventi suggeriscono alcune implicazioni importanti:
- i farisei non sono una questione del passato, ma hanno una presenza percepita come importante e attuale, almeno per alcuni ebrei;
- per essi la sinonimia fra fariseo e ipocrita è inconsistente e offensiva;
- si esprime una lettura della storia dell'ebraismo che ha nei farisei, e nel persistere della loro eredità, una linea di continuità fra il giudaismo del secondo tempio, il giudaismo rabbinico e il giudaismo attuale;
- intrinsecamente si palesa la necessità di rileggere con precisione la figura storica dei farisei e, di converso, esaminare le radici delle polemiche antigiudaiche, in particolare quelle sorte e sviluppatesi all'interno del cristianesimo.

La rilettura in chiave storica della figura dei farisei, nell'obiettivo di epurare il linguaggio[26] e la percezione comune di fariseo come sinonimo d'ipocrita, è un passo importante nel dialogo con il mondo ebraico, che necessita di ricerca e impegno accademico[27].

L'antisemitismo, con le enormi ferite portate all'umanità nello scorso secolo, è ben lungi dall'essere un fenomeno in via d'estinzione; non pochi leggono nell'apologia dei padri e nelle loro polemiche verso gli ebrei le radici dell'antisemitismo[28]. Questa ricerca sui farisei nei padri della chiesa dei primi secoli si inserisce anche in questo contesto importante e attuale.

---

[25] Una sintesi dell'intervento è stata pubblicata su L'Osservatore Romano: A.-J. Levine, «Ripartiamo da Chagall», *L'Osservatore Romano* 105 (9 maggio 2019), 4, Città del Vaticano 2019; per la ripresa integrale: A.-J. Levine, «Preaching and Teaching the Pharisees», in J. Sievers – A.-J. Levine, ed., *The Pharisees,* 403-427.

[26] Cfr. C. Morrison, «Interpreting the Name "Pharisee"», in J. Sievers – A.-J. Levine, ed., *The Pharisees,* 3-19. Una sintesi è stata pubblicata sul quotidiano Avvenire: C. Morrison, «Chi erano i farisei? E cosa significa davvero il loro nome?», *Avvenire* 7 maggio 2019, 24.

[27] Come esempio si può considerare: E. Liebowitz, «Hypocrites or Pious Scholars? The Image of the Pharisees in Second Temple. Period Texts and Rabbinic Literature», *Melilah* 11 (2014), 53-67.

[28] «Ma dietro quest'odio verso gli ebrei, specialmente in Europa e nell'emisfero occidentale, c'è l'insegnamento antiebraico che si ascolta nella Chiesa», A.-J. Levine, «Ripartiamo da Chagall», 4. Nello Yad Vashem, museo dedicato all'olocausto alla periferia di Gerusalemme, i pannelli dedicati allo sviluppo e affermazione dell'antisemitismo indicano le polemiche antigiudaiche in seno al cristianesimo e alla chiesa come radici storiche del fenomeno.

1.4 *Dimensione dogmatica: le radici dell'identità cristiana*

La ricerca delle verità dogmatiche nelle fonti della rivelazione deve basarsi sulla Sacra Scrittura e sulla tradizione della chiesa, dunque deve necessariamente confrontarsi con elementi esegetici, storici, patristici e tutti gli apporti che altre discipline possano fornire per approfondire ed attualizzare i misteri della rivelazione.

Lo studio delle origini cristiane ha una grande rilevanza dal punto di vista dogmatico poiché concerne le modalità di sviluppo e affermazione delle caratteristiche proprie e salienti del cristianesimo, destinate a restare quali note essenziali della chiesa fino ad oggi. In questo ambito la figura dei farisei è importante poiché legata a molti episodi evangelici e alla loro lettura esegetica e teologica, nei padri ma anche nei secoli successivi fino al presente. Conoscere i farisei è comprendere meglio i rapporti di Gesù con il suo ambiente, ma anche definire la composizione e le caratteristiche della prima comunità e di quelle che seguirono. Questa ricerca, originariamente nata dal mio interesse su alcuni aspetti prototipici essenziali della chiesa primitiva, va a colmare una lacuna nella ricerca che ha dimensioni storica e patristica, con ripercussioni dirette sulla concezione della chiesa e del rapporto interreligioso. Si tratta di un caso (anomalo?) in cui la ricerca dogmatica ha necessità di definire le proprie basi d'indagine. Ma probabilmente occorre rilevare come in taluni campi di studio le catalogazioni accademiche (dogmatico, patristico, esegetico, linguistico, archeologico …) appaiono costrittive e inadeguate alla complessità dei contesti affrontati, i quali richiedono approcci multisettoriali.

La ricerca sull'identità dei farisei è al contempo necessaria e complessa[29]: necessaria, perché i farisei sono uno dei principali gruppi del giudaismo del secondo tempio, che è quell'*humus* eterogeneo e variegato dal quale scaturiscono, a partire dal I secolo d.C., tanto il cristianesimo quanto l'ebraismo come li conosciamo oggi. Complessa perché investe campi e discipline diverse: proprio lo scontro con quello che diverrà il giudaismo "rabbinico" testimonia la nascita e lo sviluppo delle identità specifiche delle comunità cristiane delle origini; un confronto anche interno che porterà all'affermazione di una linea vincente, a quella che si può definire, per brevità, la grande chiesa.

---

[29] Un'analisi della storia della ricerca sui farisei è stata fatta da R. DEINES, *Die Pharisäer: ihr Verständnis im Spiegel der christlichen und jüdischen Forschung seit Wellhausen und Graetz*, Tübingen 1997.

Lo sviluppo della figura dei farisei aiuta ad identificare i segni del progressivo "parting of the ways", che va inteso non tanto come il definirsi di due strade progressivamente divergenti fra comunità cristiane e giudaismo(i), quanto piuttosto come la nascita di una serie di sentieri, spesso interconnessi, trà i quali pian piano emergono quelli più battuti, si affermano direttrici principali a scapito di altre, con il conseguente isolamento delle aree più remote e il progressivo oblio dei sentieri trasversali[30].

La ricerca sui farisei è un piccolo, ma inevitabile, tassello nello studio degli elementi costitutivi della identità cristiana. Non può poi essere trascurato il contributo nel campo dei rapporti interreligiosi, in particolare con l'ebraismo: la storia della tipologia farisaica può aiutare a identificare e correggere quelle deviazioni o accentuazioni che hanno influenzato la prospettiva cristiana sulle comunità ebraiche. Queste correzioni sono importanti per aggiornare l'insegnamento teologico attuale nei campi esegetico, patristico, omiletico, interreligioso, dogmatico.

2. Tema della ricerca

Il presente studio si propone dunque lo scopo di contribuire, per quanto possibile, ad indagare la "figura dei farisei" come presentata in alcuni padri della chiesa e in alcuni scritti dei primi secoli. Di per sé si tratta di un ambito assai vasto, che necessiterebbe di amplissime competenze in ambiti diversi (storico, letterario, linguistico, esegetico, archeologico, …) per poter avere una minima pretesa di esaustività. D'altro canto, essendo un campo relativamente nuovo, la ricerca ha lo scopo di fornire un primo sguardo d'insieme, con due obiettivi interconnessi: considerare l'immagine che i padri hanno dei farisei e un suo eventuale sviluppo nel tempo, coordinato con la verifica della letteratura patristica quale possibile fonte storica sui farisei, nel passaggio fra il giudaismo del secondo tempio e l'affermazione del giudaismo rabbinico.

---

[30] Cfr. ad esempio A. H. BECKER – A. Y. REED, ed., *The Ways that Never Parted: Jews and Christians in Late Antiquity and the Early Middle Ages*, Tübingen 2003. Marguerat chiama il progressivo mutuo allontanamento fra cristianesimo(i) e giudaismo(i) lacerazione (*déchirement*), implicitamente richiamando l'immagine dello sfilacciamento di una tela mentre si strappa (C. D. MARGUERAT, ed., *Le déchirement. Juifs et chrétiens au premier siècle*, Genève 1996), similitudine da sostituire alla biforcazione di una strada in due direzioni definitivamente diverse (per il paradigma delle due vie i testi più citati sono: J. D. G. DUNN ed., *Jews and Christians: The Parting of the Ways, A.D. 70 to 135*, Tübingen 1992; ID., *Parting of the Ways: Between Christianity and Judaism and Their Significance for the Character of Christianity*, London 1991; non a caso J. D. G. Dunn nel 2006 ha fatto uscire una seconda edizione di questo libro con prefazione rifatta per tener conto degli sviluppi della ricerca).

Va rilevato che l'utilità e la necessità di coinvolgere l'ambito patristico nella ricerca sui farisei è una questione relativamente nuova e aperta: se i padri della chiesa siano una fonte, e una fonte proficua, per la ricerca è una domanda che attende una risposta. Tale questione è risolvibile solo attraverso una valutazione delle fonti, venendo così a costituire implicitamente un obiettivo della ricerca stessa[31].

Considerando infatti l'intenzione principalmente apologetica, esegetica o catechetica degli scritti patristici, il risultato potrebbe essere l'affermazione della loro inutilità per lo studio del fariseismo "storico", il che sarebbe comunque un contributo alla ricerca, nel senso auspicato da Deines.

3. Delimitazione del campo d'indagine

Il primo limite fissato per definire l'ambito del presente studio è linguistico: si è scelto di considerare solo scritti di autori cristiani dei primi secoli in greco e latino.

La scelta del campo linguistico è implicitamente un limite culturale, che esclude il possibile apporto di opere scritte e tramandate in altre lingue. Si potrebbe ad esempio supporre che autori antichi di area siriaca siano latori d'informazioni assai importanti, considerando la loro appartenenza a una chiesa più legata a tradizioni giudaiche.

Nondimeno tale decisione riduce il materiale da esaminare nelle dimensioni congruenti con un lavoro di dottorato, senza rinunciare ad abbracciare un *corpus* sufficientemente ampio per un primo studio sintetico sul tema. Inoltre l'esistenza di database digitali, contenenti la quasi totalità degli scritti antichi in greco e un grande numero di quelli in latino, permette la rapida determinazione delle occorrenze e un'analisi statistica.

Il secondo limite imposto alla ricerca è temporale: si è scelto di considerare autori e scritti fino al III secolo circa. Una scelta certamente funzionale al contenimento del materiale da esaminare, ma anche suggerita dall'analisi statistica preliminare e dalla necessità di verificare l'ipotesi,

---

[31] In questo senso una testimonianza implicita è l'opera di Neusner e Chilton, che, pubblicata nel 2007 con l'evidente scopo di fare il punto sulla ricerca dei farisei storici, non presenta alcun articolo sugli scritti dei padri della chiesa come fonte storica: J. NEUSNER - B.D. CHILTON, ed., *In quest of historical Pharisees*. Al contrario il recente convegno "Jesus and the Pharisees" (PIB 2019) ha visto l'intervento di Matthias Skeb «The Patristic Reinterpretation of the 'Pharisees': Literary forms and Theological Intentions», nonché l'esposizione del poster «*Pharisaios* and *pharisaikos* in the Greek Fathers: A Statistical Approach» del sottoscritto. Entrambi i contributi sono pubblicati in J. SIEVERS — A.-J. LEVINE, ed., *The Pharisees,* Grand Rapids 2021.

suggerita da alcuni studi, di una progressiva variazione dell'immagine dei farisei tanto negli scritti rabbinici quanto nelle testimonianze patristiche, che avrebbe un punto di snodo saliente nel IV secolo, allorquando i farisei comincerebbero ad essere identificati con i maestri rabbinici[32]. Questo studio dunque va ad esaminare il periodo nel quale tale evoluzione si è sviluppata, alla ricerca dei modi e delle ragioni di tale evoluzione.

4. Metodo della ricerca

L'indagine comprende tre momenti: una prima identificazione, mediante ricerca lessicografica, dei testi da esaminare; un'analisi statistica delle ricorrenze propedeutica alla identificazione e selezione degli autori più indicativi; infine, parte più consistente, l'analisi, per autore, dei passi selezionati.

Per identificare brani e autori d'interesse si è deciso di ricercare l'esplicita presenza di termini φαρισαῖος e *pharisaeus/i* nei database *TLG* per il greco e quelli di *Brepolis* per il latino[33]. Si tratta di una condizione iniziale stringente perché volutamente tralascia un'investigazione esaustiva su lemmi alternativi: è ben possibile che vi siano indicazioni o riferimenti ai farisei anche in testi e contesti dove essi non siano menzionati, oppure siano considerati con altra denominazione.

In realtà la questione è ancora più complessa poiché già il significato e l'etimologia del nome non sono chiari[34], inoltre fariseo/i non appare come una (auto)denominazione attribuibile al movimento stesso[35]; il fatto che il nome sia generalmente usato da esterni al movimento[36] apre il problema, irrisolto, di come gli appartenenti al gruppo definissero sé stessi; ciò limi-

---

[32] «In any case, the patristic testimony concerning the Pharisees is remarkably parallel to the rabbinic: in the second century little or no connection is made between the rabbis and the Pharisees, but in the fourth the connection starts to become clear. A thorough study of the fathers is needed to confirm this observation» (S.J.D. Cohen, «The Significance of Yavneh ...», 53). Cfr. A. Y. Reed, «When did Rabbis become Pharisees?». Vedi anche nota 6.

[33] L'editore *Brepolis* mette a disposizione per l'analisi diverse raccolte di testi in latino, vedi Cap. I, Introduzione. La ricerca per termine esatto è stata accompagnata preliminarmente da una ricerca con radicale φαρισ- e *pharis-* per rintracciare aggettivi avverbi correlati. Vedi Cap. I.

[34] Cfr. C. Morrison, «Chi erano i farisei? E cosa significa davvero il loro nome?», 24; Id., «Interpreting the Name "Pharisee"»; U. Luz., *Vangelo di Matteo*, III, 446.

[35] «As is well known, no Pharisaic document has survived. What we know of this Jewish faction has been transmitted through the mediation of other, frequently hostile, factions, or later sources», V. Noam, «The Story of King Jannaeus (*b. Qidduŝin* 66a)», 31.

[36] Eccezioni sono Paolo di Tarso e Flavio Giuseppe. Quanto a quest'ultimo se egli fosse stato effettivamente un fariseo è dibattuto. Cfr. S. Mason, *Flavius Josephus on the Pharisees. A Composition-Critical Study*, Boston – Leiden 2001, 325-341.

ta la possibilità di ampliare la ricerca lessicale per aumentare il numero di testi contenenti informazioni utili. Non aiuta, in questo senso, il fatto che, nella letteratura rabbinica, il lemma *perushim* possa avere significati diversi da quello di *farisei*, e che esso sia un termine affatto comune[37]. Essendo questa una fase iniziale dello studio, si è scelto di considerare solo quei testi in cui compaia effettivamente il lemma "fariseo", preparando la strada a future ricerche che possano estendere le aree d'indagine, partendo da un retroterra preparato.

Punto metodologico saliente è quello di valutare la dipendenza dal NT[38] delle informazioni o considerazioni riportate o fatte dai padri: il legame e lo sviluppo rispetto agli scritti neotestamentari potrà essere utile a definire l'evoluzione della tipologia farisaica, mentre la distanza o l'indipendenza da essi può indentificare informazioni e caratteristiche specifiche tramandate da un certo autore, o desunte da un contesto a lui noto, e portare alla identificazione di fonti autonome rispetto al NT.

5. Analisi statistica preliminare

La ricerca per lemmi ha fornito i dati che sono stati strutturati grazie agli strumenti messi a disposizione nei due database (*TLG* e *Brepolis*): è stato possibile organizzare i dati per secolo e per autore, come anche confrontare l'andamento statistico del sostantivo con l'aggettivazione correlata (fariseo vs farisaico), visto che quest'ultima rappresenta la fissazione linguistica di un sentire e comprendere comunemente acquisiti. Per ottenere risultati indicativi è necessario pesare il numero di ricorrenze per secolo con la quantità di testi in greco e latino trasmessi nel medesimo periodo.

---

[37] Cfr. R. Meyer, «Φαρισαῖος», *GLNT*, IX, 857-921; A. J. Saldarini, «Pharisees», in particolare le pp. 298 e 300. Un criterio (stringente) usato per certificare la corrispondenza di *perushim* con farisei è la presenza contemporanea e giustapposta in un medesimo testo di *perushim* e *zedukim*, lemma che non presenta significato diverso da sadducei; tale criterio è stato discusso, e la questione è aperta: cfr. E. Rivkin, *A Hidden Revolution: The Pharisees' Search for the Kingdom Within*, Nashville 1978, 131; A. I. Baumgarten, «The name of the Pharisees», *JBL* 102 (1983), 411-428; Id., «Rivkin and Neusner on the Pharisees», in P. Richardson – S. Westerholm, ed., *Law in Religious Communities of the Roman Period*, Waterloo 1991, 109-126.

[38] Occorre comunque fare attenzione nella realizzazione e nell'uso di una prima griglia di valutazione sviluppata a partire dalle informazioni provenienti dal NT, poiché già in esso si assiste a una valutazione differente dei farisei in relazione all'autore/redattore: gli stessi vangeli sinottici considerano i farisei e li differenziano dai "generici" giudei in modo diverso. Per una prima valutazione della questione si possono considerare i contributi raccolti in Penna R., ed., *Fariseismo e origini cristiane*, soprattutto gli articoli di R. Fabris e G. Jossa.

Visto che le ricorrenze in greco sono superiori a quelle rilevate in latino, i risultati nel primo ambito linguistico sono statisticamente più significativi: l'analisi dell'andamento della frequenza nei secoli di φαρισαῖος, comparato con quella dell'aggettivo φαρισαϊκός, è in grado di fornire indicazioni, ovviamente generali, sui tempi dello sviluppo della tipologia farisaica[39].

Considerato l'aumento delle ricorrenze di *fariseo* a partire dal IV secolo, i primi tre secoli si presentano come il periodo d'incubazione per la concettualizzazione della figura dei farisei, prima della successiva "diffusione".

Altro tema rilevante è quanto il termine *fariseo* (e derivati) fosse utilizzato, soprattutto in relazione con altri sostantivi come *giudeo* ed *ebreo*, per pesarne il rilievo nel *corpus* greco trasmesso e, in qualche modo, la sua importanza. Elemento, quest'ultimo, che può essere valutato considerando il numero di scrittori che usano il termine e quanto essi lo facciano. Questi dati sono utili per valutare la scelta degli autori più interessanti da esaminare, non solo in termini di quantità di ricorrenze, ma anche quelli che anticipano e preparano periodi di maggior uso dei termini d'interesse.

Si potrebbe supporre che le radici dell'equivalenza fra fariseo ed ipocrita nel linguaggio contemporaneo affondino in un crescente uso del sostantivo, e della relativa aggettivazione, nei secoli. Se l'analisi statistica indicasse un dato diverso (una frequenza limitata ed un uso a carico di pochi autori), occorrerebbe ricercare e comprendere le ragioni e i modi in cui si sia sviluppata[40] ed affermata fino ad oggi tale tipologia farisaica.

6. **Struttura della ricerca**

L'analisi statistica lessicografica offre risultati interessanti di per sé: indicando la dimensione del fenomeno e il suo sviluppo nei secoli dà informazioni (quantitative) sulla attenzione riservata dai padri ai farisei. Ho deciso dunque di dedicare il primo capitolo alla analisi dei dati statistici per ricavarne indicazioni generali e propedeutiche alla ricerca successiva.

Una seconda parte è dedicata ad affrontare l'analisi delle occorrenze in alcuni autori (o testi) identificati come significativi (capitoli dal II al X), sia attraverso l'analisi statistica (Cap. I), sia valutando l'importanza e l'influenza di alcuni autori sulle generazioni successive, oppure in base alla particolare significatività degli scritti. Questa seconda e più estesa sezione sviluppa e

---

[39] La discussione dei dati è sviluppata nel Cap. I, a cui si rimanda.

[40] La presenza e lo sviluppo della tipologia farisaica nei secoli successivo al III esulano da questa ricerca, tuttavia il tema è interessante.

precisa la prima, permettendo di considerare le occorrenze nel contesto di un certo autore: l'obiettivo è quello di caratterizzare l'evoluzione della tipologia ed evidenziare particolarità ed elementi utili alla comprensione del tema nel contesto "patristico", ma anche ricercare eventuali note storiche utili ad illuminare la "questione farisaica" nei suoi vari aspetti.

Gli autori/testi analizzati sono, in ordine grossomodo cronologico: Giustino (Cap. II), il *Vangelo di Tommaso* (Cap. III), Egesippo (Cap. IV), Ireneo di Lione (Cap. V), "Ippolito[41]" (Cap. VI), Clemente di Alessandria (Cap. VII), Tertulliano (Cap. VIII), Origene (Cap. IX), *Omelie* e *Ritrovamenti* pseudo-clementini (Cap. X).

L'inserimento del romanzo pseudo-clementino, probabilmente di redazione successiva al III secolo, è dovuto a due fattori: il primo è la sua provenienza dall'area siriaca, sede di comunità cristiane generalmente più vicine alle tradizioni ebraiche; la seconda è che le tradizioni ivi trasmesse sono di origine più antica rispetto al periodo di redazione. Si vuole verificare se nel romanzo pseudo-clementino sia presente una narrazione dei farisei diversa o contraria rispetto a quella riportata negli autori o scritti esaminati.

7. Limiti della ricerca

I limiti di ogni ricerca sono in primo luogo connessi con le condizioni iniziali poste, ovvero con la delimitazione del campo di studio, in modo da rendere possibile la conclusione dell'analisi e la produzione di risultati. Questa ricerca, affrontando un campo relativamente nuovo e parzialmente inesplorato, conosce una delimitazione decisa e conseguentemente diversi limiti che proverò a sintetizzare brevemente:

– Circoscrivere l'indagine a due soli secoli e all'ambito degli scritti latini e greci limita l'ampiezza dei risultati, non considerando né altri ambiti linguistici, né l'analisi della figura dei farisei negli autori successivi. D'altro canto sono necessari più studi e competenze multidisciplinari per affrontare l'analisi sistematica degli scritti che nell'ambito greco e latino, a partire dal IV secolo, crescono di quantità, come anche opere scritte o trasmesse in altre lingue (siriaco in primis). Sebbene, a parere del sottoscritto, la tipologia farisaica sia sostanzialmente definita al termine del III secolo, lo studio della letteratura successiva potrebbe

---

[41] Con "Ippolito" si indicano, assommandoli, l'autore dell'*Elenchos* e quelli di alcuni altri scritti raccolti sotto la pseudonimia Ippolito, il cui numero ed esatta denominazione non sono stati ancora determinati esaustivamente dalla ricerca.

eventualmente evidenziare varianti e diverse caratterizzazioni della tipologia stessa.

– Vi sono scritti potenzialmente interessanti non inclusi in questa indagine, che meriterebbero un approfondimento, come ad esempio la linea di sviluppo della *Didascalia Apostolorum* oppure testi apocrifi i quali, originatisi in ambienti particolari, potrebbero riportare indicazioni e linee di sviluppo diverse da quelle conservate dalla "grande chiesa". Anche il *Panarion*, come grande sintesi eresiologica, anche se posta agli inizi del IV secolo, meriterebbe un'analisi per studiare da dove e come Epifanio abbia organizzato il materiale raccolto sui farisei e come li abbia inquadrati nel suo sistema di catalogazione della eterodossia.

– Altro aspetto potenzialmente interessante, ma non considerato, è la ricerca d'informazioni sui farisei anche dove essi non compaiano con questo nome. Andrebbe indagato se esistano frasi o modi di dire identificativi dei farisei, a prescindere dal nome, tanto nel contesto "ebraico" quanto in quello patristico. Se tale operazione avesse successo si aprirebbe una nuova linea d'indagine, capace di rintracciare informazioni in grado di migliorare la conoscenza e lo sviluppo del movimento farisaico.

– L'analisi lessicografica statistica potrebbe essere estesa alla letteratura in altre lingue, per controllare e confrontare i risultati ottenuti esaminando i *corpora* greco e latino. Posto che sia possibile fissare dei criteri che risolvano la polisemia del termine *perushim* (e della sua radice), i risultati probabilmente più interessanti potrebbero venire dalla produzione letteraria in ebraico (anche in siriaco e aramaico), a supporto (o meno) della ipotesi dello sviluppo dell'identificazione fra i saggi e i farisei a partire dal IV secolo circa.

8. Come leggere questo studio

Questo studio è stato concepito per essere consultato a diversi livelli: un livello analitico ed uno sintetico.

Livello analitico: per la novità dello studio si è voluto costituire un repertorio delle occorrenze dei termini nei vari autori. Per ogni autore sono riportati, sinteticamente, la citazione dei brani in cui compare il termine farisei in greco e in latino con una traduzione in italiano, seguita da un commento[42] del brano in oggetto. Se da un lato questo espone al rischio di

---

[42] Fa parziale eccezione il Cap. IX su Origene, in cui, per l'elevato numero di occorrenze, l'operazione avrebbe portato a dimensioni eccessive.

ripetizioni nelle analisi dei brani successivi di uno stesso autore, dall'altro permette di considerare una certa occorrenza in modo autonomo, ad esempio per scopi di consultazione.

Livello sintetico: al termine di ogni capitolo è proposta una prima analisi del repertorio selezionato, in modo da offrire una prima sintesi dello studio condotto su un certo autore o scritto. In questo modo il lettore può acquisire i risultati della ricerca in modo pratico e veloce, scegliendo in seguito di approfondire le parti del repertorio d'interesse.

Un primo livello di lettura potrebbe essere quello di considerare, dopo l'introduzione, le parti finali di ogni capitolo e la conclusione, lasciando la lettura del repertorio all'approfondimento delle parti o degli autori d'interesse.

Al termine di ogni capitolo è stata posta un'appendice con una tabella delle occorrenze dei farisei (di un dato autore o scritto) e del loro legame con il NT (citazioni dirette e indirette), per apprezzare quali e quante siano le connessioni con i diversi scritti canonici. In queste appendici sono inseriti informazioni ritenute interessanti a complemento del contenuto del capitolo in questione.

Nella esegesi biblica il tipo è una figura, un oggetto, un accadimento, nel Primo Testamento che è chiamata a significarne un'altra nel Secondo, un procedimento diffusamente usato dai Padri. In questo studio il tipo farisaico è sinonimo di quella immagine dei farisei che scaturisce nella rilettura del Nuovo Testamento da parte dei Padri, a costituire una figura che può anche differire da quella presentata generalmente dagli scrittori ispirati. Se non differentemente specificato in questa tesi i termini *typos* e *tipologico* si riferiscono al *tipo* farisaico e alla *tipologia* farisaica, e non alla esegesi tipologica o alla rilettura patristica di figure dell'AT alla luce del NT.

La bibliografia finale non ha l'obiettivo della esaustività, ma è funzionale allo studio svolto: sono riportati i testi citati ed utilizzati per questo lavoro.

D'altronde una bibliografia anche minima su ogni autore o scritto considerato comporterebbe una estensione notevole, restando fuori dagli obiettivi primari di questa ricerca.

CAPITOLO I

Analisi statistica lessicografica

1. Introduzione

Una ricerca sui farisei nei padri della chiesa necessita di una metodologia e di strumenti idonei ad accertare autori e opere che li considerino. Gli strumenti principali sono facilmente identificabili nei grandi database che raccolgono gli scritti in lingua greca e latina, fra i quali ho scelto *TLG*[1] per il greco e l'insieme dei database di *Brepolis* per il latino. Quest'ultimo gruppo include cinque diversi database: *LLT*[2] (A e B) per il latino, che è la principale risorsa dal punto di vista di questo studio, cui si accompagnano *MGH* (*Monumenta Germaniae Historica*), *ACLL* (*Archive of Celtic-Latin Literature*), *ALD* (*Aristoteles Latinus Database*), a costituire una delle più ampie raccolte di scritti e documenti in latino; *Cross database Searchtool* permette di effettuare ricerche sull'insieme delle diverse raccolte.

---

[1] *Thesaurus Linguae Graecae* (*TLG*) è un progetto di ricerca della University of California volto a raccogliere e digitalizzare tutte le opere letterarie in lingua greca scritte dall'antichità fino ad oggi. Iniziato nel 1972, il progetto ha acquisito la maggior parte delle opere prodotte da Omero fino alla caduta di Costantinopoli (1453), ma il catalogo è in continua crescita. Ad oggi *TLG Online* contiene più 110 milioni di parole da oltre 10.000 opere associate a più di 4.000 autori. Cfr. «The Thesaurus Linguae Graecae®: Our Mission and our Projects» [ultima consultazione: 15.06.2022], <http://stephanus.tlg.uci.edu/tlg.php>.

[2] *Library of Latin Texts* (*LLT*) è un database che raccoglie testi dagli inizi della letteratura latina (Livio Andronico 240 a.C.) fino al Concilio Vaticano II. Il progetto è iniziato nel 1991 come *Cetedoc Library of Christian Latin Texts* (*CLCLT*) con lo scopo di raccogliere la letteratura cristiana in latino. Negli anni il progetto si è evoluto e ampliato, inglobando testi in latino non solo patristici, di qui la nuova denominazione di *Library of Latin Texts*. Il database è diviso in due sezioni *Library of Latin Texts – Series A* (*LLT-A*) e *Library of Latin Texts – Series B* (*LLT-B*), che dall'inizio del 2021 sono stati riuniti sotto l'unica denominazione *LLT*. Il progetto è portato avanti in collaborazione fra l'Università di Lovanio (*Centre Traditio Litterarum Occidentalium* (*CTLO*)) e l'editore *Brepolis* (staff editoriale della serie *Corpus Christianorum*). *LLT* contiene attualmente più di 147 milioni di parole, da più di 5.600 opere, 4.275 di esse sono attribuite a 1.316 autori. Cfr. «Library of Latin Texts)» [ultima consultazione 15.06.2022], <https://about.brepolis.net/library-of-latin-texts/>.

TLG è un database molto sviluppato e comprensivo, con una buona copertura di testi per il periodo d'interesse; *LLT* è nato inizialmente per costituire una biblioteca degli autori cristiani antichi e medioevali, poi espanso per includere tutte le opere in latino: l'insieme dei documenti raccolti nei cinque database di scritti latini di *Brepolis* è ampio e non dissimile, per estensione, da quello di *TLG*.

Preliminare a qualsiasi ricerca è la questione dei termini da ricercare. C'è innanzitutto la questione del nome farisei: non sono stati trasmessi documenti o testi farisaici, e quello che sappiamo di loro deriva da fonti esterne al movimento. L'etimologia del nome non è affatto chiara[3] e in realtà non sappiamo come i cosiddetti farisei denominassero sé stessi.

Φαρισαῖοι (da cui il latino *pharisaeus/i*) è considerato l'equivalente greco del termine *perushim* ebraico o *perushin* (*perishyya*) aramaico[4]. A seconda di come si intenda la radice פרש,[5] il significato cambia: se la si intende come "distinguere con precisione[6]" allora il significato di fariseo sarebbe quello di "interprete", nel senso di uno che distingue per specificare; se la si interpreta come "separare" allora farisei indica coloro che "sono (o si sono) separati". Andrebbe poi compreso da chi o da cosa si siano separati, o se altri li considerassero separati.

Per il latino occorre specificare che *pharisaeus* è un aggettivo[7], il cui uso sostantivato è molto diffuso, soprattutto negli scrittori ecclesiastici; *pharisaei* al plurale è sempre sostantivo. Considerando il comune uso sostantivato del singolare, pongo il latino *pharisaeus* alla stregua del greco φαρισαῖος, ovvero, per questo studio, si considera l'aggettivo *pharisaeus* come sostantivo.

Le prime occorrenze di φαρισαῖος cadono in scritti del primo secolo dopo Cristo, fra cui i testi del NT; si tratta di un sostantivo "nuovo" rispetto ad esempio a ιουδαῖος che si ritrova in testi in greco di diversi secoli prima. Flavio Giuseppe riferisce dell'attività dei farisei[8], come gruppo o partito,

---

[3] Cfr. C. Morrison, «Chi erano i farisei? E cosa significa davvero il loro nome?», 24; Id., «Interpreting the Name "Pharisee"», in J. Sievers – A.-J. Levine, ed., *The Pharisees,* Grand Rapids 2021, 3-19; U. Luz, *Vangelo di Matteo*, III, C. Giannotto, ed., Brescia 2013, 446-457.

[4] Cfr. R. Meyer, «Φαρισαῖος», *GLNT*, IX, 857-921.

[5] La radice פרש può essere intesa in modi diversi (פרש פרס פרש), dei quali si considera, nel caso specifico, solitamente *parash* (פָּרַשׁ) da cui *perushim* (פְּרוּשִׁים). Cfr. D. J. A. Clines, ed., «פרש», *DCH*, VI, 786-787.

[6] Cfr. A. I. Baumgarten, «The name of the Pharisees».

[7] «Pharisaeus» in L. Castiglioni – S. Mariotti, *IL vocabolario della lingua latina*, Torino 2007⁴, 1085

[8] Cfr. *Ant.* 13.288-296.

durante il regno di Giovanni Ircano (135-104 a.C.); a prescindere dall'affidabilità storica di questa fonte, già nei vangeli i farisei paiono avere una posizione nella società giudaica e una certa influenza, le quali difficilmente si sarebbero potute istaurare in tempi brevi. Senza voler approfondire la nascita e la storia dei farisei, la presenza del nome in documenti in greco a partire solamente dal I secolo d.C. pare sorprendente: sebbene i giudei compaiano nella letteratura in greco già alcuni secoli prima di Cristo, la lingua greca non "conosce" i farisei fino al I sec. d.C., sebbene vi siano tracce letterarie della loro esistenza almeno un secolo prima.

La scelta di identificare i brani d'interesse attraverso la ricerca (per lemma) nei database utilizzando il sostantivo in greco e latino, se da un lato comporta delle limitazioni, dall'altro permette l'avvio di una indagine che non ha antecedenti sistematici: chiaramente si rinuncia ad indagare possibili modi o perifrasi che indichino i farisei a prescindere da questa denominazione (ad esempio: nei testi ritrovati a Qumran si nominano coloro che "ricercano soluzioni facili[9]", probabilmente in relazione con i farisei); ma altrettanto chiaramente è necessario uno studio focalizzato sulla denominazione classica, sia per produrre un'indagine propedeutica a successivi sviluppi, sia per contenere l'ambito della ricerca in uno spazio congruo ad un lavoro dottorale: è ben difficile immaginare una ricerca sulle perifrasi indicative dei farisei, senza un'analisi previa dei passi in cui esso compare esplicitamente.

D'altro canto, nel campo dei padri della chiesa latini e greci, il problema del nome è limitato: di fatto si tratta di fonti esterne al gruppo e, in generale, tali padri si riferiscono ai farisei intendendo quel gruppo ebraico così denominato nel Nuovo Testamento. Il che certamente non esclude la possibilità che vi possano essere riferimenti a tale gruppo scollegati con tale denominazione[10], ma limita ambiguità e possibili letture divergenti. Piuttosto resta di assoluto e primario interesse ricercare una figura tipologica di *fariseo*, e se e come essa si evolva con il tempo[11]. In questo ambito

---

[9] Cfr. J. C. VANDERKAM, «The Pharisees and the Dead Sea Scrolls», in J. NEUSNER, B. D. CHILTON., ed., *In Quest of the Historical Pharisees*, Waco (TX) 2007, 225-251.

[10] Questa potrebbe essere una linea d'indagine interessante, soprattutto se sviluppata in relazione alle indagini sul nome o sulla auto-denominazione dei cosiddetti farisei nelle fonti rabbiniche e in Qumran. È possibile che la letteratura cristiana in siriaco, in quest'ottica, possa essere un bacino d'indagine interessante. Nondimeno tale linea è esterna ai limiti imposti a questo studio.

[11] Il tipo farisaico giunto nelle lingue e culture occidentali moderne quale figura dell'ipocrita, ha le sue radici nella rilettura (e ri-narrazione) patristica dei farisei,

un'analisi statistica delle ricorrenze, fornisce dati in sé utili per supportare e indirizzare l'analisi di autori e brani d'interesse.

Un'altra questione preliminare da tenere in considerazione è la quantità di documenti, in greco e latino, pervenutici per ogni secolo: la distribuzione per epoca non è affatto uniforme e va tenuta in considerazione; per evitare risultati fuorvianti occorre pesare le occorrenze rispetto ai documenti (dunque al numero di parole) trasmessi in un dato periodo.

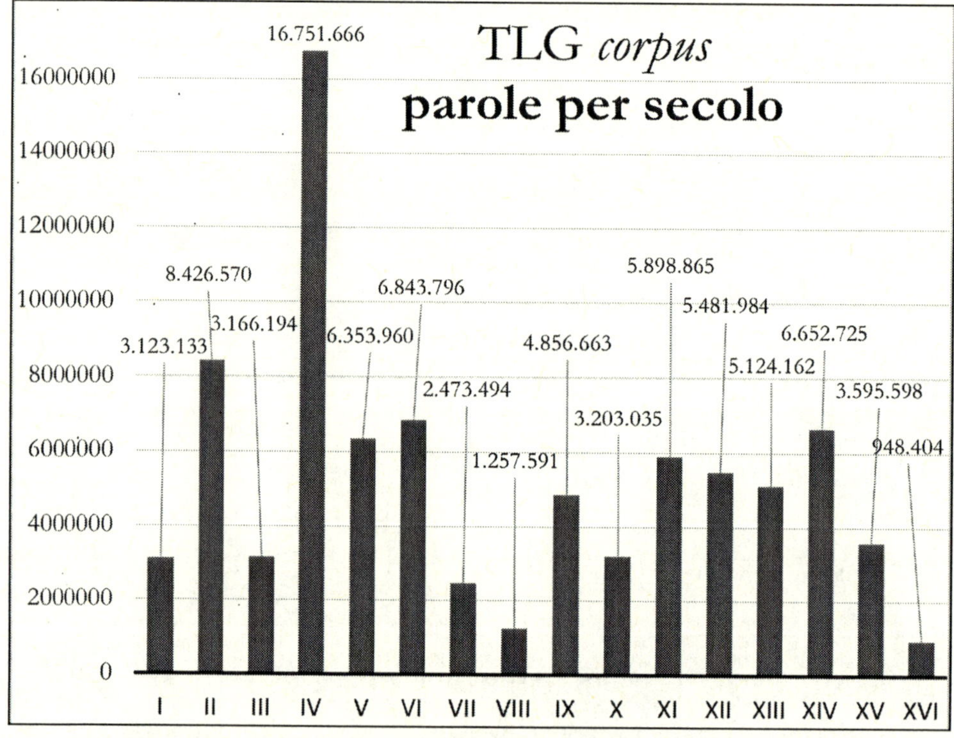

Figura 1. *Numero di parole (greco, sec. I-XVI) raccolte in TLG*[12]

In questo grafico sono riportate il numero di parole contenute nei documenti trasmessi e datati ad un certo secolo. È evidente che il grafico risente di diverse approssimazioni: ad esempio la datazione della produzione di un certo autore quand'anche fosse incerta o posta a cavallo di due secoli, deve essere infine ricondotta ad un secolo anziché ad un altro. Ad esempio

---

[12] Ultima consultazione 27.02.2021.

se di un dato autore sono state trasmesse poche opere (cioè poche parole), porlo in un secolo o nel successivo porterà a variazioni piccole; al contràrio un autore come Origene, del quale, malgrado la perdita di tante opere, è stato trasmesso un *corpus* di dimensioni rilevanti (1.311.074 parole), l'attribuzione al II o III secolo comporta differenze rilevanti.

La quantità di testi in greco trasmessi e attribuiti da *TLG* al IV secolo è molto più grande di qualsiasi altra produzione letteraria conteggiata in altri periodi. Tale incremento ha ragioni storiche: il IV secolo è il periodo in cui la chiesa assume un ruolo importante nella società e al contempo esprime, in un lasso di tempo relativamente contenuto, un numero notevole di autori importanti.

Va considerato poi che, nelle ere successive, la trasmissione o meno dei testi sarà portata avanti secondo un criterio d'interesse e di attribuita importanza da parte di "operatori" appartenenti ad una società sempre più cristianizzata e in linea con le linee teologiche prevalenti. Ne è conseguita una selezione del *corpus*, nei termini della perdita di tante opere considerate non importanti oppure erronee, tanto da meritare la *damnatio memoriae*.

Per il nostro campo d'interesse ad esempio potremmo pensare che se anche un erudito dei primi secoli avesse voluto scrivere un trattato sui farisei, sul loro credo e costumi, questo avrebbe dovuto superare vari ostacoli per la trasmissione: in primo luogo avrebbe dovuto esser depositato in una qualche biblioteca e colà esser sopravvissuto ad eventi nefasti come distruzioni o incendi. Non solo, l'importanza attribuita all'opera al passare del tempo avrebbe dovuto esser tale da meritare l'investimento della copiatura per superare il deperimento del supporto. Fatto non scontato: di fronte alla necessità di una scelta cosa avrebbe fatto copiare un bibliotecario dell'evo medio? Un'opera sugli usi e costumi di una antica fazione giudaica avversa al Cristo nei vangeli o un'opera di un autore importante e ortodosso? In generale delle scelte andavano e sono state fatte.

La selezione del tempo e degli uomini, ovviamente più complessa e variegata di come appena accennata sopra, ha avuto effetti sulla trasmissione del *corpus* greco e latino a nostra disposizione introducendo un *bias* né facilmente identificabile né evitabile.

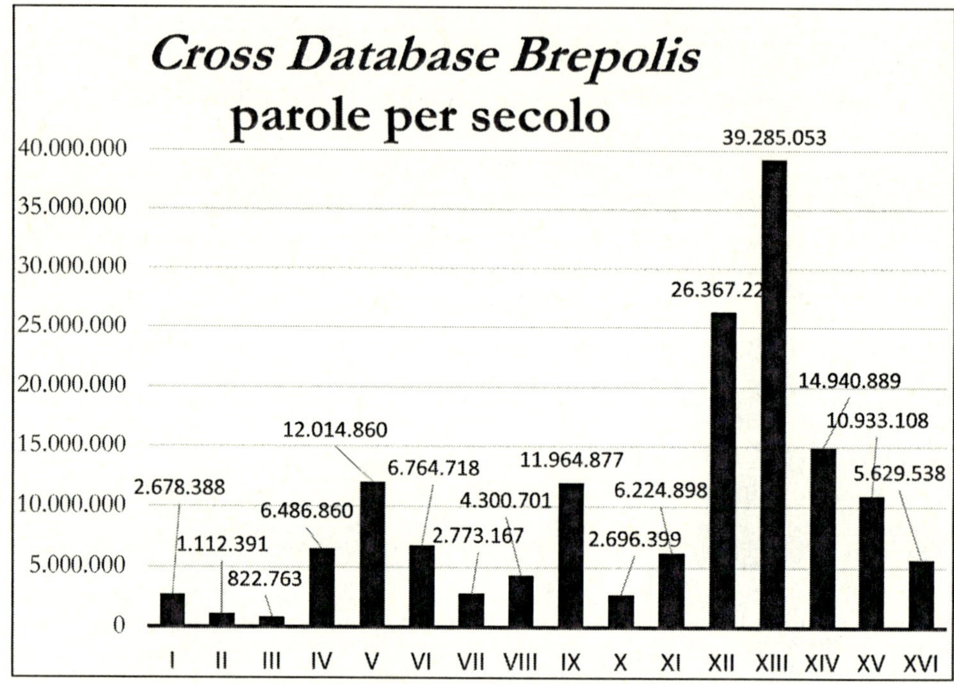

Figura 2. Numero di parole (latino, sec. I-XVI) nei database Brepolis[13]

L'andamento del grafico del numero di parole in latino, trasmesse e conservate per secolo nei database *Brepolis*, differisce da quello relativo al
greco e per alcuni aspetti rispecchia alcuni "fenomeni" culturali che hanno comportato un aumento della produzione letteraria, come l'"età aurea"
della patristica[14] (350-450), la rinascita carolingia del IX secolo, il risve-
glio economico e culturale europeo del XII secolo.

2. Nota metodologica

Per analizzare e visualizzare le ricorrenze di fariseo e farisaico nei
padri greci ho fatto una ricerca per lemma nel database *TLG*, esportan-
do i dati in un foglio di calcolo (*Microsoft Excel*) per ricavarne i grafici di tendenza delle parole selezionate durante i secoli. Gli strumenti

---

[13] Ultima consultazione 15.10.2020.
[14] È il periodo di scrittori ecclesiastici come Ilario, Ambrogio, Agostino, Rufino, Girolamo,
Cassiano, Leone Magno, ecc.

statistici di *TLG* producono il conteggio del lemma per secolo, che è la ricorrenza della parola in una determinata era; tale valore non tiene in conto la variabilità della quantità della letteratura in greco preservata nei diversi secoli.

Per "pesare" la differenza del numero di parole conservate nei secoli, *TLG statistics* mette a disposizione il valore di sovra / sotto rappresentazione per un dato lemma: esso è la differenza della frequenza per un certo lemma in tutto il corpo (N lemma nel corpo / N di tutte le parole nel corpo) e la frequenza per secolo della parola in un tal periodo (N lemma in un dato secolo / N della parole conservate nel secolo considerato). *TLG statistics* assume i lavori di Origene come appartenenti al II secolo, mentre io li considero nel III sec.: conseguentemente i miei risultati e la loro rappresentazione differiscono da quelle di *TLG* per il II e il III secolo.

Cross Database Searchtool di *Brepolis* purtroppo non mette a disposizione gli stessi strumenti di analisi statistica di *TLG*[15]: i dati necessari sono stati estrapolati dal database, attraverso ricerche mirate per lemma e secolo. I valori ricavati sono stati inseriti nel foglio di calcolo per essere analizzati e generare grafici analoghi a quelli prodotti per il *corpus* greco. I risultati possono variare a seconda dei parametri di ricerca scelti: le ricerche sono state fatte utilizzando la funzione ricerca per somiglianza impostata su automatico e selezionando il periodo (secolo) d'interesse[16].

---

[15] Una grande differenza del motore di ricerca *Brepolis* è che non permette di ottenere come risultato il numero di parole di un certo tipo per un determinato secolo (o per un certo autore), ma solo il numero di frasi in cui compare il vocabolo (o i vocaboli) ricercato. Ad esempio, se si ricerca per somiglianza con chiave *pharisaei*, per l'autore *Tertullianus*, si ottengono 44 frasi in cui compaiono i farisei (singolare e plurale e tutti i casi), ma le effettive ricorrenze sono 47, perché in due frasi il vocabolo si presenta più volte. In generale ho assunto, osservando che la ripetizione di uno stesso lemma per frase sia un evento per nulla comune, che i risultati delle ricerche nel database *Brepolis*, espressi in numero di frasi, corrispondano grossomodo al numero di parole: tale assunzione è fatta nella ipotesi che l'errore introdotto sia tanto piccolo da essere ben poco significante per il tipo di analisi statistica fatta.

[16] La ricerca è stata fatta includendo tutti e cinque i database, questo permette di considerare tutto il *corpus* di parole in latino, anche se alcuni database sono specializzati. Ad esempio *ALD* contiene le opere di Aristotele tradotte in latino, come anche commentari in latino sulle opere di questo filosofo greco. Va osservato che anche *TLG* contiene le opere di Aristotele, come anche altri autori non connessi con i farisei, ma questo è il proprio di ogni raccolta letteraria in una data lingua. La scelta di includere i database latini specializzati (*MGH, ACLL, ALD*) è congruente con l'uso del database greco, ampliando la base di ricerca. Si tratta ovviamente di un'approssimazione grossolana, ma, a mio parere, necessaria.

3. Ricorrenze in greco e latino

Il primo passo è identificare le ricorrenze del sostantivo (fariseo) e dell'aggettivo correlato (farisaico) in greco e latino.

L'assunto fondamentale è che: *l'esistenza di un aggettivo (o avverbio) connesso con il nome farisei, indichi che il modo di agire, o essere, loro attribuito sia tanto stereotipato da essere compreso ed espresso linguisticamente in forma avverbiale o di aggettivo. L'esistenza dell'aggettivo sarebbe indice della fissazione linguistica della tipologia farisaica.*

Sotto questa ipotesi, considerando e rapportando le ricorrenze di sostantivo e aggettivo, si potrebbe avere traccia temporale non solo della presenza dei farisei negli scritti, cioè un indice approssimativo e indiretto della loro importanza e/o considerazione, ma anche traccia temporale dello sviluppo e fissazione, sempre in termini approssimativi, della tipologia farisaica nel tempo: la comparsa dell'aggettivo in un dato secolo propone un riferimento temporale per la definizione/fissazione della tipologia, come anche il dato dell'uso dell'aggettivo nel tempo potrebbe indicare la sua diffusione e l'importanza ad esso attribuita.

La risoluzione temporale per i dati raccolti, elaborati e proposti è quella del secolo; essa introduce una "quantizzazione", cioè una quantità minima indivisibile sotto la quale non è possibile scendere. In pratica si impone a determinati scritti od autori di appartenere all'uno o all'altro secolo, e questo costituisce il limite temporale dell'analisi: un certo andamento o fenomeno può essere attribuito all'uno o all'altro secolo e non a periodi inferiori o intermedi. Torna l'esempio di Origene, le cui prime opere sono datate alla fine del II secolo, mentre la gran parte sono del secolo seguente; la scelta di considerarlo un autore del III secolo ovviamente introduce un'approssimazione, poiché le occorrenze dei termini nelle opere datate alla fine del II secolo sono considerate nel secolo successivo[17].

---

[17] Un altro parametro di approssimazione è il fatto che nei database considerati, latino e greco, talvolta siano inserite diverse edizioni di una stessa opera per un dato autore: ad esempio in *TLG* vi sono due edizioni del *Commento a Daniele* dell'autore Hippolytus, quella di *SCh* 14 e quella di *CGS* 7; per Origene sono considerate due edizione del *Commento al vangelo di Giovanni*, quella di *SCh* in 5 volumi (libri 1, 2, 4, 5, 6, 10, 13, 19-20, 28-32) e quella di *CGS* 10 (libri 19, 20, 28, 32). In casi simili le occorrenze, per i testi duplicati, raddoppiano. I duplicati riscontrati sono stati corretti.

3.1 *φαρισαῖος*

Figura 3. Distribuzione geografica degli autori che usano φαρισαῖος, TLG Statistics

TLG Statistics dà la possibilità di visualizzare una distribuzione geografica del lemma (in tutto il *corpus*) ovviamente in base alla provenienza o origine dell'autore (sicuramente ciò impone una certa approssimazione, considerando come taluni autori e/o documenti non abbiano una origine certa, come anche diverse sono le opere pseudo-epigrafe). Malgrado l'approssimazione si può scorgere una distribuzione sostanzialmente coerente con la produzione letteraria greca in epoca patristica e bizantina.

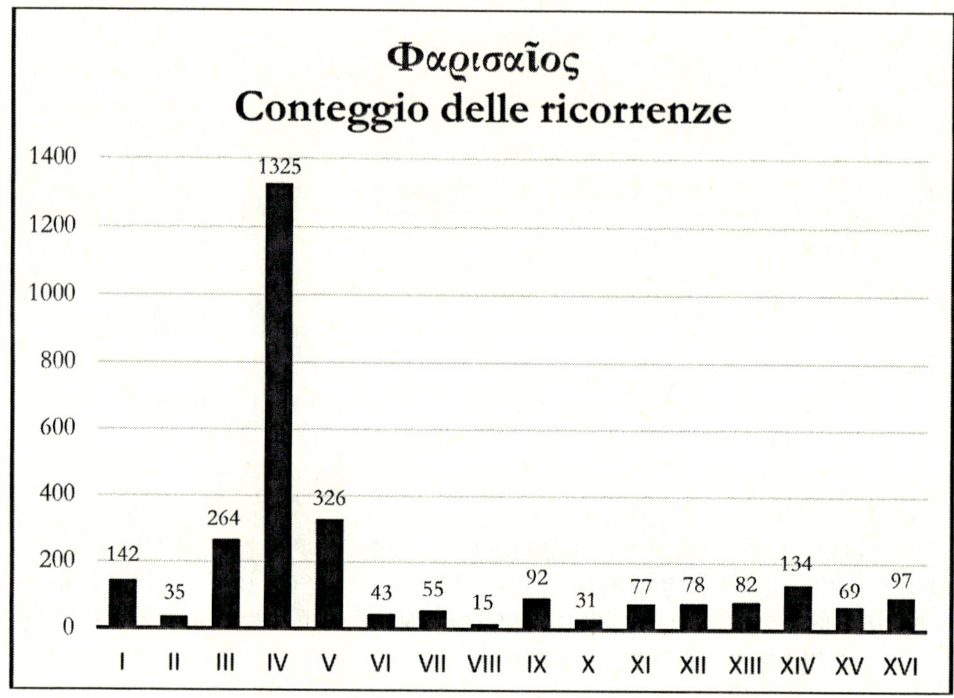

Figura 4. Φαρισαῖος, numero di ricorrenze per secolo[18]

Il sostantivo φαρισαῖος compare 3.089[19] volte nell'intero *corpus* di *TLG*, che è composto[20] da 10.760 documenti e da 113.235.056 parole. Di fatto è una parola per nulla comune, ricorrendo 28,8 volte ogni milione di parole. Le parole più comuni hanno una frequenza per milione di parole di due ordini di grandezza superiori, ad esempio λόγος ha una frequenza di 3.249 per milione. Per confronto i sostantivi ἰουδαῖος ed ἑβραῖος hanno una frequenza rispettivamente di 308,44 e di 67,36 parole per milione, ovvero il sostantivo giudeo risulta grossomodo dieci volte più frequente, mentre ebreo più di due volte.

Delle 3.089 ricorrenze del sostantivo ben 830 sono al nominativo plurale e 700 al genitivo plurale.

---

[18] Ultima consultazione 15.10.2020.

[19] Il conteggio include i testi di tutte le epoche (intero *corpus*), ed è superiore alla somma dei valori riportati nel grafico di fig. 4 (I-XVI sec.).

[20] Al 15 ottobre 2020.

La distribuzione del sostantivo greco per secolo mostra uno sviluppo che ha un inizio in sordina, con una esplosione nel IV secolo, per poi diminuire. Il grafico riporta il numero di ricorrenze per secolo, indicazioni più significative verranno dalla analisi della frequenza per secolo del sostantivo nei paragrafi seguenti.

Le ricorrenze nel I secolo sono 98 dal NT e 44 dalle opere di Flavio Giuseppe (*TLG* riporta 11 ricorrenze dalla letteratura pseudo clementina e una da una lettera attribuita ad Ignazio, entrambe non possono essere datate ragionevolmente al I secolo e sono state eliminate da questo computo).

Come accennato sopra, φαρισαῖος compare nel primo secolo, nel NT e negli scritti di Flavio Giuseppe. Per confronto, ιουδαῖος ed ἑβραῖος sono usati nella LXX, ma esempi d'uso[21] possono essere rintracciati anche in documenti o frammenti di secoli precedenti al III a.C.

Sempre per confronto possiamo considerare gli altri due gruppi giudaici citati da Flavio Giuseppe, gli esseni e i sadducei: i σαδδουκαῖοι compaiono 394 volte in *TLG*, mentre ἐσσηνός 106 volte. I sadducei compaiono nel I secolo nel NT e in Flavio Giuseppe, mentre gli esseni sono presenti già nelle opere di Filone alessandrino (nella variante ἐσσαῖος 6 occorrenze), dunque circa un secolo prima. Entrambi i gruppi non sono evidentemente molto conosciuti, o comunque hanno avuto un "successo" decisamente inferiore a quello dei farisei.

---

[21] Cfr. ad esempio: M. STERN, *Greek and Latin authors on Jews and Judaism, Volume One, From Herodotus to Plutarch*, Jerusalem 1976; B. BAR-KOCHVA, *The Image of the Jews in Greek Literature: The Hellenistic Period*, Berkeley 2010.

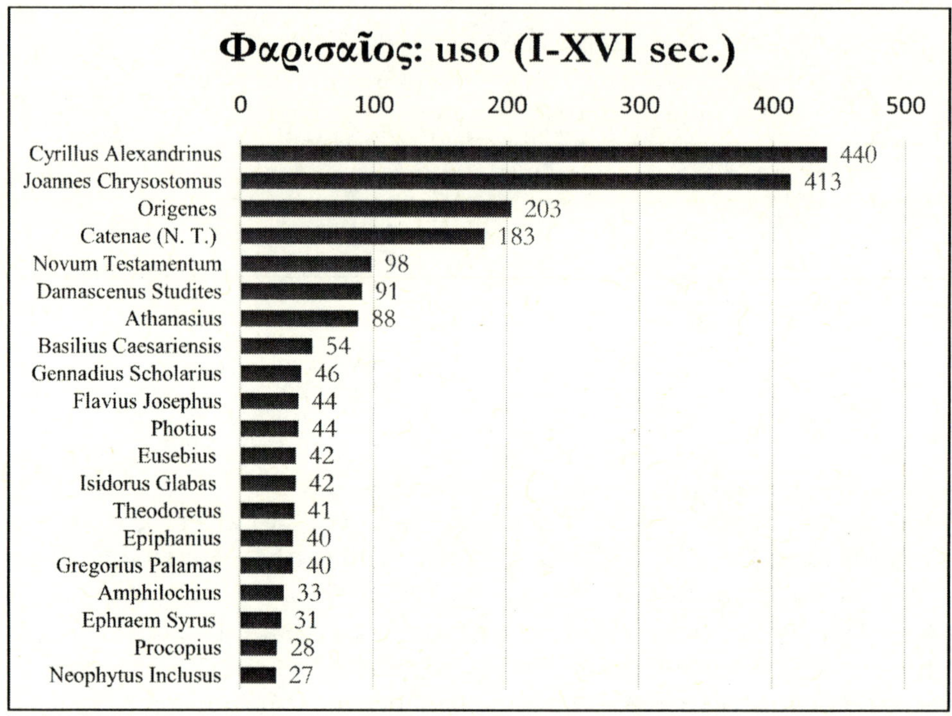

Figura 5. Φαρισαῖος, utilizzo (I-XVI)

Interessante è l'uso di φαρισαῖος: sorprendentemente tre padri assommano più di un terzo delle ricorrenze: Cirillo Alessandrino 440 ricorrenze, Giovanni Crisostomo 413, Origene 203[22], per un totale di 1057 ricorrenze su 3.089.

Il sostantivo φαρισαῖος ricorre 98 volte nel NT, ma quasi il doppio, 183, nelle catene che lo citano.

In generale si può dire che i farisei hanno una rilevanza, numerica, sostanzialmente in pochi autori.

---

[22] Non è conteggiata l'occorrenza di dell'avverbio φαρισαϊκῶς in *CIo* VI, 22,121.

3.2 φαρισαϊκός

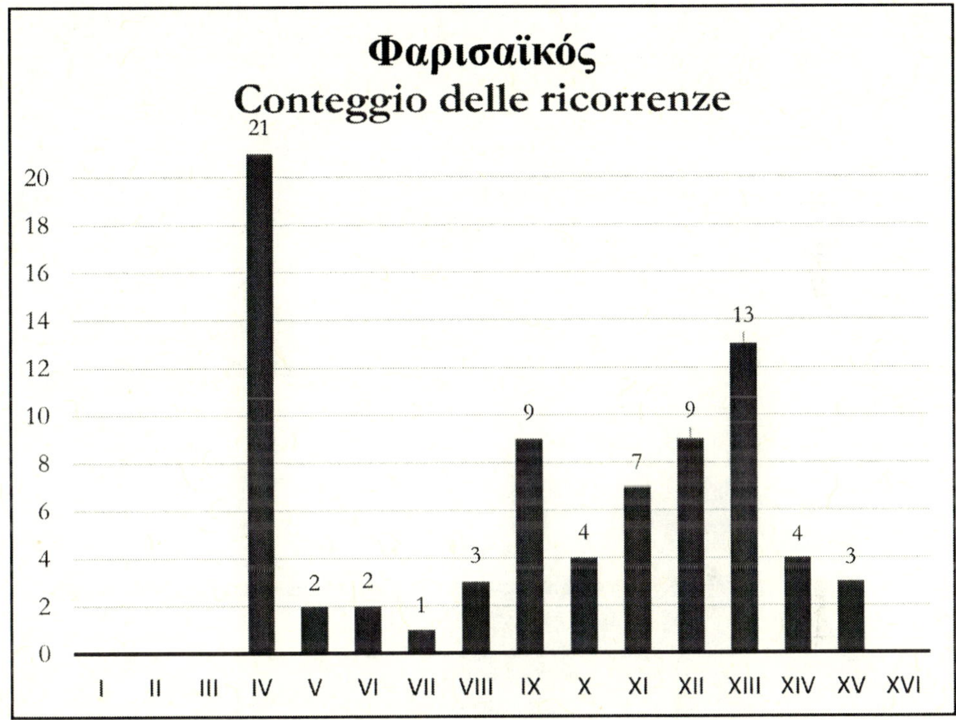

Figura 6. Φαρισαϊκός, ricorrenze per secolo[23]

Φαρισαϊκός è un aggettivo poco presente nel *corpus* greco di *TLG*, 82 ricorrenze[24], la sua frequenza per milione di parole è di 0,79, davvero bassa. Al confronto ιουδαϊκός conta 2.163 ricorrenze, mentre εβραϊκός 1.055.

Interessante come il massimo numero di ricorrenze sia concentrato nel IV secolo e come non vi siano, in *TLG*, ricorrenze nei secoli precedenti[25]. L'analisi statistica di *TLG* evidenzia come l'utilizzo di ιουδαϊκός e di ἑβραϊκός sia numericamente consistente[26] già dal I secolo d.C.; questo indica come l'uso

---

[23] Ultima consultazione 15.10.2020.

[24] Si riportano le ricorrenze per tutto il *corpus* fino al XX sec.

[25] *TLG* riporta una ricorrenza nella letteratura pseudo-clementina, che non può essere datata al I secolo e dunque non è stata riportata nel grafico.

[26] Vi sono ricorrenze anche in secoli precedenti, ma non è facile, e non rientra in questo lavoro, determinare quando è iniziato l'uso di questi aggettivi. Ιουδαϊκός, ad esempio, compare nella *LXX* (1), nella *Lettera di Aristea a Filocrate* (5) e in Filone Alessandrino (11); εβραϊκός è presente nella *Lettera di Aristea a Filocrate* e in Filone Alessandrino (3).

di questi aggettivi, e la fissazione linguistica di un significato condiviso, sia di almeno tre o quattro secoli antecedente a quella di φαρισαϊκός.

L'avverbio φαρισαϊκῶς, parola decisamente rara con 11 ricorrenze in tutto il *corpus* di *TLG*, fa la sua prima comparsa in Origene[27] (*CIo*, VI, 22,121). Una analisi statistica su un campione tanto ridotto non darebbe risultati indicativi.

Va notato come, al contrario di φαρισαῖος, non vi sono aggettivi correlati con σαδδουκαῖοι e con ἐσσηνός, per essi non si è definita una figura stereotipa, una tipologia riconosciuta linguisticamente. Solo la figura dei farisei, fra i tre gruppi giudaici considerati da Flavio Giuseppe, ma anche fra i gruppi citati nel NT, ha avuto un ruolo e una diffusione tale da guadagnare un riconoscimento nella lingua greca, e di qui nel latino e successivamente nelle lingue moderne.

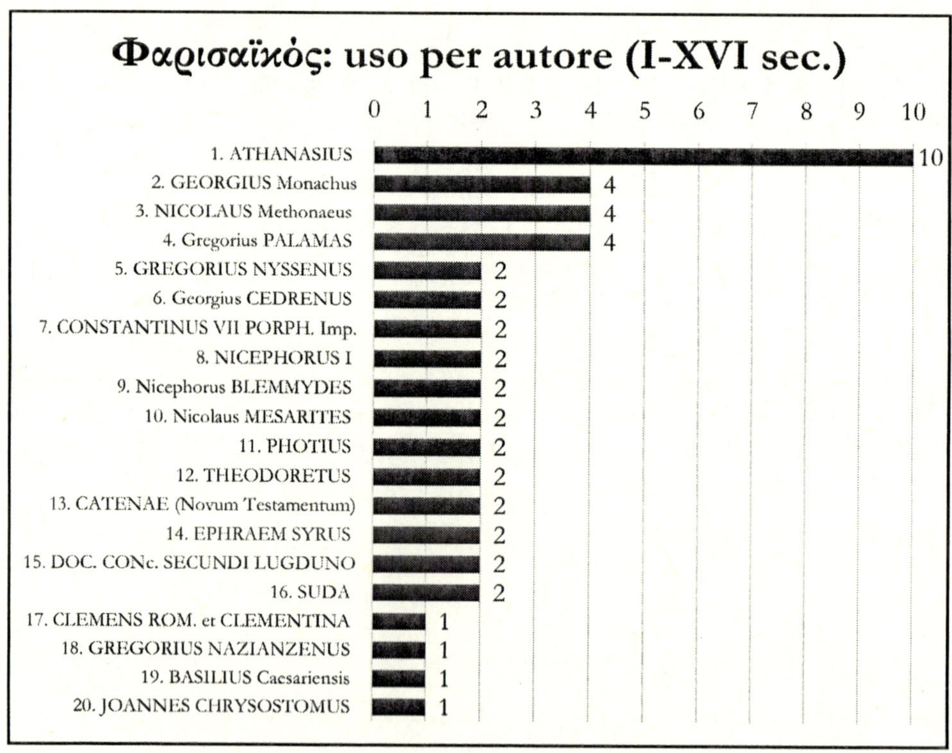

Figura 7. Φαρισαϊκός, utilizzo per autore

---

[27] Vedi Cap. IX di questo studio.

Atanasio, con un numero relativamente alto (10) di ricorrenze dell'aggettivo, accompagnato da 88 ricorrenze del sostantivo, si presenta come un caso particolare, probabilmente meritevole di un approfondimento analitico, ma non rientra nel lasso temporale scelto per questo studio.

3.3 *Pharisaeus*

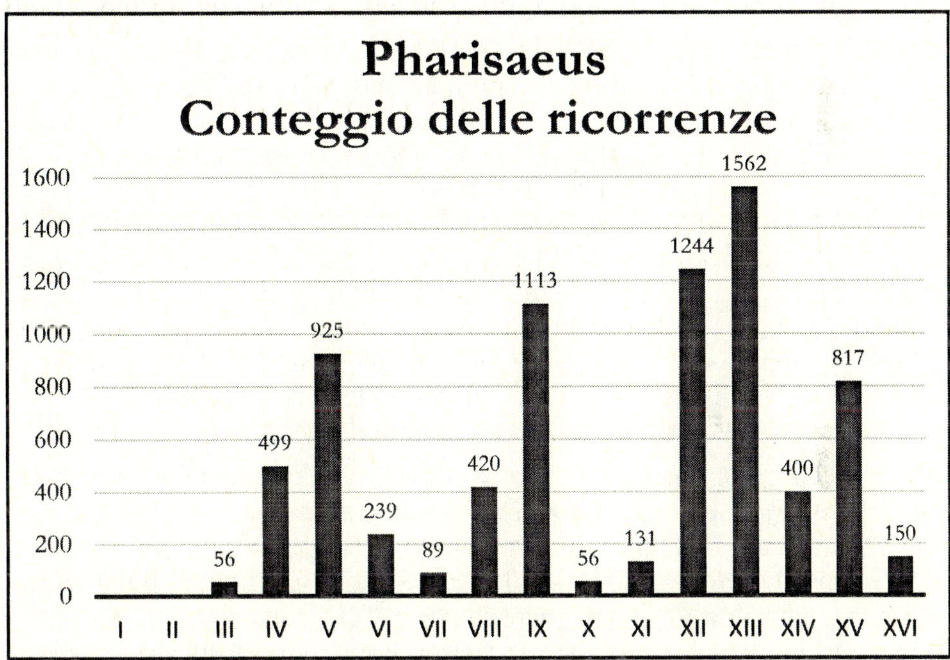

Figura 8. Pharisaeus, numero di ricorrenze per secolo[28]

Il *pharisaeus* compare 8.388 volte[29] nei database latini di *Brepolis* che, assieme, raccolgono 163.502.290 parole; ovvero ricorre 51,3 volte ogni

---

[28] Ultima consultazione 15.10.2020,

[29] Il *Cross Database Searchtool* di *Brepolis* offre come risultati delle ricerche, di parole per secolo e per autore, il numero di frasi in cui compare il vocabolo cercato. Generalmente il vocabolo cercato appare una volta per frase, per cui ho assunto che il numero di frasi corrisponda al numero di parole, confidando che l'errore introdotto sia tanto piccolo da non alterare l'analisi statistica in questo studio. La ricerca per somiglianza con chiave *pharisaeus* include nei risultati anche le varianti, fra le cui *phariseus*, *farisaeus* e *fariseus*. Le varianti al vocabolo "classico" si presentano generalmente dopo il III secolo, ma hanno un peso limitato per la analisi statistica. Ad esempio *farisaeus* compare 265 volte nei database di *Brepolis* ed è usato nel IV sec. dall'Ambrosiaster (*farisaeus* 12, *fariseus* 2), Gregorio di Elvira (*farisaeus* 1), Girolamo (*farisaeus* 3).

milione di parole. Per confronto *iudaeus* ricorre 58.281 volte, *hebraeus* 16.307 volte, con una frequenza, rispettivamente di 356,5 e 99,7. Globalmente il sostantivo *iudaeus* è sette volte più frequente, mentre *hebraeus* è due volte più frequente rispetto a *pharisaeus*. Dunque *pharisaeus* ha una frequenza in latino superiore a quella del termine in greco (quasi doppia), mentre il rapporto fra i tre sostantivi, è, per ordine di grandezza, simile. Per comparazione consideriamo sostantivi comuni come *res* e *animus* che compaiono rispettivamente 285.449 e 99.902 volte. Anche qui possiamo rilevare come il sostantivo fariseo in latino non sia una parola frequente, ma è più usato (relativamente) che in greco.

I casi più utilizzati sono (compresa la variante *phariseus* e *fariseus*):

pharisaei	2.824	*phariseis*	371
pharisaeorum	1.297	*phariseos*	214
pharisaeis	914	*pharisaeo*	182
pharisei	814	*phariseus*	162
pharisaeos	650	*pharisaeum*	89
pharisaeus	606	*farisei*	69
phariseorum	455	*pharisee*	52

L'uso del plurale è decisamente prevalente, a indicare come si tratti generalmente del gruppo giudaico come insieme, mentre il riferimento ad un singolo personaggio di tale compagine è meno comune[30].

Pharisaeus compare nel III secolo[31] nelle opere di Tertulliano (44[32] occorrenze), Cipriano (7), pseudo-Tertulliano[33] (1), pseudo-Cipriano[34] (4).

---

[30] Questo dà ragione alla scelta fatta di conteggiare le occorrenze di *pharisaeus* al singolare sempre come aggettivo sostantivato; la maggioranza delle occorrenze al plurale indica il prevalente uso sostantivale del termine.

[31] I database *Brepolis* datano al II secolo due occorrenze in due opere di Tertulliano, *De Idolatria* e *Adversus Iudaeos*, che ho deciso di inserire nel computo del III sec.

[32] Sono comprese nel conteggio anche le due occorrenze riportate dal database *Brepolis* nel II secolo. Il sostantivo compare 47 volte (in 44 frasi) nelle opere di Tertulliano, ma ho adottato il criterio (vedi nota metodologica par. 2) di far coincidere il numero delle frasi in cui compare il termine con il numero di parole per dato autore, non potendo estrapolare direttamente quest'ultimo dato dagli strumenti di ricerca *Brepolis*.

[33] *Adversus omnes haereses* è un'opera del III-IV secolo, l'opera è stata trasmessa in appendice al *De praescriptionem haereticorum* di Tertulliano, da cui la denominazione dell'anonimo autore come pseudo-Tertulliano, una volta riconosciuta la diversa paternità del trattato.

[34] Tre opere in cui compaiono i farisei (*Ad Novatianum*, *De montibus Sina et Sion*, *De rebaptismate*, *De Singularitate Clericorum*), sono catalogate in *LLT-A* come di pseudo-Cipriano; in realtà gli autori sono ignoti.

Per confronto il termine *hebraeus* fa la sua comparsa[35] nel I sec. d.C. ma con una sola ricorrenza. Resta un vocabolo molto raro fino al III secolo, per poi "diffondersi" nel IV (nel quale si contano più di 1.100 ricorrenze). *Iudaeus* compare nel I sec. a.C. ad esempio nelle opere di Cicerone, ma l'uso cresce sostanzialmente dopo il III sec. d.C.

Rispetto al greco dunque *pharisaeus* appare grossomodo un secolo dopo, e anche il primo picco di ricorrenze si sviluppa, a confronto con il grafico del sostantivo greco, con un secolo di ritardo (V sec. rispetto al IV sec. d.C.).

In figura 9 è riportato il grafico degli autori che più utilizzano il sostantivo, fra i quali capeggia Tommaso d'Aquino. I padri più "antichi" e con un numero rilevante di ricorrenze sono Agostino e Girolamo (IV-V sec.).

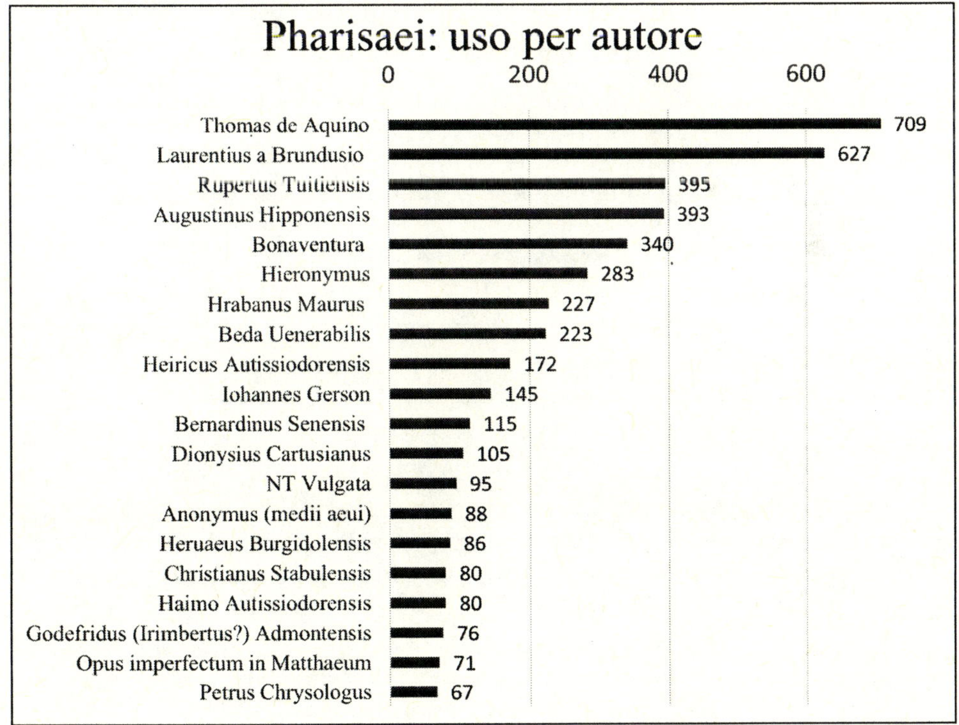

Figura 9. Pharisaei uso per autore

---

[35] Il termine compare nel V libro delle *Solvae* di Publio Papinio Stazio, fine I secolo d.C.

3.4 *Pharisaicus*

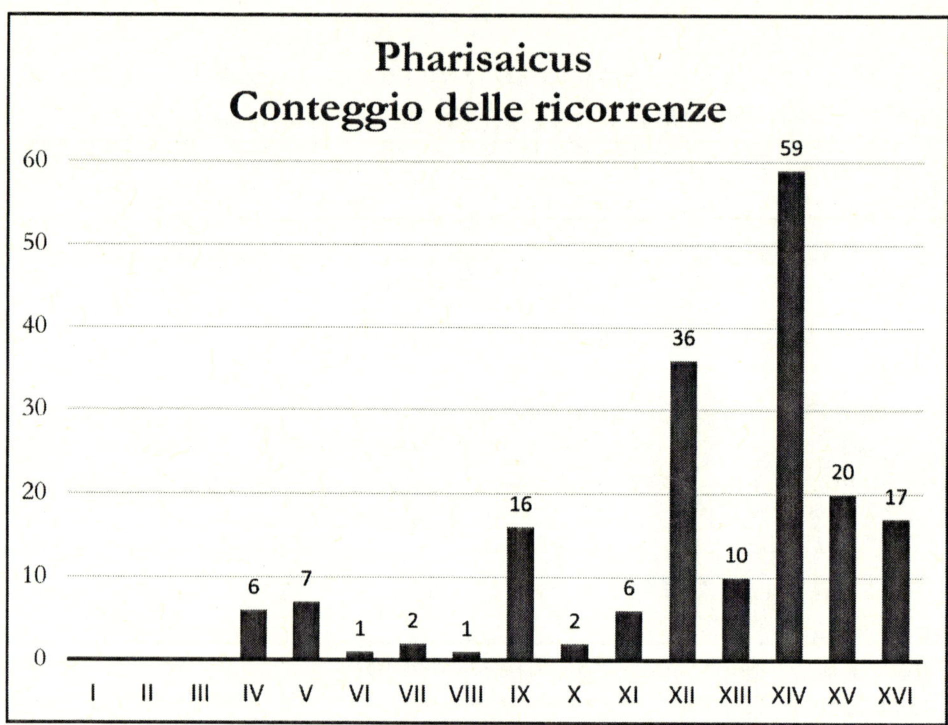

Figura 10. Pharisaicus, numero di ricorrenze per secolo

L'aggettivo *pharisaicus* è un termine raro in latino, comparendo solo 193 volte nei database *Brepolis*, ricorrendo poco più di una volta ogni milione di parole (1,28). Al confronto *iudaicus* compare 4.498 volte e *hebraicus* 5.334. L'andamento del grafico è piuttosto diverso dall'omologo termine greco, sebbene entrambi si presentino a partire dal IV secolo, l'aggettivo latino ha il massimo uso nel XIV secolo, mentre l'aggettivo greco ha il suo massimo nel IV. Generalmente *pharisaicus* è relativamente più frequente dell'omologo greco, 193 occorrenze contro le 82 dell'aggettivo greco, anche gli aggettivi *iudaicus* e *hebraicus* son più usati in latino, che in greco. Da notare come in latino l'aggettivo più usato sia *hebraicus*, mentre in greco sia ἰουδαϊκός.

L'aggettivo *iudaicus* fa la sua comparsa nel I sec. a.C. (in Cicerone nella sua *Difesa di Lucio Valerio Flacco* [*Flac.* 66]), mentre *hebraicus* III sec. d.C. (in Tertulliano).

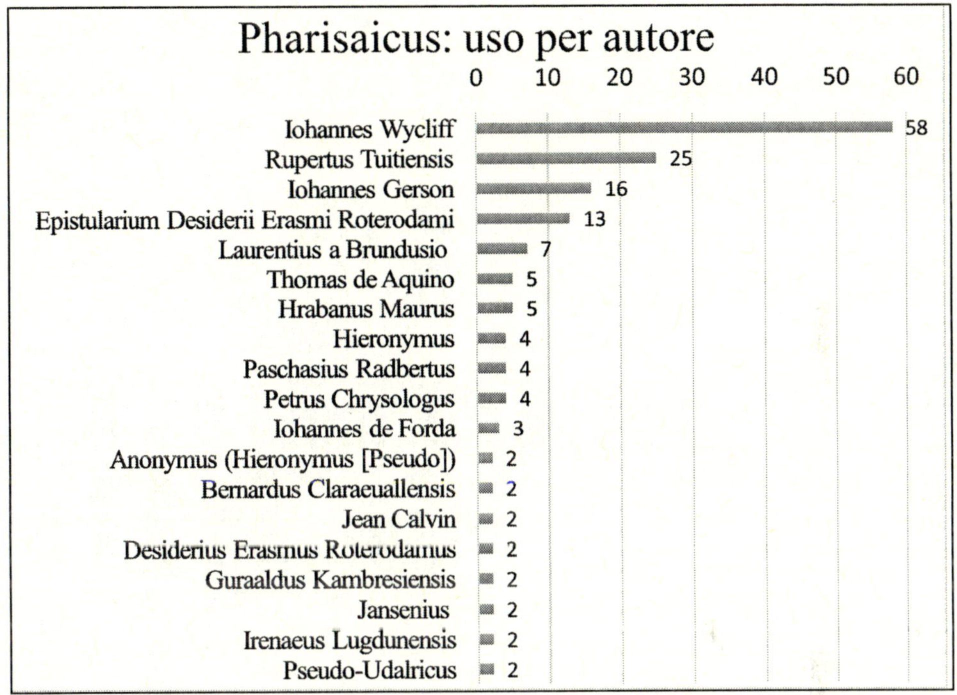

Figura 11. Pharisaicus, uso per autore

L'uso per autore di *pharisaicus* vede, ovviamente, ai primi posti autori di epoche in cui l'aggettivo è usato maggiormente; John Wyclif si stacca decisamente da altri scrittori con ben 58 occorrenze, fra gli autori più antichi vi sono Girolamo e Pietro Crisologo entrambi con 4 ricorrenze. Ireneo di Lione[36] è presente per la traduzione latina della sua opera fatta fra il III e il V secolo.

4. Analisi statistica in greco e latino

Il conteggio delle occorrenze di un certo vocabolo negli scritti di un determinato periodo non è sufficiente a dare delle informazioni per il confronto dell'uso del termine nei diversi secoli. In figura 1 e 2 è stato illustrato quanto sia variabile l'andamento per secolo del materiale raccolto nei database utilizzati per la ricerca in greco e latino. Al problema si ovvia

---

[36] Vedi Cap. V. È difficile stabilire se l'aggettivo *pharisaicus* sia stato introdotto dall'anonimo traduttore dell'*Adversus haereses* oppure fosse presente nell'originale greco perduto.

considerando non il numero di occorrenze, quanto la sua frequenza per secolo, ovvero il rapporto fra il numero di presenze di un vocabolo e il totale delle parole trasmesse in un certo secolo. Considerando le grandezze in gioco la frequenza è espressa in numero di parole per milione di vocaboli in un certo secolo.

TLG statistics utilizza un altro parametro, *under/over-represented value for a certain lemma*, che è la differenza fra la frequenza di un certo vocabolo nell'intero *corpus* e la sua frequenza in un determinato secolo. Questo valore permette, grossolanamente, di evidenziare i periodi in cui una parola è più o meno utilizzata rispetto alla media generale.

Partendo da questa idea ho preferito visualizzare, nei grafici di frequenza per secolo di un lemma, una linea che rappresenti il valore medio di frequenza di tale lemma nell'intero corpo. In questo modo gli istogrammi che superano la linea indicano una maggiore frequenza rispetto alla media generale in un tal secolo, quelli che rimangono al di sotto, un minore uso. In questo modo un solo grafico fornisce indicazioni non solo sulla frequenza, ma permette di visualizzare con immediatezza se in un tal secolo il termine è sovra.o sotto rappresentato rispetto alla media generale.

Mi preme ribadire che l'uso del parametro frequenza permette il confronto diretto dell'utilizzo del termine fra gli scritti trasmessi nei diversi secoli, prescindendo dalla quantità di testi datati ad uno o all'altro secolo. Certamente questo valore è indice più o meno efficiente dell'uso di un tal termine quanto più o meno sia grande e variegato[37] il campione di testi su cui si opera.

In questo studio i risultati sulla frequenza dei termini sono legati ovviamente al campione di lavoro, cioè ai testi contenuti nelle raccolte utilizzate. Ho già indicato (nell'introduzione di questo capitolo) come i testi antichi, trasmessi e raccolti nei database, siano una selezione di quelli prodotti nei diversi secoli; qui vorrei osservare come il dato della frequenza sia

---

[37] In generale ci si aspetta di trovare nominati i farisei nei commentari, ad esempio, del vangelo di Matteo, mentre non ci si aspetterebbe nessuna ricorrenza in trattati di botanica o nei commentari delle opere di Aristotele. Per una corretta analisi statistica è necessario considerare il campione più ampio possibile di opere per ottenere risultati generali, a prescindere da tipologie utili per una indagine analitica. Considerando solo gli uni o gli altri si avrebbero risultati particolari per l'un tipo o l'altro, ma affatto generali e quindi meno utili per questa sezione dello studio. Ciò che interessa è considerare il sostantivo e l'aggettivo nell'insieme di tutte le opere raccolte nei database per derivarne una stima di uso e di frequenza dei lemmi nella produzione letteraria di un certo secolo.

indicativo dell'uso generale di un termine quanto più grande e vario sia il numero di parole e opere sul quale si opera; ovvero esso potrebbe essere più congruente, cioè rispecchiare l'uso reale, in quei secoli in cui più grande è il volume di testi trasmessi, ad esempio il IV secolo per il greco e il XIII secolo per il latino (vedi figure 1 e 2). D'altro canto non è possibile fare di meglio che indicare l'esistenza del problema e della approssimazione; considerare la varietà di scritti conservati per un dato periodo è difficile: come si può valutare ciò che è stato trasmesso, e questo è vieppiù vero per i periodi più antichi, rispetto a ciò che non lo è stato? Banalmente è impossibile valutare quali, quante opere e di che tipo siano state perse, visto appunto che esse non sono più e probabilmente la maggior parte è sconosciuta[38].

Nel corso di questa analisi tutti questi parametri di approssimazione non saranno ulteriormente citati: non sarà specificato ogni volta che il valore di frequenza di un termine in un certo secolo è relativo agli scritti raccolti nel database e in esso attribuiti a quel periodo (correttamente o con quale approssimazione), e la frequenza di un termine verrà utilizzata come indice (relativo e approssimato) del suo uso in un determinato secolo.

4.1 *Φαρισαῖος, frequenza nei secoli*

Un dato importante di partenza, da tenere a mente e già sottolineato, è che la frequenza media del sostantivo φαρισαῖος è piuttosto bassa: i farisei non sono certo un fenomeno di massa.

---

[38] Certamente vi sono notizie di autori e opere perdute in autori coevi o successivi, ma non esistendo un catalogo di riferimento per un dato periodo, la valutazione resta assai difficile o ampiamente nel campo delle ipotesi. Se di una biblioteca andassero a fuoco alcune parti, il catalogo indicherebbe ciò che è andato perduto. Ma se fosse bruciato anche il catalogo, il computo delle perdite sarebbe impossibile.

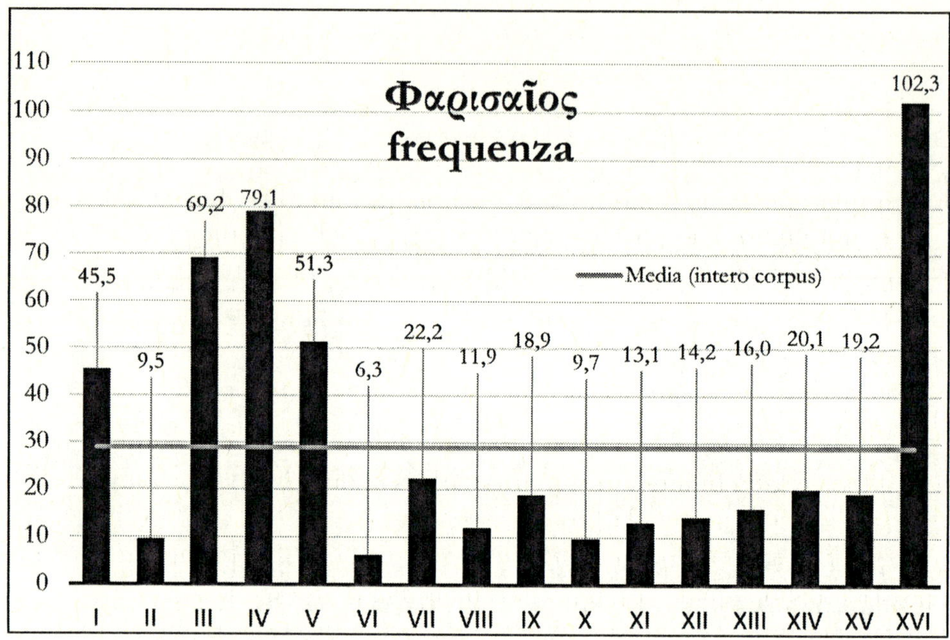

Figura 12. Φαρισαῖος frequenza per secolo (parole per milione)

La frequenza di φαρισαῖος ha un andamento interessante: nel primo secolo, ha un valore superiore alla media grazie alle occorrenze nelle opere di Flavio Giuseppe e nel NT, ma nel secolo successivo il valore crolla di ben un ordine di grandezza, per poi impennarsi nel III secolo. Nel IV e V secolo la frequenza resta sopra la media (con un calo nel V secolo), per poi ridursi drasticamente nel VI secolo e restare sotto la media fino al XV sec. La massima frequenza d'uso si ha nel XVI secolo.

Di particolare interesse per questo lavoro sono i valori dei primi secoli. Singolare appare la "lacuna" del II secolo: in questo periodo la parola φαρισαῖος conosce una delle frequenze più basse dei secoli considerati (solo il VI sec. ha una frequenza più bassa), comportamento sorprendente considerando come nel secolo precedente il termine sia usato più frequentemente, con una presenza non trascurabile nei testi del NT, paradigmatici (anche se in vario modo) per gli scrittori cristiani di ogni epoca. Nel III secolo vi è una decisa inversione di rotta, con una frequenza di oltre tre volte superiore alla media, valore superato successivamente solo nel IV e nel XVI secolo. In questo caso il contributo delle opere di Origene è davvero sostanzioso con 203 occorrenze (in greco), enormemente più grande del secondo autore, 'Ippolito' con 9 occorrenze[39].

Di fatto Origene costituisce una svolta notevole, portando i farisei, da un punto di vista numerico, ad una rilevanza sconosciuta nei secoli precedenti. Il grande numero di occorrenze dello scrittore alessandrino è certamente dovuto alla sua grande e sistematica opera esegetica, un monumento che ha influenzato sostanzialmente gli scrittori cristiani successivi.

Il VI secolo mostra un'altra lacuna interessante: dopo tre secoli di relativa diffusione (III-V sec.), il sostantivo conosce una contrazione d'uso improvvisa, con una frequenza inferiore a quella del II secolo. Un fenomeno particolare che meriterebbe una indagine per comprendere le ragioni di tale "diminuzione d'interesse", enigmatica alla luce dei soli "numeri".

I primi tre secoli rappresentano un campo assai interessante per la ricerca poiché rappresentano il periodo di passaggio fra le "fonti", cioè fra il NT e Flavio Giuseppe, e la loro rilettura nei secoli seguenti. Una rilettura però che, in base all'andamento della frequenza di φαρισαῖος, mostra una specie di "oblio" dei farisei nel II secolo, per poi svilupparsi a partire dal III secolo.

4.2 *Φαρισαϊκός, frequenza nei secoli*

Se si considera il grafico della frequenza dell'aggettivo φαρισαϊκός (fig. 13), si nota come esso mostri i primi valori nel IV secolo: se si usa la presenza dell'aggettivo correlato al sostantivo come indice di un significato tipologico diffusamente riconosciuto (tanto da avere un riscontro linguistico), allora si può dire che la figura dei farisei è sostanzialmente fissata a partire dal IV secolo. Tale tipologia però non può che essere il punto di arrivo di una evoluzione sviluppatasi nei secoli precedenti, con una accelerazione nel III secolo, nel quale si osserva un marcato sviluppo (numerico e di frequenza) dell'uso di φαρισαῖος, dopo la "lacuna" (quantitativa) del II secolo. Accelerazione che vede in Origene, e nelle sue opere, il principale attore.

In generale i grafici di frequenza dell'aggettivo e del sostantivo in greco suggeriscono che se nel I secolo le occorrenze (φαρισαῖος) ricadono

---

[39] *TLG* riporta 11 occorrenze per l'autore Hippolytus, ma considera due edizioni del *Commento a Daniele*, quella di *SCh* 14 e quella di *CGS* 7. Lo stesso accade per Origene, per il quale sono conteggiate 249 occorrenze, ma sono considerate due edizioni per il *Commento al vangelo di Giovanni*, *SCh* (120, 157, 222, 290, 385) e *CGS* 10.

essenzialmente in quelle che possiamo definire come fonti[40] (NT e Flavio Giuseppe), allora i due secoli successivi devono essere studiati per comprendere lo sviluppo e la fissazione della figura tipologica dei farisei (φαρισαϊκός), compiuta nel IV secolo.

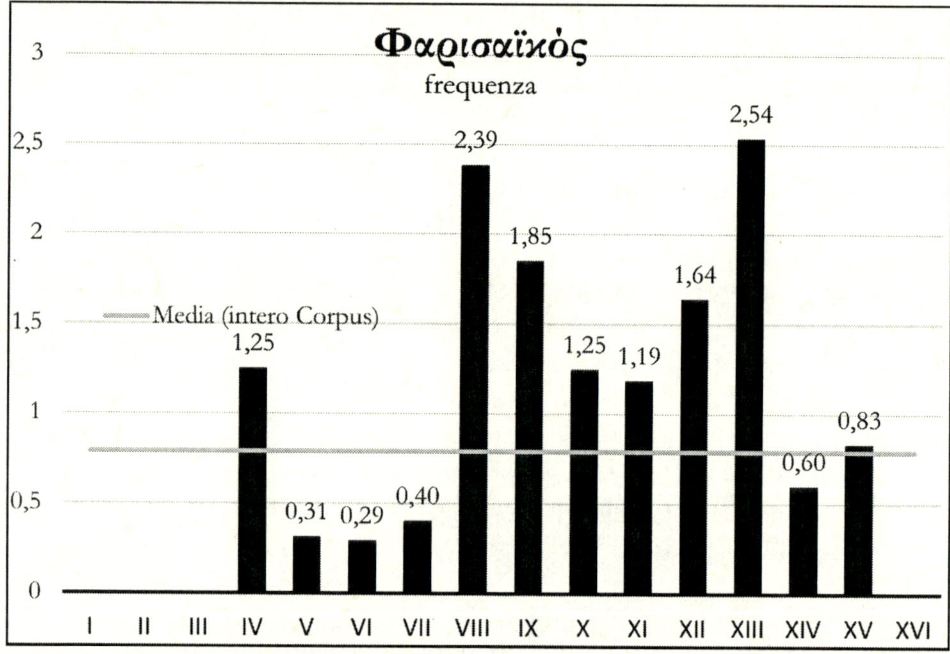

Figura 13. Φαρισαϊκός frequenza per secolo (parole per milione)

Tornando alla frequenza di φαρισαϊκός, essa è evidentemente molto bassa, con un valor medio sull'intero *corpus* di 0,79 occorrenze per milione di parole. Il primo massimo relativo nel grafico è proprio nel IV secolo, con una frequenza superiore alla media. Nei tre secoli successivi vi è un crollo della frequenza, fino ad un nuovo picco nell'ottavo secolo. In questi tre secoli l'aggettivo ha un uso veramente basso, se si fa un confronto con la frequenza di φαρισαῖος si nota come anche esso sia poco frequente nel VI e VII secolo. Si potrebbe arguire che i farisei e la loro tipologia riscuotano un interesse limitato in questi due secoli.

---

[40] NT e Flavio Giuseppe restano a tutt'oggi fonti essenziali per lo studio dei farisei.

Il V secolo mostra parametri differenti, a una frequenza del sostantivo (e dell'aggettivo sostantivato) sopra la media corrisponde un minimo nella frequenza dell'aggettivo. Si potrebbe pensare che il V secolo mostri, globalmente e genericamente, un interesse per il gruppo, probabilmente connesso con la presenza del termine nei commentari evangelici o simili, ma non sia "attento" alla tipologia in sé. Al contrario l'attenzione alla tipologia cresce dall'VIII al XIII secolo, a scapito invece al gruppo in sé, visto che in questo periodo la frequenza del sostantivo greco si presenta ridotta e inferiore alla media. Ovviamente una simile ipotesi preliminare andrebbe avvalorata da un esame delle tipologie dei testi e dai testi stessi, questione al di fuori dei limiti di questo studio.

4.3 *Pharisaeus, frequenza per secolo*

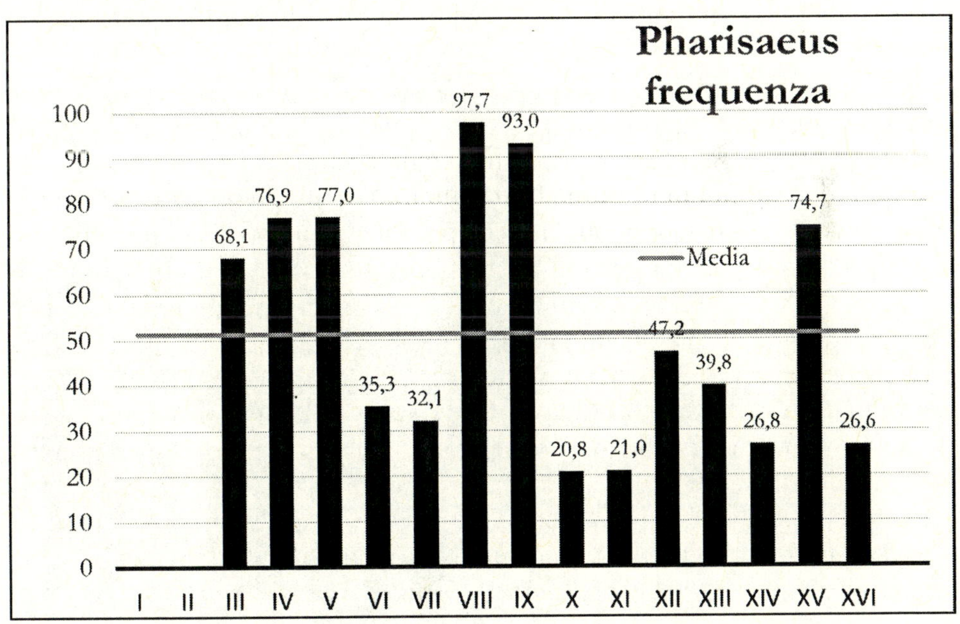

Figura 14. Pharisaeus, frequenza per secolo (parole per milione)

La frequenza di *pharisaeus* mostra un andamento per alcuni versi dissimile da quello dell'omologo greco. È evidente l'assenza di occorrenze nel I e II secolo[41]: ovviamente per il I secolo mancano il NT e le opere di Flavio Giuseppe, che conoscono traduzioni in latino in epoche successive, mentre per il II secolo non vi sono autori latini che considerino i farisei. L'inizio nel III secolo, contributo di Tertulliano e Cipriano (rispettivamente 47 e 7 occorrenze), mostra il primo passo deciso e raccoglie l'eredità culturale della letteratura in greco dei primi secoli; nei due secoli successivi vi è un ulteriore sviluppo della frequenza, cui segue una diminuzione sotto il valore medio nel VI e VII secolo. Tale diminuzione non è così marcata come quella che si osserva per il sostantivo greco per il VI secolo. Inoltre, mentre per il greco la frequenza del sostantivo resta sotto il valore medio nei secoli successivi, in latino vi è uno sviluppo notevole, con il grafico che conosce i valori più alti della frequenza nell'VIII e nel IX secolo.

4.4 *Pharisaicus, frequenza per secolo*

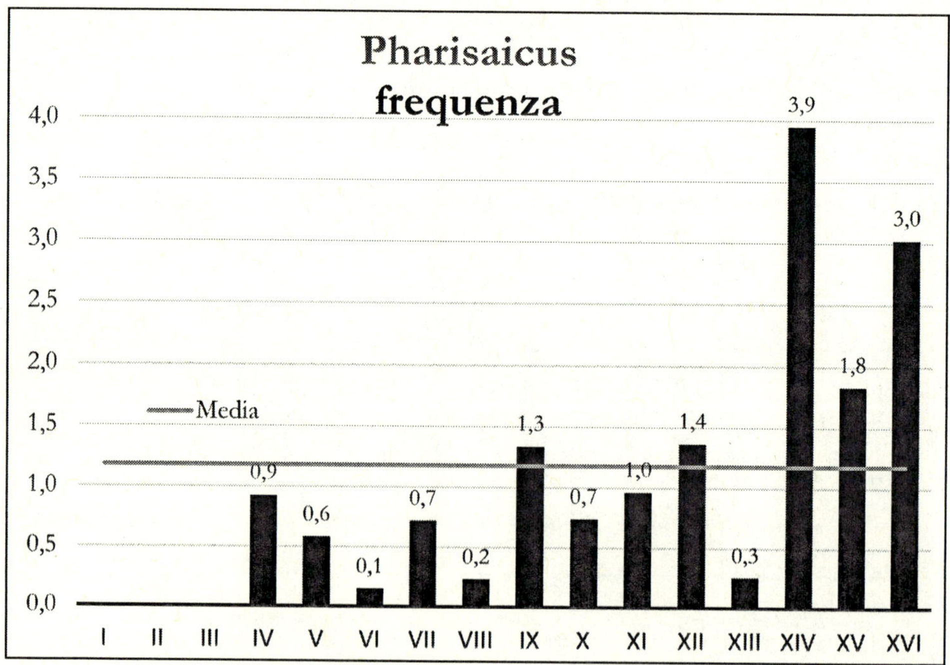

Figura 15. Pharisaicus, frequenza per secolo (parole per milione)

---

[41] I database *Brepolis* datano al II secolo due occorrenze delle opere di Tertulliano, e raggruppano le altre nel III secolo. La scelta più logica è considerare Tertulliano un autore del III secolo *tout court*.

La frequenza dell'aggettivo *pharisaicus* è molto bassa: 1,18 parole per milione, superiore a quella dell'omologo greco, 0,79, ma comunque si conferma un termine davvero poco usato. Le prime occorrenze sono del IV secolo, con una frequenza comunque inferiore alla media. Il valore supera appena la media nel XI e nel XII secolo, per poi avere un massimo nel XIV secolo con un valore circa tre volte superiore alla media generale. Sembrerebbe che l'uso dell'aggettivo conosca uno sviluppo solo negli ultimi secoli dell'intervallo considerato.

Il IV secolo è il momento in cui la figura tipologica dei farisei in latino si presenta come definita, stante l'esistenza di un aggettivo che esprime linguisticamente un certo modo di essere loro tipicamente attribuito. Tale tipologia però è usata con maggior frequenza diversi secoli dopo la sua definizione, quando, di converso, la frequenza di *pharisaeus* ha valori non molto elevati (dal X al XVI secolo, con l'eccezione del XV, i valori del sostantivo sono inferiori alla media generale). Questa sorta di controtendenza di *pharisaicus* rispetto a *pharisaeus* è interessante e meriterebbe un approfondimento: vi è qui una indicazione che la dimensione tipologica cresca d'importanza con il tempo, giungendo alla massima "diffusione" fra il XIV e il XVI secolo (i valori di frequenza, anche se sopra la media dal XIV al XVI secolo, sono comunque contenuti). Certamente solo un esame analitico, stante l'enorme differenza fra le frequenze di *pharisaeus* e *pharisaicus*, potrebbe accertare se in questo periodo la figura dei farisei si sia tanto stereotipata da poter essere usata con accezione definitivamente negativa, non solo in contesti esegetici, ma anche teologici e polemici[42]; è come se la dimensione tipologica dei farisei (*pharisaicus*) divenisse simile a una maschera teatrale greca, cristallizzata su un solo volto, su un solo personaggio, oppure (con un paragone più moderno) come un attore condannato a far vivere quel personaggio che lo ha portato al successo, il cui nome fantastico prende il sopravvento, e condanna all'oblio nell'immaginario collettivo, il nome proprio della persona.

Sebbene *pharisaeus*, al contrario di φαρισαῖος, faccia la sua comparsa praticamente, nel III secolo, dunque con un ritardo apprezzabile rispetto al sostantivo greco, l'aggettivo *pharisaicus* non mostra un ritardo rispetto all'omologo greco[43]. I farisei entrano nella letteratura in latino quando già

---

[42] Il sospetto di un tale uso viene dal grafico di figura 11, elenco degli scrittori che maggiormente usano l'aggettivo *pharisaicus*, che vede John Wyclif svettare con 54 occorrenze, autore a cui certo non mancò una certa vis polemica.

[43] Ricordo che ciò è vero nella approssimazione temporale accettata per questa analisi statistica,

da tempo sono presenti in quella in greco, però, se si utilizza la presenza dell'aggettivo *pharisaicus* come indice della loro tipizzazione, questa non mostra sostanziali slittamenti temporali rispetto al greco[44]. Ciò che in greco matura in oltre due secoli, in latino si sviluppa in un tempo inferiore, probabilmente per lo scambio culturale fra i due universi linguistici.

Se si considerano alcuni dei primi scrittori ad utilizzare l'aggettivazione in latino e in greco, si vede come essi siano grossomodo coevi:

φαρισαϊκός	pharisaicus
Atanasio di Alessandria (300 ca. – 373)	Gregorio di Elvira (320 ca. – 405 ca.)
Gregorio Nisseno (335 ca. – 395 ca.)	Girolamo (347 – 420)
Gregorio Nazianzeno (330 ca. – 390)	
Basilio di Cesarea (330 ca. – 379)	
Giovanni Crisostomo (350 ca. – 407)	

La superiore frequenza dell'aggettivo in greco corrisponde ad un maggior numero di autori che lo utilizzano, rispetto ai due scrittori latini (IV-V sec.).

Vorrei osservare come Girolamo conosca molto bene l'opera di Origene e come egli abbia incontrato Atanasio d'Alessandria quando questi era in esilio a Treviri; anche il *Tractatus Origenis de libris Sanctarum Scripturarum* di Gregorio di Elvira ha connessioni (dirette o indirette) con il lavoro esegetico dell'Alessandrino[45].

In questo caso si palesa il vantaggio e il limite dell'analisi statistica: da un lato essa permette di identificare lo sviluppo temporale della tipologia farisaica, dall'altra non permette distinzioni fini, come apprezzare o meno una differenza o una dipendenza del contesto latino dal greco; solo una analisi più dettagliata permette di aggiungere più informazioni.

---

che vede come unità di tempo un secolo. Va considerato anche che, sebbene sia possibile valutare con attenzione le singole ricorrenze e le opere in cui compaiono utilizzando una scala temporale più dettagliata, vi sono sempre fattori di approssimazione, come la difficile precisa datazione delle opere e lo scarso numero di occorrenze dell'aggettivo.

[44] *Pharisaicus* compare nel IV secolo nel *Commentarii in euangelium Matthaei* di Girolamo, e nel *Tractatus Origenis de libris Sanctarum Scripturarum* di Gregorio d'Elvira. Si potrebbe anche considerare la traduzione in latino del *Adversus haereses* di Ireneo, per la quale però sono state proposte datazioni dal III al V secolo.

[45] La discussione sull'attribuzione a Gregorio di Elvira del *Tractatus Origenis de libris Sanctarum Scripturarum* è stata lunga e complessa. In ogni caso il legame con il *Commento alla Genesi* di Origene, diretto o indiretto che sia, parrebbe evidente; cfr. per esempio G. HEIDL, «Some Traces of an Ancient Latin Compilation of Origen's Commentary on Genesis»' *REAug* 46 (2000), 3-30.

Il numero di autori che usano φαρισαϊκός può indicare, nel loro maggior numero rispetto alla compagine latina, un "maggiore" radicamento della tipologia nella letteratura in greco rispetto a quella latina. In ogni caso tanto Girolamo che il *Tractatus Origenis*, essendo connessi (in modi diversi) con l'opera origeniana, indicano una dipendenza dalla letteratura in greco e, presumibilmente, uno sviluppo leggermente posteriore.

Si pone ancora una volta come cruciale l'opera origeniana, monumento esegetico (e non solo) ineliminabile, fondamentale per moltissimi scrittori ecclesiastici. Va ricordato che, sebbene Origene non utilizzi l'aggettivo φαρισαϊκός, tuttavia egli usa (una sola volta nelle opere trasmesse) l'avverbio φαρισαϊκῶς in *CIo*, VI, 22,121, prima traccia linguistica (isolata e dunque non definitiva) della fissazione tipologica.

5. Linee guida di ricerca

Considerati i dati raccolti e fin qui esaminati in questa analisi statistica delle occorrenze, si giustificano meglio alcune delle scelte fatte per delimitare e caratterizzare questo studio, nonché, in parte, la scelta degli autori o opere da considerare.

L'analisi statistica delle occorrenze del sostantivo fariseo e dell'aggettivo farisaico, in greco e latino, aiutano nella selezione di un lasso temporale significativo: la presenza dell'aggettivo φαρισαϊκός a partire dal IV secolo indica come la tipologia farisaica inizi ad essere definita e radicata, tanto nel mondo greco che latino a partire da questo secolo. Si può quindi considerare il IV secolo come punto di arrivo di uno sviluppo che inizia nel I secolo con l'apparizione del sostantivo φαρισαῖος. Se la tipologia può dirsi definita nel IV secolo, massimo interesse lo hanno i secoli precedenti, nei quali il processo si sviluppa, come indicato dal grafico di frequenza di φαρισαῖος, soprattutto nel III secolo, a preparare il primo culmine (massimo relativo nel grafico) del IV secolo.

L'altro aspetto importante è la relativa carenza delle occorrenze del sostantivo in greco per i primi due secoli: nel primo secolo, come già visto, i farisei sono presenti nel NT e nelle opere di Flavio Giuseppe, ed è ben strano che il II secolo si interessi tanto poco a questa compagine ebraica, soprattutto nel campo degli scrittori ecclesiastici, legati (in termini e modi diversi) agli scritti neotestamentari.

Il II secolo deve essere indagato per accertare quali siano le caratteristiche riportate sui farisei e confrontarle con quelle del secolo successivo: sarà importante comprendere non solo cosa c'è, ma anche cosa non c'è rispetto ai periodi seguenti, cercando di identificare le ragioni dello sviluppo mostrato dai dati numerici.

Il III secolo si propone come il "tempo di mezzo" fra la "lacuna" del II sec. e la definizione nel IV sec.: è il periodo che prepara, e probabilmente costruisce, quelle linee che saranno riprese nel secolo successivo e oltre.

Nel quadro temporale dello sviluppo del ruolo e della figura dei farisei nella letteratura greca, e nei padri in particolare, le opere di Origene si presentano come un punto di snodo importantissimo, è il primo degli autori (pochi in realtà) che considerano così tanto, quantitativamente, i farisei: nessuno prima di lui cita così tante volte i farisei, ed è anche il primo ad utilizzare l'avverbio φαρισαϊκῶς[46].

Il *corpus* letterario in greco per i primi secoli è quello che si propone come più interessante: in latino il primo ad usare il nome fariseo è Tertulliano, le cui opere sono sostanzialmente del III secolo (la sua conversione al cristianesimo è del 195 circa); l'aggettivo correlato *pharisaicus* compare nello stesso secolo del greco φαρισαϊκός, probabilmente in dipendenza dal contesto degli scrittori ecclesiastici greci. Conseguentemente la ricerca dovrà occuparsi principalmente dei padri e delle opere del contesto greco.

Da queste osservazioni scaturisce la scelta di esaminare scritti e opere dei padri greci e latini dei primi tre secoli, come miglior compromesso fra la significatività di una ricerca iniziale sul tema e una quantità di materiale da esaminare esperibile.

Una volta delimitato, grazie alla analisi statistica, il periodo più interessante per lo studio è necessario identificare quali autori e opere analizzare.

Già è stato sottolineato come il *corpus* di opere in greco sia più significativo nel periodo scelto e come, in quest'ultimo, caposaldo essenziale siano gli scritti di Origene. Conseguentemente l'Alessandrino deve necessariamente entrare nel novero degli autori da analizzare. Gli altri autori (o opere) sono stati selezionati, seguendo una linea cronologica, a seconda del numero di occorrenze. Tale griglia ha fornito una prima lista che a sua volta è stata rapidamente vagliata, analiticamente, per identificare autori ed opere considerati più significativi.

Per la lingua greca sono stati infine scelti Giustino, Egesippo, 'Ippolito', Clemente di Alessandria, Origene; per la lingua latina Tertulliano. Il contributo di Ireneo di Lione, autore di formazione orientale importante e influente, è stato esaminato nella traduzione latina del suo *Adversus haereses*.

---

[46] Del resto nessun autore cristiano prima di lui scrive così tanto e così tanto di Bibbia.

Nell'universo degli scritti apocrifi è stato scelto il *Vangelo di Tommaso*, per analizzare una rappresentazione dei farisei in uno scritto antico e "alternativo" ai vangeli canonici.

La scelta d'inserire il romanzo pseudo-clementino può apparire anomala: la datazione delle redazioni finali lo porrebbe al di fuori dell'intervallo temporale selezionato. Tuttavia tali redazioni rappresentano il punto finale di diversi stadi che inglobano materiali più antichi, ma soprattutto esprimono un punto di vista "alternativo" a quello degli altri autori o scritti scelti: è una prospettiva caratterizzata dalla percezione di una contiguità con il mondo giudaico, e da una ri-narrazione della storia della chiesa primitiva, per molti versi, alternativa a quella degli *Atti degli Apostoli*. Ritengo importante valutare l'influsso di tale contesto ecclesiale e teologico sulla rappresentazione dei farisei.

APPENDICE CAP. I

1. **Tabella: occorrenze di farisei negli autori e opere cristiane dei primi tre secoli.**

Di seguito riporto una lista[47] di scrittori o opere cristiane dei primi tre secoli nelle quali compaiono esplicitamente i farisei. La lista non ha l'obiettivo della esaustività, piuttosto vuole illustrare la situazione generale di questo periodo, caratterizzata da una relativa scarsità delle occorrenze del lemma farisei, come anche la sua concentrazione in alcuni scritti o autori. Nella lista sono inseriti autori e opere per lo più in greco e latino, ma non mancano eccezioni (il *Diatessaron* è in siriaco, ma è stato inserito per confronto con le occorrenze nei vangeli canonici, il *Vangelo di Tommaso* è trasmesso in greco e copto).

NT	98
Vangelo di Tommaso	2
Oxyrhynchus 1224, vangelo	1
Vangelo di Pietro	1
Vangelo degli ebioniti	1
Oxyrhynchus 840, vangelo	1
Apocrifo di Giovanni	2
Vangelo dell'infanzia di Tommaso	3
Giustino	10
La testimonianza veritiera	2
Atti di Giovanni	1
Egesippo	4
Diatessaron	76
Ireneo di Lione	15
'Ippolito[48]'	9

---

[47] La lista include alcune opere e autori la cui datazione non è riconducibile, o non lo è univocamente, ai primi tre secoli: pseudo-Cipriano (III-V sec.), *Costituzioni Apostoliche* (IV sec., ma incorpora e/o rielabora, materia di opere precedenti), *Omelie* e *Ritrovamenti pseudo-clementini* (opere dalla storia e composizione complesse, vedi Cap. X).

[48] Con 'Ippolito' si identifica il gruppo di autori di opere poste sotto questo pseudonimo, vedi Cap. VI.

Clemente di Alessandria	8
Tertulliano	46
Pseudo-Tertulliano	1
Costituzioni apostoliche	4
Origene[49]	292
Cipriano	7
Pseudo-Cipriano	3
Omelie pseudo-clementine	5
Ritrovamenti pseudo clementini	7

---

[49] Sono considerate qui le occorrenze sia in greco che in latino.

CAPITOLO II

Giustino

1. Introduzione

San Giustino nasce a Nablus, colonia romana della Samaria, nella prima metà del II secolo, dove compie studi filosofici e dove si converte al cristianesimo attorno al 130 d.C. Fra le sue opere ci è pervenuto il *Dialogo con Trifone*, in cui il filosofo stesso si confronta, da cristiano, con l'ebreo Trifone con l'intento di mostrare la verità del cristianesimo, confutando le critiche e le obiezioni del giudaismo tramite la corretta interpretazione della scrittura.

Il *Dialogo con Trifone* è un'opera di grande rilievo per antichità, importanza teologica, letteraria, storica e influenza: è il più antico confronto esplicito giunto fino a noi[1] fra un cristiano e un ebreo, è un documento primario per comprendere la teologia di Giustino e del primo cristianesimo (fondamentali sono la sua cristologia e la sua esegesi cristologica delle scritture) con influssi importanti sugli scrittori cristiani successivi; Giustino è l'iniziatore di generi letterari cristiani quali ad esempio l'*Adversus Iudaeos* e i trattati eresiologici.

Quanto alla "questione farisei" il *Dialogo* ha tutti i presupposti per essere una fonte preziosa: Giustino, palestinese, intese un confronto con l'ebreo Trifone[2] nel periodo[3] della riconfigurazione del giudaismo dopo il 70 d.C; luogo, soggetto e periodo appaiono assai promettenti.

---

[1] La più antica disputa, perduta, fra un cristiano e un giudeo è il *Dialogo tra Giasone e Papisco intorno a Cristo* di Aristone di Pella, scritto attorno al 140 e citato da Origene (cfr. *Contra Celsum* 4,52).

[2] Cfr., GIUSTINO, *Dialogo con Trifone*, G. VISONÀ, ed., Milano 2009², 17.

[3] Il *Dialogo* è ambientato a ridosso della II guerra Giudaica (cfr. *Dial.* 1,3), si può considerare questo come un riferimento temporale indicativo quanto alla scaturigine dell'opera, probabilmente sostanziata anche da reali confronti di Giustino con ebrei. La redazione letteraria definitiva è prossima al 160 d.C., ovvero successiva alla *I Apologia* (cfr. *Dial.* 120,6).

2. I farisei nel *Dialogus cum Tryphone*

Le ricorrenze del lemma φαρισαῖος nelle opere di Giustino giunte fino a noi sono dieci in tutto, tutte al plurale e tutte all'interno del *Dialogo con Trifone*:

Dial. 17,4	*Dial*. 80,4	*Dial*. 103,1
Dial. 51,2	*Dial*. 100,3	*Dial*. 105,6 (2 v)
Dial. 76,7	*Dial*. 102,5	*Dial*. 137,2

2.1 *Dialogus* 17,4

Il capitolo 17 tratta dell'accusa rivolta ai giudei di inviare emissari in tutta la terra (*Dial*. 17,2) per diffondere calunnie sui cristiani e vi si cita Is 52,5, Is 3,9-11, Is 5,18-20 per rafforzare tali accuse. Successivamente il paragrafo 17,4 riporta alcune espressioni di Gesù contro scribi e farisei:

Καὶ ἐβόα·Οὐαὶ ὑμῖν, γραμματεῖς καὶ Φαρισαῖοι, ὑποκριταί, ὅτι ἀποδεκατοῦτε τὸ ἡδύοσμον καὶ τὸ πήγανον, τὴν δὲ ἀγάπην τοῦ θεοῦ καὶ τὴν κρίσιν οὐ κατανοεῖτε τάφοι κεκονιαμένοι, ἔξωθεν φαινόμενοι ὡραῖοι, ἔσωθεν δὲ γέμοντες ὀστέων νεκρῶν. Καὶ τοῖς γραμματεῦσιν Οὐαὶ ὑμῖν, γραμματεῖς, ὅτι τὰς κλεῖς ἔχετε, καὶ αὐτοὶ οὐκ εἰσέρχεσθε καὶ τοὺς εἰσερχομένους κωλύετεόδηγοὶ τυφλοί[4]. (*Dial*. 17,4)

E gridava: *Guai a voi scribi e farisei ipocriti, che pagate la decima della menta e della ruta e non osservate l'amore e la giustizia di Dio! Sepolcri imbiancati, fuori belli a vedersi ma dentro pieni di ossa di morti! E agli scribi: Guai a voi, scribi, perché avete le chiavi ma voi non entrate e a quelli che vogliono entrare lo impedite! Guide cieche[5]!*

Si tratta di citazioni[6] del vangelo di Matteo (Mt 23,23) e Luca (Lc 11,42.52), in particolare φαρισαῖοι è contenuto nella citazione di Mt 23,23

---

[4] Per il testo greco del *Dialogo* è usato (salvo diversa indicazione): JUSTIN MARTYR, *Dialogue avec Tryphon: édition critique*, I-II, P. BOBICHON, ed., Fribourg 2003. Qui la citazione è presa da pag. 226.

[5] Se non diversamente indicato la traduzione italiana riportata è quella di G. Visonà; il testo in italiano segue questa traduzione, corsivo compreso. Fra parentesi quadre è riportata una traduzione più letterale rispetto a quella del Visonà quando ritenuto necessario.

[6] Giustino "cita" i vangeli in modo molto libero, frequentemente tendendo a fondere testi diversi e spesso presentando varianti rispetto ai sinottici, il che è ben comprensibile ipotizzando che egli non disponesse di un *corpus* neotestamentario già chiuso. Non si può neanche affermare che Giustino consideri il NT quale Scrittura alla stregua dell'AT. Conseguentemente il termine *citazione* va inteso, in questo contesto, in senso ampio, non come un riporto letterale di un testo, ma come un riferimento alle «memorie degli apostoli» (ad esempio *Dial*. 100,4). Inoltre è discusso se Giustino abbia fra le sue fonti i sinottici, considerando come le sue citazioni siano non solo piuttosto libere (e talvolta

e colà già associati con i γραμματεῖς. Giustino utilizza la polemica di Gesù contro l'ipocrita osservanza dei precetti minimi, a scapito di quelli fondamentali, per rinforzare l'accusa verso i giudei della cieca incapacità di riconoscere in Gesù il giusto già profetizzato da Isaia.

Va considerato come in Mt 23,15 si accenni alla "pratica missionaria" degli scribi e farisei di percorrere terra e mare per fare un solo proselito, tematica assonante all'accusa di Giustino dell'invio di emissari giudei per diffondere le accuse sulla eresia cristiana. Siamo di fronte dunque ad una citazione diretta, scelta quale prova della reiterazione di errori che sono stati propri dei giudei fin dai tempi antichi e, ora, degli scribi e farisei, che sono espressione del popolo giudaico.

Gli scribi compaiono associati ai farisei, nello stesso ordine in cui appaiono in Matteo e Luca; l'associazione parrebbe mutuata dai versetti scelti per la citazione.

2.2 *Dialogus* 51,2

Nei capitoli dal 49 al 51 Giustino discute con Trifone di Giovanni Battista: questi è il precursore del Cristo e l'ultimo esponente della profezia la quale ha sempre annunciato l'avvento del messia, il quale oramai deve esser riconosciuto nel Crocefisso. La prova presentata da Giustino è l'esegesi (cristiana) della profezia di Isaia 40,1-17, letta come espressione del ruolo di precursore del messia, ora attribuito a Giovanni. Come in molti altri casi, il confronto con l'ebreo dovrebbe essere risolto tramite la retta interpretazione della scrittura (AT).

È uso di Giustino citare ampiamente i brani scritturistici (AT) che adduce come prova, al contrario le citazioni dal NT sono mediamente molto più brevi e talvolta armonie di sinottici attorno ad un nucleo matteano. Il riferimento ai farisei è fatto da Giustino quando descrive come il Cristo sia «venuto a por fine alla sua opera di profeta e battezzatore» (*Dial.* 51,2)

---

composte da riferimenti a vangeli diversi armonizzati assieme), ma anche accompagnate da citazioni e tradizioni provenienti da fonti (oggi) non canoniche. Conseguentemente si discute se Giustino abbia come fonte scritta piuttosto una collezione di *logia*, una armonia dei vangeli post-sinottica o altro ancora. Si può osservare comunque una certa predilezione per Matteo, da considerare piuttosto quale ossatura su cui Giustino costruisce la "citazione" (cfr. GIUSTINO, *Dialogo con Trifone*, 68-69). Nel seguito comunque farò riferimento ai testi evangelici nella forma giunta fino a noi sia per comodità, sia perché la questione è aperta, sia perché esistono riferimenti e citazioni di Giustino piuttosto aderenti ai testi sinottici. Sull'uso di Giustino dell'AT in relazione al "NT": B.S. CHILDS, *The struggle to understand Isaiah as Christian scripture*, Grand Rapids (MI) – Cambridge (U.K.) 2004, 37-44.

predicando la buona novella del Regno e preannunciando la sofferenza futura per mano degli scribi e farisei, la morte in croce e la resurrezione al terzo giorno:

Εἰ δὲ Ἰωάννης μὲν προελήλυθε *βοῶν τοῖς ἀνθρώποις μετανοεῖν*, καὶ Χριστὸς ἔτι αὐτοῦ καθεζομένου ἐπὶ τοῦ Ἰορδάνου ποταμοῦ ἐπελθὼν ἔπαυσέ τε αὐτὸν τοῦ προφητεύειν καὶ βαπτίζειν, καὶ *εὐηγγελίζετο, καὶ αὐτὸς λέγων ὅτι ἐγγύς ἐστιν ἡ βασιλεία τῶν οὐρανῶν*, καὶ ὅτι δεῖ αὐτὸν *πολλὰ παθεῖν ἀπὸ τῶν γραμματέων* καὶ Φαρισαίων, καὶ σταυρωθῆναι καὶ *τῇ τρίτῃ ἡμέρᾳ ἀναστῆναι*, καὶ πάλιν παραγενήσεσθαι ἐν Ἰερουσαλὴμ καὶ τότε τοῖς μαθηταῖς αὐτοῦ συμπιεῖν πάλιν *καὶ* συμφαγεῖν, καὶ ἐν τῷ μεταξὺ τῆς παρουσίας αὐτοῦ χρόνῳ, ὡς προέφην, γενήσεσθαι αἱερεῖς καὶ *ψευδοπροφήτας ἐπὶ τῷ ὀνόματι αὐτοῦ* προεμήνυσε, καὶ οὕτω φαίνεται ὄντα· πῶς ἔτι ἀμφιβάλλειν ἔστιν, ἔργῳ πεισθῆναι ὑμῶν ἐχόντων[7]. (*Dial.* 51,2)

Ma se Giovanni è venuto come precursore a *gridare* agli uomini *di pentirsi*, se Cristo, mentre lui ancora stava sul fiume Giordano, è venuto a por fine alla sua opera di profeta e di battezzatore, se *ha predicato la buona novella dicendo che il regno dei cieli era vicino*, se ha annunciato in anticipo che *doveva molto soffrire per mano degli scribi* e dei farisei, *essere crocefisso e risorgere il terzo giorno*, che quindi sarebbe tornato a Gerusalemme per mangiare e bere ancora assieme ai suoi discepoli e che infine, come ho già detto, nell'intervallo fino alla sua venuta sarebbero sorte eresie e *falsi profeti nel suo nome* – e questo risulta essersi verificato – com'è possibile essere ancora incerti avendo i dati di fatto cui credere?

Giustino fa riferimento a quello che nei sinottici, oggi, è chiamato il primo annuncio della passione (Mt 16,21, Mc 8,31, Lc 9,22). I vangeli identificano coloro che saranno i responsabili delle sofferenze del Cristo con gli anziani, con i capi dei sacerdoti e con gli scribi, mentre Giustino cita gli scribi e li associa ai farisei. Giustino poi sostituisce ἀποκτανθῆναι, presente nei tre sinottici con σταυρωθῆναι, ed usa, per la resurrezione, ἀναστῆναι, utilizzato da Marco.

Nella sua citazione Giustino costruisce probabilmente un'armonia delle sue fonti sinottiche (Matteo è sempre prevalente) e volutamente realizza l'accoppiata scribi e farisei, aggiungendo questi ultimi anche se non presenti nei contesti evangelici citati[8]. Siamo davanti ad una operazione che sarà fatta anche da altri autori cristiani: l'inserimento dei farisei nel contesto degli annunci della passione, o nel nucleo della passione stessa, a fronte della loro assenza nei corrispettivi brani evangelici. Questo posizio-

---

[7] JUSTIN MARTYR, *Dialogue avec Tryphon*, 312.

[8] Bobichon, per questa ragione, considera questa una «citation approximative» (JUSTIN MARTYR, *Dialogue avec Tryphon*, 722, nota 6).

namento è indice della responsabilità attribuita ai farisei per la condanna e morte di Cristo, responsabilità tanto acclarata da inserire i farisei anche dove i vangeli non lo fanno. Nel caso di Giustino occorre considerare l'attenuante di un non ancora ben definito canone e il suo probabile uso di raccolte o armonie dei vangeli.

2.3 *Dialogus* 76,7

Nei capitoli 75 e 76 Giustino torna sulla nascita verginale di Gesù, dopo una lacuna[9] che si presenta in *Dial.* 74,3, per tentare di evidenziare come, posto che Dio si è manifestato in «diverse forme ad Abramo, Giacobbe e Mosè», vi siano tali e tante Scritture che indicano come l'Altissimo sarebbe ben potuto nascere come uomo per mezzo di una vergine (*Dial.* 75,4). Il capitolo 76 si apre con il riferimento alla profezia di Daniele 7,13-14 attribuita proprio a Gesù, figlio dell'uomo, e si avvia a conclusione con la ripresa, evangelica, del figlio dell'uomo che deve molto soffrire.

Ἐβόα γὰρ πρὸ τοῦ σταυρωθῆναι· *Δεῖ τὸν υἱὸν τοῦ ἀνθρώπου πολλὰ παθεῖν καὶ ἀποδοκιμασθῆναι ὑπὸ τῶν γραμματέων καὶ Φαρισαίων, καὶ σταυρωθῆναι καὶ τῇ τρίτῃ ἡμέρᾳ ἀναστῆναι.* Καὶ Δαυεὶδ δὲ πρὸ ἡλίου καὶ σελήνης ἐκ γαστρὸς γεννηθήσεσθαι αὐτὸν κατὰ τὴν τοῦ πατρὸς βουλὴν ἐκήρυξε, καὶ *θεὸν ἰσχυρὸν καὶ προσκυνητόν, Χριστὸν ὄντα,* ἐδήλωσε[10]. (*Dial.* 76,7)

Prima di essere crocefisso proclamò infatti: *Il figlio dell'uomo deve molto soffrire ed essere riprovato dagli scribi e dai farisei, essere crocefisso e risorgere il terzo giorno.* E Davide ha annunciato che egli sarebbe stato generato *dal grembo prima del sole e della luna* secondo il volere del Padre, ed ha manifestato che, in quanto Cristo, è *Dio potente* e *degno di adorazione.*

Siamo di fronte, per il tema dei farisei, ad una citazione simile a quella di *Dial.* 51,2 ma, pur insistendo sugli stessi versetti evangelici (Mc 8,31, Lc 9,22, Mt 16,21), espressa in modo diverso: qui è il figlio dell'uomo che deve molto soffrire ad opera degli scribi e farisei, avvicinandosi più a Mc 8,21 che a Mt 16,21.

Giustino decide, anche in questo caso, di non considerare la tripletta anziani, sommi sacerdoti e scribi (presente nei versetti citati di tutti e tre i sinottici) sostituendo anziani e sommi sacerdoti con i farisei (niente affatto

---

[9] Su questa lacuna gli specialisti hanno discusso molto, senza arrivare ad una ipotesi condivisa unanimemente quanto alla sua estensione e ai possibili contenuti.

[10] Justin Martyr, *Dialogue avec Tryphon*, 394-396.

considerati nei versetti evangelici citati), riproponendo l'accoppiata con gli scribi. La citazione di Mc 8,31 e Lc 9,22 pare piuttosto letterale, con variazioni, rispetto ai testi sinottici, simili a quelle di *Dial.* 51,2 e *Dial.* 100,3.

Anche qui la citazione è riportata per evidenziare come la predizione di Gesù sulla propria fine si sia compiuta, in accordo con le profezie precedenti (AT), e che scribi e farisei siano coloro che hanno riprovato il Cristo. La conclusione del capitolo accenna alla generazione «prima del sole e della luna secondo il volere del Padre» (*Dial.* 76,7) del figlio dell'uomo.

2.4 *Dialogus* 80,4

Il capitolo 80 e 81 sono dedicati alla discussione sul millenarismo, cui Giustino aderisce, ma «d'altra parte ti ho fatto presente che vi sono molti autentici e devoti cristiani che non riconoscono questa dottrina» (*Dial.* 80,2). La discussione sull'argomento porta alla considerazione dell'esistenza di coloro che insegnano dottrine assolutamente blasfeme, tanto fra i cristiani quanto fra i giudei. Ne scaturisce il proposito di Giustino di raccogliere in un trattato le dottrine eretiche cristiane (*Dial* 80,3) e una lista di eresie giudaiche (*Dial.* 80,4).

Εἰ γὰρ καὶ συνεβάλετε ὑμεῖς τισι λεγομένοις Χριστιανοῖς, καὶ τοῦτο μὴ ὁμολογοῦσιν, ἀλλὰ καὶ βλασφημεῖν τολμῶσι τὸν θεὸν Ἀβραὰμ καὶ τὸν θεὸν Ἰσαὰκ καὶ τὸν θεὸν Ἰακώβ, οἳ καὶ λέγουσι μὴ εἶναι νεκρῶν ἀνάστασιν, ἀλλὰ ἅμα τῷ ἀποθνήσκειν τὰς ψυχὰς αὐτῶν ἀναλαμβάνεσθαι εἰς τὸν οὐρανόν, μὴ ὑπολάβητε αὐτοὺς Χριστιανούς, ὥσπερ οὐδὲ Ἰουδαίους, ἄν τις ὀρθῶς ἐξετάσῃ, ὁμολογήσειεν εἶναι τοὺς Σαδδουκαίους ἢ τὰς ὁμοίας αἱρέσεις Γενιστῶν καὶ Μεριστῶν καὶ Γαλιλαίων καὶ Ἑλληνιανῶν καὶ Φαρισαίων Βαπτιστῶν (καὶ μὴ ἀηδῶς ἀκούσητέ μου πάντα ἃ φρονῶ λέγοντος), ἀλλὰ λεγομένους μὲν Ἰουδαίους καὶ τέκνα Ἀβραάμ, καὶ *χείλεσιν ὁμολογοῦντας τὸν θεόν, ὡς αὐτὸς κέκραγεν ὁ θεός, τὴν δὲ καρδίαν πόρρω ἔχειν ἀπ' αὐτοῦ*[11]. (*Dial.* 80,4)

Se dunque incontrate dei cristiani che tali sono chiamati ma non riconoscono queste dottrine e per di più osano bestemmiare il Dio di Abramo, di Isacco e di Giacobbe e affermano che non c'è resurrezione dai morti, ma che al momento della morte le loro anime vengono assunte in cielo, non dovete considerarli cristiani, così come nessuno, a un corretto esame, riconoscerebbe come giudei i sadducei e le affini sette eretiche dei genisti, dei meristi, dei galilei, degli elleniani e dei farisei battisti ([E non mi ascolterete di malanimo se dico tutto ciò che penso]), ma penserebbe che <<si dicono>> giudei e figli di Abramo e onorano Dio con le labbra, come Dio stesso ha proclamato, ma il loro cuore è lontano da lui.

---

[11] Justin Martyr, *Dialogue avec Tryphon*, 406.

Si tratta di un passo importante per diverse ragioni: il brano non è espressione di alcuna citazione diretta o indiretta, dunque potrebbe essere manifestazione della conoscenza di Giustino sul suo ambiente; affermare la presenza di eresia implica l'esistenza di una ortodossia in qualche modo riconosciuta[12], la questione è assai complessa e ci limitiamo a segnalare Giustino come uno degli iniziatori del genere eresiologico che avrà un buon seguito nei successivi padri della chiesa, taluni dipendendo direttamente dal *Syntagma*[13]; l'elenco delle eresie giudaiche è una testimonianza unica e antica, potenzialmente importante per lo studio del giudaismo post 70.

In questo studio l'interesse cade sulle liste delle dottrine eterodosse giudaiche: «nessuno, a un corretto esame, riconoscerebbe come giudei i sadducei e le affini sette eretiche dei genisti, dei meristi, dei galilei, degli elleniani e dei farisei battisti» (*Dial.* 80,4). Esiste per questo passo un problema testuale: il *Dialogo con Trifone* è trasmesso essenzialmente dal codice *Parisinus Graecus 450* del 1364. Gli editori che si sono cimentati con quest'opera hanno cercato di colmare le corruttele del manoscritto con ipotesi che non possono essere verificate nel confronto con testimoni diversi. Il codice riporta in *Dial.* 80,4 Φαρισσαίων Βαπτιστῶν, che taluni editori hanno voluto correggere in Φαρισαίων καὶ Βαπτιστῶν[14]. Si tratta di una scelta "ideologica" basata sul confronto con analoghe liste, in particolare con quella di Egesippo[15], convertito al cristianesimo e contemporaneo di Giustino, che riporta sette (probabilmente numero simbolico) dottrine eterodosse giudaiche: la correzione vorrebbe riportare la lista all'interno di un ipotetico schema letterario e settenario proprio degli elenchi di eresie giudaiche. Uno sguardo più ampio a tali liste vede ridotta la necessità di

---

[12] Pur ricordando che i concetti di eresia ed ortodossia nel II secolo sono ben lungi dall'essere definiti, nondimeno Giustino è un testimone importantissimo che indica non solo la presenza della questione, ma la volontà e la possibilità di affermare una identità cristiana di riferimento rispetto alla quale identificare, e separare, tutto ciò che è *altro*.

[13] Diversi studiosi leggono nell'accenno al trattato in cui raccogliere le dottrine blasfeme (*Dial.* 80,3) un riferimento al *Syntagma*, opera perduta di Giustino che doveva contenere la presentazione delle eresie cristiane e giudaiche. Per un primo approccio alla questione e al genere eresiologico, nonché una trattazione sulle diverse eresie R. PERROTTA, *Hairéseis. Gruppi, movimenti e fazioni del giudaismo antico e del cristianesimo (da Filone Alessandrino a Egesippo)*, Bologna 2008 (in particolare sul *Syntagma* di Giustino pag. 101-105). Per un'idea sulla interdipendenza del *Syntangma* e altre opere eresiologiche: E. NORELLI, «Que pouvons-nous reconstituer du *Syntagma* contre les hérésies de Justin? Un exemple», *RThPh* 139 (2007), 167-181.

[14] Cfr. JUSTIN MARTYR, *Dialogue avec Tryphon*, 406, nota 5.

[15] La lista di Egesippo è riportata da Eusebio in *HE*, IV, 22,5.7.

una cadenza settenaria[16], inoltre l'inserimento dei farisei all'interno dei giudei eterodossi parrebbe in contraddizione con quanto affermato altrove nel *Dialogo*[17]: in altro luogo e in generale i farisei sono assimilati da Giustino ai «maestri» giudei, ovvero con l'ortodossia stessa[18]. Parrebbe ragionevole conservare la lezione del *Parisinus Graecus 450*, «farisei battisti», che specificherebbe dei gruppi particolari di farisei caratterizzati dall'importanza accordata al battesimo, in opposizione con la tradizione ortodossa[19].

È interessante osservare come Giustino includa al primo posto nella lista delle eresie giudaiche i sadducei, un dato sorprendente considerando come essi, nel NT e in Flavio Giuseppe, parrebbero essere una fazione, o scuola di pensiero, certo particolare, ma nient'affatto eterodossa[20]. La menzione delle altre sette eretiche segue quella dei sadducei, in quanto in qualche modo ad essa "affini" (per distanza dall'ortodossia?), con denominazioni che non ne permettono né l'identificazione certa né la descrizione della particolare espressione ereticale. Se si accetta la lezione del codice *Parisinus Graecus 450*, i farisei resterebbero l'unico gruppo giudaico menzionato da Giustino nel *Dialogo* effettivamente ortodosso[21].

2.5 *Dialogus* 100,3

Dal capitolo 98 fino al capitolo 106 Giustino commenta il salmo 22, volendone dimostrare l'importanza particolare poiché, citato da Gesù sulla croce, esprime l'autoconsapevolezza del Nazareno che le scritture e le profezie a lui si riferiscono. Il salmo è citato per intero e poi commentato, in chiave cristologica, passo per passo.

---

[16] Cfr. P. BOBICHON, «Autorités religieuses juives et "sectes" juives dans l'œuvre de Justin Martyr», *REAug* 48 (2002), 12-15.

[17] Cfr. ad esempio *Dial* 102,3, *Dial.* 103,1.

[18] Vedi di seguito il commento di *Dial.* 102,5, *Dial.* 103,1, *Dial* 137,2.

[19] Cfr. G. OTRANTO, *Esegesi biblica e storia in Giustino (Dial 63-84)*, Istituto di Letteratura Cristiana Antica, Bari 1979, 208-209; GIUSTINO, *Dialogo con Trifone*, 262, nota 4; P. BOBICHON, «Autorités religieuses juives», 18-19.

[20] Questa considerazione ha spinto gli studiosi a cercare diverse ipotesi di spiegazione, ad esempio ipotizzando che qui i sadducei indichino piuttosto i sadociti (cfr. P. BOBICHON «Autorités religieuses», 15).

[21] Cfr. G. OTRANTO, *Esegesi biblica*, 209. Se per i Galileiani si considera l'identificazione con gli zeloti, ovvero con la quarta filosofia descritta da Flavio Giuseppe, Giustino menziona tre delle quattro scuole di pensiero giudaiche descritte dallo storico giudeo (*BI* 2,119-166; *AI* 18,23-25), mancando di citare gli esseni, che invece sono presenti (Ἐσσαῖοι) nella lista di Egesippo.

Nel capitolo 100,3 Giustino cita la profezia di Gesù sul figlio dell'uomo il quale molto dovrà patire, essere accusato davanti ai maggiorenti del popolo, essere ucciso e risorgere il terzo giorno.

Ὅθεν καὶ ἐν τοῖς λόγοις αὐτοῦ ἔφη, ὅτε περὶ τοῦ *πάσχειν* αὐτὸν μέλλειν διελέγετο, ὅτι *Δεῖ τὸν υἱὸν τοῦ ἀνθρώπου πολλὰ παθεῖν καὶ ἀποδοκιμασθῆναι ὑπὸ τῶν Φαρισαίων καὶ γραμματέων, καὶ σταυρωθῆναι καὶ τῇ τρίτῃ ἡμέρᾳ ἀναστῆναι.* Υἱὸν οὖν ἀνθρώπου ἑαυτὸν ἔλεγεν, ἤτοι ἀπὸ τῆς γεννήσεως τῆς διὰ παρθένου, ἥτις ἦν, ὡς ἔφην, ἀπὸ τοῦ Δαυεὶδ καὶ Ἰακὼβ καὶ Ἰσαὰκ καὶ Ἀβραὰμ γένους, ἢ διὰ τὸ εἶναι αὐτὸν τὸν Ἀβραὰμ πατέρα καὶ τούτων τῶν κατηριθμημένων, ἐξ ὧν κατάγει ἡ Μαρία τὸ γένος· καὶ γὰρ πατέρας τῶν γεννωμένων ταῖς θυγατράσιν αὐτῶν τέκνων τοὺς τῶν θηλειῶν γεννήτορας ἐπιστάμεθα[22]. (*Dial.* 100,3)

Per cui egli stesso ha detto, parlando del fatto che avrebbe dovuto patire: *Il figlio dell'uomo deve molto soffrire ed essere riprovato dai farisei e dagli scribi, essere crocifisso e risorgere il terzo giorno.* Si definiva figlio dell'uomo certamente per il fatto di essere nato per mezzo della vergine – la quale come ho detto, era della stirpe di Davide, Giacobbe, Isacco e Abramo – o anche per il fatto che Abramo stesso era padre di quelli qui elencati, la cui stirpe continua in Maria (sappiamo infatti che i genitori di figlie femmine sono padri anche dei figli da esse generati).

La citazione riprende quella di *Dial.* 76,7 con la differenza che l'ordine dell'accoppiata scribi e farisei (così riportata nelle citazioni di *Dial* 17,4, *Dial.* 51,2 e appunto in *Dial.* 76,7) appare invertito, cioè farisei e scribi.

Il tema del figlio dell'uomo, introdotto dalla citazione di Mc 8,31 (Lc 9,22), è usato nel prosieguo per riprendere l'argomento della nascita verginale di Gesù e, nel paragrafo seguente, la processione «prima di ogni creatura dalla potenza e volontà del Padre suo» (Dial 100,4). Vi potrebbe essere dunque un'assonanza tematica con *Dial.* 76,7 che ha inglobato e trasportato il rimando evangelico, come se l'argomento fosse legato ad un tipo di svolgimento tematico che preveda talune citazioni[23].

---

[22] JUSTIN MARTYR, *Dialogue avec Tryphon*, 454.

[23] Gli studiosi suppongono l'esistenza di raccolte di brani scritturistici (AT nel caso di Giustino) fatte dai cristiani secondo quelle tematiche che spesso occorreva presentare o difendere (*testimonia*). Non è impossibile che la consuetudine alla diatriba su certi temi abbia portato specifici canovacci argomentativi che includessero riferimenti a determinati testi delle «memorie degli apostoli», se non addirittura *testimonia* "neotestamentari" (cfr. G. VISONÀ, «L'uso delle scritture nel *Dialogo con Trifone* di Giustino», in A. PITTA, ed., *L'uso delle scritture nel I e II sec. d.C., Atti dell'XI Convegno di Studi Neotestamentari e Anticocristiani [Ciampino, 7-10 settembre 2005], RSB* 2/2007, Bologna 2007, 245-252).

2.6 *Dialogus* 102,5

Nel capitolo 102, continuando a commentare in chiave cristologica il Salmo 22, Giustino affronta i versetti 10-16. In particolare in *Dial.* 102,5 esamina il versetto 16 considerando come Gesù, in virtù della sua potente parola, abbia ripreso continuamente farisei e scribi. Tale potenza, che scaturiva come sorgente copiosa, s'interruppe di fronte a Pilato, dimostrando la libertà di Gesù, la sua autoconsapevolezza e la sapienza che usò nel proferire la sua parola (in riferimento a Is 53,9).

Ἡ γὰρ τοῦ *ἰσχυροῦ* αὐτοῦ λόγου δύναμις, δι' ἧς ἀεὶ ἤλεγχε τοὺς συζητοῦντας αὐτῷ Φαρισαίους καὶ γραμματεῖς καὶ ἁπλῶς τοὺς ἐν τῷ γένει ὑμῶν διδασκάλους, ἐποχὴν ἔσχε δίκην *πολυΰδρου καὶ ἰσχυρᾶς πηγῆς, ἧς τὸ ὕδωρ ἀπεστράφη,* σιγήσαντος αὐτοῦ καὶ μηκέτι ἐπὶ Πιλάτου ἀποκρίνασθαι μηδὲν μηδενὶ βουλομένου, ὡς ἐν τοῖς Ἀπομνημονεύμασι τῶν ἀποστόλων αὐτοῦ δεδήλωται, ὅπως καὶ τὸ διὰ Ἡσαΐου εἰρημένον καρπὸν ἐνεργῆ ἔχῃ, ὅπου εἴρηται· *Κύριος δίδωσί μοι γλῶσσαν τοῦ γνῶναι ἡνίκα με δεῖ εἰπεῖν λόγον*[24]. (*Dial.* 102,5)

Infatti la potenza della sua vigorosa parola, con la quale riprendeva continuamente i farisei e gli scribi che disputavano con lui, e in generale i maestri della vostra razza, si interruppe come una sorgente copiosa e gagliarda la cui acqua sia stata deviata, quando tacque e davanti a Pilato non volle più rispondere nulla a nessuno, come è rivelato nelle memorie dei suoi apostoli. In questo modo portava frutto concreto la parola detta per mezzo di Isaia, là dove afferma: *Il Signore mi dà una lingua che sa quando devo proferire parola.*

Giustino afferma che coloro che disputavano con Gesù, e costituivano oggetto della sua riprensione, erano i farisei e gli scribi e, in generale, i maestri della genia giudaica. Non essendo di fronte ad una citazione diretta, si potrebbe considerare quest'affermazione come l'espressione di un assunto dell'autore, ovvero che farisei e scribi costituiscano una parte dei maestri, coloro che rappresentano la normatività e la ortodossia giudaica. Se ne potrebbe dedurre che i farisei, nella visione di Giustino, siano una fazione giudaica ortodossa, importante ed influente al pari degli scribi.

Nel prosieguo dello stesso paragrafo Giustino fa riferimento alle ἀπομνημονεύματα τῶν ἀποστόλων quale fonte per l'episodio del silenzio[25] di Gesù di fronte a Pilato, offrendo così una indicazione sulle sue tradizioni di riferimento quanto alla vicenda del Cristo. Nondimeno, non essendo possibile

---

[24] Justin Martyr, *Dialogue avec Tryphon*, 460.

[25] È interessante osservare come il tacere di Gesù di fronte a Pilato da un certo punto dell'interrogatorio è specifico di Marco (Mc 15,5) e Matteo (Mt 26,12-14).

stabilire un'equivalenza fra «memorie degli apostoli» e vangeli[26], il contributo alla ricerca e alla definizione delle fonti da lui utilizzate è relativo: Giustino mostra di conoscere, accanto a tradizioni che confluiranno negli scritti canonici neotestamentari, anche tradizioni apocrife. Ne consegue la difficoltà nel definire il contenuto e la provenienza di tali «memorie degli apostoli».

2.7 *Dialogus* 103,1

Nel capitolo 103 Giustino continua il suo commento a Sal 22,10-16 affrontando il tema dell'arresto del Cristo sul Monte degli Olivi e il silenzio da lui opposto ai giudici.

Nel paragrafo 103,1 si legge «mi hanno circondato torelli numerosi, pingui tori mi hanno assediato» (Sal 22,13) come prefigurazione dell'accerchiamento di Gesù al Monte degli Ulivi da parte dei «membri del vostro popolo inviati dai farisei, dagli scribi» durante la notte del suo arresto.

Τὰ δὲ ἑξῆς εἰρημένα ἐν τῷ ψαλμῷ ... ὅτι θλίψις ἐγγύς, ὅτι οὐκ ἔστιν ὁ βοηθῶν μοι. Περιεκύκλωσάν με μόσχοι πολλοί, ταῦροι πίονες περιέσχον με· ἤνοιξαν ἐπ᾽ ἐμὲ τὸ στόμα αὐτῶν ὡς λέων ἁρπάζων καὶ ὠρυόμενος· ὡσεὶ ὕδωρ ἐξεχύθη καὶ διεσκορπίσθη πάντα τὰ ὀστᾶ μου· τῶν ὁμοίως αὐτῷ συμβάντων προαγγελία ἦν. Ἐκείνης γὰρ τῆς νυκτός, ὅτε ἀπὸ τοῦ Ὄρους τῶν Ἐλαιῶν ἐπῆλθον αὐτῷ οἱ ἀπὸ τοῦ λαοῦ ὑμῶν ὑπὸ τῶν Φαρισαίων καὶ γραμματέων κατὰ τὴν διδασκαλίαν[27] ἐπιπεμφθέντες, ἐκύκλωσαν αὐτὸν οὓς μόσχους κερατιστὰς καὶ προώλεις ὁ λόγος ἔλεγε[28]. (*Dial.* 103,1)

Il salmo continua: *Perché l'afflizione è vicina, perché non c'è chi mi aiuti. Mi hanno circondato torelli numerosi, pingui tori mi hanno assediato. Hanno spalancato contro di me la loro bocca, come leone che sbrana e ruggisce. Come acqua sono versate e disperse tutte le mie ossa.* Anche queste parole preannunciavano quanto a lui capitato. Infatti nella notte in cui sul Monte degli Ulivi gli si fecero incontro i membri del vostro popolo, inviati dai farisei, dagli scribi e dai maestri[29], lo circondarono i torelli indomiti e devastatori di cui parlava il passo.

---

[26] L'uso da parte di Giustino di scritti neotestamentari è un campo che ancora aspetta studi estensivi. In quest'ambito la sezione *Dial.* 98-106, che consiste in una sorta di commentario del Salmo 22, è di grande importanza poiché contiene tutte le tredici ricorrenze degli ἀπομνημονεύματα τῶν ἀποστόλων, presentandosi quindi come un ambito privilegiato di ricerca in questo senso. Lo studio dell'uso da parte di Giustino di fonti neotestamentarie è molto importante in ambito storico e teologico, poiché offre delle indicazioni di valore sullo status di tali scritti (e delle relative tradizioni) nel II secolo e sul loro uso da parte delle comunità cristiane (cfr. GIUSTINO, *Dialogo con Trifone*, 69; G. VISONÀ, «L'uso delle scritture», 241-252).

[27] Si è preferito mantenere la lezione del manoscritto rispetto alla correzione suggerita da alcuni editori. Vedi nota 30.

[28] JUSTIN MARTYR, *Dialogue avec Tryphon*, 462.

[29] La traduzione di G. Visonà recepisce la correzione καὶ τῶν διδασκάλων.

In questo paragrafo gli editori del testo greco propongono correzioni in due punti[30]: il codice riporta ἀπὸ τοῦ Ὄρους τῶν Ἐλαιῶν, mentre taluni correggono ἐπὶ τοῦ Ὄρους τῶν Ἐλαιῶν; più avanti il Parisinus Graecus 450 ha κατὰ τὴν διδασκαλίαν, che è da alcuni corretto in καὶ τῶν διδασκάλων.

Per il nostro argomento la seconda possibile correzione porta ad una interpretazione assai differente: seguendo il manoscritto i membri del popolo sono inviati da farisei e scribi secondo l'insegnamento ricevuto; considerando la correzione proposta farisei scribi e maestri sono gli emissari della turba. Preferisco considerare la lezione del manoscritto, sia perché le ragioni a favore di questa scelta paiono più convincenti, sia per non presentare deduzioni basate su di un dato ipotetico, dunque ancor più congetturali.

L'unico dei quattro vangeli canonici che consideri i farisei quali emissari, assieme ai sommi sacerdoti, di coloro che vanno ad arrestare Gesù al Monte degli Ulivi è quello di Giovanni[31], mentre solo in Marco sono considerati gli scribi. Giustino presenta l'accoppiata farisei e scribi per indicare coloro che hanno la responsabilità dell'arresto di Gesù, e così ascrive i farisei fra i maggiorenti del popolo giudaico in grado di influenzare il comportamento della folla. In Dial. 103,2 si ha un'indicazione ulteriore di responsabilità: «Come dunque i tori sono i padri dei torelli, così i vostri maestri erano responsabili nei confronti dei loro figli del fatto che fossero usciti verso il Monte degli Ulivi per catturarlo e condurlo da loro». I vostri maestri non solo sono i mandanti dell'arresto, ma hanno la responsabilità della formazione del popolo secondo un insegnamento che, avendo portato al misfatto dell'uccisione del Cristo, è errato e, nel reiterare l'errore, perverso. I farisei rientrerebbero dunque, con gli scribi cui sono associati, nella categoria dei vostri «maestri», senza però caratterizzazioni specifiche.

---

[30] Cfr., JUSTIN MARTYR, *Dialogue avec Tryphon*, 833, note 1 e 2.

[31] In Mt 26,47 gli emissari della folla sono i capi dei sacerdoti e gli anziani; in Mc 14,43 la folla è mandata dai capi dei sacerdoti, dagli scribi e dagli anziani; in Lc 22,52 Gesù si rivolge a coloro che sono venuti contro di lui, capi dei sacerdoti, capi delle guardie del tempio e anziani; in Gv 18,3 il gruppo di soldati e le guardie che accompagnano Giuda sono fornite dai capi dei sacerdoti e dai farisei. Ciò non significa necessariamente che Giovanni sia la fonte per questo assunto, ma indicherebbe piuttosto come l'evoluzione della figura dei farisei nei quattro vangeli sia propria anche di Giustino, distaccandosi dalla realtà storica e orientandosi verso una loro "tipizzazione" (cfr. i contributi di G. Ghiberti e G. Visonà in, A. PITTA, ed., *L'uso delle scritture nel I e II sec. d.C.*).

2.8 *Dialogus* 105,6

In Dial. 105 viene commentato il salmo 22,20-21, considerando la morte in croce di Gesù e la salvezza delle anime. Nel paragrafo 105,6 Giustino osserva come la salute delle anime necessiti di una condotta che superi quella dei farisei, come indicato nelle «memorie» (degli apostoli).

Καὶ γὰρ πρὸς τὸ ὑπερβάλλειν τὴν Φαρισαίων πολιτείαν τοὺς μαθητὰς αὐτοῦ συνωθῶν, εἰ δὲ μή γε, ἐπίστασθαι ὅτι οὐ σωθήσονται, ταῦτα εἰρηκέναι ἐν τοῖς Ἀπομνημονεύμασι γέγραπται· Ἐὰν μὴ περισσεύσῃ ὑμῶν ἡ δικαιοσύνη πλεῖον τῶν γραμματέων καὶ Φαρισαίων, οὐ μὴ εἰσέλθητε εἰς τὴν βασιλείαν τῶν οὐρανῶν[32]. (*Dial.* 105,6)

Sempre in queste memorie è scritto che, nell'esortare i suoi discepoli a superare la condotta dei farisei — altrimenti sapeva che non si sarebbero salvati — disse queste parole: *Se la vostra giustizia non supererà quella degli scribi e dei farisei non entrerete nel regno dei cieli.*

In questo paragrafo il termine farisei ricorre due volte, una all'interno del discorso e una nella citazione diretta e letterale di Mt 5,20: nel primo caso si anticipa il senso del versetto riportato di seguito. Possiamo osservare come Giustino affermi che occorra oltrepassare la condotta dei (soli) farisei, mentre le parole di Gesù indichino la necessità di superare la giustizia degli scribi *e* dei farisei. Quale potrebbe essere la ragione della selezione fatta dal filosofo di Nablus? L'impressione è che i farisei vengano ad impersonare le posizioni che Giustino critica, cioè che essi abbiano una dimensione letteraria specifica, rappresentando coloro che, per insegnamento, attitudine ed azioni, hanno il ruolo di opporsi al Cristo. Nel definire questa dimensione antagonistica il ruolo delle memorie degli apostoli, spesso dichiarate esplicitamente come riferimento, come pure le citazioni evangeliche scelte, è sostanziale e fanno protendere verso una tipizzazione della figura letteraria del gruppo dei farisei.

2.9 *Dialogus* 137,2

Nel capitolo 137 Giustino indirizza, mentre il giorno volge al termine (e così anche il confronto con Trifone e i suoi compagni), un nuovo appello ai suoi ascoltatori giudei affinché, deposti i pregiudizi, finalmente riconoscano nel Crocefisso il messia annunciato nelle scritture.

---

[32] Justin Martyr, *Dialogue avec Tryphon*, 468-470.

Συμφάμενοι οὖν μὴ λοιδορῆτε ἐπὶ τὸν υἱὸν τοῦ θεοῦ, μηδὲ Φαρισαίοις πειθόμενοι διδασκάλοις τὸν βασιλέα τοῦ Ἰσραὴλ ἐπισκώψητέ ποτε, ὁποῖα διδάσκουσιν οἱ ἀρχισυνάγωγοι ὑμῶν, μετὰ τὴν προσευχήν. Εἰ γὰρ ὁ ἁπτόμενος τῶν μὴ εὐαρέστων τῷ θεῷ ὡς ὁ ἁπτόμενος κόρης τοῦ θεοῦ, πολὺ μᾶλλον ὁ τοῦ ἠγαπημένου καθαπτόμενος. Ὅτι δὲ οὗτος αὐτός ἐστι, καὶ ἱκανῶς ἀποδέδεικται[33]. (*Dial.* 137,2)

Riconoscetelo, e non insultate più il Figlio di Dio. Non date retta ai farisei, vostri maestri, e non beffeggiate il re d'Israele come vi insegnano a fare dopo la preghiera i capi delle sinagoghe. Se infatti colui che tocca chi non è gradito a Dio è come *toccasse la pupilla di Dio*, tanto più è di colui che tocca il suo *beneamato*: e che questi lo sia è stato dimostrato a sufficienza.

L'invito è quello di non seguire i maestri farisei e non beffeggiare il re d'Israele, come insegnano a fare, dopo la preghiera[34], i capi delle sinagoghe. Il discorso presenta i farisei come maestri, ribadendo il loro ruolo di guide influenti e la loro connotazione di antagonisti.

2.10 *Sintesi*

Delle dieci ricorrenze del termine fariseo/i:
- Tutte sono al plurale, riferendosi ad un gruppo di giudei.
- Quattro possono essere considerate delle" citazioni dirette" da contesti evangelici sinottici[35] (*Dial.* 17,4; 76,7; 100,3; 105,6).
- Cinque appaiono all'interno dell'argomentare di Giustino (*Dial.* 80,4; 102,5; 103,1; 105,6; 137,2).
- Sette volte farisei realizza un'accoppiata con scribi: scribi e farisei (*Dial.* 17,4; 51,2; 76,7; 105,6), farisei e scribi (*Dial.* 100,3; 102,5; 103,1).
- Tre delle "citazioni evangeliche" (*Dial.* 51,2; 76,7; 100,3) si riferiscono al primo annuncio della passione fatto da Gesù (Mt 16,21; Mc 8,31, Lc 9,22), con la particolarità della sostituzione della triade anziani, capi dei sacerdoti e scribi (gli attori della sofferenza di Gesù nei vangeli) con l'accoppiata farisei e scribi.

---

[33] JUSTIN MARTYR, *Dialogue avec Tryphon*, 550-552.

[34] Si potrebbe leggere qui un riferimento alla *Birkat ha-minim*, dodicesima benedizione della *Amidah*, introdotta, successivamente alla definizione di tale preghiera, per biasimare gli eretici, identificati da alcuni studiosi con i cristiani. Accettando tale riferimento si avrebbe una traccia storica importante per definire il periodo d'introduzione di tale "petizione" come pure un'espressione del rapporto fra cristiani ed ebrei nella prima metà del II secolo. Sul tema della propaganda anticristiana da parte dei giudei in Giustino vedi P. BOBICHON, «Persécutions, calomnies, "birkat ha-minim" et émissaires juifs de propagande antichrétienne dans les écrits de Justin Martyr», *REJ* 162/3-4 (2003), 403-441.

[35] *Dial.* 51,2 va considerata piuttosto come una armonia di Mt 16,21, Mc 8,31, Lc 9,22, in cui Matteo ha una prevalenza. Vedi par. 2.2.

- Tre delle cinque ricorrenze presenti del discorso diretto si riferiscono alla vicenda di Gesù: *Dial* 102,5 si riferisce al disputare di Gesù con scribi e farisei[36], *Dial.* 103,1 si riferisce all'arresto del Cristo sul Monte degli Ulivi[37], *Dial.* 105,6 riporta esplicitamente quanto scritto nelle «memorie degli apostoli» e in esso la prima ricorrenza è legata alla citazione (letterale) di Mt 5,20, in cui v'è la seconda ricorrenza.
- Due ricorrenze (*Dial.* 80,4; 137,2) non rientrano fra le citazioni evangeliche o in ambiti direttamente collegabili con la vicenda di Gesù: *Dial.* 80,4 fa riferimento a non meglio specificati farisei battisti posti nella lista delle eresie giudaiche, *Dial.* 137,2 si riferisce a beffe fatte da maestri farisei nei riguardi di Cristo.

2.11 *I διδάσκαλοι*

Prima di passare alle conclusioni sui farisei nel *Dialogo* occorre considerare la figura dei διδάσκαλοι: i vostri «maestri» compaiono in venti capitoli a rappresentare il riferimento normativo quanto alla dottrina e alla prassi giudaica ortodossa; essi rappresentano per Giustino la controparte giudea sottesa alle argomentazioni di Trifone. Malgrado ciò essi mancano di connotazioni particolari o differenziazioni: non sono citati nomi di maestri, non sono distinti per aree geografiche e soprattutto non sono in concorrenza o in opposizione con gruppi diversi, a meno che questi non siano portatori di dottrine eretiche (*Dial* 80,4)[38]. Di fatto i διδάσκαλοι non hanno le caratteristiche di un gruppo e non lo sono: essi rappresentano per Giustino ciò che unifica e identifica il giudaismo stesso. Non solo gli scribi e i farisei sono una parte di questi maestri[39], ma essi paiono ereditare una certa "aurea" farisaica: ai διδάσκαλοι (*Dial.* 112,4) è rivolta l'invettiva che, nei vangeli, è indirizzata da Gesù agli scribi e farisei ipocriti (Mt 23); in *Dial.* 137,2 Giustino invita a non dare retta ai maestri farisei; in *Dial.* 38,2 il filosofo di Nablus esorta a disprezzare «la tradizione dei vostri maestri»[40].

---

[36] Un contesto compatibile potrebbe essere quello di Mt 23.

[37] Cfr. nota 30.

[38] Cfr. G. Visonà, «Sopravvivenze farisaiche nel *Dialogo* di Giustino con l'ebreo Trifone?» in, R. Penna, ed., *Fariseismo e origini cristiane. Atti del VII Convegno di Studi Neotestamentari (Rocca di Papa, 12-15 Settembre 1997), RSB* 2/1999, Bologna 1999, 196; T. Georges, «Justin's School in Rome – Reflections on Early Christian "Schools"», *Zeitschrift für Antikes Christentum / Journal of Ancient Christianity* 16 (2012), 75-87.

[39] Vedi il commento ai paragrafi *Dial.* 103,1; 102,5; 137,2.

[40] Καταφρονοῦντες τῆς παραδόσεως τῶν ὑμετέρων διδασκάλων. *Dial.* 38,2. L'osservanza della

I διδάσκαλοι non hanno una dimensione storica ma letteraria: essi incarnano il ruolo del giudaismo che si oppone al cristianesimo, o meglio l'immagine di un giudaismo antagonista visto dall'interno del cristianesimo, in un'epoca in cui entrambi cercavano la definizione della propria identità specifica e la distinzione (e separazione) da tutto ciò che è incompatibile con essa. Il giudaismo prospettato da Giustino si sviluppa attorno ad un nucleo centrale di ortodossia, i maestri, da cui si distaccano sette eretiche che se ne allontanano (o sono allontanate) per incompatibilità. Si tratta di uno schema eguale a quello che il nostro samaritano considera (o vorrebbe che si considerasse) per il cristianesimo (*Dial* 80,3-5)[41].

Il giudaismo presentato nel *Dialogo* non è la conferma della visione storiografica classica di un giudaismo figlio di un'unificazione voluta al termine del I sec. d.C., erede della sola tradizione farisaica con cui si pone in piena continuità, ma l'immagine letteraria del giudaismo proposta da Giustino: la dimensione retorica ha la netta prevalenza sulla dimensione storica. Ne consegue che il recupero d'informazioni storiche è una operazione complessa, talvolta impossibile, come, ad esempio, ricostruire la realtà tridimensionale e dinamica di un oggetto da una fotografia bidimensionale e statica; realtà e immagine[42] di essa possono apparire piuttosto diverse.

Le difficoltà però non devono portare all'affermazione della impossibilità di recuperare elementi utili alla ricerca letteraria e storica. Al più una ricerca attenta e cauta potrà portare a un numero limitato di elementi certi. Per il giudaismo descritto da Giustino e il suo eventuale legame con il fariseismo non si può dire molto. In un articolo su questo tema Visonà ha ben sintetizzato la questione:

> [...] il giudaismo descritto da Giustino appare fortemente unificato sotto l'unico magistero di questi «maestri», che sono visti in continuità con i farisei del tempo di Gesù, anche se sul termine fariseo Giustino non mostra di far leva. Il loro profilo è molto prossimo allo stereotipo dei farisei come si viene rafforzando nei Vangeli, a rappresentare tout-court il giudaismo che si chiude alla fede in Cristo. Il quadro giustineo sui «maestri giudei», autorità unica

---

παράδοσις, e la ἀκρίβεια nel metterla in pratica, sono considerate caratteristiche dei farisei come presentati ad esempio nel NT e in Flavio Giuseppe.

[41] Cfr. G. Visonà, «Sopravvivenze farisaiche», 213-214.

[42] Interessante a questo proposito li studio di J. M. Lieu, *Image and Reality. The Jews in the World of the Christians in the Second Century*, Edinburgh 1996.

senza concorrenti, che rappresenta in toto il popolo giudaico, ricorda da vicino quello vulgato da Flavio Giuseppe per i farisei [...][43].

Nel Dialogo i maestri giudei hanno un ruolo prioritario, e i farisei scompaiono, quasi, in essi.

3. Prima analisi

I φαρισαῖοι in Giustino sono presentati, spesso in associazione con gli scribi, come un gruppo giudaico ortodosso e influente, appartenente alla più ampia categoria dei maestri giudei. In otto delle dieci ricorrenze i farisei sono considerati o in citazioni dirette di ambiti evangelici o in contesti che possono essere collegati con le vicende di Gesù, come presentate nelle «memorie degli apostoli», e ben difficilmente possono essere reputati espressione di una realtà storica contemporanea a Giustino, dunque non offrono informazioni sulla eventuale esistenza (o meno) di farisei nella prima metà del II secolo e notizie su loro caratteristiche specifiche.

Le due restanti ricorrenze in realtà non paiono essere in grado di modificare l'affermazione appena fatta: in *Dial.* 80,4 Giustino parrebbe citare la setta giudaica eretica dei farisei battisti, probabilmente differenziatasi sostanzialmente dai farisei, ma di cui null'altro è dato sapere se non il nome; in *Dial* 137,2 i farisei sarebbero responsabili di beffe nei riguardi del Cristo re d'Israele, con un possibile legame con la *birkat ha-minim*, comunque non è possibile determinare il loro ruolo specifico[44] poiché nello stesso passo sono giustapposti con i capi delle sinagoghe, riguadagnando una generalità che diviene loro tipica.

È interessante osservare come a fronte delle dieci ricorrenze di φαρισαῖοι, tutte presenti nel *Dialogo*, i διδάσκαλοι ricorrono trentatré volte, con presenza tanto nel *Dialogo* che nella *I Apologia*[45]. Il rilievo quantitativo esprime tanto l'importanza del ruolo dei maestri quanto la subordinazione della posizione dei farisei. Al pari dei maestri i φαρισαῖοι non sono connotati né differenziati con notizie di singoli farisei o vicende esclusive o specificazioni geografiche. Anche la mancanza di particolari sulle caratteristiche proprie della dottrina farisaica, pur presenti, sebbene in modo limitato, nei sinottici (ad esempio le abluzioni e i lavaggi di Mc 7,1-11; Lc 11,38; Mt 15,1-9), non fa che spingere verso una consistenza prevalentemente letteraria per la figura dei farisei.

---

[43] G. Visonà, «Sopravvivenze farisaiche», 198.

[44] Cfr. P. Bobichon, «Autorités religieuses juives», 11.

[45] Cfr. P. Bobichon, «Autorités religieuses juives», 8.

Se si vuole considerare un ruolo per i farisei in Giustino questi potrebbe essere quello di trasportare, dalle tradizioni sulla vita e sui detti di Gesù, caratteristiche loro attribuite al più ampio gruppo dei maestri: quanto ascritto a farisei e scribi nei contesti di confronto, letti dal filosofo samaritano in chiave di biasimo sulla falsariga di Mt 23, è generalizzato ai «vostri maestri» e, per il tramite della autorità normativa e influenza sul popolo, all'intero giudaismo monoliticizzato.

Nella diatriba con Trifone il ruolo dei maestri giudei, portatori di quella ortodossia che esprimeva la sua avversità per un messia crocefisso, è preponderante, e fra di essi i farisei assumono una dimensione più specificatamente antagonista poiché connessa con il loro ruolo, letto in termini di opposizione da Giustino, nelle «memorie degli apostoli» e in particolare in quella tradizione che ha portato al vangelo di Matteo. In Giustino sui farisei pare pesare dunque un cliché evangelico piuttosto che riferimenti storici a lui contemporanei.

Alcun aspetti della figura dei farisei in Giustino saranno ripresi e sviluppati da altri scrittori cristiani dopo di lui:

- i farisei sono parte dei maestri giudei, e come tali sono responsabili della trasmissione della identità giudaica (tradizione).
- I farisei sono inseriti nei contesti evangelici degli annunci di passione e della passione stessa, sebbene non menzionati colà dai vangeli. La responsabilità loro attribuita per la morte di Gesù è tale da farli menzionare in tali ambiti.
- I maestri, e dunque i farisei, non hanno riconosciuto il Cristo perché incapaci di leggere le scritture (AT) e i segni dei tempi.
- La pervicacia dei maestri giudei, e dei farisei, li pone nel ruolo di antagonisti anche nell'attualità.
- Il ruolo dei farisei come antagonisti è leggermente accentuato rispetto a quello dei maestri (*Dial.* 105,6).
- Il tema dei farisei è connesso in modo diretto o indiretto con il tema della ortodossia e della eresia, a seconda di come si consideri *Dial.* 80,4.
- Nella loro attività di proselitismo i giudei spargono calunnie sui cristiani, in tale attività scribi e farisei hanno un ruolo di rilievo.

Tutti questi punti hanno un legame evidente con gli scritti evangelici, rispetto ai quali sono, per quanto riguarda Giustino, in parte accentuati. Quasi tutti i padri dopo di lui affronteranno i farisei allo stesso modo, partendo dalla loro presenza nei vangeli.

Quasi tutti gli aspetti di quella che sarà la definitiva tipologia giudaica, come sancita ad esempio da Origene, sono presenti, ad un livello più o meno esplicito o sviluppato, in Giustino. Il fatto che siano presenti non deve far perdere di vista il come essi lo siano: in generale i farisei in Giustino sono poco presenti, quantitativamente e qualitativamente; le ricorrenze sono poche ed essi sono parte, minoritaria, dei maestri giudei.

Giustino si confronta con Trifone, ebreo esponente di un giudaismo che si riconosce negli insegnamenti dei maestri, manifestazione della ortodossia giudaica. Questi ultimi parrebbero essere il tipo giudaico di riferimento, ovvero gli antagonisti principali per Giustino. Ai farisei è riconosciuto certamente un ruolo, ma esso è secondario.

Si può parlare di tipologia farisaica in Giustino? Certamente, ma nei termini di un inizio: quasi tutto, *in nuce*, è già accennato, ma non sviluppato.

La dimensione minoritaria dei farisei all'interno del contesto dei διδάσκαλοι suggerisce la percezione, da parte di Giustino, di un giudaismo che ha una dimensione unificante nella dottrina dei maestri giudei. Il che non significa la visione di un giudaismo uniforme, visto che esso esprime gruppi "eretici", piuttosto l'esistenza di alcuni punti fermi che sono sufficienti a definirne un nucleo identitario[46], che conosce espressioni diverse.

Se la rappresentazione del giudaismo data da Giustino sia una raffigurazione del giudaismo coevo è una questione complessa[47]. Quella del filosofo di Nablus è una rappresentazione di una realtà sviluppata attorno ad un intento apologetico:

> L'image des juifs est liée à celle des chrétiens par un rapport d'antithèse univoque et définitif: Justin oppose constamment les uns et les autres sur le plan intellectuel, moral et religieux, sans prendre en compte aucune particularité susceptible d'atténuer son propos[48].

In Giustino l'antagonismo con il giudaismo non investe completamente le comunità di tipo "giudeo-cristiano": in *Dial.* 47 esse sono presentate come una fase storica intermedia, accettabile a patto che non pretendano di imporre i propri costumi giudaici agli altri credenti in Cristo. Gli antagonisti da affrontare sono, per il filosofo di Nablus, principalmente gli ebrei e gli eretici. In questo quadro apologetico l'immagine presentata del giudaismo non è avulsa da una realtà storica, ma questa va ricercata con at-

---

[46] Questa visione del giudaismo è esplicitata da Ippolito, cfr. Cap. V, par. 2,2.

[47] Sul giudaismo presentato nel Dialogo: JUSTIN MARTYR, *Dialogue avec Tryphon*, 73-101.

[48] JUSTIN MARTYR, *Dialogue avec Tryphon*, 90.

tenzione. Dal punto di vista di questo studio si può dire che tale immagine non sia principalmente connotata tramite la figura dei farisei.

Tale evidenza è in sé significativa: testimonia come per Giustino la tipologia farisaica non sia affatto prioritaria e che il suo interesse principale è verso il giudaismo unificato sotto la dottrina dei maestri. La ricerca dovrebbe dunque concentrarsi su tale dottrina per cercare di identificarne caratteristiche e legami con correnti ebraiche conosciute. Tema interessante ma fuori dei limiti di questo studio. Si discute quanto Giustino possa essere considerato un pioniere in diversi campi, soprattutto quanto al genere eresiologico[49]; lo si può definire l'iniziatore della tipologia farisaica, considerando che nel *Dialogo* sono accennate parecchie caratteristiche della figura dei farisei destinate ad essere riprese da molti scrittori cristiani dopo di lui?

La figura dei farisei in Giustino, come abbiamo visto, è derivata principalmente dalle "memorie degli apostoli", non costituisce una invenzione, piuttosto una specificazione di quanto già presente nei vangeli. Purtroppo diverse opere cristiane del II secolo sono andate perse, dunque è difficile affermare l'originalità di un certo tema o autore, non potendo confrontarlo con altri scritti a lui contemporanei.

Certamente per gli studiosi delle origini cristiane Giustino è un riferimento fondamentale, una testimonianza importantissima, e lo è anche per la storia della figura dei farisei. Giustino ci mostra una tipologia agli inizi e ci permette di avere un riferimento cronologico e tematico importante: alla metà del II secolo i farisei avevano un interesse secondario per il filosofo di Nablus. Tuttavia le linee della tipologia farisaica sono già abbozzate, pronte per essere sviluppate dagli scrittori cristiani che raccoglieranno l'eredità di Giustino.

---

[49] La discussione e la relativa letteratura è amplissima. Cfr. ad esempio A. Le Boulluec, *La notion d'hérésie dans la littérature grecque, IIe-IIIe siècles*, I-II, Paris 1985 (Per Le Boullec Giustino è l'inventore dell'eresia, vol. I pag. 110); D. Boyarin, «Justin Martyr Invents Judaism», *Church History* 70/3 (2001), 427-461.

APPENDICE CAP. II

1. Tabella 1 Contesto biblico delle occorrenze di fariseo nel *Dial.*

	Citazione diretta	Citazione indiretta o contesto biblico
Dial. 17,4	Mt 23,23, Lc 11,42.52	
Dial. 51,2		Mt 16,21, Mc 8,31, Lc 9,22
Dial. 76,7	~ Mc 8,21	
Dial. 80,4		
Dial. 100,3	~ Mc 8,21	
Dial. 102,5		
Dial. 103,1		Gv 18,3 (Mt 26,47, Mc 14,43, Lc 22,52)
Dial. 105,6	Mt 5,20	
Dial. 137,2		

CAPITOLO III

Vangelo di Tommaso

1. Introduzione

Il *Vangelo di Tommaso* è una raccolta di detti di Gesù molto antica, ritrovata nella sua interezza fra i testi scoperti a Nag Hammadi nel 1945. La definizione di vangelo potrebbe essere considerata impropria poiché il genere letterario non è quello del racconto biografico dei vangeli canonici[1], quanto piuttosto una collezione di detti, per alcuni versi somigliante, volendo trovare un paragone biblico, a quella di tipo sapienziale dei Proverbi[2].

L'opera ci è pervenuta in greco su tre frammenti di papiro (*POxy* 1, *POxy* 654, *POxy* 655) rinvenuti in Oxyrhinchus e in copto in un codice ritrovato a Nag Hammadi (NHC II). La datazione dell'opera è complessa: il più antico frammento, *POxy* 1, è fatto risalire paleograficamente attorno al 200 d.C., gli altri due sono di un cinquantennio circa posteriori; per la raccolta di codici di Nag Hammadi la datazione è fissata alla metà del IV secolo e la versione del *Vangelo di Tommaso* (*VgTom*[3]) in essa contenuta è una traduzione in copto da uno scritto in greco. I riferimenti al testo in alcune opere di Clemente Alessandrino e dello Pseudo Ippolito[4] ne testimoniano

---

[1] Il titolo *Vangelo secondo Tommaso*, compare nel *subsctiptio* del manoscritto copto, mentre non è presente nei frammenti in greco; non è possibile sapere se l'opera fin dall'inizio fosse considerata alla stregua dei vangeli di tipo narrativo.

[2] Il genere della raccolta di detti è ben attestato da molti esempi dall'antichità classica al medioevo (cfr. J. S. KLOPPENBORG, «A New Synoptic Problem: Mark Goodacre and Simon Gathercole on *Thomas*», *JNTS* 36 (3) March 2014, 205. 231; S. GATHERCOLE, «Thomas Revisited: A Rejoinder to Denzey Lewis, Kloppenborg and Patterson», *JNTS* 36 (3) March 2014, 267).

[3] Scelgo *VgTom* come abbreviazione di *Vangelo di Tommaso*, mentre per indicàre i detti uso, in alternativa alla espressione estesa, *Lg* seguito dal numero identificativo: es. *Lg* 39 indica il detto 39.

[4] Clemente Alessandrino, *Stromata* 2,45,5; 5,96,3 (è citato un detto simile a *VgTom* 2, ma attribuito al *Vangelo degli Ebrei*); 3,92,2-93,1 (frase simile a *Lg* 22,5 attribuita al Vangelo degli Egiziani). Pseudo Ippolito, *Refutatio omnium haeresium*, 5,7,20, (databile attorno al 225 circa) è la più antica attestazione certa poiché cita un detto vicino a *Lg* 4 attribuito alla setta dei Naasseni. Cfr. M. GROSSO,

la conoscenza e la diffusione fra la fine del II secolo e i primi anni del III secolo. Il problema è definire di quanto antecedente all'anno 200 sia la redazione di questa raccolta di detti: la risposta va ricercata tramite l'analisi letteraria dell'opera e la sua comparazione con altri scritti, operazione complessa e dai risultati dipendenti dalle ipotesi di base e dai metodi scelti dai vari studiosi.

Il *Vangelo di Tommaso* è una raccolta di 114 detti, per la maggior parte attribuiti a Gesù; per molti di essi si nota una affinità con il materiale sinottico, ma per quasi la metà si tratta di sentenze prima sconosciute. Una peculiarità notevole è che nell'insieme dei detti non vi sono riferimenti alla passione e alla resurrezione di Gesù. I tre frammenti in lingua greca trasmettono una parte limitata del testo: *POxy* 1 riporta i detti dal 26 al 33, *POxy* 654 dalla parte iniziale fino al detto 6, *POxy* 655 il detto 24 e il segmento 36-39. La frammentazione e lo stato dei papiri ne aveva impedito il riconoscimento, quale opera unitaria, dalla loro scoperta (il risultato degli scavi in Oxyrinchus iniziati nel 1897 fu pubblicato da P.B. Grenfell e A.S. Hunt nel 1904) fino al 1957 quando Henri-Charles Puech li identificò comparandoli con il NHC II. Ulteriore elemento, difficile da interpretare, risiede nelle differenze riscontrate in alcuni punti fra il testo greco e quello copto, con alcune variazioni nella sequenza, alcune contrazioni o espansioni in certi detti nell'una e nell'altra "tradizione"; quest'ultimo fatto è interessante poiché se le espansioni, normalmente considerate come aggiunte successive e dunque indice di posteriorità rispetto ad un testo più arcaico, si trovano anche nel manoscritto greco, paleograficamente più antico, non è possibile affermare la versione copta come una traduzione diretta di un (solo) originale greco.

La raccolta non pare avere un ordine o un criterio di organizzazione immediatamente evidente, come pure i generi dei detti sono diversi, andando dalle sentenze brevi e lapidarie, ai piccoli racconti parabolici o ai brevi dialoghi, con l'unica apparente costante della casualità.

Già con questi pochi elementi sono evidenti le grosse difficoltà per un'analisi letteraria: una raccolta di detti mal si presta ad uno studio del testo poiché non restano tracce di aggiunte, rimaneggiamenti, tagli come in scritti dotati di una trama narrativa. I frammenti greci e il manoscritto copto sono un numero tanto esiguo di attestazioni da non permettere un'analisi

---

Detti segreti. Il Vangelo di Tommaso nell'antichità, Acireale – Roma 2012, 57-108; Id., «Osservazioni sui *testimonia* origeniani del Vangelo secondo Tommaso», in *Adamantius* 15 (2009), 177-194.

delle fonti per stabilirne né le linee di trasmissione (le diverse tradizioni), né tantomeno la qualità delle stesse. La mancanza di una strutturazione evidente rende difficile identificare lo scopo di tale raccolta e conseguentemente presupposti e finalità teologiche.

Le datazioni proposte dagli specialisti variano in funzione delle ipotesi previe adottate: si va dalla seconda metà del I secolo fino alla fine del II. Fra coloro[5] che propongono una datazione vicina alla vicenda storica di Gesù vi sono, April DeConick[6] e Stephen Patterson[7], mentre protendono per una datazione tarda, all'interno del II secolo con una dipendenza dai sinottici Simon Gaterchole[8] e Mark Goodacre[9]; Nicholas Perrin[10] propone una datazione alla fine del II secolo con una dipendenza dal *Diatessaron* di Taziano.

Il tema della datazione è complesso e dibattuto per via delle molte questioni aperte: è discusso se e in che modo lo scritto si sia evoluto nel tempo, se esso dipenda o meno dai vangeli sinottici, quale siano la provenienza e i destinatari di tale scritto. In realtà i parametri da considerare sono molteplici, poiché, ad esempio, affermare l'indipendenza di un detto dalla tradizione sinottica non ne implica immediatamente l'arcaicità rispetto ai vangeli[11]; anche l'affermazione che il genere della raccolta di detti sia una

---

[5] Il dibattito sulla datazione del *Vangelo di Tommaso* è iniziato con la pubblicazione dell'opera e la sua traduzione nelle lingue moderne nella seconda metà degli anni '50; ho scelto di indicare solo alcuni degli specialisti più noti coinvolti nel dibattito attuale, senza alcuna pretesa di esaustività. Aggiungo di seguito alcuni studi, ancora senza pretesa di completezza, fra i più noti e/o dibattuti: i pionieristici studi di G. Quispel sono raccolti in J. Van Oort, ed., *Gnostica, Judaica, Catholica. Collected Essays of Gilles Quispel*, NHMS 55, Leiden 2008; T. Davies, *The Gospel of Thomas and Christian Wisdom*, New York 1983; E. Pagels, *Beyond Belief: The Secret Gospel of Thomas*, New York 2003; R. Uro, ed., *Thomas at the Crossroads: Essays on the Gospel of Thomas*, Edinburgh 1998; Id., *Thomas: Seeking the Historical Context of the Gospel of Thomas*, Edinburgh 2003.

[6] Cfr. A. D. DeConick, *Recovering the Original Gospel of Thomas: a History of the Gospel and Its Growth*, London 2005; Id., *The Original Gospel of Thomas in Translation: with a Commentary and New English Translation of the Complete Gospel*, London 2006.

[7] Cfr. S. J. Patterson, *The Gospel of Thomas and Jesus*, Sonoma CA 1993; Id. *The Gospel of Thomas and Christian origins: essays on the Fifth Gospel*, Leiden – Boston, 2013.

[8] Cfr. S. J Gathercole, *The composition of the Gospel of Thomas: original language and influences*, Cambridge 2012.

[9] Cfr. M. Goodacre, *Thomas and the Gospels: the case for Thomas' familiarity with the Synoptics*, Grand Rapids MI 2012.

[10] Cfr. N. Perrin, *Thomas, the Other Gospel*, Louisville – London 2007; trad. it. *Tommaso, l'altro vangelo*, Brescia 2008. Sulla linea di una datazione tarda e da un contesto di origine nell'area siriaca è il recente lavoro dottorale E. Stori, *Tommaso in Siria. La ricezione del* Vangelo secondo Tommaso *nella letteratura cristiana di Siria (II-V secolo)*, Torino 2011.

[11] Cfr. M. Grosso, *Vangelo secondo Tommaso*, Roma 2011, 27.

forma "letteraria" antecedente e propedeutica al vangelo biografico è stata criticata, rilevando come essa sia presente anche in opere precedenti al *VgTom* ed al di fuori della letteratura cristiana[12].

La stessa struttura della raccolta non è chiara, poiché non vi è accordo fra gli specialisti[13] sull'identificazione di un qualche parametro che organizzi o meno la sequenza dei diversi detti, ovvero se il redattore abbia raccolto i vari passi senza alcun ordine oppure se vi sia qualche struttura che ne espliciti una finalità, o anche se il testo abbia subito un accrescimento nel tempo che ne abbiano caratterizzato visione teologica e scopo.

Un'ulteriore questione aperta è legata al luogo e al contesto nel quale il *Vangelo di Tommaso* abbia avuto origine: sebbene la raccolta di scritti di Nag Hammadi sia prevalentemente di orientamento gnostico, l'analisi letteraria ha rilevato come non vi siano caratteristiche tanto specifiche da poterne attribuire la scrittura o la redazione ad appartenenti a gruppi gnostici[14].

Già queste brevi note fanno intuire come un qualsiasi studio sul *Vangelo di Tommaso* non possa esimersi dal posizionare l'opera in una ipotesi di ricostruzione dello sviluppo storico degli scritti cristiani dei primi due secoli, operazione complessa e dagli esiti assai diversi[15].

Nell'economia di questo lavoro non è possibile la discussione di tali, pur interessantissimi, studi per i quali si rimanda alle indicazioni bibliografiche riportate nelle note di questa introduzione[16]. D'altro canto l'incertezza

---

[12] Cfr. J. S. Kloppenborg, «A New Synoptic Problem», 205, 231.

[13] Una breve visione d'insieme può essere trovata nell'introduzione alla traduzione di M. Grosso (M. Grosso, *Vangelo secondo Tommaso*, 12-37) o nella discussione di questo aspetto nell'articolo di Kloppenborg del 2014 con relativa bibliografia sintetica (J. S. Kloppenborg, «A New Synoptic Problem», 226-239).

[14] Che l'opera fosse apprezzata e utilizzata in un ambito gnostico nel IV secolo non implica necessariamente la genesi in un tale contesto, ma che essa, per le sue caratteristiche, era considerata autorevole in tale ambito. Ciò non toglie che, nell'uso all'interno di tali comunità, il testo non possa aver subito variazioni che ne abbiano accentuato alcune note relative all'antropologia e all'escatologia (cfr. M. Grosso, *Vangelo secondo Tommaso*, 28-30).

[15] I risultati di una tale operazione sono legati fortemente agli assunti previ che ogni studioso deve porre in ogni ricostruzione storiografica basata su pochi elementi storicamente verificabili. L'evoluzione della ricerca sul *Vangelo di Tommaso* ad esempio è legata ad alcuni paradigmi: uno dei più importanti è che si trattasse di uno scritto gnostico; man mano che la ricerca nel secolo scorso delineava e contestualizzava meglio la nozione di gnosticismo, l'appartenenza e la dipendenza dell'opera da un tale contesto si è fatta sempre meno importante, aprendo ad ipotesi più articolate e a traiettorie di sviluppo più complesse (cfr. M. Grosso, *Vangelo secondo Tommaso*, 20-37).

[16] Oltre ai lavori indicati nelle note precedenti, di particolare interesse e attualità è *JNTS* 36 (3) March 2014 numero praticamente monografico sul *Vangelo di Tommaso*, specialmente in relazione al problema sinottico.

di datazione, struttura, dimensione letteraria influisce notevolmente sulla analisi dei detti connessi, direttamente o meno, con i farisei, poiché rimane assai difficile identificarne, ad esempio, il legame con i vangeli o le tradizioni soggiacenti, ovvero la priorità dell'uno sugli altri.

2. I farisei nel *Vangelo di Tommaso*

Il termine *farisei* compare esplicitamente due volte nel *Vangelo di Tommaso*, nei detti 39 (assieme a *scribi*, unica ricorrenza in tutto *VgTom*) e 102, mentre *giudei* appare una sola volta nel detto 43; le parole *ebrei, sadducei, esseni* al contrario non compaiono mai.

Sebbene la questione della identificazione della struttura dell'opera sia ben lontana dall'essere risolta, e la sua discussione non rientri negli obiettivi di questo studio, occorre rilevare come alcuni specialisti abbiano proposto quale elemento rilevante per la struttura, o per la caratterizzazione di gruppi di detti, la polemica contro gli antagonisti di Gesù, cioè coloro che detenevano il potere e non hanno riconosciuto il Cristo e l'importanza del suo insegnamento.

Fra gli altri Puig i Tàrrech distingue fra uno stadio originale del *Vangelo di Tommaso* (che chiama *VgTom*[1]) databile attorno al 100, e lo stadio finale (*VgTom*[2]) probabilmente definito nel 140-150. Per *VgTom*[1] propone una struttura concentrica attorno al detto 55, ove è espressa l'indicazione per ogni discepolo ad essere come Gesù stesso. Per Puig i Tarrech la struttura del nucleo primordiale del *Vangelo di Tommaso* sarebbe la seguente:

Intestazione (*log.* 2: «Cercare e trovare» il Regno)
Regno (*log.* 3: «il Regno di Dio, alla vostra portata»)
(*log.* 3, 4, 5, 8, 9, 10 e 11)

Vita dei discepoli (*log.* 12: «discepoli»)
(*log.* 12, 14, 16, 17, 19, 20, 21, 25, 26, 31, 32, 33, 34, 35, 36)
Cattiveria e rifiuto dei farisei (*log.* 39: «farisei»)
(*log.* 39, 40, 41, 42, 44, 45)

Vita dei discepoli (*log.* 46: «discepoli»)
(*log.* 46,47,48,53,54,55,56,60,61,62,63,64,65)
Cattiveria e rifiuto dei farisei (*log.* 66: «i costruttori»)
(*log.* 66, 68, 69, 71)
Vita dei discepoli (*log.* 72: «discepoli»)
(*log.* 72,73, 76, 78,79,82,86)

Cattiveria e rifiuto dei farisei (*log.* 89: «coloro che lavano l'esterno della coppa»)
(*log.* 89, 90, 91, 93)

Regno (*log.* 94: «cercare e trovare»)
(*log.* 113: «il Regno, su tutta la terra» ma non visto «dagli uomini»)
(*log.* 94, 95, 96, 97, 98, 99, 100, 102, 104, 107, 108, 111, 113)[17]

Evidentemente nello schema proposto i farisei giocano un ruolo non secondario, tenendo presente l'ipotesi previa posta dallo studioso spagnolo che *VgTom¹* sia successivo ai quattro vangeli canonici e coevo al *Vangelo degli ebrei*[18].

Per April DeConick vi è la possibilità di ricostruire il nucleo primitivo del *Vangelo di Tommaso*, databile agli anni 30-50, al quale furono apportati accrescimenti in tre fasi successive databili negli anni 50-60, 60-100 e 80-120; *Lg* 39 e 102 apparterrebbero al nucleo primitivo del *Vangelo di Tommaso*, nel quale la studiosa americana identifica cinque grandi discorsi caratterizzati ognuno da un tema specifico[19]. *Lg* 39 apparterrebbe al terzo discorso, che si estenderebbe dal detto 38,1 fino al 61,1 e avrebbe come linea tematica unificante l'invito ad affidarsi esclusivamente a Gesù, in polemica con esponenti del giudaismo, legati ad una mentalità religiosa tradizionale diversa ed opposta a quella proposta dal Maestro. Il detto 39 sarebbe dunque paradigmatico di tale polemica, annoverando scribi e farisei fra gli oppositori di Gesù. Il detto 102, per la studiosa americana, apparterrebbe al quinto discorso, esteso da *Lg* 92 a *Lg* 111,1, dedicato alla imminenza del Regno di Dio.

Di seguito ho deciso di analizzare quattro *logia*, i due (*Lg* 39 e *Lg* 102) in cui compaiono esplicitamente i farisei con l'aggiunta di *Lg* 66 e *Lg* 89. Questi ultimi sono considerati da Puig i Tàrrech come essenziali nella proposta di struttura da lui avanzata e in essi lo studioso identifica i costruttori (*Lg* 66) e coloro che lavano l'esterno della coppa (*Lg* 89) con i farisei. Altri detti avvicinabili alle tradizioni associate ai farisei, sono riportati all'interno delle analisi dei *logia* o in appendice.

---

[17] A. Puig i Tàrrech, *Els Evangelis Apòcrifs*, Barcellona 2008; trad. it. *I Vangeli apocrifi*, II, C. Giannotto, ed., Cinisello Balsamo 2012, 112. Lo schema è riportato come nell'opera citata, nella quale l'abbreviazione di detto è *log.*

[18] Cfr. A. Puig i Tàrrech, *I Vangeli apocrifi*, II, 105-106.

[19] Cfr. A. D. DeConick, *Recovering the Original Gospel of Thomas*; Id., *The Original Gospel of Thomas in Translation*, 7-9. 25-31.

3. *Vangelo di Tommaso*

3.1 *Logion* 39[20]

POxy 655 col. II,11-23[21]

[λέγει Ἰ(ησοῦ)ς· οἱ Φαρισαῖοι καὶ οἱ γραμματεῖς ἔλ[αβον τὰς κλεῖδας]
τῆς [γνώσεως. αὐτοὶ ἔ]κρυψ[αν αὐτάς. οὔτε] εἰσῆλ[θον, οὔτε τοὺς]
εἰσερ[χομένους ἀφῆ]καν [εἰσελθεῖν. ὑμεῖς] δὲ γεί[νεσθε φρόνι]μοι ὡ[ς
ὄφεις καὶ ἁ]κέραι[οι ὡς περιστε]ρα[ί].

[1]Dice Gesù: «I Farisei e gli scribi hanno preso le chiavi della conoscenza. Essi le hanno nascoste: [2]non sono entrati né hanno lasciato entrare chi stava entrando. [3]Voi, invece, siate accorti come serpenti e semplici come colombe».

NHC II,40,7-13[22]

ⲡⲉϪⲉ ⲓ̅ⲥ̅ Ϫⲉ ⲘϪⲁⲣⲓⲥⲁⲓⲟⲥ ⲘⲚ̄ Ⲛ̄ⲅⲣⲁⲙⲙⲁⲧⲉⲩⲥ ⲁⲩϪⲓ Ⲛ̄ ⲁ Ⲧ Ⲛ̄ⲧⲅⲛⲱⲥⲓⲥ
ⲁⲩⲟⲡⲟⲩ ⲟⲩⲧⲉ Ⲙ̄ⲡⲟⲩⲃⲱⲕ ⲉϩⲟⲩⲛ ⲁⲩⲱ ⲛⲉⲧⲟⲩⲱ ⲉⲃⲱⲕ ⲉϩⲟⲩⲛ
Ⲙ̄ⲡⲟⲩⲕⲁⲁⲩ Ⲛ̄ⲧⲱⲧⲚ̄ ⲇⲉ ⲱⲡⲉ Ⲙ̄Ϫⲣⲟⲛⲓⲙⲟⲥ Ⲛ̄ⲑⲉ Ⲛ̄ⲛϩⲟϥ ⲁⲩⲱ
Ⲛ̄ⲁⲕⲉⲣⲁⲓⲟⲥ Ⲛ̄ⲑⲉ Ⲛ̄ⲛ̄ϭⲣⲟⲙⲡⲉ

[1]Dice Gesù: «I Farisei e gli scribi hanno preso le chiavi della conoscenza e le hanno nascoste. [2]Essi non sono entrati e a quelli che volevano entrare non l'hanno permesso. [3]Voi, invece, siate accorti come serpenti e semplici come colombe».

Lg 39 è presente sia nella versione copta sia in quella greca, trasmesso da *POxy* 655: purtroppo il papiro presenta numerose lacune e la ricostruzione del testo greco è dipendente dal copto.

---

[20] Per i testi in greco, copto e per la traduzione italiana utilizzo, se non diversamente specificato, M. Grosso, *Vangelo secondo Tommaso*. L'edizione di Grosso non è critica, ma utilizza per il testo copto l'edizione critica di Layton (1989) aggiornata con studi ed edizioni successive: Bethge (1996), DeConick (2006) e Plish (2008). Per il greco Grosso ha seguito l'edizione critica di Attridge (1989) aggiornandola con altri studi ed edizioni dei frammenti greci. B. Lyton, «The Gospel According to Thomas», in *Nag Hammadi Codex II, 2-7 together with XIII,2*, Brit. Lib. Or. 4926(I), and P.Oxy. I, 654, 655*, B. Layton, ed., I, Leiden 1989, 52-93; H. W. Attridge, ed., «The Greek Fragments», in *Nag Hammadi Codex II*, 96-128; H.-G. Bethge, *Evangelium Thomae copticum*, appendix I in K. Aland, *Synopsis Quattuor Evangeliorum. Locis parallelis evangeliorum apocryphorum et patrum adhibits*, Editio quindecima revisa, Stuttgard 1996, 517-546; U.-K. Plish, *The Gospel of Thomas. Original Text with Commentary, Translated from German by Gesine Schenke Robinson*, Stuttgart 2008.

[21] H. W. Attridge, ed., «The Greek Fragments», 123-124.

[22] B. Lyton, «The Gospel According to Thomas», 68.

Siamo di fronte al primo detto in cui compaiono esplicitamente i farisei, in coppia con gli scribi. Il detto è composto da tre frasi che hanno forti assonanze con il materiale sinottico: *Lg* 39,1-2 con Mt 23,13 e Lc 11,52, mentre *Lg* 39,3 con Mt 10,16. Stabilire la precedenza temporale del detto o dei sinottici non è semplice, poiché tanto questi ultimi quanto *VgTom* presentano elementi letterari che gli specialisti[23] considerano secondari o aggiunti rispetto ad una fonte antecedente. Già Mt 23,13 e Lc 11,52 mostrano differenze non secondarie come, fra le altre, i destinatari del "guai": scribi e farisei per Matteo e dottori della legge per Luca; i primi hanno chiuso (κλείετε τὴν βασιλείαν τῶν οὐρανῶν) il Regno dei cieli, i secondi hanno tolto la chiave della conoscenza (τὴν κλεῖδα τῆς γνώσεως). *Lg* 39,1-2 ha tanto elementi in comune con Mt 23,3 e Lc11,52, considerando farisei e scribi (l'ordine è invertito rispetto a Mt) e le chiavi della conoscenza (qui al plurale rispetto al singolare usato in Lc), quanto differenze visto che in Mt 23,13 non sono considerati né i dottori della legge né tantomeno il Regno dei cieli. In *Lg* 39 non compare l'apostrofe Οὐαὶ[24], introduttiva in Matteo come in Luca.

Vi sono opere letterarie cristiane antiche che contengono passi con formulazioni similari a *Lg* 39, indicando come taluni detti siano utilizzati in contesti diversi, ovvero mostrando la variabilità delle tradizioni di trasmissione. Ad esempio:

- nel *Dialogo con Trifone* 17,4 l'invettiva (riprendendo Lc 11,52, o la tradizione soggiacente) utilizza il "guai" e considera le chiavi al plurale, omettendo il riferimento alla conoscenza.
- Nei romanzi pseudo-clementini in *Rec.* 2,30 si considerano scribi e farisei (in questo ordine) e si propone la chiave (singolare) del Regno (specificando l'equivalenza con la conoscenza) come il cancello della vita eterna. Grossomodo sulla stessa linea si sviluppa anche *Hom.* 3,18, mentre *Hom.* 18,15-16, altro testo suggerito da DeConick, è interessante[25] poiché si dipana come commento di Mt 11,25, esplicitandone alcuni aspetti.

---

[23] Cfr. M. GROSSO, *Vangelo di Tommaso*, 170; A. DECONICK, *The Original Gospel of Thomas in Translation*, 157-158.

[24] Οὐαὶ compare invece in *Lg* 102.

[25] *Hom.* 18,15-16 mostra uno sviluppo delle tradizioni più evoluto, inglobando elementi da fonti precedenti in una sorta di ricapitolazione esplicativa: l'insieme così formato armonizza gli elementi diversi in modo che si illuminino a vicenda, proponendo un senso complessivo unitario che elimina le differenze e supera quello delle particolari tradizioni originali. Ad esempio in *Hom.* 18,15 si parla della "… chiave del regno del cielo che è la conoscenza dei segreti …", "… della conoscenza del regno …". La metodologia ermeneutica soggiacente potrebbe richiamare alcuni metodi propri del *midrash* o della esegesi giudaica delle scritture. Caratteristica interessante di questo brano è che,

– Nella lettera di Ignazio di Antiochia a Policarpo 2,2 il *logion* relativo al serpente e alla colomba è utilizzato come invito a Policarpo ad essere "prudente come un serpente e semplice come una colomba".

Gli studiosi che protendono per una datazione all'interno del I secolo rilevano la vicinanza di *Lg* 39 a Mt e Lc, spiegandola in modi diversi: per la DeConick *Lg* 39 appartiene al nucleo più antico, databile dal 30 al 50 d.C., del *VgTom*, specificando però nel suo commento[26] che l'antichità vada intesa come l'esistenza di tradizioni concorrenti, all'interno di una cultura essenzialmente orale, precipitate successivamente in *VgTom*, in Matteo e in Luca. Anche Patterson, propugnatore di una datazione nel I secolo per *VgTom*, rileva come *Lg* 39 sia uno dei pochi casi evidenti di dipendenza dai sinottici[27].

Lg 39,3 riporta quasi letteralmente la seconda parte di Mt 10,16. Il contesto in Matteo è la missione dei dodici inviati alle pecore disperse della casa d'Israele (Mt 10,6) per predicare la vicinanza del Regno dei cieli, guarire gli uomini da malattie e scacciare i demoni. In tale invio è "già" previsto il rifiuto di taluni (Mt 10,13-14), e conseguenze anche pesanti per i predicatori (consegna ai sinedri e flagellazione nelle sinagoghe, Mt 10,17). Dunque gli inviati sono nella condizione delle pecore in mezzo ai lupi e quindi la loro condotta dovrà essere prudente come quella dei serpenti e semplice come quella delle colombe. Nelle conseguenze avverse per gli inviati è possibile leggere il contrasto (già esistente al tempo della redazione del testo di Matteo) fra i predicatori del Regno ed esponenti della sinagoga[28]. L'atteggiamento negativo e ostile dei farisei e scribi in *Lg* 39 egualmente comporta una condotta accorta da parte dei discepoli di Gesù[29]. La corrispondenza quasi letterale fra *Lg* 39,3 e Mt 10,16 è spiegata

---

a differenza dei passi omologhi nei romanzi pseudo-clementini, riporta l'azione del *nascondere* la chiave della conoscenza, caratterizzazione presente in *Lg* 39, ma assente nei sinottici. Per *Hom.* 3,18 e *Rec.* 2,30 cfr. Cap. X, par 2.1.1 e 2.2.3.

[26] Cfr. A. D. DeConick, *The Original Gospel of Thomas in Translation,* 156-160.

[27] Cfr. S. J. Patterson, *The Gospel of Thomas and Jesus,* 36; Id., *The Gospel of Thomas and Christian origins,* 98. 107. 122. 131-134. 148-152; Id., «Twice More-*Thomas* and the Synoptics: A Reply to Simon Gathercole, *The Composition of the Gospel of Thomas,* and Mark Goodacre, *Thomas and the Gospels*», *JNTS* 36 (3) March 2014, 254. Per Patterson l'antichità e la dipendenza di taluni (pochi) detti dai sinottici non fa problema poiché egli rileva la struttura complessa e stratificata, difficile se non impossibile da dirimere, della versione dell'opera giunta fino a noi.

[28] Da intendersi come contrapposizione, ma non come affermazione di una dicotomia già conclamata; cfr. in questo capitolo par. 4 *Prima analisi.*

[29] In questo caso per discepoli di Gesù occorre intendere coloro che interpretando le parole segrete di Gesù il vivente, raccolte da Giuda Tommaso, non gusteranno la morte (cfr. *Lg* 1), dunque bisogna tener presente che si tratta di un gruppo particolare, per nulla sovrapponibile alla generalità dei discepoli di Gesù.

con la dipendenza di un testo dall'altro (a seconda della datazione attribuita a *VgTom* e a Mt la priorità temporale dell'uno o dell'altro è invertita) oppure come l'uso di un detto, comunemente conosciuto, richiamato nei due contesti distinti da una simile situazione di ostilità[30].

3.1.1 Prendere e nascondere le chiavi della conoscenza

Per gli scopi di questo studio potrebbe essere interessante osservare lo svolgimento delle azioni dei farisei e scribi: *Lg* 39 dice che hanno preso le chiavi della conoscenza e le hanno nascoste; conseguenza del nascondimento è l'impossibilità di entrare per loro e per coloro che volevano farlo. Il problema essenziale è il nascondimento delle chiavi, da cui la loro indisponibilità. Questa osservazione non è tautologica, ma indica che le chiavi mantengono la loro funzione, non sono corrotte o contraffatte. Se consideriamo le chiavi della conoscenza in relazione con la rivelazione divina, dunque con il dono della legge, l'operazione di nascondimento attuata dai farisei potrebbe indicare un occultamento riguardo la reale dimensione della Torah, con una sottolineatura della sua "chiave ermeneutica".

L'operazione dei farisei e scribi ha una dimensione protratta nel tempo, poiché investe loro stessi e coloro che hanno appreso da loro conoscenza e la ermeneutica della Torah e che a loro volta trasmetteranno tale tradizione. Si tratterebbe dunque di un'azione connessa con la trasmissione della legge e con la sua attualizzazione, accaduta in un tal momento, i cui effetti si ripercuotono su tutti coloro che seguono o dipendono da tale tradizione. Se *Lg* 39,1 può esser letto nei termini della esistenza di una "tradizione" corretta e proficua, tramutata poi in altra, non più utile ai fini della conoscenza e della salvezza, allora siamo vicini all'argomentazione di Mt 15,1-7, Mc 7,1-13, ove si considera l'esistenza di una παράδοσις degli anziani che non corrisponde alla primitiva legge di Dio; lo scontro su tale tradizione è, in Mc e Mt, con i farisei e con alcuni scribi.

Questo tema è sviluppato da alcuni scrittori cristiani nell'accusa, fatta ai maestri giudei, di aver snaturato la primitiva legge data da Dio, sostituendola con istruzioni e dottrine proprie: è il caso di Giustino in *Dial* 38,2[31], ma anche di

---

[30] Cfr. S. J .Patterson, *The Gospel of Thomas and Jesus*, 36.

[31] «[…] piuttosto fatevi più pronti a udire e ricercare, disprezzando la tradizione dei vostri maestri, di cui lo Spirito profetico smaschera l'incapacità a capire le parole di Dio, e preferiscono insegnare dottrine proprie» *Dial*. 38,2.

Ireneo in *Adv. haer.* IV,12,1[32], che arriva a chiamare tale normativa deviata «legge farisaica[33]». Ireneo ha diversi punti di contatto con quanto scrive lo "gnostico" Tolomeo nella *Lettera a Flora* quanto alla visione di una legge sviluppatasi nel tempo, e perciò grossomodo tripartita in decalogo, legislazione aggiunta tramite Mosè (per la durezza dei cuori) e tradizioni umane[34].

Il *nascondere* le chiavi (della conoscenza) non è presente nei sinottici, e neppure in alcuni dei riferimenti alla letteratura cristiana antica proposti dalla DeConick e riportati sopra (non è presente in *Dial.* 17,4, *Rec.* 2,30, *Hom.* 3,18), mentre è presente in *Hom.* 18,15-16, in varianti al testo di Matteo e Luca nel *Codex Bezae* e in manoscritti di versioni antiche del NT in latino e in siriaco[35]. Un altro punto interessante è che in *Lg* 39,1 i farisei precedano gli scribi, contrariamente a quanto accade solitamente in Mt; tale inversione potrebbe indicare una accentuazione, o una sottolineatura, nel ruolo e responsabilità dei farisei rispetto a Mt e ai sinottici.

Il centro del rimprovero ai farisei e scribi, l'aver nascosto le chiavi della conoscenza, cioè, l'aver creato una ermeneutica (e una prassi?) incapace di portare alla vera conoscenza del Vivente, è un tema fondamentale nel *Vangelo di Tommaso* tanto da essere presente nell'*incipit* e in *Lg* 1 a mo' di dichiarazione programmatica:

> Questi sono i detti segreti che Gesù il vivente ha proferito e che Giuda, che è chiamato anche Tommaso, ha scritto. E disse: «Chi troverà l'interpretazione di questi detti non gusterà la morte».

Lg 39,3 indica l'atteggiamento necessario a coloro che al contrario ricercano l'insegnamento di Gesù tramite i detti scritti da Tommaso: essi devono essere prudenti e semplici per evitare le insidie e procedere allo scopo. Ovvero devono sviluppare il necessario discernimento per distaccarsi dall'insegnamento della "scuola" dei farisei e scribi[36]. In questa let-

---

[32] «Infatti la tradizione dei loro anziani, che fingevano di osservare come una legge, era contraria alla Legge data per mezzo di Mosè [...] Con la loro prevaricazione essi non solo hanno violato la Legge di Dio [...] ma hanno anche stabilito contro di essa la loro legge, che ancora oggi si chiama farisaica. In essa sopprimono alcune cose e ne aggiungono altre, altre poi le interpretano come vogliono: e se ne servono particolarmente i loro maestri» (*Adv. haer.* IV,12,1).

[33] Per un commento più dettagliato di tale tema si rimanda all'analisi di *Adv. haer.* IV,12,1 fatto nel Cap. V.

[34] Tolomeo, *Lettera a Flora*, Cap. 4–7. Anche Origene riprende il tema, ad es. *CMt* XIV,18.

[35] Cfr. A. D. DeConick, *The Original Gospel of Thomas in Translation*, 159. Interessante a questo proposito è il commento al detto 39 di E. Stori, *Tommaso in Siria*, 144-150.

[36] Cfr. M. Grosso, *Vangelo secondo Tommaso*, 171.

tura farisei e scribi rappresenterebbero la cifra della nomenklatura ebraica, incapace di comprendere tanto le scritture quanto il loro valore ermeneutico e, conseguentemente nella logica di *VgTom*, soteriologico delle parole di Gesù.

3.1.2 Il contesto prossimo di *Lg* 39

Per tentare di definire meglio il ruolo dei farisei nel detto 39 e nell'intero *Vangelo di Tommaso* occorre considerare non solo il detto in sé, ma anche la sua posizione ed eventuali legami con i detti più o meno prossimi. Ho già accennato, nel paragrafo introduttivo, come la DeConick proponga l'appartenenza di *Lg* 39 al terzo di cinque grandi discorsi tematici e come Puig i Tàrrech consideri tale detto come uno degli snodi fondamentali per la sua proposta di strutturazione. Di fatto esaminando i detti "attorno" a *Lg* 39 è possibile identificare alcuni temi ricorrenti, come il contrasto fra coloro che sono in grado di seguire l'esigente discepolato di Gesù e coloro che non possono e non vogliono. In questo senso interessante considerare il detto 43:

> [1]Gli dissero i suoi discepoli: «Chi sei tu, per dirci queste cose?». [2]«Da ciò che io vi dico non avete capito chi sono, [3]ma siete diventati come i Giudei: infatti essi amano l'albero ma odiano il suo frutto o amano il frutto e odiano l'albero!».

La domanda dei discepoli sull'autorità di Gesù è probabilmente legata al contesto dei detti precedenti, nei quali vi è una critica nei confronti dei maggiorenti giudaici (farisei e scribi di *Lg* 39, ma non solo[37]), necessitando dunque di una riproposizione dell'identità di Gesù: i giudei sono incapaci di considerare l'unità di albero e frutto, simbologia dai molti significati, leggibile anche come la continuità fra Padre e Figlio, Torah e parole di Gesù il vivente ... ma anche legge e precetti da essa derivati, dove i secondi, senza la prima non hanno senso[38]. I giudei sono i

---

[37] *Lg* 40 considera una vigna piantata «fuori del Padre», che potrebbe essere metafora di Israele, vigna del Signore, che spostata(si) dal suo humus originario è destinata a perire, poiché posta fuori dalla sua origine e dal suo nutrimento (cfr. Origene in *CMt* XI,13 propone un concetto simile: i farisei si sono estraniati dalla piantagione del Padre non riconoscendo il Figlio). *Lg* 41 ricorda che a chi non ha sarà tolto anche il poco che possiede, con una possibile lettura nel senso di chi non ha e/o non persegue la conoscenza della verità a nulla giungerà, con un probabile legame con *Lg* 39; di fronte a questi due detti Gesù in *Lg* 42 invita decisamente a «passare oltre», superare dunque la situazione di coloro che sono nell'errore.

[38] Cfr. M. GROSSO, *Vangelo secondo Tommaso*, 175-176.

rappresentanti di tale modo di intendere, essere e agire, opposto a quello corretto che, proposto da Gesù, deve essere proprio di tutti i discepoli. I giudei sono quindi antagonisti di Gesù e, conseguentemente, dei suoi discepoli[39]. In tutto il *Vangelo di Tommaso* il termine "giudei" compare solamente in *Lg* 43.

Se è possibile rilevare un sostrato critico contro l'establishment nei detti adiacenti a *Lg* 39, occorre considerare chi siano questi antagonisti; sebbene i detti 39 e 43 riportino farisei e scribi e giudei, la maggioranza[40] dei *logia* non offre indicazioni esplicite: anche il detto 53, polemico quanto alla utilità della circoncisione[41], non identifica esplicitamente i fautori di tale pratica[42]. Di fatto gli antagonisti all'insegnamento di Gesù al tempo della stesura dei detti e della redazione della raccolta (se si accetta l'ipotesi, assai ragionevole, di uno sviluppo del testo nel tempo), potrebbero essere un insieme ampio, variegato e "mutevole", non riducibile ai soli farisei e scribi o ai giudei: il movimento "gesuano" è inizialmente un fenomeno all'interno del giudaismo, che si espande in contatto con una cultura ellenista, definendo progressivamente le proprie caratteristiche specifiche; nascendo in un giudaismo molteplice ne assume la complessità e la molteplicità, che si accentua nel suo sviluppo. Nel caso specifico gli antagonisti dei discepoli di Gesù (per il tramite della "scuola di Tommaso") possono essere certamente appartenenti all'ebraismo, ma anche ad altri gruppi "cristiani" (afferenti o meno alla etnia giudaica) che non condividevano

---

[39] Giustamente, a mio avviso, Grosso avvicina la figura dei giudei quali antagonisti religiosi del Nazareno a quella espressa nel vangelo di Giovanni (cfr. M. GROSSO, *Vangelo secondo Tommaso*, 175-176).

[40] Ciò è vero anche nel caso della proposta della DeConick che raccoglie i detti dal 38 al 61 in un unico discorso.

[41] *¹I suoi discepoli gli dissero: «È utile o no la circoncisione?». ²Egli disse loro: «Se fosse utile, il loro padre li genererebbe dalla loro madre già circoncisi. ³Invece è la vera circoncisione nello spirito che è utile sotto ogni aspetto»* (*Lg* 53). Il detto ha un'assonanza tematica con la polemica cristiana contro la permanenza nei precetti della legge degli ebrei, ma anche di parti della nascente chiesa: sulla circoncisione si era espresso già Paolo (Fil 3,3, Col 2,11, Rom 2,28-3,2) e successivamente diversi padri della chiesa. Fra gli altri Giustino in *Dial.* 19,3, «Poiché se la circoncisione fosse necessaria, Dio non avrebbe creato Adamo incirconciso», riporta una nota critica e ironica vicina a *Lg* 53 e comune nella polemica patristica antigiudaica (es. Tertulliano, *Adv. Iudaeos* 2,10-14). Questo ultimo argomento è proprio della polemica cristiana antigiudaica e non è presente in tale forma nel NT. Potrebbe essere interessante osservare come lo "gnostico" Tolomeo nella *Lettera a Flora* 5,11 rimane sulla linea della circoncisione spirituale di Rm 2,28-28, cioè la circoncisione era segno transeunte dato per un tempo, da Abramo (ma non prima) fino a Gesù, per la durezza del cuore, ma superato da Cristo (sulla stessa linea ad es. Giustino *Dial.* 43,1-2, Ireneo *Adv. haer.* IV, 16,1-2; 25,1, Tertulliano *Adv. Iudaeos* 3,7; 4.5)

[42] Vedi anche Appendice par. 1.

l'impostazione "tommasina". È inoltre probabile che, nello sviluppo del testo, gli antagonisti siano cambiati, seguendo lo sviluppo delle comunità che hanno curato la redazione e/o che si riconoscevano nella impostazione teologica di *VgTom*.

3.1.3 Farisei e scribi in *Lg* 39

Considerando gli elementi presentati finora, il probabile sviluppo del testo e dei suoi fruitori, è possibile rispondere alla domanda: farisei e scribi sono i nemici o la cifra dei nemici? In un certo senso la domanda è mal posta, ma aiuta a fare il punto della situazione. La risposta dipende da come si voglia considerare il *Vangelo di Tommaso*, dalla datazione scelta e dalla sua dipendenza o meno dai vangeli sinottici.

Se si accetta la vicinanza temporale di *Lg* 39 ai vangeli sinottici, almeno di un suo nucleo primitivo, esso potrebbe riflettere una polemica reale con l'establishment giudaico, identificato con farisei e scribi. D'altro canto, considerando quanto tale identificazione sia singolare nel *VgTom*, gli elementi che possano corroborare una tale affermazione sono pochi. *Lg* 39 si trova all'interno di un contesto in cui è presente una riflessione sulla eredità giudaica alla luce dell'insegnamento del Cristo e in tale contesto l'identificazione esplicita degli avversari con gruppi giudaici è limitata ai pochi casi esposti. D'altro canto l'identificazione esplicita degli avversari non è di primaria importanza per il (o i) redattore del testo: o gli antagonisti erano chiaramente identificabili dai lettori e non necessitavano di esplicitazione, oppure tale indicazione non aveva interesse.

L'aver proposto temi connessi con una polemica antigiudaica aiuta a definire i punti di scontro fra la comunità tommasina e gli antagonisti, dettaglia la dimensione negativa attribuita ai farisei, ma non apporta elementi certi per una contestualizzazione storica dei contrasti e del suo contesto: la maggior parte delle note rilevate hanno la dimensione degli indizi e i temi indicati sono presenti *in nuce* nel *VgTom*; ciò è legato alla forma del detto (o del proverbio), intrinsecamente sintetica, parca di dettagli caratterizzanti, e quindi poco adatta per una ricostruzione cronologica su base letteraria.

Gli elementi raccolti spingono a classificare *Lg* 39 in quella polemica "intra-giudaica[43]" proposta dai vangeli sinottici e in particolare da quello

---

[43] Mi rendo conto che il termine è particolarmente infelice, poiché incapace di rappresentare la complessità e la permeabilità dei confini delle comunità cristiane dei primi due secoli. Esso viene usato per sintesi, accettandone vaghezza e indeterminazione.

di Matteo, nei termini di un comune contesto di origine, rimanendo impossibilitati a definirne cronologia e particolari.

La singolarità del detto sui farisei e scribi può esser letta in diversi modi: come una sorta di reperto archeologico, un detto raccolto dal redattore per i suoi intenti ma recante una identificazione che non è stata eliminata; oppure, se si considera l'insieme di *VgTom* omogeneamente rappresentante di uno stadio pre sinottico, allora occorrerebbe concludere che la dialettica gesuana contro scribi e farisei si sia sviluppata e sia stata raccolta in seguito, nello sviluppo e redazione del genere del vangelo biografico.

3.2 *Logion* 102

NHC II,50,2-5[44]

ⲡⲉⲝⲉ ⲓⲥ̄ [ⲝⲉ ⲟ]ⲩⲟⲉⲓⲛⲁⲩ ⲙ̄ⲫⲁⲣⲓⲥⲁⲓⲟⲥ ⲝⲉ ⲉⲩⲉⲓⲛⲉ [ⲛ̄ⲛ]ⲟⲩⲟⲩϩⲟⲣ ⲉϥ
ⲛ̄ⲕⲟⲧⲕ ϩⲓⲝⲛ̄ ⲡⲟⲩⲟⲛⲉϥ ⲛ̄ϩ[ⲛ̄]ⲛⲉϩⲟⲟⲩ ⲝⲉ ⲟⲩⲧⲉ ϥⲟⲩⲱⲙ ⲁⲛ ⲟⲩⲧⲉ
ϥⲕ[ⲱ] ⲁⲛ ⲛ̄ⲛⲉϩⲟⲟⲩ ⲉⲟⲩⲱⲙ

Dice Gesù: «Guai a loro, i Farisei, poiché sono come un cane che dorme nella mangiatoia dei buoi: non mangia lui e non lascia mangiare i buoi».

Siamo di fronte ad un detto di Gesù in cui l'accusa ai farisei si presenta con un "guai", affermazione forte di condanna utilizzata nei vangeli in Mt 23,13-14.23.25.27.29, Lc 11,42-43: in Matteo il "guai" è rivolto agli scribi e farisei ipocriti, in Luca ai soli farisei.

L'analogia del cane che dorme nella mangiatoia non ha paralleli biblici, ma è presente nella letteratura greco-ellenista; la DeConick, seguendo studi a lei precedenti, presenta cinque esempi[45]: Luciano di Samosata *Timone* 14, *Adv. Indoctum* 30, Stratone di Sardi *Gr. Anth.* XII, Esopo *Favole*[46]

---

[44] B. Lyton, «The Gospel According to Thomas», 88.

[45] Cfr. A. D. DeConick, *The Original Gospel of Thomas in Translation*, 279.

[46] J. F. Priest ha presentato un articolo sull'uso da parte di Tommaso della favola del cane nella mangiatoia, la questione è complessa poiché tale favola appare in alcune raccolte delle favole di Esopo, e non in altre (cfr. J. F. Priest, «The Dog in the Manger: In Quest of a Fable», *The Classical Journal* 81, 49-58), nondimeno pare assai probabile una sua ampia diffusione e conoscenza e la sua coattazione in un contesto particolare. Per Priest le più antiche attestazioni del proverbio del cane nella mangiatoia risultano quelle di Strabone di Sardi e Luciano di Samosata, entrambi attivi nella prima metà del II secolo in Asia Minore; ciò corroborerebbe il periodo e l'area di origine del *Vangelo di Tommaso* al II secolo e all'area siriana, ipotesi di datazione e localizzazione avanzate da alcuni studiosi, sempre che si accetti la mancanza di attestazioni precedenti ad una certa data come una indicazione temporale e non come conseguenza della mancata trasmissione e della perdita di fonti più antiche. Il richiamo ad una favola di Esopo per *Lg* 102 non è un fatto totalmente particolare,

228,702. Si tratterebbe dunque di una favola, o di un proverbio, comunemente conosciuto, utilizzato per veicolare la critica verso i farisei incapaci di alimentarsi dalla tradizione scritta e orale, consegnata da Dio nella storia della salvezza, e per di più colpevoli d'impedire ad altri di cibarsene. Il concetto è molto simile a quello espresso in *Lg* 39,1-2 contro farisei e scribi che hanno nascosto le chiavi della conoscenza, rendendole indisponibili tanto a loro stessi quanto ad altri. L'uso di un proverbio popolare testimonierebbe l'importanza della trasmissione ed elaborazione orale delle tradizioni–detti su Gesù nei primi secoli[47].

Uno sguardo ai detti prossimi a *Lg* 102 apporta alcune indicazioni per il nostro studio: sebbene i farisei non vi compaiano esplicitamente, i detti 100 e 104 presentano delle connessioni con ambiti sinottici in cui essi sono presenti.

> [1]Mostrarono a Gesù una moneta d'oro e gli dissero: «Gli uomini di Cesare esigono da noi le tasse». [2]Egli disse loro: «Date a Cesare ciò che è di Cesare, [3]date a Dio ciò che è di Dio [4]e ciò che è mio datelo a me!» (*Lg* 100).

Lg 100 affronta il tema della legittimità delle tasse a Cesare, similmente a Mc 12,13-17, Mt 22,15-21, Lc 20,20-26. In Marco e Matteo i farisei si accompagnano agli erodiani per mettere in difficoltà il maestro galileo quanto alla legittimità del tributo a Cesare; in Luca coloro che pongono la domanda trabocchetto a Gesù sono "incaricati" dagli scribi e capi dei sacerdoti (Lc 20,19). È interessante osservare come nei sinottici la questione è all'interno della polemica sull'autorità di Gesù, si svolga in Gerusalemme e in connessione con il tempio, e che fra gli antagonisti di Gesù compaiono farisei, erodiani, scribi, capi dei sacerdoti, sadducei, dottori della legge. Nei detti di Gesù secondo Tommaso non vi è la caratterizzazione geografica né l'espressione della pluralità degli avversari: sebbene il tema dell'autorità di Gesù, del suo recupero-innovazione della corretta relazione discepolo-Dio, siano aspetti ben presenti e forieri di scontri con gli avversari, questi ultimi, come visto nel commento al *Lg* 39, ben poche volte assumono una identità "precisa" e solo in un caso sono presentati in coppia[48].

---

anche per il detto 8 (e anche per i passi sinottici relativi) Eliana Stori richiama una favola di Esopo come possibile sostrato: cfr. E. STORI, «*Vangelo di Tommaso* e *Diatessaron*, traiettorie parallele. Il *Diatessaron* e i problemi della ricerca», *Adamantius* 18 (2012), 109.

[47] Cfr. A. D. DeCONICK, *The Original Gospel of Thomas in Translation*, 279.

[48] Come già indicato i farisei e gli scribi compaiono assieme in *Lg* 39, i giudei (definizione

¹Dissero a Gesù: «Vieni, oggi preghiamo e digiuniamo». ²Dice Gesù: «Qual è dunque il peccato che ho commesso? O in che cosa sono stato vinto? Ma quando lo sposo uscirà dalla camera nuziale, allora si digiuni e si preghi!» (*Lg* 104).

Lg 104 riecheggia Mc 2,18-20, Mt 9,14-15, Lc 5,33-35 sul tema del digiuno e della preghiera. Fra i sinottici quello più prossimo a *Lg* 104 è Lc ove, come in *VgTom*, si considera digiuno e preghiera assieme (mentre in Mc e Mt si considera solo il digiuno). Nei sinottici Gesù è interrogato[49] sulla diversità di comportamento dei suoi discepoli rispetto a quelli di Giovanni e a quelli dei farisei quanto al digiuno e alla preghiera (Lc); la risposta del Nazareno è motivata dalla sua stessa presenza ed assenza in quanto messia-sposo[50]. Lg 104 non presenta alcuna indicazione su coloro che invitano alla preghiera e al digiuno, e le ragioni del rifiuto di Gesù sono due: la mancanza di peccato[51] in lui da scontare con preghiera e digiuno e la sua presenza sponsale.

3.2.1 Il contesto prossimo di *Lg* 102

La considerazione dei detti vicini a *Lg* 102, e in particolare quelli con tematiche e risonanze letterarie assimilabili a contesti sinottici in cui sono presenti i farisei (e non solo), indica piuttosto la particolarità, dal punto di vista di questo studio, del detto più che la sua comunanza con altri: il nominare i farisei è un dato peculiare piuttosto che ricorrente, malgrado il sostrato della polemica sull'autorità di Gesù sia invece più comune.

Lg 102 ha punti di contatto biblici ed extra biblici, affinità con le condanne dei farisei dei vangeli e affinità con materiale proveniente dal contesto culturale greco-ellenista: nello stato in cui è giunto fino a noi, conservato

---

piuttosto generica) sono menzionati in *Lg* 43 e i farisei in *Lg* 102. Per quanto riguarda l'accoppiata farisei e scribi si può discutere se essa voglia rappresentare due categorie distinte, se vi fosse osmosi fra gli appartenenti ai due gruppi, oppure se l'insieme sia stato utilizzato come un *topos*.

[49] In Marco la domanda è posta dai discepoli di Giovanni e dai farisei (Mc 2,18), in Matteo dai discepoli di Giovanni (ma coinvolge direttamente i farisei Mt 9,14), in Luca dai farisei e dai loro scribi (Lc 5,30).

[50] Nell'AT l'immagine sponsale è applicata a Dio stesso (es. Os 2,16ss, Is 54,5ss), ma non al messia; d'altro canto nel NT sono presenti immagini del messia-sposo (es. Mt 25,1). Cfr. G. Rossé, *Il vangelo di Luca. Commento esegetico e teologico*. Roma 2012⁵, 188-190.

[51] Questa prima motivazione richiama la tematica proposta dal *Vangelo dei Nazareni* quando Gesù rifiuta la proposta fatta da sua madre e dai fratelli di andare a farsi battezzare da Giovanni per la remissione dei peccati perché ha commesso peccato; il frammento è conservato in *Adversus Pelagianos* 3,2 di Girolamo (cfr. M. Grosso, *Vangelo di Tommaso*, 252).

nel solo manoscritto copto (datato al IV secolo), è difficile immaginarne la genesi e lo sviluppo.

Nondimeno per taluni specialisti, ad esempio DeConick, Puig i Tàrrech, Patterson, il detto appartiene a fasi assai primitive della redazione del vangelo, in epoca comparabile con quella della redazione dei vangeli canonici. Di per sé ciò non prova una derivazione dell'uno dagli altri scritti o viceversa, ma un'attestazione di una fase in cui le diverse tradizioni e le relative espressioni scritte potevano coesistere e influenzarsi reciprocamente. In modo specifico *Lg* 102, nella coesistenza fra elementi legati alla narrativa sulla vita di Gesù ed elementi della comune cultura ellenista, mostra la capacità di veicolare un concetto, la critica specifica contro i farisei, con tipologie prese da contesti teoricamente, ma non concretamente, distinti.

Prescindendo dall'abbracciare una datazione precoce o tarda, il fatto che la critica ai farisei sia accompagnata e rinforzata da un proverbio o una favola "popolare", potrebbe supportare l'ipotesi che anche l'incapacità dei farisei di comprendere e trasmettere la vera conoscenza abbia una dimensione già tipologica: poco sopra è stata indicata la vicinanza concettuale a *Lg* 39 e le risonanze con i vangeli canonici; la ripetizione propone un tema ricorrente, ma se esso è espresso, sopravvestito in questo caso, tramite una espressione proverbiale, esso, con buona probabilità, ha una dimensione tanto concettuale quanto ricorrente, slegata oramai dall'onere della prova tramite fatti concreti (dati per assodati e quindi inutili), e dunque tipologica.

Ai fini di questo studio una datazione certa del *Vangelo di Tommaso* permetterebbe conseguentemente di collocare temporalmente tale dimensione tipologica. Va rilevato che gli elementi a disposizione non permettono di sapere se tale dimensione tipologica abbia legame o meno con i farisei storici, oppure se abbia una dimensione eminentemente letteraria. D'altro canto la scarsità di riferimenti, nel *Vangelo di Tommaso*, ai farisei e la loro vicinanza letteraria ai propugnatori reazionari di una visione dell'Alleanza deviata e superata, farebbe protendere per una dimensione per lo più narrativa.

3.3 *Logion* 66

NHC II,45,16-19[52]

ⲡⲉⲝⲉ ⲓ̅ⲥ̅ ⲝⲉ ⲙⲁⲧⲥⲉⲃⲟⲉⲓ ⲉⲡⲱⲛⲉ ⲡⲁⲉⲓ ⲛ̅ⲧⲁⲩⲥⲧⲟϥ ⲉⲃⲟⲗ ⲛ̅ϭⲓ ⲛⲉⲧⲕⲱⲧ
ⲛ̅ⲧⲟϥ ⲡⲉ ⲡⲱⲱⲛⲉ ⲛ̅ⲕⲱϩ

Dice Gesù: «Mostratemi la pietra che i costruttori hanno scartato: è la pietra angolare!».

In questo detto Gesù cita il salmo 118,22, come avviene anche in Mc 12,10, Mt 21,42, Lc 20,17; nei vangeli sinottici, come nel *Vangelo di Tommaso* (*Lg* 65) questa affermazione di Gesù segue la cosiddetta parabola dei vignaioli omicidi. Puig i Tàrrech identifica i costruttori con la figura dei farisei[53] all'interno della sua proposta di struttura della prima fase redazionale del *VgTom*[54].

Nel contesto sinottico i farisei esplicitamente compaiono al termine (o successivamente), ma non all'inizio, della polemica sull'autorità di Gesù la quale è la scaturigine della parabola dei vignaioli omicidi: coloro che interrogano il Nazareno sulla sua autorità sono capi dei sacerdoti, scribi e anziani in Mc 11,27 e Lc 20,1, capi dei sacerdoti e anziani in Mt 21,23; i farisei compaiono assieme agli erodiani in Mc 12,13, prima schiera di coloro che cercano di mettere in difficoltà Gesù (cui seguono i sadducei, Mc 12,18, e gli scribi, Mc 12,28); in Matteo 21,45 i farisei sono presentati assieme ai capi dei sacerdoti fra coloro che vorrebbero arrestarlo perché capiscono che le parabole dette da Gesù accusano precisamente loro; in Luca i farisei non sono citati.

Che il blocco *Lg* 65, 66 abbia legami con i sinottici appare piuttosto chiaro, anche se non è semplice affermare la dipendenza dell'uno sugli altri. Quello che appare più complesso è l'identificazione dei costruttori, o meglio degli antagonisti di Gesù e dei suoi servi, con i farisei: una tale affermazione implica quel retroterra a noi giunto tramite i sinottici, come anche considerare prioritaria fra i sinottici la narrazione–redazione di Matteo, l'unico a considerare in questo ambito esplicitamente i farisei come oggetto della critica gesuana. L'oscillazione presente nei sinottici quanto a

---

[52] B. Lyton, «The Gospel According to Thomas», 78.

[53] Cfr. A. Puig i Tàrrech, *I Vangeli apocrifi*, II, 112.

[54] Nello stadio successivo, *VgTom*[2] gli antagonisti non sarebbero più i farisei, ma, con piglio gnostico, i leader della chiesa primitiva che avrebbero maltrattato tanto i servi quanto il figlio, cioè gli spirituali (cfr. Puig i Tàrrech, *I Vangeli apocrifi*, II, 188).

coloro che sono protagonisti e oggetto della polemica con Gesù permette di formulare solamente delle ipotesi di lavoro, che possono essere accolte o meno, a seconda degli elementi considerati e della cronologia ipotizzata.

Quanto allo studio in questione si tratta di un caso interessante: è ben possibile trovare brani riferibili ai farisei, ma se non vi è la possibilità certa di tale riferimento, i dati apportati risulterebbero viziati dall'incertezza insita nella scelta, con il rischio di utilizzare ed interpretare informazioni in base ad uno schema preordinato, giungendo ad argomentazioni circolari. Raccogliere l'equivalenza fra "costruttori" e farisei significa adottare l'ipotesi per la quale chi ebbe la responsabilità della costruzione della struttura normativa in essere al tempo di Gesù, o al tempo della redazione del detto, fossero, appunto, i farisei.

3.4 *Logion* 89

NHC II,48,13-16[55]

> ΠΕΧΕ Ι͞С ΧΕ ΕΤΒΕ ΟΥ ΤΕΤΝ͞ΕΙϢΕ Μ͞ΠСΑ ΝΒΟλ Μ͞ΠΠΟΤΗΡΙΟΝ
> ΤΕΤΝ͞Ρ͞ΝΟΕΙ ΑΝ ΧΕ ΠΕΝΤΑϩΤΑΜΙΟ Μ͞ΠСΑ ΝϩΟΥΝ Ν͞ΤΟϤ ΟΝ
> ΠΕΝΤΑϤΤΑΜΙΟ Μ͞ΠСΑ ΝΒΟλ

[1]Dice Gesù: «Perché lavate l'esterno della coppa? [2]Non capite che colui che ha fatto l'interno è lo stesso che ha fatto l'esterno?»

In questo detto il sostrato è la riflessione sulle norme di purità presenti nel mondo giudaico nei primi secoli[56]. Su tale sostrato si inserisce la polemica sul senso e sul valore da dare a tali norme nel contesto del confronto fra la visione tradizionale e quella attualizzante propria dei seguaci del Nazareno. La questione è affrontata da Gesù stesso ad esempio in Mt 23,1-32 e in Lc 11,37-44, ove si stigmatizza il comportamento dei farisei, attenti, fra l'altro, alla lavatura delle stoviglie, cioè alla purità rituale, ma dimentichi della persona, delle sue intenzioni ed agire, così da farne un rituale vuoto e ipocrita.

Nei passi di Matteo e Luca appena indicati vi è l'immagine del bicchiere e del piatto lavati all'esterno (in *VgTom* si considera la sola coppa), ma la

---

[55] B. Lyton, «The Gospel According to Thomas», 84.

[56] Cfr. A. D. DeConick, *The Original Gospel of Thomas in Translation*, 256-258. La DeConick, assieme ad altri commentatori, indica come espressione del retroterra sulle norme di purità *Mishna Kelim* 25,1,7-8, *Mishna Berakot* 8,2; non è banale ricordare che si tratta di documenti redatti attorno al III secolo, pur contenendo tradizioni più antiche.

problematica non è espressa in forma di domanda; *Lg* 89,2 è connesso a Lc 11,39, mentre in Mt non si considera colui che ha fatto interno ed esterno.

Se vi può essere legame con i farisei, esso deve essere mediato dalle tradizioni sinottiche, che congiungono le questioni sulla interiorizzazione o meno dei precetti di purità con la fazione giudaica[57]. Secondo una linea esegetica tanto Mt 23,25-26 che Lc 11,39-41 appartengono a contesti derivati da un'unica fonte Q; inoltre taluni studiosi, osservando come le espressioni del detto in *VgTom* non conosca espansioni[58] del tipo "guai a voi", "piatto", "ipocriti" ... ipotizzano la priorità cronologica del detto tommasino sulla tradizione di Q e dei sinottici. Sotto questa ipotesi occorrerebbe allora rilevare come l'identificazione dei farisei come soggetto primario della diatriba sia successiva, sotto tale ipotesi almeno, alla tradizione presentata dal detto nel *Vangelo di Tommaso*, il che equivarrebbe ad affermare che tale detto non sarebbe direttamente correlabile con il gruppo dei farisei, poiché gli elementi per i quali ciò sarebbe possibile sarebbero cronologicamente posteriori[59].

Evidentemente lavorare su così pochi elementi, e con incertezze di datazione così ampie, ingenera un grado d'indeterminazione difficilmente riducibile.

4. Esame

Due dati generali importanti devono essere ben valutati: primo, nel *Vangelo di Tommaso* gruppi giudaici e riferimenti espliciti ad esponenti del giudaismo spiccano per la loro assenza nell'insieme dei detti; secondo, i farisei sono presenti esplicitamente in soli due detti e rappresentano il gruppo ebraico "più citato".

Inoltre in *VgTom* non sono presenti in generale le accuse mosse dagli apologeti cristiani nei riguardi degli ebrei: essi non sono responsabili della morte del Cristo, né tantomeno della distruzione del tempio a seguito delle

---

[57] In Mc 7,3 le norme di purità sono dette proprie non solo dei farisei, ma di tutti i giudei, in osservanza della tradizione degli antichi.

[58] Cfr. M. GROSSO, *Vangelo secondo Tommaso*, Roma 2011, 234-235.

[59] L'obiezione cade eliminando l'ipotesi previa della derivazione dei vangeli sinottici da preesistente raccolta/e di detti, di cui il *VgTom* sarebbe una testimonianza. Per mantenere comunque l'antichità del testo (almeno del suo nucleo originario) taluni specialisti considerano le tradizioni coagulatesi in *VgTom* come coeve a quelle che hanno portato ai sinottici (es. DeConick): tale "brodo primordiale" potrebbe aver contenuto tanto echi storici delle diatribe con gli avversari del maestro galileo, quanto loro sublimazioni.

rivolte giudaiche. D'altro canto nella raccolta non sono presenti riferimenti espliciti a fatti storici e a luoghi geografici, e non compare neanche la passione e crocifissione di Gesù. Ciò che è presente è un confronto sull'autorità di Gesù connessa con la valutazione del suo insegnamento (come trasmesso dal discepolo Tommaso) in rapporto conflittuale con una mentalità religiosa reazionaria e legata alla tradizione giudaica: i riferimenti ai farisei sono presenti, sparutamente, all'interno di tale tematica. È chiaro che queste affermazioni si basano sulla comparazione con informazioni e tradizioni presenti in documenti di altro genere letterario (ad esempio con i vangeli sinottici che sono dei racconti biografici), sviluppati con finalità diverse, e con una costruzione e una riorganizzazione delle tradizioni mutuate assai differenti. D'altro canto la scarsità di riferimenti proposti per identificare gli antagonisti della comunità tommasina non può essere imputata semplicemente al genere letterario scelto: la raccolta di detti di per sé è slegata da ogni logica narrativa e dalla particolarizzazione del contesto, ma il genere letterario è una scelta del redattore per nulla ingenua, fatta per veicolare al meglio il contenuto rispetto ai suoi intenti.

4.1 *Difficoltà d'interpretazione*

Questa situazione pone difficoltà d'interpretazione: il numero di ricorrenze dei farisei in *VgTom* è statisticamente bassissimo, e questo testimonierebbe una ridotta importanza, d'altro canto i farisei ci sono, e quasi ci sono solo loro, il che ne fa una presenza minoritaria qualitativamente importante. Insomma, fra quelli che non ci sono, sono quelli che ci sono di più! Qualsiasi ipotesi di spiegazione di tale situazione dovrebbe motivare tanto l'assenza quanto la sparuta presenza dei gruppi giudaici.

Patterson[60] ipotizza per l'ambito di scaturigine del *Vangelo di Tommaso* una situazione simile, anche se posteriore, a quella del corpo paolino, ove è presente una critica della legge[61], ma non i toni e la critica anti-farisaica presente in Marco prima che in Matteo: come Paolo critica le differenze percepite nelle predicazioni di altri (1Cor 1,12) [o con il comportamento di altri importanti esponenti delle comunità cristiane (Gal 2,11), o la linea portata avanti dai "giudaizzanti" (Gal 5,1-12), o coloro che non riconoscevano il messia (Rm 11,25-32)], ma ciò non lo pone in una situazione di

---

[60] Cfr. S. J. PATTERSON, *The Gospel of Thomas and Christian origins*, 19, testo e nota 24.

[61] Tanto nel corpo paolino come nel *VgTom* non sono presenti temi della polemica antigiudaica come la responsabilizzazione per la morte del Cristo e conseguente distruzione del tempio.

alterità o separazione (Fil 3,5) rispetto alle altre comunità cristiane o di rifiuto delle proprie radici; similmente la comunità di Tommaso si porrebbe in contrasto con i propri avversari, senza che ciò significhi necessariamente l'estraneità di questi ultimi. Dunque la mancanza della determinazione esplicita degli avversari potrebbe essere indice di una polemica di una fazione rispetto ad un gruppo più grande, che non è considerato estraneo o con una identità diversa.

La scarsità di elementi caratterizzanti gli antagonisti non può essere utilizzato come indizio di antichità (datazione nella seconda metà del I secolo), riferendosi ad un'epoca in cui i contrasti erano percepiti dai contendenti come "interni" al giudaismo: la fluidità dei confini identitari in tale periodo era notevole e il paradigma della separazione delle due vie (chiesa vs sinagoga) è attualmente sottoposto a severe critiche[62], inoltre nel vangelo vi sono tracce di una esplicita critica ai maggiorenti ebrei, farisei, scribi e giudei che devono essere considerate. Sono presenti inoltre temi che saranno sviluppati dall'apologetica cristiana, molti in comune con quelli presenti nei vangeli canonici, ma con almeno un'eccezione: la discussione sull'utilità della circoncisione, con la nota della creazione dell'uomo da parte di Dio incirconciso (*Lg* 53). Essa non compare in tali termini nel NT, ma è presente nell'apologetica cristiana antigiudaica. Se da un lato tali considerazioni non permettono di affermare indizi di arcaicità, tantomeno possono essere utilizzate quali indizi certi per una datazione tarda (fine II secolo).

4.2 *Riferimenti espliciti*

I riferimenti espliciti ai farisei compaiono all'interno del tema della incapacità di far propria la conoscenza portata dal Cristo, permanendo in un errore che rende ciechi e oscura la vista ad altri. In *VgTom* tale tema è un aspetto della questione sull'autorità gesuana e conseguentemente sul confronto con la tradizione giudaica. All'interno di tale confronto, motivato dalla incapacità di leggere i tempi attuali e riconoscere il messia[63], il

---

[62] Per un iniziale orientamento sulla questione: D. Boyarin, *Border Lines. The Partition of Judeo-Christianity*, Philadelphia 2004; A. H. Becker – A. Y. Reed (ed.), *The Ways that Never Parted: Jews and Christians in Late Antiquity and the Early Middle Ages*, Tübingen 2003; al proposito, sintetico e interessante è: S.J.D. Cohen, *From the Maccabees to the Mishnah*, Louisville KY 2014, Cap. VIII, «Ways That Parted», 231-258.

[63] *Lg* 91 è una esplicitazione di questo concetto: «¹Gli dissero: "Dicci chi sei, così che crediamo in te". ²Disse loro: "Voi esaminate l'aspetto del cielo e della terra, ma colui che vi sta di fronte non l'avete riconosciuto, e non siete capaci di esaminare il momento presente"».

proprio dei farisei (assieme agli scribi in *Lg* 39) parrebbe essere la capacità di influenzare negativamente la conoscenza di altri: evidentemente hanno un ruolo che li pone in una posizione di predominio legata sicuramente alla conoscenza della tradizione. Tale conoscenza però è colpevolmente erronea e l'esito dell'errore è il mancato ingresso[64] proprio e di coloro che da essi dipendono.

La caratterizzazione dei farisei in *VgTom* è negativa: fra «coloro che vi trascinano[65]» solo dei farisei è detto che hanno preso e nascosto le chiavi della conoscenza per cui non entrano e non fanno entrare. Un aspetto di questa negatività è il nonsenso: il cane non ha ragione alcuna di stare nella mangiatoia, e finché resta colà non può mangiare lui stesso (*Lg* 102); il nascondimento delle chiavi della conoscenza ha come conseguenza che nessuno può più entrare[66] perché nessuno più conosce (*Lg* 39): è la stoltezza che perpetua se stessa. L'avversario non ha la concretezza dell'interlocutore, ma della maschera (caricaturale) che è stata disegnata di lui.

Ciò non implica necessariamente un tempo lungo fra il contrasto reale, storico, e la sua rappresentazione retorica: la caricatura dell'avversario è anche una espressione di propaganda, funzionale al discredito del nemico nella dinamica della contrapposizione. Caricatura che può divenire successivamente un carattere distintivo nella narrazione mitologica o un *typos*.

Il caso di *Lg* 102, che esprime la condanna dei farisei tramite un detto o un racconto "popolare", potrebbe far protendere per una fase avanzata dello sviluppo di una retorica tipologica.

4.3 *Riferimenti impliciti*

Considerando i limitati riferimenti espliciti, si è provato ad includere riferimenti indiretti, cioè *logia* ove i farisei non compaiono, ma nei quali il contesto o il retroterra ne suggeriscono la presenza. La ricerca è stata fatta

---

[64] Lg 39 non specifica a quale luogo è impedito l'accesso, si potrebbe sottintendere nel Regno (*Lg* 3), ma considerando la peculiare visione protologica del *Vangelo di Tommaso*, tale luogo è da intendersi lo stato prelapsario, il paradiso dove l'uomo viveva in comunione con Dio. Questo stato può avere due dimensioni: quella attuale, cioè l'ingresso in una dimensione di comunione del fedele con Dio (*Lg* 2), e quella futura escatologica.

[65] «Dice Gesù: "Se coloro che vi trascinano vi diranno: "Ecco, il regno è nel cielo", gli uccelli del cielo vi precederanno"» (*Lg* 3,1).

[66] Il tema del nascondimento delle chiavi e del mancato ingresso è ripreso, fra l'altro, nel romanzo pseudo-clementino, dove i farisei sono depositari di una conoscenza che non usano loro e impediscono ad altri di entrare (ad es. *Rec.* 2,30, *Hom.* 3,18. *Hom.* 18,15-16).

seguendo le indicazioni presenti negli studi degli specialisti e considerando il contesto dei detti attigui a *Lg* 39 e *Lg* 102. Si tratta di un'operazione
delicata, poiché molto di quello che sappiamo sui farisei, e soprattutto dei
loro contrasti con Gesù, derivano dai vangeli canonici; ciò può ingenerare
facilmente argomentazioni circolari o delle proiezioni indebite[67].

Questa operazione ha permesso di evidenziare come l'accusa ai farisei
sia parte della critica verso un establishment reazionario, incapace di far
propria la conoscenza del Vivente (Gesù), ma anche mostrare come man-
chi l'identificazione esplicita degli avversari anche in detti connessi con
brani dei vangeli canonici ove sono nominati esplicitamente farisei e altre
fazioni giudaiche.

Anche l'identificazione di motivi comuni con la prima apologetica cristiana non apporta contributi decisivi: tali temi sono espressi in modo conciso,
in virtù della dimensione letteraria propria del genere. Purtroppo, in mancanza di una datazione precisa, è assai difficile stabilire se tali argomenti siano
presenti a mo' di embrione in attesa di sviluppo o siano traccia di argomentazioni già sviluppate altrove e condensate brevemente nei detti.

L'ipotesi che la condanna dei farisei, connessa con il nascondimento delle chiavi, azione non presente nei canonici (se non in alcuni manoscritti),
possa essere espressione di una tradizione deviata[68] la cui responsabilità
vada attribuita ai farisei, ha una dimensione indiziaria e necessità di ulteriori approfondimenti e riscontri.

5. Prima analisi

Il *Vangelo di Tommaso* pone grandi difficoltà di interpretazione a causa
della mancanza di una datazione precisa, di un contesto di appartenenza
e di un inquadramento della sua struttura e finalità. La definizione di tali
aspetti è un compito assai difficile principalmente per il genere letterario
utilizzato.

---

[67] Nei vangeli canonici non sono tutti farisei quelli che sono coinvolti in contrasti riguardanti
il superamento di aspetti della tradizione giudaica, come ad esempio la purità rituale, il digiuno,
il sabato, l'osservanza formale dei precetti; basterebbe considerare l'eccezione marciana per
ricordare la complessità della questione: «i farisei infatti e tutti i Giudei non mangiano se non
si sono lavati accuratamente le mani, attenendosi alla tradizione degli antichi» (Mc 7,3). Se, per
assurdo, si volesse considerare il dibattito sulle questioni di purità come caratteristico dei farisei,
allora occorrerebbe definire fariseo anche Pietro (cfr. Atti 10,13-14, Gal 2,11-12).

[68] Questo argomento è in relazione con il tema della legge divina alterata dai maestri giudei e in
particolare dai farisei, accusa presente nella letteratura cristiana a partire da Giustino (es. *Dial* 38,2).

In un tale ambito occorre lavorare alla ricerca di indizi e connessioni sui quali operare per estrapolazione, nel senso che tale termine ha in ambito matematico: dai pochi dati a disposizione si deducono strutture e connessioni che i dati in sé non possono dimostrare, restando dunque solo in un ambito ipotetico. Solo nuovi apporti specialistici e nuove scoperte potranno ridurre il grado di indeterminazione.

D'altro canto, il *Vangelo di Tommaso* è un testo antico, certamente antecedente al 220 circa, che raccoglie detti traenti tradizioni più antiche dell'epoca della sua redazione definitiva. Quasi la metà delle sentenze mostra relazioni con i vangeli sinottici, mentre altre erano sconosciute.

Nei soli due detti in cui i farisei compaiono esplicitamente si osserva l'espressione di un unico tema: essi sono colpevoli di aver preso e nascosto le chiavi della conoscenza rendendole indisponibili per sé e per gli altri. Questa accusa è declinata in *Lg* 102 tramite la figura del cane nella mangiatoia, proverbio "popolare" proveniente dalla cultura ellenista.

Il *VgTom* è assai parco di caratterizzazioni storiche o geografiche. In particolare non pare essere interessato all'identificazione dei propri avversari, salvo due sole eccezioni (se si considerano i *giudei* in *Lg* 43) di cui il caso dei farisei costituisce l'unica citazione di una fazione giudaica. Si tratta evidentemente di un trattamento peculiare, che lega un solo gruppo ad una accusa assai grave poiché inerisce la possibilità di pervenire alla vera conoscenza del Vivente, cioè alla vita che non conosce morte (*Lg* 1). Questo evidenzia l'accentuata negatività dei farisei nel gruppo di «coloro che vi trascinano» e che danno indicazioni fuorvianti quanto all'ingresso nel Regno (*Lg* 3).

Il problema è allora: se i farisei sono l'espressione di tale e tanta negatività, perché compaiono esplicitamente tanto poco? Tale latitanza è estesa anche a quei detti che hanno relazione con parti nei sinottici in cui sono presenti tanto i farisei quanto altri gruppi giudaici.

L'accusa ai farisei fa parte, nel *Vangelo di Tommaso*, di una retorica apologetica contro i reazionari incapaci di cogliere la conoscenza apportata dal Cristo e propugnatori di un insegnamento insufficiente e deviato. I temi di tale polemica sono presenti anche nei vangeli sinottici (e sono sviluppati dalla apologetica cristiana antigiudaica[69]) con due eccezioni: la deviazione colpevole dal senso e dalla espressione originale della legge, la dimensio-

---

[69] Nel caso di una datazione nella seconda metà del II secolo tale affermazione sarebbe impropria poiché tali temi sono già presenti, ad esempio, nel *Dialogo con Trifone* di Giustino.

ne transeunte della circoncisione[70]. Questi motivi sono presenti nella letteratura cristiana dei primi secoli, mentre, mancando ogni riferimento alla passione, viene meno ogni indicazione di responsabilità per la morte del messia e per la distruzione del tempio, entrambi cavalli di battaglia della apologetica antigiudaica.

Questa ricerca di ciò che è presente e ciò che è assente in *VgTom*, in comparazione con quanto ci viene presentato da altre fonti, purtroppo non porta a risultati decisivi.

Sia che si consideri una datazione all'interno del I secolo che una più tarda, in ogni caso occorre ammettere che il redattore ha effettuato una forte selezione del materiale disponibile: anche considerando l'esistenza di un nucleo originario antico, la mancanza di cenni alla passione e resurrezione è segno inequivocabile di scelte drastiche e funzionali ad una prospettiva particolare.

La presenza dei farisei e l'assenza di altri fazioni giudaiche, come pure di altri dettagli storici e geografici, è il risultato di una operazione che si potrebbe definire di sublimazione, congruente certamente con la scelta del genere letterario, ma non conseguenza di essa. A prescindere dai tempi di tale operazione, il risultato finale ci indica una importanza residuale dei farisei per la comunità tommasina, ma non ne dà ragione.

Avanzare l'ipotesi di essere al cospetto di una sorta di reperto archeologico, qualcosa che sia "sfuggito" alla selezione, o che tale selezione sia stata almeno in parte casuale, è pur possibile, ma non dà ragione del quadro generale: ai farisei è fatto il medesimo rimprovero nei due detti, con tono accusatorio similare, pur nella differenza delle forme espressive, ma null'altro di esplicito altrove. Mi pare più verosimigliante ritenere che per la comunità tommasina i farisei avessero una importanza, relativa quanto si voglia, connessa con una simbolica dell'avversario legata con quello che essi ritenevano un errore importante e specifico. Tale errore era percepito attuale nel vissuto retorico del gruppo stesso. Ciò non significa che la comunità di Tommaso avesse come antagonisti dei farisei (ma neanche lo esclude), ma che questo antagonismo specifico mantenesse una sua importanza, anche solo nella dimensione dell'attualizzazione retorica.

Il tono della polemica antifarisaica, il contesto, le somiglianze con i sinottici, ma anche la presenza di elementi dell'apologetica comuni a scritto-

---

[70] Cfr. *Lg* 53, citato in nota 41. Questo tema è connesso con l'elezione divina del popolo (passata alle genti a causa della durezza dei giudei) e sviluppato, nei termini di esplicita e "consapevole colpevolezza", dagli apologeti cristiani dei primi secoli, es. Giustino, e ripresa in seguito.

ri della seconda metà del II secolo (Giustino, Ireneo, Tolomeo), taluni non anticipati nei sinottici, l'assenza di sviluppi più tardivi di una polemica antigiudaica (colpevolizzazione per la morte del messia e distruzione del tempio, es. Tertulliano), mi fa protendere per una datazione all'interno del II secolo, a ridosso e successivamente la redazione di Marco e Matteo, di cui *VgTom* eredita, inserendolo all'interno della propria prospettiva ascetica e protologica, i toni di una polemica "interna" alle prime comunità, caratterizzate da una fluidità identitaria e quindi impossibile da definire semplicisticamente antigiudaica[71].

---

[71] La tradizione giudaica in *VgTom*, come visto, non è rigettata in toto, ma sviluppata in un senso spirituale: digiuno, preghiera, elemosina (*Lg* 6, 14, 104), sabato (*Lg* 27) non sono annullati, mentre le norme di purità e la circoncisione (*Lg* 53) non sono più utili. Vedi appendice al Cap. III sulla polemica antinomistica di *VgTom*.

APPENDICE CAP. III

1. Presenza dei farisei in aspetti della polemica anomistica del *VgTom*?

Alcuni detti affrontano delle tematiche inerenti alle pratiche del digiuno, della elemosina, della preghiera (triade tradizionale della pietà giudaica), del sabato e della circoncisione: preghiera e digiuno *Lg* 6, *Lg* 14, *Lg* 27, *Lg* 104; sabato *Lg* 27; questioni di purità *Lg* 14, *Lg* 89, circoncisione *Lg* 53[72]. Sebbene l'impostazione generale sia verso un antinomismo e un misticismo, le pratiche della preghiera e digiuno mantengono una importanza notevole fra i discepoli di Tommaso, e non pare che il sabato sia abrogato. Quanto alle questioni di purità e norme alimentari la rivisitazione in chiave gesuana, comune ai sinottici, è per un superamento nel senso della spiritualizzazione e una santificazione raggiunta con l'attenzione all'intimo dell'uomo e non con pratiche esteriori. In questo senso va intesa anche la circoncisione della carne, sostituita da quella dello spirito.

Nei vangeli canonici tali polemiche sono connesse con il confronto con la tradizione giudaica ed espresse spesso (ma non solo) tramite esponenti dei farisei; esse compongono, assieme a quanto sappiamo da altre fonti antiche (principalmente Flavio Giuseppe), un quadro sulle caratteristiche proprie di tale fazione giudaica. È tale quadro che suggerisce la possibilità che gli antagonisti impliciti in tali detti potrebbero essere anche farisei.

Sebbene sia possibile ritracciare un sostrato comune con i vangeli canonici (ciò non sorprende poiché il riferimento è l'insegnamento del maestro nazareno) sono presenti caratterizzazioni che rendono impossibile affermare una corrispondenza identica di tradizioni: questa mancanza di corrispondenza alimenta la ricerca e il dibattito sulla origine e finalità del *Vangelo di Tommaso*. Non è possibile approfondire tali questioni in questo studio, ma la mancanza di risposte esaurienti e condivise impedisce di identificare, o meno, i farisei con coloro che il redattore considerava antagonisti in tali detti.

Il dato incontrovertibile è che i farisei, nei detti sopra indicati, non sono nominati: se si propone l'ipotesi della loro presenza, e ciò può esser fatto considerando una qualche relazione con i sinottici, occorre produrre una spiegazione di tale silenzio; al contrario, se si ipotizza una indipendenza di tali detti dalla questione farisaica, allora ne consegue che la polemica

---

[72] Cfr. C. GIANNOTTO, «I farisei e la legge negli scritti gnostici», in R. PENNA, ed., *Fariseismo e origini cristiane*, Ricerche Storico Bibliche 2/1999, Bologna 1999, 171-178.

della comunità di Tommaso, rispetto ad aspetti importanti della tradizione giudaica, non conosca (o non riconosca) il pluralismo giudaico del I secolo nella schiera degli oppositori.

Di seguito sono riportati, ad uso del lettore, la traduzione[73] dei detti considerati e non già citati prima nel testo.

Lg 6
POxy 654,32-40

[1]Lo interrogano i suoi discepoli e dicono: «Come digiuneremo? Come pregheremo? Come faremo l'elemosina? E che cosa osserveremo riguardo ai cibi?». [2]Dice Gesù: «Non mentite [3] e non fate ciò che è odiato, [4]poiché tutto si rivela di fronte alla verità. [5]Infatti non c'è nulla di nascosto che non sarà manifesto».

NHC II,33,14-23

[1]Lo interrogarono i suoi discepoli e gli dissero: «Vuoi che digiuniamo? Come pregheremo e daremo l'elemosina? E sul cibo quali norme osserveremo?». [2]Dice Gesù: «Non mentite [3]e non fate ciò che odiate, [4]poiché tutto è svelato davanti al cielo. [5]Poiché non c'è niente di nascosto che non sarà rivelato e niente di coperto che rimarrà senza essere svelato».

Lg 14
NHC II,35,14-27

[1]Dice Gesù a loro: «Se digiunate, darete origine dentro di voi a un peccato; [2]se pregate, sarete condannati; [3]se fate l'elemosina, nuocerete ai vostri spiriti. [4]E quando entrate in qualsiasi terra e camminate nelle campagne, se vi ricevono, mangiate ciò che vi metteranno davanti e guarite tra loro i malati. [5]Poiché ciò che entra nella vostra bocca non vi renderà impuri, ma è ciò che esce dalla vostra bocca che vi rende impuri!».

Lg 27
POxy I verso,4-11

[1]Dice Gesù: «Se non si digiunerà riguardo al mondo non si troverà il regno di Dio [2]e se non celebrerete il sabato come un sabato non vedrete il Padre».

NHC II,38,17-20
[1]«Se non digiunate riguardo al mondo non troverete il regno; [2]se non celebrerete il sabato come un sabato non vedrete il Padre».

---

[73] Come già indicato nel corpo del capitolo III per la traduzione in italiano del *Vangelo di Tommaso* uso M. Grosso, *Vangelo secondo Tommaso.*

Lg 91
NHC II,48,20-25

[1]Gli dissero: «Dicci chi sei, così che crediamo in te». [2]Disse loro: «Voi esaminate l'aspetto del cielo e della terra, ma colui che vi sta di fronte non l'avete riconosciuto, e non siete capaci di esaminare il momento presente».

Clemente di Alessandria, *Stromati* VII,17, 1-2

Orbene, «coloro che aderiscono alle empie teorie e se ne fanno iniziatori presso altri, senza nemmeno saper usare a dovere dei discorsi» divini, «ma commettendo errori», questi né entreranno loro nel regno dei cieli, né permettono che le vittime dei loro inganni raggiungano la verità. Nemmeno possiedono, essi, la chiave dell'entrata, ma se mai una falsa o, come si suol dire, una seconda chiave, con la quale non aprono la porta principale, come noi entriamo attraverso la tradizione del Signore. Essi invece scardinano la porta secondaria, sfondano di nascosto il muro della chiesa, trasgrediscono la verità e si fanno iniziatori ai misteri presso l'anima degli empi[74].

Relativamente al *Logion* 39 è interessante osservare la somiglianza con queste note degli *Stromati*, ove il tema è il contrasto con coloro che commettono errori, distaccandosi dalla retta dottrina della chiesa cattolica; nel seguito del capitolo Clemente identifica gli iniziatori delle eresie con Basilide, Valentino, Marcione, Simone il mago. Vale la pena considerare come Clemente rideclini il tema della chiave e dell'ingresso: la tradizione del Signore permette l'accesso al Regno, mentre gli eretici non permettono alle vittime dei loro inganni di raggiungere la verità: essi utilizzano una chiave secondaria, falsa, che gli consente di scardinare la cinta della chiesa facendosi presenti ai fedeli, ma tale falsa chiave non conduce al Regno dei cieli. Il ragionamento di Clemente si articola sulla rappresentazione della tradizione quale chiave di ingresso, con l'esistenza di una tradizione adeguata e di una falsa. Clemente introduce nel discorso il pastore che è la porta per il recinto delle pecore (Gv 10), poiché la chiave falsa consente di entrare nel recinto della chiesa e rapire taluni, ma non è funzionale alla salvezza. Solo l'appartenenza alla chiesa schiude le porte del Regno dei cieli poiché solo in essa è custodita fedelmente la tradizione del Signore. Siamo di fronte ad un esempio di utilizzo di Mt 23,13 e Lc 11,52, nel quale si presenta l'uso di una tradizione colpevolmente errata ed errante in contrasto con una

---

[74] CLEMENTE DI ALESSANDRIA, *Gli Stromati. Note di vera filosofia*, M. RIZZI – G. PINI, ed., Milano 2006, 819.

corretta ed efficace al fine della conoscenza della verità e della salvezza.

Il caso di Clemente è perfettamente definibile e specificabile grazie al contesto dell'opera in cui è inserito. Al contrario il caso di *Lg* 39 non lo è. Tuttavia l'ipotesi di lettura e il paragone proposti nel par. 3.1.1 aumentano di verisimiglianza, visto che, nell'attualizzazione dei passi evangelici considerati, Clemente sceglie una chiave di lettura connessa con la tradizione e la sua trasmissione basata sulle Scritture. Certamente siamo in un contesto culturale e sociale[75] distinto da quello che soggiace a *Lg* 39 e non si vuole indicare un qualche parallelismo o relazione diretta, d'altro canto la somigliante declinazione del tema della trasmissione di una tradizione-Torah falsificata, suggerisce che tale rilettura poteva essere diffusa nel II secolo. Tema interessante e meritevole di un approfondimento, esterno però ai limiti e agli obiettivi di questo studio.

2. Tabella 1 Contesto biblico delle occorrenze di fariseo nel *VgTom*

	Citazione diretta	Citazione indiretta o contesto biblico
Lg 39		Mt 23,13; Lc 11,52; Mt 10,16
Lg 102		Mt 23,13ss; Lc 11,42-43
Lg 66		Mc 12,10; Mt 21,42; Lc 20,17
Lg 89		Mt 23,1-32; Lc 11,37-44
Lg 6		Mt 6.1-8, Gc 3,14, Ef 4,25, Col 3,9, Mt 7,12,
Lg 14		Mt 15,11, Mc 7,15
Lg 27		
Lg 43		Gv 14,9
Lg 53		Rm 2,28-29, Rm 3,1, Fil 3,3, Col 2,11
Lg 100		Mc 12,13-17, Mt 22,15-22, Lc 20,20-26
Lg 104		Mc 2,18-20, Mt 9,14-15, Lc 5,33-35

---

[75] Si ipotizza che Clemente abbia scritto gli *Stromati* attorno al 180, la distanza temporale da *VgTom* dipende da quale ipotesi di datazione si scelga di seguire.

CAPITOLO IV

Egesippo

1. Introduzione

Egesippo è un autore di lingua greca attivo nella seconda metà del II secolo la cui opera ci è giunta in frammenti riportati da autori a lui successivi. È difficile ricostruire la sua biografia per la scarsità di notizie per lo più tardive: diversi indizi si estrapolano dai frammenti tramandati. Brani della sua opera in cinque volumi *Hypomnèmata* sono riportati nella *Storia Ecclesiatica* di Eusebio, in particolare da *HE* IV,22,1-3 si viene a conoscenza che Egesippo giunse a Roma, provenendo da oriente e passando per Corinto, e qui scrisse una successione dei vescovi romani fino ad Aniceto (*HE* IV,22,3), riportando come successori di quest'ultimo Sotero e Eleutero. Considerando che l'«episcopato» di Eleutero va dal 175 al 189 circa, se ne potrebbe dedurre che Egesippo sarebbe stato attivo a Roma in un periodo che potrebbe essere compreso fra il 170 e il 190 circa. Taluni desumono, dai frammenti e dalle notizie riportate da altri autori, una sua provenienza dall'area palestinese e una sua conoscenza del giudaismo e/o del giudeo cristianesimo, e lo pongono in relazione con la comunità giudeo-cristiana di Gerusalemme[1]. Tali deduzioni possono essere considerate ragionevoli fintanto che se ne accetti la generalità e una indeterminazione probabilmente irriducibile allo stato attuale delle conoscenze. La discussione investe la questione delle fonti di Egesippo, ovvero su come e da dove tragga le informazioni in suo possesso sul giudaismo e sulle vicende della prima comunità cristiana di Gerusalemme, e conseguentemente il grado di affidabilità delle sue notizie.

---

[1] Per un commento sulle note biografiche dedotte dai frammenti si può consultare il lavoro dottorale di CECILIA ANTONELLI: *I frammenti degli* Ὑπομνήματα *di Egesippo: edizione del testo, traduzione, studio critico*, Univ. Ginevra 2012, 252-274.

Malgrado le poche informazioni biografiche certe, Egesippo riveste un interesse consistente per questo studio in quanto latore di una testimonianza abbastanza antica (seconda metà del II secolo, non di molto successiva a quella di Giustino), e possibilmente qualificata[2] sulle vicende gerosolimitane (e non solo) della seconda metà del I secolo e del relativo contesto. D'altro canto la forma frammentaria in cui l'opera di Egesippo ci è pervenuta ne limita grandemente lo studio e i risultati deducibili con certezza: degli *Hypomnèmata* possediamo ciò che Eusebio ha voluto tramandare in accordo con la sua visione e con gli obiettivi della sua opera.

Nondimeno i frammenti in nostro possesso sono molto preziosi poiché contengono diverse citazioni dei farisei sia nella vicenda del martirio di Giacomo il Giusto (*HE*, II,23,4-18) sia in una delle più antiche liste di eresie giudaiche pervenutaci (*HE*, IV,22,4-9).

2. I farisei nei frammenti di Egesippo

Fra i frammenti dell'opera di Egesippo ho scelto di considerare quelli presentati esplicitamente come citazioni degli *Hypomnèmata* da Eusebio, tralasciando autori posteriori e informazioni riportate in discorsi indiretti (che comunque non considerano i farisei).

---

[2] La qualificazione di Egesippo è geografica, per la sua provenienza da oriente e la sua permanenza nella comunità cristiana romana dopo il martirio di Giustino (165), e "culturale" cioè relativa alla sua formazione in contesti vicini al giudaismo e/o al giudeo-cristianesimo. Quest'ultima vicinanza deve essere però intesa in senso generale e ampio perché la stessa definizione di giudeo-cristianesimo è in sé ampia e variabile; tale indeterminazione risiede probabilmente nella varietà d'identità (e di coscienza di essa) delle comunità che si riferivano al giudaismo, e alla sua variante cristiana, presentavano nei primi secoli, trasmesse in modo parziale e filtrato dalle correnti maggioritarie successive. Gli studi in questo campo sono moltissimi, fra gli altri, come punto d'inizio: S. C. MIMOUNI – P. MARAVAL, *Le Christianisme des origines à Constantin*, Paris 2006; S. C. MIMOUNI, *Early Judaeo-Christianity. Historical Essays*, Leuven 2012; C. GIANNOTTO, *Ebrei credenti in Gesù. Le testimonianze degli autori antichi*, Milano 2012.

2.1 *HE* II,23,10-14

10. Πολλῶν οὖν καὶ τῶν ἀρχόντων πιστευόντων, ἦν θόρυβος τῶν Ἰουδαίων καὶ γραμματέων καὶ Φαρισαίων λεγόντων, ὅτι κινδυνεύει πᾶς ὁ λαὸς Ἰησοῦν τὸν Χριστὸν προσδοκᾶν. Ἔλεγον οὖν συνελθόντες τῷ Ἰακώβῳ· "Παρακαλοῦμέν σε, ἐπίσχες τὸν λαὸν, ἐπεὶ ἐπλανήθη εἰς Ἰησοῦν, ὡς αὐτοῦ ὄντος τοῦ Χριστοῦ. Παρακαλοῦμέν σε πεῖσαι πάντας τοὺς ἐλθόντας εἰς τὴν ἡμέραν τοῦ πάσχα περὶ Ἰησοῦ. σοὶ γὰρ πάντες πειθόμεθα. Ἡμεῖς γὰρ μαρτυροῦμέν σοι καὶ πᾶς ὁ λαὸς ὅτι δίκαιος εἶ καὶ ὅτι πρόσωπον οὐ λαμβάνεις. [...]

12. Ἔστησαν οὖν οἱ προειρημένοι γραμματεῖς καὶ Φαρισαῖοι τὸν Ἰάκωβον ἐπὶ τὸ πτερύγιον τοῦ ναοῦ, καὶ ἔκραξαν αὐτῷ καὶ εἶπαν· "Δίκαιε ᾧ πάντες πείθεσθαι ὀφείλομεν, ἐπεὶ ὁ λαὸς πλανᾶται ὀπίσω Ἰησοῦ τοῦ σταυρωθέντος, ἀπάγγειλον ἡμῖν τίς ἡ θύρα τοῦ Ἰησοῦ". (*HE* II,23,10-11) [...]

14. Καὶ πολλῶν πληροφορηθέντων καὶ δοξαζόντων ἐπὶ τῇ μαρτυρίᾳ τοῦ Ἰακώβου καὶ λεγόντων· "Ὡσαννὰ τῷ υἱῷ Δαυίδ", τότε πάλιν οἱ αὐτοὶ γραμματεῖς καὶ Φαρισαῖοι πρὸς ἀλλήλους ἔλεγον· "Κακῶς ἐποιήσαμεν τοιαύτην μαρτυρίαν παρασχόντες τῷ Ἰησοῦ· ἀλλὰ ἀναβάντες, καταβάλωμεν αὐτὸν, ἵνα φοβηθέντες μὴ πιστεύσωσιν αὐτῷ".[3] (*HE* II,23,14) [...]

10. Poiché credevano dunque in molti, anche tra i capi, ci fu clamore tra i Giudei, poiché sia scribi sia farisei dicevano che c'era pericolo che tutto il popolo aspettasse Gesù, il Cristo. Riunitisi, dunque, dicevano a Giacomo: "Ti preghiamo, trattieni il popolo, poiché si è smarrito nei confronti di Gesù, pensando che sia lui il Cristo. Ti preghiamo di convincere tutti coloro che sono venuti per il giorno di Pasqua, riguardo a Gesù; infatti, tutti abbiamo fiducia in te. Noi, infatti, ti rendiamo testimonianza, e (così) tutto il popolo, del fatto che sei giusto e che non guardi in faccia a nessuno. [...]

12. I suddetti scribi e farisei, quindi, posero Giacomo sul pinnacolo del Tempio, e si misero a gridare verso di lui e dissero: "O Giusto, nel quale tutti siamo tenuti a confidare, poiché il popolo si sta smarrendo al seguito di Gesù il crocifisso, annunciaci quale (sia) la porta di Gesù". [...]

14. E poiché molti erano stati pienamente convinti e rendevano gloria per la testimonianza di Giacomo e dicevano: "Osanna al Figlio di David", allora ritornando sulla loro posizione, gli stessi scribi e farisei dicevano gli uni agli altri: "Abbiamo fatto male a procurare una tale testimonianza a Gesù; su, saliamo e gettiamolo giù, affinché, spaventati, non gli credano". [...]

---

[3] Per il testo greco e per la traduzione italiana utilizzo, a meno di diversa indicazione, C. ANTONELLI, *I frammenti degli* Ὑπομνήματα *di Egesippo*. L'Antonelli, quanto al testo greco, riprende l'edizione critica della *Storia Ecclesiastica* di Eusebio fatta da Eduard Schwartz agli inizi del 1900. Anche le principali edizioni dei frammenti (Preuschen 1905[2], Zahn 1900) riprendono il testo greco dall'edizione di Schwartz, come pure recentemente Cocco (2000). Cfr. EUSEBIUS CAESARIENSIS, *Zweiter Band. Die Kirchengeschichte*, I-III, E. SCHWARTZ – T. MOMMSEN, ed., *GCS* 9/1-3, Leipzig 1903-1909, ristampa *GCS* N.F. 6/1-3 1999. E. PREUSCHEN, *Antilegomena. Die Reste der ausserkanonischen Evangelien und urchristlichen Überlieferungen*, Giessen 1905[2]. T. ZAHN,

Nel frammento degli *Hypomnèmata* di Egesippo, riportato in *HE* II,23,4-18 relativo al martirio di Giacomo il Giusto, i farisei compaiono tre volte, nei paragrafi 10, 12 e 14, sempre in coppia con gli scribi e sempre posti al secondo posto. Per focalizzarne la dimensione letteraria esaminiamo brevemente il loro ruolo in relazione agli altri protagonisti del brano. Giacomo è un personaggio assai positivo, campione di santità, giustizia e purità cultica: santo fin dal seno della madre (elezione divina), non beve vino, si astiene dal mangiare esseri viventi (purità), non si rade né si unge (nazireato), veste di solo lino e gli è consentito l'ingresso nel santuario (dignità sacerdotale) dove prega e intercede per il popolo. "Vescovo"[4] di Gerusalemme per mandato degli apostoli assomma in sé pietà e giustizia tali da avere il rispetto di tutto il popolo, segno ed espressione di una continuità e unità possibile fra credenti e non credenti in Cristo.

Nel popolo sono presenti le sette fazioni (*HE* II,23,8), che Egesippo afferma aver già descritte precedentemente nel suo testo, all'interno delle quali taluni sono interessati a sapere di più su Gesù, giungendo alla fede in Lui grazie a Giacomo, mentre altri sono decisamente contrari al Nazareno e alla sua messianicità. Fra i molti nel popolo che credono in Gesù vi sono alcuni capi e ciò suscita attenzione e clamore fra i giudei, inducendo fra gli scribi e i farisei il timore che tutto il popolo possa riconoscere Gesù come il Cristo. Di qui la crisi.

Dunque scribi e farisei appartengono a quella parte delle sette fazioni che non credono nella messianicità di Gesù e che considerano tale pretesa pericolosa; il popolo, insieme più ampio delle sette fazioni, appare diviso e influenzabile tanto da queste ultime quanto da Giacomo. Scribi e farisei chiedono a Giacomo, in virtù della considerazione a lui riconosciuta da tutto il popolo, di parlare dal pinnacolo del tempio alla folla, radunatasi nel giorno di Pasqua e composta tanto da credenti quanto da gentili, per dissuaderla dallo smarrirsi al seguito di Gesù.

L'azione si svolge in un luogo e in un periodo assai significativi, il tempio nel giorno di Pasqua, è riportato: «Διὰ γὰρ τὸ πάσχα συνεληλύθασι

---

ed., *Forschungen zur Geschichte des neutestamentlichen Kanons und der altkirchlichen Literatur*, I-X, Leipzig, 1881-1929 (VI, *Apostel und Apostelschüler in der Provinz Asien; Brüder und Vettern Jesu*, Leipzig, 1900). E. Cocco, «I frammenti degli Ὑπομνήματα di Egesippo», in: L. Cirillo – G. Rinaldi, ed., *Roma, la Campania e l'Oriente cristiano antico. Giubileo 2000. Atti del Convegno di studi. Napoli 9-11 ottobre 2000*, Napoli 2004, 327-396. Per il testo greco riportato cfr. anche Eusebius Caesariensis, *Zweiter Band. Die Kirchengeschichte*, I, E. Schwartz – T. Mommsen, ed., Leipzig 1903, 168-170.

[4] Cfr. *HE* IV, 23,1.

πᾶσαι αἱ φυλαὶ μετὰ καὶ τῶν ἐθνῶν[5]». Si tratta di un'assemblea estesa, tutte le tribù con i "gentili" sono riunite sul monte del tempio per la solenne celebrazione della Pasqua. Un simile consesso non può che prefigurare il grande raduno di tutti i popoli (Israele con tutte le genti) in Gerusalemme per lodare il nome del Signore (Sal 71,17[LXX], Sal 122,4-5, Is 2,2-4, Is 56,7-7, Zc 8,22-23 ...) anche e soprattutto in una prospettiva escatologica (Is 25,6-8, Ap 21,22-24).

Giudei e popolo appaiono come entità variamente composte e complesse, né definitivamente positive o negative nei confronti di Gesù o di Giacomo, ma influenzabili, come insieme, da gruppi al loro interno. Anche le sette fazioni e i capi non hanno una caratterizzazione definita fin dal principio, mentre al loro interno scribi e farisei da subito sono presentati come nemici dei seguaci di Gesù e impegnati ad arginare lo sviamento del popolo nel seguire la dottrina che vede in Gesù il messia.

Il ruolo di antagonisti compete decisamente ed esclusivamente a scribi e farisei: sono loro che ricercano la testimonianza di Giacomo e successivamente agiscono contro di lui dopo la sua dichiarazione pro Gesù; sono loro che lo gettano giù dal pinnacolo del tempio, che lo fanno lapidare (visto che la caduta non lo aveva ucciso), e ne causano la morte per mano di un follone. Occorre notare come nelle fasi del martirio di Giacomo non è immediatamente chiaro se gli attori della sua morte siano direttamente scribi e farisei[6] oppure la folla radunata e aizzata da costoro contro il fratello del Signore.

In questo ambito la specificazione del γναφεὺς (*HE* II, 23,18) e dell'arma del colpo di grazia (il bastone utilizzato in tale mestiere per strizzare i panni) risulta "curiosa": perché è necessario un simile dettaglio? Il termine greco γναφεὺς[7] può essere tradotto con follatore, latino *fullo*[8], cioè un operaio specializzato nel trattamento di tessuti[9], ma che può essere inteso più

---

[5] *HE*, II, 23,11. C. ANTONELLI, *I frammenti degli* Ὑπομνήματα *di Egesippo*, 129. Cfr. EUSEBIUS CAESARIENSIS, *Zweiter Band. Die Kirchengeschichte*, I, 170.

[6] Il mestiere di cardatore, per quanto rispettabile, doveva essere attività comune; probabilmente essa non era propria di uno scriba, mentre potrebbe essere possibile per un fariseo (sappiamo che Paolo faceva le tende).

[7] Nel frammento di Egesippo è usato γναφεὺς, meno diffuso di κνᾰφεύς, di significato simile.

[8] Così riporta in latino Girolamo nella sua notizia sul martirio di Giacomo.

[9] Il processo permette, con una sequenza di lavaggi e trattamenti meccanici, di trasformare il tessuto variandone la consistenza e anche l'impermeabilità. Le officine per la follatura, *fullonicae*, erano piuttosto diffuse e l'attività piuttosto redditizia. Esempi di tali botteghe sono state ritrovate ad Ostia, Pompei, Roma, ma anche a Gerusalemme. Il fullone era un operaio specializzato e con una identità corporativa consistente. Per approfondire: M. FLOHR, *The World of the Fullo. Work, Economy and Society in Roman Italy*. Oxford 2013; A. USCATESCU, *Fullonicae y Tinctoriae en*

genericamente come lavandaio[10]. La traduzione dipende dal peso che si voglia riconoscere nella narrazione alla specificità del mestiere: utilizzare "lavandaio" significa considerare uno degli astanti, che prese una iniziativa concordemente al moto violento della folla aizzata dagli scribi e farisei; usare il termine "follone" significa sottolineare il mestiere e il suo legame con il contesto sociale (nel mondo greco romano esistevano corporazioni di mestieri, le *follonicae* talvolta avevano delle localizzazioni fuori dell'abitato per il tipo di lavorazione fatto ...).

La Antonelli, riprendendo anche studi precedenti, ipotizza un background eminentemente biblico legando le ricorrenze di γναφεὺς[11] (connesse con il campo del lavandaio posto fuori, ma in prossimità, delle mura di Gerusalemme) con l'episodio delle violenze perpetrate dai vignaiuoli omicidi (bastonature, lapidazione, omicidio) in Mt 21,33-46 e paralleli sinottici[12]. L'interesse per questo studio è se vi possa essere una relazione di qualche tipo fra scribi e farisei e il lavandaio/follone (e con il contesto connesso a tale mestiere). Ai primi sicuramente spetta la responsabilità della morte del giusto, al secondo compete solo il ruolo di esecutore ultimo? Egli è uno della folla oppure uno degli scribi e farisei?

Il particolare del colpo di grazia inferto con il bastone del follone è riportata da Clemente e ripreso successivamente da Girolamo ed Epifanio di Salamina[13] (i quali però non menzionano nella narrazione né farisei né scribi). Probabilmente si tratta di una tradizione che Egesippo ha ripreso e utilizzato nella sua ricostruzione del martirio di Giacomo, ma i dati a

---

el Mundo Romano, Barcelona 1994. Follatore e follone (arc. fullone) indicano la stessa figura professionale.

[10] La questione della traduzione di γναφεὺς ha una certa rilevanza. Lavandaio e follone non sono mestieri totalmente sovrapponibili. Il mestiere del *fullo* era conosciuto e praticato nel mondo antico, ad oriente e occidente, e si è sviluppato e conservato nel medio evo. Nei primi secoli nel mondo greco romano tale mestiere era piuttosto specializzato, e non corrispondeva perfettamente a quello del cardatore, sebbene in alcune fasi del trattamento vi potesse essere un'azione di cardatura, né quello del tintore o del lavandaio, fasi presenti anch'esse nel processo di follatura; inoltre il *fullo* aveva un certo rilievo all'interno dei mestieri e corporazioni del mondo romano, e i proprietari di *fullonicae* potevano godere di un certo agio. D'altro canto è ben possibile che nelle *fullonicae* (siamo sempre nell'ambito di attività artigianali caratterizzate intrinsecamente da flessibilità), si potessero fare lavaggi senza trattamenti volti a modificare la struttura o densità del tessuto. Un lavandaio non doveva avere la specializzazione del follone, la sua attività era più comune e meno retribuita.

[11] 2Re 18,17, Is 7,3; 36,2, Mc 9,3.

[12] Cfr. C. ANTONELLI: *I frammenti degli* Ὑπομνήματα *di Egesippo*, 184-193.

[13] Per un confronto fra le varie notizie sul martirio di Giacomo vedi il paragrafo successivo e l'appendice.

disposizione non permettono, a mia opinione, di isolare una relazione letteraria e/o tipologica fra farisei e il personaggio del γναφεὺς. La questione dunque rimane aperta.

È altresì interessante come, durante il martirio, l'unica voce che si innalza contro tale malefatta sia quella di uno dei sacerdoti (*HE* II,23,17), classe altrove generalmente avversa ai seguaci di Gesù[14]. Si tratta però di un sacerdote del gruppo dei recabiti (Ger 35), discendenti di Ionadab figlio di Recab, che avevano adottato una condotta particolare: per mantenersi fedeli all'Alleanza avevano deciso di seguire una forma di vita morigerata, senza bere vino, e continuare una esistenza nomade, perpetuando il tempo della vita di Israele nel deserto. Contrariamente al resto del popolo, essi avevano ascoltato gli ammonimenti del Signore tramite i profeti e non avevano servito altri dei, permanendo nell'Alleanza; dopo la venuta di Nabucodonosor, andarono a vivere in Gerusalemme (Ger 35,11) per sfuggire ai caldei e aramei. I recabiti sono un gruppo a parte, separatosi dal resto del popolo, con un sacerdozio particolare e diverso. Essi vanno inquadrati piuttosto nella dimensione del resto di Israele, un gruppo di giusti irriducibilmente fedeli all'Alleanza e non sviatosi appresso a dottrine devianti. La loro vicinanza ai costumi di Giacomo e alla sua rettitudine è evidente e spiega perché uno solo si opponga alla tragica uccisione del Giusto: come il Giusto intercedeva per il popolo, il recabita, giusto anch'egli, intercede per Giacomo.

Il frammento termina considerando la dimensione "universale" del martirio di Giacomo: egli è «divenuto veritiero testimone per i Giudei e anche per i Greci del fatto che Gesù è il Cristo[15]», e l'ingiustizia perpetrata contro di lui è causa dell'assedio (e della successiva distruzione) di Gerusalemme.

Il martirio di Giacomo è visto come la causa dell'assedio della città santa, cioè come la scaturigine della punizione divina verso di essa, dunque esso è promosso a episodio notevole della economia divina, reinterpretando la caduta di Gerusalemme quale punizione per l'indegnità e perversione del popolo, in analogia con l'interpretazione della caduta di Gerusalemme[16]

---

[14] Per Flavio Giuseppe il responsabile della morte di Giacomo è il sommo sacerdote Anano, sadduceo, e contro tale decisione si schierarono i più osservanti fra i giudei: cfr. *Ant.* 20.200.

[15] *HE* II,2318. C. ANTONELLI: *I frammenti degli* Ὑπομνήματα *di Egesippo*, 134-135.

[16] Di particolare interesse è 2Re 17,14-18: «Ma essi non ascoltarono, anzi resero dura la loro cervìce, come quella dei loro padri, i quali non avevano creduto al Signore, loro Dio. Rigettarono le sue leggi e la sua alleanza, che aveva concluso con i loro padri, e le istruzioni che aveva dato loro. Il Signore si adirò molto contro Israele e lo allontanò dal suo volto e non rimase che la sola tribù di

e del I tempio presentata nell'AT (es. 2Re – 2Cr, Ger, Ez). In tale ottica i Romani non sono il nemico definitivo, ma Vespasiano appare come lo strumento utilizzato da Dio per eseguire la sua sentenza.

Tale schema teologico è ripreso e adattato ai nuovi accadimenti da diversi autori, ad esempio da Flavio Giuseppe[17], è fatto proprio da Egesippo e da altri scrittori cristiani dei primi secoli.

In sintesi abbiamo un quadro in cui le diverse entità coinvolte nel racconto presentano per lo meno delle ambivalenze: alcuni capi credono al Giusto e a Gesù, un sacerdote recabita si schiera a favore di Giacomo, le sette fazioni, i giudei e il popolo presentano atteggiamenti mutevoli e frazionamenti; solo scribi e farisei sono univocamente presentati come avversari irriducibili del Cristo e di Giacomo.

La narrazione di Egesippo sul martiro di Giacomo utilizza chiari riferimenti volti a proiettare sul Giusto richiami a figure bibliche esemplari, come personaggi e come ruoli: Giovanni il Battista, santo fin dal seno materno e nazireo; sacerdote in quanto vestito di lino e autorizzato ad entrare nel tempio; Giuseppe il Giusto padre putativo di Gesù; Stefano, che vide i cieli aperti, fu lapidato da alcuni giudei e pregò infine Dio di perdonare i propri assassini; ma soprattutto Gesù il servo sofferente. Con buona probabilità Egesippo riprende tradizioni a lui precedenti e le riunisce e rilegge sotto la sua ottica. La prospettiva evangelica sulla morte ingiusta, ma salvifica, di Gesù è traslata sul martirio del giusto Giacomo, testimone al vivo di Cristo, con la differenza che, mentre nei vangeli i farisei non compaiono nella narrazione della passione, qui scribi e farisei appaiono come gli avversari irriducibili responsabili in primis del martirio.

Si potrebbe pensare all'uso delle diatribe intercorse fra il Nazareno e gli scribi e farisei durante la vita pubblica (in particolare nel racconto di

---

Giuda». Si esplicita la colpa derivante dal rigettare le leggi di Dio e la sua Alleanza come la causa della scissione fra Israele e Giuda che resta la sola tribù a preservare e trasmettere la tradizione degli antichi padri. Tale linea è ripresa e sviluppata da Egesippo e da altri autori cristiani a sostegno della loro visione della chiesa come erede della vera tradizione e del nuovo popolo di Dio.

[17] Per Flavio Giuseppe la caduta della città santa e la distruzione del tempio sono una conseguenza del grado di empietà raggiunto da una parte dei capi giudaici e da una parte del popolo di Gerusalemme.

In generale un tema della Guerra Giudaica è il passaggio del favore divino dagli ebrei ai Romani, grazie al quale questi vincono la guerra a causa degli errori e della empietà di una parte dei giudei (eminentemente i capi della ribellione contro Roma e dei loro seguaci), ma anche l'incapacità di molti altri di comprendere errori e segni e conseguentemente cambiare condotta, agendo per il bene della nazione e non per interessi personali o partigiani: es. *BI* 5.378.412, *BI* 5.444-445, *BI* 5.562-566, *BI* 6.110, *BI* 6.408.

Matteo), estremizzate e riadattate da Egesippo per caratterizzare l'identità degli avversari e svelare la loro colpevole responsabilità[18]. Sotto questa prospettiva Egesippo pare essere testimone dello sviluppo e concentrazione di temi già presenti nel Nuovo Testamento verso una definizione più dettagliata e personalizzata della figura del nemico, qui scribi e farisei, proponendola come tipologica.

Per cercare di delineare alcune linee di questo sviluppo occorre esaminare le narrazioni della morte di Giacomo giunte fino a noi e alcuni riferimenti biblici soggiacenti la narrazione.

2.1.1 Tradizioni sul martirio di Giacomo

Notizie sulla morte di Giacomo[19] sono riportate in:
Flavio Giuseppe, *Antichità giudaiche* 20,IX,1 (20,197-203)
Clemente Alessandrino, *Hypotyposeis* 7 in Eusebio, *HE* II,1,5
Egesippo, *Hypomnèmata* in Eusebio, *HE* II,1,4-18
II Apocalisse di Giacomo VII,1 (61-62)
Ritrovamenti pseudoclementini I,66-70,
Origene, *Commento a Matteo* 10,17
Epifanio di Salamina *Panarion* 78,14,5
Girolamo, *De viris* 2,6-9

La notizia più antica ci è data da Flavio Giuseppe nelle *Antichità Giudaiche* 20,200: si tratta di poche frasi che attribuiscono la responsabilità della lapidazione di Giacomo alla iniziativa del sommo sacerdote Anano in un periodo di latenza dell'autorità romana in Gerusalemme. Anano appartiene alla scuola dei sadducei, definiti più insensibili degli altri giudei quando sedevano in giudizio. L'azione di Anano è volta a punire la trasgressione della legge da parte di Giacomo, fratello di Gesù, e di alcuni altri, e porta alla loro lapidazione. Al fatto segue la reazione di persone (evidentemente influenti) osservanti della legge che protestarono per le esecuzioni con il re Agrippa e con il governatore Albino, con il risultato di far destituire Anano. Nella narrazione non si fa menzione esplicita dei farisei[20]: sono

---

[18] Questo aspetto è sviluppato nel par. 2.1.2.

[19] Matti Myllykoski ha pubblicato due articoli sulla storia di Giacomo il giusto; le tradizioni sul martirio di Giacomo sono riportate nel secondo: M. MYLLYKOSKI, «James the Just in History and Tradition: Perspectives of Past and Present Scholarship (Part II)», *Currents in Biblical Research* 6/2007, 11-98.

[20] Per Steve Mason le caratteristiche con cui sono descritti i cittadini che si lamentano per la brutalità

i sadducei, e il loro esponente Anano, i responsabili dell'azione nefasta; si osserva anche una divisione nelle persone eminenti in Gerusalemme, poiché taluni, per Flavio Giuseppe, prepongono ad ogni azione la vera osservanza della legge, mentre altri, Anano e sadducei, evidentemente no.

Posteriori sono le narrazioni di Clemente Alessandrino ed Egesippo, riportate da Eusebio nella *Storia Ecclesiastica*. La notizia di Clemente è stringatissima: «... e i "Giacomo" erano due, uno, il Giusto, quello che venne gettato giù dal pinnacolo e fu colpito a morte dal bastone di un follatore, l'altro, quello che fu decapitato...»[21].

Non sono indicati i responsabili della morte di Giacomo, ma la causa finale del decesso è un colpo di bastone, inferto da un follatore, successivo alla "caduta". Nella brevità della narrazione colpisce la specificazione dell'arma del delitto, il bastone utilizzato dal γναφεὺς. Le ragioni di tale dettaglio non sono affatto evidenti né in Clemente, né tantomeno in Egesippo. Le azioni contro il Giusto sono due: l'essere precipitato dal pinnacolo e il colpo mortale inferto dal bastone; non si parla, in Clemente, di lapidazione. Si può presumere che vi siano stati attori diversi delle due azioni, probabilmente più persone per la prima, che non sono specificate, mentre il responsabile del colpo di grazia è citato esplicitamente.

Un'altra testimonianza sul martirio di Giacomo, riconducibile al II secolo, è quella contenuta nella *II Apocalisse di Giacomo* presente nel IV codice di Nag Hammadi. Il quadro è meno articolato e descrittivo di quello riportato da Egesippo: la narrazione è fatta da un sacerdote, appartenente, in segreto, alla comunità dei seguaci di Gesù: la totalità non differenziata dei presenti nel tempio decidono di far precipitare Giacomo dal pinnacolo, avendolo trovato colà; Giacomo sopravvive alla caduta, quindi viene calpestato, interrato fino al ventre e infine lapidato. La morte sopraggiunge per quest'ultima azione, mentre il Giusto prega per i suoi assassini. Gli astanti non sono differenziati se non per il fatto che alcuni sono pro Giacomo e altri (presumibilmente la maggioranza) contro; non sono nominati

---

di Anano corrispondono alla descrizione dei farisei in Flavio Giuseppe: essi sono ragionevoli, rigorosi nell'osservanza della legge e contrari alla messa a morte di Giacomo. Per Mason la ragione della omissione sarebbe la volontà di Giuseppe di presentare una immagine negativa dei farisei (cfr. S. Mason, *Josephus and the New Testament*, Peabody 2003[2]; trad. it. (della I edizione): *Flavio Giuseppe e il Nuovo Testamento*, Torino 2001, 198-199).

[21] *HE* II,1,5. La traduzione italiana di Migliore – Borzi – Lo Castro, probabilmente la più diffusa, rende γναφέως con il termine scardassatore, operaio che lavora la lana con lo scardasso, ovvero un cardatore. Cfr. Eusebio di Cesarea, *Storia Ecclesiastica*, I, F. Migliore – S. Borzi, ed., Roma 2005[2], 93.

scribi, farisei, sadducei; non è considerato il colpo di bastone né il follone; la sequenza delle azioni che portano alla morte di Giacomo ha un andamento un po' diverso da quello descritto da Egesippo, con la particolarità del calpestamento e dell'interramento precedente alla lapidazione.

Le narrazioni della morte di Giacomo il Giusto riportate in autori successivi parrebbero riprendere le tradizioni precedenti, talvolta citandole apertamente (ad esempio Origene e Girolamo si riferiscono esplicitamente a Flavio Giuseppe), con "personalizzazioni" più o meno marcate. In nessuna di esse sono fatti comparire i farisei, e ciò è vero anche nei *Ritrovamenti* pseudo-clementini I,66-70: il gruppo dei nemici di Giacomo è capeggiato da Paolo di Tarso (che non viene specificato come fariseo) il quale riesce a scatenare la reazione violenta di una minoranza contro la maggioranza dei presenti, composta dai simpatizzanti per Giacomo e dagli appartenenti alla comunità "cristiana"; tale violenza però non porta alla morte del Giusto che è tratto in salvo e fatto riparare a Gerico.

La mancanza di scribi e farisei nei racconti citati sopra è un dato sorprendente al confronto del ruolo e della caratterizzazione riservati loro da Egesippo: per i frammenti giunti fino a noi e nell'ambito, limitato, dei racconti della morte di Giacomo ad oggi conosciuti, si tratta di un aspetto peculiare di questo scrittore.

In generale il racconto di Egesippo parrebbe costituito dalla unione e rielaborazione di diverse tradizioni a lui precedenti di cui si può identificare un filone legato alla lapidazione (Flavio Giuseppe) e un altro in cui si riporta anche la bastonatura a morte per mano del follone (Clemente?)[22]. Il fatto di possedere l'opera di Egesippo in frammenti, come pure frammenti o un numero limitato di testimonianze sulla tradizione della morte di Giacomo, rende difficile specificare quanto sia il proprio della rielaborazione di questo autore e quanto egli mutui da tradizioni precedenti.

Nondimeno occorre osservare che il racconto della morte di Giacomo, nella citazione di Egesippo riportata da Eusebio, è la prima testimonianza nota di una narrazione che presenti scribi e farisei come mandanti ed esecutori della morte del Giusto, facendo impersonare loro il ruolo di nemici irriducibili della comunità dei seguaci di Gesù in Gerusalemme.

Non ci sono elementi per affermare che tale elaborazione letteraria sia originale e propria di Egesippo[23], d'altro lato, relativamente alla vicenda

---

[22] Cfr. C. ANTONELLI: *I frammenti degli* Ὑπομνήματα *di Egesippo*, 171-198.

[23] Si può dire che essa è propria di come Eusebio riporta Egesippo, dunque dipende da quanto si ritengano congruenti con l'originale le citazioni del vescovo di Cesarea.

della morte di Giacomo, essa non ha avuto grande seguito negli scrittori a lui successivi che hanno usato le stesse tradizioni e, presumibilmente, conosciuto i suoi scritti.

Sicuramente siamo davanti ad una testimonianza importante su una lettura ben precisa del ruolo degli scribi e farisei nella storia della prima comunità cristiana di Gerusalemme, come essa è vista da uno scrittore ecclesiastico del II secolo, o più precisamente come Eusebio riporti tale testimonianza: scribi e farisei sono i nemici irriducibili della nuova comunità cristiana.

2.1.2 Alcuni *testimonia* biblici nel racconto della morte di Giacomo

Il racconto della morte di Giacomo fra i frammenti di Egesippo ha una struttura letteraria diversa da quella presente negli altri brani per il suo carattere narrativo, mentre altrove lo stampo è piuttosto descrittivo o speculativo[24]. Tale narrazione si costruisce probabilmente riunendo tradizioni diverse sulla morte di Giacomo accompagnate da riletture e adattamenti di passi biblici e racconti delle origini cristiane: vicende raccontate nei vangeli, cronache sugli apostoli e sui personaggi della comunità gerosolimitana. I richiami biblici sono diversi, taluni evidenti come ad esempio: il nazireato richiama Giovanni il Battista ma anche, sullo sfondo, Sansone e Samuele; l'intercessione continua di Giacomo rimanda alle figure di giusti intercessori presso Dio come Abramo (es. Gen 18,22-33); la richiesta a Giacomo degli scribi e farisei di impedire alla folla di smarrirsi dietro a Gesù ha contatti con il tentativo dei farisei di cogliere in fallo Gesù mentre insegna nel tempio, (Mc 12,14; Mt 22,15-16); Giacomo portato sul pinnacolo richiama Satana che tenta colà Gesù[25] (Mt 4,5, Lc 4,9) … L'elenco potrebbe essere molto lungo, ma ai fini del nostro studio occorre focalizzarsi su alcune strutture narrative più importanti. Fra i riferimenti ai racconti delle origini cristiane un ruolo di particolare rilievo lo ricoprono il *vangelo di Giovanni* e gli *Atti degli Apostoli*[26] (quest'ultimo in riferimento al martirio di Stefano).

Interessante è la connessione con Gv 12: in prossimità della festa di Pasqua Gesù sale a Gerusalemme e il suo ingresso trionfale (in una dimensione messianica) preoccupa i farisei che vedono la folla sviata dietro al

---

[24] Cfr. C. Antonelli: *I frammenti degli* Ὑπομνήματα *di Egesippo*, 141.

[25] Seguendo tale accostamento scribi e farisei assumerebbero una connotazione diabolicamente malvagia.

[26] Cfr. C. Antonelli: *I frammenti degli* Ὑπομνήματα *di Egesippo*, 149.

Nazareno (Gv 12,19); fra la folla salita per il culto vi sono alcuni greci che vogliono conoscere Gesù (Gv 12,20); malgrado i segni compiuti, molti restano increduli di fronte alla presenza del messia mentre altri credono, fra cui molti capi i quali però «a causa dei farisei, non lo dichiaravano, per non essere espulsi dalla sinagoga» (Gv 12,42)[27]. In Gv 12 vi è la differenziazione nei giudei: la folla (che è un vero e proprio personaggio nel racconto giovanneo) accorre a Betania provocando la decisione dei capi dei sacerdoti di uccidere Gesù (Gv 11,53) e Lazzaro (Gv 12,10); quando poi la folla acclama il Nazareno in Gerusalemme i farisei si adombrano comprendendo che "il mondo" (Gv 12,19) sta seguendo il predicatore galileo. Le somiglianze con il racconto di Egesippo sono diverse: egualmente importante è il ruolo dei farisei presentati come gli antagonisti di Gesù, coloro che vogliono evitare lo sviamento della folla e che costituiscono un impedimento alla conversione soprattutto dei capi, i quali sono posti davanti al dilemma di esporsi per Gesù o rimanere nella sinagoga. Tale ruolo in Gv 12, assieme alle invettive di Mt 23, potrebbe essere il background evangelico sul quale Egesippo sviluppa il ruolo degli scribi e farisei quali antagonisti di Giacomo e li proponga come tipologia dell'irriducibile avversario ebraico del nuovo popolo di Dio.

Il martirio di Stefano è narrato in Atti 6-7: alcuni appartenenti ad una sinagoga dei Liberti, Cirenei … (At 6,9), dunque credenti provenienti dalla diaspora, con una falsa testimonianza fanno sì che il popolo, gli anziani e gli scribi conducano Stefano davanti al sinedrio. Nel suo discorso (At 7,2-53) Stefano ripercorre la storia della salvezza, sottolineando l'importanza della promessa ricevuta tramite Mosè nel deserto, ma è l'ultima parte che suscita l'ira degli astanti: «Quale dei profeti i vostri padri non hanno perseguitato? Essi uccisero quelli che preannunciavano la venuta del Giusto, del quale voi ora siete diventati traditori e uccisori, voi che avete ricevuto la Legge mediante ordini dati dagli angeli e non l'avete osservata» (At 7,52-53). Questi versetti esprimono alcuni temi importanti: la continua tensione del popolo all'errore (cioè il traviamento dalla legge), la venuta del Giusto, la sofferenza dei profeti di Dio. Giusto è Gesù, ma conseguentemente anche Stefano e infine Giacomo, tutti giusti uccisi per la loro testimonianza alla verità. Nella narrazione della morte di Stefano in Atti non sono men-

---

[27] Cfr. C. ANTONELLI: *I frammenti degli* Ὑπομνήματα *di Egesippo*, 144-145. Il discorso poi sulla porta di Gesù richiama le affermazioni che il Nazareno fa in Gv 10, sottolineando l'influsso e l'importanza del vangelo di Giovanni nella narrazione di Egesippo.

zionate fazioni ebraiche (e neanche i farisei), ma gli scribi, accanto ad anziani, sacerdoti e agli appartenenti alla sinagoga dei Liberti (…).

Da ultimo occorre sottolineare alcuni punti ripresi da Egesippo, nella narrazione della morte di Giacomo, dal racconto di Atti sul martirio di Giacomo e dalla passione di Gesù: il ruolo del popolo e, relativamente ad At 7, una visione della storia della salvezza in chiave "deuteronomistica"[28]. Sia nel caso di Gesù, come per Stefano e per Giacomo, il popolo cede alla sobillazione dei "capi" diventando complice e, nel caso di Stefano e di Giacomo, diretto esecutore della condanna a morte; solo nella narrazione di Egesippo i farisei assumono un ruolo di prima importanza e di diretta azione contro il Giusto. Un aspetto della struttura teologica del lungo discorso di Stefano in At 7 è particolarmente interessante: la rilettura della storia della salvezza come storia della disobbedienza d'Israele che culmina nella uccisione del Giusto (At 7,52). Tale prospettiva ha come corollario l'incapacità di osservare la legge data da Dio a Mosè (At 7,53), cioè il suo traviamento[29] ad opera di uomini tardi e duri di cuore (At 7,51). Negli Atti l'episodio di Stefano prepara la diffusione del vangelo fuori di Gerusalemme, verso le genti (At 8,1-4), in Egesippo il martirio di Giacomo indica una svolta importantissima nel rapporto fra i credenti in Cristo e le comunità ebraiche, nella dimensione della separazione: i farisei impediscono l'unificazione del popolo di Dio, ebrei e cristiani, nella fede nel Cristo predicata da Giacomo.

2.1.3 Dinamica narrativa nel racconto della morte di Giacomo

Una struttura letteraria complessa come quella del racconto della morte di Giacomo in Egesippo è stata redatta con intenti precisi; banalmente la ricostruzione propone uno o più sensi di un evento passato, definendone l'importanza e la portata. Nel caso specifico questo racconto delle origini cristiane propone il martirio di Giacomo come evento nella storia della salvezza e dunque nella storia della chiesa. Fino alla morte di Giacomo la chiesa era vergine (*HE* IV 22,4), cioè in uno stato che si potrebbe definire prelapsario, successivamente inizia il frazionamento a causa di vane

---

[28] Cfr. G. ROSSÉ, *Atti degli Apostoli. Commento Esegetico e teologico*, Roma 1998, 297-298.

[29] Il traviamento della Torah di Mosè da parte di uomini che l'hanno interpretata sulla base di loro opinioni e filosofie è un tema importante, già presente nel NT (es. Mc 7,8, Mt 15,5, appunto At 7,51-53), ripreso e accentuato nell'apologetica cristiana (es. Ireneo *Adv. haer.* IV, 12,1 definisce la legge deviata come farisaica).

predicazioni. Si potrebbe dire che più che all'epoca di Gesù è nel tempo di Giacomo che vi sia la possibilità che tutto il popolo riconosca gli errori passati e finalmente accetti Gesù come messia avvicinando così l'era della parusia (*HE* II, 23,13).

Giacomo il Giusto è presentato come il campione della comunità di Gerusalemme, assommando in sé qualità morali, cultuali e spirituali elevatissime: legato da vincolo di sangue con il Nazareno è santo fin dal seno della madre come Gesù e Giovanni il Battista. È anche l'esponente di quei giusti di Israele che sono rimasti fedeli all'Alleanza, mai tradendo Dio e la legge di Mosè, allo stesso modo dei recabiti e dei profeti perseguitati per la verità. In questo Giacomo è l'espressione concreta di una continuità possibile e benedetta fra l'Alleanza sinaitica e la rinnovata Alleanza in Gesù, l'elemento ideale di sintesi fra la fede mosaica e fede cristiana: lui è in grado di dialogare a pieno titolo (pio ebreo, fedele alla legge e al tempio, stimato da tutto il popolo …) con alcuni delle sette fazioni giudaiche, proponendo loro Gesù come il Salvatore e conducendoli alla fede. Ma la sua predicazione causa lo scontro sui temi della resurrezione e del giudizio finale: il conflitto si svolge fra il gruppo dei fedeli di Gesù (e i convertiti nelle sette fazioni) contro coloro che, in esse, non hanno creduto alla resurrezione e al giudizio finale ad opera di Gesù (potenza e divinità del Nazareno). Farisei e scribi percepiscono chiaramente il rischio di una svolta epocale, cioè la riunificazione del popolo eletto attorno all'unico messia-Dio.

Il piano escogitato dagli scribi e farisei fallisce e dà l'occasione a Giacomo di dare la sua testimonianza di fede fino alla morte: il suo martirio completa la sua figura di campione della comunità gesuana ripercorrendo i passi che furono già di Gesù e di Stefano. Giacomo è così proposto come figura sintetica di due mondi: «Questi è divenuto testimone per i Giudei e per i Greci del fatto che Gesù è il Cristo» (*HE* II, 23,18). La dimensione del martirio di Giacomo è universale, prospettando come soluzione ai conflitti la via pacifica, ma potente, della morte redentrice di Gesù e dei suoi fedeli, e superando così ogni logica di contrapposizione.

Le conseguenze dell'azione degli scribi e farisei sono drammatiche perché, coinvolgendo parte del popolo in tale azione nefasta, crea una scissione che sarà irriducibile, causa l'ira divina su Gerusalemme, inizia un tempo di conflitti e separazioni, ma soprattutto evidenzia come l'eredità dell'Alleanza passi ad un nuovo popolo, quello costituito da coloro che fanno parte della chiesa. Il racconto s'interrompe con l'accenno all'assedio di Vespasiano, dunque nella prospettiva della distruzione del tempio ad opera di stranieri, come fu la precedente distruzione ad opera dei babilonesi, eventi tragici nella economia della salvezza che Dio non arresta.

Il racconto drammatico di Egesippo vuole (di)mostrare alcuni fondamentali punti teologici ed ecclesiologici: la chiesa è in continuità con gli insegnamenti della legge mosaica e con la storia di salvezza fatta da Dio con il popolo ebraico[30]; la colpa del conflitto fra nuova comunità cristiana e gruppi giudaici è da ascriversi alla ottusità di quest'ultimi; conseguenza di tale conflitto è l'impossibilità di realizzare l'unità dei fedeli e il cammino di ritorno ad uno stato ideale e prelapsario; la chiesa eredita la promessa e diviene il vero Israele, portatrice della verità e della giustizia alle genti. In questo quadro scribi e farisei assumono un'importanza capitale: sono i responsabili della svolta conflittuale e irreversibile nel popolo di Dio fra credenti in Gesù e non.

Nei vangeli i farisei non sono presenti nella narrazione della passione[31] né negli annunci che ne fa Gesù[32]; nel frammento di Egesippo la responsabilità cambia e si focalizza su scribi e farisei, sfumando le responsabilità di altri gruppi o categorie. La colpa degli scribi e farisei è amplificata dall'incapacità di comprendere la figura di Giacomo alla luce della vicenda e dagli errori commessi anni prima con Gesù. Se da un lato Giacomo è il campione cristiano, uomo eccellente sotto ogni aspetto, capace di seguire consapevolmente le orme del Maestro fino al martirio, dall'altro lato si stagliano scribi e farisei, veri antagonisti tragici, incapaci di vedere in Giacomo il vero fedele, l'*alter Christus*, e che ripetono, con accresciuta e colpevole ottusità, gli errori della generazione precedente: l'erede della promessa contro gli eredi dell'errore, personaggi esemplari destinati a fissare nell'immaginario cristiano stereotipi da utilizzare per inquadrare e definire nei conflitti del presente il bene e il buono contro il male e i malvagi.

Il racconto della morte di Giacomo in Egesippo si propone, nella sua dimensione narrativa, come la definizione in chiave drammatica dei farisei (presentati in coppia con gli scribi per risonanze evangeliche) quali

---

[30] Corollario a questa affermazione è che il popolo ebraico non sia più in tale continuità, il che lo porrebbe in una situazione assai delicata, poiché l'interruzione della connessione con la tradizione mosaica o la sua adulterazione sono causa di allontanamento dalla verità, ovvero di "eresia".

[31] Fa eccezione l'arresto sul Monte degli Ulivi in Giovanni, dove le guardie sono fornite dai sacerdoti e farisei (Gv 18,3). I farisei riappaiono dopo la crocifissione suggerendo di vegliare sulla tomba per evitare il trafugamento del corpo (Mt 27,62).

[32] Quando Gesù annuncia la propria passione non enumera fra i responsabili del suo processo e morte i farisei, ma, fra gli altri, gli scribi (Mt 16,21, Mt 20,18, Mc 8,31, Mc 10,33, Lc 9,22).

tipologia negativa di ebrei colpevoli di persistere nell'errore, fomentare la divisione, perpetrare efferatezze. La narrazione del martirio di Giacomo in Egesippo rappresenta una delle prime "dimostrazioni", in forma di racconto drammatico, completa ed esplicita della tipologia farisaica.

Nell'ambito delle narrazioni della morte di Giacomo quella di Egesippo è un caso particolare per estensione, ricchezza di particolari e struttura, ma soprattutto perché mostra un'attenzione particolare per gli scribi e farisei inseriti in una narrazione tragica dall'intento ecclesiologico e teologico, elementi mancanti negli altri racconti del martirio del fratello del Signore.

2.2 *HE* IV,22,4-7

4. Ὁ δ' αὐτὸς καὶ τῶν κατ' αὐτὸν αἱρέσεων τὰς ἀρχὰς ὑποτίθεται διὰ τούτων· «Καὶ μετὰ τὸ μαρτυρῆσαι Ἰάκωβον τὸν δίκαιον ὡς καὶ ὁ Κύριος ἐπὶ τῷ αὐτῷ λόγῳ, πάλιν ὁ ἐκ θείου αὐτοῦ Συμεὼν ὁ τοῦ Κλωπᾶ καθίσταται ἐπίσκοπος, ὃν προέθεντο πάντες ὄντα ἀνεψιὸν τοῦ κυρίου δεύτερον. Διὰ τοῦτο ἐκάλουν τὴν ἐκκλησίαν παρθένον, οὔπω γὰρ ἔφθαρτο ἀκοαῖς ματαίαις·

5. Ἄρχεται δ' ὁ Θεβουθις διὰ τὸ μὴ γενέσθαι αὐτὸν ἐπίσκοπον ὑποφθείρειν ἀπὸ τῶν ἑπτὰ αἱρέσεων, ὧν καὶ αὐτὸς ἦν, ἐν τῷ λαῷ, ἀφ' ὧν Σίμων, ὅθεν Σιμωνιανοί, καὶ Κλεόβιος, ὅθεν Κλεοβιηνοί, καὶ Δοσίθεος, ὅθεν Δοσιθιανοί, καὶ Γορθαῖος, ὅθεν Γοραθηνοί, καὶ Μασβωθεοι· ἀπὸ τούτων Μενανδριανισταί, καὶ Μαρκιανισταὶ καὶ Καρποκρατιανοί καὶ Οὐαλεντινιανοὶ καὶ Βασιλειδιανοί, καὶ Σατορνιλιανοί ἕκαστος ἰδίως καὶ ἑτεροίως ἰδίαν δόξαν παρεισηγάγοσαν.

4. Ed egli stesso espone anche le origini delle eresie del suo tempo, con queste parole: «E, dopo che Giacomo il Giusto aveva reso testimonianza come anche il Signore, a causa della medesima dottrina, a sua volta venne costituito come vescovo il figlio di suo zio, Simeone, figlio di Cleopa, che tutti prescelsero, come secondo vescovo, poiché era cugino del Signore. Per questo chiamavano "vergine" la chiesa, poiché non era ancora stata corrotta da vane predicazioni.

5. Cominciò però Theboutis, poiché non era diventato vescovo egli stesso, a corromperla gradualmente nel popolo, a partire dalle sette fazioni, alle quali anche egli stesso apparteneva, dalle quali provennero Simone dal quale discesero i Simoniani, e Cleobio, da cui i Cleobieni, e Dositeo, da cui i Dositiani, e Gorteo, da cui i Gorateni, e i Masbotei. Da costoro, Menandrianisti, e Marcianisti e Carpocraziani e Valentiniani e Basilidiani, e Satorniliani, introdussero, ciascuno a suo modo e diversamente dagli altri, la propria opinione.

6. Ἀπὸ τούτων ψευδόχριστοι, ψευδοπροφῆται, ψευδαπόστολοι, οἵτινες ἐμέρισαν τὴν ἕνωσιν τῆς ἐκκλησίας φθοριμαίοις λόγοις κατὰ τοῦ Θεοῦ καὶ κατὰ τοῦ Χριστοῦ αὐτοῦ».

7. Ἔτι δ' ὁ αὐτὸς καὶ τὰς πάλαι γεγενημένας παρὰ Ἰουδαίοις αἱρέσεις ἱστορεῖ λέγων· «Ἦσαν δὲ γνῶμαι διάφοροι ἐν τῇ περιτομῇ ἐν υἱοῖς Ἰσραηλιτῶν κατὰ τῆς φυλῆς Ἰούδα καὶ τοῦ Χριστοῦ αὗται· Ἐσσαῖοι Γαλιλαῖοι Ἡμεροβαπτισταί Μασβωθεοι Σαμαρεῖται Σαδδουκαῖοι Φαρισαῖοι[33]».

6. Da costoro (vennero) falsi cristi, falsi profeti, falsi apostoli, i quali divisero l'unità della chiesa, con discorsi corruttori contro Dio e contro il suo Cristo».

7. Ancora egli stesso, poi, ricorda anche le fazioni esistite anticamente presso i Giudei, dicendo: «C'erano poi opinioni contrastanti nella circoncisione tra i figli degli Israeliti, contro la tribù di Giuda e contro il suo Cristo: Esseni, Galilei, Emerobattisti, Masbotei, Samaritani, Sadducei, Farisei».

Eusebio riporta in *HE* IV, 22,4-7, condividendola, la visione di Egesippo sulla nascita e sviluppo delle "eresie[34]": esse hanno origine in un luogo e momento storico preciso, in Gerusalemme, dopo la morte di Giacomo fratello del Signore (circa 62 d.C.), quando Theboutis, a causa della sua mancata elezione a vescovo di Gerusalemme, inizia un'opera di disgregazione della comunità. Fino a questo momento la comunità gerosolomitana è presentata come unica e unitaria, ma Theboutis inizia un'azione di corruzione dell'unità a partire dalle sette fazioni in essere da tempo in seno al popolo giudaico (*HE* IV,22,7), fazioni alle quali lui stesso apparteneva (ma non si dice quale). Il frazionamento in seno alla comunità cristiana si sviluppa ad opera di alcuni personaggi appartenenti alle sette fazioni giudaiche (Simone, Cleobio, Dositeo[35], Gorteo) che seguirono la propria

---

[33] Cfr. anche EUSEBIUS CAESARIENSIS, *Zweiter Band. Die Kirchengeschichte*, I, 370-372.

[34] Il termine αἵρεσις subisce uno slittamento da un significato neutro di fazione, partito, a un'accezione negativa durante i primi secoli, quando viene utilizzato dagli scrittori cristiani per indicare una dottrina (o gruppo che la professa) deviata da una ortodossia conclamata. Giustino rappresenta uno dei primi autori che mostra chiaramente tale deriva, mentre con Ireneo da Lione il termine assume decisamente un valore tecnico che manterrà successivamente. Nel nostro caso si può dunque rendere αἵρεσις con eresia – setta quando esso compare nel testo di Eusebio, mentre nella citazione di Egesippo è preferibile utilizzare un termine più neutro come fazione o scuola. Cfr. A. LE BOULLUEC, *La notion d'hérésie dans la littérature grecque (IIe – IIIe siècles)*, Paris 1985; D. BOYARIN, *Borderlines. The Partition of Judaeo-Christianity*, Philadelphia 2004, 37-73; E. NORELLI, ed., «Costruzioni dell'eresia nel cristianesimo antico», *RSCr* (2/2009), 323-434; J. M. LIEU, *Marcion and the Making of a Heretic*, Cambridge 2015, 15-47. L'Antonelli ha scritto un articolo su Egesippo e le origini delle eresie: C. ANTONELLI, «Hégésippe chez Eusèbe. Histoire Ecclésiastique, IV, 21-22: Διαδοχή et origine des hérésies», *Apocrypha* 22/1 (2011), 185-232.

[35] Ci si può chiedere quale sia la relazione fra Dustan e il o i personaggi di nome Dositeo citati in diverse fonti, nelle quali quest'ultimo è considerato come eresiarca di fazioni samaritane; in

opinione e produssero secessioni successive, dalle quali scaturirono altre ancora fino a generare dieci diversi gruppi. Da queste ultime fazioni vennero falsi cristi, profeti e apostoli che portarono la divisione della chiesa allo stato lamentato come contemporaneo da Egesippo.

Lo schema proposto è quello di una unità preesistente, assicurata dal riferimento ad una figura autorevole legata direttamente al Nazareno (Giacomo) garante della (unica) eredità lasciata dal Cristo ai suoi apostoli. L'unità è spezzata da un solo personaggio (Theboutis) dopo la morte di Giacomo il Giusto. Tale azione nefasta, causata dalla sete di potere, apre la strada alla disgregazione che si propaga per opera di altri personaggi, aggravandosi sempre più con il passare del tempo e delle generazioni.

I personaggi citati, Theboutis in primis, appartengono alle sette fazioni presenti nel popolo giudaico, cioè provengono da uno stato già disgregato, risultato di una precedente scissione. A questo punto Eusebio connette alla prima citazione di Egesippo sullo sviluppo delle eresie, una seconda sulle sette fazioni giudaiche: anche qui si può osservare come la rottura iniziale sia posta in un momento preciso della storia d'Israele, al tempo della divisione del regno, dopo la morte di Salomone, fra la tribù di Giuda e gli altri israeliti; fra questi ultimi si svilupparono opinioni contrastanti che portarono una segmentazione ulteriore protrattasi fino al presente, appunto nelle sette fazioni. L'intento ideologico è evidente, poiché da un lato è posta la tribù di Giuda (da cui verrà il Cristo) e dall'altro un insieme contraddittorio e conflittuale, frutto negativo della volontà d'indipendenza e degli interessi particolari. Da un lato i buoni, Giuda, nei quali Dio si ricava un resto e da cui scaturirà il Cristo, dall'altra una pluralità nefasta, la quale replica la sua negatività, come seme cattivo, ad opera di suoi esponenti anche nella comunità cristiana di Gerusalemme. È interessante osservare come Egesippo non abbia specificato a quali delle fazioni appartenesse Theboutis o gli altri eresiarchi, probabilmente poiché tale specificazione non era cogente all'interno di un discorso volto a dimostrare il teorema della pluralità egoistica ed egodistonica, cagione dei mali presenti[36].

---

generale le notizie sulla nascita della fazione dei samaritani sono diverse, come pure il suo sviluppo in ulteriori partiti. L'analisi di tali notizie e fonti esula dal presente lavoro (cfr. R. PERROTTA, *Hairéseis*, 255-264).

[36] Questo non significa che in brani non pervenutici Egesippo non possa aver precisato altre informazioni, ma indica come la costruzione di uno schema sintetico e ideale fosse prioritario rispetto al resto. Si potrebbe osservare che tale schema sia legato con il concetto di peccato: è l'egoismo che porta alla separazione, come il peccato originale portò alla rottura dell'armonia originaria. Il fra-

Se lo stato presente è il risultato della colpevole lacerazione di una condizione originaria di armonia, non si può non considerarne il legame con la rottura dello stato paradisiaco a causa del peccato originale, come pure la dispersione linguistica conseguente della superba impresa di Babele. Siamo in un'ottica biblico-teologica dove si considera la dialettica fra bene e male come cagione degli accadimenti nella storia del popolo di Dio (che è la storia della relazione fra Dio e il suo popolo); sotto questa prospettiva l'origine del frazionamento attuale del popolo è ricondotta alla colpevole disgregazione del regno di Salomone, rottura di un periodo di unità e grandezza realizzato dal re saggio e benedetto da Dio[37]. Questa introduzione permette di considerare il forte peso ideologico e apologetico che grava sulla lista delle sette fazioni del popolo ebraico, la cui dimensione storica (nell'accezione moderna del termine) è tutta da recuperare, sempre che ciò sia possibile.

Il fatto che in *HE* IV,22,7 vi sia una citazione di Egesippo disgiunta da quella in *HE* IV,22,4-6, impone cautela poiché non conosciamo la loro posizione relativa all'interno delle *Hypomnèmata*, né il contesto dal quale esse sono tratte. La selezione e la composizione fatta da Eusebio ricalca la sua visione della questione, ma non è dato sapere quanto questa corrisponda, nella sua globalità, con quella di Egesippo.

Di fatto la lista delle sette fazioni è sicuramente caricata di un intento apologetico, visto che contrappone esplicitamente la tribù di Giuda e il suo Cristo al resto degli israeliti, ma rappresenta una preziosa e antica testimonianza su come uno scrittore cristiano considerasse la compagine dei circoncisi.

La lista presenta sette gruppi, nell'ordine: esseni, galilei, emerobattisti, masbotei[38], samaritani, sadducei, farisei. Per inquadrare meglio il ruolo dei farisei in questa lista occorre considerare anche altre liste di eresie "ebraiche" note.

---

zionamento del regno di Salomone fu causato da spinte egoistiche e infine causò una serie di eventi negativi, la separazione delle tribù, l'allontanamento dal culto all'unico Dio... Siamo di fronte ad uno schema teologico, legato ad una precisa storiografia biblica. Cfr. C. ANTONELLI: *I frammenti degli* Ὑπομνήματα *di Egesippo*, 283-292.

[37] Salomone è una figura di giusto, prototipica quanto alla saggezza ricevuta da Dio.

[38] La più antica testimonianza pervenuta sui Masbotei è proprio quella di Egesippo; le altre notizie sono successive: *Costituzioni apostoliche* VI,6,4, TEODORETO DI CIRO *Compendio delle Favole eretiche*, I,1 [col. 345], ISIDORO DI SIVIGLIA *Venti libri di etimologie o delle origini* VIII,4,6; Cfr. R. PERROTTA, *Hairéseis. Gruppi, movimenti e fazioni del giudaismo antico e del cristianesimo (da Filone Alessandrino a Egesippo)*, Bologna 2008, 412-413.

2.2.1 Excursus: Liste di fazioni ebraiche[39]

Fra le liste più antiche di fazioni ebraiche in autori cristiani possiamo considerare, oltre a quella di *HE* IV,22,7:
Giustino *Dial.* 80,4
Costituzioni apostoliche VI,6,1-6
Elenchos IX,18,2
Ritrovamenti Pseudoclementini, I,54
Epifanio, *Panarion, Lettera ad Acacio* 3,4-5, *Panarion, Introduzione* 14-20 (segue la descrizione di ogni gruppo nelle eresie dalla 14 alla 20)

A queste possiamo associare la lista proposta da Flavio Giuseppe (es. *BI* 2.119-166, *Ant.* 18.11-25,), e considerare le fazioni e gruppi giudaici che appaiono nel NT.

La lista probabilmente più antica a nostra disposizione negli scritti patristici è quella riportata da Giustino nel *Dialogo con Trifone* 80,4: «nessuno, a un corretto esame, riconoscerebbe come giudei i sadducei e le affini sette eretiche dei genisti, dei meristi, dei galilei, degli elleniani e dei farisei battisti[40]». Vi è un problema fra gli editori delle diverse edizioni critiche se correggere o meno il testo in «farisei *e* battisti». Dal punto di vista di questo studio il cambiamento è sostanziale, significa considerare l'intero gruppo dei farisei oppure solo una sua particolare deviazione come non congruente con il resto dei giudei. La questione è complessa poiché i sadducei sono inclusi nella lista dei gruppi devianti, contrariamente a quanto presentato ad esempio da Flavio Giuseppe, o in generale dal NT. Preferisco considerare il testo così com'è, ritenendo dunque come "difforme" (con ciò che Giustino considera giudaico) un gruppo particolare denominato farisei battisti. Non è chiaro su quali notizie o principi Giustino costruisca tale lista, nella quale compaiono genisti, meristi ed elleniani, fazioni sconosciute al NT come pure a Flavio Giuseppe. Ciò che è chiaro è la contrapposizione che fa Giustino fra i giudei e quei gruppi che non possono essere considerati tali: si potrebbe dire che è implicita una distinzione fra una comune matrice giudaica che permette d'identificare ciò che è compatibile con essa e ciò che non lo è, anche se tale struttura definitoria non è espressa.

---

[39] Cfr. P. Bobichon, «Autorités religieuses juives et "sectes" juives dans l'œuvre de Justin Martyr», *REAug* 48 (2002). Sui cataloghi di eresie nei primi secoli: G. Smith, *Guilt by Association: Heresy Catalogues in Early Christianity*, New York 2015.

[40] Giustino, *Dialogo con Trifone*, G. Visonà ed., Milano 1988, 262.

La lista di Egesippo considera le fazioni presenti nel popolo giudaico, non parla di gruppi devianti, ma della presenza di differenziazioni nella circoncisione. La diversificazione si basa sulle γνῶμαι e ha origine nel frazionamento del regno di Israele dopo la morte di Salomone, cioè nella contrapposizione fra la tribù di Giuda e gli israeliti del Regno del Nord. Le fazioni si sarebbero sviluppate all'interno dei discendenti di quest'ultimo nel tempo intercorso fino al presente. Tale percorso è visto negativamente da Egesippo, poiché rottura colpevole di una unità originaria.

Nella lista compaiono gli esseni, non citati né nel NT né in Giustino, accanto a samaritani, sadducei e farisei. Queste fazioni sono presenti nelle descrizioni di Flavio Giuseppe (se con Galilei si potessero identificare i gruppi di ribelli presenti nel nord del paese allora anche questo gruppo sarebbe considerato dallo storico ebraico), mentre appaiono emerobattisti e masbotei di ben più difficile identificazione. Siamo di fronte ad una lista che vorrebbe presentare le fazioni giudaiche esistenti al tempo del martirio di Giacomo, senza che esse costituiscano necessariamente la totalità del popolo giudaico.

La lista di Egesippo differisce da quella di Giustino per prospettiva e intento: non sono qui presentate sette devianti, ma sono identificati gruppi distinguibili per diverse opinioni esistenti nel popolo. La negatività è nel frazionamento e non, primariamente, nella devianza da una comune matrice giudaica[41]. L'accento negativo sui farisei non è immediatamente deducibile dalla lista, ma dal loro comportamento nella narrazione del martirio di Giacomo. I frammenti dell'opera di Egesippo non riportano altre informazioni che permettano una caratterizzazione delle diverse fazioni.

In *Elenchos* IX,18,1-2 l'autore[42] si propone di descrivere i diversi gruppi in cui sono distinti i giudei: l'unico Dio diede un maestro unico al popolo, Mosè, ed egli scrisse una sola legge; in seguito, dopo il passaggio del Giordano, sorsero diversi maestri, non eletti da Dio, che interpretarono a loro modo la legge e portarono, con tali errori, a molteplici fazioni con

---

[41] Il fatto che tali fazioni siano nel popolo, parrebbe indicare quest'ultimo come un insieme più ampio di quello contenente i seguaci dei gruppi. Se ne deduce che il criterio di appartenenza, ovvero la matrice rispetto alla quale definire taluni israeliti o meno, è generale, ma per nulla legata ad ogni declinazione specifica. Parrebbe che Egesippo consideri l'esistenza di un giudaismo "comune", che dovremmo intendere come un insieme di principi, scritture referenziali e prassi, necessari e sufficienti a garantire una identità "giudaica". Tale concetto è esplicitato da Ippolito *Elenchos* IX,30.

[42] Il dibattito sull'autore dell'*Elenchos* è tutt'ora aperto e non è chiaro se sarà mai possibile giungere ad un risultato certo (a meno di altre scoperte), dunque evito una qualsiasi identificazione (cfr. 'Ippolito', *Confutazione di tutte le eresie*, A. MAGRIS ed., Brescia 2012, 10-12).

dottrine e comportamenti devianti. L'autore sceglie di descrivere solo i tre principali gruppi, dai quali, a suo dire, sarebbe possibile dedurre le dottrine di tutti gli altri: farisei, sadducei, esseni (zeloti e sicari sono considerati fazioni degli esseni, *Elenchos* IX,26,3). La descrizione che segue (*Elenchos* IX,18,3-29) ha punti di contatto con quella fatta da Flavio Giuseppe nelle sue opere, anche se la diretta dipendenza è discussa[43]. Sebbene i farisei vengano presentati per primi, la descrizione della loro dottrina è svolta dopo quella, ben più ampia, degli esseni e prima di quella dei sadducei. In *Elenchos* IX,28,3 si dice che i farisei definiscono sé stessi giudei e la descrizione non ha accenti definitivamente negativi. A seguire nella descrizione delle tre fazioni l'autore tiene a riportare ciò che è unico per tutti i giudei, ovvero ciò che va oltre la caratterizzazione delle varie dottrine, una sorta di sostrato comune e identitario giudaico (*Elenchos* IX,30).

Per confronto possiamo considerare la lista presente nelle *Costituzioni Apostoliche* VI,6,1-8: si tratta di uno scritto datato al IV secolo circa, redazione di materiali più antichi. La lista delle eresie giudaiche è presentata all'interno di un discorso più generale sulle eresie e gli scismi (libro VI) che inizia esaminando la storia della salvezza e le fratture verificatesi ad opera di taluni personaggi negativi, ad esempio Datan e Abiran, il re Ozia ecc. fino a considerare l'epoca della chiesa, dopo la resurrezione del Cristo. La lista riporta sei eresie, ognuna accompagnata con una brevissima nota descrittiva: sadducei, farisei, masbotei, emerobattisti, ebioniti, esseni.

I farisei sono descritti lapidariamente: «I *Farisei* attribuiscono la condotta dei peccatori alla sorte e al fato[44]» (*Costituzioni Apostoliche* VI,6,3). Nella prospettiva cristiana dell'autore la caratterizzazione è negativa.

La colpa prima di ogni sedizione, scisma ed eresia è attribuita al diavolo, furente, dopo la resurrezione del Cristo, contro la chiesa, nuovo popolo di Dio. I diversi elementi delle tradizioni precedenti sono rielaborati alla luce dei principi dell'apologetica cristiana a costruire un "sistema" teologico e una storiografia che abbraccia tutta la storia della salvezza, dai primordi al presente della chiesa. Siamo di fronte ad una visione eresiologica "matura", dove esiste una ortodossia incarnata dalla chiesa, garante dell'unica verità costruita attorno alla tradizione apostolica, contrapposta ai demo-

---

[43] Cfr. A. I. BAUMGARTEN, «Josephus and Hippolytus on the Pharisees», *Hebrew Union College Annual* 55 (1984), 1-25; R. BERGMEIER, «Die drei jüdischen Schulrichtungen nach Josephus und Hippolyt von Rom: zu den Paralleltexten Josephus, B.J. 2,119-166 und Hippolyt, Haer. IX 18,2-29,4», *JSJ* 34/4 (2003), 443-470.

[44] *Costituzioni dei Santi Apostoli per mano di Clemente*, D. SPADA – D. SALACHAS ed., Roma 2001, 133.

niaci errori di coloro che si differenziano, non riconoscendo o non essendo riconosciuti, congruenti con essa.

Questo breve *excursus* permette di inquadrare la lista ereticale di *HE* IV 22,9: essa è già espressione di una visione teologica precisa dove la differenziazione è rottura di una unità originaria. Per realizzare la sua lista Egesippo considera informazioni e tradizioni a lui precedenti, ma certamente le inquadra nella sua prospettiva storiografica. Nella sequenza i farisei compaiono all'ultimo posto, e fanno parte dei gruppi scaturiti in seno a Israele, separatosi dalla tribù di Giuda, e successivamente ulteriormente frazionatosi. La sola lista non pare dunque considerare o caratterizzare in modo particolare i farisei rispetto agli altri sei gruppi citati. La sequenza dei gruppi differisce da quella di Giustino, con l'unico dato comune della posizione dei farisei e dei farisei battisti all'ultimo posto, il che è poco per suggerire relazioni e dipendenze.

2.2.2 Note sulla sequenza cronologica delle eresie in *HE* IV,22,4-7

In *HE* IV,22,4 Eusebio introduce la citazione di Egesippo in questo modo: «Ed egli stesso espone anche le origini delle eresie del suo tempo, con queste parole...». Il discorso verte sulle origini delle eresie presenti al tempo di Egesippo, dunque investirebbe un periodo attorno alla metà del II secolo o poco successivo, se si considera l'autore attivo in Roma attorno al 170-180.

Le radici prime delle eresie sono poste nei tempi antichi, quando il regno d'Israele si scisse dopo la morte di Salomone. Quando introduce la seconda citazione, *HE* IV,22,7, Eusebio scrive: «... egli stesso, poi, ricorda anche le fazioni esistite anticamente presso i Giudei...»; è chiaro che l'esistenza di tali fazioni è un fatto relegato nel passato dal vescovo di Cesarea, ma lo è anche per Egesippo?

Cercando di ricostruire uno schema dello sviluppo delle eresie secondo quest'ultimo scrittore[45] potremmo considerare una prima fase che inizia dalla fine del regno di Salomone e nella quale si sviluppa una differenziazione che porta alle sette fazioni definite e distinte[46] nel popolo giudaico. In una seconda fase dalle sette fazioni scaturiscono alcuni eresiarchi: Simone, Cleobio, Dositeo, Gorteo (Egesippo non precisa i gruppi giudaici da

---

[45] Cfr. C. ANTONELLI: *I frammenti degli* Ὑπομνήματα *di Egesippo*, 279-292.

[46] Ciò nell'ottica di Egesippo (e di Eusebio), la situazione reale doveva essere più complessa e sfumata.

cui provengono tali personaggi), origine degli ulteriori partiti dei Simoniani, Cleobieni, Dositiani, Gorateni, Masbotei. Da questi discendono, in una terza fase, «Menandrianisti, e Marcianisti e Carpocraziani e Valentiniani e Basilidiani, e Satorniliani»; in un quarto e ultimo sviluppo dal frazionamento precedente si originano i falsi cristi, i falsi profeti, i falsi apostoli i quali *divisero* la chiesa.

L'ultima frase identifica una fase cronologica più recente, ma il semplice indicativo aoristo ἐμέρισαν non consente di precisare quale sia la distanza rispetto all'epoca dello scrittore. Possiamo dire che l'azione ha effetti (negativi) sul presente della chiesa di Egesippo, e possiamo ragionevolmente proporre per tali accadimenti un intorno della metà del II secolo. Procedendo a ritroso, per la terza fase, nella quale sono nominati raggruppamenti che convenzionalmente (e imprecisamente) potremmo chiamare "gnostici", si potrebbe proporre un intervallo temporale che copre la fine del I secolo e prosegue negli inizi del II. L'azione di Theboutis ha un riferimento temporale preciso nella morte di Giacomo il Giusto, perché è ad essa successiva e si dispiega durante l'"episcopato" di Simeone di Cleopa[47], dunque dopo il 62 d.C. e grossomodo entro la fine del I secolo. Si osservi che Theboutis inizia a corrompere la chiesa nel suo interno partendo dalle sette fazioni alle quali lui stesso appartiene, come pure gli eresiarchi menzionati di seguito. Non mi pare sia specificato che le attività di Simone, Cleobio, Dositeo, Gorteo possano essere conseguenti all'azione di Theboutis[48], ma si indica come bacino di origine delle divisioni il già frazionato contesto ebraico. Se si considerasse come indicazione cronologica il fatto che gli eresiarchi siano stati citati dopo Theboutis, allora la loro attività potrebbe essere datata successivamente al 62 d.C. Mi pare però un indizio assai labile, non confortato dai tempi verbali usati, né dal senso generale della proposizione. Egesippo non lascia intendere che le sette fazioni abbiano smesso di esistere, ma che la situazione, conseguenza di un protrarsi dell'errore, ha portato allo sviluppo di un numero sempre più grande di dottrine devianti. Sappiamo però

---

[47] Simeone subisce il martirio in Gerusalemme, secondo Eusebio, sotto il regno di Traiano (98-107) al tempo del governatore Attico (105-107) all'età di 120 anni (cfr. *HE* III,32,6). Considerando l'eccezionale età del martire la notizia va presa con cautela quanto alla sua precisione storica.

[48] Romolo Perrotta propone una lettura del brano diversa: gli eresiarchi Simone, Cleobio … e le sette da loro originate (Masbotei, Simoniani, Cleobieni…) «sono il risultato dell'opera di Tebutis, uomo appartenente alle sette fazioni giudaiche, il quale, non essendo stato eletto vescovo dopo il martirio di Giacomo [il Giusto, 62 d.C.] e vedendo a lui preferito Simeone di Cleofa, cugino di Gesù, sparge in mezzo al popolo la corruzione», R. Perrotta, *Hairéseis*, 412, vedi anche tavola cronologica pag. 603-606.

che, al tempo di Giacomo il Giusto e di Simeone di Cleopa, le sette fazioni erano presenti e operanti nel popolo; fra l'altro i masbotei compaiono tanto nella lista delle sette fazioni che nella narrazione dello sviluppo delle eresie, come conseguenza dell'attività di Gorteo[49]. Tale notizia rende più difficile il ricavare una possibile cronologia: se i masbotei appartenessero alla prima fase di sviluppo delle sette fazioni, antecedente al periodo di sviluppo degli eresiarchi (che sorgono in esse), come inquadrare il loro capostipite Gorteo e conseguentemente i gorateni? Purtroppo, mancando la totalità dell'opera di Egesippo, o anche più ampi stralci che illuminino tali problematiche, le risposte a tali questioni restano nel campo delle ipotesi.

Sicuramente l'obiettivo primario per Egesippo non era di tipo cronachistico, ma ideologico, ed è la sua visione teologica che tesse la tela della sequenza. Non resta che accettare una cronologia di massima per le prime due fasi: la definizione delle sette fazioni è certamente anteriore ai fatti di Giacomo il Giusto; il successivo livello di scissione, che può essere considerato temporalmente più vicino ai fatti narrati nei frammenti di Egesippo, era in essere nel I secolo d.C. Sono indicazioni vaghe, ma che rispecchiano periodi di coesistenza dei vari gruppi e i tempi di transizione fra le fasi.

Dal punto di vista del nostro lavoro, focalizzato sui farisei, le indicazioni che si possono ricavare non sono molte: i farisei esistevano al tempo di Giacomo, avevano un peso consistente nella intellighenzia giudaica e coabitavano con altri gruppi. Sarebbe interessante poter trarre da queste stringate notizie informazioni sul periodo successivo, soprattutto considerando la prossimità della morte di Giacomo con la distruzione del tempio di Gerusalemme. Il problema che sembra fronteggiare la chiesa di Egesippo è la presenza dei falsi profeti, apostoli e cristi, problematica "interna" ma connessa con "teologie" legate a visioni derivate da ambienti percepiti come diversi, ognuno con una sua storia e sviluppo. Se si volesse utilizzare un argomento *ex silentio*, i farisei non sono menzionati in quelle che abbiamo definito come fasi tre e quattro, inoltre la narrazione dello sviluppo delle eresie non fa menzione esplicita delle sette fazioni, né quindi dei farisei. Significa che essi, come le altre fazioni associate, non avevano più peso nello sviluppo del I e, soprattutto, II secolo? L'antichità attribuita loro da Eusebio ha un valore (relativo) anche per Egesippo? Questo tipo di argomentazione è intrinsecamente debole, poiché sposta altrove l'onere della prova. Sicuramente Egesippo non mostra

---

[49] La versione latina di Rufino della *Storia Ecclesiastica* lega i Masbotei all'eresiarca Masboteo.

interesse per i farisei, se non per la ricostruzione ideologica il cui scopo è principalmente la spiegazione della presenza di scismi, errori e sette nel passato prossimo e presente della chiesa. In questo ambito temporale ed ecclesiologico i farisei, come pure le altre fazioni giudaiche, non paiono avere una importanza primaria.

3. Prima analisi

I farisei compaiono quattro volte nei frammenti di Egesippo pervenutici tramite Eusebio, tre volte assieme agli scribi e una volta all'interno di una lista di fazioni giudaiche; la piccola percentuale dei lavori di Egesippo pervenutaci non permette di fare alcuna considerazione statistica sulle occorrenze del termine. Inoltre la selezione dei brani è propria di Eusebio, fatta allo scopo di narrare la storia della chiesa primitiva, ma evidentemente con una precomprensione e una storiografia propria del vescovo di Cesarea.

Le frasi in cui compaiono i farisei non sono citazioni dirette o indirette dei vangeli, ma riguardano l'ambito della storia della comunità di Gerusalemme dopo la morte del messia, dunque sono potenzialmente portatrici di informazioni interessanti e "indipendenti" dalla narrazione evangelica.

La lista delle sette fazioni nel popolo giudaico è una delle prime liste che si propone di raccogliere tale differenziazione prescindendo, almeno ad un primo livello, da un ambito settario; in ciò si discosta dalla lista di *Dial.* 80,4 e si avvicinerebbe di più alla presentazione dei gruppi ebraici di Flavio Giuseppe. In realtà l'elenco delle fazioni ha in sé un giudizio negativo poiché è il risultato di una scissione provocata da gravi errori e rompe l'unità originaria.

Reinquadrando la lista dei gruppi giudaici con la descrizione dello sviluppo delle eresie in *HE* IV, 22,4-7 si evince come tale frazionamento colpevole si trasmetta nelle generazioni, amplificando gli scismi fino al presente. I gruppi citati nella lista sono sette, dunque sembrerebbe una differenziazione maggiore rispetto a quelle riportate in Flavio Giuseppe, nel NT e in Giustino. Tuttavia la lista di *Dial.* 80,4 non può essere direttamente confrontata con quella di Egesippo poiché riguarda i gruppi "eretici", e non una differenziazione all'interno del popolo giudaico.

Rispetto a Flavio Giuseppe nella lista di HE IV,22,7 sono indicati in più i galilei, gli emerobattisti e i masbotei[50]; quanto ai galilei, considerandoli

---

[50] I samaritani sono considerati nelle opere di Flavio Giuseppe, anche se non nelle sezioni in cui si descrivono le fazioni giudaiche: R. PUMMER, *The Samaritans in Flavius Josephus*, Tübingen 2009.

come gruppi ribelli al potere romano localizzati in Galilea, si può discutere su una loro equiparazione agli zeloti[51].

Il NT non considera gli esseni, ma conosce i battisti seguaci di Giovanni, e altri gruppi come gli erodiani. A ben vedere nella lista di Egesippo solo emerobattisti e masbotei appaiono come denominazioni "nuove". Come considerare tale "novità"? Egesippo ha conoscenze del contesto giudaico che le altre fonti precedenti pervenuteci non hanno? Il fatto che i masbotei siano presenti anche nei gruppi scaturiti dagli eresiarchi in una fase proba-bilmente successiva alla definizione delle sette fazioni, propone una incoe-renza difficile da spiegare. La ragione di tale incongruenza potrebbe essere l'unione di tradizioni diverse da parte di un letterato non particolarmente addentro, o non particolarmente interessato, a tali questioni.

Queste problematiche non aiutano a rispondere ad un quesito importan-te: a che periodo si può ricondurre tale frazionamento? Rispondere a tale domanda concorrerebbe a comprendere fino a quando il gruppo dei farisei sia esistito, ovvero quale sia stato il destino delle fazioni giudaiche dopo il 70 d.C. Purtroppo dai frammenti di Egesippo si può dedurre che la diffe-renziazione nelle sette fazioni fosse in essere al tempo della morte di Gia-como e successivamente durante il tempo dell'azione nefasta di Theboutis, pur accompagnandosi ad ulteriori frazionamenti tanto nel popolo giudaico quanto all'interno della comunità cristiana (che di fatto era una fazione in seno all'ebraismo). Non ci sono indicazioni nel nostro autore che permet-tano di sapere se i farisei siano rimasti un gruppo influente oltre la seconda metà del I secolo.

Il racconto della morte di Giacomo in Egesippo ha una estensione e un dettaglio non presenti in altre narrazioni precedenti o successive pervenu-teci. In essa i farisei si accompagnano sempre agli scribi con un ruolo assai importante che potrebbe rispecchiare l'influenza e la loro importanza al 62 d.C. Il condizionale è d'obbligo poiché abbiamo ripetutamente sottoline-ato la strutturazione eminentemente ideologica del racconto. Tale impor-tanza, o anche la loro stessa presenza, non è riportata nelle altre narrazioni del martirio. È questo un fatto singolare poiché essa ripresenta, in forma di racconto drammatico, la comprensione che Egesippo ha della storia delle origini cristiane e del loro influsso sul presente della sua chiesa. Il raccon-to ha quindi una dimensione eziologica e potrebbe avere il senso di una ricapitolazione in chiave drammatica della transizione fra un movimento

---

[51] Cfr. nota 234; G. Jossa, *I gruppi giudaici ai tempi di Gesù*, Brescia 2001, 162-175.

gesuano legato alle sue radici ebraiche e l'acquisizione di una identità specifica, in disputa con altre correnti "religiose" del tempo.

La figura dei farisei non vive all'interno di citazione dei vangeli inserite in un tal discorso, ma in descrizioni o in narrazioni ad un primo livello distinte da essi. Nei brani esaminati tale figura è (di)mostrata in una dimensione tipologica che può dirsi completamente compiuta. In Giustino, ad esempio, i farisei sono un sottogruppo dei διδάσκαλοι giudei, colpevoli di non aver riconosciuto il Maestro, caratterizzati negativamente attraverso citazioni dirette (e non) delle "memorie degli apostoli"; in Egesippo solo scribi e farisei hanno il ruolo peculiare di antagonisti, distinguendosi da altri gruppi e fazioni come anche dalla globalità popolo. Solo loro perdurano nell'errore, raccogliendo l'eredità di coloro che perseguitarono i profeti di Dio, misconoscono la verità e cagionano un male duraturo. Il tipo farisaico non ha più la necessità di appoggiarsi al racconto evangelico, ma è il racconto delle origini della comunità gerosolomitana che ne rivela il carattere, l'essenza negativa e ostinata.

Se da un lato Egesippo esprime un momento preciso nella storia della tipologia dei farisei (e degli scribi) resta non comprensibile perché la potente struttura accusatoria nel suo racconto della morte di Giacomo non sia stata seguita da scrittori a lui posteriori, i quali non paiono essere così interessati ad uno sviluppo ampio della vicenda né concedono un ruolo ai farisei. Una ipotesi di lavoro potrebbe essere il progressivo allontanamento della costituenda "grande chiesa" dalle comunità che riconoscevano a Giacomo un ruolo apostolico eminente, per assumere posizioni più vicine alla predicazione paolina e ad un dialogo prioritario con il contesto culturale di matrice ellenistica.

APPENDICE CAP. IV

1. Tabella: Liste fazioni giudaiche in Egesippo e in altri autori antichi

NT	Flavio Giuseppe *Ant.* 18.11-25	Giustino *Dial.* 80,4	Egesippo	Costituzioni Apostoliche	Epifanio *Panarion* I, 14-20	Epifanio *Panarion Lettera ad Acacio* 3,4-5 5,3, *Panarion* intro, 14-20,	*Recognitiones* 1,54,2-9
	Farisei	Sadducei	Esseni	Sadducei	Sadducei	Scribi	Sadducei
Galilei	Sadducei	Genisti	Galilei	Farisei	Scribi	Farisei	Samaritani
	Esseni	Meristi	Emerobattisti	Masbotei	Farisei	Sadducei	Scribi
	Zeloti[52]	Galilei	Masbotei	Emerobattisti	Emerobattisti	Emerobattisti	Farisei
Samaritani		Elleniani	Samaritani	Ebioniti	Nasarei	Ossei	Discepoli di Giovanni
Sadducei		Farisei-Battisti	Sadducei	Esseni	Ossei	Nasarei	
Farisei			Farisei		Erodiani	Erodiani	
Erodiani							
				Samaritani	Samaritani		
Seguaci di Giov. Bat.							

---

[52] In *Ant.* 18.11-25 non sono nominati gli zeloti, bensì la quarta filosofia, guidata da Giuda il Galileo (anche Ant. 18.9, *BI* 2.118). La denominazione del gruppo appare al tempo della guerra giudaica: es. *BI* 2.651; 4.160-161 etc. Ho inserito in tabella il nome del gruppo per chiarezza.

CAPITOLO V

Ireneo di Lione

1. Introduzione

Ireneo nasce in Asia Minore, intorno al 130/140 d.C. a Smirne, una delle sette comunità cristiane, sedi episcopali, nominate nell'Apocalisse di Giovanni. Riceve una buona istruzione retorica e successivamente si forma, come cristiano, alla scuola di Policarpo, discepolo di Giovanni apostolo e vescovo di Smirne: Ireneo appartiene ad un contesto con solide radici cristiane, latore di una tradizione riconducibile agli apostoli[1].

Eusebio di Cesarea riporta una lettera di presentazione di Ireneo al vescovo di Roma Eleutero (*HE* V,4,1-2) scritta dai martiri di Lione e Vienna, in cui egli è definito presbitero della chiesa; il fatto può essere datato al 177. Non si hanno notizie sulle ragioni che indussero Ireneo ad abbandonare Smirne per recarsi in Gallia; alcuni ritengono che abbia soggiornato a Roma per qualche tempo, prima di giungere a Lione, ipotizzando una conoscenza diretta di Giustino, attivo a Roma fino al martirio (160 circa). Si spiegherebbero così i legami tematici e dottrinali del futuro vescovo di Lione con il filosofo cristiano e il suo rapporto con la sede romana. Non vi sono comunque attestazioni a supportare tali ipotesi, va detto inoltre che il legame tematico con Giustino e l'invio di Ireneo a Roma non implicano necessariamente una conoscenza diretta e un previo soggiorno romano.

Alla morte del vescovo Potino, Ireneo fu eletto vescovo di Lione al suo posto, impegnandosi vigorosamente nella evangelizzazione della diocesi e nella lotta contro gli errori degli eretici. Morì probabilmente nel 202-203 a Lione durante la persecuzione di Settimio Severo[2].

---

[1] Per l'introduzione generale su Ireneo: A. Orbe, «Ireneo di Lione», *NDPAC*, 2609-2621; Ireneo Di Lione, *Contro le eresie e gli altri scritti*, E. Bellini – G. Maschio, ed., Milano 1997[2], 27-29.

[2] Notizia tarda riportata da Girolamo, *In Esaiam*, XVII,64,4-5, CCSL 73A, pag, 735, riga 26. Girolamo, *Commento a Isaia (14-18)*, R. Maisano, ed., Roma 2015, 341.

Delle opere di Ireneo ci sono pervenute la *Denuncia e confutazione della falsa gnosi* (noto e citato come *Adversus haereses*), la *Dimostrazione della predicazione apostolica*, e alcuni frammenti di lettere riportati da altri scrittori ecclesiastici.

L'importanza di Ireneo nella storia della teologia cristiana è notevole: il suo lavoro scaturisce dallo scontro con gli eterodossi, in particolare con i valentiniani. Questi reinterpretavano la storia della salvezza attraverso un linguaggio mitico e un sincretismo di concetti per affermare un dio molteplice e un cammino di salvezza per l'uomo inteso come recupero della sua vera dimensione, quella spirituale. Essa è della stessa natura del dio vero e ignoto, superiore alla dimensione sensibile e materiale, creata dal demiurgo, dio diverso e tanto inferiore al dio primo e vero da non conoscerlo. Lo sforzo di Ireneo è quello di evidenziare le ragioni della fede in un dio unico, creatore dell'universo e dell'uomo. Tale Dio Padre è il fautore della economia della salvezza volta alla redenzione dell'uomo plasmato nella carne a sua immagine e somiglianza. Culmine dell'opera di redenzione è la divinizzazione dell'uomo per mezzo della risurrezione del Verbo incarnato[3].

Lo scontro si gioca sulla corretta lettura delle Sacre Scritture fatta da Ireneo tramite una esegesi "letterale", aderente cioè al testo e al suo senso diretto. Essa è contrapposta alla visione degli gnostici che leggono nella Scrittura un senso legato al testo, ispirato dal demiurgo, ed uno spirituale, segreto, superiore perché derivato dalla sapienza del dio vero. Ireneo combatte la continua ricerca del senso ulteriore segretato nelle Scritture, foriero, per gli gnostici, di quella conoscenza finalmente in grado di liberare l'uomo dalla sua dimensione materiale limitante e alienante. Per far questo il vescovo di Lione descrive la dottrina dei suoi avversari, per evidenziarne gli errori là dove essi scaturiscono tramite allegorie e sincretismi affatto cogenti e ne approfitta per (di)mostrare la retta dottrina, inverata tramite il confronto con la tradizione apostolica, eredità sicura dell'insegnamento di Cristo, e il senso diretto delle Scritture.

---

[3] Non si vuole dare qui una descrizione né una definizione di gnosi o dello gnosticismo, fenomeno religioso complesso e variegato tanto che gli specialisti discutono sul senso e significato da attribuire a tali parole nel quadro del cristianesimo dei primi secoli. Per una prima introduzione cfr. I. RAMELLI, «Gnosi - Gnosticismo», *NDPAC*, 2664-2380. Tantomeno si può qui esporre compiutamente la teologia di Ireneo, per la quale si rimanda, per un primo approccio, alle stesse opere indicate nella nota precedente, in particolare la bibliografia essenziale indicata in A. ORBE, «Ireneo di Lione», in *NDPAC*.

Sebbene l'intento sia apologetico, il quadro d'insieme si configura come un trattato[4] di ampio respiro, completo e coerente, caposaldo della teologia cattolica soprattutto nel campo cristologico, antropologico, soteriologico: uno dei meriti da riconoscere ad Ireneo è quello di aver raccolto l'eredità della generazione cristiana a lui precedente e da questa aver dedotto ed espresso una teologia chiara, profonda e coerente; un altro merito è quello di aver espresso, implicitamente, un metodo teologico, basato su di una esegesi letterale[5] delle Sacre Scritture, e sul confronto con la tradizione degli apostoli trasmessa dalla chiesa quali principi di riferimento e inveranti del discorso su Dio e sull'uomo.

L'attenzione alla tradizione trasmessa nelle chiese e alla Sacra Scrittura rendono particolarmente interessante Ireneo ai fini del nostro studio poiché potrebbe rappresentare un momento importante nello sviluppo della recezione ed espressione della figura dei farisei, ovvero se e come egli raccolga le tradizioni dei "detti degli apostoli", le tradizioni delle chiese, tanto in Asia minore, dove si formò, quanto in occidente dove egli operò, nel passaggio fra le generazioni direttamente connesse con gli apostoli e quelle successive.

2. I *pharisaei* in Ireneo

Il lemma *pharisaeus* compare, fra le opere pervenute di Ireneo, nel solo *Adversus haereses*; a questo punto è necessario dare qualche ragguaglio sulla trasmissione dell'opera. La *Denuncia e confutazione della falsa gnosi* è stata scritta in greco, ma l'opera ci è giunta completa in traduzione latina; in greco si hanno due brevi frammenti su papiri (poche righe del libro III e IV) e stralci in catene, florilegi e citazioni di autori posteriori; in particolare il 74% del primo libro è contenuto per la maggior parte nel *Pa-*

---

[4] Con trattato non s'intende un'opera sistematica intesa in senso scolastico, cosa lontana ed estranea ad Ireneo, quanto un'opera che espone con completezza e coerenza una certa disciplina, pur con le forme letterarie e le metodiche patristiche.

[5] Tale definizione è fatta per sintesi e brevità. La metodologia "esegetica" di Ireneo è complessa e la sua esposizione esula dal presente lavoro; il richiamo di una lettura letterale e allegorica delle Sacre Scritture è fatta per evocare concetti generali, senza voler forzare lo smirnese in categorie e in scuole che si svilupperanno nei secoli successivi (impostazione esegetica di tipo alessandrino contro quella di tipo antiocheno). Per Ireneo raggiungere la verità significa esporre quanto presente nelle Scritture considerate nel loro insieme, lette alla luce della regola di fede e della tradizione apostolica e null'altro più; l'interpretazione dei passi oscuri si può fare attraverso passi più chiari (cfr. *Adv. haer.* II,10,1), in caso di dubbio ulteriore il parametro discernente è la sicura tradizione degli apostoli fedelmente trasmessa nella chiesa (cfr. *Adv. haer.* III,2,1).

narion di Epifanio e nell'*Elenchos* di "Ippolito". Agli inizi del XX secolo è stata scoperta una versione armena, datata attorno al VI secolo, dei libri IV e V; sono noti altri frammenti in armeno e siriaco[6].

La traduzione latina, riportata in nove manoscritti, non è di facile datazione: essa deve essere anteriore al 420, anno in cui Agostino la cita nel suo *Contro Giuliano*, ma gli specialisti non sono concordi proponendo date che vanno dal III secolo fino, appunto, agli inizi del V.

Il fatto di non disporre di copie del testo originale di Ireneo impone cautela e attenzione quando si lavori sulle versioni disponibili: ciò è evidente per le traduzioni che, in quanto tali, possono essere più o meno vicine al testo originale a seconda dell'intento e delle capacità del traduttore, ma anche il testo greco, per la maggior parte citazioni, e non copie, rintracciabili in opere e autori successivi a Ireneo, deve essere valutato attentamente, nel tentativo di stimarne la rispondenza con lo scritto originale.

Per quanto riguarda la parola *fariseo* essa compare in brani pervenuti nella traduzione latina, senza corrispettivi nei frammenti greci. Dunque il lavoro di analisi è stato eseguito sul testo latino, introducendo una serie di gradi di indeterminazione: l'autore della traduzione può essere stato più o meno fedele all'originale, ma anche nel caso di una traduzione letterale il bacino semantico dei lemmi utilizzati non corrisponde mai perfettamente a quello delle parole nell'originale. Questo è tanto vero per la traduzione da una lingua all'altra eseguita contemporaneamente o entro un lasso di tempo contenuto dalla stesura dell'originale. Vieppiù quando si lavori su testi tradotti decenni o centinaia di anni dopo occorre considerare l'evoluzione della cultura e delle lingue, con slittamenti semantici ancora più grandi. Nel caso specifico non è possibile fissare una datazione precisa per la traduzione latina, ed è difficile escludere che essa, quanto alla figura dei farisei, non rispecchi maggiormente la sensibilità del traduttore che quella del vescovo di Lione al 180 d.C. circa.

I curatori dell'edizione critica in *Sources Chrétiennes*[7] indicano la traduzione latina come sostanzialmente fedele al testo originale, dunque per

---

[6] Cfr. C. MORESCHINI – E. NORELLI, *Storia della letteratura cristiana antica greca e latina*, I, Brescia 1995, 335; l'introduzione alle tradizioni latina, greca, armena e siriaca in IRÉNÉE DE LYON, *Contre les Hérésies, Livre IV, Tome I (introduction, notes justificatives, tables)*, A. ROUSSEAU, ed., Paris 1965, *SCh* 100*.

[7] Una descrizione sulle fonti, sui manoscritti e sulle diverse traduzioni si possono trovare nei volumi di introduzione alla edizione critica dei cinque libri dell'*Adversus haereses* pubblicata, sotto la direzione di Adelin Rousseau, nella collana *Sources Chrétiennes*: IRÉNÉE DE LYON, *Contre les Hérésies*, A. ROUSSEAU – al., ed., I-IX, *SCh* 100.1, 100.2, 152, 153, 210, 211, 263, 264, 293, 294, Paris 1965-1982.

l'analisi svolta di seguito si pone, quale ipotesi previa, la corrispondenza fra φαρισαῖος e *pharisaeus*, ed una sostanziale concordanza del contesto nel quale le parole compaiano. Ho scelto di non considerare le corrispondenze nella traduzione armena (per i libri IV e V), perché tale lingua non rientra nel contesto di questo studio, limitando al controllo di eventuali varianti importanti segnalate nell'apparato critico dell'edizione di *Sources Chrétiennes*, che del resto, per i brani considerati, non sono presenti.

È utile inquadrare le ricorrenze del lemma *pharisaeus* in relazione con altre parole indicative[8]:

iudaei	ricorre 40 volte
hebraeus	ricorre 5 volte
sadduceus	ricorre 3 volte
essenus	non compare
pharisaeus	ricorre 15 volte (comprese due ricorrenze dell'aggettivo *pharisaicus*).

La mera statistica indicherebbe un interesse limitato di Ireneo per i farisei, con una frequenza inferiore a quella di giudei, termine più generico per denominare gli appartenenti al popolo ebraico[9]. Ancor meno nominati sono i sadducei, mentre del tutto assenti sono gli esseni. Ebreo è un altro termine ben poco utilizzato con solo 5 ricorrenze.

Le ricorrenze sono concentrate per la gran parte, 11 su 15, nel IV libro dell'*Adversus haereses*:

II, 22,3	III, 14,3 *2v*	IV, 2,6
IV, 12,1 *2v*	IV, 12,4	IV, 13,1
IV, 18,3 *2v*	IV, 20,12	IV, 35,2
IV, 36,8	IV, 41,3	V, 17,2

---

[8] Ricerca fatta sulla traduzione latina dell'*Adversus haereses* via *Brepolis Cross Database Searchtool*, [ultima consultazione 28/09/2020], <http://clt.brepolis.net/-cds/pages/Search.aspx>.

[9] Per il termine giudeo occorre fare attenzione poiché strettamente indica gli ebrei rimasti dopo la distruzione del regno di Israele (722 a.C.) ovvero i componenti della tribù di Giuda; nondimeno esso può indicare, in senso generico, i componenti del popolo ebraico. Non intendo entrare nella questione semantica, né tantomeno nella disquisizione filologica del termine, riportandola al tempo della traduzione latina dell'opera di Ireneo. L'uso che se ne fa qui ricalca l'ambivalenza già presente negli scritti neotestamentari (cfr. H. KUHLI, «Ἰουδαῖος», *DENT*, 1752-1763).

3. *Adversus haereses*

3.1 *Adversus haereses* II,22,3

Deinde cum Lazarum suscitasset ex mortuis et insidiae fierent a Pharisaeis, secedit in Effrem ciuitatem; et inde *ante sex dies Paschae ueniens in Bethaniam* scribitur, et de Bethania ascendens in Hierosolymam et manducans pascha et sequenti die passus. Quoniam autem tria haec Paschae tempora non sunt unus annus, omnis quilibet confitebitur. Et ipsum autem mensem in quo Pascha celebratur, in quo et passus est Dominus, non duodecimum sed primum esse, qui omnia se scire iactant, si nesciunt, a Moyse possunt discere[10]. (*Adv. haer.* II,22,3)

Poi, dopo aver resuscitato Lazzaro dai morti, essendo insidiato dai farisei, si ritirò nella città di Efrem, e da lì sta scritto che «sei giorni prima della Pasqua venne a Betania», da Betania salì a Gerusalemme, vi mangiò la Pasqua e il giorno seguente subì la passione. Ora ognuno ammetterà che questi tre tempi della Pasqua non sono un solo anno. Inoltre che il mese in cui si celebra la Pasqua non è il dodicesimo ma il primo [nel quale anche il Signore subì la passione], costoro che si vantano di saper tutto, se non lo sanno, lo possono apprendere da Mosè[11].

Ireneo dopo aver descritto nel primo libro la falsa gnosi e gli eretici, nel secondo passa alla confutazione delle dottrine eretiche. *Adv. haer.* II,22 si trova nella parte in cui affronta l'assurdità di talune prove scritturistiche a fondamento della struttura del "sistema gnostico", nello specifico la relazione numerologica fra la passione del Signore e la passione di Sophia: secondo questa prospettiva la passione di Cristo fu cagionata dal dodicesimo apostolo e occorse nel dodicesimo mese (*Adv. haer.* I,3,3), cioè ad un anno dal battesimo che segnò l'inizio della sua vita pubblica (*Adv. haer.* II,20,1-4).

Per confutare biblicamente la visione numerologica gnostica, basandosi sulla cronologia giovannea, Ireneo illustra in *Adv. haer.* II,22,3 come il Signore sia salito a Gerusalemme per la Pasqua ben più di una volta dopo il suo battesimo, conseguentemente alla morte, coincidente con la Pasqua (che non cade nel dodicesimo mese), aveva più di trenta anni. Fra gli episodi citati dal vangelo di Giovanni, Ireneo considera Gv 11,45-54

---

[10] Per il testo latino uso l'edizione critica pubblicata in *SCh*: Irénée de Lyon, *Contre les Hérésies*, A. Rousseau – al., ed., I-IX. Qui: Irénée de Lyon, *Contre les Hérésies, Livre II, SCh* 294, 218-220.

[11] Tutte citazioni in italiano dell'*Adv. haer.* sono riprese, salvo indicazione contraria, dalla traduzione italiana fatta da Bellini nel 1979 e aggiornata da G. Maschio nel 1997, preferendola a quella di A. Cosentino del 2009: Ireneo di Lione, *Contro le eresie e gli altri scritti*; Id., *Contro le eresie*, I-II, A. Cosentino, ed., Roma 2009. In parentesi quadra ho inserito, ove ritenuto necessario, la traduzione di alcune parole presenti nel testo latino, ma non riportate nella traduzione del Bellini, probabilmente per motivi stilistici.

allorquando, a seguito del prodigio della resurrezione di Lazzaro, i capi dei sacerdoti e i farisei riunirono il sinedrio per trattare dell'*affaire* Gesù, deliberando infine di ucciderlo. Dopo di ciò il Nazareno si ritira nel deserto, in una città di nome Efraim.

Effettivamente i farisei, in Gv 11,45-54, hanno un ruolo importante: essi appaiono per primi come coloro che ricevono il resoconto dei fatti miracolosi e successivamente, assieme ai capi dei sacerdoti, si attivano per riunire il sinedrio. In *Adv. haer.* II,22,3 i capi dei sacerdoti non vengono menzionati, lasciando i farisei come unici responsabili delle insidie portate a Gesù.

Sebbene si tratti di una selezione operata dall'autore, va considerato che nel brano evangelico di riferimento i farisei hanno un ruolo preminente, e come l'episodio sia citato brevemente in una lista di avvenimenti volutamente sintetica e serrata. Sebbene la selezione effettuata accentui indubbiamente la responsabilità dei farisei, occorre cautela nel dedurne una espressione esplicita e diretta della volontà di Ireneo di stigmatizzare l'esclusiva colpevolezza dei farisei, considerando soprattutto lo slancio polemico verso gli gnostici, primo obiettivo dello scrittore.

3.2 *Adversus haereses* III,14,3

[...] et qui pulsat noctu sumere panes et propter instantiam importunitatis sumit; et quoniam apud Pharisaeum, recumbente eo, peccatrix mulier osculabatur pedes eius et unguebat unguento, et quaecumque propter eam dixit ad Symonem Dominus de duobus debitoribus; [...] et eam quae ad Zachaeum publicanum facta est confabulationem; et de Pharisaeo et de publicano qui simul adorabant in templo; et de decem leprosis quos simul emundauit in uia; [...] et alia multa quae inueniri possunt a solo Luca dicta esse, quibus et Marcion et Valentinus utuntur[12]. (*Adv. haer.* III,14,3)

[...] l'uomo che bussa durante la notte per avere dei pani, e li ottiene per la sua insistenza, l'episodio della donna peccatrice che, mentre egli era a tavola presso il fariseo, gli baciava i piedi e glieli ungeva di profumo e quello che per lei[13] il Signore disse a Simone a proposito dei due debitori, [...] la conversazione con Zaccheo il pubblicano, il fariseo e il pubblicano che pregavano insieme nel tempio, i dieci lebbrosi che mondò insieme mentre erano in cammino [...]. Si potrebbero trovare molti altri passi, riportati dal solo Luca, che sono stati utilizzati da Marcione e da Valentino.

Non vi è migliore introduzione al III libro dell'*Adv. haer.* di quella fatta dallo stesso autore:

---

[12] IRÉNÉE DE LYON, *Contre les Hérésies, Livre III, SCh* 211, 270-272.
[13] Si può tradurre anche: a causa sua.

> [...] Il primo libro contiene le dottrine di tutti loro e rivela le consuetudini e i caratteri del loro comportamento, mentre nel secondo sono stati abbattuti e distrutti i loro insegnamenti perversi, sono stati messi a nudo e rivelati tali quali essi sono. In questo terzo libro aggiungeremo le prove derivate dalle Scritture, *affinché* non ti manchi niente di quanto ci avevi prescritto, ma tu riceva da noi, più di quanto pensavi, i mezzi per smascherare e confutare coloro che, in qualunque modo, insegnano l'errore (*Adv. haer.* III, pref.).

Il terzo libro dell'*Adversus haereses* punta ad evidenziare la consistenza delle essenziali verità di fede che la chiesa ha ricevuto da Dio in Cristo, tramite il suo vangelo che è stato raccolto e trasmesso, per volontà divina, dagli apostoli in alcuni scritti (*Adv. haer.* III,1,1). Quanto all'unicità del Dio creatore Ireneo considera, a partire da *Adv. haer.* III,6,1, le testimonianze contenute nelle Sacre Scritture, utilizzando sia l'Antico che il Nuovo Testamento[14]: la sua argomentazione sottolinea come l'unicità di Dio sia attestata dallo Spirito, dal Cristo stesso, dagli apostoli, dagli evangelisti.

Al termine di queste "testimonianze" Ireneo si ferma a considerare (*Adv. haer.* III,13-15) l'errore di coloro che riconoscono solamente Paolo quale testimone veritiero (*Adv. haer.* III,13,1-2), oppure quelli che non ammettono la sola testimonianza di Luca (*Adv. haer.* III,14,1-5), o la sola testimonianza di Paolo (*Adv. haer.* III,15,1-3).

Affrontando l'errore di coloro che non ammettono il solo vangelo di Luca, in *Adv. haer.* III,14,3 sono presentati alcuni fatti della vita di Gesù conosciuti solo per il tramite di tale vangelo, utilizzati anche da Marcione e da Valentino: di nostro interesse sono la risposta di Gesù al giudizio nascosto del fariseo Simone di fronte alla peccatrice che lava i piedi di Gesù durante la cena (Lc 7,36-50) e l'episodio del pubblicano e del fariseo che pregano nello stesso momento nel tempio (Lc 18,9-14). Sono considerati dunque due singoli personaggi, farisei, in racconti specifici del vangelo di

---

[14] Ireneo è fra i primi padri a mostrare chiaramente un utilizzo di quasi tutti i libri che entreranno nel canone cristiano: egli considera come scritture sacre testi tanto dell'Antico che del Nuovo Testamento, sottolineandone l'unità (nell'*Adv. haer.* non compaiono citazioni da Filemone, 2 Pietro, 3 Giovanni, Giuda, mentre è considerato autorevole il *Pastore di Erma*); per Ireneo la verità rivelata da Cristo si trova nei quattro vangeli visti nel loro insieme (il vangelo quadriforme, *Adv. haer.* III,11,8), considerare altri vangeli o anche una parte di essi porta all'errore (*Adv. haer.* III,11,7). La differenza con i padri apostolici e con gli apologeti è notevole: ad esempio Giustino cita principalmente le profezie dell'Antico Testamento realizzate dal Cristo, le "memorie degli apostoli" e le parole di Gesù, accanto a diverse tradizioni che confluiranno nei testi apocrifi, rimanendo assai lontano dalla precisione, completezza e varietà biblica di Ireneo (cfr. B. M. Metzger, *The Canon of the New Testament*, Oxford 1989; trad. it. *Il canone del Nuovo Testamento*, Brescia 1997, in particolare su Ireneo 137-139).

Luca; tali riprese indirette non presentano particolarità, se non che l'episodio della cena nella casa del fariseo Simone è una testimonianza, in Luca, di un rapporto per nulla malevolo fra Gesù e i farisei. Questa specifica citazione evidenzia la vicinanza di Ireneo al testo biblico, tanto da riproporne, per questo caso, la mancanza di ostilità nei confronti dei farisei, o più precisamente nei riguardi di una persona concreta, farisea, che non assume la densità simbolica e figurativa del gruppo.

3.3 *Adversus haereses* IV,2,6

Sed ut ostenderet transgressores paternae legis: neque enim domum incusabat, neque legem reprehendebat, quam venerat adimplere, sed eos qui non bene utebantur domo et eos qui legem transgrediebantur arguebat. Et ideo scribae et Pharisaei, qui coeperant a temporibus legis contemnere Deum, nec Verbum ejus receperunt, id est non crediderunt Christo. De quibus Esaias ait: *Principes tui indictoaudientes sunt, socii furum, | diligentes munera, sectantes retributionem, pupillis non judicantes, et judicium viduarum non attendentes*[15]. (*Adv. haer.* IV,2,6)

Ma lo faceva per denunciarli come trasgressori della legge del Padre: egli non biasimava la casa né condannava la Legge che era venuto a portare a compimento, ma rimproverava quelli che non usavano bene la casa e trasgredivano la Legge. Per questo gli scribi e i farisei, che avevano cominciato a disprezzare Dio fin dal tempo della Legge, non accolsero il Verbo, cioè non credettero a Cristo. Di loro Isaia dice: «I tuoi capi disobbediscono, sono compagni dei ladri, amano i doni, cercano i premi, non giudicano a favore degli orfani, non badano al diritto delle vedove».

Nel libro IV Ireneo punta a dimostrare l'unicità di Dio contro la deriva gnostica, specificatamente vuole falsificare l'affermazione dell'esistenza di un altro dio creatore, inferiore (per gli gnostici) poiché emesso a partire da caduta o mancanza[16] dal Dio rivelato in Cristo. Per far ciò ripercorre la Scrittura per mostrare l'unità fra Antico e Nuovo Testamento e, conseguentemente, l'identità fra il creatore e il Dio Padre di Gesù.

Il discorso di Ireneo parte dalle parole del Cristo, che confessa un Dio Padre e creatore del cielo e della terra (*Adv. haer.* IV,1,1), e afferma come gli scritti di Mosè siano le sue stesse parole (*Adv. haer.* IV,2,3 in relazione a Gv 5,46-47).

---

[15] Il testo latino del IV libro è ripreso da IRÉNÉE DE LYON, *Contre les Hérésies, Livre IV*, SCh 100**, qui pag. 408.

[16] Cfr. *Adv. haer.* IV, pref. 3: «de labe sive defectione eum emissum dicunt». IRÉNÉE DE LYON, *Contre les Hérésies, Livre IV*, SCh 100**, 384.

In quest'ottica, l'episodio della "cacciata" dei venditori dal tempio[17], esprime un punto di continuità fra Dio legislatore, che ha voluto il tempio di Gerusalemme quale propria dimora, e Gesù, il Figlio che rimprovera coloro che fanno della casa del Padre suo un uso improprio e che trasgrediscono la legge che Egli è venuto a portare a compimento (*Adv. haer.* IV,2,6). L'accoppiata scribi e farisei compare come esplicitazione di coloro che "avevano cominciato a disprezzare Dio fin dal tempo della legge e non accolsero il Verbo." L'affermazione è generica e non è immediato associarla ad un preciso contesto evangelico. Considerando che poco prima Ireneo ha citato Mt 21,13 (o Mc 11,17), e che in Mt 23 vi è la sequenza di invettive contro l'ipocrisia di scribi e farisei, si potrebbe considerare come contesto di riferimento il vangelo di Matteo nei capitoli dal 21 al 23[18].

Nondimeno l'accusa fatta agli scribi e farisei è decisa: non hanno creduto a Cristo, Verbo di Dio, perché già in precedenza avevano cominciato a disprezzare la legge di Dio. Questo tema ha un'assonanza con la forte critica che Gesù muove in Mc 7,13 (o Mt 15,6) a scribi e farisei: «Così annullate la parola di Dio con la tradizione che avete tramandato voi», dove la polemica verte proprio sulla vera osservanza della legge, contrapposta all'osservanza di precetti introdotti da una tradizione umana, che finisce per sovrastare la parola, cioè il Verbo di Dio[19]. Si tratta di una tematica importante per Ireneo che ha fra i suoi obiettivi prioritari il sottolineare l'importanza della tradizione della chiesa, foriera della verità di Cristo, in opposizione a quella erronea e spuria degli eretici. In *Adv. haer.* IV,2,6 non vi è alcuna comparazione fra gli errori degli gnostici e quelli "antichi" degli scribi e farisei: l'ambito della critica è quello dei primi scrittori ecclesiastici, che colpevolizzavano i giudei per non aver riconosciuto e accolto Cristo.

---

[17] L'episodio è riportato dai quattro vangeli: Mt 21,12-16, Mc 11,15-18, Lc 19,45-48, Gv 2,14-16.

[18] Va osservato che in Mt 21,15 ad affrontare Gesù nel tempio sono i capi dei sacerdoti e gli scribi, successivamente in Mt 21,23 sono gli anziani del popolo e gli scribi che chiedono ragione della sua autorità; i farisei compaiono solo alla fine del capitolo 21 (Mt 21,45), assieme ai capi dei sacerdoti, dopo le parabole dei due figli (Mt 21,28-32) e dei vignaioli omicidi (Mt 21,33-45). Va altresì notato che in Mt 22 i farisei prendono l'iniziativa per cogliere in fallo Gesù (Mt 22,15) e sono presentati altre due volte (Mt 22,34.41) in tale capitolo, che prelude alle invettive del seguente.

[19] L'accusa fatta agli anziani, o maestri o capi, del popolo ebreo di aver costruito una sovrastruttura di precetti umani sopra la legge fino a trasfigurarla completamente è ripresa e sviluppata nel corso del libro IV, ad esempio nel capitolo 12 considerato di seguito.

Agli scribi e farisei Ireneo riferisce due citazioni dirette dai profeti: Is 1,23 e Ger 4,22[20], nelle quali sono accusati i capi del popolo di disonestà, bramosia di denaro e sprezzo del bene. Ne consegue che scribi e farisei sono annoverati fra i capi del popolo disonesti e increduli[21].

3.4 *Adversus haereses* IV,12,1

Seniorum enim ipsorum traditio, quam ex lege observare fingebant, contraria erat legi quae data est per Moysen. Propter hoc et Esaias ait: *Caupones tui miscunt vinum aquae,* ostendens quod austero Dei praecepto miscerent seniores aquatam traditionem, id est aggredientes legem adulteram et contrariam legi, sicut et Dominus fecit manifestum, dicens eis: *Quare vos transgredimini praeceptum Dei propter traditionem uestram* Non solum autem per praevaricationem frustrati sunt legem Dei, miscentes vinum aquae, sed et suam legem e contrario statuerunt, quae usque adhuc pharisaica vocatur. In qua quaedam quidem auferunt, quaedam vero addunt, quaedam autem quemadmodum volunt interpretantur: quibus utuntur singulariter magistri ipsorum. Quas traditiones volentes vindicare, legi Dei instituenti eos ad adventum Christi non subjecti esse voluerunt, sed et Dominum arguebant in sabbatis curantem, quod quidem, sicut praediximus, lex non prohibebat – etenim ipsa secundum aliquid curabat, circumcidens hominem in sabbato –, se autem ipsos non

Infatti la tradizione dei loro anziani, che fingevano di osservare come una legge, era contraria alla Legge data per mezzo di Mosè. Perciò Isaia dice: «I tuoi osti mescolano il vino con l'acqua», per mostrare che gli anziani mescolavano all'austero precetto di Dio una tradizione acquosa, cioè aggiungevano una legge spuria e contraria alla Legge, come dichiarò il Signore, dicendo loro: «Perché voi trasgredite il precetto di Dio per la vostra tradizione?» Con la loro prevaricazione essi non solo hanno violato la Legge di Dio, mescolando il vino con l'acqua, ma hanno anche stabilito contro di essa la loro legge, che ancora oggi si chiama farisaica. In essa sopprimono alcune cose e ne aggiungono altre, altre poi le interpretano come vogliono: e se ne servono particolarmente i loro maestri. Volendo difendere queste tradizioni, non vollero stare soggetti alla Legge di Dio che li formava per la venuta di Cristo, ma rimproveravano al Signore di guarire di sabato, cosa che, come abbiamo detto prima, la Legge non proibiva perché in certo qual modo guariva facendo circoncidere l'uomo di sabato, ma non

---

[20] La citazione latina fatta da Ireneo è la traduzione di «οἱ ἡγούμενοι τοῦ λαοῦ μου» nella LXX, nel testo masoretico il rimprovero è rivolto al popolo tutto.

[21] Padre Orbe commentando *Adv. haer.* IV,2,6 dice: "No urge Ireneo la denominación «scribae et Pharisaei», en su sentido literal obvio. Los condena y califica como trasgresores de la Ley del Padre e incrédulos al Hijo. Son los israelitas profanadores, desde los días de Moisés, de la Ley: con parecida actitud frente al Legislador y frente a su Verbo, venido en los últimos tiempos" (A. ORBE, *Teología de San Ireneo IV*, Madrid 1996, 20).

redarguebant, per traditionem et praedictam pharisaicam legem transgredientes praeceptum Dei, et praecipuum legis non habentes, id est dilectionem quae est erga Deum[22]. (*Adv. haer.* IV,12,1)

rimproveravano se stessi, quando per la tradizione e la legge [farisaica[23]] suddetta trasgredivano il precetto di Dio e non avevano l'essenziale della Legge, cioè l'amore verso Dio.

Continuando il suo discorso per illustrare l'unità dei due testamenti, e dunque l'esistenza di un unico e solo Dio presente in tutta la storia della salvezza, Ireneo sviluppa il tema della legge divina, data a Mosè e mai revocata da Gesù: contrariamente a quanto affermato dagli gnostici, il nucleo della legge, cioè l'amore per Dio e il prossimo, è già presente nei comandamenti dati da Dio al suo popolo ed essi sono confermati e perfezionati dal Verbo di Dio, cioè il medesimo Dio, nella sua predicazione terrena.

In *Adv. haer.* IV,12,1 la discussione verte sul confronto fra Gesù e la "tradizione dei loro anziani" (*seniorum ipsorum traditio*), ovvero l'accusa fatta a Gesù di non osservare la legge, soprattutto il riposo sabatico. Tale discussione era stata utilizzata per affermare la novità della predicazione del Cristo, dunque l'imperfezione del dio che aveva emanato una legge imperfetta, ovvero l'esistenza di due dèi (il demiurgo emanatore della legge mosaica e Dio Padre istitutore della nuova e vera Alleanza nel suo Verbo). Ireneo cita Mt 15,3, cioè la decisa risposta di Gesù all'accusa fattagli di non osservare la tradizione degli anziani (ἡ παράδοσις τῶν πρεσβυτέρων): sono scribi e farisei ad aver cancellato la parola di Dio con una tradizione composta da precetti umani[24]. È interessante considerare come Ireneo definisca tale tradizione spuria: inizialmente è la tradizione dei loro anziani, in riferimento alla menzione, fatta poco prima (*Adv. haer.* IV,11,4), di coloro che «[…] osservano le purificazioni esteriori in vista di una gloria umana […] ma dentro erano pieni di ipocrisia, di cupidigia e di ogni malizia […]». Lo sfondo biblico è la polemica contro gli scribi e farisei ipocriti, principalmente di Mt 23. Tale tradizione sopprime alcune cose della legge di Mosè e altre ne aggiunge, sicché infine si perde contatto con la norma divina e si giunge ad una legge definita farisaica (*quae usque adhuc pharisaica vocatur*).

---

[22] IRÉNÉE DE LYON, *Contre les Hérésies, Livre IV*, SCh 100**, 508-512.

[23] Nella sua traduzione Bellini omette la ripetizione dell'aggettivo farisaica, probabilmente per evitare una ripetizione, ma così elimina un attributo specificativo importante, presente nel testo latino.

[24] Lo sfondo evangelico è Mt 15,1-7 assieme al parallelo Mc 7,1-13.

L'uso dell'aggettivo *pharisaicus*[25] per la specificazione della legge non è molto comune, poiché solitamente gli scrittori cristiani latini dei primi secoli prediligono l'uso del sostantivo (in caso come complemento di specificazione)[26]. Non è solo una curiosità grammaticale statistica, poiché una denominazione siffatta potrebbe rappresentare un concetto preciso: se nei vangeli considerati si oppone la παράδοσις alla ἐντολή (τοῦ θεοῦ), cioè *traditio* a *praeceptus* (Mt 15,3, Mc 7,8), per Ireneo tale tradizione diviene *lex pharisaica*, in opposizione alla *lex Dei*, cioè assume una dignità e un'importanza tale da essere alternativa alla vera legge di Dio[27].

Se consideriamo i due brani evangelici in cui si sviluppa la discussione su ἡ παράδοσις τῶν ἀνθρώπων, Mt 15,1-7, Mc 7,1-13, la tradizione degli anziani compare nella questione posta dai farisei e da alcuni scribi, ed è presentata da Marco come un insieme di pratiche di purità proprie dei farisei e di tutti i giudei[28]. Nel vangelo di Marco la risposta di Gesù contrappone il comandamento di Dio alla tradizione degli uomini (ἡ παράδοσις τῶν ἀνθρώπων), che è la vostra tradizione (ἡ παράδοσις ὑμῶν), quella tramandata da scribi e farisei, la quale annulla la parola di Dio (ἀκυροῦντες τὸν

---

[25] Questa e le considerazioni seguenti basata sui vocaboli latini usati è relativa ovviamente alla sola traduzione latina del testo greco di Ireneo. Dunque le deduzioni fatte a partire dal lessico possono essere attribuite direttamente ad Ireneo, e non al linguaggio e al contesto culturale del traduttore, solo nell'ipotesi di una buona concordanza fra l'originale greco (in molte parti perduto) e la traduzione di esso giunta fino a noi. Senza tale ipotesi, queste considerazioni devono essere considerate valide solo per il testo latino (e per il suo traduttore). Sulla letteralità della versione latina del IV libro si può consultare l'introduzione al testo latino curata da B. Hemmerdinger in IRENEE DE LYON, *Contre les Hérésies, Livre IV, Tome I*, SCh 100*, 15-50.

[26] Vedi Cap. I, *Analisi statistica lessicografica*, in particolare i paragrafi relativi *pharisaeus* e *pharisaicus*.

[27] Il concetto è alquanto vicino a quello di eresia, cioè di un errore che caratterizza e definisce un tal gruppo e lo rende antagonista della dottrina e prassi ritenuta vera e corretta. Ireneo non affronta il tema delle eresie giudaiche probabilmente perché non attinente ai suoi obiettivi e all'urgenza dottrinale, ma di fatto esso risulta *in nuce* presente: la legge diviene farisaica poiché caratterizza e separa il gruppo che in essa si riconosce dalla verità primitiva, la legge di Dio, norma e identità dei giudei prima, e sostrato perfezionato, ma non abrogato da Gesù, dei cristiani poi. Altri padri affrontano il tema delle eresie giudaiche accennandole (es. Giustino, *Dial.* 80,4; Egesippo in Eusebio, *HE* 4,22,5.7) e sviluppandole (es. Epifanio di Salamina, *Panarion*, eresie dalla XIV alla XX, cioè sadducei, scribi, farisei, emerobattisti, nasarei, ossei, erodiani).

[28] Va notato come in Mc 7,1-13 i farisei condividano una prassi di purità rituale con tutti i giudei; inoltre la tradizione degli antichi non ha in sé una connotazione negativa, al contrario della tradizione degli uomini. Dunque non tutti i giudei sono farisei, ma definire esattamente cosa li contraddistingua, seguendo l'indicazione di Mc 7,3, diviene complesso. Ireneo recepisce questa indeterminazione poiché l'errore è nella legge farisaica, ovvero è dei farisei, ma ciò parrebbe influenzare un ambito più grande di quello di tale fazione giudaica.

λόγον τοῦ θεοῦ τῇ παραδόσει ὑμῶν ᾗ παρεδώκατε, Mc 7,13). Il parallelo vangelo di Matteo (Mt 15,1-7) è più sintetico, passando dall'accusa da parte dei farisei e di alcuni scribi di trasgressione della tradizione degli antichi alla replica di Gesù che li accusa di annullare la parola di Dio osservando la loro tradizione, diversa dalla legge di Dio.

Va notato come Ireneo, pur evidentemente considerando come sostrato Mt 15,1-7, Mc 7,1-13 (ma non deve essere dimenticato il contesto polemico di Mt 23[29]), non consideri la coppia scribi – farisei, espressa nei sinottici, ma attribuisca ai soli farisei l'adulterazione della legge.

3.4.1 L'evoluzione della legge di Dio

Deve essere altresì precisato che tradizione e legge farisaica non coincidono[30]: «[...] se autem ipsos non redarguebant, per traditionem et praedictam pharisaicam legem transgredientes praeceptum Dei» (*Adv. haer.* IV,12,1). Rileggendo l'intero brano si possono identificare la prigenia legge di Dio, la tradizione degli anziani e la legge farisaica. Per comprendere la dinamica fra i vari elementi occorre considerare l'argomentare di Ireneo in tutta la prima parte del libro IV (*Adv. haer.* IV,1,1-19,3) e sunteggiare la sua visione sul compito della legge: i patriarchi avendo il precetto di Dio nel cuore non necessitarono di legge (*Adv. haer.* IV,16,3), che invece fu data tramite Mosè per educare «l'anima per mezzo delle cose esteriori e corporali, trascinandola come una catena alla sottomissione ai precetti, affinché l'uomo imparasse ad obbedire a Dio» (*Adv. haer.* IV,13,2); dapprima Dio diede i precetti naturali (il decalogo) poi, quando il popolo si rivolse ancora verso l'idolatria (vitello d'oro) aggiunse «le altre prescrizioni cultuali adatte alla loro concupiscenza» (*Adv. haer.* IV,15,1). L'azione della legge è quella di chiamare «dalle cose secondarie alle cose principali» (*Adv. haer.* IV,13,2) cioè «queste prescrizioni furono date come segni» (*Adv. haer.* IV,16,1), «figure delle cose future» (*Adv. haer.* IV,14,3).

Nella legislazione mosaica esistono sommariamente due parti, una parte è costituita dal decalogo (i precetti naturali), l'altra sono prescrizioni

---

[29] Evidentemente vanno considerati anche i paralleli sinottici, d'altronde se si valutano i riferimenti evangelici impliciti ed espliciti utilizzati nel brano in questione e nel suo contesto, è possibile ipotizzare che Ireneo stia seguendo, nello svolgimento del suo pensiero, principalmente il testo di Matteo.

[30] Questa osservazione è fatta anche da A. Orbe nel suo commento al brano in questione (cfr A. ORBE, *Teología de San Ireneo IV*, 156-157).

cultuali, la prima ha un valore sempre attuale poiché prepara l'uomo alla vita (*Adv. haer.* IV,16,4), la seconda è stata abolita con la nuova Alleanza (*Adv. haer.* IV,16,5)[31]. Il popolo giudaico è il depositario di tale legge e in ciò esso esprime una funzione profetica essendo segno per i non circoncisi (*Adv. haer.* IV,22,2). Nella trasmissione della legge vi sono stati due tipi di errore: un'osservanza solo esteriore dei precetti, il che svaluta il proprio della legge ovvero l'educazione del cuore dell'uomo, e l'aggiunta di precetti estranei alla legge stessa. Il risultato è la tradizione degli anziani che si discosta dalla legge, perché coloro che la praticano e propugnano hanno perso lo spirito originario e l'originaria forma. La venuta del Figlio, che è «il visibile del padre» (*Adv. haer.* IV,6,6), mostra il senso finale dell'economia della salvezza essendone il principio e il fine (es. *Adv. haer.* IV,20,4): coloro che comunque «temevano Dio e ne rispettavano la Legge corsero incontro a Cristo e furono salvati tutti» (*Adv. haer.* IV,2,7), mentre «i cattivi sovrintendenti» non lo riconobbero e non lo accolsero poiché «essi non conoscevano né il senso della Scrittura né l'economia di Dio»[32] (*Adv. haer.* IV,11,3).

Con la venuta di Gesù al tempo di Tiberio Cesare si palesa, secondo Ireneo, una divisione nei giudei fra coloro che riconoscono e accolgono il Cristo e coloro che «lo disprezzano e non stanno soggetti a Dio, ma osservano le purificazioni esteriori in vista di una gloria umana» (*Adv. haer.* IV,11,4).

Parrebbe quasi superfluo osservare che il non riconoscere Cristo priva del principio gnoseologico che permette di comprendere non solo l'economia della salvezza passata, ma anche la sua realizzazione nel tempo presente e futuro. Conseguentemente i giudei, che non hanno riconosciuto Cristo, sono in una sorta di *impasse* gnoseologica (e quindi soteriologica) e cultuale: «Perciò i Giudei si allontanarono da Dio non avendo accolto il suo Verbo e avendo pensato di poter conoscere Dio per mezzo del Padre stesso senza il Verbo, cioè senza il Figlio» (*Adv. haer.* IV,7,4), e non hanno più la possibilità di un culto puro; «Ora solo la Chiesa offre questa oblazione pura al creatore [...]. I Giudei non gliel'offrono più, perché le loro

---

[31] «I precetti della schiavitù li prescrisse al popolo a parte per mezzo di Mosè; essi erano adatti alla loro educazione, come dice Mosè stesso: "Il Signore mi comandò in quel tempo di insegnarvi le prescrizioni e i giudizi". Perciò i precetti che aveva dato per la schiavitù e come segni li abolì con la nuova alleanza della libertà, mentre i precetti naturali, adatti agli uomini liberi e comuni a tutti·li ha accresciuti» (*Adv. haer.* IV,16,5).

[32] «Zelantibus autem malis dispensatoribus, [...] et significans illos quidem nescire virtutem Scripturae et dispositionem Dei» (*Adv. haer.* IV,11,3). In Ireneo *dispositio* sta per οἰκονομία.

mani sono piene di sangue, non avendo essi accolto il Verbo per mezzo del quale si offre a Dio» (*Adv. haer.* IV,18,4).

La tripartizione della legge proposta da Ireneo (decalogo, legislazione aggiunta tramite Mosè per la durezza dei cuori, tradizioni umane) ha punti in comune con quella presentata dagli gnostici valentiniani; in particolare Tolomeo nella *Lettera a Flora*[33] afferma, quanto alla legge, che: «una sezione va assegnata a Dio stesso e alla sua legislazione, un'altra a Mosè ([…] in quanto anche Mosè apportò alcune norme in base alla sua personale intenzione) e un'altra agli anziani del popolo»[34] (*Lettera a Flora* 4,2). La legge promulgata da Dio è a sua volta divisa in tre parti: la legislazione pura, la legge che il Salvatore è venuto a completare e la legge frammista al male, abolita dal Salvatore[35].

Ireneo dunque non attacca gli gnostici sulla tripartizione della legge, quanto sulla deduzione che una legge, necessitante di perfezionamento e di abrogazione, non possa essere stata emanata da un'entità perfetta ma imperfetta, cioè da un dio imperfetto, il demiurgo[36], inferiore al Dio Padre. Al contrario il principio alla base della "dimostrazione" di Ireneo è che l'economia progressiva della storia della salvezza è modulata sulla capacità dell'uomo, ovvero sulla umana imperfezione, la quale è chiamata continuamente a svilupparsi proprio in virtù dell'azione dell'unico Dio.

Dunque per Ireneo, contro gnostici e marcioniti, uno solo è Dio che ha operato continuamente e progressivamente nell'economia della salvezza adeguando, pedagogicamente, la rivelazione all'imperfezione dell'uomo, al fine della sua crescita nei tempi.

Si può allora comprendere meglio il senso dell'affermazione di *Adv. haer.* 11,3: «Zelantibus autem malis dispensatoribus, […] et significans illos quidem nescire virtutem Scripturae et dispositionem Dei»: il misconoscere il senso della Scrittura e l'economia di Dio ha portato ad una deriva progressiva anche dalla legge mosaica, che già in sé aveva elementi di diversa natura, significato e importanza; il risultato è la tradizione degli

---

[33] La *Lettera a Flora* di Tolomeo è uno dei pochi testi gnostici giunto fino a noi poiché riportata da Epifanio di Salamina in *Panarion*, eresia XXXIII,3,1-7,10.

[34] Epifanio di Salamina, *Panarion. Libro Primo*, G. Pini (ed.), Brescia 2010, 611.

[35] Cfr. *Lettera a Flora* 5,1.

[36] «Infatti, se questa legge non è stata stabilita né dallo stesso Dio perfetto, come abbiamo mostrato, né di certo dal diavolo, il che non è neppur lecito dire, il legislatore deve essere qualche altro rispetto a questi. Ed è il Demiurgo e creatore di tutto questo mondo e di quanto è in esso» (*Lettera a Flora* 7,3-4, trad. it. Epifanio di Salamina, *Panarion*, 617).

anziani. Anche in questo caso siamo davanti ad un'azione che si sviluppa nel tempo, pur avendo radici lontane, quasi coeve all'emanazione della legge mosaica e che arriva ad investire pesantemente le vicende di Gesù e del popolo ebraico.

3.4.2 La legge farisaica

L'evoluzione nel tempo della deriva, ad opera dei notabili ebrei deputati alla trasmissione della legge divina, ha come ultimo stadio la legge farisaica. Due quesiti sono importanti ai fini di questo studio: cosa caratterizza la legge farisaica rispetto alla tradizione degli anziani? Quando si è affermata la legge farisaica?

La predicazione di Gesù al tempo di Tiberio Cesare evidenzia lo stato della situazione: esiste una tradizione degli anziani che non corrisponde alla primitiva legge di Dio (Mt 15,1-7, Mc 7,1-13), lo scontro su tale tradizione è con i farisei e con alcuni scribi, ma la tradizione degli anziani è seguita da tutti i giudei (Mc 7,3). Ireneo rilegge il dato evangelico alla luce di un altro fatto: fra i giudei alcuni hanno riconosciuto e accolto il Cristo, altri no. Il discriminante sta nella conoscenza del senso della Scrittura e dell'azione salvifica di Dio: Gesù è stato accolto da quelli «che servono Dio secondo la Legge, volentieri e di tutto cuore» (*Adv. haer.* IV 11,4[37]), cioè secondo il nucleo della legge (l'amore a Dio). Il principio discriminatore è infine morale, ovvero risiede nella scelta dell'uomo, educato dall'economia della salvezza, di aprirsi a Dio, di riconoscere il centro della legge, e di farlo proprio come principio di vita e di conoscenza.

Gli oppositori di Gesù, in particolare i rappresentanti dell'élite sociale e religiosa, si sono distaccati dal nucleo della legge per un'osservanza esterna finalizzata alla gloria umana, sottolineando pratiche esteriori (private del loro senso prefigurativo) e aggiungendovene altre. Fra gli avversari di Gesù in particolare vi sono i farisei, che vengono assunti da Ireneo come i rappresentanti di questa impostazione e di questa pratica, di qui la definizione di legge farisaica. Essa è distinta dalla tradizione degli anziani poiché il suo nucleo e il suo scopo sono definitivamente diversi dalla legge di Dio: non più l'amore a Dio e al prossimo, ma l'amore alla gloria riconosciuta dagli uomini, non più l'educazione a Dio (cioè infine la divinizzazione), ma una pratica teatrale (ipocrita) per l'ottenimento del consenso e del potere.

---

[37] Anche: «Invece quelli che temevano Dio e ne rispettavano la legge corsero incontro a Cristo e furono salvati tutti» (*Adv. haer.* IV, 2,7).

Se la connotazione primaria della legge farisaica è morale, la sua dimensione storica ne risulta sfumata.

Ireneo dice: «sed et suam legem e contrario statuerunt, quae usque adhuc pharisaica vocatur» (*Adv. haer.* IV,12,1). *Usque adhuc* si può tradurre come "fino ad ora" o "fino ad oggi", ma a quale tempo attuale si riferisce l'autore? Le possibilità sono diverse: il presente della narrazione evangelica, quello di Ireneo oppure il presente del traduttore latino. Considerando l'insieme della frase e il contesto propenderei per il presente di Ireneo[38].

Nella frase seguente si rimarca: «In qua quaedam quidem auferunt, quaedam vero addunt, quaedam autem quemadmodum volunt interpretantur: quibus utuntur singulariter magistri ipsorum» (*Adv. haer.* IV,12,1), cioè che in essa sono soppresse alcune cose, ne sono aggiunte altre e talaltre sono interpretate come vogliono; i loro maestri ne fanno un uso singolare. Il termine *magistri ipsorum* è una denominazione utilizzata anche da Giustino (ad esempio ἡμετέροι διδάσκαλοι, *Dial.* 32,8) per indicare i maestri giudei contemporanei a Trifone, di cui i farisei sono un sottogruppo, latori di un insegnamento avverso ai cristiani, e di una tradizione che, essendo loro incapaci di capire la parola di Dio, è composta da dottrine proprie[39]. Anche sulla visione della legge Ireneo presenta analogie con quanto proposto da Giustino: avranno parte ai beni concessi da Dio per mezzo di Cristo coloro che sono in grado di comprendere tutti i misteri, cioè esistono prescrizioni immutabili, date per la giustizia e per rendere culto a Dio, mentre altri precetti e pratiche sono state date o come prefigurazione del mistero di Cristo oppure per la durezza di cuore del popolo (*Dial.* 44,1-2[40]). I punti

---

[38] L'uso del presente passivo e della forma *usque adhuc* mi fa protendere per una affermazione fatta dallo scrittore e dunque relativa al suo presente. Se si volesse considerare tale frase una glossa del traduttore ciò si accorderebbe con l'uso attestato dell'aggettivo farisaico in scritti in nostro possesso a partire dal III secolo (vedi appendice I), ma sarebbe un caso, a mia conoscenza, pressoché isolato nella traduzione latina dell'*Adv. haer.* Se la frase è attribuibile ad Ireneo, saremmo davanti ad uno dei primi esempi dell'uso di tale aggettivazione in nostro possesso, ciò concorderebbe con il ragionamento dell'autore: la legge farisaica ha alla base un moralismo vacuo e ipocrita, l'aggettivo sarebbe dunque la cristallizzazione linguistica di tale concettualizzazione.

[39] *Dial.* 103,1; 102,5; 137,2. Ai διδάσκαλοι (*Dial.* 112,4) è rivolta l'invettiva che, nei vangeli, è indirizzata da Gesù agli scribi e farisei ipocriti (Mt 23), in *Dial.* 38,2 Giustino replica a Trifone: «[…] piuttosto fatevi più pronti a udire e ricercare, disprezzando la tradizione dei vostri maestri (τῶν ὑμετέρων διδασκάλων), di cui lo Spirito profetico smaschera l'incapacità a capire le parole di Dio, e preferiscono insegnare dottrine proprie». La traduzione italiana del Dialogo con Trifone è ripresa, se non diversamente indicato, da Giustino, *Dialogo con Trifone*, Visonà G. (ed.), Milano 2009[2].

[40] «E ingannate voi stessi se pensate che, in quanto discendenza carnale di Abramo, avrete totalmente i beni, che, secondo quanto annunciato, Dio concederà per mezzo di Cristo. Nessuno infatti può

di contatto con Giustino che interessano in questo contesto sono: la legge (composta da precetti di importanza, validità e finalità diverse) data da Dio con una dinamica progressiva a misura della capacità di ricezione del popolo (*Dial.* 19,6); l'aggiunta alla legge di dottrine umane; l'esistenza di una tradizione che i "vostri maestri"[41] insegnano attualmente. La differenza importante è che Giustino considera la tradizione dei vostri maestri, mentre Ireneo indica la legge farisaica quale punto di arrivo dello sviluppo della tradizione degli anziani.

Sulla dimensione composita della legge giudaica Giustino, Tolomeo e Ireneo mostrano punti di contatto; dunque va considerata non solo una possibile dipendenza di Ireneo da Giustino, ma che tali tematiche fossero diffuse e discusse nel II secolo[42].

Ho supposto, poc'anzi, che Ireneo consideri la legge farisaica in auge nel presente del suo scrivere: la questione è complessa poiché è possibile che tale notizia possa non essere frutto di una sua conoscenza diretta e contemporanea, ma legata in parte o in toto alle fonti che usa; Ireneo potrebbe essere testimone delle diatribe fra chiesa e sinagoga, come pure recepire (o accompagnare) tali contrasti dagli apologeti a lui precedenti. Certamente l'obiettivo principale di Ireneo sono gli gnostici, insidioso pericolo per la retta fede, e non gli ebrei. Tuttavia quando egli tratta di tematiche relative al passaggio fra antica e nuova Alleanza il coinvolgimento necessario del popolo ebreo comporta l'inserzione di argomentazioni proprie della polemica antigiudaica.

Se la legge farisaica per Ireneo è un'estremizzazione della tradizione degli anziani, svuotata infine del contatto con il nucleo della legge mosaica, la sua denominazione è legata alla stigmatizzazione dell'agire ipocrita dei farisei fatta da Gesù nei vangeli: l'uso dell'aggettivo farisaico potrebbe essere considerato come la cristallizzazione linguistica della concettualiz-

---

minimamente averne parte per nessun motivo se non coloro che conformano il loro atteggiamento alle fede di Abramo e sanno discernere tutti i misteri, cioè che certe prescrizioni sono date per rendere culto a Dio e operare secondo giustizia e che certe altre prescrizioni e pratiche sono state formulate o in vista del mistero di Cristo o per la durezza di cuore del vostro popolo» (*Dial.* 44,1-2).

[41] Nell'*Adv. haer. magistri ipsorum* compare solo in *Adv. haer.* 12,1; nel *Dialogo con Trifone* παράδοσις e ἡμέτεροι διδάσκαλοι compaiono assieme una sola volta in *Dial.* 32,8. Si potrebbe ipotizzare dunque una dipendenza di Ireneo dal passo di Giustino indicato.

[42] Una traccia la si può vedere anche nella *Lettera* dello Pseudo Barnaba, allorquando le prescrizioni alimentari della legge sono lette in senso spirituale, cioè si propone una dimensione letterale della legge e una prefigurativa, la cui piena dimensione è rivelata in Cristo (cfr. Pseudo-Barnaba, *Epistola* X,1-12).

zazione di un modo di agire attribuito ai soli farisei selezionati, fra altri gruppi giudaici presenti nei vangeli, a ricoprire tale ruolo specifico.

La legge definita farisaica sarebbe dunque un punto importante nell'evoluzione della recezione e trasmissione della figura dei farisei all'interno del mondo cristiano dei primi secoli.

Vi sono elementi per dedurre informazioni sul movimento farisaico al tempo di Ireneo, oppure su caratteristiche della normativa seguita dai giudei contemporanei al vescovo di Lione? A mio avviso, basandosi su quanto evidenziato, il passaggio dal contesto letterario a quello storico non è possibile (o almeno non lo è in modo diretto), mancando elementi o indicazioni di riferimento temporale che possano costituire la base anche per una ipotetica proiezione temporale.

L'affermazione che la tradizione degli anziani, o quella specificatamente dei farisei, non corrisponda alla legge originariamente emanata da Dio è un tema che è presente anche in altri scrittori ecclesiastici[43]. Vale la pena riportare una precisazione che Epifanio fa alla *Lettera a Flora* di Tolomeo: egli afferma che vi sono le tradizioni degli anziani, ma esse consistono in quello che i giudei chiamano "spiegazioni" [αἱ γὰρ παραδόσεις τῶν πρεσβυτέρων δευτερώσεις παρὰ τοῖς Ἰουδαίοις λέγονται[44]], ovvero consisterebbero nella *Mishnà*[45]. La correzione di Epifanio risiede sulla constatazione dell'uso da

---

[43] Oltre a Tolomeo, nella *Lettera a Flora* già discussa sopra, che afferma: «Ma il Salvatore dimostra anche quest'altro fatto, che vi sono tradizioni degli anziani frammiste alla legge» (trad. it. Epifanio di Salamina, *Panarion. Libro Primo*, G. Pini (ed.), Brescia 2010, 611), possiamo ricordare lo Pseudo Tertulliano, *Adversus omnes haereses* 1,1: «[…] tralascio i Farisei, i quali furono divisi dai giudei per aver posto certe aggiunte alla legge, per cui furono degni di ricevere questo stesso nome che hanno». Sulla stessa linea Pseudo Clemente, *Hom.* II,38. In seguito anche Girolamo in *Contra Luciferianos* 23 riprende il tema della separazione dei farisei dai giudei per aggiunte alla legge. Dunque tale visione era alquanto condivisa già nei primissimi secoli della cristianità. Essendo questo un punto comune, anche se con importanti precisazioni, con l'antagonista gnostico, Ireneo non può usare tale argomento contro gli eretici, ma lo riporta come esempio "limitando" la critica diretta agli anziani dei giudei (cfr. A. Orbe, *Teología de San Ireneo IV*, 155; Ptolémée, *Lettre a Flora*, G. Quispel, ed., SCh. 24, bis Paris, 1966², 86).

[44] Epiphanius, *Band 1 Ancoratus und Panarion haer. 1-33*, K. Holl, ed., GCS 25, Liepzig 1915, 459. Il volume è stato ripubblicato: Epiphanius, *Band 1 Ancoratus und Panarion haer. 1-33*, K. Holl – M. Bergermann – C.-F. Collatz, ed, GCS N.F. 10, Berlin 2013.

[45] «Invero le tradizioni degli anziani esistono, e sono quelle chiamate dai giudei "spiegazioni". Sono quattro: una va sotto il nome di Mosè, una seconda è quella attribuita al Rabbi detto Akiba, una terza di Adda o Giuda, una quarta ai figli di Asmoneo» (Epifanio di Salamina, *Panarion*, 623); L'uso di δευτέρωσις per rendere *Mishnà* è attestato in diversi autori quali Eusebio, Epifanio, Girolamo, ovvero in autori a partire dal IV secolo; un'attestazione anteriore potrebbe apparire nella *Didascalia Apostolorum*, cfr. R. H. Connolly, *Didascalia Apostolorum: The Syriac Version Translated and Accompanied by the Verona Latin Fragments*, Oxford 1929, lvii-lxix.

parte dei rabbini a lui coevi, degli scritti che costituiscono la *Mishnà*. Ciò non stupisce visto che il *Panarion* fu "pubblicato" attorno al 378 quando già la redazione della *Mishnà* era chiusa da tempo (inizi III secolo circa), tuttavia si propone il quesito se quest'ultima, o le tradizioni che sarebbero poi confluite in essa, fossero conosciute dagli scrittori cristiani anteriori ad Eusebio e, nel caso, come fossero considerate. La questione è ancora una volta assai complessa a fronte d'indicazioni esigue ed esula dal nostro campo di ricerca. Sommariamente una traccia del III secolo è quella riportata da Origene nel suo *Commento al Cantico dei Cantici*, Proemio 1,5[46] dove è possibile si faccia riferimento alla *Mishnà*; purtroppo l'opera ci è giunta completa solo nella traduzione latina di Rufino e ciò non permette affermazioni certe. Anche se indicano un campo interessante, e difficile, di ricerca, non mi pare possano portare chiarificazioni o elementi ulteriori quanto alla tradizione degli anziani e alla legge farisaica in Ireneo.

I *pharisaei* in *Adv. haer.* IV,12,1 non appaiono direttamente, poiché si discute della *seniorum enim ipsorum traditio*, sono i *seniores* a mescolare precetto di Dio e tradizione acquosa, e sono i *magistri ipsorum*[47] a servirsi della legge farisaica. A chi si riferisce Ireneo? Guardando il contesto, la discussione verte su coloro che hanno accolto Gesù Cristo e «coloro che lo disprezzano e [...] osservano le purificazioni esteriori in vista della gloria umana» (*Adv. haer.* IV,11,4). Che questi ultimi siano da identificare con i soli farisei non pare essere cosa certa: da un lato nei vangeli, in particolare in Mt 15,1-7 e Mt 23, la diatriba è fra Gesù e gli scribi e i farisei, Ireneo nel contesto nomina anziani e maestri, ma non i farisei; dall'altro la legge è denominata farisaica.

Non vi è però una equivalenza fra coloro che hanno osteggiato Gesù e i farisei, anche se le connotazioni negative e le "prove" dell'errore di costoro sono riprese da contesti evangelici di contrasto fra il Nazareno e i farisei (che spesso sono associati con altri gruppi come scribi, sacerdoti, anziani...). Plausibilmente occorre inquadrare la questione all'interno della polemica dei primi scrittori cristiani verso i giudei pervicaci.

---

[46] «E poiché presso di loro è costume che i dottori e i sapienti trasmettano ai fanciulli tutte le scritture e insieme anche quelle tradizioni che chiamano Mishna» (ORIGENE, *Commento al Cantico dei Cantici*, M. SIMONETTI, ed., Roma 2005⁵, 35 (cfr. ORIGÈNE, *Commentaire sur le Cantique des cantiques*, *Tome I*, L. BRÉSARD – H. CROUZEL, ed., SCh 375, Paris 1991, 84-85). Purtroppo il prologo ci è noto solamente tramite la traduzione latina di Rufino la quale risulta piuttosto libera, sfrondata dell'apparato filologico origeniano e adattata al pubblico latino suo contemporaneo. Conseguentemente occorre prudenza nell'affermare la notizia sulla *Mishnà* come certamente di Origene.

[47] La traduzione latina dell'opera sottende a *seniores* e a *magistri* rispettivamente πρεσβύτεροι e διδάσκαλοι.

Non tutti i giudei sono antagonisti poiché taluni hanno accolto Cristo, d'altro canto il contesto suggerisce che quelli che lo hanno rifiutato si riconoscono nella legge farisaica pur non essendo farisei[48].

Ireneo resta per lo più aderente al quadro proposto dai vangeli, ma con un'accentuazione negativa ascritta decisamente ai soli farisei.

3.5 *Adversus haereses* IV,12,4

Quem autem non confundat Dominus, ostendens non ab altero Deo esse legem, sic dicens eis qui a se docebantur turbae et discipulis: *Super cathedram Moysi sederunt scribae et Pharisaei: omnia itaque quaecumque dixerint vobis, custodite et facite, secundum autem opera ipsorum nolite facere: dicunt enim et | non faciunt. Alligant enim sarcinas graves et imponunt super humeros hominum, ipsi autem nec digito quidem volunt movere eas.* Non ergo eam legem quae per Moysen data est incusabat, quam adhuc salvis Hierosolymis suadebat fieri, sed illos redarguebat, quod verba quidem legis enuntiarent, essent autem sine dilectione, et propter hoc injusti in Deum et in proximos exstiterunt. Quemadmodum et Esaias ait: *Populus hic labiis me honorat, cor autem eorum longe est a me; frustra autem colunt me, docentes doctrinas et praecepta hominum,* non per Moysen datam legem dicens praecepta hominum, sed traditiones presbyterorum ipsorum, quas finxerant, quas vindicantes frustrabantur legem Dei, et propter hoc neque Verbo eius subiecti sunt[49]. (*Adv. haer.* IV,12,4)

Chi non confondeva il Signore quando, ammaestrando la folla e i discepoli, diceva loro che la Legge non è stata data da un altro Dio con queste parole: «Sulla cattedra di Mosè si sono assisi gli scribi e i farisei. Osservate dunque e fate tutto ciò che vi dicono; ma non agite secondo le opere loro, perché dicono e non fanno. Legano infatti pesi gravi e li caricano sulle spalle degli uomini, ma essi non li vogliono muovere neppure con un dito»? Dunque egli non condannava la Legge data per mezzo di Mosè, che anzi invitava ad osservarla quando Gerusalemme esisteva ancora; ma rimproverava quelli perché proclamavano bensì le parole della Legge, ma erano senza amore, e perciò trasgredivano la Legge nei confronti di Dio e del prossimo. Come dice Isaia: «Questo popolo mi onora con le labbra, ma il loro cuore è lontano da me; inutilmente mi rendono culto, quando insegnano le dottrine e i precetti degli uomini»; e per precetti degli uomini non intendono la Legge data per mezzo di Mosè, ma le tradizioni dei loro anziani, tutte inventate, per difendere le quali violavano la Legge di Dio, e perciò non si sottomisero al suo Verbo.

In *Adv. haer.* IV,12.4 continua il discorso sulla unità e unicità della legge divina, mai abolita e anzi riproposta da Gesù, in opposizione con la tradizio-

---

[48] Già Giuseppe Flavio attribuiva ai farisei un'ampia influenza sul popolo (cfr. ad esempio *Ant.* 18.15).

[49] IRÉNÉE DE LYON, *Contre les Hérésies, Livre IV,* SCh 100**, 516-518.

ne degli anziani di Israele. Scribi e farisei compaiono nella citazione diretta di Mt 23,2 dove sono accusati di essersi seduti sulla cattedra di Mosè, ma di non fare ciò che predicano. L'essenziale della questione è che la legge è stata svuotata del suo nucleo principale, l'amore a Dio e al prossimo, offuscato dalle tradizioni dei «loro anziani». Sebbene il testo evangelico, certamente duro nei confronti di scribi e farisei accusati di una ipocrisia terribile, ammetta la validità della loro predicazione, Ireneo al contrario cita il versetto in un contesto che non la concede poiché successivamente, appoggiandosi a Is 29,13 (ripreso anche in Mt 15,8-9[50]), sottolinea come le tradizioni degli anziani siano inventate e che la loro difesa porti alla violazione della legge di Dio piuttosto che a riconoscere il Verbo. Ireneo sta sviluppando e riprendendo il tema iniziato in *Adv. haer.* IV,11,4 con l'interessante avvicinamento fra gli anziani (qui è usata la parola *presbyter*, in *Adv. haer.* IV,12,1 era *senior*) e gli scribi e farisei già osservato in *Adv. haer.* IV,12,1[51].

3.6 *Adversus haereses* IV,13,1

13,1. Et quia Dominus naturalia legis, [...], non dissolvit, sed et extendit et | implevit, ex sermonibus eius ostenditur. [...] Omnia enim haec non contrarietatem et dissolutionem praeteritorum continent, sicut qui a Marcione sunt vociferantur, sed plenitudinem et extensionem, sicut ipse ait: *Nisi abundaverit justitia vestra plus quam scribarum et Pharisaeorum, non intrabitis in regnum caelorum.* Quid autem erat plus? Primo quidem non tantum in Patrem, sed et in Filium eius iam manifestatum credere: hic est enim qui in communionem et unitatem Dei hominem ducit[52]. (*Adv. haer.* IV,13,1)

Che il Signore non ha abolito, ma ampliato e completato i precetti naturali della Legge – [...] – si dimostra in base alle sue parole. [...] Tutti questi precetti non implicano né contraddizione né abolizione dei precedenti, come vociferano i discepoli di Marcione, ma completamento ed estensione, come dice lui stesso: «Se la vostra giustizia non sarà superiore a quella degli scribi e dei farisei, non entrerete nel regno dei cieli». In che cosa consisteva questa superiorità? In primo luogo nel credere non solo nel Padre, ma anche nel Figlio suo ormai manifestato, perché questi è colui che conduce l'uomo alla comunione e all'unione con Dio.

---

[50] Mt 15,7-9, che si riferisce a Is 29,13 (LXX), è citato con una certa frequenza dai padri, in particolare ha un certo interesse osservare per il nostro lavoro la ricorrenza in Giustino (*Dial.* 27,4; 39,5; 80,4; 140,2), la citazione nella *Lettera a Flora* 4,13 di Tolomeo. Sul passo torna anche Girolamo *In Isaiam* 29,13.

[51] L'obiettivo primario di Ireneo è quello di ribadire la validità del nucleo della legge mosaica: esso non presenta insufficienze e non invecchia. Gli errori sono piuttosto nella tradizione interpretativa e nelle aggiunte degli anziani, scribi e farisei. Così facendo gli errori degli anziani e dei maestri (rabbini?) non possono essere utilizzati dagli eretici per decretare il superamento (e l'abrogazione) della legge mosaica e per attribuirne l'origine al demiurgo (cfr. A. ORBE, *Teología de San Ireneo IV*, 166).

[52] IRÉNÉE DE LYON, *Contre les Hérésies, Livre IV*, SCh 100**, 524-526.

Adv. haer. IV,13,1-3 ha come sostrato evangelico principale il capitolo 5 di Matteo, e in particolare Mt 5,17-48: Gesù non ha abolito i precetti della legge (Mt 5,17), ma li ha ampliati. Per evidenziarlo Ireneo considera le "antitesi" di Mt 5,27-28. 21-22. 33-34.37, ovvero il tema dell'adulterio, dell'omicidio e del giuramento. Ireneo ha come obiettivo i discepoli di Marcione che, a suo dire, in tali affermazioni vedevano la contraddizione dei precetti della legge mosaica e conseguentemente la loro abolizione.

La citazione di Mt 5,20 serve a sottolineare la dimensione del superamento della giustizia degli scribi e farisei, che è il proprio della tesi di Ireneo in questo paragrafo. Ireneo spiegherà, nel paragrafo successivo, come la legge abbia avuto un ruolo di preparazione progressiva dell'anima umana, nell'obbedienza, all'istruzione del Verbo che «le insegnò a purificare il corpo da sé volontariamente» (*Adv. haer.* IV, 13,2).

La chiamata in causa degli scribi e farisei non sembra qui avere una dimensione principalmente polemica nei loro confronti, essendo l'obiettivo primario i marcioniti: la giustizia degli scribi e farisei qui ha la dimensione prioritaria di sinonimia con la legge mosaica.

3.7 *Adversus haereses* IV,18,3

Propter quod et dicebat Dominus: *Vae vobis, scribae et Pharisaei hypocritae, quoniam similes estis monumentis dealbatis. A foris enim sepulchrum apparet formosum, intus autem plenum est ossibus mortuorum et universa immunditia: sic et vos a foris quidem apparetis hominibus quasi justi, intus autem pleni estis malitia et hypocrisi.* Cum a foris enim recte offerre putarentur, similem zelum Cain habebant in semetipsis: propter quod et occiderunt justum, praetermittentes consilium Verbi, quemadmodum et Cain. Illi enim ait: *Quiesce.* Et non assensit. Quiescere autem quid aliud est quam desinere a proposito impetu? Et his similia dicens: *Pharisaee,* inquit, *caece, emunda quod est intus calicis, ut fiat et quod foris est mundum.*

Perciò il Signore diceva: «Guai a voi scribi e farisei ipocriti, perché siete simili a sepolcri imbiancati. Infatti, dal di fuori il sepolcro pare splendido, ma dentro è pieno di ossa di morti e di ogni putredine. Così anche voi di fuori apparite giusti alla gente, ma dentro siete pieni di iniquità e di ipocrisia». Infatti, sebbene all'esterno sembrasse che offrissero rettamente, avevano in sé stessi una gelosia simile a quella di Caino: per questo uccisero il Giusto, rifiutando l'esortazione del Verbo, come Caino. Il Verbo gli disse: «Smetti», ma quegli non acconsentì. Ora che cos'altro significa smettere se non trattenersi dall'impulso del momento? E con parole simili dice: «Fariseo cieco, purifica il di dentro della coppa, sicché anche il di fuori diventi puro».

Et non audierunt. *Ecce* enim, ait Hie-remias, *non sunt oculi tui nec cor tuum bonum, sed in cupiditate tua et <ad > sanguinem justum, uti effundas eum, et ad injustitiam et ad homicidium, ut fa-cias*[53]. (*Adv. haer.* IV,18,3)

Ma essi non l'ascoltarono. «Ecco – dice Geremia – che i tuoi occhi e il tuo cuore non sono buoni, ma nella tua cupidigia li rivolgi verso il sangue innocente per versarlo e all'ingiustizia e all'omicidio per perpetrarli».

Il sacrificio eucaristico adempie definitivamente i sacrifici dell'antica Alleanza, perfezionandone la glorificazione di Dio tramite quella dell'of-ferente, perché «colui che lo offre è glorificato egli stesso nell'offerta che presenta» (*Adv. haer.* IV,18,1). Il sacrificio della nuova Alleanza è offerto da uomini liberi, non da schiavi, che offrono tutto ciò che hanno, come i due spiccioli della vedova (Lc 21,4), senza ipocrisia per la sicura speranza di beni più grandi (*Adv. haer.* IV,18,1-2). In *Adv. haer.* IV,18,3 la discus-sione si sofferma sulla modalità intima dell'offerta a Dio: non basta che essa sia formalmente completa se l'offerente in sé cova divisione e ranco-re. L'esempio che usa Ireneo è il gradimento divino del dono presentato da Abele, al contrario di quello offerto da Caino rifiutato poiché il cuore di quest'ultimo era animato da gelosia e cattiveria (Gn 4,7). Nello stesso senso viene citato direttamente Mt 23,27-28 che esplicita l'accusa di Gesù rispetto all'ipocrisia degli scribi e farisei, simili a sepolcri imbiancati fuori, ma dentro pieni di putridume. L'accostamento dei due passi serve ad Ireneo per evidenziare la gelosia degli scribi e farisei nei confronti di Gesù, simile a quella di Caino per Abele, che porta, in entrambi i casi, alla uccisione del Giusto. Rileggendo Gn 4,7[54], Ireneo rileva come Dio abbia rimproverato Caino, ingiungendogli di calmarsi, ovvero di eliminare il male concepito dentro di sé. Il peccato di Caino è complesso poiché non solo è geloso del fratello, ma non ascolta la correzione di Dio e agisce assecondando l'impulso del momento; allo stesso modo scribi e farisei agirono con ge-losia e non ascoltarono le ammonizioni del Verbo di Dio, e qui Ireneo, a controprova del paragone, cita direttamente Mt 23,26, l'invito al fariseo di purificare l'interno della coppa affinché anche l'esterno ne sia mondato.

Dunque le due citazioni dirette del vangelo di Matteo e il raffronto fatto con l'intenzione abietta e sorda di Caino, pone scribi e farisei sotto una

---

[53] IRÉNÉE DE LYON, *Contre les Hérésies, Livre IV*, SCh 100**, 600-604.

[54] Gn 4,7 è un versetto complesso e di difficile interpretazione. Ireneo né da una lettura "spirituale" che punta a sottolineare il combattimento intimo di un'anima tentata dall'invidia e rosa dall'ipocrisia.

luce negativa, essendo intenzionalmente colpevoli della morte del Giusto. Specificando la molteplicità della colpa (gelosia, mancato controllo di sé e volontaria sordità) ne viene sottolineata l'intenzionalità e dunque vieppiù rimarcata la gravità dell'azione, lasciata completamente a carico dei soli scribi e farisei, senza concorso di altre fazioni o del popolo.

3.8 *Adversus haereses* IV,20,12

Non solum autem per visiones quae videbantur et per sermones qui preconabantur, sed et in operationibus usus est prophetis, ut per eos praefiguraret et praemonstraret futura. [...] Sic autem et Raab fornicaria semetipsam quidem condemnans quoniam esset gentilis omnium peccatorum rea, suscepit autem tres speculatores qui speculabantur universam terram et apud se abscondit, Patrem scilicet et Filium cum Spiritu sancto; et cum universa civitas in qua habitabat concidisset in ruinam | canentibus septem tubicinis, in ultimis Raab fornicaria conservata est cum universa domo sua fide signi coccini, sicut et Dominus dicebat his qui adventum ejus non excipiebant, *Pharisaeis* scilicet, et coccinum signum nullificabant, quod erat pascha, redemptio et exodus populi ex Aegypto, dicens: *Publicani et meretrices praecedunt vos in regno caelorum*[55]. (*Adv. haer.* IV,20,12)

Non soltanto attraverso le visioni che vedevano e attraverso le parole che predicavano, ma anche nelle loro azioni il Verbo si serviva dei profeti per prefigurare e indicare in precedenza, attraverso di loro, le cose future. [...] Così anche Raab la meretrice, che era accusata di essere pagana e colpevole di tutti i peccati, ma accolse i tre esploratori che stavano esplorando tutta la terra e nascose presso di sé il Padre e il Figlio con lo Spirito Santo, quando al suono delle ultime sette trombe crollò tutta la città nella quale abitava, [infine Raab la prostituta] si salvò con tutta la sua casa per la fede nel segno scarlatto, come il Signore diceva ai Farisei, che non accoglievano la sua venuta e disprezzavano il segno scarlatto, che era la Pasqua, cioè il riscatto e l'uscita del popolo dall'Egitto: «I pubblicani e le meretrici vi precedono nel regno dei cieli».

Nel capitolo 20 del libro IV Ireneo illustra come l'Antico Testamento prefiguri il Nuovo e, a partire da *Adv. haer.* IV,20,9, affronta il tema del profetismo illustrando come le visioni e le profezie abbiano radice profonda nel Verbo e siano prefigurazione delle azioni future di Cristo. In *Adv. haer.* In IV,20,12 viene utilizzato l'esempio di Raab, che, malgrado fosse una pagana e una meretrice, accolse i tre esploratori in casa sua riconoscendo in essi l'avanguardia del popolo di Dio (Gs 2,1-21). Ireneo legge

---

[55] Irénée de Lyon, *Contre les Hérésies, Livre IV*, SCh 100**, 668-674.

nei tre esploratori la figura del Padre, del Figlio e dello Spirito Santo, e nel segno scarlatto che guadagnò alla sua casa la salvezza l'immagine della Pasqua di Cristo. Come contraltare alla capacità di riconoscere il passaggio di Dio da parte di Raab, pagana e peccatrice, vengono presentati i farisei, incapaci di riconoscere la venuta del Signore ma capaci di disprezzare la Pasqua. La citazione diretta di Mt 21,31 propone come contesto evangelico il capitolo 21 di Matteo, ovvero il contrasto fra i capi giudei del tempio e Gesù sull'autorità con cui egli agiva, in particolare quanto alla sua azione simbolico-profetica di epurazione del tempio.

In Mt 21 gli avversari di Gesù sono coppie che variano durante il racconto: capi dei sacerdoti e scribi (Mt 21,15), capi dei sacerdoti e anziani (Mt 21,23), capi dei sacerdoti e farisei (Mt 21,45). Il confronto prosegue nel capitolo 22 di Matteo con la narrazione che accentua il ruolo dei farisei, attivi nel cogliere in fallo Gesù, ben più dei sadducei e degli alleati erodiani, preludio del crescendo di rimproveri e condanne a scribi e farisei di Mt 23. Seguendo la lettura tipologica offerta da Ireneo, Raab e i suoi parenti sono figura dei peccatori pagani che si salvano per aver creduto in Cristo. I farisei assumono l'onere della rappresentanza figurata degli israeliti che non credettero nel segno scarlatto della Pasqua di Cristo, una dimensione tipologica decisamente negativa.

La scelta di Ireneo di presentare i soli farisei, rispetto agli altri gruppi presenti nella narrazione evangelica, risulta un'opera di selezione ideologica, scaturita per un'accentuazione del testo evangelico, certamente non tenero con i farisei, ma nemmeno latore di una condanna esclusiva.

3.9 *Adversus haereses* IV,35,2

Si autem cum huc venisset Salvator suos Apostolos misit in mundum, pure adventum ejus annuntiantes et voluntatem Patris docentes, in nullo communicantes neque gentium neque Judaeorum doctrinae, multo magis in Pleromate exsistens praedicatores | proprios destinasset, annuntiantes in hunc mundum adventum ejus, in nullo communicantes his prophetiis quae sunt a Demiurgo. Si autem, cum esset intra Pleroma, usus est his prophetis qui erant secundum legem et

Se il Salvatore, dopo essere venuto qui, mandò i suoi propri apostoli nel mondo ad annunciare chiaramente la sua venuta e ad insegnare la volontà del Padre, senza che avessero nulla in comune né con l'insegnamento dei pagani né con quello dei Giudei, tanto più, quando era nel Pleroma, mandò i suoi araldi ad annunciare la sua venuta nel mondo, senza che avessero nulla a che fare con le profezie emanate dal Demiurgo. Se invece quand'era ancora nel Pleroma si servì dei profeti,

per eos ostendit quae sunt sua, multo magis, cum huc venisset, his ipsis usus fuisset magistris et per eos annuntiasset nobis Evangelium: jam igitur non Petrum et Paulum et reliquos Apostolos dicant annuntiasse veritatem, sed *scribas et Pharisaeos* et reliquos per quos lex annuntiabatur. Si autem suos in suo adventu proprios Apostolos emisit in spiritu veritatis et non in spiritu erroris, hoc idem ipsum et in prophetis fecit: semper enim idipsum Verbum Dei[56]. (*Adv. haer.* IV, 35,2)

che erano secondo la Legge, e per loro mezzo ci dette i suoi insegnamenti, tanto più, dopo essere venuto qui, si è servito di loro stessi come maestri e per mezzo di loro ci ha proclamato il vangelo. Dunque non dicano più che ci hanno predicato la verità Pietro, Paolo e gli altri apostoli, ma gli scribi, i farisei e gli altri per mezzo dei quali era annunciata la Legge. Se alla sua venuta mandò i propri apostoli nello spirito di verità e non nello spirito di errore, queste stesse cose ha fatto anche nei profeti, perché è sempre il medesimo Verbo di Dio.

Nel capitolo 35 del IV libro Ireneo confuta la visione dei valentiniani e di altri gnostici per i quali i profeti sono emanazione dal demiurgo, altro dio rispetto al Padre e al Verbo. Il vescovo di Lione sottolinea l'unicità di Dio e considera i profeti araldi dell'annuncio al mondo della sua venuta, sicché «si è servito di loro stessi come maestri e per mezzo di loro ci ha proclamato il vangelo. Dunque non dicano più che ci hanno predicato la verità Pietro, Paolo e gli altri apostoli, ma gli scribi, i farisei e gli altri per mezzo dei quali era annunciata la Legge» (*Adv. haer.* IV, 35,2).

Nel contesto della polemica antignostica, scribi e farisei (*et reliquos*) paiono assumere un ruolo "positivo": la legge è stata annunciata per mezzo loro, ovvero in qualche modo essi sono stati incaricati di recepire e trasmettere la legge promulgata da Dio e successivamente perfezionata dal Verbo incarnato. È interessante a questo proposito come Ireneo consideri fautori di tale azione primariamente scribi e farisei, sfumando altre realtà in un generico *et reliquos*, rinunciando al contempo ad usare una denominazione generica ed inclusiva, come ad esempio giudei, quasi a sottolineare come i due gruppi, capaci di errori e traviamenti della legge descritti altrove, comunque siano stati i fautori, per volontà divina, di una azione importante all'interno della economia della salvezza.

Il contesto non pare indicare, per scribi e farisei, alcun riferimento indiretto a passi evangelici.

---

[56] IRÉNÉE DE LYON, *Contre les Hérésies, Livre IV*, SCh 100**, 864-866.

3.10 *Adversus haereses* IV,36,8

Et publicanus autem, qui in oratione pharisaeum superavit, non quoniam alterum Patrem adorabat testimonium accepit a Domino quod sit magis justificatus, sed quoniam cum magna humilitate, sine extollentia et sine jactantia, exomologesim eidem Deo faciebat[57]. (*Adv. haer.* IV,36,8)

E il pubblicano che superò il fariseo nella preghiera ricevette dal Signore la testimonianza che era giustificato di più non perché pregava un altro Padre, ma perché con molta umiltà, senza orgoglio e senza ostentazione, faceva la sua confessione al medesimo Dio.

A partire da *Adv. haer.* IV,36,1 Ireneo considera le parabole raccontate da Cristo nei vangeli per dimostrare come, anche dall'insegnamento diretto di Gesù, risulti un solo Dio autore di entrambe le alleanze. In *Adv. haer.* IV,36,8 si accenna al racconto dei due oranti al tempio, pubblicano e fariseo (Lc 18,10-14), di cui il primo è giustificato per la sua contrizione, e non perché abbia pregato un Dio diverso rispetto al fariseo, del quale il medesimo Dio non accetta la superba ostentazione.

3.11 *Adversus haereses* IV,41,3

Quemadmodum enim in hominibus indictoaudientes patribus filii abdicati natura quidem filii [ejus] sunt, lege vero alienati sunt, non enim heredes fiunt naturalium parentum, eodem modo apud Deum qui non obaudiunt ei abdicati ab eo desierunt filii ejus esse. Unde nec hereditatem ejus percipere possunt, quemadmodum David ait: *Alienati sunt peccatores ab utero, ira eis secundum similitudinem serpentis.* Et propter hoc Dominus quos sciebat hominum esse progeniem dixit sic *progeniem viperarum*, secundum similitudinem horum animalium in varietate ambulantes et laedentes reliquos: *Attendite* enim, inquit, *a fermento Pharisaeorum et Sadducaeorum.* [...] Secundum hanc igitur rationem angelos diaboli et filios dixit

Come tra gli uomini i figli ribelli ai padri, che sono stati ripudiati, sono figli per natura, ma sono estranei secondo la legge, tant'è vero che non ricevono l'eredità dai genitori secondo la natura, così anche presso Dio quelli che non gli obbediscono e sono stati ripudiati da lui cessano di essere suoi figli, non potendo ricevere da lui l'eredità, come dice David: «Gli empi si resero estranei fin dal seno materno, la loro collera è simile a quella del serpente». Perciò il Signore ha chiamato «razza di vipere» quelli di cui sapeva che sono uomini, perché camminavano in maniera tortuosa come questi animali e danneggiavano gli altri. «Guardatevi – dice – dal lievito dei Farisei e dei Sadducei». [...] Dunque in questo senso ha chiamato figli del diavolo e angeli del Maligno

---

[57] IRÉNÉE DE LYON, *Contre les Hérésies, Livre IV*, SCh 100**, 914.

maligni qui diabolo credunt et ea quae sunt ejus agunt: qui quidem ab initio omnes ab uno et eodem Deo facti sunt; verum quando credunt et subjecti esse Deo perseverant et doctrinam ejus custodiunt, filii sunt Dei; cum autem abscesserint et transgressi fuerint, diabolo adscribuntur principi et qui primo sibi tunc et reliquis causa abscessionis sit factus[58]. (*Adv. haer.* IV, 41,3)

quelli che obbediscono a lui e compiono le sue opere; all'inizio tutti sono stati creati da un solo e medesimo Dio, ma quando obbediscono a lui, rimangono nella sottomissione e custodiscono il suo insegnamento, sono figli di Dio, mentre quando si allontanano e trasgrediscono, si uniscono al diavolo, che è stato l'iniziatore e la causa dell'apostasia, per sé e per gli altri, fin dall'inizio.

Il libro IV termina considerando la parabola del grano e della zizzania (Mt 13,24-30) inquadrandola nel tema del giudizio finale, quando il solo e medesimo Dio creatore giudicherà tutte le creature, uomini e angeli. Per Ireneo, avendo affrontato precedentemente il tema della libertà dell'uomo e la sua responsabilità rispetto al male (*Adv. haer.* IV,37,1–39,4), il giudizio finale scaturisce dalla necessità di retribuire i figli che hanno obbedito al Padre e condannare quelli che hanno ascoltato le menzogne del Maligno, facendosi figli suoi. Dio ha creato l'uomo libero di obbedirgli, e così crescere progressivamente nella grazia fino alla divinizzazione. Ma anche libero di non accettare il bene. Nella creazione gli uomini non sono predestinati ad essere buoni o cattivi, né la natura umana è permeata da una debolezza invincibile: la dinamica rigeneratrice della economia salvifica di Dio basata «sul suo amore e la sua potenza vincerà la sostanza della natura creata» (*Adv. haer.* IV,38,4), trasformandola progressivamente fino a divenire immagine e somiglianza di Dio.

Chi non accoglie l'insegnamento del Padre, sceglie liberamente di seguire l'insegnamento del Maligno facendosi figlio suo, e rinuncia alla eredità del Padre celeste. Coloro che compiono questa tragica scelta sono paragonati al serpente, figura di coloro che camminano tortuosamente insidiando gli uomini, e sono apostrofati da Gesù, rileva Ireneo, come *progeniem viperarum*[59]. La citazione diretta che segue, Mt 16,6, cioè l'invito a guardarsi

---

[58] Irénée de Lyon, *Contre les Hérésies, Livre IV*, SCh 100**, 986-992.

[59] Nei vangeli Giovanni apostrofa come «razza di vipere» i farisei e sadducei che venivano al suo battesimo (Mt 3,7; in Lc 3,7 l'oggetto dell'invettiva sono le folle), Gesù allo stesso modo replica ai farisei che lo accusavano di scacciare i demoni per mezzo di Beelzebùl (Mt 12,34), e chiama serpenti e razza di vipere gli scribi nella polemica contro la loro ipocrisia (Mt 23,33). Probabilmente quest'ultimo riferimento evangelico è il più calzante ed è riportato nelle note delle diverse edizioni e traduzioni (Rousseau, Bellini…), ma non si possono trascurare gli altri.

dal lievito dei farisei e sadducei[60], include questi ultimi fra i disobbedienti che non avranno parte nell'eredità dei figli di Dio.

Il paragrafo prosegue con altre citazioni di Geremia e Isaia per sostanziare l'argomento e stigmatizzare ancor più le condotte trasgressive della legge di Dio.

Ciò non toglie che, in tale successione di esempi, la menzione esplicita di farisei e sadducei si proponga come una personificazione di coloro che, volontariamente, non obbedirono a Dio e che sono figli del Maligno. In questo caso la figura degli scribi e farisei assume una venatura antagonistica a Dio stesso e alla sua economia di salvezza.

3.12 *Adversus haereses* V,17,2

Sed quoniam ab eo qui est Deus unigenitus Filius venerat ad salutem hominum, et incredulos per eas quas faciebat virtutes provocabat dare gloriam Patri, et non recipientibus adventum Filii eius et propter hoc non credentibus quae ab eo fiebat remissioni Pharisaeis dicebat: *Ut sciatis quoniam potestatem habet Filius hominis remittere peccata*; et hoc cum dixisset, iussit paralyticum hominem tollere grabbatum super quem jacebat et ire in domum suam[61]. (*Adv. haer.* V, 17,2)

Ma poiché il Figlio unigenito era venuto da colui che è veramente Dio per la salvezza degli uomini, con i miracoli che compiva egli esortava gli increduli a dare gloria al Padre e diceva ai Farisei, che non accettavano la venuta del suo Figlio, e per questo non credevano alla remissione operata da lui: «Sappiate che il Figlio dell'uomo ha, sulla terra, il potere di rimettere i peccati ...»; e detto questo, ordinò al paralitico di prendere il lettuccio su cui giaceva e tornare a casa sua.

Nella seconda parte del quinto libro Ireneo considera tre episodi fondamentali della vita del Cristo per dedurne la coincidenza fra Dio creatore e il «Padre buono, che benignamente dona la vita» (*Adv. haer.* V,15,1). I tre fatti sono la guarigione del cieco nato (Gv 9,1-39), la crocifissione, le tentazioni di Gesù. *Adv. haer.* V,17,2 è inserito nel discorso sulla crocifissione di Gesù e su come, tramite essa, Dio rimetta i debiti degli uomini.

L'episodio della guarigione di un paralitico (Mc 2,1-12, Mt 9,1-8, Lc 5,17-26), nel quale Gesù afferma prima la remissione dei peccati e poi, reagendo alle critiche degli astanti, attua la guarigione dell'infermo, viene utilizzato da Ireneo per evidenziare come il Cristo, vero Dio e vero uomo,

---

[60] In Mt 16,6-12 Gesù indica come lievito dei farisei e sadducei sia il loro insegnamento, erroneo e fallace, non essendo in grado di riconoscere i segni dei tempi (Mt 16,3).

[61] IRÉNÉE DE LYON, *Contre les Hérésies, Livre V*, A. ROUSSEAU – L. DOUTRELEAU – C. MERCIER, ed., *SCh* 153, Paris 1969, 226.

sia venuto per rimettere in prima persona quei «debiti, che dovevamo a Dio nostro Creatore» (*Adv. haer.* V, 17,3). I farisei compaiono come figura di quegli astanti i quali «non credevano alla remissione operata da lui». L'episodio della guarigione del paralitico compare in tutti i sinottici, con alcune differenze, fra cui l'identificazione di coloro che, fra i presenti, non credono possibile (e quindi lecito) per Gesù rimettere i peccati: in Marco e in Matteo essi sono scribi (Mc 2,6, Mt 9,3), in Luca sono scribi e farisei (Lc 5,21). Sebbene già gli evangelisti sottolineino nel racconto che una precisa parte dell'uditorio resti incredula davanti all'affermazione di Gesù di poter rimettere i peccati, e conseguentemente essere latore del potere divino, Ireneo si spinge oltre, selezionando i soli farisei[62] a figura di coloro che «non accettano la venuta del Figlio e per questo non credono alla remissione operata da lui».

4. Prima analisi

Nelle opere giunte fino a noi di Ireneo di Lione i farisei sono presenti nel solo *Adversus haereses* con 15 ricorrenze totali (di cui due relative all'aggettivo *pharisaicus*), si tratta di una presenza ridotta e minoritaria rispetto al più generico *iudaei*, che vi compare 40 volte circa. L'obiettivo della *Denuncia e confutazione della falsa gnosi* sono gli eretici gnostici, giudei e farisei compaiono nella trattazione in modo marginale, quando la discussione investe la Sacra Scrittura, la sua trasmissione e il riconoscimento di Gesù come il messia. Dunque per Ireneo i farisei sono un argomento secondario e per nulla cogente, nondimeno l'analisi delle diverse ricorrenze è piuttosto interessante.

Le occorrenze compaiono sempre in contesti biblici, essenzialmente connessi con i vangeli canonici; non vi sono indicazioni o notizie scollegate dalle Sacre Scritture, né essi compaiono in elenchi di eresie o fra eretici.

Nella sua polemica contro gli gnostici, principalmente valentiniani, Ireneo utilizza una lettura precisa, quasi letterale, delle Sacre Scritture per evidenziare le costruzioni sincretiche degli gnostici che puntavano a riscoprire all'interno di esse quella conoscenza prima, derivata dal dio primo e creatore ed inserita inconsapevolmente dal demiurgo (dio diverso e inferiore al creatore) quali memorie sparse e nascoste.

---

[62] Già A. Orbe nel suo commento al V libro dell'*Adv. haer.* ha notato la selezione operata da Ireneo rispetto ai vangeli, quando indica come increduli i soli farisei, e il senso peggiorativo legato alla sintesi fatta (cfr. A. ORBE, *Teología de san Ireneo: comentario al V del «Adversus haereses»*, II, Madrid 1987, 153).

Questa scelta metodologica di fedeltà estrema alla Scrittura comporta una presentazione dei farisei piuttosto fedele al quadro offerto dai vangeli anche se il risultato finale è modificato da un uso prevalente del testo di Matteo: sebbene Ireneo utilizzi praticamente quasi tutti i libri che saranno inclusi nel canone biblico cristiano e consideri i soli quattro vangeli canonici per il suo argomentare, la diversa frequenza d'uso di essi modifica il quadro generale, influenzato dalla prospettiva matteana sui farisei.

La questione ha due aspetti: la prima è che generalmente Ireneo, come altri padri, ha una predilezione per il vangelo di Matteo[63], la seconda, più specifica, è che le occorrenze di fariseo sono prevalentemente legate al primo vangelo.

Le 5 citazioni evangeliche dirette[64] nelle quali compaiono i farisei appartengono tutte al vangelo di Matteo e sono presenti tutte nel IV libro dell'*Adv. haer.*: Mt 5,20 (*Adv. haer.* IV,13,1), Mt 16,6 (*Adv. haer.* IV,41,3), Mt 23,2 (*Adv. haer.* IV,12,4), Mt 23,26.27-28 (*Adv. haer.* IV,18,3, 2v). Scegliendo il vangelo di Matteo Ireneo sceglie quello che più cita i farisei[65].

---

[63] Utilizzando come strumento gli indici scritturistici delle edizioni dell'*Adv. haer.* si può genericamente valutare la frequenza d'uso che fa Ireneo dei vangeli: il vangelo più utilizzato sicuramente è quello di Matteo, seguono in ordine di citazione decrescente Luca, Giovanni e da ultimo Marco. Quanto alle ricorrenze di farisei e ai relativi contesti evangelici di riferimento, l'ordine è sostanzialmente rispettato, anche se l'esiguo numero di occorrenze compone una base dati limitata per dare indicazioni statisticamente significanti.

Occorre rilevare che nei primi secoli ai vangeli "canonici" fu data un'attenzione diversa, probabilmente legata alla "importanza" data all'autore e alla sua posizione nella catena della trasmissione delle parole del Signore: Matteo e Giovanni furono considerati in base al loro diretto contatto con il Signore, mentre Marco e Luca non godendo di tale diretto privilegio ebbero una considerazione leggermente inferiore, fra l'altro lo stesso Ireneo scrive: «Così Matteo fra gli ebrei pubblicò nella loro stessa lingua una forma scritta del Vangelo, mentre a Roma Pietro e Paolo predicavano il Vangelo e fondavano la chiesa. Dopo la loro morte Marco, discepolo e interprete di Pietro, ci trasmise anch'egli per iscritto ciò che era stato predicato da Pietro. Quindi anche Luca, compagno di Paolo, conservò in un libro il vangelo da lui predicato. Poi anche Giovanni, discepolo del Signore, quello che riposò sul suo petto, pubblicò anch'egli il Vangelo mentre dimorava in Efeso in Asia» (*Adv. haer.* III,1,1). Ireneo probabilmente dipende da Papia di Gerapoli (Eusebio, *HE* III,39,15-17); cfr. *Frammento 5* in PAPIA DI HIERAPOLIS, *Esposizione degli oracoli del Signore. I frammenti*, E. NORELLI, ed., Milano 2005. Matteo e Giovanni, per Papia e Ireneo, misero per iscritto il vangelo da loro predicato, mentre Marco scrisse il vangelo ricevuto dalla predicazione di Pietro, Luca quello ricevuto da Paolo. È interessante osservare la prioritaria importanza attribuita da Papia alla tradizione ricevuta oralmente rispetto ad una "semplicemente" scritta (cfr. PAPIA DI HIERAPOLIS, *Esposizione degli oracoli del Signore*, 139-153, 230-335).

[64] Sono considerate citazioni dirette (d'interesse) quelle che rispondono ai seguenti criteri: il testo biblico è introdotto da una formula dichiarativa esplicita; il lemma *pharisaeus* è contenuto esplicitamente nel versetto citato. Vedi Tabella 1 in appendice a questo capitolo.

[65] 29 presenze di φαρισαῖος in Matteo su un totale di 89 nei vangeli canonici e negli Atti. Cfr. G. BAUMBACH, «Φαρισαῖος», *DENT*, Brescia 2004, 1771-1776.

La questione non è ovviamente meramente statistica, poiché sono considerati brani che costituiscono una sorta di capisaldi della polemica gesuana nei confronti dei farisei (assieme ad altri gruppi giudaici):

- Mt 5,20 «se la vostra giustizia non supererà quella degli scribi e dei farisei»
- Mt 16,6 «guardatevi dal lievito dei farisei e dei sadducei»
- Mt 23 è il topos dell'invettiva contro gli scribi e farisei ipocriti

Le altre occorrenze di farisei sono legate a contesti connessi con tutti i vangeli canonici, restituendo una figura che ammette alcune sfumature su di una impostazione di base negativa, e una prevalenza dei riferimenti alla narrazione matteana[66]: da un lato Gesù mangia con il fariseo Simone, (*Adv. haer.* III,14,3, Lc 7,36-50), i farisei assieme agli scribi e agli altri hanno trasmesso nel tempo la verità nella legge di Dio (*Adv. haer.* IV,35,2); d'altro lato nelle altre ricorrenze sono colpevoli non solo di non aver compreso il vero senso delle Scritture, la venuta del messia in Gesù, ma anche di aver adulterato colpevolmente la legge, di praticare una condotta ipocrita e nefasta, e di essere colpevoli dell'uccisione del Giusto. Questa oscillazione rispecchia in qualche modo quella presente nei vangeli canonici, anche se si percepisce il peso della polemica antigiudaica degli autori cristiani antecedenti.

Rispetto alla base evangelica la figura letteraria dei farisei si sviluppa accentuando la loro responsabilità negativa, mettendoli al posto di altri gruppi presenti nei brani evangelici oppure cancellando la presenza di questi ultimi (selezione[67] o sostituzione); dei farisei è sottolineata la condotta e la responsabilità nella errata comprensione, trasmissione e attuazione della parola di Dio, fino al non riconoscimento del Verbo incarnato.

La differenza rispetto agli scrittori a lui antecedenti, ad esempio Giustino, non è tanto nelle tematiche considerate (né tantomeno nelle operazioni di sintesi o sostituzione operate rispetto ai testi evangelici di riferimen-

---

[66] Cfr. Tabella 1 in appendice a questo capitolo.

[67] L'operazione di selezione dei soli farisei rispetto ad altri gruppi giudaici indicati nei vangeli si osserva in:
- *Adv. haer.* II,22,3 dove scompaiono i capi dei sacerdoti presenti in Gv 11,47-54.
- *Adv. haer.* IV,20,12 cita Mt 21,31; dal contesto di Mt 21 scompaiono i capi dei sacerdoti e gli scribi (Mt 21,15), i capi dei sacerdoti e gli anziani (Mt 21,23), i capi dei sacerdoti (Mt 21,45).
- *Adv. haer.* V,17,2 considera l'episodio della guarigione di un paralitico (Mc 2,1-12, Mt 9,1-8, Lc 5,17-26), ma in Marco e in Matteo sono presenti solo gli scribi (Mc 2,6, Mt 9,3), in Luca scribi e farisei (Lc 5,21). In ogni caso gli scribi scompaiono e, a seconda del sinottico considerato, si ha un'azione di sostituzione o selezione.

to) quanto nel loro sviluppo ed integrazione all'interno della visione teologica: nel libro IV dell'*Adversus haereses* la colpa dei giudei, che non hanno riconosciuto il Cristo, è di essersi estraniati dalla dinamica della storia della salvezza, perché incapaci di riconoscere il nucleo della legge divina e la sua dimensione prefigurativa e pedagogica. A campioni di tale gruppo sono eletti i farisei, rimanendo i rappresentanti di tal modo di fare. Nell'ottica di Ireneo, coloro che non riconoscono il Cristo hanno perso il principio ermeneutico delle Scritture, dell'economia della salvezza e quindi della verità. Essi sono incapaci non solo di comprendere l'opera di Dio, ma si sono posti in una impasse soteriologica.

Interessante è lo sviluppo che si può osservare in *Adv. haer.* IV,12,1 con l'introduzione della *lex pharisaica*. Si tratta di un'aggettivazione piuttosto originale nel panorama patristico, che Ireneo usa per indicare il risultato della deriva nella trasmissione della legge ad opera degli anziani. L'esito finale di tale deriva è così diverso dalla legge data agli avi da esserle contrapposto, costituendo un *corpus* diverso e, nel suo nucleo, antagonista della parola di Dio, tanto da guadagnare una nuova denominazione specifica: legge farisaica.

Una tale aggettivazione potrebbe essere l'espressione linguistica di un processo di sintesi concettuale: da un lato il comportamento colpevole dei giudei che non hanno riconosciuto il Cristo, dall'altro l'accentuazione del ruolo antagonista a Gesù nei soli farisei porta alla stereotipia di tal modo di agire ottuso sotto l'aggettivazione farisaico. Quando la lingua trova una denominazione per tal cosa, ciò è indice di una fase avanzata di cristallizzazione dell'idea o concetto fissato.

L'essere farisaico della legge è espressione della standardizzazione di un concetto che si va affermando, e che si distacca sempre più dalla matrice fattuale da cui è scaturito. In altri termini legge farisaica esprime lo sviluppo letterario della figura dei farisei verso una completa tipizzazione. Nelle ipotesi fatte dell'analisi delle occorrenze, tale processo ha un riferimento storico nella data di redazione dell'*Adversus haereses*, il 180 circa.

La legge farisaica in Ireneo coagulerebbe le istanze diffuse e presenti nella letteratura cristiana coeva o anteriore in una definizione sintetica, al contempo punto di arrivo di un processo di sviluppo progressivo, con radici già nel Nuovo Testamento, e punto di partenza per uno sviluppo ulteriore di caratterizzazione negativa sempre più specifica.

Non vi sono elementi per affermare che Ireneo sia il fautore di tale svolta linguistica e concettuale, ma si può riconoscere che tale cristallizzazione linguistica era in essere quando egli scrisse la sua opera. Nel caso non si concordi con l'ipotesi previa della fedeltà della traduzione latina all'originale greco, tale affermazione va posticipata alla datazione della versione latina.

L'affermazione della osservanza "fino ad oggi" di tale legge farisaica in *Adv. haer*. IV,12,1, sebbene sia una indicazione interessante, non autorizza ad ipotizzare che Ireneo si riferisca ad un comportamento rintracciabile in farisei a lui coevi. La dimensione narrativa e letteraria è decisamente prevalente e non vi sono altre tracce esplicite che permettano di legarla al presente storico dell'autore.

Non può sfuggire una certa vicinanza della figura dei farisei in Ireneo ad alcuni aspetti di quella presentata da Origene: anche nell'Alessandrino osserviamo la presenza (singolare) dell'avverbio φαρισαϊκῶς in *CIo* VI,22,121; in Origene la tipologia farisaica è "dimostrata" e fissata attraverso il suo puntuale lavoro esegetico, in Ireneo l'aggettivo *pharisaicus* è il termine di un'analisi che potremmo definire teologica: farisaico è l'essenza dell'ebreo attaccato ad una legge deviata nei contenuti e privata della sua forza soteriologica e perciò pervicace. Certamente la figura dei farisei nell'Alessandrino appare ancora più matura e (di)mostrata con un'ampiezza di argomentazioni maggiore rispetto a quella presentata da Ireneo, ma il vescovo di Lione testimonia uno sviluppo molto avanzato della tipologia farisaica nella direzione che sarà sancita dall'Alessandrino.

APPENDICE CAP. V

1. Tabella Contesto biblico delle occorrenze di fariseo in Ireneo

Opera	Citazione diretta	Citazione indiretta o contesto biblico
Adv. haer. II,22,3		Gv 11,47-54
Adv. haer. III,14,3		Lc 7,36-50; Lc 18,9-14
Adv. Haer. IV,2,6		Sostrato generico Mt 21-23. Mc 7,13 e Mt 15,6 per aver cancellato la Parola di Dio con la tradizione di uomini
Adv. haer. IV,12,1		Ambito di Mt 15,1-7 e Mt 23 (anche paralleli sinottici). Cita Mt 15,3, che non presenta il lemma farisei.
Adv. haer. IV,12,4	Mt 23,2	Is 29,13 (Mt 15,8-9)
Adv. haer. IV,13,1	Mt 5,20	
Adv. haer. IV,18,3	Mt 23,27-28; Mt 23,26.	
Adv. haer. IV,20,12		Contesto Mt 21
Adv. haer. IV,35,2	-	-
Adv. haer. IV,36,8		Lc 18,10-14
Adv. haer. IV,41,3	Mt 16,6	Mt 3,7, Mt 12,34; Mt 23,33, Lc 3,7
Adv. haer. V,17,2		Mc 2,6, Mt 9,3, Lc 5,21

CAPITOLO VI

"Ippolito"

1. Introduzione

Quando si vogliano considerare le opere attribuite ad Ippolito, autore del II-III secolo circa, ci si imbatte in una situazione assai complessa. A partire dalla metà del secolo scorso si è affermata una linea di ricerca che ha voluto riesaminare criticamente le opere ascritte precedentemente a questo autore. Punto fermo per l'attribuzione era considerato un elenco di opere incise sul fianco di una statua che si pensava rappresentasse Sant'Ippolito, risultando così essere un'antica testimonianza epigrafica sulla produzione letteraria d'Ippolito.

Nel 1975 Margherita Guarducci mise seriamente in dubbio tale attribuzione, rilevando come la statua, rinvenuta in pessime condizioni e successivamente restaurata nell'ottica presupposta si trattasse del busto di S. Ippolito, fosse in realtà un busto femminile. Venuto meno il legame fra la lista e il santo romano, venne meno un dato "obbligato" con cui gli specialisti dovevano confrontarsi per validare le proprie tesi, "liberando" ipotesi che erano rimaste minoritarie e di fatto iniziando un periodo assai vivace nella storia della ricerca sulle opere e sulla figura letteraria di Ippolito stesso[1]. L'analisi degli scritti e delle testimonianze (es. Eusebio e Girolamo) a

---

[1] Per una introduzione alla questione ippolitea segnalo, come punto di partenza: l'introduzione di Augusto Cosentino alla sua traduzione della *Confutazione di tutte le eresie* (PSEUDO-IPPOLITO, *Confutazione di tutte le eresie*, A. COSENTINO, ed., Roma 2017, 7-42); l'introduzione di Manlio Simonetti alla sua traduzione del *Contro Noeto* (IPPOLITO, *Contro Noeto,* SIMONETTI, M. ed., Bologna 2000, 70-139). La pubblicazione degli atti del colloquio internazionale sulla *Refutatio* di Ginevra del giugno 2008 offre una serie di articoli assai interessanti, fra cui una bibliografia aggiornata al 2010 *sull'Elechos* e sulla questione dell'autore: G. ARAGIONE, «Bibliographie sur l'Elenchos et la question de l'auteur (1940-2010)». in G. ARAGIONE, – E. NORELLI, ed., *Des éveques, des écoles et des hérétiques. Actes du Colloque international sur la "Réfutation de toutes les hérésies", Genève, 13-14 juin 2008,* Prahins 2011, 315-323.

disposizione hanno portato a identificare diverse personalità relative a personaggi-autori omonimi dello stesso periodo storico: un Ippolito di provenienza orientale, (prevalentemente) esegeta, autore di diversi scritti su libri delle Sacre Scritture, un Ippolito scrittore ecclesiastico legato alla chiesa di Roma probabilmente autore anche dell'opera antieretica *Elenchos*, un Ippolito martire romano. Già dal IV secolo è attestato diffusamente un grande rispetto, devozione e culto per S. Ippolito martire e questo ha portato a ricondurre sotto l'autoritativa santità di tale figura un gran numero di scritti, anche se successivi alla sua morte.

La questione ippolitea è lungi dall'essere chiusa, rimanendo aperto il dibattito su come e se far coincidere le diverse identità ippolitee riportate sopra: a seconda delle identificazioni accettate si va dalla posizione tradizionale (oramai poco seguita) che fa coincidere le diverse entità in un unico personaggio storico, a posizioni che considerano un Ippolito scrittore orientale e un omonimo presbitero romano, avversario dei papi Zefirino e Callisto, ma alla fine tornato in comunione con la chiesa di Roma e per essa martire, o infine tre diversi personaggi storici, evitando l'identificazione del martire romano con l'autore *dell'Elenchos*.

Sebbene il dibattito sulla questione ippolitea non rientri negli scopi di questo lavoro, la difficoltà di connettere le identità ippolitee con personaggi storici, ovvero la possibilità di avere un'attribuzione degli scritti a personaggi caratterizzabili storicamente e geograficamente, può limitare fortemente le conclusioni desumibili dall'analisi dei brani d'interesse.

2. Scritti ippolitei, ricorrenze e attribuzioni

Partendo da una ricerca in *TLG* considerando l'autore *Hippolytus* si trovano nove ricorrenze di φαρισαῖος:
- Quattro nell'opera *Refutatio omnium haeresium* (o *Philosophumena*), denominazione classica, cui si preferisce oggi *Elenchos*[2].
- Due nei *Fragmenta in Psalmos*.
- Due in *Commentarium in Danielem*.
- Una in *De benedictionibus Isaaci et Jacobi*.

Tale ricerca è condizionata dalle scelte dei realizzatori del database *TLG* sugli scritti da attribuire all'entità *Hippolytus*, ed è relativa alle opere o frammenti pervenuti in lingua greca. Il secondo punto non è

---

[2] Il titolo dell'opera come compare nei manoscritti è *ΤΟΥ ΚΑΤΑ ΠΑΣΩΝ ΑΙΡΕΣΕΩΝ ΕΛΕΓΧΟΥ*, per brevità *Elenchos*.

primariamente discriminante per questo lavoro[3], mentre il primo impone ulteriori controlli.

Il *Commentarium in Danielem* e *De benedictionibus Isaaci et Jacobi*, possono essere connesse con l'Ippolito esegeta, di provenienza orientale, mentre l'autore dell'*Elenchos* è connesso alla chiesa di Roma, tanto da essere da taluni identificato con Ippolito presbitero, avverso ai papi Zefirino e Callisto. Quanto ai *Fragmenta in Psalmos* l'attribuzione è più complessa e incerta.

2.1 *I farisei nell'Elenchos*

L'*Elenchos* si presenta[4] come un trattato che vuole analizzare l'origine e la specificità delle eresie sorte dall'antichità fino al presente (della stesura), allo scopo di evitare che gli uomini cadano in tali errori. Le eresie nascono ad opera di eresiarchi che si sarebbero impossessati dei princìpi e dottrine presentate dagli antichi e autorevoli filosofi greci (ma non solo) piegandole ai propri nefasti intenti e trasmettendole ai propri seguaci. Il trattato consta di tre parti principali: confutare le eresie significa mostrare prima di tutto le dottrine originarie dei filosofi (ma anche astrologia, magia, superstizioni), poi come da esse siano state desunte le dottrine erronee e la specificità degli errori, da ultimo l'autore si propone di mostrare la retta dottrina. La scansione è la seguente: 1ª parte, libri I-IV, i filosofi e le loro dottrine; 2ª parte, libri V-IX, confutazione delle eresie derivanti dai filosofi e dottrine; 3ª parte, libro X, esposizione della retta dottrina.

I libri II e III sono andati persi, il primo è pervenuto in cinque manoscritti mentre i libri IV – X sono traditi dal solo *Parisinus Suppl. Gr.* 464; il problema è che il più antico manoscritto (*Laurentianus*), come altri tre successivi, riportano come autore del testo Origene, e tale è rimasto nella

---

[3] Ippolito, in tutte le sue possibili "identità", è ad ogni modo un (o più) autore del III secolo; in questo periodo, sia in oriente che in occidente, le opere letterarie erano scritte ordinariamente in greco. Ciononostante è ben possibile che diverse opere e frammenti ci siano giunte in traduzioni in altre lingue, in tal caso esse non sono contenute in *TLG*.

[4] Per notizie sull'*Elenchos*, storia, autore, struttura ho utilizzato il saggio di Emanuele Castelli "L'*Elenchos*, ovvero una «biblioteca» contro le eresie" in 'IPPOLITO', *Confutazione di tutte le eresie*, MAGRIS, A. ed., Brescia 2012, 21-56. Da Magris riprendo la convenzione di denominare l'autore *dell'Elenchos* "Ippolito", ricordando così l'indeterminazione dovuta alla questione ippolitea. Questa denominazione mi pare più calzante di pseudo-Ippolito. Cfr. anche C. SCHOLTEN, «Hippolytos II (von Rom)», in *Reallexikon für Antike und Christentum. Sachwörterbuch zur Auseinandersetzung des Christentums mit der antiken Welt*, XV, Stuttgart 1991, 492-551; ID., «Autor, Anliegen und Publikum der Refutatio», in G. ARAGIONE, – E. NORELLI, ed., *Des éveques, des écoles et des hérétiques*, 135-166.

Patrologia Graeca del Migne; l'attribuzione fu messa in dubbio dopo la pubblicazione della prima edizione critica[5] ad opera di Miller nel 1851 (a seguito del rinvenimento del *Parisinus* 464, codice del XIV sec. ritrovato al Monte Athos ed acquistato nel 1841 da M. Mynas per conto del governo francese), in considerazione delle vicende narrate nel libro IX interne alla chiesa di Roma, e in particolare i contrasti fra il presbitero Ippolito e papa Callisto, contesto difficilmente compatibile con l'attribuzione ad Origene.

Il libro IX è di particolare interesse poiché l'autore inizia la trattazione delle eresie del suo tempo e, nella seconda parte del libro, presenta le differenziazioni nella compagine ebraica (ovvero i gruppi più importanti: esseni, farisei e sadducei) e a seguire le note di unità del giudaismo. Ciò è conforme alla logica espressa già a partire dal primo capitolo e ripetuta diverse volte nel corso della trattazione: la legge di Mosè, rivelata da Dio, è la più antica e veritiera fonte di verità. Da un lato essa è stata trasmessa nel mondo giudaico, in modi più o meno corretti, e attraverso di esso è arrivata (in questa linea particolare importanza hanno gli esseni, gruppo descritto con connotazioni "proto cristiane") fino alla chiesa che nel presente, per opera dello Spirito Santo, è la detentrice della verità; dall'altro lato i filosofi greci hanno preso i princìpi del loro ragionare dalla legge giudaica, con risultati variegati. Gli eretici però, partendo dai princìpi dei filosofi, hanno dedotto dottrine errate e pericolose, lontane dalla verità. Dunque uno solo è il principio, la legge mosaica, veritiera per antichità, dalla quale tutte le "dottrine" discendono, essendo tanto più buone o cattive a seconda di quanto si discostino da essa: è una prospettiva storiografica evidentemente teologica, in cui la tradizione ebraica ha un ruolo importante.

In quest'ottica le notizie riportate nel libro IX sui gruppi giudaici segnano il punto di snodo fra la fine della lunga trattazione delle eresie e la presentazione della retta dottrina nel libro X.

Se il libro IX è dedicato alla illustrazione delle eresie presenti al tempo[6] dello scrittore, si potrebbe ipotizzare che anche le successive informazioni riportate sui giudei siano in qualche modo contemporanee o appartenenti ad un passato prossimo rispetto alla redazione del trattato. Ad esempio, un riferimento temporale è l'episcopato di Callisto, martirizzato nel 222 di cui l'autore parla in modo particolareggiato (*Ref.* IX,11-12), descrivendo

---

[5] E. MILLER, *Origenis Philosophumena sive omnium haeresium Refutatio*, Oxford 1851. Come si vede dal titolo l'opera era ancora attribuita a Origene.

[6] Cfr. *Ref.* IX,6.

(e interpretando) fatti di cui aveva conoscenza diretta. Dunque quando "Ippolito" descrive le eresie «sorte ai giorni nostri» abbiamo riferimenti per un inquadramento temporale. Purtroppo non è possibile applicare automaticamente tale "prossimità temporale" alla esposizione dei gruppi giudaici che segue: quest'ultima trattazione ha una sua propria introduzione, che segna uno stacco letterario e tematico da quanto precede (*Ref.* IX,18,1), ma soprattutto mostra una dipendenza evidente da fonti precedenti.

La trattazione sulle sette giudaiche si svolge da *Ref.* IX,18 fino a *Ref.* IX,29; alla descrizione delle differenze fra i gruppi giudaici seguono due capitoli, Ref. IX,30-31, dedicati a quanto invece tutti i giudei hanno in comune, una sorta di comun denominatore che li accomuna e li definisce come religione unitaria.

Ref. IX,18 inizia con l'affermazione della chiave di lettura storiografica:

> Inizialmente il modo di vivere dei Giudei era unico: un maestro, infatti, Mosè, era stato dato loro da Dio, e una Legge attraverso di lui, un deserto e una montagna, il Sinai; uno, infatti, era il Dio loro legislatore. In seguito, però, avendo attraversato il fiume Giordano e avendo ottenuto la terra conquistata con le armi, sconvolsero la Legge di Dio in vario modo, interpretando ognuno diversamente le cose dette, e così, ergendosi a maestri di sé stessi, inventando dottrine eretiche, si divisero[7] (*Ref.* IX,18,1).

L'antichità prigenia è caratterizzata dall'unità, da un maestro, da una legge, da un Dio. È per l'errore colpevole di uomini che, ponendosi come maestri di sé stessi quindi distaccandosi da Dio e dal maestro designato Mosè, sorsero false dottrine e la divisione. Il momento indicato per l'inizio della deriva dalla legge mosaica e l'inizio della divisione è il passaggio del Giordano e la conquista armata della terra promessa, proprio quando cessa la presenza di Mosè. L'idea dell'adulterazione e disgregazione della primitiva (ed unica) legge data da Dio è comune a diversi autori cristiani dei primi secoli, anche se viene declinata in modi diversi[8]. La frase successiva appare sorprendente:

---

[7] Per la tradizione italiana dell'*Elenchos* utilizzo sempre, a meno di indicazione diversa, quella curata da A. Magris: 'Ippolito', *Confutazione di tutte le eresie*.

[8] Ad esempio Ireneo (*Adv. haer.* IV,1,1–19,3) e Giustino (*Dial.* 44,1-2) considerano la legge mosaica composta di più parti: precetti sempiterni (principalmente il decalogo) e parti aggiunte per la durezza del cuore. Ireneo parla esplicitamente di parti della legge frutto degli errori di coloro che l'hanno (malamente e colpevolmente) trasmessa. Già nel libro dei Giudici si ravvisa l'inizio di una deviazione dagli insegnamenti dati al Sinai, allorquando la prima generazione di israeliti, entrata nella terra promessa con Giosuè, viene a mancare; la nuova generazione, *che non aveva conosciuto il Signore, né l'opera che aveva compiuto in favore d'Israele* (Gdc 2,10), commette ciò che è male agli occhi del Signore servendo i Baal (cfr. Gdc 2,11); l'ira del Signore si accende: «*Poiché questa*

> Sebbene per molto tempo siano stati divisi in molte sette, ne esporrò solo le principali, in base alle quali gli amanti della conoscenza potranno facilmente dedurre anche le rimanenti (*Ref.* IX,18,2).

L'autore professa una scelta decisa: sebbene mostri essere a conoscenza dell'esistenza di una divisione molteplice e prolungata nel tempo all'interno della compagine giudaica, decide di presentare solo le principali fazioni poiché, a suo dire, da esse si possono dedurre le rimanenti. Ed è a questo punto che inizia la descrizione di tre gruppi, gli esseni, i farisei e i sadducei, connessa strettamente a quella di Flavio Giuseppe in *BI* 2.119 – 166. Non seguono indicazioni su come ricondurre gli altri gruppi (e quali essi siano) ai tre principali, e la trattazione prosegue con la sezione dedicata alla descrizione di ciò che hanno in comune tutti i giudei (*Ref.* IX,30-31). Viene da chiedersi se l'autore conoscesse effettivamente una differenziazione più ampia di quella che propone: o essa era nota al pubblico dell'opera tanto da non dover essere precisata, oppure si tratta di una introduzione "letteraria", una sorta di cucitura fra ciò che precede e il brano seguente che è una ripresa, talvolta letterale, della trattazione di Flavio Giuseppe. Nella prima ipotesi occorrerebbe supporre che il presunto pubblico dovesse avere conoscenza, almeno sommaria, della varietà di divisioni all'interno della storia e del mondo giudaico e possedesse informazioni sufficienti, assieme al bagaglio culturale necessario, per ricostruire[9] la dinamica e la specificità delle divisioni in base alla descrizione delle tre sette[10] principali. Nella seconda ipotesi saremmo di fronte ad un artificio letterario dell'autore per introdurre la lunga "citazione" sui tre gruppi giudaici principali, proponendosi

---

nazione ha violato l'alleanza che avevo stabilito con i loro padri e non hanno obbedito alla mia voce» (Gdc 2,20). Sebbene anche per i padri il periodo in cui si origina la deviazione dalla primitiva legge sia grossomodo lo stesso, la prospettiva è diversa: il libro dei Giudici rileva il tradimento dell'Alleanza con la pratica sincretica dei culti delle popolazioni locali, non si tratta in primo luogo di una variazione del nucleo dottrinario quanto una condotta religiosa (dunque di vita) contraria a quella sancita da Dio; per i padri l'insegnamento originariamente ricevuto da Mosè al Sinai è colpevolmente emendato da cattivi maestri e la legge è trasformata in una molteplicità di dottrine contenenti errori, dando luogo ad un frazionamento in sé deleterio. Sarebbe interessante, ma estraneo a questo lavoro, considerare se e come la lettura patristica sia legata ad una rilettura di alcuni passi dell'AT di linea deuteronomista, rilettura esperita con specifiche chiavi culturali e apologetiche.

[9] In tal caso la descrizione che segue sarebbe una sorta di precisazione per un pubblico già introdotto, foss'anche sommariamente, alla questione. Il che ridurrebbe la necessità della trattazione stessa.

[10] Il termine setta, come traduzione del greco αἵρεσις, con la connotazione negativa di una realtà deviante da verità, cioè eresia nel senso moderno del termine, è ammissibile nell'*Elenchos*, poiché il lemma ha già acquisito tale slittamento semantico, dall'originario significato di scuola o partito, al tempo di Giustino.

al contempo come un esperto conoscitore della questione, tanto preparato da non ritenere necessario fornire al lettore elementi[11] che egli ritiene, con (supponente?) sufficienza, elementari.

Sono dell'opinione che la seconda ipotesi sia la più plausibile, non appare che "Ippolito" abbia informazioni di prima mano, quanto piuttosto si sia documentato sulla materia consultando ciò che aveva a disposizione, selezionando e riprendendo quanto considerasse d'interesse ed utile al suo progetto letterario.

In questo caso avremmo un'attestazione del modo di procedere[12] nella realizzazione di un trattato propria di molti eruditi del tempo: l'autore preparava la sua opera[13] a partire da una serie di appunti, ricavati dalla lettura di altri scritti e da sue considerazioni sul materiale consultato, per poi addivenire, per tappe, alla scrittura definitiva intesa come organizzazione dei materiali raccolti (stralci e note) secondo il proprio progetto letterario[14].

---

[11] Si potrebbe discutere se gli elementi presupposti siano attinenti alla religione giudaica oppure ad una struttura di pensiero ellenistico: già la presentazione delle scuole giudaiche da parte di Flavio Giuseppe è declinata con categorie ellenistiche (filosofiche) ad uso di un pubblico pagano e di cultura greco-romana. Ciò potrebbe essere vieppiù vero nel caso della presentazione dell'autore dell'*Elenchos*, probabilmente più un erudito del suo tempo che un testimone diretto.

[12] La metodologia di lavoro degli autori classici è stata esaminata in diversi studi. Una buona sintesi è T. DORANDI, *Nell'officina dei classici. Come lavoravano gli autori antichi*, Roma 2007. Per il punto in questione è di particolare interesse il secondo capitolo, "Letture, note, estratti", ove si tenta di ricostruire la metodologia di lavoro degli autori classici a partire dalle fonti letterarie a disposizione, considerando il modo di procedere ad esempio di Plinio il Vecchio (I sec.), Aulo Gellio (II sec.), Filodemo di Gadara (I sec. a.C.).

[13] Studiando il papiro *PHerc*. 1021 Tiziano Dorandi ha voluto sintetizzare la sequenza di azioni poste in atto da Filodemo per preparare la sua opera: «Ecco schematicamente come propongo di ricostruire la storia della composizione del rotolo filodemeo: 1. Filodemo legge (o si fa leggere) le fonti, indica con segni (*adnotare*) i passi che lo interessano e di cui siano fatti estratti (*excerpere*). Possiamo supporre che, come Plinio, Filodemo aveva a sua disposizione un *lector* (qualcuno che gli leggeva i libri delle fonti) e un *notarius* (uno stenografo al quale dettava gli estratti o le note personali a proposito di questi estratti e della loro utilizzazione). 2. Almeno alcuni estratti vennero probabilmente trascritti su *pugillares*. 3. Filodemo detta a un segretario (*librarius*) le frasi di raccordo fra gli *excerpta* e quelle di introduzione, nonché altre da lui stesso formulate. 4. Un segretario copia la prima stesura dell'opera, il brogliaccio quale è conservato dal *PHerc*. 1021. 5. Filodemo corregge il primo testo, legge fonti complementari e fa aggiunte. Queste aggiunte, integrazioni, correzioni, di varia estensione e in varia misura, trovano posto nei margini e negli spazi vuoti del *recto* oppure, in mancanza di spazio, sul *verso* a complemento di quanto prima raccolto. 6. Il manoscritto, rivisto e approvato da Filodemo, viene copiato in bella da un *librarius* su un nuovo rotolo di papiro, direttamente oppure sotto dettatura. L'opera era così pronta per essere resa pubblica» (T. DORANDI, *Nell'officina dei classici*, 41).

[14] Anche Emanuele Castelli nel suo saggio introduttivo all'*Elenchos* nota che a partire dal IV-III sec. a.C. si diffusero opere di «… carattere consapevolmente enciclopedico su un determinato tema,

Questo ci introduce nella discussione[15] sulle possibili cause della vicinanza del brano sulle tre sette giudaiche con quello di Flavio Giuseppe nella *Guerra Giudaica*, ovvero se vi sia dipendenza diretta dallo storico ebraico (le differenze sarebbero tutte dovute alla rilettura "ippolitea" in primis di *BI* 2.119–166) o mediata per il tramite di altri testi. Quest'ultima ipotesi ha diverse varianti: la prima è che entrambi gli scrittori abbiamo consultato le medesime fonti (antecedenti a Flavio Giuseppe), da cui le somiglianze mentre le differenze sono ascritte alle prospettive dei due scrittori; la seconda è che l'autore dell'*Elenchos* abbia utilizzato scritti successivi (e dipendenti) al *Bellum Iudaicum*, per cui la maggior parte delle differenze sarebbero legate alle citazioni (o riletture) delle fonti intermedie. Queste tre grandi linee di lavoro (dipendenza diretta, fonti antiche comuni e dipendenza indiretta) possono essere variate e combinate per tentare di spiegare al meglio tanto le evidenti somiglianze e coincidenze, quanto le divergenze.

In questo studio si porterà avanti il confronto fra la descrizione delle tre fazioni ebraiche in "Ippolito" con quella in Flavio Giuseppe, rilevando comunque l'esistenza di una dipendenza, diretta o indiretta che sia, di *Ref.* IX,18,2-29 con *BI* 2.119–166, tralasciando di spiegare tale relazione.

È necessario un ulteriore sguardo d'insieme alla parte del libro IX dell'*Elenchos* dedicata ai giudei: la descrizione degli esseni è la più estesa e va da *Ref.* IX,18,3 a *Ref.* IX,28,2, ai farisei è dedicato *Ref.* IX,28,3-5, ai sadducei *Ref.* IX,29,1-4; la descrizione della religione giudaica comune a tutti i giudei impegna *Ref.* IX,30,1-8. In questo quadro è evidente come l'attenzione per farisei e sadducei sia minima, sviluppandosi in pochi paragrafi ognuna, mentre uno spazio molto più ampio è concesso agli esseni e (anche se in

---

ricorrendo soprattutto a *excerpta* da altri precedenti scritti, che essi [gli autori] avevano letto ed utilizzato nel corso del lavoro. In sostanza lo scrittore di questo periodo, quando deve trattare di un determinato argomento, preferisce inserire direttamente nel testo un *excerptum* della sua fonte, a volte senza neppure indicarne il riutilizzo, piuttosto che elaborare originalmente le informazioni apprese … Stessa modalità compositiva fu adottata dall'A. [dell'*Elenchos*], … egli "costruisce" lo scritto con *excerpta* ricavati da un gran numero di testi» ('Ippolito', *Confutazione di tutte le eresie*, 27).

[15] Come primo riferimento sulla questione si possono consultare: D. R. Schwartz, «Josephus and Nicolaus on the Pharisees», *JSJ* 14 (1983); A. I. Baumgarten, «Josephus and Hippolytus on the Pharisees», *HUCA* 55 (1984), 1-25; R. Bergmeier, «Die drei jüdischen Schulrichtungen nach Josephus und Hippolyt von Rom: zu den Paralleltexten Josephus, B.J. 2,119-166 und Hippolyt, Haer. IX 18,2-29,4», *JSJ* 34/4 (2003), 443-470; S. Mason, *Flavius Josephus: Translation and Commentary*. Vol. 1b, *Judean War 2*. Leiden 2008, 85-95; S. Mason, «The Historical Problem of the Essenes», in P. W. Flint – J. Duhaime – K. S. Baek, ed., *Celebrating the Dead Sea Scrolls: A Canadian Collection*, Atlanta 2011, 201-251.

maniera minore) alla religione comune a tutti i giudei. Per quanto riguarda la descrizione delle tre sette giudaiche, la dimensione relativa e l'ordine segue da vicino quella di Flavio Giuseppe. Parrebbe assai probabile che essa sia la fonte per le notizie riportate nell'*Elenchos* alle quali l'autore non avrebbe voluto (o potuto) aggiungerne altre.

2.2 *Ref.* IX,30,1-8: *la religione comune a tutti i giudei*

Per quanto riguarda la trattazione della comune religione giudaica (*Ref.* IX,30,1-8) è più difficile identificarne fonti e ispirazioni. Certamente non si tratta di una ripresa evidente di scritti di altri autori, al contrario degli 11 capitoli precedenti. In sé è particolare che l'autore si premuri di sottolineare la dimensione unitaria della religione giudaica dopo aver illustrato i tratti distintivi delle tre grandi fazioni, quasi gli sembri necessario ristabilire un equilibrio a seguito dell'*excerptum* "flaviano" appena usato, troppo sbilanciato altrimenti sulla differenziazione - frazionamento[16]. Le notizie riportate sulla unicità della religione ebraica non sono per sé originali: in generale lo stesso Flavio Giuseppe nei suoi scritti aveva proposto diffusamente l'eccellenza della religione ebraica nella sua interezza[17] (anche se non esistono brani "paralleli" a *Ref.* IX,30,1-8); anche Giustino nel *Dialogo con Trifone* diffusamente considera l'unitarietà della religione ebraica e le sue buone qualità. Mi rimane però difficile rintracciare brani o testi similari o paralleli nella letteratura precedente ad "Ippolito". La dimensione parrebbe essere più quella di un riassunto proposto, come detto, a riequilibrare l'immagine generale della religione ebraica.

Di fatto l'autore punta a descrivere l'esercizio della religione sostanzialmente unico per tutti i giudei (*Ref.* IX,30,1), l'esposizione ($\pi\rho\alpha\gamma\mu\alpha\tau\epsilon\acute{\iota}\alpha$) propone quattro parti: teologia, fisica, etica, rituale, ovvero l'esistenza di un solo Dio creatore dell'universo, di uno Spirito dotato di potenza e degli angeli; l'esi-

---

[16] Da un punto di vista del progetto letterario un equilibrio fra differenziazione e unitarietà parrebbe necessario: se la differenziazione ha una accezione negativa, in quanto decadimento causato dal peccato dell'uomo rispetto alla unità prigenia dell'unica legge donata da Dio agli ebrei (e tramite loro agli uomini tutti), l'unità è espressione positiva connessa appunto con la semplicità e veridicità del principio. Gli ebrei, punto di snodo fra le eresie e la retta dottrina cristiana, non possono essere solamente divisi in più gruppi, ovvero non possono solo mostrare le conseguenze dell'errore, ma devono conservare, sebbene in modo imperfetto, una base unitaria e comune, che (di)mostri la bontà, forza e veridicità della rivelazione mosaica, la quale sarà recuperata ed espressa nella sua compiutezza dalla comunità cristiana.

[17] Es. *Contra Apionem* 2, 19-20; 146 e seguenti.

stenza dell'anima in tutti gli esseri viventi; l'osservanza della legge per una vita santa e moderata (*Ref.* IX,30,3) e per l'espressione di un culto[18] e una devozione a Dio parimenti eccellente ed esemplare (*Ref.* IX,30,4). In tale quadro comune però i sadducei sono presentati con una eccezione: essi non ammettono l'esistenza di angeli o spiriti. Tutti gli ebrei continuano ad attendere il messia, poiché, malgrado avessero identificato i segni premonitori[19], non lo hanno riconosciuto in Gesù di Nazareth, che hanno al contrario ucciso (*Ref.* IX,30,5).

La quadripartizione proposta per descrivere l'esercizio della religione comune a tutti gli ebrei riprende uno schema classico: la divisione della filosofia (tripartita in etica, fisica, logica; tradizionalmente fatta risalire a Platone) era stata ripresa più volte nei secoli con variazioni nella denominazione e nel preciso significato dei termini; soprattutto negli scrittori ecclesiastici cresce l'importanza della *theologia* e si prospetta una quadripartizione che diverrà classica: pratica, fisica, teologia e logica[20]. Per analizzare la religione comune dei giudei (*Ref.* IX,30,1-8) l'autore propone uno schema quadripartito che considera la tripartizione della conoscenza in teologia, fisica, etica cui aggiunge la parte rituale: sembrerebbe una presentazione adatta ad un pubblico di cultura ellenistica di cui riprende schemi comuni. All'interno di questa schematizzazione potrebbero aver trovato posto, a mo' di sintesi, informazioni desunte da varie fonti (ad esempio Giustino[21] e ancora Flavio Giuseppe), senza la necessità di una ripresa diretta o indiretta.

---

[18] Nella descrizione del culto i verbi usati indicano una azione passata, come ad indicare che tali azioni cultuali non siano più in essere (nella loro globalità), forse riferendosi al fatto che le offerte non possono più essere presentate al tempio, oramai distrutto (cfr. *Dial.* 40,2).

[19] Probabilmente qui pesano primariamente le narrazioni evangeliche, con l'inettitudine dei capi ebrei di riconoscere la messianicità e la divinità di Gesù, ma non può essere trascurata la narrazione di Flavio Giuseppe dell'incapacità dei maggiorenti ebrei di leggere segni nefasti che indicavano il crescere dell'ira divina per le loro malefatte, il conseguente abbandono di Dio del tempio e la successiva tragica fine di Gerusalemme (*BI* 6,288-315). In particolare *BI* 6.312 indica una profezia, presente anche nelle Sacre Scritture, quanto ad un giudeo che sarebbe diventato il dominatore del mondo (cfr. anche *Ref.* IX,30,7 ove si indica la "falsa" lettura della figura del messia da parte dei giudei), e che Flavio Giuseppe indica realizzata pienamente nell'avvento degli augusti Vespasiano e Tito. Tale lettura è ripresa in Tacito *Hist.* I,10,3; II,1,2; V,13,2, in Svetonio *Vesp.* 4,9; 5,9.

[20] Cfr. A. Cavallini, *La penna del pavone*, Roma 2016, 201. La tripartizione della filosofia, tradizionalmente fatta risalire a Platone, è espressa esplicitamente da Senocrate e ripresa da epicurei, stoici e scettici (cfr. G. Reale, *Il pensiero antico*, Milano 2001, 278). Origene nel *Commento al Cantico dei Cantici* (prologo) divide la filosofia in quattro parti: etica, fisica, enoptica e logica. Cfr. anche B. Neuschäfer, *Origenes als Philologe*, I-II, Basel 1987.

[21] Giustino, nel *Dialogo con Trifone*, quando sunteggia i pilastri della religione ebraica, ovvero ciò che distingue gli ebrei dai pagani, indica l'osservanza del sabato, delle feste e la circoncisione (*Dial.* 10,3. Il tema delle offerte e sacrifici è parte delle feste, es. *Dial.* 23,3).

In questa prospettiva all'autore premerebbe fornire al suo pubblico di cultura ellenista una presentazione bilanciata e corretta del giudaismo (antico?), religione sicuramente buona, ma non perfetta né definitiva: in essa vi sono e unità e frazionamento, fedeli che esprimono un culto, un credo ed una eccellente vita morale e altri meno (sadducei). Comunque proprio in questa sezione viene inserita la nota della colpevolezza dei giudei per non aver riconosciuto e ucciso il Cristo; colpa evidentemente ritenuta per l'insieme della compagine ebraica. La perfezione sarà espressa dalla rivelazione in Cristo e sarà la chiesa a raccogliere l'eredità della rivelazione divina e farsi portatrice della retta dottrina. A questa sezione sulla comune religione dei giudei non è dedicato un grande spazio, rimanendo assai inferiore a quello utilizzato per descrivere gli esseni.

Ref. IX,30,1-8 riveste un certo interesse, poiché essendo la parte compilata dall'autore con una minore dipendenza dalle fonti rispetto alle precedenti, potrebbe mostrare meglio il suo punto di vista e fornire indicazioni importanti. Come accennato il voler inquadrare e presentare la religione giudaica secondo uno schema quadripartito classico evidenzia una struttura di pensiero ellenistico, tanto del pubblico cui si rivolge lo scritto, tanto dell'autore; tale semplice considerazione rende più improbabile che lo scrittore dell'*Elenchos* abbia una conoscenza diretta del mondo ebraico, mentre è più facile pensare che possedesse una conoscenza desunta da ricerche bibliografiche[22], tipica degli eruditi del suo tempo. I giudei servono alla tesi dell'opera, la dimostrazione della bontà e verità della "dottrina" cristiana, desunta dall'antica e ottima tradizione ebraica che origina dal dono della legge da parte di Dio a Mosè. Comunque i giudei, all'epoca di Gesù, si sono resi colpevoli di un grande misfatto, protratto nel tempo per la protervia negazione della venuta del messia nel Nazareno. La posizione è in buona parte apologetica, apparentemente distante da un possibile dialogo con i giudei del tempo.

Da un punto di vista quantitativo lo spazio dedicato ai farisei nell'*Elenchos* è limitato, molto inferiore a quello utilizzato per descrivere gli esseni; le ricorrenze di φαρισαῖος sono quattro, tutte al nominativo plurale.

---

[22] Non voglio, con queste affermazioni, escludere che "Ippolito" non avesse la possibilità di conoscere ebrei, cosa del tutto possibile considerando le grandi comunità ebraiche presenti nelle più importanti città del tempo, fra cui Roma. Nondimeno non traspaiono nell'*Elenchos* segni di un dialogo con la compagine ebraica, né una ricerca per una conoscenza ulteriore a quella esperibile tramite una ricerca "bibliografica".

2.3 *Ref.* IX,18,2

ὧν τὴν διαφορὰν ἐκθήσομαι. εἰ δὲ καὶ εἰς πλεῖστα μέρη διεσπάσθησαν τῷ μακρῷ χρόνῳ, ἀλλά γε τὰ κεφαλαιωδέστερα αὐτῶν ἐκθήσομαι, δι᾽ ὧν καὶ τὰ λοιπὰ οἱ φιλομαθεῖς εἴσονται εὐκόλως. Τρία γὰρ παρ᾽ αὐτοῖς εἴδη διαιρεῖται, καὶ τοῦ μὲν αἱρετισταί εἰσι Φαρισαῖοι, τοῦ δὲ Σαδδουκαῖοι, τρίτοι δὲ Ἐσσηνοί[23]. (*Ref.* IX,18,2)

Esporrò ora la differenza tra i Giudei. Sebbene per molto tempo siano stati divisi in molte sette[24], ne esporrò solo le principali, in base alle quali gli amanti della conoscenza potranno facilmente dedurre anche le rimanenti. Presso di loro, infatti, si distinguono tre sette, i Farisei appartengono a una di queste, i Sadducei ad un'altra, gli altri <sono> Esseni.

Nella parte iniziale della descrizione delle differenze fra i giudei l'autore ricorda l'esistenza nel tempo di molte fazioni all'interno della compagine giudaica, ma decide di ridurla a tre soli gruppi esemplari. Si tratta della introduzione alla descrizione delle tre sette, un *excerptum* connesso strettamente con la descrizione di *BI* 2.119-166. L'inizio della ripresa è praticamente letterale:

Τρία γὰρ παρὰ Ἰουδαίοις εἴδη φιλοσοφεῖται, καὶ τοῦ μὲν αἱρετισταὶ Φαρισαῖοι, τοῦ δὲ Σαδδουκαῖοι, τρίτον δέ, ὃ δὴ καὶ δοκεῖ σεμνότητα ἀσκεῖν, Ἐσσηνοὶ καλοῦνται[25] (*BI* 2.119)

"Ippolito" sostituisce a φιλοσοφεῖται - διαιρεῖται, intenzionalmente o meno, sottolineando la dimensione partitiva (e negativa) delle divisioni sulla differenza di regola di vita[26]. L'ordine di presentazione dei gruppi è lo

---

[23] Per il testo greco di *Ref.* ho utilizzato HIPPOLYTUS, *Refutatio omnium haeresium*, P. WENDLAND, ed., *GCS* 26, Berlin 1916 (qui pag. 256) e per la traduzione italiana quella curata da A. Magris: 'IPPOLITO', *Confutazione di tutte le eresie* (salvo diverse indicazioni). La traduzione di Magris, allo scopo di essere ben comprensibile e fruibile, non è una versione letteralmente sempre vicina al testo greco. La più recente edizione critica HIPPOLYTUS, *Refutatio omnium haeresium*, M. MARCOVICH, ed., Berlin 1986 è stata fortemente criticata, ad esempio da M. Simonetti nella sua recensione apparsa in *Augustinianum* 27 (1987), per ricostruzioni del testo greco eccessive, inutili e talvolta errate.

[24] La traduzione italiana scelta non riporta, talvolta per motivi di chiarezza, talvolta alla ricerca di un italiano fluente, una traduzione letterale. In questo brano Magris ha tradotto μέρη con sette, scelta probabilmente discutibile per l'accezione di quest'ultimo lemma in italiano, non completamente sovrapponibile con il greco. Ad ogni modo ho sempre preferito lasciare la traduzione italiana così come è nei testi citati.

[25] Il testo critico di riferimento è ancora quello di Niese, ristampato nel 1955 e in attesa di ulteriore ristampa: FLAVIUS JOSEPHUS, *Opera. Edidit et apparatu critico instruxit Benedictus Niese*, B. NIESE, ed., VI, Berlin 1896, 176.

[26] Mason sottolinea come nel mondo greco romano una filosofia era molto di più di un sistema di pensieri astratti, consistendo in una modalità di vita; dunque occorre attenzione nel considerare la descrizione di Flavio Giuseppe come una esposizione di filosofie nel senso moderno del termine

stesso nei due scritti, con i farisei all'inizio della nomenclatura e a seguire sadducei ed esseni. L'ordine della seguente descrizione particolareggiata è diverso dall'introduzione (esseni, farisei e sadducei), tanto in *Ref.* che in *BI*. L'intento di Flavio Giuseppe è quello di presentare gli esseni come la regola di vita più santa e virtuosa e in tal modo è ripresa da "Ippolito". Le due descrizioni delle fazioni viaggiano di pari passo: l'autore dell'*Elenchos* ha diverse riprese letterali a volte proprio all'inizio dei paragrafi "paralleli" (es. *Ref.* IX,19,2-3//*BI* 2,119; *Ref.* IX,20,1//*BI* 2,124; *Ref.* IX,23,2//*BI* 2,138; *Ref.* IX,25,1//*BI* 2,145; *Ref.* IX,28,1//*BI* 2,160), altre volte la ripresa ripropone la frase di Giuseppe con una costruzione diversa (es. *Ref.* IX,23,1≈*BI* 2,137), o ancora le informazioni sono riportate a mo' di parafrasi, ma con alcune differenze, nei termini usati e anche nel senso della informazione trasmessa. Non è obiettivo di questo lavoro approfondire questi aspetti, molto studiati per stabilirc la mutua o diversa dipendenza, ma alcuni accenni possono essere utili per inquadrare la successiva esposizione sui farisei.

In generale si possono notare alcune variazioni nel senso di una visione più "cristiana": ad esempio in *Ref.* IX,19,2 è il singolo capo che distribuisce i beni comuni mentre in *BI* 2.122 non se ne fa menzione (sia in *Ref.* IX,19,2 che in *BI* 2.123 sono considerati sovraintendenti [ἐπιμεληταί] eletti dalla comunità per i diversi uffici); in *Ref.* IX,20,2, quando parla della modestia nel vestire, afferma che gli esseni non possiedono né due tuniche né due sandali, particolare sconosciuto a *BI* 2.124-127, e forse una risonanza evangelica (Mt 10,10, Mc 6,9); in *Ref.* IX,22,2 gli esseni sono zelanti nella lettura della legge e dei Profeti, mentre in *BI* 2.136 essi mostrano un interesse straordinario per gli antichi autori, una rilettura volta ad evidenziare la "religiosità" dei membri dediti ai soli testi sacri; nel terzo giuramento da esperire per entrare nella setta in *Ref.* IX,23,3 l'adepto esplicitamente afferma di non provare odio verso chi commette ingiustizia né verso il nemico, ma di pregare per lui, concetto legato a Mt 5,44 e del tutto assente in *BI* 2.139; per "Ippolito" gli esseni professano la dottrina della resurrezione (*anàstasis*) ritenendo che l'anima sia immortale quanto la carne, chiamata anch'essa alla resurrezione (*Ref.* IX,27,1), mentre *BI* 2.154 afferma la corruttibilità dei corpi (la differenza è notevole tanto su un piano di contenuti quanto anche sul piano terminologico).

(cfr. S. Mason, *Flavius Josephus: Translation and Commentary*. Vol. 1b, *Judean War 2*, Leiden 2008, 96). La sostituzione fatta nella ripresa dell'*Elenchos* introduce un termine che ha un bacino semantico non coincidente con φιλοσοφεῖται, ma congruente con la linea storiografica che sta portando avanti, il negativo partizionamento dei giudei a partire dall'unità iniziale (*Ref.* IX,18,1).

2.4 *Ref.* IX,28,3-29,1

Ἕτεροι δέ καὶ αὐτοὶ τῶν Ἰουδαίων ἐθῶν ἀσκηταί, καὶ κατὰ γένος καὶ κατὰ νόμους Φαρισαῖοι καλούμενοι. ὧν τὸ μὲν πλεῖστον μέρος ἐστὶ κατὰ πάντα τόπον, πάντων μὲν Ἰουδαίων καλουμένων, διὰ δὲ τὰς ἰδίως δοξαζομένας γνώμας ὀνόμασι κυρίοις ἐπικαλουμένων.

οὗτοι μὲν οὖν τὴν ἀρχαίαν παράδοσιν διακρατοῦντες, ἐπὶ τοῖς κατὰ νόμον καθαροῖς καὶ μὴ καθαροῖς ἐπιεικῶς ἐξετάζοντες διαμένουσι· τά τε τοῦ νόμου ἑρμηνεύουσι, διδασκάλους εἰς ταῦτα προβιβάζοντες.

Οὗτοι εἱμαρμένην εἶναι λέγουσι, καὶ τινὰ μὲν κατ' ἐξουσίαν εἶναι, τινὰ δὲ κατὰ τὴν | εἱμαρμένην. ὡς τινὰ μὲν ἐφ' ἡμῖν, τινὰ δὲ τῆς εἱμαρμένης, θεὸν δὲ πάντων εἶναι αἴτιον, καὶ μηδὲν ἄνευ θελήματος αὐτοῦ διοικεῖσθαι ἢ συμβαίνειν.

οὗτοι καὶ σαρκὸς ἀνάστασιν ὁμολογοῦσι καὶ ψυχὴν ἀθάνατον <οὖσαν>, καὶ κρίσιν ἐσομένην καὶ ἐκπύρωσιν, καὶ δικαίους μὲν ἀφθάρτους ἔσεσθαι, ἀδίκους δὲ εἰς ἀεὶ κολασθήσεσθαι ἐν πυρὶ ἀσβέστῳ. Ταῦτα μὲν οὖν καὶ Φαρισαῖοι[27]. (*Ref.* IX,28,3-29,1)

<Ce ne sono> altri, anche loro praticanti le usanze dei Giudei, chiamati Farisei sia per la stirpe sia per le leggi; di questi la maggior parte si trova in ogni luogo, definiti con soprannomi per le particolari opinioni professate, pur chiamandosi tutti Giudei.

Questi, dunque, preservando l'antica tradizione, continuano a disquisire metodicamente sulle cose pure e quelle impure secondo la Legge; e interpretano la Legge, promuovendo maestri in tale disciplina.

Essi sostengono che il destino esiste, e che alcune cose avvengono secondo il <nostro> volere, altre secondo il destino, come pure alcune cose stanno in noi, altre nel destino; ma Dio è la causa di tutte le cose e senza il suo volere nulla vien fatto, o accade.

Questi credono anche nella resurrezione della carne, e che l'anima <è> immortale, e che ci sarà un giudizio e una conflagrazione (*ekpyrosis*), e che i giusti saranno incorruttibili mentre i peccatori bruceranno per sempre in un fuoco inestinguibile.

Queste cose, dunque, <professano> anche i Farisei.

La descrizione dei farisei segue quella degli esseni, ma con un cambiamento notevole: non solo essa è ben più coincisa, ma varia anche la forma in cui il resoconto è portato avanti, mancando le riprese, anche letterali, del testo della *Guerra Giudaica*. È come se l'autore abbia cambiato metodo di sunteggio, allontanandosi un po' di più dal testo di riferimento.

Le ragioni di tale scelta editoriale possono essere diverse, non tutte facilmente identificabili a posteriori: è evidente, dalla lunghezza del resoconto sui farisei, che l'interesse che l'autore nutre per il gruppo sia inferiore a

---

[27] HIPPOLYTUS, *Refutatio omnium haeresium,* 261-262.

quello per gli esseni; probabilmente i secondi potevano esser visti con un alone di proto cristianesimo, o come quella fazione particolarmente virtuosa, più vicina alla sensibilità di "Ippolito", in questo riprendendo già la scelta fatta da Flavio Giuseppe[28] con intenti diversi.

È possibile trovare in *BI* 2.162-162 la traccia sottostante per la stesura del resoconto, ma è chiaramente visibile un'espansione con l'inserimento di altre informazioni.

La prima frase dell'esposizione (*Ref.* IV,28,3) li presenta come parte dei giudei per stirpe e leggi, pur essendo differenti e denominati farisei. Tale introduzione e specificazione manca in Flavio Giuseppe, non interessato a indicare come i farisei siano un sottoinsieme dei giudei. La differenziazione, per l'autore *dell'Elenchos*, sta nelle opinioni professate le quali definiscono i diversi "gruppi" e guadagnano loro soprannomi importanti (*Ref.* IX,28,3). Dunque elementi di unità sono la stirpe e le leggi, mentre la differenziazione consiste nelle opinioni; in qualche modo ciò separa la legge dalle opinioni confessate, garantendo l'autonomia (e una possibile integrità della eredità mosaica) da professioni derivate in base ad interpretazioni particolari.

È interessante che l'autore sottolinei che i soprannomi con cui si definiscono i gruppi giudaici siano legati alle opinioni professate, purtroppo "Ippolito" non precisa come e perché il nome farisei sia legato o derivato dalle loro peculiari dottrine; vi si potrebbe leggere un riferimento alla etimologia del nome: considerando che appena di seguito vi sia la puntualizzazione sul continuo disquisire sulle cose pure e non pure, si potrebbe ipotizzare che la denominazione sia riferita alla separazione (*pĕrûshîm*) per ragioni di purità cultuale. Una tale nota, e la mancata specificazione, potrebbe indicare la lettura da parte dell'autore di una fonte, non specificata, che riportasse tale informazione sull'origine dei nomi dei gruppi, notizia ripresa parzialmente, probabilmente per lo scarso interesse a riguardo dell'autore.

Il fatto che i farisei siano indicati come presenti in ogni luogo pone la domanda se tale connotazione abbia un qualche significato specifico: all'inizio della descrizione delle tre sette giudaiche "Ippolito" ha inserito tale esposizione all'interno della storia della salvezza (*Ref.* IX,18,1) collegandosi con la divisione originatasi all'ingresso nella terra promessa, e questo è il solo

---

[28] Flavio Giuseppe illustra la fazione degli esseni come la più virtuosa, con una descrizione della loro "santità" in termini adatti alla sensibilità sociale e culturale del suo pubblico, romani di alto ceto di fine I secolo.

riferimento geografico proposto dall'autore. Quando in *Ref.* IX,20,1 afferma che in ogni città abitino molti Esseni, in mancanza di indicazioni contrarie, si può continuare a pensare che il contesto geografico sia il territorio della terra promessa, identificabile per il lettore grossomodo con la Siria Palestina nel II-III secolo, e con la prefettura romana di Giudea al tempo di Flavio Giuseppe. Anche per il caso dei farisei è probabile che l'indicazione riguardi tale area geografica, piuttosto che prendere in considerazione la diaspora ebraica. Non è facile rintracciare l'origine di tale precisazione: probabilmente una sintesi degli avvenimenti legati a personaggi farisei, o al gruppo come tale, riportati nell'opera di Flavio Giuseppe o nei vangeli potrebbe essere sufficiente ad affermare la loro presenza in Galilea e in Giudea, dunque su buona parte del territorio indicato. Sono però portato a pensare che l'inciso sia collegato più alla considerazione generale dei farisei come una parte, e parte influente, del popolo giudaico (es. *Ant.* 18.15)[29]: se i farisei sono una parte importante del popolo, allora se ne potrebbe dedurre che essi siano presenti ovunque sul territorio abitato dagli ebrei.

Il periodo che segue è assai interessante: *Ref.* IX,28,4 ha il corrispettivo in *BI* 2.162, ma ne risulta una espansione con l'aggiunta di altre informazioni. Flavio Giuseppe riporta che i farisei hanno la fama di interpretare esattamente le leggi (con ἀκρίβεια) e costituiscono la fazione più importante[30]. In "Ippolito" il tema ripreso è l'interpretazione della legge, ma è declinato in quattro punti: i farisei preservano l'antica tradizione, disquisiscono metodicamente sulle cose pure ed impure, interpretano la legge (ne fanno una ermeneutica, si direbbe oggi), promuovono loro maestri in tali cose (ovvero quelle precedentemente indicate: tradizione, disquisizioni sulle regole di purità, interpretazione della legge).

---

[29] La generalità stessa dell'inciso fa pensare si tratti non tanto di una notizia raccolta o desunta, quanto di una considerazione sintetica dell'autore inteso a riportare, brevemente (e superficialmente?), la descrizione di una setta ebraica d'interesse per lui limitato; saremmo di fronte ad una sua sintesi: se i farisei sono importanti ed influenti (fonte es. Flavio Giuseppe), se si incontrano e si scontrano con Gesù in diversi luoghi in Galilea e in Giudea (es. Lc 5,17: «Sedevano là anche dei farisei maestri della Legge, venuti da ogni villaggio della Galilea e della Giudea»), allora sono presenti pressoché ovunque. Si tratta comunque di una ipotesi e non si esclude l'esistenza di una qualche fonte, da me non rintracciata, in cui si affermi l'ampia diffusione geografica dei farisei.

[30] Vi è un dibattito sulla traduzione di «καὶ τὴν πρώτην ἀπάγοντες αἵρεσιν» in *BI* 2.161, in particolare su come rendere πρώτη, ovvero se l'aggettivo abbia anche o solo una connotazione temporale, nel senso della più antica scuola di pensiero, oppure ritenga il significato di più influente/importante; protendo per questa seconda interpretazione (cfr. S. MASON, *Flavius Josephus on the Pharisees: a composition critical study*, Leiden 1991, 128-132.

Il primo punto riporta la continuità con la tradizione antica, la legge mosaica, una attribuzione certamente positiva che propone l'"ortodossia" giudaica del gruppo. Una simile specificazione ha un certo significato nel quadro dell'*Elenchos*, il cui obiettivo è quello di classificare le eresie, evidenziarne gli errori e le origini, mostrare come l'antica legge mosaica sia il più antico e buon principio della filosofia e della religione tramandato dai giudei e infine recepito dai cristiani. L'aggettivo che definisce la tradizione (ἀρχαῖος) esprime certamente un riferimento alle prime origini e non permette un aggancio con la disquisizione di Mc 7,2-5[31] dove si considera la παράδοσις τῶν πρεσβυτέρων, concetto non sovrapponibile.

Il secondo punto sottolinea come i farisei continuino a disquisire con metodo sulle cose pure e non pure: la definizione di regole di purità è presentata come una azione continuativa (dunque non giunge a soluzione definitiva), portata avanti con metodo; non è chiaro se tale attribuzione possa avere un'accezione negativa: probabilmente, agli occhi dei possibili lettori dell'*Elenchos*, una discussione continua che non giunga a conclusione, pur metodica, non si potrebbe qualificare come (pro)positiva. L'informazione riportata non è certamente originale, non presente in tale esplicitazione in Flavio Giuseppe *BI* 2.162, ma proponibile come sunto[32] anche dalle informazioni riportate nei vangeli, ad es. Mc 7,2-5.

Nel terzo punto i farisei sono presentati, ancora, come specializzati nella interpretazione della legge e conseguentemente nella formazione di loro maestri in tale "disciplina". L'affermazione è legata alla reputazione dei farisei come conoscitori della legge e collegata anche alla loro capacità di essere ascoltati ed influenzare il popolo giudaico (*Ant.* 18.15). La figura dei διδάσκαλοι è presente ad esempio in Giustino, e in altri padri, come personaggi importanti ed influenti sul popolo, antagonisti di Gesù prima, e dei cristiani poi[33]. Essi sono un perno importante nella trasmissione della tradizione antica, la quale può essere malintesa e sviata proprio nel passaggio da una generazione all'altra. In questo senso è interessante *Ant.* 13.297-298 ove Flavio Giuseppe ascrive ai farisei la trasmissione di norme tramandate dalle generazioni precedenti, e non scritte nella legge di Mosè, alle masse. Anche in *Vita* 191 lo storico giudaico parlando di un fariseo,

---

[31] Anche Mt 15,2-3, ma con accentuazioni diverse e una minore attenzione ai farisei e agli usi dei giudei.

[32] Si potrebbe pensare che l'uso dei maestri ebraici della diatriba come metodo di ricerca teologica potrebbe apparire ad un estraneo con formazione classica come un infinito discutere senza senso.

[33] Es. *Dial* 102,5; *Dial.* 103,1; *Dial.* 137,2 dove Giustino invita a non ascoltare i maestri farisei.

Simone, ribadisce che i farisei «sono considerati superiori a tutti gli altri per la precisa (ἀκρίβεια) conoscenza delle leggi del paese[34]».

Il fatto che i farisei promuovano propri maestri esperti in tali cose (antica tradizione, purità rituale, interpretazione della legge)[35] potrebbe essere letto come una loro iniziativa finalizzata a diffondere la loro interpretazione della legge, rafforzare la loro influenza e così consolidare la propria "scuola". Sarebbe dunque una caratteristica della loro "politica" di proselitismo[36] e di raccolta di consenso.

I tre punti sopra menzionati non esprimono caratteristiche "nuove" sui farisei: la sintesi descrittiva esprime, in sentenze brevi, un modo di essere che un erudito avrebbe potuto conoscere leggendo Flavio Giuseppe (ed anche Nicola di Damasco), i vangeli, e alcuni padri (Giustino, Ireneo, Egesippo). In qualche modo la sequenza delle caratteristiche in sé potrebbe avere una certa originalità, per il fatto che essa non sembra poter essere derivata, quale insieme coeso, da una fonte precedente.

Vi sono alcuni punti di contatto fra la sintetica caratterizzazione di *Ref.* IX,28,4 e la figura degli scribi e farisei come presentata nel romanzo pseudo-clementino: essi sono depositari di una tradizione che deriva direttamente da Mosè, una tradizione scritta e orale necessaria per comprendere le scritture (*Homiliae*) e addivenire al Regno dei cieli; inoltre essi conoscono bene i comandamenti e, quelli fra loro che non sono ipocriti, purificano tanto il cuore quanto il corpo; inoltre vi è una certa relazione fra scribi e maestri (via *Hom.* 3,51,1), che conoscono la verità autentica della legge, e i farisei (cfr. Cap. X). Sebbene le *Homiliae* e le *Recognitiones* siano state definitivamente redatte probabilmente nel IV secolo, non è impossibile che

---

[34] Flavio Giuseppe, *Autobiografia*, G. Jossa, ed., Napoli 1992, 121.

[35] Si potrebbe considerare se il termine διδασκάλοι abbia relazione nell'*Elenchos* con la figura degli scribi, appunto esperti della legge e dediti al suo insegnamento. Nella tradizione ebraica gli scribi sono indicati con due termini, *soferim* (più antico) e *hakamin* (Qumran), nella LXX *sofer* è tradotto normalmente con γραμματεύς, ed anche Flavio Giuseppe usa tale termine quando si riferisce generalmente a "scriba". Solo Luca usa per dottore della legge διδάσκαλος (Lc 2,46), νομοδιδάσκαλος (Lc 5,17, At 5,34) (cfr. U. Luz, *Vangelo di Matteo*, vol. 3, C. Giannotto, ed., Brescia 2013, 445). Gli scribi come gruppo non compaiono nell'*Elenchos*, come pure non viene usato il lemma γραμματεύς. Ritengo che non vi siano indizi per promuovere una simile ipotesi.

[36] Se il giudaismo nell'antichità avesse una azione attivamente missionaria verso i gentili è una questione discussa. Mt 23,15 è una delle non molte attestazioni esplicite di viaggi missionari, fra l'altro connessa con scribi e farisei. Ad esempio per M. Goodman, *Mission and Conversion. Proselytizing in the Religious History of the Roman Empire*, Oxford 1994 il giudaismo non fu missionario, di parere opposto L. H. Feldman, *Jew and Gentile in the Ancient World*, Princeton 1993, 288-382.

l'erudito autore dell'*Elenchos* possa aver intercettato ed estratto notizie se non dal testo base pseudo-clementino, redatto nel III secolo, dalle diverse fonti confluite in esso (es. *Rec.* 1,27-71).

Ref. IX,29,5 tratta della visione "filosofica" dei farisei; vi è legame con *BI* 2.163, la sequenza degli argomenti è simile: rapporto fra il destino e l'autodeterminazione umana, il destino dell'anima e la retribuzione dopo la morte. Nondimeno l'*Elenchos* ha differenze sostanziali con la presentazione flaviana ed è leggermente più espansa. In "Ippolito" il discorso sul destino, Dio e la determinazione umana è riarrangiato in modo vi siano due proposizioni: una sul ruolo del destino che per i farisei esiste ed ha influenza sulle azioni degli uomini, le quali comunque sono determinate anche dalla volontà umana; l'altra su Dio, che è «causa di tutte le cose e senza il suo volere nulla viene fatto». In Flavio Giuseppe l'esposizione è più sintetica e non vi è una espressione indipendente sul ruolo del destino e di Dio. Il ruolo di εἱμαρμένην è sostanzialmente simile in entrambe le esposizioni, ma non così quello di Dio: nell'*Elenchos* Dio acquista un ruolo specifico e diviene elemento causale e volitivo di tutto ciò che esiste e accade. Tale teocentrismo sposta la visione farisaica in una dimensione forse più comprensibile e vicina a quella dei lettori di "Ippolito", e, in qualche modo, più vicina a quella cristiana.

Il discorso sull'anima e sul giudizio è ancora più caratterizzato: per l'autore dell'*Elenchos* i farisei non solo ritengono che l'anima sia immortale (*BI*), ma essi credono anche nella resurrezione della carne (οὗτοι καὶ σαρκὸς ἀνάστασιν ὁμολογοῦσι). L'espressione e il vocabolario sono connessi con la teologia cristiana, conseguentemente si tratterebbe di uno sviluppo in senso cristiano della dottrina della setta ad opera di "Ippolito". Vale la pena osservare che Steve Mason, commentando *BI*, 2,163 afferma: «The form of reincarnation attributed to the Pharisees by Josephus, then, bears many similarities to what we should call resurrection – a Pharisaic doctrine well attested in the rabbinic literature and in the New Testament[37]». Dunque si potrebbe capire lo sviluppo operato dall'autore dell'*Elenchos* come una (pre) comprensione e traduzione in un linguaggio a lui congeniale (nella accezione semantica, ma anche nell'ottica del suo progetto editoriale) di quanto appreso nelle sue letture sui farisei, in particolare della descrizione fatta da Giuseppe in *BI*.

---

[37] S. MASON, *Flavius Josephus on the Pharisees*, 169.

"Ippolito" prosegue riprendendo la costruzione dello storico ebreo che contrappone a specchio farisei e sadducei: ciò che credono i farisei quanto Dio, destino, autodeterminazione umana, immortalità dell'anima e giudizio finale non lo credono i sadducei; e recupera pure una presentazione positiva dei farisei contrapposta con quella negativa dei sadducei. Se in Flavio Giuseppe i farisei sono in qualche modo "più giudei" dei sadducei, nell'*Elenchos* tale opposizione è declinata con un linguaggio e con una semantica più vicini alla cultura cristiana ellenistica dei primissimi secoli. Tale affermazione non deve essere intesa quale incapacità dell'autore di recepire ed esprimere i concetti afferitigli dalle sue fonti, poiché nell'*Elenchos* l'autore si è dimostrato capace di categorie, cultura e linguaggio tali da poter rappresentare diverse filosofie, credenze ed errori provenienti da contesti disparati. Mi pare qui di poter cogliere una esplicitazione del piano dell'opera: i giudei sono gli eredi della promessa, hanno la legge mosaica, portatrice della verità e della vera religione; gli errori dipendono da un colpevole fraintendimento di tale verità, la quale è prima in senso cronologico e anche per l'eccellenza dei suoi principi. Fra i giudei, che hanno una "religione" comune, si stagliano tre scuole; fra esse quella degli esseni è la "migliore", quella dei farisei la segue, mentre i sadducei sono i più lontani dalla "verità". In tale contesto i farisei sono "buoni" giudei e dunque, in un certo modo, buoni epigoni e buoni progenitori dei cristiani.

In quest'ottica le correzioni operate hanno una certa necessità: i farisei credono nella immortalità dell'anima, nella resurrezione della carne (sviluppo del passaggio delle anime dei buoni in un altro corpo, cfr. *BI* 2,163), in un giudizio che avverrà alla conflagrazione[38] (ἐκπύρωσις) allorquando i giusti saranno incorruttibili (ancora sviluppato dalla sussistenza delle anime di buoni in ἕτερον σῶμα), mentre i peccatori bruceranno nel fuoco inestinguibile (sviluppo della punizione senza fine riservata ai malvagi).

---

[38] La visione escatologica del fuoco che consuma l'universo al termine dell'eone è comune nelle filosofie ellenistiche, e anche negli scritti dei padri. Tale ἐκπύρωσις è specifica della visione farisaica escatologica nell'*Elenchos*, e manca in *Bellum Iudaicum*. È un indizio che sostanzia l'ipotesi di una traslazione consapevole della descrizione dei farisei in termini – categorie più ellenistiche e cristiane.

2.5 *Ref.* IX,29,4

καὶ οἱ μὲν Φαρισαῖοι φιλάλληλοι, οἱ δὲ Σαδδουκαῖοι φίλαυτοι[39]. (*Ref.* IX,29,4).

E mentre i Farisei si amano gli uni gli altri, i Sadducei amano solo sé stessi.

Nella descrizione della setta dei sadducei "Ippolito" recepisce il contrasto di *BI* 2.166 fra la amabilità dei farisei e la rudezza dei sadducei, riportandolo però in modo assai sintetico:

καὶ Φαρισαῖοι μὲν φιλάλληλοί τε καὶ τὴν εἰς τὸ κοινὸν ὁμόνοιαν ἀσκοῦντες, Σαδδουκαίων δὲ καὶ πρὸς ἀλλήλους τὸ ἦθος ἀγριώτερον αἵ τε ἐπιμιξίαι πρὸς τοὺς ὁμοίους ἀπηνεῖς ὡς πρὸς ἀλλοτρίους[40] (*BI* 2.166).

Questo periodo di *BI* 2.166 è condensato in due sole brevi proposizioni. È interessante che l'*Elenchos* utilizzi le stesse parole di Flavio Giuseppe per l'inizio della frase, e in particolare lo stesso verbo, con un minimo riarrangiamento, mentre ciò che segue (in *BI*) invece è sincopato in una sola breve proposizione il cui verbo è semanticamente e fonicamente legato con il primo (φιλάλληλοι – φίλαυτοι). Si ha qui una ulteriore traccia di come l'autore segua la fonte flaviana, tenendola ben presente, ma al contempo operi una selezione legata alla sua visione e al suo piano: farisei e sadducei continuano ad essere considerati a specchio, gli uni sono il contrario speculare degli altri. I farisei hanno una connotazione positiva, si amano gli uni gli altri, mentre i sadducei una negativa conseguenza della loro autoreferenzialità; cade anche la nota flaviana sulla concordia comunitaria. Probabilmente pesa qui la volontà dell'autore di presentare il gioco linguistico di consonanza φιλάλληλοι - φίλαυτοι in una sintesi strettissima, ma anche l'intento di dare un'aura positiva, ma non troppo, ai farisei, i quali devono rimanere comunque, per virtù proprie, inferiori agli esseni, i "primi della classe".

3. I farisei nelle "opere "esegetiche"

3.1 *De benedictionibus Isaaci et Jacobi* 23

Le *Benedizioni di Giacobbe* sono accorpate con un gruppo di scritti di natura esegetica attribuiti ad un autore, chiamato anch'esso Ippolito, di formazione e provenienza orientale, con buona probabilità distinto dallo scrittore di area occidentale, romana, dell'*Elenchos*.

---

[39] Hippolytus, *Refutatio omnium haeresium*, 262.
[40] Flavius Josephus, *Opera*, VI, 186.

ὡς καὶ ἐν τῷ εὐαγγελίῳ γέγραπται· «τότε προσῆλθον αὐτῷ τινες τῶν φαρισαίων λέγοντες· διδάσκαλε, εἰπὲ ἡμῖν, ἐν ποίᾳ ἐξουσίᾳ ταῦτα ποιεῖς καὶ τίς ἐστιν ὁ δούς σοι τὴν ἐξουσίαν ταύτην[41];

Così è scritto anche nel vangelo: «Allora si avvicinarono a lui alcuni Farisei dicendo: Maestro, dicci, con quale potere compi questi prodigi e chi è che ti dà questo potere[42]?» (*Le benedizioni di Giacobbe* 23).

L'autore cita il confronto nel tempio fra i maggiorenti del popolo e Gesù quanto alla sua autorità, tanto nell'insegnare quanto nei segni da lui compiuti. Lo scontro è riportato dai sinottici (Mt 21,23-27, Mc 11,27-33, Lc 20,1-8) ed è preceduta dalla cacciata dei "venditori" dal tempio. Il legame con il testo di Matteo è piuttosto forte, ma proprio per il tema di nostro interesse presenta una variazione notevole: in nessuno dei sinottici, per questo episodio, sono citati i farisei. In Matteo si avvicinano a Gesù capi dei sacerdoti e anziani, in Marco e in Luca capi dei sacerdoti, scribi e anziani. In qualche modo i vangeli intendono presentare il confronto fra i detentori dell'autorità, i maggiorenti giudaici, e dall'altro il predicatore galileo.

La prospettiva di "Ippolito" è diversa: poco prima della citazione considerata, all'inizio dello stesso capitolo 23, l'autore considera il malvagio sinedrio dei sommi sacerdoti e degli scribi: commentando Gen 49,19 identifica πειρατήριον (LXX) con il malvagio sinedrio che metteva alla prova il Salvatore[43]. Di fatto i sommi sacerdoti e gli scribi che lo costituiscono sono predoni (o, forse meglio, un covo di pirati). Quando però l'autore segue con la citazione di Mt 21,23, in luogo dei capi dei sacerdoti e degli scribi, compaiono i soli farisei. Un salto notevole che connette i farisei con il malvagio sinedrio composto da sommi sacerdoti e scribi, covo di pirati (*De benedictionibus Jacobi* 23). I farisei quindi sono connessi con la classe dei maggiorenti ebrei e quasi si sovrappongono a quel gruppo di malvagi che mettono alla prova Gesù per poterlo condannare a morte.

Dunque qui i farisei hanno già la dimensione tipologica dell'ebreo incapace di riconoscere la presenza del messia, deciso, malvagiamente, ad eliminare il Nazareno. Non sembra che l'autore si curi minimamente di distinguere i diversi gruppi ebraici, né di seguire con attenzione i testi evan-

---

[41] PO 27,93.

[42] Traduzione ripresa da IPPOLITO, *Le benedizioni di Giacobbe*, M. SIMONETTI, ed., Roma 1982, 92-93.

[43] "Come «corte dei nemici» il profeta indica il malvagio sinedrio dei sommi sacerdoti e degli scribi, che mettevano alla prova il Salvatore con svariati pretesti, volendo trovare un argomento di accusa ai suoi danni per impadronirsi di lui con l'inganno e metterlo a morte". IPPOLITO, *Le benedizioni di Giacobbe*, 92.

gelici; la prospettiva pare molto diversa da quella riportata nell'*Elenchos*, rientrando piuttosto nella linea della polemica cristiana antiebraica. Se si accetta la distinzione fra l'"Ippolito" esegeta e l'autore dell'*Elenchos*, la differenza di contenuto dei due testi esprime la diversità dei due scrittori come pure i loro diversi interessi e finalità.

3.2 *Fragmenta in Psalmos* 15[44]

ἐπύθετο τῶν Φαρισαίων, εἰ „Δαυῒδ ἐν πνεύματι ἁγίῳ τὸν Χριστὸν κύριον" εἶπεν „πῶς υἱὸς αὐτοῦ ἐστιν". εἰ τοίνυν πνευματικὰ νοήματα περιέχουσιν οἱ ψαλμοί, οὐχ ὡς ἔτυχεν ἐντευκτέον τῇ γραφῇ αὐτῶν[45]. (*Fr. in Ps.* 15,8-11)

Domandò ai farisei[46]: se "Davide nello Spirito Santo chiamò l'Unto signore", "come può essere suo figlio". Se quindi i salmi contengono pensieri spirituali non è casuale ciò che vi è scritto.

"Ippolito" nel frammento discute il legame fra i salmi e il nuovo testamento. I farisei sono tirati in causa per la domanda che Gesù fa sulla ragione per cui si dica che il Cristo sia figlio di Davide, in relazione alla citazione del salmo 110. La questione è riportata nei sinottici con alcune differenze: l'esegeta probabilmente considera Marco e Matteo, poiché in essi è riportato come David sia stato mosso dallo Spirito Santo (assente in Luca). La questione in Marco e in Luca è rivolta agli scribi, mentre in Matteo ai farisei riuniti. Dunque è plausibile che lo scrittore abbia considerato, o preferito, il testo di Matteo per la sua disamina. Quanto alla figura dei farisei non è a mio avviso possibile aggiungere molto di più. Non si può dedurre dal testo una scelta esplicita dello scrittore di preferire il testo di Matteo a quello di Marco per evidenziare un ruolo particolare o una tipologia specifica dei farisei rispetto agli scribi. Nel seguito del brano vengono considerati gli ebrei, depositari delle scritture, le quali anticamente furono tradotte in greco. Il discorso non riporta toni polemici o note specifiche né sugli ebrei né sui farisei.

---

[44] La catalogazione dei frammenti segue quella fatta in: HIPPOLYTUS, *Hippolyt's kleinere Exegetische und homiletische Schriften*, H. ACHELIS, ed., *GCS* 1.2, Leipzig 1897.

[45] HIPPOLYTUS, *Hippolyt's kleinere exegetische und homiletische Schriften*, 144.

[46] Riferimento a Mt 22, 41-45; Mc 12,35-37; Lc 20, 41-44.

3.3 *Fragmenta in Psalmos* 28

... Διὸ καὶ μέχρι τῆς σήμερον ὁρῶντες τοὺς ὅρους καὶ κύκλῳ περιϊόντες πόρρωθεν ἵστανται[47] ...
Ἀνωνύμου.

... Οὐκέτι οὖν βασιλεὺς οὐδὲ ἀρχιερεὺς οὐδὲ προφήτης, ἀλλ' οὐδὲ γραμματεῖς καὶ Φαρισαῖοι καὶ Σαδδουκαῖοι παρ' αὐτοῖς εἰσιν. οὐ μὲν καὶ ἀποκτανθῆναί φησιν· διὸ συνέστηκεν αὐτῶν τὸ γένος, καὶ τῶν παίδων ἡ διαδοχὴ πληθύνει. οὐ γὰρ ἀπεκτάνθησαν, οὐδ' ἐξ ἀνθρώπων ἀπέσβησαν, ἀλλ' εἰσὶ μὲν καὶ ὑφεστήκασιν· οὕτω δὲ ὡς καταβεβλημένοι καὶ κατενηνεγμένοι, ἧς πάλαι ἠξίωντο παρὰ θεῷ τιμῆς[48].
(*Fr. in Ps.* 27,27-28,4)

Fino ad oggi sebbene vedano i confini del loro paese e girino intorno ad essi, essi stanno lontano ...
[Di un anonimo]

... quindi non hanno più un re o capi o un profeta, né scribi e farisei e sadducei tra loro.
Tuttavia non dice che sono stati tagliati fuori; perciò la loro stirpe ancora sussiste e la successione dei figli continua. Infatti non sono stati tagliati fuori né consumati fra gli uomini, ma essi sono e ancora sussistono; così che sono stati rigettati e abbattuti dall'onore del quale fin dall'antichità Dio li aveva ritenuti degni.

L'autore commenta Sal 59,12, applicandolo alla vicenda degli ebrei: i nemici che opprimono il salmista sono identificati con il popolo ebraico; esso non viene annientato, ma disperso fuori dei confini della sua terra quale punizione per le colpe commesse: le menzogne e bestemmie suscitate dall'orgoglio (Sal 59,13). Al popolo ebreo è stato tolto quell'onore di cui, fin dall'antichità, Dio li aveva ritenuti degni: l'Alleanza. Nel tempo contemporaneo allo scritto gli ebrei sussistono come stirpe, ma sono dispersi e sopravvivono facendo i lavori più umili, e non hanno più re, né sommo sacerdote, né profeta, né tantomeno scribi, farisei e sadducei fra di loro. Nella dispersione fra le genti vi è la possibilità che, vedendo la chiesa prospera, il popolo ebraico possa ravvedersi e cambiare, riconoscendo la venuta del messia.

Si ravvisano i toni della polemica antigiudaica, cioè l'incapacità pervicace da parte del popolo eletto di riconoscere in Gesù il Cristo. Più interessante per questo lavoro è che l'autore consideri, nell'evo suo contemporaneo, l'esistenza degli ebrei nella diaspora e la perdita di un proprio re, del sommo sacerdote e di un profeta, cioè la cessazione di una struttura politica e religiosa organizzata, autonoma e centralizzata. Di seguito è sottolineata anche la scomparsa dei gruppi giudaici, ovvero tanto di una "élite" religiosa quanto anche della differenziazione sociale che essa comportava.

---

[47] *Fragmenta in Psalmos* 27.
[48] Hippolytus, *Hippolyt's kleinere exegetische und homiletische Schriften*, 150-151.

I gruppi giudaici considerati sono scribi, farisei e sadducei, certamente i gruppi principali, come desumibile anche dai vangeli, ma non sono considerate altre fazioni, menzionate nel NT. Tale divisione in tre gruppi riprende quella proposta da Flavio Giuseppe e, in seguito, ripresa da altri scrittori, fra cui l'autore dell'*Elenchos*.

In questo contesto i farisei non hanno una caratterizzazione particolare, rimanendo quale citazione accanto a scribi e sadducei. Non resta che rilevare come l'autore di questo commento presenti gli ebrei del suo tempo come un gruppo senza differenziazioni notevoli, impegnato in lavori umili, descritto come non rilevante da un punto di vista sociale e politico. Tale prospettiva apologetica non permette di inferire un gran ché sulla reale situazione di ebrei e, in particolare, di avvalorare la notizia della scomparsa dei farisei come gruppo nel tempo corrente allo scrittore.

3.4 *Commentarium in Danielem III,27*

Καὶ τοῦτο δὲ κακοηθείας ἔργον ἦν· εὐλαβούμενοι γὰρ οἱ σατράπαι, μήπως κατὰ λάθρα ὁ βασιλεὺς κελεύῃ τοῦτον ἐκ τοῦ λάκκου ἀνασπασθῆναι, ἠξίωσαν σφραγισθῆναι τὸν λίθον. Ὃν τρόπον καὶ "οἱ ἀρχιερεῖς <καὶ οἱ φαρισαῖοι"> ἐποίησαν ἐπὶ τῷ σωτῆρι "σφραγίσαντες τὸν λίθον μετὰ τῆς κουστωδίας[49]".
(*Comm. In Danielem* III,27,19-24)

Questa era l'opera della malvagità. Infatti i satrapi circospetti perché il re non ordinasse segretamente di farlo uscire dalla fossa, pensarono di far sigillare la pietra. Anche «i sommi sacerdoti e i farisei» fecero in questo modo riguardo al Salvatore «sigillando la pietra e ponendo le guardie».

Nel commento al libro di Daniele i farisei compaiono due volte, *Commentarium in Danielem* III,27,23 e in IV,33,6. Nel primo caso l'autore sta considerando il passo relativo al profeta gettato nella fossa dei leoni. Il legame con il Nuovo Testamento scaturisce dalla collocazione di una pietra sulla fossa dei leoni e dall'apposizione di sigilli, a garanzia della esecuzione della sentenza contro il profeta (Dn 6,18), azione similare a quella messa in atto dai sommi sacerdoti e dai farisei, con il consenso di Pilato, allorquando sigillarono la pietra del sepolcro di Gesù e vi posero dei soldati di guardia (Mt 27,66). Degli evangelisti Matteo è l'unico che

---

[49] Il testo greco è ripreso dalla edizione critica HIPPOLYTUS, *Werke. Exegetische und homiletische Schriften*, G. N. BONWETSCH – H. ACHELIS, ed., GCS 1.1, Leipzig 1897 (qui pag. 172). L'edizione è stata recentemente aggiornata: HIPPOLYTUS, *Werke. Kommentar zu Daniel*, BONWETSCH, G. N. – RICHARD, M., ed., GCS N.F. 7, Berlin 2000.

riferisce tale vicenda, ed è anche il passo dove i farisei ricompaiono, dopo essere stati assenti durante la passione di Cristo.

Non è questo il luogo per analizzare il ruolo dei farisei nei racconti della passione, di fatto l'esegeta propone una connessione, suggerita dalla similitudine del fatto e anche dall'uso dello stesso verbo (σφραγίζω), fra Matteo e Daniele (LXX). In Matteo la presenza dei farisei probabilmente è da ascriversi nell'ottica del segno di Giona proposto da Gesù in risposta alle richieste degli scribi e farisei (Mt 12,38-40) e dei farisei e sadducei (Mt 16,1-4): dopo la morte di Gesù sommi sacerdoti e farisei si ricordano della profezia della risurrezione al terzo giorno e pongono in essere precauzioni per evitare il trafugamento del corpo e una propaganda menzognera.

Essendo Matteo il vangelo generalmente più "citato" dagli scrittori dei primi secoli, ed essendo la vicenda specifica presente solo in questo vangelo, non si può dedurre molto da questo richiamo. Certamente la malvagità dei satrapi è proiettata sui sommi sacerdoti e farisei, che assumono una dimensione negativa, ma essa non è peculiare dei soli farisei.

3.5 *Commentarium in Danielem IV,33*

Ὅτι δὲ τὰ πάλαι διὰ νόμου καὶ προφητῶν | λελαλημένα πάντα ἦν ἐσφραγισμένα καὶ ἄγνωστα τοῖς ἀνθρώποις ὑπάρχοντα Ἡσαΐας λέγει· "καὶ δώσουσιν τὸ βιβλίον τὸ ἐσφραγισμένον ἀνθρώπῳ ἐπισταμένῳ γράμματα καὶ ἐροῦσιν αὐτῷ· ἀνάγνωθι τοῦτο, καὶ ἐρεῖ· οὐ δύναμαι | ἀναγνῶναι, ἐσφράγισται γάρ". ἀναγκαίως· ἔδει γὰρ τὰ πάλαι διὰ προφητῶν λελαλημένα τοῖς μὲν ἀπίστοις Φαρισαίοις, οἳ ἐδόκουν τὰ τοῦ νόμου γράμματα γινώσκειν, ἐσφραγίσθαι, τοῖς δὲ πιστεύουσιν [τὰ] πάντα ἠνεῷχθαι[50]. (*Comm. In Danielem* III,33,7-14)

Ora tutto ciò che la legge e i Profeti avevano detto agli uomini fu sigillato e sconosciuto a loro. Questo è ciò che spiega Isaia: «e daranno il libro sigillato all'uomo che conosce le scritture e diranno a lui: Leggi questo, e dirà: non posso leggere, perché è sigillato». Era necessario che tutto ciò che i profeti avevano detto ai farisei increduli i quali credevano di conoscere le lettere della Legge, fosse per loro cosa sigillata, ma aperta per coloro che credono.

Al capitolo 9 del libro di Daniele, l'arcangelo Gabriele spiega a Daniele la visione che ha appena avuta e l'esegeta, nel brano di nostro interesse, commenta il versetto Dn 9,24, dove dice, fra l'altro, che settanta settimane sono fissate per suggellare visione e profezia. Secondo l'esegeta era necessario che

---

[50] HIPPOLYTUS, *Werke. Exegetische und homiletische Schriften*, 274.

le profezie fossero sigillate fino all'arrivo del Cristo (pienezza della legge e dei profeti), il solo in grado di sciogliere ogni legaccio e liberare dalle tenebre l'umanità. L'autore riporta il rimprovero, fatto da Gesù al capo della sinagoga ed ai presenti (Lc 13,10-15), di non comprendere la necessità di guarire la donna "gobba" di sabato, cambiando però i destinatari nei capi del popolo.

Il discorso riguarda genericamente gli ebrei che pur avendo la legge e i profeti, non ne compresero il senso se non grazie al messia. Un discorso che resta di massima fino a quando si specifica sui farisei: essi sono l'esempio più lampante, per l'esegeta, di coloro che presumono di avere una conoscenza delle Sacre Scritture, ma sono condannati alla ignoranza del senso di esse a causa della incredulità nel Cristo; al contrario nulla rimane nascosto ai santi, cioè ai veri credenti, in virtù della grazia del Signore (*Commentarium in Danielem* IV 34,1). La figura dei farisei ha, da un lato, una dimensione negativa e prototipica dell'ebreo incredulo, ma dall'altro la loro colpevolezza è parzialmente mitigata dall'azione divina che limita la completa intelligibilità delle Scritture e delle profezie fino alla venuta del messia. Il richiamo del vangelo di Luca, proposto poco prima della citazione di nostro interesse (Lc 13,15-16 in *Commentarium in Danielem* IV 33,3), è raccolto da un episodio (la guarigione della donna curva di sabato, Lc 13,10-17) in cui non sono esplicitamente citati i farisei. Ma i soggetti della critica di Gesù sono il capo della sinagoga, gli astanti e in generale i suoi avversari (Lc 13,17), i quali sono contrapposti alla folla esultante per le meraviglie compiute dal Nazareno. In generale il vangelo di Luca è il meno critico nei riguardi dei farisei rispetto agli altri sinottici, nondimeno Lc 11,53 rimarca l'ostilità degli scribi e farisei, mentre Lc 12,1 si focalizza sui farisei portatori del lievito della ipocrisia, nota cui va accompagnata l'osservazione che Gesù visita e pranza con i farisei (Lc 11,54, Lc 14,1), dunque ha relazioni e un dialogo, non pacifico, con loro.

Se l'autore del commento a Daniele presenta un'accentuazione negativa dei farisei, occorre rilevare come essa sia già presente nel contesto evangelico prossimo di riferimento, pur risultando certamente amplificata; l'accentuazione negativa è stemperata dall'azione divina, come pure nel vangelo di Luca la critica ai maggiorenti ebrei, fra cui i farisei, è mitigata dalla frequentazione e dal dialogo che Gesù ha con alcuni di essi. Non è possibile proporre banalmente un'analogia fra la poliedricità della figura dei farisei in Luca e quella nel *Commentarium in Danielem*, comunque si può osservare come l'autore mostri di avere una buona conoscenza scritturistica e, in particolare, evangelica.

4. **Prima analisi**

Le nove ricorrenze del sostantivo farisei negli scritti connessi con la figura di "Ippolito", da un punto di vista quantitativo, non sono gran cosa; non si tratta certamente di un termine ricorrente nel *corpus* attribuito ad "Ippolito". La comparazione con le altre più note fazioni giudaiche vede i Σαδδουκαῖοι con 6 ricorrenze e gli Ἐσσηνοί con 3[51]; il termine Ἰουδαῖος ricorre 33 volte ed ἑβραῖος 18.

Da un punto di vista qualitativo la questione è diversa e più complessa. Il problema dell'attribuzione degli scritti e della definizione della, o delle, identità dell'autore rende assai difficile, se non impossibile, ipotizzare un quadro d'insieme sulla figura dei farisei negli scritti considerati.

Prescindendo, per un attimo, dalla questione dell'autore, è piuttosto evidente come l'*Elenchos* sia un'opera diversa dai commenti ai libri sacri ricondotti sotto la pseudonimia ippolitea: l'opera è stata pensata quale trattato per dimostrare la verità della retta fede, gli errori delle diverse filosofie e le eresie scaturite da fraintendimenti, colpevoli, dell'unica rivelazione divina. La realizzazione del trattato segue il metodo di lavoro comune agli eruditi del tempo, che consisteva, spesso, in un'ampia lettura della documentazione disponibile e nella rielaborazione di essa, utilizzando liberamente stralci di altre opere secondo il proprio piano editoriale. "Ippolito" quando deve descrivere le usanze dei giudei, per illustrarne le tre maggiori fazioni, attinge da Flavio Giuseppe, in particolare dal secondo libro della Guerra Giudaica (*BI* II,119-166). Diversamente le ricorrenze del lemma farisei presenti nei commentari biblici sono connesse in modo diretto o indiretto con i vangeli, utilizzati generalmente per rintracciare il senso cristologico delle scritture. Il piano di lavoro è molto diverso, come diverse sono le immagini letterarie dei farisei che ne scaturiscono.

Per il caso dell'*Elenchos* la definizione della figura dei farisei emerge considerando l'intera descrizione dei giudei. Di per sé la descrizione specifica del gruppo è piuttosto contenuta, mentre la parte dedicata agli esseni è la più estesa; ciò non stupisce, corrispondendo grossomodo a quanto accade nella fonte di riferimento (*BI* 2,119-166). Vi è però una differenza nella redazione e composizione: la descrizione degli esseni ha riprese dirette, talvolta letterali, dell'omologa descrizione in *BI*; al contrario l'esposizione dei farisei si presenta come una riscrittura delle informazioni desunte

---

[51] Interessante osservare come il termine *esseni* abbia la ricorrenza più bassa, sebbene sia il gruppo giudaico più ampiamente trattato nell'*Elenchos*; essi appaiono esclusivamente in quest'opera. I sadducei sono citati 5 volte nell'*Elenchos* e una volta in *Fragmenta in Psalmos* 28,1.

dall'opera dello storico ebreo, senza riprese letterali, con l'aggiunta di informazioni non direttamente presenti in *BI* 2.162-163. 166[52]. Tali informazioni non sono di per sé originali, poiché rintracciabili e desumibili dalle opere di Flavio Giuseppe, dal NT e dagli scritti di alcuni padri[53], semmai è da considerare se l'accostamento e la sintesi di esse costituisca un insieme caratteristico. Quando si tratta di descrivere le specificità dei farisei rispetto ai giudei "Ippolito" offre una sequenza peculiare: essi osservano l'antica tradizione, disquisiscono minuziosamente sulle cose pure e impure secondo la legge, interpretano la legge e promuovono maestri in tali cose.

Se lo si confronta con la sequenza omologa in *BI* 2.162 si vede come Flavio Giuseppe riporti solamente che i farisei abbiano la fama di interpretare con esattezza la legge e siano il gruppo più importante. La sequenza di "Ippolito" garantisce, nella prospettiva dell'autore, una positività al gruppo: seguire l'antica tradizione significa essere fedeli alla rivelazione mosaica e ciò li rende estranei alle derive ereticali; inoltre la loro "ortodossia è sottolineata nel fatto che essi ritengono la legge come un riferimento costante per dirimere le questioni contingenti e per preservare la purità rituale[54].

L'autore dell'*Elenchos* presentando i farisei come un sottoinsieme, diffuso e dunque importante, dei giudei li inserisce in una posizione di mezzo

---

[52] La descrizione dei sadducei ha una stesura un po' diversa: dopo una ripresa di *BI* 2.165 in *Ref.* IX,29,1, letterale per alcune parole, l'autore ha inserito un'espansione (*Ref.* IX,29) con informazioni non presenti in *BI* 2.165-166. Si tratta di una sintesi probabilmente da fonti diverse. Ad esempio "Ippolito" riporta come il gruppo dei sadducei fosse stato forte soprattutto in Samaria, informazione piuttosto originale, che potrebbe essere considerata come un errore di lettura o una cattiva interpretazione delle sue fonti (sadducei scambiati con i samaritani? Cfr. 'IPPOLITO', *Confutazione*, 330). Anche Epifanio, più tardi, avvicina i samaritani ai sadducei per comunanza di alcune dottrine, ma non li confonde (*Pan.* 9,4,2). Sta di fatto che l'esposizione sui sadducei nell'*Elenchos*, nella sua brevità, ha similitudini di composizione e stesura con quella sugli esseni (riprese dirette) sia con quella sui farisei, sunteggio "libero" da diverse fonti. Non è nell'obiettivo di questo lavoro analizzare tale passo, nondimeno si può ipotizzare che per essa l'autore abbia utilizzato notizie non presenti né negli scritti di Flavio Giuseppe, né nel NT.

[53] Autori cristiani sono utilizzati da "Ippolito" per la stesura dei libri precedenti al IX, ad esempio Ireneo e Tertulliano (cfr. PSEUDO-IPPOLITO, *Confutazione*, 50-98), ma è ragionevole supporre che un erudito, quale era l'autore dell'*Elenchos*, avesse nozione di autori quali Giustino ed Egesippo. Quanto ad Egesippo vi è una ipotesi che esso costituisca la fonte intermedia fra Flavio Giuseppe e l'autore dell'*Elenchos*, spiegando così le differenze esistenti fra lo storico ebreo e la ripresa (con relativa "cristianizzazione") di "Ippolito" (cfr. PSEUDO-IPPOLITO, *Confutazione*, nota 296, 98-99 in riferimento a S. ZEITLIN, «The Account of the Essenes in Josephus and the Philosophumena», *JQR* 49 (1959), 292-299).

[54] Si può discutere se il minuzioso disquisire su regole di purità possa essere considerato dall'autore cosa buona o meno, potendo sottintendere una certa capziosità, ma certamente il fatto che ciò avvenga all'ombra della legge mosaica ha una dimensione positiva.

fra gli esseni, la più virtuosa delle fazioni ebraiche, e i sadducei, la più nefanda, la cui descrizione presenta caratteristiche, talvolta, specularmente opposte a quelle dei farisei. La descrizione di quest'ultimo gruppo ha una sua dimensione globalmente positiva, dipendente dal piano letterario del trattato, nel quale i giudei, generalmente, hanno conservato la rivelazione mosaica e sono i prodromi della pienezza della verità in Cristo.

Non sono presenti in alcun modo le note polemiche derivate dai contrasti riportati nei vangeli fra Cristo e i maggiorenti ebraici, in particolar modo scribi e farisei; come pure non è presente una sottolineatura antiebraica, né quanto alla responsabilità per la morte del messia, né quanto alla incapacità di riconoscere nel Nazareno il Cristo.

È in questa prospettiva, probabilmente, che va ricercata la necessità dell'autore di arricchire, parzialmente, la descrizione rispetto a quella riportata da Flavio Giuseppe in *BI* 2.162, sicché la descrizione del gruppo di mezzo assumesse uno spessore e una dimensione positiva per meglio contrapporsi a quella dei sadducei, anch'essi legati alla legge mosaica, ma con una deriva religiosa e morale per nulla positiva[55].

Nell'ipotesi che questo sia l'intento letterario dell'autore, resta da definire se le informazioni aggiunte, rispetto al brano omologo della *Guerra Giudaica*, abbiano caratteristiche originali o siano significative per la definizione della figura dei farisei al tempo della redazione dell'opera.

In sé le informazioni riportate non sono originali poiché desumibili dai racconti evangelici, dall'insieme dell'opera di Flavio Giuseppe e, probabilmente, da altri autori ecclesiastici antecedenti a "Ippolito". Piuttosto è l'insieme serrato che si presenta come un complesso caratterizzante: per i farisei dell'*Elenchos* la legge e la tradizione hanno un ruolo centrale, da esse si ricavano le norme di purità, di vita e si risolvono le questioni contingenti (*Ref.* IX,28,4). L'attitudine a disquisire con minuzia ricorda la ἀκρίβεια spesso ascritta altrove ai farisei, ma probabilmente più importante è la capacità attribuita ai farisei di promuovere maestri in tali cose: si tratta di una informazione particolare, come se si volesse sottolineare l'esistenza di una qualche tipo di scuola o corrente legata in modo particolare ad essi. L'estrema sintesi non permette di specificare se questo sia un fatto di un passato lontano, oppure se l'autore possa riferirsi a un qualche tipo di presenza in un periodo a lui coevo, cioè se si possa dedurre la presenza

---

[55] I sadducei per "Ippolito" non credono alla immortalità dell'anima, amano solo sé stessi e hanno un Dio che non s'interessa degli affari degli uomini, cfr. *Ref.* IX,29.

e l'importanza della linea farisaica nel giudaismo a lui prossimo o meno. Nel seguito, soprattutto nella sezione relativa ai principi generali della religione giudaica (*Ref.* IX,30), o meglio di quella che l'autore indica come l'esercizio di tale religione, non compaiono tratti attestanti tale ipotesi di lettura[56]. Difatti il capitolo 30 del nono libro raccoglie ampiamente le positività descritte sia quanto agli esseni sia, in misura più ridotta, quanto ai farisei, in una struttura quadripartita (teologia, fisica, etica, ritualità) adatta per un pubblico di cultura ellenistica, ma ben poco attenta (probabilmente per nulla) alla dinamica interna del giudaismo contemporaneo.

Personalmente ritengo che l'autore dell'*Elenchos*, da buon erudito, abbia raccolto diverse informazioni dalle sue ricerche bibliografiche sui farisei, e che le abbia sintetizzate attorno allo schema offerto da Flavio Giuseppe; la mancanza di riprese dirette, presenti al contrario nella descrizione degli esseni, potrebbe indicare come egli ritenesse probabilmente insufficienti i dati nel brano della *Guerra Giudaica*, e dunque considerasse la necessità d'inserire altre specificazioni. Tuttavia, in considerazione della importanza secondaria attribuita ai farisei, probabilmente l'autore si è sentito più libero di riarrangiare a parole sue il materiale riunito su tale fazione.

Certamente la serrata sintesi del loro essere ed operare (*essi osservano l'antica tradizione* ...) può essere considerata come una cifra sui farisei, cioè la sintesi di quanto l'erudito aveva potuto raccogliere sul gruppo ebraico, ciò che egli considerava caratteristico e definitorio per una "scuola" che egli lascia all'ombra degli esseni, il gruppo ideale di riferimento quanto al giudaismo, prodromo del cristianesimo.

Gli scritti esegetici attribuiti alla figura di "Ippolito" presentano i farisei in modo diverso e in parte diversificato. Nelle *Benedizioni di Giacobbe* 23 abbiamo una netta tipizzazione dei farisei: non solo essi sono connessi con il malvagio sinedrio che metteva alla prova il Salvatore, definito un covo di malfattori (inizio del Cap. 23), ma quando viene citato Mt 21,23 i farisei prendono il posto dei capi dei sacerdoti e degli scribi, a rappresentare essi soli i malvagi maggiorenti ebrei.

Diverso è il caso dei *Fragmenta in Psalmos* nei quali i farisei non hanno una connotazione particolare poiché in un caso sono citati probabilmente in riferimento a Mt 22,41, nell'altro il discorso è più generale: l'autore

---

[56] Stante i problemi di attribuzione dei frammenti del commento ai salmi allo stesso autore dell'*Elenchos*, non è possibile utilizzare *Fragmenta in Ps* 28,3 per ipotizzare che il discorso in *Ref.* IX,30 possa essere connesso con l'era in cui gli ebrei non hanno più differenziazioni e leadership, dunque con un giudaismo post 70 d.C., vicino e conosciuto, nel caso, da un autore probabilmente diverso.

rileva come gli ebrei abbiano perso la loro dimensione politica e sociale essendo destinati ad errare fuori dai confini patri e non avendo più né capi né re né profeta e neanche scribi, farisei, sadducei. Il punto in questione è che essi hanno perso la primogenitura accordata loro da Dio, perché non hanno riconosciuto il messia né i segni dei tempi. Tale colpa è addossata a tutto il popolo, che ne paga le conseguenze fino ad un tempo molto vicino al presente dello scrittore; in tale contesto i farisei non ricoprono un ruolo particolare, come neanche gli altri gruppi.

È possibile considerarla come una informazione sul giudaismo dei primi secoli? Gli elementi sono pochi, inoltre la differenziazione (dei diversi gruppi giudaici) riportata come cessata è quella "classica" considerata da Flavio Giuseppe e ripresa da diversi scrittori dopo di lui. Probabilmente non si tratta di una notizia in una dimensione storica, piuttosto del sentire e percepire dello scrittore cristiano, il cui interesse non è il giudaismo in sé, ma il sottolineare l'esistenza di un nuovo eone, nel quale l'onore antico della predilezione divina riservato agli ebrei è perduto, essendo stato dato a coloro che riconoscono il Cristo in Gesù di Nazareth; nondimeno l'antica promessa non può essere annullata e il popolo ebraico continua ad esistere, ma in una modalità differente[57].

Nel commento al libro di Daniele la figura dei farisei assume una connotazione negativa, da un lato la malvagità dei satrapi che fanno condannare Daniele alla fossa dei leoni è connessa con quella dei sommi sacerdoti e farisei tramite Mt 27,66: si tratta di una responsabilità condivisa e qui non esclusiva. Dall'altro lato la fazione ebraica è presa come l'espressione di quegli ebrei influenti, capi del popolo, la cui incredulità è colpevolmente patente, poiché incapaci di comprendere le Scritture e i segni della presenza del messia.

Se si volesse prescindere dalla problematica dell'attribuzione degli scritti esegetici, e volendo limitarsi alla valutazione della sola figura dei farisei, si potrebbe pensare di essere di fronte a diversi punti di vista: *De benedictionibus Jacobi* e *Commentarium in Danielem* presentano la dimensione tipologica dei farisei quali espressione dei capi dei giudei avversi a Gesù e pervicaci, mentre i frammenti dei salmi non offrono una caratterizzazione negativa dei farisei, poiché il riferimento è in un caso esegetico, mentre in un altro essi sono posti, assieme sadducei e scribi, fra le fazioni giudaiche oramai scomparse.

---

[57] In qualche modo la prospettiva non è distante dalla visione paolina espressa in Rm 11.

Le prospettive sui farisei nelle opere esegetiche sono tanto diverse da far pensare ad autori diversi e a diverse datazioni. Se fosse possibile ragionevolmente indicare una cronologia per lo sviluppo della dimensione tipologica della figura dei farisei, la si potrebbe presentare come un indice temporale (ovviamente di massima). Questo sarebbe possibile se si potesse verificare un andamento progressivo, univoco e abbastanza generalizzato, per la definizione della tipologia in opere di provenienza e datazione certa.

Senza entrare in tale questione, ritenendo in via generale che la fissazione del tipo farisaico abbia richiesto del tempo per darsi, e che la mancanza di una specificazione negativa della figura dei farisei possa essere un segno di precedenza temporale rispetto ad opere con una presenza farisaica stereotipica e antagonista, si potrebbe considerare questo come un indizio della antecedenza dei frammenti considerati (*Fragmenta in Psalmos* 15 e 28) rispetto alle altre due opere esegetiche (*De benedictionibus Jacobi, Commentarium in Danielem*), e della differenza di autore.

APPENDICE CAP. VI

1. Tabella Contesto biblico delle occorrenze di fariseo in "Ippolito"

	Citazione diretta	Citazione indiretta o contesto biblico
De benedictionibus Jacobi 14	Mt 21,23	
Fragmenta in Psalmos 15	Mt 22,41-37	
Fragmenta in Psalmos 28		
Commentarium in Danielem III, 27		Mt 27,66
Commentarium in Danielem IV, 33		Lc 13,13-15

CAPITOLO VII

Clemente Alessandrino

1. Introduzione

Clemente Alessandrino[1] nacque intorno al 150 (probabilmente ad Atene) ed ebbe un'ottima formazione filosofica e letteraria. In *Stromati* I,11,1-3 si trova una rapida descrizione della sua formazione sviluppatasi in Grecia, in Magna Grecia, in Assiria, in Palestina (da un maestro di origine giudea) e da ultimo in Egitto, allievo di un maestro cristiano di origine siciliana (Panteno). Le sue opere possono essere datate attorno al 180 – 190, quando fu assai attivo in Alessandria d'Egitto. In seguito fu costretto a trasferirsi in Asia Minore, probabilmente a causa delle persecuzioni di Settimio Severo, dove morì tra il 211 e il 215.

L'interesse per l'opera di Clemente Alessandrino è molteplice: la sua formazione lo ha portato ad interagire in Palestina con un maestro di origini giudaiche; vive ad Alessandria alla fine del II secolo in una delle città più grandi e vivaci dell'impero, sede delle famosa biblioteca[2] e con una importante comunità ebrea che ebbe come esponente di spicco Filone; lui stesso si propone come un allievo di maestri che trasmisero di padre in figlio (cioè oralmente) la retta dottrina, ricevuta direttamente dai santi apostoli Pietro, Giacomo, Giovanni e Paolo. Si tratta di un autore potenzialmente interessante per l'antichità dei suoi scritti (fine II secolo) e la possibile contiguità con ambienti e fonti ebraiche.

---

[1] Per una prima introduzione su Clemente alessandrino, vita e opere: M. MEES, «Clemente di Alessandria», *NDPAC* 1066-1073.

[2] Non è chiaro quando la grande biblioteca di Alessandria andò distrutta, diverse traversie colpirono la raccolta: nel 48 a.C. un incendio a seguito della spedizione di Giulio Cesare, nel 270 d.C. durante la guerra di Aureliano contro Zenobia il quartiere nella quale si trovava fu raso al suolo, una distruzione a seguito dell'editto di Teodosio, 641 d.C. ca., la distruzione a seguito della conquista araba. Ci sono notizie della esistenza della biblioteca dopo il 48 a.C.: dal 25 al 20 a.C. Strabone avrebbe lavorato nella Biblioteca, successivamente l'imperatore Claudio (41-54 d.C.) avrebbe realizzato un'espansione degli ambienti.

2. Ricorrenze di farisei negli scritti di Clemente Alessandrino

Solo una parte dell'opera di Clemente è giunta fino a noi, in quel che resta gli scritti principali sono il *Protrettico*, il *Pedagogo*, gli *Stromati*; a questi si accompagnano opere minori e frammenti.

Il lemma *fariseo* ricorre 2 volte nel *Pedagogo* e 6 volte negli *Stromati*, per un totale di 8 presenze, un numero ridotto.

Per confronto il termine *scriba* ricorre 8 volte nelle opere giunte fino a noi, i *sadducei* come pure gli *esseni*[3] non sono mai citati, il termine *giudeo* è presente ben 91 volte, mentre *ebreo* 83. Da un punto di vista statistico Clemente pare essere interessato più a considerare un insieme generico, tramite il nome giudeo o ebreo, piuttosto che gruppi specifici, come appunto i farisei.

3. I farisei nel *Pedagogo*

Il *Pedagogo* è un'opera in cui Clemente si rivolge ai cristiani della Alessandria del suo tempo per indirizzarli ad una migliore vita cristiana. Più che di un trattato di teologia siamo davanti ad un manuale di buona vita cristiana: vengono affrontati i temi che possono nascere a confronto con la cultura ellenista, con le abitudini e i vizi di una società ricca e culturalmente evoluta, per provvedere il cristiano di quelle indicazioni atte a conseguire la sanità spirituale e corporale in tale mondo variegato e complesso. Clemente si rivolge ad un pubblico di credenti, principalmente "laici", senza intenti apologetici o teoretici, con un argomentare che ha certamente un background biblico, ma che usa ampiamente del buon senso e della ragion pratica.

I farisei appaiono due volte, in un caso quando Clemente affronta la questione di come si debba fare il bagno[4] (*Ped.* III,9,46-48), nell'altro di come si debbano rimproverare i servi (*Ped.* III,12,93).

---

[3] Gli Ἐσσαῖοι compaiono 6 volte nelle opere di Filone Alessandrino, autore che Clemente conosceva; A. VAN DEN HOECK, *Clement of Alexandria and His Use of Philo in the Stromateis*, Leiden 1988.

[4] Questione niente affatto peregrina considerando il ruolo sociale ricoperto dai bagni nella cultura greco romana: le terme costituivano veri e propri luoghi di incontro e socializzazione, dove, mentre si poteva curare il proprio corpo e rilassarsi, era possibile svolgere diverse attività. Anche persone non particolarmente abbienti avevano la possibilità di frequentare le terme pubbliche ad un costo limitato o nullo.

3.1 *Ped.* III,9,47

Λούειν δὲ δεῖ μάλιστα μὲν τὴν ψυχὴν καθαρσίῳ λόγῳ, καὶ τὸ σῶμα δὲ ἔσθ' ὅτε διὰ τὴν ἄσιν τὴν ἐπιφυομένην αὐτῷ, οὐ μὴν ἀλλ' ἔσθ' ὅτε καὶ ὑπεκλύειν τοὺς καμάτους. «Οὐαὶ γὰρ ὑμῖν, γραμματεῖς καὶ Φαρισαῖοι ὑποκριταί», φησὶν ὁ κύριος, «ὅτι ὅμοιοί ἐστε τάφοις κεκονιαμένοις· ἔξωθεν ὁ τάφος φαίνεται ὡραῖος, ἔνδον δὲ γέμει ὀστέων νεκρῶν καὶ πάσης ἀκαθαρσίας.»

Καὶ πάλιν τοῖς αὐτοῖς φησιν· «Οὐαὶ ὑμῖν, ὅτι καθαρίζετε τὸ ἔξω τοῦ ποτηρίου καὶ τῆς παροψίδος, ἔνδοθεν δὲ γέμουσιν ἀκαθαρσίας. Καθάρισον πρῶτον τὸ ἔνδον τοῦ ποτηρίου, ἵνα γένηται καὶ τὸ ἔξωθεν καθαρόν.» Τὸ μὲν οὖν ἄριστον λουτρὸν τῆς ψυχῆς ἀποσμήχει τὸν ῥύπον καί ἐστι πνευματικόν[5]. (*Ped.* III,9,47,4-48,2)

Ciò che bisogna lavare è soprattutto l'anima, con il Logos purificatore; anche il corpo di tanto in tanto deve essere lavato, a causa della polvere che gli si attacca. Qualche volta, poi, ci si deve pure distendere dalle fatiche. *Guai a voi, scribi e farisei ipocriti* – dice il Signore – *poiché assomigliate a sepolcri imbiancati! Di fuori il sepolcro appare bello, ma dentro è pieno di ossa di morti e di ogni impurità.* E dice ancora agli stessi: *Guai a voi poiché purificate l'esterno del bicchiere e del piatto, mentre dentro sono pieni di impurità; purifica prima l'interno del bicchiere, affinché diventi puro anche l'esterno.* Il miglior bagno dunque è quello spirituale che lava l'anima dalle sue sozzure[6].

Nel nono capitolo del terzo libro del *Pedagogo* Clemente affronta il tema del perché, quando e come ci si debba bagnare. Dopo aver esaminato i quattro motivi validi per bagnarsi, affermato che ci si debba lavare (le donne per pulizia e salute, l'uomo solo per salute e in acqua fredda) e aver consigliato di non indugiare troppo, di evitare di bagnarsi a stomaco troppo pieno e troppo vuoto … infine rileva come ciò che bisogna lavare sia soprattutto l'anima. I farisei sono portati nel discorso per il rimprovero che Gesù rivolge a scribi e farisei di presentarsi all'esterno bianchi come i sepolcri e puliti come l'esterno del bicchiere e del piatto, ma al contrario all'interno sono pieni di impurità. Il lemma farisei è presente all'interno della citazione diretta di Mt 23,27, cui segue in *Ped.* III,9,48 la citazione di

---

[5] CLÉMENT D'ALEXANDRIE, *Le pédagogue, livre III*, H.-I. MARROU – C. MATRAY – C. MONDÉSERT, ed., *SCh* 158, Paris 1970, 102-104. L'edizione critica di riferimento è quella di *GCS* che ha avuto tre edizioni: CLEMENS ALEXANDRINUS, *Band 1 Protrepticus und Paedagogus*, O. STÄHLIN, ed., *GCS* 12, Leipzig 1905, cui è seguita una seconda edizione nel 1936 e una terza rivista da U. Treu nel 1972. Ho scelto di utilizzare per il testo greco l'edizione di *SCh* la quale riprende il testo critico di Stählin e lo rivede, ove necessario, confrontandolo con quello dei manoscritti originali. Più recente è l'edizione critica CLEMENS ALEXANDRINUS, *Clementis Alexandrini Paedagogus*, M. MARCOVICH – J. C. M. VAN WINDEN, Leiden – Boston 2002. Le edizioni di Marcovich sono spesso criticate per interventi di ricostruzione del testo eccessivi.

[6] CLEMENTE ALESSANDRINO, *Il pedagogo*, D. TESSORE, ed., Roma 2005, 297.

Mt 23,25. Il discorso di Clemente non si riferisce direttamente alle norme di purità o a consuetudini, quanto ad una dimensione spirituale e al problema della ipocrisia, allorquando si offra di sé un esterno ripulito alla bisogna, cui corrisponda altresì un interno pieno di trasgressioni e omicidio.

Non sembra che Clemente abbia un interesse particolare per scribi e farisei, tant'è che per la seconda citazione, per evitare una cacofonia, usa come richiamo un pronome. Certamente gli scribi e i farisei hanno una dimensione esemplare, ma essa è connessa e trasmessa per il tramite della citazione evangelica, senza una connessione con il tempo attuale, o una elaborazione del riferimento che modifichi, caratterizzando, enucleando o tipizzando, il ruolo dei farisei.

3.2 *Ped.* III,12,93

Δεῖ δὲ καὶ τοὺς πλημμελοῦντας τῶν οἰκετῶν οὐ κολάζειν, ἐπιτιμᾶν δέ· «ὁ γὰρ φειδόμενος», φησί, «τῆς βακτηρίας ἑαυτοῦ μισεῖ τὸν ἑαυτοῦ υἱόν,» Ἔτι τὴν μὲν φιλοδοξίαν ἀποσκορακίζει· «Οὐαὶ ὑμῖν, Φαρισαῖοι», λέγων, «ὅτι ἀγαπᾶτε τὴν πρωτοκαθεδρίαν ἐν ταῖς συναγωγαῖς καὶ τοὺς ἀσπασμοὺς ἐν ταῖς ἀγοραῖς.» Τὴν δὲ μετάνοιαν τοῦ ἁμαρτωλοῦ ἀσπάζεται, τὴν ἐπομένην ταῖς ἁμαρτίαις μετάνοιαν ἀγαπῶν· μόνος γὰρ ἀναμάρτητος αὐτὸς ὁ λόγος·[7]. (*Ped.* III,12,93,1-3)

Quanto ai servi che commettono delle colpe, non bisogna punirli, bensì rimproverarli: *Chi risparmia il bastone* – dice – *odia suo figlio.* [Il Signore] respinge inoltre l'amore per gli onori, dicendo: *Guai a voi, o farisei, che amate i primi posti nelle sinagoghe e i saluti nelle piazze.* Ma egli accoglie con gioia il pentimento del peccatore, poiché ama il pentimento che segue ai peccati. Egli solo, infatti, il Logos, è senza peccato[8].

Il dodicesimo capitolo del III libro del *Pedagogo* considera alcuni riferimenti scritturistici utili alla migliore condotta di vita cristiana verso il bene. Fra i diversi temi affrontati vi è come comportarsi con i servi allorquando commettano delle colpe: essendo "esseri umani come noi[9]" (parrebbe che Clemente si rivolga principalmente ai padroni, persone abbienti) vanno trattati come sé stessi, dunque non vanno puniti ma rimproverati, e completa la riflessione affermando: «[Il Signore] respinge inoltre l'amore per gli onori, dicendo: *Guai a voi, o farisei, che amate i primi posti nelle sinagoghe e i saluti nelle piazze.* Ma egli accoglie con gioia il pentimento del peccatore[10]». Si cita Lc 11,43. Anche in questo caso il punto focale per

---

[7] Clément d'Alexandrie, *Le pédagogue, livre III*, 176.

[8] Clemente Alessandrino, *Il pedagogo*, 336.

[9] Cfr. *Ped.* III, 12,93,1; Clemente Alessandrino, *Il pedagogo*, 336.

[10] Clemente Alessandrino, *Il pedagogo*, 336.

Clemente è il comportamento attuale del cristiano, indirizzato tramite le parole della Sacra Scrittura e in particolare di Cristo. L'interesse primario non è per la fazione ebraica, ma per l'insegnamento del Signore che nei vangeli, in questo caso in Luca, apostrofa i farisei.

Non vi è da parte di Clemente nel *Pedagogo* una particolare attenzione per i farisei, né l'interesse a stigmatizzarli per fargli ricoprire un ruolo particolare: essi non sono considerati gli antagonisti per antonomasia e non recitano un ruolo in un contesto polemico: essi vivono, nelle citazioni scelte, il ruolo disegnato per loro dagli evangelisti.

4. I farisei negli *Stromati*

Gli *Stromati* sono certamente l'opera più discussa fra quelle pervenuteci dell'Alessandrino[11]: il significato del titolo letteralmente è "tappezzerie", termine utilizzato anticamente per le raccolte di scritti di diverso argomento (grammaticale o erudito). Clemente ha raccolto in quest'opera una serie di suoi "appunti", con una costruzione ed un intento che gli specialisti faticano a inquadrare. Probabilmente si tratta di una raccolta di scritti connessi con l'attività didattica, in una dimensione esoterica oscillante fra oralità e scrittura, dove lo scritto costituiva un supporto per il confronto fra il maestro e i discepoli. Ciò potrebbe spiegare il carattere poco organico dell'opera e anche la presenza di testi contraddittori. Per alcuni studiosi gli *Stromati* costituirebbero la terza parte finale di una trilogia (le prime sarebbero *Protrettico* e *Pedagogo*), probabilmente restata incompiuta.

Per quanto riguarda il nostro studio occorre osservare che, per Clemente, Mosè e il pentateuco sono anteriori a qualsiasi filosofo; i pensatori antichi si sono appropriati di tale conoscenza rielaborandola a loro modo. Tale appropriazione non è condannata, al contrario è la base, più o meno esplicita, per cui ogni attività razionale di ricerca filosofica è positiva, poiché proietta verso la visione di Dio, e infine alla fede.

L'insieme delle conoscenze dei filosofi ellenisti costituisce il "testamento dei greci", certamente incompleto e necessitante della piena rivelazione del Cristo Logos, ma dotato di una importanza tale da affiancarlo al testamento ricevuto dagli ebrei[12]. Dunque non vi è nell'Alessandrino una

---

[11] Per un primo approccio alle questioni inerenti l'opera si può consultare il saggio introduttivo, con bibliorafia, di M. Rizzi alla traduzione italiana di G. Pini: M. Rizzi, «Introduzione», in CLEMENTE DI ALESSANDRIA, *Gli Stromati. Note di vera filosofia*, M. Rizzi – G. Pini, ed., Milano 2006, VII-LXXII.

[12] «[Pietro], a mio avviso, dimostrò chiaramente che il solo ed unico Dio è conosciuto dai greci in

contrapposizione con il giudaismo, né una dimensione apologetica atta a dimostrare la superiorità della chiesa, nuovo popolo di Dio. Piuttosto si è davanti a due strade, destinate a confluire e ad essere completate dalla rivelazione del Cristo Logos divino. In questo quadro generale non vi è luogo per una visione degli ebrei in termini antagonisti o negativi, e tale mancanza di preconcetti negativi si proietta anche sui farisei.

4.1 *Strom.* III,4,33

τὸ αἷμα Ἰησοῦ τοῦ υἱοῦ αὐτοῦ καθαρίζει ἡμᾶς ἀπὸ τῆς ἁμαρτίας.» πόθεν οὖν κρείττους εἰσὶ τῶν κοσμικῶν οἱ τοιαῦτα πράσσοντες καὶ τοῖς χειρίστοις τῶν κοσμικῶν ὅμοιοι; ὅμοιοι γάρ, οἶμαι, τὰς φύσεις οἱ καὶ τὰς πράξεις ὅμοιοι. ὧν δὲ ὑπερφέρειν κατὰ τὴν εὐγένειαν ἀξιοῦσι, τούτων καὶ τοῖς ἤθεσιν ὑπερέχειν ὀφείλουσιν, ὅπως τὸν εἰς τὴν φυλακὴν συγκλεισμὸν διαφύγωσιν. ὄντως γὰρ ὡς ὁ κύριος ἔφη, «ἐὰν μὴ περισσεύσῃ ἡ δικαιοσύνη ὑμῶν πλείω τῶν γραμματέων καὶ Φαρισαίων, οὐκ εἰσελεύσεσθε εἰς τὴν βασιλείαν τοῦ θεοῦ[13].» (*Strom.* III,33,1-4)

Il sangue di Gesù suo figlio ci purifica dal peccato». Come fanno dunque ad essere migliori degli esseri mondani, questi che si comportano in tal modo e sono simili ai peggiori uomini mondani? – poiché, naturalmente, chi è simile per le azioni è simile anche per natura. Ma a quelli che pretendono di superare per nobiltà essi debbono anche essere superiori nel modo di vivere, per evitare d'essere rinchiusi nel carcere. Veramente, come disse il Signore, «se la vostra giustizia non sarà superiore a quella degli scribi e dei Farisei, non entrerete nel regno dei cieli[14]».

In questa parte degli *Stromati* sono confutate le dottrine eretiche di coloro che si chiamano "gnostici" e si professano figli per natura del dio primo, ma abusano di tale superiorità per avere una condotta di vita libertina.

---

modo pagano, dai Giudei in modo giudaico, e da noi in modo nuovo e spirituale; e inoltre fece presente che il medesimo Dio è autore di entrambi i testamenti, Egli che ha dato ai Greci la loro filosofia, attraverso la quale l'Onnipotente è dai Greci glorificato. E lo si deduce anche da questo: coloro che accettano la fede sono in ogni caso radunati nell'unica famiglia della gente che ottiene la salvezza, sia che provengano dalla cultura greca, sia anche dalla legge, e i tre popoli non sono suddivisi nel tempo, per cui si debba credere che le nature sono tre, ma sono educati con diversi "testamenti" nell'unico Signore, realmente espressione dell'unico Signore. Infatti come Dio voleva salvare i Giudei e diede loro i profeti, così fece sorgere i più illustri fra i Greci come profeti nella loro propria lingua, secondo che erano in grado di accogliere l'agire benefico di Dio, e li distinse dagli uomini comuni» (*Strom.* VI,5,41,7 – 42,3), CLEMENTE DI ALESSANDRIA, *Gli Stromati*, 634-635.

[13] CLEMENS ALEXANDRINUS, *Band 2. Stromata Buch I-VI*, L. FRÜCHTEL – O. STÄHLIN ed., CGS 52, Berlin 1960[3], 211. Una seconda edizione di *GCS* 52 è stata pubblicata a cura di U. Treu nel 1985 (quarta edizione se si considera quelle di O. Stählin del 1906 e del 1936).

[14] CLEMENTE DI ALESSANDRIA, *Gli Stromati*, 322.

L'autore rileva una dicotomia fra la presunta superiorità nell'essere di natura spirituale e una condotta priva di ogni regola, ovvero sommamente mondana, dannosa e quindi espressione di infimità. Il principio che soggiace al ragionamento è che «chi è simile per le azioni è simile anche per natura». Evitano il carcere (cioè la punizione divina) coloro che esprimono la nobiltà interiore con una condotta di vita moralmente irreprensibile e conforme alla legge divina. La citazione letterale di Mt 5,20 si inserisce in questo contesto, per il quale entreranno nel Regno coloro che mostreranno una giustizia superiore a quella degli scribi e farisei, cioè coloro che osserveranno e insegneranno anche le minime norme della legge (cfr. Mt 5,19).

Ciò che principalmente, ma non esclusivamente, attrae la citazione è il discorso di Gesù sulla necessità di osservare e insegnare i precetti della legge, poiché neanche il più piccolo di essi è stato da lui abolito. Per Clemente non ha né senso né futuro una condotta avulsa da ogni regola morale, ed essa non è affatto espressione di superiore libertà e conoscenza. Stante la linea principale del discorso, il richiamo agli scribi e farisei non assume una colorazione particolare, o meglio diversa da quella che aveva nel passo del vangelo di Matteo, né l'autore incrocia qui la citazione con altre sulla ipocrisia degli scribi e farisei.

4.2 *Strom.* III,4,34

Ἐντεῦθεν ἄλλοι τινὲς κινηθέντες μιαροὶ καὶ οὐτιδανοὶ τὸν ἄνθρωπον ὑπὸ διαφόρων δυνάμεων πλασθῆναι λέγουσι, καὶ τὰ μὲν μέχρις ὀμφαλοῦ θεοειδεστέρας τέχνης εἶναι, τὰ ἔνερθε δὲ τῆς ἥττονος, οὗ δὴ χάριν ὀρέγεσθαι συνουσίας. λέληθε δὲ αὐτοὺς ὅτι καὶ τὰ ἀνωτέρω μέρη τῆς τροφῆς ὀριγνᾶται καὶ λαγνεύει τισίν, ἐναντιοῦνται δὲ καὶ τῷ Χριστῷ πρὸς τοὺς Φαρισαίους εἰρηκότι τὸν αὐτὸν θεὸν καὶ τὸν «ἐκτὸς» ἡμῶν καὶ τὸν «ἔσω» ἄνθρωπον πεποιηκέναι. ἀλλὰ καὶ ἡ ὄρεξις οὐ τοῦ σώματός ἐστι, κἂν διὰ τὸ σῶμα γίνηται[15]. (*Strom.* III,34,1-2).

Sollecitata da quelle teorie, altra gente impudica e buona a nulla va dicendo che l'uomo è stato foggiato da diverse potenze: precisamente le parti fino all'ombelico sono di fattura divina, quelle al di sotto di fattura inferiore, ed è per questo che si ha l'istinto dell'accoppiamento. Sfugge tuttavia a costoro che anche le parti superiori sentono desiderio [ad es.] di cibo, provano anche loro libidine. E poi essi si contrappongono al Cristo, il quale ha detto ai Farisei che lo stesso Dio ha creato in noi l'uomo "esterno" e l'uomo "interno". D'altronde l'istinto non è del corpo, anche se si attua a causa del corpo[16].

---

[15] Clemens Alexandrinus, *Band 2. Stromata Buch I-VI*, 211.
[16] Clemente di Alessandria, *Gli Stromati*, 322-323.

Il discorso si focalizza verso coloro che considerano l'uomo costituito da "diverse potenze", ovvero la parte dal capo l'ombelico sarebbe di natura divina, mentre le parti sotto di esso sarebbero di una natura inferiore e soggetta alle basse passioni. A questa visione Clemente oppone le parole del Cristo che in Lc 11,40 afferma che Dio ha fatto tanto l'esterno quanto l'interno dell'uomo, dunque una sola è la natura dell'intero essere umano. Sebbene questa citazione indiretta sia presa da un contesto polemico, in cui Gesù, a seguire, espone una serie di guai verso i farisei e poi verso i dottori della legge (cfr. Lc 11,42-52), non pare che tale contesto abbia un peso nella confutazione di questi eretici. Non vi è un paragone o un richiamo o un confronto fra questi ultimi e i farisei del vangelo.

Anche in questo caso è il tema che richiama la citazione: l'unità della natura umana come espressa da Cristo in Lc 11,40 evoca i farisei, senza che questi assumano un ruolo specifico o ulteriore rispetto a quello ricoperto nel testo citato.

4.3 *Strom.* VI,7,59

εἰ δ' ἔκ τινος ποιήσεως τὰ τῆς ἀληθείας ὁτῳδήποτε τρόπῳ λαβόντες σπέρματα οὐκ ἐξέθρεψάν τινες, γῇ δὲ ἀγόνῳ καὶ ἀνομβρίᾳ παραδεδωκότες ἀγρίαις συνεπνίξαντο βοτάναις, καθάπερ οἱ Φαρισαῖοι ἐξετράπησαν τοῦ νόμου ἀνθρωπίνας παρεισάγοντες διδασκαλίας, τούτων οὐχ ὁ διδάσκαλος αἴτιος, ἀλλ' οἱ παρακούειν προῃρημένοι[17]. (*Strom.* VI,7,59,2)	Se poi certuni, accolti in un modo o nell'altro i semi della verità da una qualsiasi cosa creata, non li coltivano, ma li lasciarono soffocare da erbe selvatiche per averli affidati ad un terreno improduttivo e privo di acque – come i Farisei si allontanarono dalla legge adottando dottrine umane –, di ciò non ha colpa il maestro, ma chi lo volle fraintendere[18].

Il capitolo VI degli *Stromati* è dedicato alla vita dello gnostico cristiano. In particolare nell'intorno della occorrenza in *Strom.* VI,7,59,3 Clemente sta considerando come la gnosi venga dall'istruzione, e se c'è istruzione vi è un maestro (cfr. *Strom*, VI,7,57,2). Se a Dio risale ogni paternità allora al Signore risale l'insegnamento del bene (cfr. *Strom.* VI,7,57,2), nondimeno non è da imputare al maestro se le sue dottrine sono fraintese, come accadde per i farisei, esemplifica l'Alessandrino, che si allontanarono dalla legge adottando insegnamenti umani. Clemente si riferisce a Mt 15,9 o a

---

[17] Clemens Alexandrinus, *Band 2. Stromata Buch I-VI*, 461.
[18] Clemente di Alessandria, *Gli Stromati*, 646.

Mc 7,7 (i quali parafrasano Is 29,13) dove i farisei e gli scribi sono rimproverati per aver trasgredito il comandamento di Dio in nome della loro tradizione (in Marco è ἡ παράδοσις τῶν ἀνθρώπων). L'abbandono della primitiva legge di Dio da parte degli uomini, che la trasmisero aggiungendovi insegnamenti estranei e decadendo poi in eresie, è un tema importante, diffuso e sviluppato in vari modi nei primi scrittori cristiani (es. Ireneo *Adv. haer.* IV,12,1, dove la legge spuria finisce per essere definita farisaica; "Ippolito", *Ref.* IX,18,1). Clemente però, pur considerando la legge data a Mosè come l'origine di ogni sapienza tanto per gli ebrei quanto per i filosofi greci, non sviluppa il tema in senso eresiologico, o si interessa alle diverse possibili deviazioni sviluppatesi in ambito ebraico o pagano. Si può osservare che gli scribi, presenti sia in Marco che in Matteo, non siano considerati, lasciando i farisei soli ad esemplificare un comportamento errato e colpevole.

Ancora una volta Clemente utilizza la scrittura come supporto al suo ragionamento, scegliendo i brani o gli esempi più appropriati al suo argomentare. Oltre al fatto che siano considerati i soli farisei e non in coppia con gli scribi, non si osservano altri sviluppi della figura dei farisei rispetto ai riferimenti evangelici considerati.

4.4 *Strom.* VI,15,115

κατ' ἐπίστασιν οὖν, ὡς ἔοικεν, τοῦ κακοῦ καὶ ἀγαθοῦ βίου σῴζεται ὁ γνωστικός, «πλέον τῶν γραμματέων καὶ Φαρισαίων» συνιείς τε καὶ ἐνεργῶν[19]. (*Strom.* VI,15,115,3-4)

Come si vede, dunque, lo "gnostico" si salva perché domina il bene e il male della vita, perché «più degli scribi e dei farisei» comprende e nel contempo agisce[20].

Continua la descrizione del comportamento dello gnostico: egli «rappresenta in sé la più prossima somiglianza [con il Signore][21]», poiché comprende il pensiero grandioso del Maestro, lo assume nel suo e lo insegna a «coloro che possono istaurare in sé un'elevata formazione[22]», e inoltre si fa promotore primo dei princìpi con l'esempio della vita. Dunque lo gnostico comprende e agisce «πλέον τῶν γραμματέων καὶ Φαρισαίων»: Clemente cita Mt 5,20, significando che il pensare e l'agire dello gnostico

---

[19] CLEMENS ALEXANDRINUS, *Band 2. Stromata Buch I-VI,* 490.
[20] CLEMENTE DI ALESSANDRIA, *Gli Stromati,* 687.
[21] CLEMENTE DI ALESSANDRIA, *Gli Stromati,* 687.
[22] CLEMENTE DI ALESSANDRIA, *Gli Stromati,* 687.

deve superare quello degli scribi e farisei. Matteo sta riportando il discorso di Gesù sull'importanza di ogni precetto della legge, che deve essere osservato e insegnato, aggiungendo che se la giustizia dei discepoli non supererà di molto quella degli scribi e farisei non sarà possibile entrare nel Regno. L'unione del comprendere ed agire dello gnostico richiama dunque l'insegnare e il mettere in pratica in Mt 5,19; è questa linea "esegetica" che richiama la citazione nel testo, senza che ci sia, anche qui, un'accentuazione o specificazione della figura dei farisei rispetto al contesto evangelico. Ciò che preme a Clemente è il discorso sul comportamento dello gnostico[23], nel quale scribi e farisei hanno ruolo del tutto secondario, connesso al contesto della citazione e non con quello dell'Alessandrino.

4.5 *Strom.* VI,18,164

ἐπὰν δὲ ἀπολείπωσι τὰ εἴδωλα, τότε ἀκούσονται τῆς γραφῆς· «ἐὰν μὴ πλεονάσῃ ὑμῶν ἡ δικαιοσύνη πλεῖον τῶν γραμματέων καὶ Φαρισαίων», τῶν κατὰ ἀποχὴν κακῶν δικαιουμένων, [σὺν] τῷ μετὰ τῆς ἐν τούτοις τελειώσεως καὶ [τῷ] τὸν πλησίον ἀγαπᾶν καὶ εὐεργετεῖν δύνασθαι, οὐκ ἔσεσθε βασιλικοί. ἡ ἐπίτασις γὰρ τῆς κατὰ τὸν νόμον δικαιοσύνης τὸν γνωστικὸν δείκνυσιν[24]. (*Strom.* VI,18,164,2)

Quando comunque avranno abbandonato l'idolatria, allora ascolteranno la Scrittura: «Se la vostra giustizia non supererà di molto quella degli scribi e farisei» – che sono giustificati in ragione dell'astinenza dal male – mediante l'amare il prossimo e rendersi capaci di beneficarlo, il che s'aggiunge al loro grado di perfezione, non avrete parte al regno. L'estensione della giustizia secondo la legge caratterizza lo "gnostico"[25].

Continua il discorso sullo gnostico e, qui nello specifico, del suo rapporto con le Scritture. Nel capitolo 18 del VI libro viene indicato come si possa essere in contatto continuo con la realtà suprema: è necessario abbandonare l'idolatria per ascoltare veramente ciò che dice la Scrittura. L'ascolto in sé non è sufficiente, occorre superare gli scribi e i farisei (e qui l'autore cita direttamente Mt 5,20) i quali certo conoscevano le Scritture, ma la cui giustizia consisteva nella astinenza dai mali o peccati. Ciò non è sufficiente ad entrare nel Regno dei cieli perché occorre agire concretamente amando il prossimo e facendogli del bene. Le giustizia degli scribi e farisei consi-

---

[23] «Poiché sì, certo, dello "gnostico" duplice è il fine, almeno su questa terra, da un lato la contemplazione che fa scienza, dall'altro l'azione» (*Strom.* VII,16,102,2), CLEMENTE DI ALESSANDRIA, *Gli Stromati*, 815.

[24] CLEMENS ALEXANDRINUS, *Band 2. Stromata Buch I-VI*, 516.

[25] CLEMENTE DI ALESSANDRIA, *Gli Stromati*, 721.

ste nella applicazione di una legge fatta di precetti, il cui scopo principale (per Clemente) è quello di astenersi dai peccati (dai mali, dalle impurità); per il cristiano, che oggi diremmo adulto o pienamente consapevole, non è sufficiente astenersi dal fare il male, ma occorre attivamente agire per il bene del prossimo. Solo così si potrà addivenire «al sommo della fede, alla "gnosi" stessa» ed ottenere «l'eredità suprema» (cfr. *Strom.* VI,18,164,3).

Nella sua traduzione italiana Giovanni Pini suggerisce che la specificazione che segue la citazione evangelica sia una spiegazione del nome fariseo, derivato dall'ebraico *parush*[26]: l'astinenza dai mali (o dai peccati) sarebbe da leggere nel senso di una separazione da essi, probabilmente riferendosi alla severità con cui i farisei seguivano i precetti della Torah e in particolare le norme di purità. In questo senso il Pini legge nella frase seguente, dove è specificata la necessità di amare il prossimo e beneficarlo, un riferimento a Lv 19,15[27]. Il suggerimento è interessante, ma occorre considerare che la citazione letterale coinvolge anche gli scribi, dunque la specificazione si dovrebbe applicare anche a loro; ciò non sarebbe un problema, poiché anche nei vangeli strette norme di purità rituale sono applicate non solo ai farisei, ma agli ebrei in genere (mi riferisco a Mc 7,4); inoltre più volte nei vangeli i farisei sono associati agli scribi, come appunto in Mt 5,20. Ciò rende più difficile intendere l'etimologia più comunemente accettata[28] per il nome farisei come chiave di lettura della specifi-

---

[26] CLEMENTE DI ALESSANDRIA, *Gli Stromati*, 721, nota 8.

[27] CLEMENTE DI ALESSANDRIA, *Gli Stromati*, 721, nota 9.

[28] L'etimologia del nome fariseo è in sé una questione non facile: generalmente si legge il riferimento alla radice פרש (פרש פרס פרש), e si considera פָּרַשׁ (*parash*) da cui פְּרוּשִׁים (*perushim*), nella accezione di distinguere separare. Si tratta di una scelta fra diverse radici, e in essa di un'opzione fra i significati possibili. Rimanendo in questa ultima accezione si potrebbe considerare il significato di dichiarare con precisione, spiegare, distinguere; allora anche separare, ma nella accezione di distinguere per una migliore intellegibilità; il che non coinciderebbe esattamente con il distaccarsi per evitare contaminazioni e/o significare la propria diversità (superiorità?) dagli altri. Cfr. D. J. A. CLINES, ed., «פרשׁ», *DCH*, VI, 786-787.
Considerando solamente il testo ebraico dell'AT (la cui pronuncia/interpretazione fu fissata dai masoreti nel medio evo), פָּרַשׁ, assume diversi significati che sono resi in greco nella LXX con diversi verbi, il cui legame con "l'astensione dai mali" è difficile da fissare. Mi sembra più ragionevole collegare il significato di farisei con lo specificare, chiarire bene una tal cosa, in questo caso collegato con la legge di Dio. Questo senso si riallaccia molto più a "Ippolito" *Ref.* IX,28,3 (connesso in generale con le descrizioni di Giuseppe Flavio), dove i farisei hanno la caratteristica di preservare l'antica tradizione, disquisire sulle cose pure e impure secondo la legge e promuovere maestri (διδάσκαλοι) in tutto ciò. Ne 8,8 è una ricorrenza fra le più interessanti del verbo פָּרַשׁ nell'AT, e il suo corrispondente nella LXX è διδάσκω: a seguito del ritrovamento del libro della legge di Dio durante la ricostruzione del tempio esso viene letto pubblicamente al popolo "a sezioni, spiegando-

cazione, appunto perché coinvolge anche gli scribi e non i soli farisei. Ciò che Clemente vuole sottolineare è che, come visto in *Strom.* VI,15,115,3, una caratteristica importante della vita dello gnostico è il comprendere e mettere in pratica ciò che è il bene. Difatti anche in *Strom.* VI,15,115,3 era citato Mt 5,20, con una forte relazione con il versetto Mt 5,19.

Anche in questo caso la citazione diretta è motivata dallo sviluppo del discorso sulla vita dello gnostico; tali citazioni dirette si presentano come risonanze evangeliche che sostanziano e accompagnano autoritativamente l'argomentare dell'autore.

5. **Prima Sintesi**

Considerando l'antichità, la formazione e i luoghi in cui ha operato Clemente, l'aspettativa di rintracciare informazioni ed indicazioni utili per la definizione dei farisei nella fine del II secolo è alta: pur avendo avuto una formazione di ottimo livello e in diversi luoghi, fra cui l'istruzione da un maestro ebreo in Palestina, pur avendo operato in una città vivace, socialmente, economicamente e culturalmente, come Alessandria d'Egitto, sede di una importante comunità ebraica, tale aspettativa è disattesa. L'analisi dei testi palesa lo scarsissimo interesse dell'autore per le fazioni ebraiche e in particolare per i farisei.

La cosa interessante è che nel VII libro degli Stromati Clemente mostra di conoscere l'esistenza di moltissime sette tanto presso i giudei quanto presso i filosofi greci (cfr. *Strom.* VII,15,89,3). Ma nel prosieguo del discorso, seguendo la necessità di denominare le eresie per distinguerle dalla verità (cfr. *Strom.* VII,15,92,7), articolandole come distorsione della primitiva rivelazione divina, Clemente si focalizza su quelle eresie sviluppatesi dal tempo di Adriano (cfr. *Strom.* VII,17,106,4), iniziando con Basilide che ebbe come maestro Glaucia a sua volta legato all'apostolo Pietro.

Ciò che conta per Clemente è spiegare la situazione a lui contemporanea, partendo da quegli errori scaturiti da una errata comprensione e riproposizione della prima chiesa apostolica. In tale prospettiva la dinamica all'interno

---

ne il significato, così da far comprendere ciò che si leggeva". Si intravede qui la figura di colui che legge (correttamente) la Torah e la spiega, una sorta di antesignano a quelli che poi sarebbero stati i maestri (scribi). È in questo ambito che preferirei far cadere la radice del nome farisei.

In questa linea la specificazione di Pini mi pare un po' debole, poiché il tramite della astensione non mi pare possa condurre, direttamente e correttamente, ad una esplicitazione etimologica del nome, nel senso che ritengo più appropriato. Per una discussione sul nome farisei: A. I. Baumgarten, «The Name of the Pharisees», *Journal of Biblical Literature* 102/3 (1983), 411-428.

della compagine ebraica non interessa e non viene affrontata, né nel periodo precedente al Cristo, né, cosa assai più interessante, nel tempo successivo.

Tutte le ricorrenze dei farisei in Clemente sono veicolate da riferimenti ai vangeli, in quattro casi si può parlare di riprese dirette (presentate come parole di Gesù o riportate chiaramente come tali), *Strom.* VI,15,115 riporta alcune parole di Mt 5,20, ma senza una formula introduttoria o un contesto per il quale si possa parlare di citazione diretta; negli altri due casi il riferimento ai vangeli è evidente, ma non si è davanti a citazioni vere e proprie: per i termini e verbi usati il riferimento è evidente, ma si è più nell'ambito della parafrasi o della citazione indiretta (*Strom.* VI,7,59, *Strom.* IV,4,34).

I riferimenti sono scelti dai vangeli sinottici, in particolare da Matteo (5 volte[29]) e da Luca (2 volte[30]). Netta prevalenza ha Mt 5,20 citato più volte per illustrare la necessità per il cristiano di più "alta spiritualità e consapevolezza" di superare la giustizia di scribi e farisei.

In tutti i casi il riferimento all'insegnamento di Gesù è veicolato dal discorso, a conferma e sottolineatura del ragionamento che sviluppa l'autore, e risulta sempre subordinato a quest'ultimo. A mio avviso non vi è mai un riferimento ai farisei con una qualche connessione con il presente dell'autore, come neanche vi sono particolari o sottolineature che indichino connotazioni dei farisei diverse da quelle in essere nel racconto evangelico. L'unica accentuazione per selezione è riportata in *Strom.* VI,7,59 dove l'autore presenta i soli farisei, mentre nei riferimenti evangelici (Mt 15,9, Mc 7,7) sono presenti anche gli scribi. Negli altri casi, dove nel vangelo i farisei sono accompagnati agli scribi, tali sono riportati anche dall'Alessandrino.

La figura dei farisei in Clemente non si può dire abbia una accezione positiva o negativa, essa semplicemente riprende quella dei versetti evangelici scelti.

Il problema della corretta trasmissione della legge, inquinata da tradizioni umane («i Farisei si allontanarono dalla legge adottando dottrine umane», *Strom.* VI,7,59), è connesso con i soli farisei, ma non è sostanzialmente sviluppato oltre quanto desumibile dai vangeli.

Strom. VI,18,164 presenta l'unica possibile specificazione quanto ai farisei, indicando, in un inciso all'interno della citazione di Mt 5,20, che essi "sono giustificati in ragione dell'astinenza dal male". Viene sottoli-

---

[29] Ben tre volte Mt 5,20, Mt 15,9 (possibile anche Mc 7,7), Mt 23,27.
[30] Lc 11,40, Lc 11,43.

neato come scribi e farisei basassero la loro vita spirituale e la loro prassi sul tenersi lontano dai mali, cosa necessaria ma non sufficiente; Clemente sottolinea la passività di tale impostazione, per risaltare l'atteggiamento attivo dello gnostico che conosce tanto la legge quanto il Cristo e agisce amando il prossimo e facendo del bene. Certamente quello dell'allontanarsi dal male o dall'impurità è cosa propria della religione ebraica, che vede la necessità di costruire una vita attorno ai comandamenti, per preservarla dall'impurità e dal male. I farisei avevano tale impostazione di vita, ma essa non è specifica di tale gruppo.

Un altro tema deriva dal ricorsivo citare Mt 5,20, cioè la necessità di superare la giustizia degli scribi e farisei. Quest'ottica di superamento è importante per Clemente: i giudei giocano un ruolo certamente essenziale nella storia della salvezza, quasi paritetico però a quello dei filosofi greci; entrambi hanno avuto una rivelazione della verità, che è Dio, in modi e tempi diversi, tanto da poter parlare di due testamenti distinti, la legge ricevuta da Mosè e la conoscenza ricevuta tramite la ricerca filosofica. Dopo la venuta di Cristo tanto i giudei quanto i greci hanno la possibilità di riconoscere la piena espressione della verità in Cristo e superare i propri limiti: per i giudei completare la rivelazione del Primo Testamento, per i greci giungere alla fede attraverso la conoscenza della verità che è Dio.

Quanto di buono vi è fra i giudei è espresso nella giustizia degli scribi e farisei, essa è positiva in quanto via di salvezza aperta da Dio, ma al contempo negativa perché incompleta e necessitante di essere portata a perfezione dall'insegnamento del Logos figlio di Dio. Scribi e farisei sono figura positiva per quello che trasmettono, negativa per ciò che non possono dare.

A confronto con gli scribi i farisei hanno una dimensione appena più definita in questo tenue bozzetto giocato sul chiaro scuro: la loro figura è resa in modo un poco più negativo per la sottolineatura della loro adozione di dottrine umane (*Strom.* VI,7,59) nella legge divina, una deviazione che li avvicina (senza sovrapporli) agli eretici, colpevoli di aver deviato, con il proprio errore e fraintendimento, dalla verità rivelata da Dio.

Si potrebbe dire che il ruolo dei farisei in Clemente è quello di un personaggio secondario, espresso e radicato nelle citazioni evangeliche: solo la conoscenza previa dei vangeli permette al lettore attento di delinearne il carattere, altrimenti pallido e sfumato. Definitivamente Clemente non ha interesse a tale figura, e non la utilizza né la specifica in chiave eresiologica o apologetica.

Considerando un argomento *ex silentio*, si potrebbe arguire che una tale assenza nell'opera dell'Alessandrino sia specchio di una assenza dei farisei (o di una dimensione "farisaica") dalla formazione dell'autore, dal suo presente, dalla società e cultura di Alessandria. Certamente l'assenza di informazioni lascia aperte una infinità di possibilità, nessuna delle quali può essere provata. Considerando gli intenti dell'autore, la presenza importante nel suo pensiero e nella sua opera della dimensione giudaica nella storia della salvezza, è facile sostenere piuttosto la sua mancanza d'interesse[31] nella ricerca storica ed eresiologica giudaica, come anche nella apologetica antigiudaica.

---

[31] Si potrebbe aggiungere quale chiosa (ipotetica) che tale mancanza d'interesse possa avere come fondamento la carenza, nell'ambito della sua formazione prima, della sua vita nella società alessandrina poi (malgrado l'esistenza della forte comunità ebraica), di presenze e di motivi tanto forti o urgenti da spingerlo ad un approfondimento della dinamica interna alla compagine ebraica ed in particolare dei farisei. Ovvero Clemente non sarebbe stato interessato a tali argomenti perché o aveva un contatto limitato con gli ebrei suoi contemporanei, oppure che tale gruppo non presentasse una dinamica interna rilevante (o rilevabile) agli occhi dell'Alessandrino. Nell'ottica di questa seconda ipotesi sarebbe ancora più ipotetico dedurre che non vi fosse, nelle comunità ebraiche conosciute da Clemente, una differenziazione in gruppi, ovvero l'esistenza di fazioni riconducibili alle tipologie e denominazioni esistenti prima della distruzione del tempio di Gerusalemme.

APPENDICE CAP. VII

1. Tabella Contesto biblico delle occorrenze di fariseo in Clemente Al.

	Citazione diretta	Citazione indiretta o contesto biblico
Ped. III,9,47	Mt 23,27	
Ped. III,12,93	Lc 11, 43	
Strom. III,4,33	Mt 5,20	
Strom. III,4,34		Lc 11,40
Strom. VI,7,59	Quasi diretta	Mt 15,9 e //, che citano Is 29,13
Strom. VI,15,115	Mt 5,20	
Strom. VI,18,164	Mt 5,20	

CAPITOLO VIII

Tertulliano

1. Introduzione

Tertulliano è uno scrittore cristiano attivo agli inizi del III secolo di grande importanza e notevole influsso sulla successiva letteratura cristiana latina. Egli visse a Cartagine, importante città del nord Africa romano, in cui era presente e attiva una consistente comunità ebraica. Non è facile stabilire il tipo di rapporto che egli possa aver avuto con i concittadini ebrei, né se le sue conoscenze sul giudaismo siano dovute ad una frequentazione diretta[1]. Certamente Tertulliano conosceva e utilizzava gli autori cristiani a lui antecedenti, fra gli altri Giustino, Ireneo e Ippolito, dai quali eredita i temi teologici, esegetici e polemici, ma addiviene ad una sintesi personale e spesso innovatrice.

La produzione letteraria di Tertulliano è vasta e ben trasmessa. Le sue opere, che abbracciano temi diversi, sono prodotte in un periodo molto lungo che va dagli ultimi decenni del II secolo fino ai primi del III secolo.

L'analisi dei farisei nell'opera di Tertulliano permette di avere una testimonianza preziosa in un periodo interessante per lo sviluppo della tipologia farisaica nell'ambito culturale latino.

2. I *pharisaei* in Tertulliano

Le ricorrenze del lemma *pharisaeus* nelle opere di Tertulliano giunte fino a noi sono quarantasette in tutto[2]:

---

[1] Cfr. G. Otranto, *Giudei e cristiani a Cartagine tra II e III secolo: l'Adversus Iudaeos di Tertulliano*, Bari 1979; più recente e con indicazioni bibliografiche: G. D. Dunn, «Jews and Christians in Tertullian's Carthage», in *Text and the Material World*, Fs. G. Clarke, E. Minchin – H. Jackson, ed., Uppsala 2017, 255-266.

[2] Ricerca effettuata tramite *Brepolis Cross Database Searchtool* [ultima consultazione: 06/07/2020]. Considero le opere di Tertulliano nella sequenza in cui sono presentate nel paragrafo *Vita ed Opere* della voce *Tertulliano* nel *NDPAC*; tale sequenza segue un ordine grossomodo cronologico, restando

Adversus Iudaeos	*Iud.* 10,8	
De oratione	*Or.* 17,2	
De patientia	*Pat.* 3,10	

De baptismo (3v)

Bapt. 10,1	*Bapt.* 10,3	*Bapt.* 12,4

Adversus Marcionem (24v)

Marc. I, 23,5	*Marc.* III, 6,6	*Marc.* III, 18,5
Marc. IV, 12,5	*Marc.* IV, 12,9 (2v)	*Marc.* IV, 12,15
Marc. IV, 19,7	*Marc.* IV, 27,1	*Marc.* IV, 27,2 (2v)
Marc. IV, 28,1 (4v)	*Marc.* IV, 33,2 (2v)	*Marc.* IV, 33,4
Marc. IV, 33,6	*Marc.* IV, 35,12	*Marc.* IV, 36,2
Marc. IV, 38,1 (2v)	*Marc.* V, 20,6	

Adversus Praxean	*Prax.* 22,2	
De anima	*An.* 16,4	
De carne Christi	*Carn.* 7,3	
De idololatria	*Idol.* 2,5	

De pudicitia (5v)

Pud. 7,2	*Pud.* 7,5	*Pud.* 7,8
Pud. 9,4	*Pud.* 9,17	

De monogamia (2v)

Mon. 7,1	*Mon.* 8,7

De resurrectione mortuorum (6v)

Res. 19,4	*Res* .39,3 (4v)	*Res.* 39,6

Per completezza in appendice è riportato anche una ricorrenza nell'*A-
dversus omnes haereses*, scritto di un autore sconosciuto del III-IV
secolo, in passato attribuito a Tertulliano e perciò denominato pseudo-Tertulliano.

---

la questione della cronologia degli scritti di Tertulliano una questione complessa ed aperta: cfr. P.
SINISCALCO, «Tertulliano», *NDPAC*, 5303-5317.

3. *Adversus Iudaeos* 10,8

Hac denique virtute crucis et hoc more cornutus universas gentes et nunc ventilat per fidem auferens a terra in caelum et tunc ventilabit per iudicium deiciens de caelo in terram. Idem erit et alibi taurus apud eandem scripturam. Cum Iacob in Simeonem et Levi porrexit benedictionem, de scribis et pharisaeis prophetat; ex illis enim deducitur census illorum[3]. (*Iud.* 10,8)

Grazie a questa potenza della croce e dotato di corna con questo significato, anche ora egli scaglia tutte le genti nella fede, sollevandole dalla terra al cielo, e anche allora lo farà abbattendole dal cielo alla terra per mezzo del suo giudizio. Sempre lui sarà toro anche altrove, nella medesima Scrittura. Quando Giacobbe dà la sua benedizione a Simeone e a Levi, egli profetizza sugli scribi e sui farisei, che da essi traggono la loro origine[4].

L'*Adversus Iudaeos* è uno scritto tertullianeo che ha fatto e fa discutere gli specialisti: l'opera è composta da due parti, apparentemente non correlate, ed è scritta in uno stile molto meno curato di quello espresso nelle altre opere del cartaginese. A ciò si aggiunge la presenza di tematiche comuni all'*Adversus Marcionem*, con riprese letterali di interi paragrafi. Tali caratteristiche sono state spiegate in diversi modi, fra cui un carattere spurio dell'opera, dove la seconda parte sarebbe una raccolta di appunti di Tertulliano, unita in un secondo tempo con la prima parte (Cap. 1-8), per una redazione e pubblicazione fatta fuori del controllo dell'autore[5]. La critica moderna protende, in generale, per l'autenticità dell'opera, considerandola però un abbozzo ripreso e sviluppato, per taluni temi, nell'*Adversus Marcionem*.

L'*Adversus Iudaeos* propone il tema dell'atteggiamento di Tertulliano nei confronti dei giudei in generale, e del tipo di presenza e ruolo che egli riconosce loro nella sua opera. Tema che verrà affrontato qui, congruentemente con i limiti di questo studio, solo quanto al sottogruppo dei farisei[6].

---

[3] Il testo latino dell'*Adversus Iudaeos* è ripreso da TERTULLIANUS, *Q.S.F. Tertulliani Adversus Iudaeos*, H. TRÄNKLE, ed., Wiesbaden 1964, 27-28. Pierre Petitmengin elenca una serie di errori nelle più importanti edizioni critiche delle opere di Tertulliano edite fino al 1987 circa, anche in quella di *Iud.* di Tränkle e in altre utilizzate in questo studio: P. PETITMENGIN, «Errata tertullianea», in M. BIRAUD – J. GRANAROLO, ed., *Autour de Tertullien*, fs. René Braun, II, Nice 1991, 35-46. Gli errori riportati non influenzano le conclusioni di questo studio.

[4] TERTULLIANO, *Opere apologetiche*, C. MORESCHINI – P. PODOLAK, ed., Roma 2006, 553.

[5] Per una breve, ma pregnante, introduzione alle problematiche specifiche dell'*Adversus Iudaeos* si può consultare l'introduzione al testo in TERTULLIANO, *Opere apologetiche*, 497-505.

[6] Vedi nota 1.

In tutta l'opera il termine *pharisaeus* compare una sola volta nel capitolo 10 nel quale si possono identificare tre parti che sono riprese, in modo quasi letterale, nell'*Adversus Marcionem*: *Iud.* 10,6, *Iud.* 10,8, *Iud.* 10,9-2 hanno corrispondenze rispettivamente in *Marc.* III,18,3, *Marc.* III,18,5, *Marc.* III,18,5-19,3.

Le riprese letterali di testo sono poste in una dimostrazione, con andamento simile nelle due opere, che vuole chiarire come la passione di Cristo non sia affatto una maledizione, ma in realtà fosse già stata prefigurata nelle profezie dell'Antico Testamento. In particolare si affronta il tema della croce, non legno di maledizione (*Iud.* 10,1; *Marc.* III,18,1), ma prefigurazione e inizio del Regno di Cristo (*Iud.* 10,11; *Marc.* III,19,1). Il legno della passione era già anticipato in Isacco (*Iud.* 10,6; *Marc.* III,18,2), Giuseppe (*Iud.* 10,6; *Marc.* III, 18,3), Mosè (*Iud.* 10,10; *Marc.* III,18,6). Nella discussione su Giuseppe, Tertulliano cita Dt 33,17, introducendo la figura del toro (corno).

Nella controversia con i giudei il tema del Cristo sofferente è uno degli argomenti più importanti e ricorrenti, nel quale i padri controbattono la riserva ebraica sull'attribuzione del carattere messianico e divino ad un personaggio che abbia subito una morte ignominiosa. Il tema del Cristo sofferente, nella polemica antigiudaica, era già stato affrontato da Giustino (es. *Dial.* 89,1). Il debito della trattazione tertullianea nei confronti di Giustino è evidente: vengono ripresi il tema, i punti della dimostrazione, i riferimenti biblici, le tipologie, pur caratterizzati in uno svolgimento letterario personale e in uno stile retorico più incisivo.

Giustino in *Dial.* 91,1 cita Dt 33,13-17 per introdurre le corna dell'unicorno come figura della croce[7], legandola alle benedizioni date da Giacob-

---

[7] In Dt 33,17 il greco μονόκερως, animale con un solo corno, può essere tradotto con unicorno, ma anche fatto corrispondere al rinoceronte; l'ebraico רְאֵם può essere tradotto in diversi modi. A seconda dell'animale considerato si hanno figure tipologiche diverse, con varianti legate alle caratteristiche zootecniche, mitologiche e bibliche sottolineate dai diversi autori. Le corna dell'unicorno sono una figura della croce tradizionale, utilizzata da diversi autori: Giustino, Apollinare di Gerapoli (frammento *Sur la Pâque*, O. PERLER, ed., SCh 123, Paris 1966, 246), Ireneo, *Adversus Haereses* II,24,4, Tertulliano *Marc.* II,18,3-4, Ippolito, *Le benedizioni di Mosè* (PO 27,174-175). Cfr. GIUSTINO, *Dialogo con Trifone*, G. VISONÀ, ed., Milano 2009², 284 nota 1. Lo stesso Tertulliano in *Iud.* 10,7 pare essere conscio delle diverse possibili letture, per lui non tutte adeguate: «Per certo l'unicorno non significava il rinoceronte, né la bestia a due corna, il Minotauro, ma in lui era significato Cristo, toro per l'una e l'altra disposizione, per alcuni feroce in quanto giudice, per altri mansueto in quanto salvatore, le cui corna sarebbero state le parti estreme della croce (infatti, anche nel palo di nave che fa parte della croce, le estremità sono chiamate così) e unicorno invece è il palo dello stipite centrale» (TERTULLIANO, *Opere apologetiche*, 551-553). Sul bestiario cristiano e in particolare sulle figure del Toro e dell'uni-

be ai suoi figli e in particolare a Giuseppe. Mentre Giustino utilizza più la figura dell'unicorno/croce nel suo discorso, Tertulliano considera, in *Iud.* 10,8 e in *Marc.* III,18,5, il toro e il suo gesto di scagliare, con un colpo di corna, le cose verso l'alto[8].

In Dt 33 Mosè benedice gli israeliti prima di morire con un riferimento esplicito a Gen 49 ove Giacobbe benedice i figli, ognuno dei quali diviene il capostipite di una delle dodici tribù. Considerando Giuseppe, figura del Cristo, Tertulliano usa entrambi i contesti biblici, pensandoli così interdipendenti da attribuire erroneamente a Giacobbe, e non a Mosè, la benedizione di Dt 33,17, tanto in *Iud.* 10,7 che in *Marc.* III,18,3.

L'affermazione che Simeone e Levi, figli di Giacobbe, e capostipiti di due delle dodici tribù, siano l'origine degli scribi e farisei, appare improvvisa in *Iud.* 10,8, senza un riscontro né in Giustino, da cui il modello polemico è derivato, né in altri autori debitori di Giustino. La questione è approfondita nel commento a *Marc.* III,18,5 e nel paragrafo 7.4.

4. *De oratione* 17,2

Nam et ille publicanus, qui non tantum prece sed et uultu humiliatus atque deiectus orabat, iustificatior pharisaeo || procacissimo discessit[9]. (*Or.* 17,2)

Anche il pubblicano della Scrittura pregava infatti non solo con la preghiera ma anche con l'umiltà e la contrizione dello sguardo, e se ne va perdonato più del troppo sfrontato fariseo[10].

Fra le varie indicazioni sulle modalità e abitudini di preghiera in *Or.* 16-17 Tertulliano critica l'abitudine di sedersi al termine della orazione, come pure quella di pregare in piedi con le mani troppo alzate (*Or.* 17). L'esempio di orante proposto è quello del pubblicano che si recò al tempio a pregare (Lc 18,9-14) restando in posizione defilata e senza osare alzare gli occhi, a differenza del fariseo, che pur in piedi non mostrava certo un'umile contrizione e non fu giustificato. La citazione è indiretta e il fariseo è proposto come esempio di sfrontatezza, con l'evidente ripresa della nota di biasimo già presente in Luca.

---

corno/rinoceronte si può consultare M. P. CICCARESE, *Animali Simbolici. Alle origini del bestiario cristiano II (leone – zanzara)*, Bologna 2007, 285-309, 329-352.

[8] Il riferimento è a Dt 33,17, versetto e immagine già usata da Giustino in *Dial.* 91,3.

[9] TERTULLIANUS, *De oratione*, G. F. DIERCKS, ed., *CCSL* 1, Turnhout 1954, 266.

[10] Il testo italiano è ripreso da TERTULLIANO, *Opere catechetiche*, S. ISETTA – S. MATTEOLI – T. PISCITELLI – V. STURLI, ed., Roma 2008, 133.

5. *De patientia* **3,10**

Mira aequanimitatis fides: qui in hominis figura proposuerat latere, nihil de inpatientia hominis imitatus est! Hinc uel maxime, pharisaei, dominum agnoscere debuistis: patientiam huiusmodi nemo hominum perpetraret[11]! (*Pat.* 3,10)

Fede degna di ammirazione per la sua capacità di sopportare: lui che si era manifestato sotto l'aspetto di un uomo non ha imitato nulla dell'impazienza umana! Da questo prima di ogni altra cosa, farisei, avreste dovuto riconoscere il Signore: nessun uomo ha mai dato prova di pazienza così grande[12]!

Il capitolo terzo del *De patientia* ripercorre rapidamente l'esistenza di Gesù sottolineandone l'umiltà e la pazienza dimostrata in tutta la vita, dalla nascita fino alla sopportazione della croce. In un climax ascendente *Pat.* 3,10 culmina nella costatazione che in nulla Gesù ha imitato l'impazienza umana, sicché proprio da ciò i farisei avrebbero dovuto riconoscere in lui il messia. Sebbene nei paragrafi precedenti, scorrendo la vita di Gesù, i riferimenti indiretti ai vangeli non manchino e siano facilmente identificabili, nel paragrafo in questione ciò è più difficile. Quanto allo scetticismo si potrebbe considerare Gv 12,12-49 dove alla folla, che segue e acclama Gesù, si oppongono i farisei (Gv 12,19), che continuano a mostrare una posizione radicale, tanto da costringere taluni capi solidali con la folla a dissimulare la loro posizione (Gv 12,37-49).

La menzione dei farisei in *Pat.* 3 arriva quasi alla fine del capitolo; non sono considerate altre fazioni giudaiche che avversarono il Nazareno e che furono causa del processo e morte.

Questa "selezione" è una traccia della percezione che ha Tertulliano dei farisei, cioè una dimensione antagonistica e incredula verso il Nazareno, ulteriormente specificata in senso negativo rispetto ai vangeli.

6. *De baptismo*

Il *De baptismo* fu scritto per confutare l'eresia cainita, diffusa da una donna, la cui azione di proselitismo doveva essere piuttosto efficace in Cartagine (*Bapt.* 1,2). La dottrina cainita, un'espressione dello gnosticismo, rifiutava il battesimo, inutile a conseguire la salvezza, poiché, fra l'altro, amministrato, secondo gli adepti, tramite un rito troppo semplice

---

[11] Tertullianus, *De Patientia*, J.W.P. Borleffs, ed., *CCSL* 1, Turnhout 1954, 301.

[12] Tertulliano, *Opere catechetiche*, 207.

e per mezzo dell'acqua, elemento troppo umile per produrre tale effetto. Tertulliano reagisce scrivendo il *De baptismo* in cui confuta le tesi dell'avversario, parla della differenza del battesimo di Giovanni da quello di Cristo ed espone alcuni principi per l'amministrazione di questo sacramento.

6.1 *De baptismo* 10,1

[...] nunc ad reliquum statum eius aeque ut potero progrediar de quaestiunculis quibusdam. Baptismus a Iohanne denuntiatus iam tunc habuit quaestionem ab ipso quidem Domino propositam ad pharisaeos caelestis ne is baptismus esset an uero terrenus, de quo illi non ualuerunt constanter respondere utpote non intelligentes quia nec credentes[13].
(*Bapt.* 10,1)

[...] ora, sempre come mi sarà possibile, passerò agli aspetti del battesimo che restano da trattare, affrontando alcune questioni di minore importanza. Il battesimo annunciato da Giovanni già a quel tempo dette luogo alla questione posta dal Signore ai farisei, cioè se quel battesimo fosse di origine celeste oppure soltanto di natura terrena: a questo problema quelli non furono in grado di dare una risposta sicura, dal momento che, non credendo, non erano in grado di comprendere[14].

I farisei sono considerati in relazione alla questione posta a Gesù sulla origine del battesimo di Giovanni. Tale domanda è posta ai capi dei sacerdoti e agli anziani in Mt 21,23-27, ai capi dei sacerdoti, agli scribi e agli anziani in Mc 11,27-33 e in Lc 20,1-8. Nei sinottici, relativamente ai passi citati, i farisei non appaiono. Per questo slittamento, presente anche in *Marc.* IV,38,1, possono esser fatte diverse ipotesi[15], senza però poterne validare una sulle altre per mancanza di indizi. Per *Marc.* IV,38,1 Braun ipotizza che la sostituzione fosse nel testo marcionita con il quale il Cartaginese si confrontava[16], dunque non attribuibile a Tertulliano.

Nondimeno notiamo come per il *De baptismo* sia proposto per la pubblicazione un periodo che va dal 200 al 206[17], mentre per l'*Adversus Marcionem* IV si considerano gli anni 209-210[18]; inoltre nel contesto del discorso

---

[13] Per il testo latino del *De baptismo* ho usato: TERTULLIANUS, *De baptismo*, J.W.P. BORLEFFS, ed., *CCSL* 1, Turnhout 1954, 284.

[14] La traduzione italiana del *De Baptismo* è ripresa da: TERTULLIANO, *Opere catechetiche*, 177.

[15] Vedi paragrafo 7.17 dedicato al commento di *Marc.* IV,38,1.

[16] Cfr. TERTULLIEN, *Contre Marcion. Tome IV (Livre IV)*, 463 nota 4.

[17] Cfr. TERTULLIANO, *Opere catechetiche*, 154.

[18] Cfr. TERTULLIEN, *Contre Marcion. Tome IV (Livre IV)*, 13. Occorre comunque notare come la stesura dell'opera antimarcionita conobbe probabilmente diverse redazioni prima della pubblicazione definitiva. Per il primo libro dell'opera si ipotizza una prima redazione attorno al

di *Bapt.* 10 i riferimenti evangelici sono presi da tutti i vangeli canonici[19], senza una predilezione per quello di Luca. Queste due osservazioni assieme rendono possibile pensare a ragioni diverse, per la sostituzione, dalla sola dipendenza dal testo evangelico marcionita (o dalla fonte di esso).

A prescindere dalla ricerca dell'origine e causa della sostituzione dei soli farisei ai tre gruppi di maggiorenti giudei, la presenza nel testo dei soli farisei è indicativa di come Tertulliano consideri tale fazione giudaica: essa è espressione sintetica dei giudei che avversavano il Nazareno per togliergli, errando gravemente, quell'autorità che molti altri gli riconoscevano.

6.2 *De baptismo* 10,3

Denique legis doctores et pharisaei qui credere noluerunt, nec paententiam inire uoluerunt. Quodsi paenitentia humanum est et baptismus ipsius eiusdem condicionis fuerit necesse est: aut daret et spiritum sanctum et remissionem peccatorum si caelestis fuisset. Sed neque peccata dimittit neque spiritum indulget nisi solus Deus[20]. (*Bapt.* 10,3)

Così i dottori della Legge e i farisei, che non vollero credere, non vollero neppure fare penitenza. Ma se la penitenza è un atto umano, il battesimo di penitenza necessariamente rientrava in questa stessa condizione: se fosse stato di origine celeste avrebbe donato lo Spirito Santo e la remissione dei peccati. Ma soltanto Dio rimette i peccati e concede lo Spirito[21].

Tertulliano continua la riflessione sul battesimo di penitenza, cioè quello amministrato da Giovanni. Valutando assieme sia il riferimento evangelico ai dottori della legge e ai farisei increduli sia il tema del battesimo di Giovanni, si potrebbe ipotizzare che Tertulliano stia considerando il contesto di Mt 21 (la domanda sull'autorità di Gesù e sulla provenienza del battesimo di Giovanni), quello dell'azione battesimale del Battista (Mt 3,1s, Lc 3,3, Mc 1,4), ed anche il rifiuto dei dottori della legge e dei farisei a farsi battezzare (Lc 7,30).

Dunque non è possibile isolare un solo riferimento evangelico sotteso a *Bapt.* 10,3, piuttosto occorre considerare un insieme di risonanze evangeliche, potendole probabilmente sintetizzare in un mélange di Mt 21,32 (considerando anche Mt 21,45, dove appaiono i farisei) e Lc 7,30. Tertulliano sottolinea come i farisei (e i dottori della legge) non vollero fare penitenza, aspetto rimarcato anche da Origene, ma con accezioni diverse: in *CIo*

---

205 (cfr. TERTULLIANO, *Opere apologetiche*, 21). Dunque la sola ricostruzione della cronologia delle opere tertullianee non può essere considerata che un indizio, e non come elemento dirimente.

[19] Le citazioni dirette sono Mc 1,4 (*Bapt.* 10,6), Gv 3,21 (*Bapt.* 10,7).

[20] TERTULLIANUS, *De baptismo*, 285.

[21] TERTULLIANO, *Opere catechetiche*, 177.

VI,22,121 sadducei e farisei sono apostrofati dal Battista perché vengono al battesimo senza frutto di penitenza. Tertulliano si limita a notare la mancanza di fede dei farisei (e dottori), ma qui non sviluppa l'osservazione in una accusa esplicita e dettagliata contro il loro "farisaico orgoglio" come Origene (*CIo* VI,22,121).

6.3 *De baptismo 12,4*

Ipse Dominus nullius paenitentiae debitor tinctus est: peccatoribus non fuit necesse? Quod ergo alii tincti non sint, non iam comites Christi sed aemuli fidei, legis doctores et pharisaei[22]. (*Bapt.* 12,4)	Il Signore stesso, che non era tenuto a fare alcuna penitenza, fu battezzato: e non dovevano esserlo dei peccatori? Se altri non furono battezzati, questi non furono i seguaci di Cristo, ma i nemici[23] della fede, i dottori della Legge e i farisei[24].

La questione di *Bapt.* 12 è, stante il principio che nessuno può ottenere la salvezza senza battesimo, come possono essere salvati gli apostoli che, ad eccezione di Paolo, non lo hanno ricevuto? Si tratta di una obiezione posta dai cainiti per i quali, se gli apostoli si salvano anche senza battesimo, allora quest'ultimo è inutile. Il discorso ruota attorno al battesimo di Giovanni, con un retroterra evangelico (*Bapt.* 12,1-3) identificabile nelle vicende della missione del precursore, nello scontro fra Gesù e i notabili giudei, nel dialogo con Nicodemo sulla rinascita dall'acqua [e dallo spirito] (Gv 3,5) e dell'inutilità di lavarsi ancora, una volta già mondi (Gv 13,10).

In *Bapt.* 12,4 Tertulliano afferma che gli apostoli ricevettero il battesimo di Giovanni, come anche Gesù, per preparare la via del Signore. Dunque l'obiezione cainita non ha fondamento, anzi resta ancora più evidente come coloro che non ricevettero il battesimo, furono i rivali della fede, cioè i dottori della legge e i farisei (cfr. Lc 7,30).

È interessante come Tertulliano categorizzi i dottori della legge e i farisei quali *aemuli fidei*; questa generalizzazione esprime il processo di sintesi effettuato dal Cartaginese a partire dai dati evangelici e dalla tradizione apologetica ricevuta. Tale processo di generalizzazione non considera eccezioni: anche se in *Bapt.* 12,1 è citato il dialogo di Gesù con Nicodemo, fariseo nient'affatto ostile al Cristo, i farisei nel loro insieme (assieme ai dottori della legge) mantengono una connotazione negativa.

---

[22] TERTULLIANUS, *De baptismo*, 287.

[23] Moreschini traduce *aemuli* con nemici, al posto di un più generale rivali.

[24] TERTULLIANO, *Opere catechetiche*, 181.

7. *Adversus Marcionem*

L'*Adversus Marcionem* è una delle opere più ponderose non solo di Tertulliano, ma anche nel quadro della letteratura latina dei primi secoli. Il nostro autore vi lavorò per un intervallo che gli specialisti stimano andare dal 205 al 212. In questo periodo vide la luce una prima redazione, in un solo libro, nel 203-205 e una seconda in due libri forse nel 205-206. Questi ultimi furono la base per la concezione dell'intero piano dell'opera in cinque libri completata con la pubblicazione[25] dei restanti tre entro il 212 circa. Tale dispendio di energie e tempo indica l'importanza per Tertulliano di affrontare l'eresia marcionita[26], che metteva a rischio la Sacra Scrittura e il nucleo della fede cristiana.

Tre quarti dell'opera sono costituiti dalla esegesi dei testi sacri, principalmente in risposta alle *Antitesi* di Marcione; tale impostazione, vertendo sulla corretta interpretazione della Bibbia, considera il modo (sbagliato per Tertulliano) in cui i giudei leggono la Scrittura, errore che ha conseguenze nel rapporto fra cristiani ed ebrei.

7.1 *Adversus Marcionem* I,23,5

Igitur cum prima bonitatis ratio sit in rem suam exhiberi ex iustitia, secunda autem in alienam ex redundantia iustitiae super scribarum et Pharisaeorum, quale est secundam ei rationem referri, cui deficit prima, non habenti proprium hominem, ac per hoc quoque exiguae? Porro exigua, quae suum non habuit, quomodo in alienum redundavit[27]? (*Marc.* I,23,5)

Perciò, siccome la prima razionalità della bontà è il mostrarsi, come vuole la giustizia, in ciò che le compete, la seconda è il mostrarsi in quello che non le compete, come vuole una giustizia superiore a quella degli Scribi e dei Farisei, come si può assegnare il secondo grado di razionalità a quella bontà a cui manca il primo, perché non possiede un suo uomo, e per questo è scarsa? Se è scarsa, in quanto non possiede ciò che è suo, come può sovrabbondare su un uomo a lei estraneo[28]?

---

[25] Il processo di genesi dell'*Adversus Marcionem*, in parte raccontato all'inizio dell'opera, è di grande interesse perché fornisce indicazioni sul modo di lavorare degli autori antichi e sulle procedure di edizione e pubblicazione (cfr. T. Dorandi, *Nell'officina dei classici. Come lavoravano gli autori antichi*, Roma 2007, 103-118).

[26] Cfr. E. Norelli, «Marcione e la costruzione dell'eresia come fenomeno universale in Giustino Martire», *RSCr* 2/2009, 363-388; S. Moll, *The Arch-Heretic Marcion*, Tübingen 2010.

[27] Il testo latino dell'*Adversus Marcionem* I è ripreso dall'edizione critica: Tertullien, *Contre Marcion. Tome I (Livre I)*, R. Braun, ed., SCh 365, Paris 1990, 210.

[28] Per le citazioni dall'*Adversus Marcionem* (tutti i libri) la traduzione italiana è ripresa dalla traduzione di C. Moreschini: Q.S.T. Tertulliano, *Opere scelte*, C. Moreschini, ed., Torino 1999², 149.

Si tratta della citazione di Mt 5,20: *Io vi dico infatti: se la vostra giustizia non supererà quella degli scribi e dei farisei, non entrerete nel regno dei cieli*[29]. Tertulliano la usa per rafforzare la sua affermazione sulla razionalità della bontà di Dio: il dio di Marcione si occupa di un uomo a lui estraneo, anzi tale divinità avrebbe fatto irruzione in un mondo non suo e avrebbe strappato l'uomo al suo dio[30], azione ingiusta che evidenzia la contraddizione fra l'esistenza di un dio demiurgo "giusto" ed uno ad esso superiore, buono ma sconosciuto fino alla manifestazione in Cristo, attore della salvezza dell'uomo. Il richiamo del passo evangelico verte sul concetto di un incremento progressivo, ovvero ribadisce una continuità essenziale, non una frattura, fra la giustizia presentata nella legge (opera del dio legislatore, "giusto"), mai abrogata, di cui scribi e farisei sono i latori, con quella raccolta e sussunta nella predicazione del Nazareno e conseguentemente propria dei cristiani. Il richiamo sembrerebbe portato da un'assonanza concettuale, analogica, inserita per rafforzare la critica alla dicotomia che Marcione introduce fra demiurgo e dio buono, fra Antico e Nuovo Testamento.

7.2 *Adversus Marcionem* III,6,6

[...] si omnis spes Iudaeorum, ne dicam etiam gentium, in Christi reuelationem destinabatur, sine dubio id demonstrabantur non agnituri et non intellecturi, ablatis agnitionis et intellegentiae uiribus, sapientia atque prudentia, quod annuntiabatur, id est Christus, erraturis in eum principalibus sapientibus eorum, id est scribis, et prudentibus eorum, id est pharisaeis, pariter et populo auribus audituro et non audituro, utique Christum docentem, et oculis uisuro et non uisuro, utique Christum signa facientem[31]. (*Marc.* III,6,6)

[...] se tutta la speranza dei Giudei, per non dire anche di tutti i popoli, era affidata alla rivelazione di Cristo, senza dubbio si dimostrava che, una volta che fosse stata tolta loro la capacità del conoscere e del capire, cioè la sapienza e la prudenza, essi non avrebbero riconosciuto e capito colui che veniva annunziato, cioè Cristo, perché avrebbero sbagliato a proposito di lui i primi sapienti dei Giudei (vale a dire, gli Scribi), e i primi prudenti (vale a dire i Farisei), mentre il popolo contemporaneamente avrebbe udito e non avrebbe udito (evidentemente Cristo che insegnava) e avrebbe visto con gli occhi e non avrebbe visto (evidentemente Cristo che compiva prodigi)[32].

---

[29] Ove non diversamente specificato, la traduzione in italiano della Bibbia è la CEI 2008.

[30] Cfr. *Marc.* I, 23,8.

[31] Il testo latino di *Marc. III* è ripreso dall'edizione critica: TERTULLIEN, *Contre Marcion. Tome III (Livre III)*, R. BRAUN, ed., *SCh* 399, Paris 1994, 80.

[32] Q.S.T. TERTULLIANO, *Opere scelte*, 223.

Dal capitolo sei del terzo libro aumentano le affinità con l'*Adversus Iudaeos*, opera non rifinita da Tertulliano e il cui materiale è stato utilizzato nel trattato contro Marcione. Qui viene ripresa l'incapacità, da parte dei giudei, di riconoscere il messia atteso in Gesù, come conseguenza dei loro peccati, ovvero di una professione solamente esteriore dell'amore a Dio. L'obnubilamento del conoscere e del capire, cioè della sapienza e della prudenza, ha impedito di riconoscere il primo avvento del Cristo, caratterizzato dall'umiltà, restando nell'attesa di una venuta teofanica, gloriosa, che certamente ci sarà e che costituirà il secondo avvento del messia.

Tertulliano riprende le tematiche antigiudaiche già presenti in diversi scrittori cristiani a lui antecedenti, soprattutto in Giustino ed Ireneo[33], fra cui il tema dei profeti continuamente mandati da Dio a correggere il suo popolo, colpevolmente inascoltati e delittuosamente uccisi. Tale accusa prende spunto da un tema biblico, ma si trasforma nella dimostrazione di una "caratteristica" propria della genia ebraica, cagione dell'uccisione di Gesù e dell'avversità dei giudei nei confronti dei cristiani.

Nel passo studiato scribi e farisei sono considerati, praticamente assieme, i primi come i principali sapienti dei giudei e i secondi come i più prudenti (intelligenti). L'accoppiata *sapientia – prudentia* scaturisce probabilmente per un gioco di simmetria e richiami iniziato con la citazione di Is 29,14 in *Marc.* III,6,5[34] e proseguito con il richiamo di Is 6,9-10 dove è presente l'ascoltare e non ascoltare, il vedere e non vedere, richiamato simmetricamente nel corpo del testo seguente assieme alla *sapientia – prudentia*. Dunque l'eccellenza della sapienza è espressa fra i giudei dagli scribi, mentre l'eccellenza della prudenza dai farisei[35]. La *prudentia* non compare come una nota specifica dei farisei nelle descrizioni di Flavio Giuseppe o dei vangeli, e non è certamente una specificazione usuale neanche fra i padri della chiesa. Con tutta probabilità l'accoppiata scribi farisei, che compare spesso nei sinottici[36] a rappresentare antagonisti di

---

³³ Per una rapida panoramica sui temi della polemica antigiudaica: *La Bibbia nella polemica antiebraica*, AnnSE 14/1 (1997); G. OTRANTO, «La polemica antigiudaica negli scritti cristiani del II secolo», P. STEFANI, ed., *Quando i cristiani erano ebrei*, Brescia 2010, 127-163.

³⁴ *Marc.* III,6,5: «Toglierò» – egli disse – «la sapienza dai loro sapienti, e nasconderò la prudenza dei loro prudenti», Q.S.T. TERTULLIANO, *Opere scelte*, 223.

³⁵ Cfr. *Marc.* V,20,6, par. 7,18 di questo capitolo. Una preminenza dei farisei sui giudei potrebbe essere derivata, da Tertulliano, da una lettura di Fil 3,5.

³⁶ Scribi e farisei compaiono assieme 10 volte in Matteo (Mt 5,20, Mt 12,38, Mt 15,1, 7 volte in Mt 23), 2 volte in Marco (Mc 7,1, Mc 7,5; Mc 2,16 ha una connotazione diversa: οἱ γραμματεῖς τῶν Φαρισαίων), 5 volte in Luca (Lc 5,20; Lc 5,30, Lc 6,7, Lc 11,53, Lc 15,2), 1 volta in Giovanni (Gv 8,3).

Gesù o l'oggetto della sua critica, viene chiamata qui a raffigurare l'intelli-ghenzia giudea, distante dal popolo per erudizione, ma non per la sostanza del giudizio sul Nazareno.

Is 6,9 è citato nei vangeli in Mt 13,10-16, Mc 4,10-12, Lc 8,9-10, Gv 12,37-41: nei sinottici è inserito nella risposta alla questione sull'esprimersi in parabole di Gesù, in Giovanni compare nell'amara constatazione della incredulità di parte dei giudei, malgrado i segni compiuti, fomentata dai farisei. Il contesto sul quale Tertulliano pone le sue affermazioni su scribi e farisei è quello evangelico della incapacità di comprendere di certuni la vera natura dell'insegnamento di Cristo e l'origine dei segni da lui compiuti, ma lo sviluppo è originale.

7.3 *Adversus Marcionem III,18,5*

Idem erit et alibi taurus apud eandem scripturam, cum Iacob in Simeonem et Leui, id est in scribas et pharisaeos (ex illis enim deducitur census istorum) spiritaliter interpretatur: *Simeon et Leui perfecerunt iniquitatem ex sua haeresi*[37], qua scilicet Christum sunt persecuti; *in concilium eorum ne uenerit anima mea, et in stationem eorum ne incubuerint iecora mea, quia in indignatione sua interfecerunt homines*, id est prophetas, *et in concupiscentia sua ceciderunt nervos tauro*[38], id est Christo, quem post necem prophetarum suffigendo, neruos utique eius clauis desaeuierunt. Ceterum uanum, si post homicidia alicuius bovis illis exprobrat carnificinam[39]. (*Marc.* III,18,5)

Il medesimo Cristo si troverà anche altrove con la definizione di «toro», nella medesima scrittura, quando Giacobbe parla con significato spirituale contro Simeone e Levi, cioè contro gli Scribi e i Farisei, che da essi traggono l'origine: «Simeone e Levi compirono l'iniquità di propria scelta» (quella, s'intende, con cui perseguitarono Cristo), «nel loro concilio non venga la mia anima e alla loro assemblea non si associ il mio cuore, poiché nella loro ira uccisero gli uomini» (vale a dire, i profeti) «e nella loro concupiscenza tagliarono i nervi al toro», cioè a Cristo, che, dopo l'assassinio dei profeti, affissero alla croce e infierirono soprattutto sui suoi nervi con i chiodi. Del resto, sarebbe sciocco, se, dopo gli omicidi, Giacobbe rinfacciasse loro l'uccisione di un bue[40].

---

[37] Va osservato che nella citazione di Gen 49,5 compare il lemma *haeresis* che viene tradotto dal Moreschini con *scelta*; Braun, nella sua traduzione francese, riporta *hérésie*, volendo mantenere il contatto con l'originale greco (αἵρεσις) della LXX, citato in latino, come pure il senso peggiorativo inteso da Tertulliano (cfr. TERTULLIEN, *Contre Marcion. Tome III (Livre III)*, 162 nota 3).

[38] Citazione di Gen. 49,5-6.

[39] TERTULLIEN, *Contre Marcion. Tome III (Livre III)*, 162.

[40] Q.S.T. TERTULLIANO, *Opere scelte*, 249.

Dal capitolo 17 al capitolo 19 del terzo libro dell'*Adversus Marcionem* Tertulliano, per confutare l'interpretazione marcionita delle profezie, sta considerando la croce di Cristo e in particolare le figure bibliche antesignane di tale segno: Isacco, Giuseppe, il toro (in relazione a Gen 49,6) e Mosè. In *Marc.* III,18,5 affronta la figura del toro[41], e qui compare l'inciso secondo cui Simeone e Levi starebbero all'origine degli scribi e farisei.

Questa sezione riprende lo svolgimento del tema della incapacità dei giudei di considerare correttamente la croce in relazione a Gesù: Tertulliano vuole dimostrare che la morte da maledetto in croce del Nazareno costituisce prova della sua messianicità, e non il contrario. La "dimostrazione" utilizza una rilettura dei testi profetici e un'analisi tipologica di alcune figure veterotestamentarie, sulla scia di quanto già fatto da Giustino.

Per tale tematica il legame con l'*Adversus Iudaeos* è fortissimo, con il recupero dello svolgimento e con la riproposizione letterale di alcuni brani. La questione è già stata, sinteticamente, indicata nel paragrafo relativo a *Iud.* 10,8; le considerazioni fatte sopra ovviamente valgono per il contesto qui in esame.

La maggiore estensione scelta per la citazione del testo rispetto a quella di *Iud.* 10,8, permette d'inquadrare meglio l'indicazione di Simeone e Levi quali progenitori degli scribi e farisei. Sarebbe importante riuscire ad identificare le ragioni di tale affermazione, ovvero a quale tipo di tradizione Tertulliano l'abbia attinta, considerando come essa non abbia una diretta derivazione evangelica e non appaia nelle fonti classiche, antecedenti a Tertulliano, a nostra disposizione per lo studio dei farisei[42].

L'accezione negativa di Simeone e Levi riportata in Gen 49,5 è stata raccolta, sviluppata e riletta in diversi modi dai padri[43]. In questo contesto interessa particolarmente il commento di Ippolito nel suo *Benedizioni di Giacobbe* 14 dove gli scribi discendono dalla tribù di Simeone e i sommi sacerdoti da quella di Levi.

7.4 *Sulla discendenza degli scribi e farisei da Simeone e Levi*

L'attestazione di una discendenza di scribi e farisei dalle tribù di Simeone e Levi compare in Tertulliano in due testi "gemelli": *Iud.* 10,8 e *Marc.*

---

[41] Vedi commento *Adv. Iud.* 10,8 note 7-8.

[42] Sostanzialmente le opere di Flavio Giuseppe e gli scritti neotestamentari.

[43] Cfr. ad esempio: M. Sheridan, ed., *Ancient Christian Commentary on Scripture. Old Testament II. Genesis 12-50*, Downers Grove (Il.) 2002, 322-324.

III,15,8. Il contesto generale è quello della polemica antiebraica con l'uso, nello specifico, delle benedizioni di Giacobbe ai suoi figli, capostipiti delle tribù (Gen 49), e le benedizioni di Mosè alle tribù prima dell'ingresso nella terra promessa (Dt 33).

La rilettura del Primo Testamento in senso cristologico appare già nelle prime generazioni cristiane[44], e si sviluppa sempre più tanto nella ricerca di un'autodefinizione rispetto alle radici giudaiche, quanto nel confronto con la deriva marcionita e gnostica, tesa ad annullare la continuità fra Vecchio e Nuovo Testamento. La stessa resistenza del giudaismo a riconoscere nel Nazareno il messia atteso spinge alla ricerca, all'interno degli scritti veterotestamentari, di profezie che ne avessero annunciato l'avvento e il tragico destino umano.

La ricerca è portata avanti sviluppando un'esegesi tipologica, cioè la ricerca di segni nel Primo Testamento che prefigurino realtà future compiute successivamente in Cristo e nella chiesa[45].

In tale ambito un ruolo non di secondo piano svolge la rilettura delle *Benedizioni di Giacobbe* (Gen 49), nelle quali il patriarca, prossimo alla fine, convoca i suoi dodici figli, che saranno i capostipiti delle dodici tribù d'Israele[46], per rivolgere loro le sue ultime parole. Il testo di Genesi 49 è abbastanza complesso poiché Giacobbe ricorda le gesta di alcuni figli narrate nei capitoli precedenti del libro, annuncia cose che avverranno (le profezie riguardano i destini delle tribù più che quelle dei suoi eredi), benedice alcuni capostipiti, di altri invece non fa considerazioni edificanti.

---

[44] Cfr. ad esempio Lc 24,27: *E, cominciando da Mosè e da tutti i profeti, spiegò loro in tutte le Scritture ciò che si riferiva a lui*; Gal 4,24: *Ora, queste cose sono dette per allegoria: le due donne infatti rappresentano le due alleanze. Una, quella del monte Sinai, che genera nella schiavitù, è rappresentata da Agar.* 1Cor 10,1-6 è un altro esempio interessante tanto per il senso generale, quanto per l'uso del termine τύπος Ταῦτα δὲ τύποι ἡμῶν ἐγενήθησαν (1Cor 10,6)].

[45] L'esegesi tipologica patristica affonda le sue radici nell'esegesi allegorica già sviluppata nel mondo ellenistico. Tale esegesi ebbe un influsso importante tanto sulla esegesi dei padri, quanto sulla esegesi allegorica di alcuni autori giudei, quale ad esempio Filone d'Alessandria. Non può essere trascurato ovviamente l'apporto della esegesi ebraica, costantemente volta alla rilettura e interpretazione della Scrittura Sacra, con diversi metodi interpretativi, fra cui anche quello "allegorico", attestato già in ambito biblico e nella letteratura intertestamentaria. La questione è complessa, poiché la necessaria sintesi propone una categorizzazione (ellenistico, giudaico, giudaismo ellenistico...) che solo parzialmente rispetta una realtà ben più fluida d'interrelazioni culturali, sociali e religiose. Un primo approccio sintetico può essere trovato in M. SIMONETTI, *Lettera e/o allegoria. Un contributo alla storia dell'esegesi patristica*, Roma 1985. Sulla categoria *allegoria* cfr. P. W. MARTENS, «Revisiting the Allegory/Typology Distinction: The Case of Origen», *JECS* 16 (2008), 283-317.

[46] Saranno in realtà due figli di Giuseppe, Efraim e Manasse, ad essere i capostipiti delle due tribù omonime e non il loro padre.

Quest'ultimo è il caso di Simeone e Levi, di cui Giacobbe sottolinea il comportamento assai poco esemplare in occasione della loro vendetta su Sichem per la violenza fatta alla loro sorella Dina[47] (Gen 34).

Nella prospettiva patristica grande interesse riceve la "benedizione di Giuda", ove l'oracolo messianico di Gen 49,11-12 è letto in chiave cristologica[48].

L'espediente letterario di raccogliere le ultime parole di un personaggio importante, come ad esempio Gen 49 ("Benedizioni di Giacobbe") e Dt 33 ("Benedizioni di Mosè"), ha avuto un seguito notevole, sia in ambito giudaico che cristiano, con opere che sono definite genericamente testamenti, delle quali ci sono giunti diversi esempi nella letteratura intertestamentaria[49] e fra gli apocrifi del NT: le forme scelte dai diversi autori (o redattori) in tempi diversi sono assai dissimili, nondimeno tale artificio diviene una modalità piuttosto usata e ricorrente nella letteratura cristiana e non.

A cavallo fra il I e il II secolo d.C. in ambiente cristiano prende forma una raccolta che va sotto il nome di *Testamenti dei dodici patriarchi*: si tratta di una rielaborazione cristiana di materiali antecedenti di matrice giudaica[50]. Fra le opere giunte fino a noi, la prima che affronti in modo "organico" il commento di Gen 49 in campo patristico è *Le benedizioni di Giacobbe* di Ippolito, nondimeno già prima di lui altri padri avevano utilizzato nei loro scritti riletture di Gen 49 e Dt 33, fra cui Giustino[51].

Nelle *Benedizioni di Giacobbe* di Ippolito è ripresa la critica a Simeone e Levi per la loro azione contro Sichem.

---

[47] La rilettura dell'episodio di Dina (Gen 34) è un tema ripreso da diversi autori in contesti assai diversi, spesso con un intento ben preciso (politico o apologetico). La rilettura patristica s'inserisce su un filone antico e degno d'attenzione, ove sono presenti tradizioni (e interpretazioni) diverse. Lo studio di tali tradizioni esula dallo scopo di questo lavoro, tuttavia esse sono interessanti non solo per contestualizzare meglio l'uso patristico, ma anche per esprimere radici e ragioni della scelta di taluni episodi biblici (cfr. L. H. FELDMAN, «Philo, Pseudo-Philo, Josephus, and Theodotus on the Rape of Dinah», *JQR* 94/2 (Spring 2004), 253–277).

[48] Nel NT vi sono alcuni esempi che propongono il messia come discendente della genia di Giuda: il leone di Giuda di Ap 5,5 (in relazione con Gen 49,9), o il richiamo esplicito di Eb 7,14 (con riferimento anche a Dt 33).

[49] Testamenti di alcuni patriarchi scritti in aramaico (Testamento di Levi, di Qahat figlio di Levi e di Amram padre di Mosè) sono stati ritrovati a Qumran. Cfr. G. ARANDA PÉREZ – F. GARCÍA MARTÍNEZ – M. PÉREZ FERNÁNDEZ, *Letteratura giudaica intertestamentaria*, Brescia 1998, in particolare pag. 311 e seguenti. Esempi di "testamenti" sono presenti nella bibbia: ad esempio il "testamento" di Davide (1Re 2,1-9), il "testamento" di Mattatia (1Mac 2,49-68).

[50] Cfr. P. SACCHI, *Introduzione agli apocrifi dell'Antico Testamento*, 91.

[51] *Dial.* 134,3, 52,2, 52,4 120,3, 53,1, 54,1, 63,2, 76,2; *I Apol.* 32,1-7, 54,5. Dt 33 in *Dial.* 91,1-2.

Ποῖ οὖν πληροῦται ἡ προφητεία ἡ εἰρημένη «Συμεὼν καὶ Λευῒ ἀδελφοί, συνετέλεσαν ἀδικίαν ἐξαιρέσεως αὐτῶν εἰς βουλὴν αὐτῶν μὴ ἔλθοι ἡ ψυχή μου, καὶ ἐν τῇ ἐπισυστάσει αὐτῶν μὴ ἐρίσαι τὰ ἥπατά μου»;

Ἀνάγνωθι τὸ εὐαγγέλιον καὶ εὑρήσεις τὸ γεγραμμένον ἐκ γὰρ τῆς φυλῆς τοῦ Συμεὼν ἦσαν οἱ γραμματεῖς, ἐκ δὲ τοῦ Λευῒ οἱ ἀρχιερεῖς. ἐπεὶ οὖν τῇ τούτων βουλῇ καὶ γνώμῃ παρεδόθη ὁ Χριστὸς καὶ ὑπ' αὐτῶν ἀνῃρέθη, προειδὼς ὁ προφήτης λέγει «εἰς βουλὴν αὐτῶν μὴ ἔλθοι ἡ ψυχή μου». βουλὴν δὲ λέγει, ἣν ἐβουλεύσαντο ζητοῦντες ἀφορμὴν κατὰ Ἰησοῦ, ὅπως αὐτὸν «δόλῳ κρατήσαντες ἀποκτείνωσιν». ὡς καὶ Ἡσαΐας λέγει· «οὐαὶ τῇ ψυχῇ αὐτῶν, ὅτι ἐβουλεύσαντο βουλὴν πονηρὰν καθ' ἑαυτῶν εἰπόντες· δήσωμεν τὸν δίκαιον, ὅτι δύσχρηστος ἡμῖν ἐστιν[52]».
(*De benedictionibus Jacobi* 14)

Ma allora, come si è realizzata la profezia che dice: «Simeone e Levi sono fratelli. Insieme hanno compiuto un'ingiustizia di loro iniziativa. Non entri l'anima mia nel loro consiglio e non venga a contesa il mio cuore nel loro conciliabolo»?
Leggi il Vangelo e troverai ciò ch'è stato scritto. Infatti, della tribù di Simeone erano gli scribi e di quella di Levi i sacerdoti. E poiché al loro consiglio e al loro volere fu consegnato Cristo e da loro fu messo a morte, il profeta conoscendo tutto ciò in anticipo dice: «Non entri l'anima mia nel loro consiglio». Per «consiglio» intende quello che tramarono cercando un pretesto per accusare Gesù, al fine di impadronirsi di lui con l'inganno e di metterlo a morte. Come anche Isaia dice: «Guai alla loro anima!, poiché hanno tramato un malvagio disegno contro loro stessi dicendo: Incateniamo il giusto, poiché ci è molesto[53]».

È interessante osservare come l'interpretazione tipologica sia da considerarsi già tradizionale, riprendendo il *Testamento di Levi* 16,1-5 (nei *Testamenti dei dodici patriarchi*[54]), dove si annuncia che i discendenti di Levi si riuniranno per condannare il messia.

Ippolito afferma che dalla tribù di Levi discendono i sacerdoti, mentre da quella di Simeone gli scribi. La prima asserzione ovviamente non fa problema, mentre la seconda appare senza un evidente legame con una tradizione antecedente. Capire l'origine di questa informazione sarebbe importante per determinarne il valore storico, ma anche per comprendere la metodica che l'ha generata.

Ippolito stesso afferma la dipendenza del suo discorso dal vangelo ("Leggi il vangelo …"), ovvero su una linea che si rifà primariamente al Nuovo Testamento. Il seguito del testo illustra come il legame sia posto con il

---

[52] PO 27,64.

[53] Traduzione ripresa da IPPOLITO, *Le benedizioni di Giacobbe*, M. SIMONETTI (traduzione, introduzione e note), Roma 1982, 78-79.

[54] Cfr. IPPOLITO, *Le benedizioni di Giacobbe*, 78 nota 69.

consiglio che tennero i sacerdoti e gli anziani del popolo per arrestare con l'inganno Gesù ed ucciderlo: il contesto e alcuni termini indicano il riferimento implicito al vangelo di Matteo[55].

Il comportamento ingannevole di Simeone e Levi nell'episodio di Dina, causa del biasimo di Giacobbe morente, è connesso con quello dei maggiorenti giudei del tempo di Gesù, sulla linea del messia non riconosciuto e ucciso dai capi dei giudei. La discendenza degli scribi da Simeone potrebbe essere letta come un'interpolazione di Ippolito, sviluppata per parallelismo, a partire dalla tradizionale discendenza sacerdotale da Levi. Gli scribi, in qualche modo, sarebbero da considerare come dei capi del popolo, anziani nel testo di Matteo, in una rilettura che poggia probabilmente anche su di una certa variabilità dei vangeli nell'identificare i maggiorenti giudei (scribi, anziani, sacerdoti, farisei, spesso considerati a coppie e in combinazioni diverse).

Se si accetta tale ricostruzione in questo brano de *Le benedizioni di Giacobbe*, allora Ippolito avrebbe connesso informazioni provenienti da contesti diversi, soggiogandole al principio che tutte le Scritture si riferiscono a Gesù Cristo (Lc 24,27) e da Lui traggono senso ulteriore e finale. Tale principio ermeneutico non conosce cronologia storica e permette accostamenti che, al lettore moderno, possono apparire arditi. Si può considerare allora il passo d'Ippolito come espressione esemplare di un procedimento di coniugazione d'istanze diverse, riferimenti biblici, tradizioni, informazioni, modalità e generi letterari, all'interno di un discorso con un fine primario certamente apologetico. Dunque non si tratterebbe della emersione, all'interno di un discorso apologetico basato su temi mutuati da tradizioni antecedenti, di una informazione contenuta in fonti antiche, ma di un effetto dell'argomentare proprio dell'apologetica cristiana del periodo, libera di riorganizzare i dati tradizionali nella novità della difesa del proprio punto di vista.

Ippolito vuole mostrare alcune caratteristiche proprie, a suo intendere, della genia ebraica, da sempre capace di azioni nefaste a danno dei giusti, dunque ancora più colpevoli per la condanna del Giusto, Gesù il Cristo. Tale interpretazione ha dei limiti e dei rischi: anche se Ippolito, e in generale gli scrittori coevi, plasma al suo scopo dati di tradizioni diverse, tuttavia le utilizza e le trasmette nel testo. La connessione con i *Testamenti dei dodici patriarchi* testimonia una conoscenza di un ambito potenzialmente connesso con tradizioni giudaiche più antiche, virtualmente foriere di in-

---

[55] Il richiamo è a Mt 26,3-4: Τότε συνήχθησαν οἱ ἀρχιερεῖς καὶ οἱ πρεσβύτεροι τοῦ λαοῦ … καὶ συνεβουλεύσαντο ἵνα τὸν Ἰησοῦν δόλῳ κρατήσωσιν καὶ ἀποκτείνωσιν.

formazioni non giunte fino a noi in altro modo. È evidente che, allo stato attuale delle conoscenze, l'ipotesi della "genesi retorica" è la più plausibile e meglio connessa al contesto, nondimeno occorre mantenere una certa dose di prudenza[56].

È opportuno osservare come in Ippolito si presenti una struttura metodica e tematica, nonché una visione tipologica, già organizzata, che sarà ripresa dagli scrittori ecclesiastici successivi.

Anche Tertulliano attinge alla rilettura tipologica cristiana di Gen 49 e riprende il tema di Simeone e Levi come tipi dei maggiorenti giudei che operarono malevolmente nei confronti del Cristo. In Tertulliano però sono i farisei a discendere da Levi, con un'ulteriore modifica nella tipologia. Non è possibile fissare con certezza le ragioni di un simile slittamento, cui però non dovrebbe essere estranea la polemica di Gesù contro gli scribi e farisei soprattutto in Matteo[57].

Gli scrittori cristiani successivi si sono riferiti alla linea di Ippolito o a quella di Tertulliano, a seconda della fonte da loro scelta: ad esempio Ambrogio in *I patriarchi* 3,13 "segue" l'attribuzione di Ippolito, mentre Rufino ne *Le benedizioni di Giacobbe* II,8, "segue" Tertulliano.

7.5 *Adversus Marcionem* IV,12,5

Nel IV libro dell'*Adversus Marcionem* Tertulliano considera il vangelo marcionita per evidenziarne gli errori e limiti, smascherando come esso sia un'interpolazione arbitraria del vangelo di Luca. Dopo un'introduzione generica, a partire dal capitolo sette, il Cartaginese segue direttamente lo svolgimento del vangelo di Luca al confronto con quello marcionita per mostrarne contraddizioni e incoerenze nel presentare Gesù Cristo come totalmente indipendente dal Dio del Primo Testamento, cioè dal Dio dei giudei[58]. In *Marc.* IV,12,1-12 viene considerato lo Shabbat in relazione a Lc 6,1-11.

---

[56] È discussa la dipendenza della descrizione che Ippolito fa delle correnti giudaiche in *Ref.* 9,18, 2b-29,4 con le informazioni proposte da Flavio Giuseppe, principalmente in *BI* 2.119-166. Il dibattito vorrebbe chiarire il livello di conoscenza da parte dell'autore del retroterra giudaico, ovvero i passi di mediazione tramite i quali egli abbia potuto raccogliere le informazioni proposte nella sua *Refutatio omnium haeresium*. Cfr. A. I. BAUMGARTEN, «Josephus and Hippolytus on the Pharisees», *HUCA* 55 (1984), 1-25; R. BERGMEIER, «Die drei jüdischen Schulrichtungen nach Josephus und Hippolyt von Rom: Zu den Paralleltexten Josephus, B.J. 2,119-166 und Hippolyt, Haer. IX 18,2-29,4», *JSJ* 34 Issue 4 (2003), 443-470.

[57] Cfr. Mt. 23.

[58] Cfr. TERTULLIEN, *Contre Marcion. Tome IV (Livre IV)*, R. BRAUN – C. MORESCHINI, ed., *SCh* 456, Paris 2001, 19-24.

Nunc et ad ipsam materiam disceptabo, in qua uisa est destruere sabbatum Christi disciplina. Esurierant discipuli ea die; spicas decerptas manibus efflixerant, cibum operati ferias ruperant. Excusat illos Christus, et reus est sabbati laesi; accusant Pharisaei, Marcion captat status controversiae, quasi – ut aliquid eludam cum mei domini veritate – scripti et uoluntatis[59]. (*Marc.* IV,12,5)

Ora discuterò della materia stessa dei fatti, secondo la quale sembrò che la disciplina di Cristo distruggesse il sabato. Avevano avuto fame in quel giorno i suoi discepoli, avevano colto e spezzato con le loro mani delle spighe, si erano preparati il cibo ed avevano rotto la festività. Cristo li scusa ed è accusato di aver rotto il sabato; lo accusano i Farisei. Marcione spia lo stato della controversia, come se fosse (voglio scherzare con la verità del mio Signore) una controversia sul testo scritto e sull'intenzione[60].

I farisei appaiono nel testo perché Marcione considera l'episodio di Lc 6,1-5 dove essi rimproverano a Gesù il comportamento dei suoi discepoli in giorno di sabato (Lc 6,2).

7.6 *Adversus Marcionem* IV,12,9

Exinde observant Pharisaei si medicinas sabbatis ageret, ut accusarent eum, certe qua sabbati destructorem, non qua noui dei professorem – fortasse enim hunc solum articulum ubique ingeram, alium Christo nusquam praedicatum. In totum autem errabant Pharisaei circa sabbati legem, non animaduertentes condicionaliter eam indicentem ferias operum, sub certa specie eorum. Nam cum de die sabbati dicit: «*Omne opus tuum non facies in ea*», dicendo «*Tuum*» de humano opere definiit, quod quisque ex artificio uel negotio suo exequitur, non de diuino[61]. (*Marc.* IV,12,9)

Successivamente i Farisei stanno attenti a vedere se curava di sabato, per accusarlo: di certo in quanto eliminava il sabato, non in quanto predicava un nuovo dio. Forse io dovrò ripetere ovunque questa sola affermazione, che un altro dio non era stato predicato in nessun luogo da Cristo. Ma i Farisei sbagliavano completamente riguardo alla legge del sabato, perché non si accorgevano che Dio aveva prescritto il riposo dalle opere sotto condizione, e cioè un aspetto ben preciso di esse. Infatti, quando a proposito del sabato dice: «in esso non farai alcuna opera tua», dicendo «tua», la definisce riferendosi all'opera degli uomini, quella che ciascuno esegue sulla base della sua arte o della sua attività, non all'opera sacra a Dio[62].

---

[59] Il testo latino per *Marc.* IV è ripreso dall'edizione critica: Tertullien, *Contre Marcion. Tome IV (Livre IV)*, qui pag. 156-158.

[60] Q.S.T. Tertulliano, *Opere scelte*, 302.

[61] Tertullien, *Contre Marcion. Tome IV (Livre IV)*, 160.

[62] Q.S.T. Tertulliano, *Opere scelte*, 303-304.

Delle due occorrenze di farisei in questo passo la prima riprende l'episodio di Lc 6,6-11, allorquando scribi e farisei (Tertulliano considera qui solo i farisei) sono pronti ad accusare Gesù di guarire durante il giorno di riposo, la seconda occorrenza è presente nel commento che Tertulliano fa sul vero senso della legge del sabato.

7.7 *Adversus Marcionem* IV,12,15

In quo die si et Helisaeus prophetes Sunamitidis filium mortuum restituit in uita<m>, uides Pharisaee, tuque Marcion, olim creatoris esse sabbatis benefacere, animam liberare, non perdere, nihil Christum novi intulisse quod non sit ex forma, ex lenitate, ex misericordia, ex praedicatione quoque creatoris[63]. (*Marc.* IV,12,15)

E se in quel giorno il profeta Eliseo restituì alla vita il figlio della Sunamitide che era morto, tu vedi, o Fariseo, e anche tu, Marcione, che già da tempo era stata attività specifica del Creatore il far del bene di sabato, liberare l'anima, non perderla, e che Cristo non introdusse niente di nuovo che non fosse secondo la regola, la mansuetudine, la misericordia, la profezia, pure, del Creatore[64].

Continua la polemica con Marcione riguardo la vera osservanza del sabato (e sulla essenziale connessione di Gesù con il Dio del Primo Testamento) sulla falsariga degli episodi narrati in Lc 6. In questo caso Tertulliano critica la posizione dei farisei, e di Marcione, poiché da sempre il Creatore ha fatto del bene di sabato[65]. Resta solo da notare come il tono polemico ammetta delle "libertà" (Eliseo non guarì il giovinetto di sabato) e accomuni Marcione e farisei quali nemici della verità del vangelo di Gesù, trasmesso dagli apostoli.

7.8 *Adversus Marcionem* IV,19,7

Marc. IV,19,6-12 considera l'episodio della madre e i fratelli di Gesù venuti a cercarlo (Lc 8,19-21), confrontandolo con la versione di Marcione. La questione è la messa in dubbio della nascita carnale del Signore da parte di taluni eretici (*Marc.* IV,19,6), tramite una lettura letterale della sola domanda di Gesù: «Chi è mia madre e chi sono i miei fratelli?» (Mt 12,48[66]). Tertulliano invita a considerare tale domanda nel contesto

---

[63] Tertullien, *Contre Marcion. Tome IV (Livre IV)*, 164-166.

[64] Q.S.T. Tertulliano, *Opere scelte*, 305.

[65] Tertulliano propone come esempio la guarigione da parte del profeta Eliseo del figlio della sunammita (2Re 4,18-37), anche se il testo non indica una guarigione di sabato, semmai il contrario (2Re 4,23).

[66] Anche Mc 3,33.

dell'episodio, cosicché sia evidente esattamente il contrario: non ci sarebbero madre e fratelli a cercare il Nazareno se questi non fosse effettivamente nato nella carne.

Sed hoc scriptura non dicit, quae quanto significare solet ex temptatione quid factum – «*Ecce legis doctor adsurrexit temptans eum*»; et de tributi consultatione: «*Et accesserunt ad eum Pharisaei temptantes eum*» –, tanto, ubi non facit temptationis mentionem, non admittit temptationis interpretationem[67]. (*Marc.* IV,19,7)	Ma questo la scrittura non lo dice, la quale ogni volta lo indica, di solito, quando qualcosa vien fatta per indurre in tentazione Cristo (ad esempio: «ecco che un dottore della Legge si alzò per tentarlo»; e, a proposito della domanda relativa al tributo da pagare: «e si avvicinarono a Lui i Farisei tentandolo»): analogamente, pertanto, quando non fa cenno di una tentazione, non permette che si interpreti il fatto come se fosse una tentazione[68].

In *Marc.* IV,19,7 Tertulliano affronta la possibile obiezione degli avversari, per i quali l'episodio non sarebbe una riproposizione di un evento accaduto, quanto piuttosto una prova cui sarebbe sottoposto Gesù. La risposta del Cartaginese obietta che la Scrittura (il vangelo) riporta esplicitamente quando il Nazareno fu messo alla prova dagli avversari, e cita due esempi: Lc 10,25 e Mt 19,3. La seconda citazione riguarda i farisei che mettono alla prova Gesù sulla questione del divorzio. L'argomentazione è ripresa da *Carn.* 7,3 dove sono usati gli stessi esempi.

7.9 *Adversus Marcionem* IV,27,1

Nel capitolo 26 e 27 Tertulliano segue il capitolo 11 di Luca; *Marc.* IV,27,1 considera Lc 11,29.33.42s, saltando la discussione sul segno di Giona (Lc 11,30-32) e accennando ai "guai" contro farisei e dottori della legge, che tratta in dettaglio nel paragrafo successivo.

Alibi malo purgare quae reprehendunt Marcionitae in creatore. Hic enim sufficit si ea in Christo reperiuntur. Ecce inaequalis et ipse, inconstans, leuis, aliud docens aliud faciens: [...] uetat	Riserbo ad altri momenti la giustificazione delle accuse che i Marcioniti rivolgono al Creatore: per ora mi basta, se queste accuse riguardano anche Cristo. Eccolo, incoerente anch'egli, incostante,

---

[67] TERTULLIEN, *Contre Marcion. Tome IV (Livre IV)*, 242-244.
[68] Q.S.T. TERTULLIANO, *Opere scelte*, 332.333.

remaledicere, multo magis utique male-
dicere, et 'uae' ingerit Pharisaeis et
doctoribus legis. Quis est tam similis
dei mei Christus nisi ipsius[69]? (*Marc.*
IV,27,1)

superficiale, mentre insegna diversamente da come agisce: [...] proibisce di restituire la maledizione, tanto più, quindi,
di maledire, e scaglia un «guai!» contro i
Farisei e i dottori della Legge. Chi è questo Cristo così simile al mio Dio, se non
il Cristo di lui stesso[70]?

La citazione dei farisei è considerata in relazione con la critica che Gesù
rivolge loro in Lc 11,42s, in occasione di una pretesa incoerenza di Gesù che
da un lato proibisce di restituire la maledizione (Lc 6,28) e dall'altro lui stesso
scaglia un "guai" contro i farisei prima, e dottori della legge poi (Lc 11,46s).

7.10 *Adversus Marcionem* IV,27,2

Saepe iam fi[n]ximus nullo modo po-
tuisse illum destructorem legis deno-
tari si alium deum promulgasset. Ideo
et tunc Pharisaeus qui illum uocarat ad
prandium retractabat penes se cur non
prius tinctus esset quam recubuisset, secundum legem, qui deum legis circum-
ferret. Iesus autem etiam interpretatus
est ei legem, dicens illos calicis et ca-
tini exteriora emundare, interiora autem
ipsorum plena esse rapina et iniquitate,
ut significaret uasculorum munditias hominum esse intellegendas apud deum.
Quia et Pharisaeus de homine, non de
calice inloto, apud se tractauerat, ideo
«*exteriora*, inquit, *calicis lauatis*, id
est carnem, *interiora autem uestra non
emundatis*», id est animam; adiciens:
«*Nonne qui exteriora fecit* – id est carnem –, *et interiora fecit*», id est animam[71]? (*Marc.* IV,27,2)

Abbiamo già precisato più volte che non
lo si sarebbe potuto in alcun modo accusare di distruggere la Legge, qualora avesse
predicato un nuovo dio. Per questo motivo,
dunque, anche allora il Fariseo, che lo aveva invitato a pranzo, considerava tra di sé
perché non si era lavato prima di pranzare,
come voleva la Legge, colui che andava
predicando il Dio della Legge. Ma Gesù gli
interpretò anche il significato della Legge,
dicendo che quelli lavavano l'esterno del
calice e dei piatti, mentre il loro interno era
pieno di rapina e di malvagità, per significare che la pulizia delle suppellettili doveva essere intesa come pulizia degli uomini
davanti a Dio; e poiché anche il Fariseo
aveva considerato tra di sé che l'uomo, non
il calice, non era stato lavato, per questo
Cristo gli rispose: «voi lavate l'esterno del
calice» (cioè la carne), «mentre non avete
mondato la vostra parte interna», cioè l'a-
nima; e aggiunge: «Forse colui che ha fatto
l'esterno», cioè la carne, «non ha fatto anche l'interno», cioè l'anima[72]?

---

[69] TERTULLIEN, *Contre Marcion. Tome IV (Livre IV)*, 344.

[70] Q.S.T. TERTULLIANO, *Opere scelte*, 365-366.

[71] TERTULLIEN, *Contre Marcion. Tome IV (Livre IV)*, 346.

[72] Q.S.T. TERTULLIANO, *Opere scelte*, 366.

Marc. IV,27,2 considera Lc 11,37-43 e l'episodio dell'invito a cena da parte di un fariseo di Gesù. In questo contesto *pharisaeus* compare due volte al singolare nel resoconto dell'invito e del dialogo di Gesù con il suo ospite, dal quale poi scaturirà l'accusa di trascurare gli insegnamenti più importanti della legge a favore di minuzie assai meno essenziali. La "polemica" sulla vera natura della legge, e sull'ipocrita attenzione dei farisei per le norme di purità osservate esteriormente, è una caratteristica del dibattito di Gesù con i farisei, ripresa ed accentuata dalla polemica antigiudaica.

Da osservare che, quando Tertulliano cita direttamente Lc 11,39, non nomina i farisei, che invece sono riportati esplicitamente nel testo di Luca.

7.11 *Adversus Marcionem* IV,28,1

Merito itaque non placet illi hypocrisis Pharisaeorum, labiis scilicet amantium deum, non corde. «*Cauete*, inquit discipulis, *a fermento Pharisaeorum, quod est hypocrisis*», non praedicatio creatoris. Odit contumaces patris filius, non uult suos tales existere in illum, non in alium, in quem hypocrisis fuisset admissa, cuius exemplum a discipulis caueretur: ita Pharisaeorum prohibet exemplum. In eum prohibebat illud admitti in quem admittebant Pharisaei[73]. (*Marc.* IV,28,1)

A ragione, quindi, non gli piace l'ipocrisia dei Farisei, che amavano, naturalmente, Dio con le labbra, non con il cuore. «Guardatevi», disse ai discepoli, «dal fermento dei Farisei, che è l'ipocrisia», non la predicazione del Creatore. Il Figlio odia i ribelli a suo Padre, non vuole che i suoi discepoli si comportino così verso di lui: non verso un altro, verso il quale sarebbe stata permessa la ipocrisia, dal cui esempio i suoi discepoli dovevano invece guardarsi. Così proibisce di seguire l'esempio dei Farisei: proibiva di commettere quel peccato verso colui verso il quale lo commettevano i Farisei[74].

Marc. IV,28,1 continua il tema dell'ipocrisia dei farisei in relazione con Lc 12,1-3. *Pharisaeus* si ripete quattro volte in questo paragrafo: nella seconda occorrenza nella citazione diretta di Lc 12,1, nelle altre tre mentre si commenta il peccato di ipocrisia. Tertulliano sottolinea come il rimprovero di Gesù sia causato da un peccato fatto verso l'unico Dio: il Dio della legge, il Dio creatore, il Padre di Gesù e Gesù stesso. Così facendo Egli avverte i suoi discepoli di non ripetere il peccato dei farisei verso di Lui.

---

[73] TERTULLIEN, *Contre Marcion. Tome IV (Livre IV)*, 354.
[74] Q.S.T. TERTULLIANO, *Opere scelte*, 369.

Il peccato dei farisei è quello di amare con le labbra e non con il cuore: qui è ripreso il rimprovero classico verso i farisei, nello specifico però attorno alla tradizione che cita Is 29,13, cioè Mc 7,1-3 (oggetto: i farisei e alcuni scribi) e Mt 15,1-9 (oggetto: alcuni farisei e alcuni scribi)[75].

7.12 *Adversus Marcionem* IV,33,2

Iniustitiae enim auctorem et dominatorem totius saeculi nummum scimus omnes. Cui famulatam uidens Pharisaeorum cupiditatem amentavit hanc sententiam: «*Non potestis deo seruire et mammonae.*» Irridebant denique Pharisaei pecuniae cupidi, quod intellexissent scilicet mammonam de nummo dictum, ne quis existimet in mammona creatorem intellegendum et Christum a creatoris illos seruitute reuocasse. Quid nunc? potius ex hoc disce unum a Christo deum ostensum[76]. (*Marc.* IV, 33,2)

Ché tutti sappiamo che il denaro è l'autore dell'ingiustizia e il dominatore di tutto il mondo. Vedendo che la cupidigia dei Farisei era serva del denaro, scagliò contro di loro questa sentenza: «Non potete servire a Dio e mammona». Infatti, lo deridevano i Farisei, i quali erano cupidi di denaro, evidentemente perché avevano capito che mammona era stato detto a proposito del denaro: non si deve credere che con «mammona» si debba intendere il Creatore e che Cristo li abbia richiamati dalla schiavitù del Creatore. Ebbene? Piuttosto, impara che proprio con questo fatto Cristo ha indicato un solo Dio[77].

Il capitolo 33 dell'*Adversus Marcionem* si sviluppa sulla falsariga di Lc 16,1-13, facendo perno sulla contrapposizione fra Dio e mammona di Lc 16,13. I farisei entrano nella discussione in virtù di Lc 16,14 dove si afferma come essi erano amanti del denaro e che deridevano Cristo per le cose dette sul rapporto con la ricchezza. Il ragionamento di Tertulliano ruota sul fatto che i farisei avessero capito perfettamente che Gesù si riferiva alle ricchezze, per nulla identificando mammona con un dio da contrapporre al Dio creatore.

Ne segue che anche in questo passo è affermata da Cristo l'unicità di Dio, contro l'interpretazione marcionita. I farisei ricorrono due volte in *Marc.* IV,33,2.

---

[75] Anche quando si confronta con Marcione sullo sfondo del vangelo di Luca, Tertulliano ha presente la tradizione sinottica. Questa notazione, al limite della ovvietà, permette di ipotizzare una certa consapevolezza nella scelta di riportare i soli farisei quando nel testo di riferimento evangelico essi compaiano accanto ad altri gruppi giudaici, come ad esempio in *Marc.* IV,12, *Marc.* IV,38,1.

[76] TERTULLIEN, *Contre Marcion. Tome IV (Livre IV)*, 402.

[77] Q.S.T. TERTULLIANO, *Opere scelte*, 385.

7.13 *Adversus Marcionem* IV,33,4

Creator autem quomodo alienus erat Pharisaeis, proprius deus Iudaicae gentis? Si ergo haec non cadunt in creatorem, sed in mammonam, *Quis uobis credet quod uerius est*? Et: *Quis uobis dabit quod meum est*? non potest quasi alius dixisse de alterius dei gratia[78]. (*Marc.* IV,33,4)

E come poteva, poi, essere estraneo ai Farisei il Creatore, che è il Dio proprio del popolo giudaico? Se, dunque, queste parole non si accordano con il Creatore, ma con mammona, allora le altre: «Chi vi affiderà quello che è più vero?» e: «Chi vi darà ciò che è mio?» sono parole che Cristo non può avere detto a proposito della grazia di un altro dio, come se fosse stato un dio diverso[79].

Continua la polemica antimarcionita affrontando Lc 16,11-12, ove Tertulliano ricorda che è estranea ai servi di Dio l'ingiustizia, poiché Dio è giusto, e tale è il Creatore anche per Marcione, dunque il denaro ingiusto gli è estraneo. Dio dunque è estraneo all'ingiustizia di mammona, il quale non è un altro dio, né è affermato tale tanto da Cristo quanto dai farisei. Il testo sottolinea come i farisei siano parte del popolo giudaico e che condividano con esso la fede nel Dio creatore. Osservazione in un certo modo tautologica, ma che esprime da un lato l'essere dei farisei un gruppo (ortodosso) fra i giudei, dall'altro la loro distanza dagli eretici marcioniti. I farisei sono attratti nel discorso dal contesto del capitolo, non per biasimo o per esemplificazione negativa, anzi qui guadagnano una certa aurea positiva.

7.14 *Adversus Marcionem* IV,33,6

Si autem et iustificantes se coram hominibus Pharisaei spem mercedis in homine ponebant, illo eos sensu increpabat quo et propheta Hieremias: «*Miser homo, qui spem habet in homine.*» Si et adicit: «*Scit autem deus corda uestra*», illius dei uim commemorabat <qui> lucernam se pronuntiarat, scrutantem renes et corda. Si superbiam tangit: «*Quod elatum est apud homines perosum est*

E se poi i Farisei, giustificandosi in faccia agli uomini, riponevano nell'uomo la speranza della ricompensa, Egli li rimproverava con quel significato di cui già si era servito il profeta Geremia: «misero l'uomo che ha speranza nell'uomo». E se aggiunge: «Ma Dio conosce i vostri cuori», Egli ricordava loro la potenza di quel Dio che si era definito lucerna che scruta le reni e i cuori. Se tocca la loro

---

[78] TERTULLIEN, *Contre Marcion. Tome IV (Livre IV)*, 404.
[79] Q.S.T. TERTULLIANO, *Opere scelte*, 386.

deo», Esaiam ponit ante oculos: «*Dies enim domini sabaoth, in omnem contumeliosum et superbum, in omnem sublimem et elatum, et humiliabuntur*[80]». (*Marc.* IV, 33,6)

superbia: «ciò che è elevato presso gli uomini è in odio a Dio», pone Esaia davanti agli occhi: «giacché il giorno del Signore Sabaoth è contro ogni violento e ogni superbo, contro ogni eccelso ed elevato, e costoro saranno umiliati[81]».

Tertulliano continua a sviluppare il ragionamento portato avanti nei paragrafi precedenti facendo fulcro su Lc 16,15, cioè sul fatto che «Dio conosce i vostri cuori». I farisei restano l'oggetto del discorso, rimproverati di riporre nell'uomo la speranza della ricompensa[82], cioè di fondare la loro sicurezza su commerci umani. La citazione resta funzionale allo sviluppo dell'argomentazione e del suo cavillare nella rilettura pressoché continua di Luca. Il peccato rimproverato ai farisei qui è la superbia.

7.15 *Adversus Marcionem* IV,35,12

Sed nec Pharisaei possunt uideri de alterius dei regno consuluisse dominum, quando uenturum sit, quamdiu alius a Christo editus deus non erat, nec ille de alterius regno respondisse quam de cuius consulebatur[83]. (*Marc.* IV,35,12)

E nemmeno può sembrare che i Farisei abbiano consultato il Signore a proposito del regno di un altro dio, cioè quando esso sarebbe venuto, fintanto che non era stato manifestato da Cristo un altro dio; né Cristo poteva rispondere sul regno di un altro dio che non fosse quello sul cui regno era interrogato[84].

Il capitolo 35 sviluppa il capitolo 17 del vangelo di Luca, dedicando ampia attenzione, nei paragrafi fino all'undicesimo, all'episodio della guarigione dei dieci lebbrosi (Lc 17,11-19).

In *Marc.* IV,35,12 i farisei compaiono in virtù della questione che pongono a Gesù in Lc 17,20 sul tempo della venuta del Regno di Dio. La discussione ruota su quale regno s'intenda, ovvero se esista un regno del Dio creatore che sarà successivamente soppiantato da quello inaugurato da Cristo (altro dio nella visione marcionita), oppure se si tratti di un solo Regno dell'unico Dio portato a compimento da Gesù il Cristo. La citazione è indiretta e chiaramente legata al testo evangelico considerato.

---

[80] TERTULLIEN, *Contre Marcion. Tome IV (Livre IV)*, 406.

[81] Q.S.T. TERTULLIANO, *Opere scelte*, 386.

[82] Dunque i farisei vanno contro quanto scritto in Ger 17,5: «Maledetto l'uomo che confida nell'uomo, e pone nella carne il suo sostegno, allontanando il suo cuore dal Signore».

[83] TERTULLIEN, *Contre Marcion. Tome IV (Livre IV)*, 438-440.

[84] Q.S.T. TERTULLIANO, *Opere scelte*, 398.

7.16 *Adversus Marcionem* IV,36,2

Et tamen cum templum creatoris inducit, et duos adorantes diuersa mente describit, Pharisaeum in superbia, publicanum in humilitate, ideoque alterum reprobatum, alterum iustificatum descendisse, utique docendo qua disciplina sit orandum, eum et hic orandum constituit a quo relaturi essent eam orandi disciplinam, siue reprobatricem superbiae siue iustificatricem humilitatis. Alterius dei nec templum nec oratores nec iudicium inuenio penes Christum, nisi creatoris[85]. (*Marc*. IV, 36,2)

E tuttavia, quando introduce il Tempio del creatore e descrive i due che pregano con animo opposto, il fariseo in superbia, il pubblicano in umiltà, e che pertanto l'uno era disceso condannato, l'altro giustificato da Dio, evidentemente, mostrando con quale disciplina si debba pregare, stabilì anche qui che si doveva pregare Colui dal quale avrebbero avuto oramai la disciplina della preghiera, la quale tanto riprova la superbia quanto giustifica l'umiltà. Di un altro Dio, io non trovo né un tempio né degli oranti né un giudizio, presso Cristo, se non del creatore[86].

Nel capitolo 36 del IV libro Tertulliano considera il capitolo 18 di Luca, in particolare la parabola del fariseo e del pubblicano che pregano contemporaneamente nel tempio (Lc 18,9-14) è l'origine della citazione. Viene sottolineata la superbia del fariseo quale esempio negativo di preghiera a Dio.

7.17 *Adversus Marcionem* IV,38,1

Sciebat Christus baptisma Ioannis unde esset. Et cur quasi nesciens interrogabat? Sciebat non responsuros sibi Pharisaeos. Et cur frustra interrogabat? An ut ex ore ipsorum iudicaret illos, uel ex corde? Refer ergo et haec ad excusationem creatoris et ad comparationem Christi, et considera iam quid secuturum esset si quid Pharisaei ad interrogationem renuntiassent. Puta illos renuntiasse humanum Ioannis baptisma: statim lapidibus elisi fuissent. Existeret aliqui Marcion aduersus Marcionem, qui diceret: o deum optimum, o deum diuersum a creatoris exemplis[87]! (*Marc*. IV,38,1)

Cristo sapeva donde proveniva il battesimo di Giovanni. E allora perché lo domandava come se lo ignorasse? Sapeva che i Farisei non gli avrebbero risposto. E perché li interrogava inutilmente? Non forse per giudicarli proprio in base alla loro bocca o al loro cuore? Tu devi portare anche questo particolare, dunque, a scusare il Creatore e a paragonargli Cristo, e considerare che cosa sarebbe successo se i Farisei avessero risposto alla sua domanda. Immagina che quelli rispondessero che il battesimo di Giovanni proveniva dagli uomini: sarebbero stati subito lapidati. Sorgerebbe qualche Marcione contro Marcione, che direbbe: guarda che dio ottimo, che dio diverso dagli esempi del Creatore[88]!

---

[85] Tertullien, *Contre Marcion. Tome IV (Livre IV)*, 444.
[86] Q.S.T. Tertulliano, *Opere scelte*, 400.
[87] Tertullien, *Contre Marcion. Tome IV (Livre IV)*, 462-464.
[88] Q.S.T. Tertulliano, *Opere scelte*, 406.

Nel capitolo 38 del quinto libro Tertulliano commenta Lc 20, la duplice menzione dei farisei si trova nel primo paragrafo, in riferimento alla domanda che i capi dei sacerdoti, gli scribi e gli anziani fanno a Gesù quanto all'autorità con la quale agisce e sulla contro domanda fatta dal Nazareno sulla provenienza del battesimo di Giovanni (Lc 20,1-8).

La questione è che in Lc 20 non sono menzionati i farisei e dunque sorge la questione della origine di tale sostituzione: in primo luogo potrebbe essere propria del testo marcionita, con il quale il cartaginese si confronta, ma non può essere escluso un cambiamento attuato da Tertulliano[89]. Sotto quest'ultima ipotesi le ragioni potrebbero essere le più diverse: il riferimento al testo evangelico non corretto per una citazione a memoria, per l'uso di raccolte di testi (*testimonia*), per uno slittamento dovuto a un'abitudine polemica di assumere i farisei quale figura (negativa) degli avversari di Gesù[90].

---

[89] Braun protende per una scelta di Marcione, e non di Tertulliano, di considerare i farisei in luogo dei sacerdoti, scribi e anziani (cfr. TERTULLIEN, *Contre Marcion. Tome IV (Livre IV)*, 463 nota 4). Va osservato che nei passi paralleli a Lc 20,1 nei sinottici compaiano capi dei sacerdoti, scribi e anziani in Mc 11,27, capi dei sacerdoti e anziani in Mt 21,23; in Matteo i farisei compaiono, accanto ai capi dei sacerdoti, in Mt 21,45 al termine del capitolo come ripresa conclusiva dopo le parabole dei due fratelli e dei vignaioli omicidi. La questione è complessa e riguarda la capacità di ricostruire il "vangelo di Marcione" come pure le sue fonti, nonché il vangelo di Luca utilizzato come riferimento da Tertulliano.

Per una linea minoritaria di studiosi esiste il problema di definire il rapporto esistente fra il testo del vangelo di Luca e la redazione fattane da Marcione, ovvero quale tipo di fonte lucana questi avesse utilizzato. In alcuni casi si è arrivati a supporre che la redazione finale del vangelo di Luca sia avvenuta per reazione alla deriva marcionita, includendo materiali non presenti nella primitiva fonte lucana e nel riarrangiamento di alcune sezioni. La questione investe la valutazione del testo evangelico come presentato da Marcione, ovvero della fonte da quest'ultimo utilizzata, e al ruolo da attribuirgli nella ricostruzione e nella spiegazione della questione sinottica. (cfr. J. B. TYSON, *Marcion and Luke-Acts: A Defining Struggle*, Columbia (S.C.), 2006, 83-118; M. KLINGHARDT, «The Marcionite Gospel and the Synoptic Problem: A New Suggestion», *Novum Testamentum* 50 (2008), 1-27; C. HAYS, «Marcion vs. Luke: A Response to the Plädoyer of Matthias Klinghardt», *ZNTW* 99/2 (July 2008), 213-232; D. T. ROTH, «Marcion's Gospel and Luke: the history of research in current debate», », *JBL* 127 (no 3, Fall 2008), 513-527). Tale ipotesi contrasta con le affermazioni di Tertulliano (*Marc.* IV,2,4) e di Ireneo (*Adv. Haer.* I,27,2.4; III,12,12, III.14,4) [anche Ps. Tertulliano, *Adversus omnes haereses* 6,2 (Marcione è discepolo di Cerdone, quest'ultimo recepisce solo una parte delle Sacre Scritture); Epifanio, *Panarion* 42,9,1, 42,10,4, 42,11] secondo i quali Marcione avrebbe mutilato il vangelo di Luca per ottenerne un'edizione conforme alla sua visione. Basandosi su pochi dati certi è difficile esprimere un'ipotesi sulle ragioni della menzione tertullianea dei farisei in questo ambito; per l'insieme degli indizi, per il contesto si potrebbe protendere per una azione di Tertulliano, già abituato a identificare nei farisei il tipo degli antagonisti di Gesù. Considerando che Tertulliano conosce la tradizione sinottica e i testi, relativamente stabilizzati, di Luca, Matteo e Marco, l'uso, più o meno cosciente, dei farisei in luogo dei capi dei sacerdoti, scribi e anziani è un indizio di uno slittamento verso una lettura tipologica dei farisei quale espressione sintetica degli avversari giudei di Gesù.

[90] Cfr. *Bapt.* 10,1.

7.18 *Adversus Marcionem* V,20,6

Quae autem retro lucri duxerat, quae et supra numerat – gloriam carnis in nota circumcisionis, generis Hebraei ex Hebraeo censum, titulum tribus Beniamin, Pharisaeae candidae dignitatem –, haec nunc detrimento sibi deputat, non deum, sed stuporem Iudaeorum[91]. (*Marc.* V,20,6)

E quelle prerogative che, prima, aveva considerato come un suo privilegio, cioè quelle che enumera precedentemente: la gloria della carne nel segno della circoncisione, l'origine della sua famiglia di ebreo da ebreo, il titolo della tribù di Beniamino, la dignità della sua superiorità di Fariseo, queste prerogative, ora, l'apostolo le considera come proprio danno: considera tale non il Dio dei Giudei, ma la loro stoltezza[92].

Nel quinto libro dell'*Adversus Marcionem* Tertulliano si occupa della parte, nel canone marcionita, relativa alle lettere Paoline. Il capitolo 20 considera la lettera ai Filippesi, e la parola fariseo compare al singolare nella ripresa di Fil 3,5, dove Paolo afferma le sue origini, la sua formazione e la sua irreprensibilità nell'osservare la legge: «… Ebreo da Ebrei, quanto alla legge fariseo…». A prescindere dal contesto polemico antimarcionita, il linguaggio usato da Tertulliano, iperbolico, sembra rispettare la connotazione positiva dell'essere fariseo propria del testo paolino, come espressione somma dell'osservante la legge, anche se, con Cristo, la legge è sussunta nella giustizia derivante dalla fede nel Figlio di Dio.

Il riconoscimento paolino di una certa superiorità dell'essere fariseo quanto alla legge, in rapporto evidentemente con altri che non lo sono e non possono vantare tale peculiarità, potrebbe concorrere alla considerazione tertullianea di una preminenza dei farisei sugli altri giudei quanto alla prudenza/intelligenza (vedi *Marc.* III,6,6).

---

[91] TERTULLIEN, *Contre Marcion. Tome V (Livre V)*, BRAUN, R. – MORESCHINI, C. ed., *SCh* 483, Paris 2004, 368.

[92] Q.S.T. TERTULLIANO, *Opere scelte*, 517.

8. *Adversus Praxean* 22,2

Item cum misissent ad inuadendum eum Pharisaei, *Modicum adhuc tempus* – ait – *uobiscum sum, et uado ad eum qui me misit»*. At ubi se negat esse solum – *Sed ego,* inquit, *et qui me misit Pater* – nonne duos demonstrat, tam duos quam inseparatos? Immo totum erat hoc quod docebat, inseparatos duos esse[93]. (*Prax.* 22,2)

Ugualmente, allorché i farisei mandarono alcuni ad assalirlo, disse: *Ancora per un poco sono con voi, e poi vado da colui che mi ha mandato*. Ma quando dice di non essere solo *(Io e il Padre che mi ha mandato),* non indica forse che sono due, due ed inseparati? Anzi, tutto il suo insegnamento era che erano due, inseparati[94].

Nella confutazione della "eresia" monarchiana Tertulliano in *Prax.* 22 utilizza citazioni del vangelo di Giovanni, ove il Cristo esprime il suo essere altra persona rispetto al Padre. Nei primi paragrafi è considerato il capitolo 7 di Giovanni allorquando Gesù si scontra con i giudei in Gerusalemme. In particolare in Gv 7,32 i farisei, ascoltato l'interrogativo di molti della folla sulla messianicità di Gesù, assieme ai capi dei sacerdoti decidono di inviare delle guardie per arrestare Gesù. Tertulliano, per introdurre l'affermazione di Gesù in Gv 7,33, considera solo i farisei come mandanti della "aggressione" (non dell'arresto). La selezione dei soli *pharisei,* in questa citazione indiretta, è un indizio della tendenza del cartaginese a considerarli come espressione sintetica per gli avversari del Nazareno.

9. *De anima* 16,4

Ecce enim tota haec trinitas et in domino: et rationale, quo docet, quo disserit, quo salutis uias sternit, et indignatiuum, quo invehitur in scribas et Pharisaeos, et concupiscentiuum, quo pascha cum discipulis suis edere concupiscit[95]. (*An.* 16,4)

Ecco che tutta questa triade è presente anche nel Signore: l'elemento razionale con cui insegna, con cui spiega, con cui appiana le vie della salvezza; l'elemento irascibile con cui inveisce contro gli scribi e i farisei, e l'elemento concupiscibile con cui desidera consumare la Pasqua coi suoi discepoli[96].

---

[93] Il testo latino è tratto da Tertullianus, *Adversus Praxean,* E. Kroymann – E. Evans, ed., *CCSL* 2, Turnhout 1954, 1189.

[94] La traduzione italiana di *Prax.* è ripresa da: Tertulliano, *Opere dottrinali.* Vol. 3/2b, C. Moreschini – P. Podolak, ed., Roma 2010, 515-517.

[95] Il testo latino del *De Anima* è tratto dall'edizione critica Tertullianus, *De Anima,* H. Waszink, ed., *CCSL* 2, Turnhout 1954, 803.

[96] La traduzione italiana del *De Anima* è ripresa da: Tertulliano, *Opere dottrinali. Vol. 3/2b,* 101.

Tertulliano considera l'anima composta da una parte razionale e da una irrazionale, quest'ultima va distinta in irascibile e concupiscibile. Non si può ricondurre la parte irrazionale alla natura, poiché ne deriverebbe che Dio, razionale, sarebbe il creatore della irrazionalità. Solo l'elemento razionale è creato da Dio, mentre l'irrazionale (cioè peccaminoso) sarebbe stato introdotto dal Demonio successivamente alla creazione, buona, di Dio. Tale quadro incontra uno scoglio quando si consideri l'agire di Gesù: se egli è senza peccato come può adirarsi? Tertulliano afferma allora che la triade, parte razionale, irascibile e concupiscibile, è presente anche nel Signore e considera tre esempi usati appunto in *An.* 16,4: l'elemento razionale è presente allorquando il Nazareno insegna, spiega e prepara le vie della salvezza, quello irascibile quando inveisce contro scribi e farisei, quello concupiscibile quando desidera consumare la Pasqua con i suoi discepoli.

Dunque è possibile una forma d'ira e desiderio non riconducibili alla irrazionalità (cioè al peccato), anche per gli uomini. Quanto a Gesù, che è Dio, Egli si adira razionalmente e desidera razionalmente, arrabbiandosi con il malvagio e desiderando la salvezza del giusto[97].

È difficile identificare il riferimento evangelico esatto sotteso all'esempio utilizzato da Tertulliano; se si ricerca una situazione in cui Gesù inveisca con scribi e farisei si può considerare i "guai" di Mt 23[98]. Non resta che sottolineare come l'oggetto dell'ira razionale, cioè giusta, di Gesù sia rivolta, quasi per antonomasia, a scribi e farisei.

10. *De carne Christi* 7,3

"Sed temptandi gratia nuntiauerant ei matrem et fratres quos non habebat." Hoc quidem Scriptura non dicit, alias non tacens, cum quid temptationis gratia factum est erga eum: *Ecce*, inquit, *surrexit legis doctor temptans eum*, et alibi: *Et accesserunt ad eum Pharisaei temptantes eum.* <Eo,> quod nemo prohibebat hic quoque significari temptandi gratia factum, non recipio quod extra scripturam de tuo infers[99]. (*Carn.* 7,3)

Ma questo la Scrittura non lo dice, mentre altrove non omette di dire che qualcosa fu fatto contro Cristo per tentarlo: *Ecco che un dottore della Legge si alzò per tentarlo;* e altrove: *E si avvicinarono a lui i Farisei tentandolo;* nessuno impediva che lo si dicesse anche a questo proposito, cioè che era stato detto per tentarlo: io non accolgo quello che tu introduci di tuo dal di fuori della scrittura[100].

---

[97] Cfr. *An.* 16,5.

[98] In Lc 11 il "guai" è rivolto prima ai soli farisei (Lc 11,42s) e poi ai soli dottori della legge (Lc 11,46s).

[99] TERTULLIANUS, *De carne Christi*, E. KROYMANN, ed., CCSL 2, Turnhout 1954, 887.

[100] Il testo italiano è ripreso da: TERTULLIANO, *Opere dottrinali*. Vol. 3/2a, C. MICAELLI – C. MORESCHINI – C. TOMMASI MORESCHINI, ed., Roma 2010, 367.

Il trattato *De carne Christi* risponde ad alcune eresie che, in modi diversi, consideravano l'assunzione da parte del Verbo di un corpo realmente simile a quello di tutti gli uomini. In *Carn.* 7 Tertulliano sta discutendo le tesi dello gnostico Apelle, e in particolare contesta l'interpretazione della domanda "Chi è mia madre e chi sono i miei fratelli?" (Mt 12,48), scaturita in risposta alla provocazione (tentazione) degli astanti, come prova che Gesù non avesse parenti carnali né madre né fratelli[101]. Per Tertulliano questa è una congettura infondata, poiché la Scrittura indica quando "qualcosa fu fatto contro Cristo per tentarlo", e nel passo considerato ciò non è fatto. A conferma cita direttamente Lc 10,25 e Mt 19,3, dove rispettivamente sono un dottore della legge e i farisei a tentare Gesù. Siamo di fronte ad una citazione diretta del vangelo di Matteo, e non resta che notare come i farisei siano, in questo caso, accoppiati con un dottore della legge.

11. *De idololatria* 2,5

Quomodo abundabit iustitia nostra super scribas et pharisaeos, ut dominus praescripsit, nisi abundantiam adversariae eius, id est iniustitiae, perspexerimus? Quod si caput iniustitiae idololatria est, prius est, uti adversus abundantiam idololatriae praemuniamur, dum illam non solum in manifestis recognoscimus[102]. (*Idol.* II,5)

In che modo la nostra giustizia abbonderà rispetto a quella degli scribi e dei farisei, come ha stabilito il Signore, se non saremo in grado di distinguere la sovrabbondanza della sua nemica, cioè l'ingiustizia? E dunque, se l'idolatria è l'elemento cardinale dell'ingiustizia, è meglio che noi ci premuriamo proprio contro la sovrabbondanza dell'idolatria in modo da essere in grado di riconoscerla non soltanto attraverso i segni manifesti[103].

Sottolineando come l'idolatria sia molto più che la sola azione esteriore di sacrificare agli idoli, *Idol.* 2,2-3, Tertulliano, sulla falsariga di Mt 5,28 e Mt 5,22-24, osserva che l'adulterio già si compie nel desiderio e l'omicidio nell'ingiuria[104]. In *Idol.* 2,5 vi è la citazione indiretta di Mt 5,20 riguardante scribi e farisei, la cui giustizia deve essere superata dai discepoli di Gesù.

---

[101] Stesso tema di *Marc.* IV, 19,7.

[102] TERTULLIANUS, *De idololatria*, J.H. WASZINK – J.C.M. VAN WINDEN, ed., Leiden 1987, 24.

[103] Il testo italiano è ripreso da TERTULLIANO, *Opere montaniste. Vol 4/1*, G. AZZALI BERNARDELLI – F. RUGGIERO – E. SANSI – C. SCHIPANI ed., Roma 2011, 345.

[104] In *Idol.* 2,4 viene utilizzato 1 Gv 3,15 per indicare come l'odio sia omicidio.

12. *De pudicitia*

12.1 *De pudicitia* 7,2. 5. 8

2. Praescribimus enim ex naturae disciplina, ex lege auris et linguae, ex mentis sanitate ea semper responderi quae prouocantur [id est ad ea quae prouocant]. Prouocauit, ut opinor, quod Pharisaei publicanos et peccatores ethnicos admittentem Dominum et cum illis de uictu communicantem indignati mussitabant. (*Pud.* 7,2) [...]

5. Ergo nihil ad Pharisaeorum mussitationem respondisse uis Dominum, sed ad tuam praesumptionem? Et tamen ita eam uindicare debebis, ut neges in ethnicum competere, quae in Christianum existimas conuenire. (*Pud.* 7,5). [...]

8. [...]. Sic etsi [ethnicorum] reliquum numerum iustum ait, non ideo Christianos esse ostendit, cum Iudaeis agens et illos cum maxime obtundens, quod indignarentur spei ethnicorum, sed ut exprimeret aduersus liuorem Pharisaeorum suam gratiam et beneuolentiam etiam circa unum ethnicum, praeposuit unius peccatoris salutem ex paenitentia quam illorum ex iustitia[105]. (*Pud.* 7,8)

2. Premettiamo infatti che in base a regola di natura, a norma d'orecchio e di lingua e di sanità di mente, inevitabilmente si risponde a tono a certe interpellazioni di sfida. E sfidò il Signore, come penso, il fatto che i farisei mormoravano indignati contro di lui, perché lasciava che pubblicani e peccatori pagani gli si avvicinassero e con loro condivideva il cibo. [...]

5. Concludendo, tu vuoi che alla mormorazione dei farisei il Signore non abbia risposto niente, e invece sì alla tua presunzione? Nondimeno dovrai difenderla in modo tale da riuscire a negare che possa adattarsi anche al pagano ciò che invece ritieni si riferisca al cristiano. [...]

8. [...] Anche se però dice che è di giusti il numero restante, non perciò così fa capire che siano cristiani, visto che tratta con i giudei e appunto vuol reprimerne l'indi-gnazione verso la speranza data ai pagani; per poter poi manifestare contro l'astio dei farisei la sua grazia e benignità anche nei confronti di un pagano solo, ecco che ha anteposto la salvezza di un solo peccatore in forza del suo pentimento alla salvezza di quelli in forza della loro giustizia[106].

Tertulliano è fermamente contrario alla possibilità di remissione dei peccati commessi dopo il battesimo, e in particolare del peccato di adulterio, cosa altresì considerata possibile dagli "psichici". Nel capitolo 7 del *De*

---

[105] Il testo latino è ripreso dall'edizione critica TERTULLIEN, *La pudicité*, C. MUNIER – C. MICAELLI, ed., *SCh* 394, Paris 1993, 174-178. Tale edizione riprende, correggendola ove necessario, quella di Dekkers: TERTULLIANUS, *De pudicitia*, E. DEKKERS, ed., *CCSL* 2, Turnhout 1954, 1281-1330.

[106] La traduzione italiana del *De pudicitia* è ripresa da TERTULLIANO, *Opere montaniste. Vol 4/2*, A. CAPONE – S. ISETTA – S. MATTEOLI – A. PERŠIČ – R. UGLIONE, ed., Roma 2012, 279-281.

pudicitia Tertulliano inizia un percorso esegetico per evidenziare come le parabole centrali del vangelo di Luca sulla misericordia siano rivolte non ai cristiani, bensì ai pagani, cioè a quelli che sono fuori del gregge del Signore[107]. In Lc 15,2 si evidenzia come le tre parabole seguenti (la pecora perduta, la dracma smarrita e il "figliol prodigo") scaturiscano a mo' di risposta agli scribi e farisei che mormoravano perché Gesù mangia e accoglie i peccatori. In *Pud*. 7,2, 7,5 e 7,8 il riferimento è a tale passo evangelico letto, nei tre brani, come sfida, mormorazione e astio dei farisei. Anche in questo caso della coppia scribi farisei considerata da Lc 15,2 restano in *Pud*. 7 i soli farisei a rappresentare gli antagonisti al Cristo.

12.2 *De pudicitia* 9,4. 17

4. Et duo utique filii illuc spectabunt, quo et drachma et ouis. Quibus enim cohaerent, eandem habent causam, eandem utique mussitationem Pharisaeorum erga commercium Domini <et> ethnicorum[108]. (*Pud.* 9,4) [...]

17. Hic erit prodigus filius, qui numquam retro frugi, qui statim prodigus, quod non statim Christianus. Hunc et Pharisaei de saeculo ad patris complexus revertentem in publicanis et peccatoribus maerebant[109]. (*Pud.* 9,17)

4. Allora anche i due figli riguarderanno senz'altro lo stesso tema cui anche la dracma e la pecora sono correlate: con queste infatti sono tutt'uno, hanno la medesima causa, il particolare medesimo della mormorazione dei farisei contro il Signore che frequentava i pagani[110]. [...]

17. Sarà appunto questi il figlio prodigo, che, mai stato frugale in passato, all'istante diventa prodigo, poiché non diventa all'istante cristiano; ed è questi che anche i farisei deploravano, perché faceva ritorno da questo mondo all'abbraccio del padre fra pubblicani e peccatori[111].

Tertulliano continua a seguire il capitolo 15 di Luca analizzando la parabola del "figliol prodigo" (Lc 15,11-31) per dimostrare come l'azione misericordiosa di Dio è diretta verso i pagani e non verso i giudei, cioè, in una lettura allegorica, verso i cristiani. In *Pud.* 9,4 è ricordato come la

---

[107] L'interpretazione esegetico-allegorica di Tertulliano quanto alla parabola della pecora perduta (Lc 15,4-7) è particolare poiché considera il gregge come tutto il genere umano e la pecora perduta come il pagano ricercato da Dio, respingendo esplicitamente l'interpretazione degli psichici, per i quali il gregge è il popolo della chiesa, la pecora perduta è il cristiano che si è perso per il peccato e Cristo è il buon pastore.

[108] Tertullien, *La pudicité*, 188.

[109] Tertullien, *La pudicité*, 192-194.

[110] Tertulliano, *Opere montaniste. Vol 4/2*, 289.

[111] Tertulliano, *Opere montaniste. Vol 4/2*, 293.

parabola dei due figli scaturisca in risposta alla mormorazione dei farisei, come le due parabole precedenti della pecora perduta (Lc 15,4-7) e della dracma smarrita (Lc 15,8-10). È interessante osservare come in *Pud.* 9,5 Tertulliano affermi che in Giudea, assai prima della occupazione di Pompeo e Lucullo, i pubblicani fossero pagani. Di quest'ultima imprecisione si stupisce anche Girolamo (*Epistola* 21,3), ma si può notare come anche l'indicazione della partecipazione di Lucullo all'occupazione della Giudea sia almeno approssimativa[112]. Una piccola osservazione, questa, secondaria rispetto al tema trattato, ma che ribadisce la necessità di grande cautela e attenzione nella valutazione di affermazioni "storiche" fatte dai padri all'interno di contesti polemici, quando non si abbiano altre attestazioni a validarle.

Nel seguito del capitolo 9 Tertulliano continua il suo discorso per dimostrare l'impossibilità della lettura del "figliol prodigo" come di quel cristiano che, abbandonata la casa paterna, cioè la chiesa, viva da pagano dopo aver ricevuto il battesimo. Neppure l'accoglienza del padre, a seguire, può esser letta come la possibilità della chiesa di accordare un secondo perdono dei peccati. Per Tertulliano il figlio minore è il pagano che incontra Dio misericordioso per la prima volta, fra l'invidia dei giudei per la graziosità del Padre verso i gentili. *Pud.* 9,17 nota la deplorazione dei farisei perché il figlio (cioè il pagano) torna all'abbraccio del padre. La citazione dei farisei è ancora trasportata dall'eco di Lc 15,2, anche se qui è sviluppata in un contesto di lettura "allegorica" dove Tertulliano, puntando a sostenere la sua tesi, sembra forzare non poco il testo.

Nel seguito del capitolo sono i giudei ad essere indicati come invidiosi della salvezza accordata da Dio agli altri popoli, sostituendo in tale ruolo i farisei. Variazioni di questo tipo possono indicare come per Tertulliano i farisei abbiano un ruolo secondario, ovvero sono inseriti nella trattazione a sottolineare un contesto polemico: ad essi non è dedicata una attenta ricerca, una considerazione filologica o storica, ma hanno il ruolo di quelle figure secondarie, il cui scopo è quello di sottolineare le sfumature e il contesto dei personaggi principali, ma non richiedono il dettaglio e l'accuratezza dei protagonisti.

---

[112] Il generale Lucio Licino Locullo si spinse in Siria durante la terza guerra mitridatica assediando Samosata e represse una sommossa di Giudei a Cirene (*Ant.* 14.114), ma non partecipò alla occupazione della Giudea.

13. *De monogamia*

13.1 *De monogamia* 7,1

Et quoniam quidam interdum nihil sibi dicunt esse cum lege, quam Christus non dissoluit, sed adimpleuit, interdum quae uolunt legis arripiunt, plane et nos sic dicimus decessisse legem, ut onera quidem eius, secundum sententiam apostolorum, quae nec patres sustinere ualuerunt concessarint, quae uero ad iustitiam spectant, non tantum reseruata permaneant, uerum et ampliata, ut scilicet redundare possit iustitia nostra super scribarum et Pharisaeorum iustititia[113]. (*Mon.* 7,1)

E dal momento che alcuni talvolta sostengono di non avere nulla a che fare con la Legge (quella Legge che Cristo non ha inteso abolire, ma solo completare), talvolta, per contro, ricorrono a quelle norme di essa che possono tornar loro comode, allora anche noi senza dubbio affermiamo che la Legge è ormai superata, ma solo nel senso che hanno cessato di valere quelle disposizioni di essa particolarmente gravose, che – come dissero gli apostoli – nemmeno i nostri padri furono in grado di sopportare: quelle, invece, che riguardano la giustizia non solo permangono in tutto il loro vigore, ma addirittura sono state aggravate, naturalmente affinché la nostra giustizia possa «superare quella degli scribi e farisei[114]».

Affrontando il tema del matrimonio Tertulliano fronteggia quegli eretici che, in vari modi, avevano tendenze encratiche e conseguentemente, in diversi gradi, sminuivano o abolivano l'istituto coniugale. In *Mon.* 7,1 vi è una ripresa più o meno diretta di Mt 5,20, a sottolineare come (nel confronto con la legge antica, che Cristo non abolì (Mt 5,17) ma volle rendere più stringente) la giustizia del cristiano nel tempo attuale possa superare quella degli scribi e farisei.

---

[113] Il testo latino del *De Monogamia* è ripreso da: TERTULLIANUS, *De monogamia*, DEKKERS, E., ed., *CCSL* 2, Turnhout 1954, 1237. R. Uglione ha pubblicato una edizione critica del *De Monogamia* nel 1993, ristampata nel 2017: TERTULLIANO, *Le uniche nozze*, R. UGLIONE, ed., Torino 2017². Nei brani considerati non vi sono differenze fra l'edizione di Dekkers e quella di Uglione, per cui ho utilizzato quella di *CCSL* 2.

[114] La traduzione italiana del *De monogamia* è ripresa da TERTULLIANO, *Opere montaniste. Vol 4/2*, 127-129.

13.2 *De monogamia* 8,7

Iam vero si Christus reprobat scribas et pharisaeos, sedentes in cathedra Moysi nec facientes quae docerent, quale est ut et ipse super cathedram suam collocaret qui sanctitatem carnis praecipere magis non etiam obire meminissent, quam illis omnibus modis insinuarat et docendam et agendam[115]? (*Mon.* 8,7)

Inoltre, se Cristo rimprovera gli scribi e i farisei che, assisi sulla cattedra di Mosè, non mettevano in pratica quello che insegnavano, come poteva insediare sulla cattedra uomini che si ricordassero di predicare più che di praticare la santità della carne: quella santità che egli, in tutti i modi, insegnava loro a predicare e a praticare[116]?

Considerando il caso degli apostoli, Tertulliano, nel confronto con le informazioni presenti nel Nuovo Testamento, vuole evidenziare la loro condotta di vita riguardo al matrimonio e alla temperanza della carne, per portarla a mo' di esempio. In *Mon.* 8,7, come indicazione della continenza degli apostoli, considera la coerenza che Cristo richiese loro affinché insegnassero ciò che vivevano in prima persona, al contrario dei redarguiti scribi e farisei assisi sulla cattedra di Mosè (Mt 23,2), che non praticavano ciò che insegnavano (Mt 23,3). Si tratta di una citazione indiretta, dove scribi e farisei sono proposti come esempio negativo, antitetico, presa da un brano evangelico che è un classico della critica matteana a scribi e farisei, ampiamente ripreso dall'apologetica antigiudaica.

14. *De resurrectione mortuorum* [*De carnis resurrectione*[117]]

14.1 *De resurrectione mortuorum* 19,4

Itaque et resurrectionem eam uindicandam qua quis, adita ueritate, redanimatus et reuiuificatus deo ignorantiae morte discussa uelut de sepulchro ueteris hominis eruperit, quia et dominus

Bisognerebbe, quindi, secondo loro, rivendicare come vero quel tipo di resurrezione per cui uno, una volta che sia penetrato nella verità, rianimato e rivivificato per Dio, allontanata la morte costituita dalla ignoranza

---

[115] TERTULLIANUS, *De monogamia*, 1240.

[116] TERTULLIANO, *Opere montaniste. Vol 4/2*, 135.

[117] Quest'opera di Tertulliano è trasmessa da cinque manoscritti, dai quali gli specialisti deducono l'esistenza di due diverse tradizioni di trasmissione. A seconda della tradizione scelta si ha un titolo diverso: *De resurrectione mortuorum* oppure *De carnis resurrectione*. Cfr. TERTULLIANO, *Opere dottrinali*. Vol. 3/2b, 259-260.

scribas et Pharisaeos sepulchris dealbatis adaequauerit[118]. (*Res.* 19,4)

di Dio, prorompe fuori del vecchio uomo, come da un sepolcro: tanto è vero che anche il Signore aveva paragonato gli scribi e i Farisei a dei sepolcri imbiancati[119].

Tertulliano affronta l'interpretazione allegorica della resurrezione di Gesù in polemica con coloro che la intendevano in modo errato. Per taluni l'ignoranza di Dio era considerata alla stregua di una morte spirituale, consegunetemente proponevano la resurrezione come rinascita in virtù della fede. In questo senso l'affermazione del Signore su scribi e farisei quali sepolcri imbiancati (Mt 23,27) veniva letta da costoro come una conferma biblica di tale tesi, posizione che Tertulliano si premura di confutare.

---

[118] Tertullianus, *De resurrectione mortuorum*, G.P. Borleffs, ed., *CCSL* 2, Turnhout 1954, 944. L'edizione critica di Borleffs non recepisce gli sviluppi successivi della ricerca (C. Micaelli, «Note critiche ed esegetiche al testo del De resurrectione di Tertulliano», *Vetera Christianorum*, 26 (1989), 275-286), tuttavia, per i brani d'interesse, il testo latino corrisponde sostanzialmente a quello emendato da Micaelli e pubblicato in Tertulliano, *Opere dottrinali*. Vol. 3/2b (edizione non critica).

[119] La traduzione italiana del *De carnis resurrectione* è ripresa da: Tertulliano, *Opere dottrinali*. Vol. 3/2b, 313.

14.2 *De resurrectione mortuorum* 39,3. 6

3. Habes Paulum apud summos sacerdotes sub tribuno inter Sadducaeos et Pharisaeos fidei suae professorem: *Viri – inquit – fratres, ego Pharisaeus sum, filius Pharisaeorum, de spe nunc et de resurrectione iudicor apud uos*, utique communi, ne, quia iam transgressor legis uidebatur, de praecipuo fidei totius articulo, id est de resurrectione, ad Sadducaeos sapere existimaretur. Ita, quam nolebat uideri rescindere, fidem resurrectionis utique confirmabat secundum Pharisaeos, respuens negatores eius Sadducaeos. (*Res.* 39,3) [...]

Ecco che Paolo davanti ai sommi sacerdoti, in presenza del tribuno, professa la sua fede tra i sadducei e i farisei: *Fratelli, io sono fariseo, figlio di farisei, e ora sono giudicato in vostra presenza a proposito della mia speranza e della resurrezione*, evidentemente a proposito di quella speranza alla quale anch'essi partecipavano, perché, siccome Paolo sembrava di già un trasgressore della Legge, non fosse sospettato di pensarla come i sadducei a proposito del principale punto della fede, vale a dire a proposito della resurrezione. Pertanto Paolo, col rigettare lontano da sé i sadducei, che la negavano, confermava secondo il pensiero dei farisei quella fede nella resurrezione che egli non voleva dar l'impressione di andar distruggendo. [...]

6. Itaque talem praedicabat qualem et Pharisaei susceperant et dominus ipse defenderat et Sadducaei, ne talem quoque crederent, in totum esse noluerant[120]. (*Res.* 39,6).

6. Pertanto Paolo predicava la resurrezione così come l'avevano accettata i farisei e come l'aveva difesa il Signore stesso, e che i Sadducei assolutamente negavano che esistesse, per non credere che essa riguardasse la carne[121].

Dal capitolo 39 Tertulliano comincia ad usare, come base del suo discorso sulla resurrezione della carne, anche temi esegetici provenienti dagli *Atti degli Apostoli*, dopo aver utilizzato precedentemente vangeli, lettere paoline e cattoliche. In *Res.* 39,4 considera l'episodio di Paolo che, portato davanti al sinedrio (At 22,30-23,11), approfitta della controversia fra sadducei e farisei sulla resurrezione per trarsi d'impaccio da una situazione pericolosa. Le ricorrenze di *fariseo* in *Res.* 39,4 ruotano attorno alla citazione di At 23,6, utilizzata per evidenziare come Paolo affermi la fede nella resurrezione, a lui preesistente e condivisa dai farisei; l'argomentare si prolunga per tutto il capitolo, e i farisei ricompaiono in *Res.* 39,6, ripetendo ancora, in modo più esplicito, come la tradizione sulla resurrezione

---

[120] TERTULLIANUS, *De resurrectione mortuorum*, 972.
[121] TERTULLIANO, *Opere dottrinali*. Vol. 3/2b, 359-361.

fosse la stessa in Paolo, Cristo e per i farisei. Un'attestazione rimarchevole a favore dei farisei accumunati, a partire dal dato scritturistico (qui *Atti degli Apostoli*), per un punto essenziale della fede a Paolo come a Cristo.

Questa affermazione positiva si stacca dalla menzione dei farisei in *Res.* 19,4 veicolata colà per il tramite di Mt 23,27, ambito questo sicuramente non favorevole a scribi e farisei. Da un lato possiamo riconoscere come l'argomentare nei due contesti si poggi su riferimenti al NT, tuttavia il tono sui farisei non deriva primariamente dall'argomentare, quanto dal contesto originario del riferimento: Mt 23 (e in particolare il versetto 27) non propone un'immagine positiva degli scribi e farisei, mentre le vicende di At 22,30-23,11 vedono Paolo, campione cristiano, appoggiarsi scaltramente sul suo essere fariseo e sull'affermazione della resurrezione, propria dei farisei in opposizione ai sadducei.

Chiaramente l'autore sottolinea questo o quell'aspetto in armonia con il suo sentire, ma la notazione che i farisei condividano la fede nella resurrezione con un campione della fede cristiana (Paolo) e con lo stesso Gesù, non dilaga nell'opera e nel pensiero di Tertulliano: il Cartaginese è in grado di isolare e riportare tale nota positiva dall'episodio di At 22,30-23,11, ma tale notazione resta connessa con l'argomento (la resurrezione) e con la ripresa di questo specifico evento, senza esser usata altrove per mitigare un giudizio sui farisei generalmente non positivo.

Ciò ribadisce la dimensione secondaria dei farisei nell'opera e nel pensiero di Tertulliano: essi compaiono in dipendenza della loro presenza nel NT, senza la preoccupazione di sviluppo ulteriore. Il Cartaginese non sente la necessità di una analisi specifica ed esplicita del loro ruolo, ma recepisce l'immagine come già trasmessa da altri prima di lui senza porsi la questione di quegli episodi o brani del NT discordanti da una narrativa ostile ai farisei.

In questo senso non si potrebbe considerare *Res.* 39,6 come una attestazione di un mutamento di prospettiva sui farisei da parte di Tertulliano nella fase più tarda della sua opera.

15. Prima analisi

Delle 46 ricorrenze del lemma farisei in Tertulliano, 4 compaiono in citazioni dirette[122] di versetti del NT; le rimanenti 42 appaiono in contesti in

---

[122] Sono considerate citazioni dirette quelle che rispondono ai seguenti criteri: il testo biblico è introdotto da una formula dichiarativa esplicita, il lemma *pharisaeus* è contenuto esplicitamente nel versetto citato. Ad esempio in Marc. IV, 27,2, «*exteriora*, inquit, *calicis lauatis*, id est carnem,

cui il sostrato evangelico è prevalente, ma sarebbe improprio considerarli tutti come citazioni indirette[123]. Il lemma compare generalmente al plurale, e solo sette volte al singolare[124].

Nei brani in cui sono citati, i farisei non sono oggetto di notazioni storiche o filosofiche che descrivano la loro storia oppure la loro specifica identità per una differenziazione con altre fazioni giudaiche[125], alla maniera di Flavio Giuseppe[126], né sono considerati in liste di eresie giudaiche come in Giustino[127] o Egesippo[128]. Quando, ad esempio in *Praes.* 33,3-4, Tertulliano considera le eresie scaturite al tempo degli apostoli, i farisei non sono considerati quale origine di nessuna di esse, al contrario dei sadducei dalla cui opinione sulla resurrezione derivano le eresie di Marcione, Apelle e Valentino.

Tertulliano considera i farisei sempre e solo in contesti connessi con la Sacra Scrittura (per la maggioranza NT) o comunque riconducibili ad essa.

Già queste prime considerazioni segnalano come il tema farisei per Tertulliano non sia una questione centrale, né si presenti come tema o soggetto primario ove considerato.

La tabella in appendice a questo capitolo riporta la connessione delle occorrenze con il contesto biblico, separando le citazioni dirette da quelle indirette.

Il vangelo di Luca è il testo biblico più considerato in relazione con i farisei: 28 (27 citazioni indirette) ricorrenze sono connesse (o comunque

---

interiora autem uestra non emundatis», l'*inquit* rappresenta una formula dichiarativa, dunque si tratta di una citazione diretta di Lc 11,39, ma mancando il lemma *phariseus* nella citazione essa non è annoverata fra le citazioni dirette d'interesse; Marc. IV, 28,1 è considerata una citazione diretta d'interesse perché è presente tanto una formula dichiarativa quanto il lemma *phariseus*: «*Cauete, inquit discipulis, a fermento Pharisaeorum, quod est hypocrisis»*. Le quattro citazioni dirette sono in *Marc.* IV, 19,7 e *Carn.* 7,3 (Mt 19,3), *Marc.* IV, 28,1 (Lc 12,1), *Res.* 39,3 (At 23,6).

[123] Sono classificate citazioni indirette tutte le ricorrenze del lemma farisei in cui esso non appaia citato direttamente in un versetto biblico.

[124] La citazione al singolare ricalca generalmente il contesto scritturistico da cui è tratta o desunta: due volte in connessione con il fariseo che prega nel tempio (*Marc.* IV, 36,2, *Or.* 17,2 in relazione a Lc 18,9-14,), due volte considerando il fariseo che lo aveva invitato a pranzo (*Marc.* IV, 27,2; Lc 11,37), una volta considerando la provenienza farisaica di Paolo (*Marc.* V, 20,6, Fil 3,5), una volta citando la difesa di Paolo di fronte al sinedrio (*Res.* 39,3; At 23,6). Solo in *Marc.* IV, 12,15 il singolare è una scelta retorica di Tertulliano, trasportato dalla contrapposizione con Marcione, singolare.

[125] I *sadducei* compaiono 19 volte nelle opere di Tertulliano, gli *esseni* mai; il più generico *giudei* compare 240 volte (ricerca effettuata con *Brepolis Cross Database Search Tool* [ultima consultazione: 8/07/2020]).

[126] Cfr. per esempio *BI* 2.118-166.

[127] Cfr. *Dial.* 80,4. Non si vuole considerare la questione se Giustino consideri qui i farisei tout court, o una fazione deviata di essi (farisei battisti), ma solo segnalarne la presenza e la differenza con l'impostazione generale di Tertulliano.

[128] La lista di Egesippo è riportata da Eusebio in *HE*, IV, 22,5.7.

è possibile collegarle) a Lc; se si eliminano le occorrenze multiple all'interno di uno stesso brano[129] abbiamo 25 passi collegati a questo vangelo. D'altro canto tale risultato non è indice di un particolare legame fra la trattazione dei farisei in Tertulliano e il vangelo di Luca, perché le citazioni ricorrono per la maggioranza in *Marc.* IV (18 citazioni indirette), e scaturiscono dal commento continuo che Tertulliano fa del vangelo marcionita in confronto con quello di Luca.

Il vangelo di Matteo è il secondo sinottico più considerato da Tertulliano con 9 ricorrenze in brani connessi[130] con i farisei, cui vanno aggiunte le due citazioni dirette di Mt 19,3.

Assai meno considerati i vangeli di Marco e Giovanni: Marco è legato ad alcuni testi contemplati in quanto paralleli sinottici, mai può essere considerato come contesto primario; Giovanni ha una rilevanza analoga potendo supporre un legame con tre dei brani selezionati in questo studio, dei quali solo *Prax.* 22,2 può essere connesso con sicurezza a Gv 7,32.

La lettera di Paolo ai Filippesi è adoperata per la citazione indiretta di *Marc.* V, 20,6; At 23,6 è usato in una citazione diretta in *Res.* 39,3 e come sostrato per la discussione in questo testo e nel seguente *Res.* 39,6.

Le benedizioni di Giacobbe a Simeone e Levi, Gen 49,5-7, sono utilizzate nei testi paralleli di *Iud.* 10,8 e *Marc.* III, 18,5 in un contesto polemico in cui Tertulliano rilegge allegoricamente l'AT, identificando le figure veterotestamentarie di Cristo e della croce. La connessione fra l'azione ignominiosa di Simeone e Levi e quella dei giudei nei riguardi di Cristo è sviluppata lungo il parallelismo che considera da un lato il conciliabolo[131] dei due figli di Giacobbe, illustri quanto nefasti avi, e dall'altro la riunione[132] dei maggiorenti giudei per decidere (e poi concretizzare) la morte di Gesù.

---

[129] Per brano si considera la parte di testo definita dalla suddivisione di una certa opera: es. *Pat.* 3,10 è un brano.

[130] Alcuni brani sono legati ai vangeli sinottici, e ammettono paralleli, oppure a tematiche riportate in passi diversi di vangeli diversi. In questo caso una ricorrenza è contemporaneamente legata a più passi evangelici.

[131] La scaturigine del paragone fra l'agire di Simeone e Levi e quello degli ebrei nemici di Gesù è il "conciliabolo", una riunione che esprime tutta la premeditazione e determinazione per un'azione definitivamente ingiusta e abietta: ma è la vicenda di Gesù che illumina l'Antico Testamento e vi scova i *loci theologici*.

[132] La riunione dei capi giudei è riportata in Mt 26,3-5 e in Gv 11,47-53, con differenze non piccole: in Matteo essa si svolge pochi giorni prima della Pasqua e costituisce l'inizio della passione; in Giovanni essa è riportata prima dell'avvicinarsi della festa di Pasqua (Gv 11,55), un tempo decisamente anteriore. I paralleli sinottici di Mt 26,3-5 sono Lc 22,1-2 e Mc 14,1-2, ma pur riportando il fatto non menzionano una riunione.

Più interessante è considerare chi, nei vangeli canonici, decide l'eliminazione di Gesù: in Mt 26,2-3 sono i capi dei sacerdoti e gli anziani, in Mc 14,1-2 Lc 22,1-2 sono i capi dei sacerdoti e gli scribi, in Gv 11,47-53 sono i capi dei sacerdoti e i farisei. Ma in *Iud.* 10,8 e in *Marc.* III, 18,5 scompaiono i capi dei sacerdoti, unico gruppo costantemente presente in tutti i vangeli, e resta l'accoppiata scribi e farisei. Questi due brani dipendono dalle *Benedizioni di Giacobbe* 14 di Ippolito (e anche dal *Dialogo con Trifone* di Giustino)[133], dove è indicata l'abbinamento di scribi e sacerdoti, più vicina a Matteo e ai sinottici, e dal *Testamento di Levi* 16,3, dove si annuncia la riunione dei discendenti di Levi per giudicare il messia.

È nella interpretazione spirituale (affermata esplicitamente in *Marc.* IV, 18,5), cioè nell'allegoria, che si può collocare meglio l'incedere di Tertulliano. La rilettura esegetica dei padri procede per similitudini, assonanze, richiami, cui sono fondamentali gli echi degli autori e delle tradizioni precedenti, ma non vi è la necessità causale o la precisione storiografica di un metodo scientifico. Ne consegue la libertà dell'autore nell'identificare i responsabili del conciliabolo per la condanna del messia fra coloro che egli ritiene più adatti a ricoprire tale ruolo, cioè fra quelli identificati in base alla tradizione scritturistica, polemica, allegorica e alla sensibilità personale. La scelta segue un criterio letterario più che storico: nel riorganizzare il materiale Tertulliano, sceglie (più o meno consciamente) gli scribi e i farisei poiché è l'accoppiata, fra le possibili, che per lui meglio può rappresentare le caratteristiche, negative, di coloro che condannarono Gesù.

In questo senso si potrebbe affermare che il contesto biblico originale di *Iud.* 10,8 e *Marc.* IV,18,5 non è Gen 49,5, quanto piuttosto le narrazioni canoniche della passione di Gesù, ibridate tramite le critiche di matrice evangelica alla condotta morale dei maggiorenti giudei.

15.1 *Farisei e ...*

Nelle 46 ricorrenze i farisei sono considerati da soli in 33 casi (sia al singolare che al plurale), in 9 casi assieme agli scribi[134], in 3 casi assieme ai dottori della legge[135], in un caso con i sadducei[136].

---

[133] Vedi paragrafo 3 e 7.4.

[134] *Iud.* 10,8; *Marc.* I,23,5; *Marc.* III,6,6; *Marc.* III,18,5; *An.* 16,4; *Idol.* 2,5; *Mon.* 7,1; *Mon.* 8,7; *Res.* 19,4.

[135] *Marc.* IV,27,1; *Bapt.* 10,6; *Bapt.* 12,4;

[136] *Res.* 39,3.

Sono indicativi i casi in cui nei contesti evangelici di riferimento siano considerati, accanto ai farisei, altri gruppi giudaici, che poi non sono riportati da Tertulliano, o casi in cui i farisei sostituiscono completamente le altre fazioni giudaiche presenti nei vangeli, anche se colà i farisei non sono menzionati.

Siamo di fronte dunque ad un fenomeno di selezione e uno di sostituzione. Selezione:
- *Marc.* IV,12,9 connesso a Lc 6,6-11 ove non sono nominati gli scribi presenti in Lc 6,7;
- *Pud.* 7,2. 5. 8; 9,4. 17 legati a Lc 15,2, ove non sono considerati gli scribi.

Sostituzione:
- *Marc.* IV,38,1 i farisei sostituiscono gli scribi, i capi dei sacerdoti e gli anziani presenti in Lc 20,1.
- *Bapt.* 10,1 i farisei sostituiscono coloro che chiedono conto dell'autorità di Gesù nei sinottici, cioè capi dei sacerdoti, scribi e anziani (gli anziani non sono considerati in Mt 21,23)[137].

Tanto la selezione quanto la sostituzione esprimono un'accentuazione della visione negativa dei farisei, già presente nei vangeli: i farisei assumono in modo definitivo una dimensione antagonista per antonomasia e rappresentano, sintetizzandola, la figura del giudeo incapace di comprendere il Cristo in Gesù, preoccupato delle formalità della legge più che della sostanza, legato al potere e al denaro, colpevole della condanna del Nazareno.

15.2 *L'accentuazione della negatività della figura dei farisei*

Sicuramente già nei vangeli i farisei hanno una connotazione spesso negativa, ma propongono eccezioni e sfumature: i diversi vangeli ammettono gradi diversi di avversità ai farisei, inoltre la loro partecipazione al processo e all'esecuzione capitale di Gesù è una questione né semplice né monoliticamente eguale nei vangeli canonici. L'analisi dei brani in cui i farisei sono citati in Tertulliano offre un quadro diverso: è certamente vero che "vivendo" essi in contesti neotestamentari la loro figura è coerente con quella evangelica, ma occorre notare che le sfumature e le eccezioni sono scomparse, per lasciare il posto ad un ritratto monotonamente negativo[138]. Come esempio

---

[137] Cfr. Mt 21,23-27, Mc 11,27-33, Lc 20,1-8.

[138] Si potrebbero considerare come eccezioni a tale affermazione *Marc.* V,20.6, dove è ripreso l'essere fariseo di Paolo, di per sé non negativo per la coerenza e l'osservanza della legge, e *Res.* 39,6 dove è riconosciuta la fede nella resurrezione dei farisei.

potremmo considerare Nicodemo, che in Giovanni è un personaggio positivo (o per lo meno ambiguo), ma quando Tertulliano lo nomina in *Prax.* 21,6; 27,17 non vi è riferimento alcuno al suo essere fariseo.

Si assiste inoltre ad una certa radicalizzazione del ruolo dei farisei: essi sono *aemuli fidei* (*Bapt.* 12,4, assieme ai dottori della legge) e corresponsabili della condanna di Gesù (*Iud.* 10,8 e *Marc.* III, 18,5). Indicativo in questo senso è il fenomeno di selezione e di sostituzione: se in alcuni casi i farisei prendono il posto di altri gruppi giudaici o restano i soli protagonisti di tal vicenda è perché essi sono oramai tipo dell'avversario, e il tipo, in quanto rappresentazione convenzionale, dimentica la singolarità e l'eccezione.

Un punto che testimonia la maturità della dimensione tipologica dei farisei è il fatto che essi non sono considerati come scaturigine di alcuna eresia, né siano considerati quali eretici giudei: essi non sono fazione particolare perché, altrimenti, perdendo di generalità, non potrebbero essere tipo.

I farisei per Tertulliano non sono parte del suo tempo e del suo contesto: la loro dimensione è biblico letteraria, nel senso che essi sono presentati allorquando si dibatta o si considerino temi di fede per i quali il riferimento alla Scrittura e alla sua esegesi (allegorica) è dirimente. I farisei vivono nel contesto di una lettura attualizzante, al di fuori di una dimensione storica attuale o di una prospettiva storiografica. Semmai ciò che ne risulta è l'evidenza della distanza storica fra il tempo dell'autore e il tempo dei farisei, oramai passato e coevo alla vicenda terrena di Gesù.

Si potrebbe porre la questione se la rappresentazione della figura dei farisei in Tertulliano abbia una evoluzione nello sviluppo della sua opera letteraria. La risposta a tale domanda è certamente connessa con la definizione di una cronologia delle opere, questione ancora aperta; tuttavia non mi pare emergano elementi a testimonianza di una caratterizzazione diversa per le diverse (generiche) fasi nelle quali si suole categorizzare la vita e la produzione di Tertulliano (es. periodo nella chiesa, periodo montanista ...).

In questo ambito va brevemente ripreso e discusso *Rec.* 39,6: la nota che i farisei abbiano la stessa fede nella resurrezione di Paolo e di Cristo certamente è una attestazione assai positiva per la dottrina di questa fazione, tuttavia essa esiste in relazione al contesto neotestamentario usato nella argomentazione (At 22,30-23,11) senza che tale attribuzione positiva dilaghi altrove. Ad esempio la superiorità della dignità di fariseo di Paolo (Fil 3,5) è citata in *Marc.* V,20,6, ma non ripresa né sviluppata. Ciò indica piuttosto come i farisei per Tertulliano siano una figura secondaria, che non necessita di discussione o approfondimento rispetto alla narrativa già diffusa su di loro: Tertulliano, come altri padri, conosce le eccezioni scritturistiche (certo minoritarie) alla negatività della figura dei farisei, ma esse non fanno problema perché i farisei non sono un problema, ma un canovaccio già (pre)definito. In questo senso non vedo in *Rec* 39,6 un possibile indizio di una variazione della rappresentazione dei farisei al termine della produzione letteraria del Cartaginese, quanto appunto un'attestazione della secondarietà del loro ruolo e della loro esistenza in un cliché già definito e non meritevole di discussione.

Sebbene i farisei nell'opera di Tertulliano abbiano un ruolo secondario, essi testimoniano l'evoluzione della figura del fariseo nel contesto culturale cristiano di lingua latina nel III secolo: con Tertulliano, si va radicalizzando la dimensione tipologica dei farisei quali esempi dei giudei pervicaci nella negazione della messianicità di Gesù.

APPENDICE CAP. VIII

1. Pseudo Tertulliano, *Adversus omnes haereses* 1,1

L'autore di questo breve compendio di eresie è sconosciuto. Il fatto che in alcuni manoscritti fosse posto in appendice al *De praescriptione haereticorum*, e così apparve in alcuni edizioni antiche e anche nella *Patrologia Latina* del Migne, aveva indotto a considerarne Tertulliano quale possibile autore. Accertata la diversa paternità dell'opera l'autore è stato denominato pseudo-Tertulliano.

Quorum haereticorum, ut plura praeteream, pauca perstringam. Taceo enim Iudaismi haereticos, Dositheum inquam Samaritanum, qui primus ausus est prophetas quasi non in Spiritu sancto locutos repudiare, taceo Saducaeos, qui ex huius erroris radice surgentes ausi sunt ad hanc haeresim etiam resurrectionem carnis negare, praetermitto Pharisaeos, qui additamenta quaedam legis adstruendo a Iudaeis diuisi sunt, unde etiam hoc accipere ipsum quod habent nomen digni fuerunt, cum his etiam Herodianos, qui Christum Herodem esse dixerunt: ad eos me conuerto qui ex euangelio haeretici esse uoluerunt[139].

Di quegli eretici, per tralasciare cose maggiori (per omettere molte parole), sintetizzerò poche cose. Non parlo degli eretici[140] del giudaismo, di Dositeo che io chiamo Samaritano, che per primo osò rifiutare i profeti quasi che non avessero parlato ispirati dallo Spirito Santo; non parlo dei Sadducei, i quali sorgendo dalla radice di questo errore osarono, oltre alla precedente eresia, negare anche la resurrezione della carne; tralascio i Farisei, i quali furono divisi dai giudei per aver posto certe aggiunte alla legge, per cui furono degni di ricevere questo stesso nome che hanno; e insieme a loro gli Erodiani che dissero che Erode era Cristo. Mi indirizzo a quelli che vollero essere eretici a partire dal vangelo.

Al cominciare la sua trattazione sugli eretici l'autore accenna rapidamente ad alcune eresie del giudaismo di cui non parlerà oltre: nel primo paragrafo cita Dositeo, i sadducei, i farisei e gli erodiani. I farisei sono divisi dagli altri giudei per certe aggiunte alla legge da loro stessi poste, e perciò meritano il nome che hanno, che, riferendosi all'etimologia del termine, significa separati (*divisi*).

Per l'insieme delle informazioni e la sequenza (Dositeo, sadducei, farisei, erodiani ...) s'inserisce nel filone dei trattati contro gli eretici.

---

[139] Pseudo-Tertullianus, *Adversus omnes haereses*, E. Kroymann, ed., *CCSL* 2, Turnhout 1954, 1401.

[140] Traduco *haeresis* (e derivati) con eresia, ritenendo il vocabolario ereticale cristiano al tempo della scrittura dell'opera (III-IV sec.) oramai definito.

2. Tabella Contesto biblico delle occorrenze di fariseo in Tertulliano

Opera	Citazione diretta	Citazione indiretta o contesto biblico
Iud. 10,8		Gen 49,5-7
Marc. I,23,5		Mt 5,20
Marc. III,6,6		Brani evangelici dov'è citato Is 6,9: Mt 13,10-16, Mc 4,10-12, Lc 8,9-10, Gv 12,37-41
Marc. III,18,5		Gen 49,5-7
Marc. IV,12,5		Lc 6,1-5
Marc. IV,12,9 (2v)		Lc 6,6-11
Marc. IV,12,15		Guarigioni di Gesù di sabato, connessione a Lc 6,6-11; Lc 5,18-25 (e paralleli)
Marc. IV,19,7	Mt 19,3	
Marc. IV,27,1		Lc 11,42
Marc. IV,27,2 (2v)		Lc 11,37.38
Marc. IV,28,1 (4v)	Lc 12,1	Lc 12,1 (3v)
Marc. IV,33,2 (2v)		Lc 16,14
Marc. IV,33,4		Contesto di Lc 16,10-11
Marc. IV,33,6		Contesto di Lc 16,15
Marc. IV,35,12		Lc 17,20
Marc. IV,36,2		Lc 18,9-14
Marc. IV,38,1 (2v)		Lc 20,1-8
Marc. V,20,6		Fil 3,5
Prax. 22,2		Gv 7,32
An. 16,4		Mt 23? (ipotesi per l'invettiva contro scribi e farisei)
Bapt. 10,1		Sinottici: Mt 21,23-27, Mc 11,27-33, Lc 20,1-8. Non è possibile selezionare uno sugli altri
Bapt. 10,3		Melangé di Mt 21,32 e Lc 7,30
Bapt. 12,4		Lc 7,30 (indicazione principale su un sostrato polemico più ampio)
Carn. 7,3	Mt 19,3	
Idol. 2,5		Mt 5,20
Mon. 7,1		Mt 5,20
Mon. 8,7		Mt 23,2
Or. 17,2		Lc 18,9-14
Pat. 3,10		Possibile legame a Gv 12,37 per l'incredulità dei farisei.

Pud. 7,2; 7,5; 7,8		Lc 15,2
Pud. 9,4; 9,17		Lc 15,2
Res. 19,4		Mt 23,27
Res. 39,3 (4v)	At 23,6	At 23,6 (3v)
Res. 39,6		At 23,6

CAPITOLO IX

Origene

1. Introduzione

Origene, detto anche Adamantio, nacque ad Alessandria d'Egitto attorno al 185 e morì a Tiro nel 254 circa. Si tratta di uno degli autori più prolifici dell'antichità cristiana e pagana: Girolamo nella lettera 33 a Paola annovera 800 suoi scritti, Epifanio di Salamina parla di 6000 libri[1] scritti da Origene (probabilmente non si riferisce al numero di opere, ma alle sezioni maggiori di esse). Si tratta di una produzione enorme, di cui solo una parte è sopravvissuta: a seguito delle crisi origeniste sviluppatesi fra la fine del IV e il VI secolo, con le conseguenti condanne degli origenisti e degli scritti di Origene, molte opere andarono perdute.

Degli scritti trasmessi una parte è in greco, mentre un'altra in traduzioni in latino; di alcune di quest'ultime si conosce l'autore e una datazione (es. Rufino, Girolamo), mentre altre sono anonime (come ad esempio la traduzione del *Commento al vangelo di Matteo*).

L'opera di Origene costituisce un monumento importantissimo della letteratura cristiana, già in vita i suoi scritti e la sua fama circolavano nelle comunità cristiane ad opera dei suoi studenti, taluni chiamati a ricoprire posti importanti nelle rispettive chiese. Dopo la sua morte la sua opera rimase punto di riferimento per generazioni di esegeti e scrittori cristiani, con una influenza che pochi altri autori dopo di lui hanno avuto.

Origene, la sua opera e la questione origeniana[2] trascendono ampiamente, per complessità e dimensione, il tema di questa ricerca. Di seguito mi limiterò a considerare i testi in cui compaiono i farisei.

---

[1] *Panarion* eresia 64, 63,7.

[2] Anche solo indicare una bibliografia introduttiva a Origene è impresa ardua, considerando quanto scritto su di lui. Per una introduzione basilare: H. Crouzel – E. Prinzivalli, «Origene», *NDPAC*, II, 3665-3680; Id., «Origenismo», *NDPAC*, II, 3681-3686. Anche il rapporto di Origene con gli

2. Ricorrenze di farisei negli scritti di Origene

Ricercando con chiave φαρισαῖος nel database di *TLG*[3] si ottengono una serie di dati che possono essere condensati nel seguente elenco[4] di opere e occorrenze:

Commentarii in evangelium Joannis	94[5]
Commentarium in evangelium Matthaei (lib. 10-11; 12-17)	77
Fragmenta in evangelium Joannis (in catenis)	9
Contra Celsum	2
In Jeremiam (homiliae 1-20)	3
Homiliae in Lucam	1
Homiliae in Exodum	1
Epistula ad Africanum	1
Homiliae in Psalmos (xv, xxxvi, lxvii, lxxxiii, lxxiv, lxxv, lxxvi, lxxvii, lxxx, lxxxi)	1
Fragmenta in Lucam (in catenis)	2
Philocalia sive Ecloga de operibus Origenis a Basilio et Gregorio Nazianzeno facta (Cap. 1-27)	1
Fragmenta in Psalmos 1-150 [Dub.]	2
Selecta in Psalmos [Dub.] (fragmenta e catenis)	5
Expositio in Proverbia (fragmenta e catenis)	1
Scholia in Matthaeum	1
Scholia in Lucam (fragmenta e cod. Venet. 28)	2

---

ebrei è una questione complessa, di seguito alcuni testi per una introduzione al tema: N. R. M. DE LANGE, *Origen and the Jews: studies in the Jewish-Christian relations in third-century Palestine*, Cambridge 1976; G. SGHERRI, *Chiesa e Sinagoga nelle opere di Origene*, Milano 1982; P. W. MARTENS, «Why does Origen accuse the Jews of "Literalism"?: A Case Study of Christian Identity and Biblical Exegesis in Antiquity», *Adamantius* 13 (2007), la nota 3 riporta una bibliografia su Origene e gli ebrei; R. ROUKEMA, «Origen, the Jews, and the New Testament», in R. ROUKEMA – H. AMIRAV, ed., *The "New Testament" as a Polemical Tool : Studies in Ancient Christian Anti-Jewish Rhetoric and Beliefs*, Göttingen 2018, 241-253.

[3] Ultimo controllo 27/05/2020.

[4] *TLG* contiene talvolta più edizioni di una certa opera, inoltre vi possono essere occorrenze ripetute, ad esempio di frammenti riportati in diverse pubblicazioni o catene. Quando le occorrenze sono molte non è semplice identificare i duplicati, soprattutto per quanto riguarda i doppioni dei frammenti. Può capitare talvolta che i farisei appaiano in citazioni di altri autori fatte da Origene (es. *CIo* VI,30,153,2, citazione del perduto commento a Giovanni di Eracleone), in questi casi ho conteggiato l'occorrenza come dell'Alessandrino, poiché sua è la scelta di riportare le citazioni. Del Commento al vangelo di Giovanni *TLG* riporta sia l'edizione di *SCh* che quella di Preuschen del 1903. Per il computo delle ricorrenze ho considerato la prima (94 occorrenze) visto che la seconda riporta solo i libri 19, 20, 28, 32 (45 occorrenze).

Per comparazione la ricerca in *TLG* sullo stesso campione di testi riporta 1422 occorrenze di Ἰουδαῖος, 294 di ἑβραῖος, 71 di σαδδουκαῖος.

[5] In *CIo* VI,22,121 compare una volta l'avverbio φαρισαϊκῶς.

La presenza dei farisei si concentra nei commenti del vangelo di Giovanni e di Matteo (trasmessi parzialmente), mentre in altre opere le occorrenze sono molto più rade. Alcune ricorrenze ricadono in frammenti di scritti la cui attribuzione a Origene è dubbia, spesso trasmessi in compilazioni o in catene.

Ho scelto di concentrare l'analisi sui commentari evangelici (compresi i frammenti del commento a Giovanni) che, assommando la gran parte delle occorrenze[6], sono in grado di presentare la prospettiva origeniana sui farisei. Per completare questo quadro ho deciso di esaminare le 74 occorrenze presenti nell'anonima tradizione latina del commento al vangelo di Matteo per la sezione Mt. 22,34-27,63[7], non trasmessa in greco. Esaminare un'opera in traduzione comporta certamente delle limitazioni notevoli, tuttavia la sezione contiene il commento a Mt 23, capitolo importante quanto a farisei e scribi, potenzialmente foriero di indicazioni interessanti.

Ho scelto di non esaminare altre opere origeniane in traduzione latina, considerandole di rilevanza minore rispetto ai testi in greco (e a *CMtS*), per via del condizionamento introdotto dai traduttori, uomini di altra epoca e cultura rispetto all'Alessandrino.

La ricerca delle occorrenze di *pharisaeus* nelle traduzioni in latino delle opere di Origene è complessa perché i database di *Brepolis* non le contengono tutte: ad esempio mancano delle traduzioni in latino del *Commento al vangelo di Matteo*, sia la *Vetus Interpretatio* (*VetInt*) che le *Commentariorum Series* (*CMtS*). Per le opere dell'Alessandrino tradotte in latino e presenti nei database *Brepolis* si ricava il seguente elenco:

Commentarium in Canticum Canticorum	1
In Epistulam Pauli ad Romanos explanationum libri	4
In Exodum homiliae	2
In Genesim homiliae	4
In Iesu Nave homiliae XXVI	1
In Leviticum homiliae	4
In Numeros homiliae	17

Avendo deciso di concentrare l'analisi sui testi in greco dei due commentari trasmessi (aggiungendo per le ragioni esposte *CMtS*) non ho ritenuto

---

[6] Nei commentari a Giovanni e Matteo si contano 180 occorrenze sulle 203 totali in greco (non è conteggiato qui l'unica occorrenza dell'avverbio φαρισαϊκῶς in *CIo* VI,22,121).

[7] *Series veteris interpretationis commentariorum Origenis in Matthaeum*, o più brevemente *Commentariorum Series* (*CMtS*). Vedi paragrafo 4 di questo capitolo.

necessario effettuare altre ricerche per rintracciare le occorrenze di *pharisaei* nelle opere in latino non censite nei database *Brepolis*.

3. I farisei nel *Commento al vangelo di Giovanni*

Il *Commento al vangelo di Giovanni* doveva rappresentare la sintesi degli studi fatti dall'autore, ad uso di quei cristiani che volessero approfondire la conoscenza della parola di Dio, sintesi scritta e pubblicata perché tale conoscenza fosse a disposizione non solo dei suoi alunni, ma di tutti coloro che lo desiderassero. Certamente non dobbiamo considerare l'intenzione di rivolgersi ad un vasto pubblico nell'accezione moderna, ma a cristiani letterati e formati, e non solo nell'ambito ristretto della sua scuola[8].

Origene ha iniziato a lavorare a questo commento ad Alessandria[9] scrivendo i primi cinque libri e iniziando il sesto, per poi riprendere e terminare l'opera a Cesarea Marittima. Eusebio riporta questa notizia[10] e indica che, al suo tempo, erano noti 22 tomi dell'opera. Probabilmente il commento è rimasto incompiuto e constava di 32 volumi.

Ad oggi abbiamo i libri I, II, VI, X, XIII, XIX (parte), XX, XXVIII, XXXII; alcune sezioni dei libri IV e V e una serie di frammenti trasmessi in catene o in *excerpta*.

Nei libri trasmessi fino a noi si rintracciano 94 ricorrenze di φαρισαῖος e dell'avverbio derivato φαρισαϊκῶς:

φαρισαίων (35)	φαρισαῖος (2)
φαρισαῖοι (27)	φαρισαῖον (1)
φαρισαίους (21)	φαρισαϊκῶς (1)
φαρισαίοις (8)	

---

[8] Ambrosio mise a disposizione di Origene un gruppo di stenografi e tachigrafi perché le lezioni e le opere di Origene fossero scritte e preparate per la "pubblicazione", ovvero perché vi fossero manoscritti corretti (dall'autore e dunque autorizzati e riconosciuti) e pronti per la copia. Si può dunque presupporre che Origene fosse conscio, almeno in parte, di avere un pubblico certamente non ristretto, considerando che già in vita alunni ed estimatori erano personaggi importanti di diverse chiese dell'impero, e che la redazione e "pubblicazione" delle sue opere era destinata non solo a questa cerchia, ma anche a coloro che a tale catena di conoscenza erano connessi. Per comprendere cosa si intendesse per "pubblicazione" di uno scritto nella antichità: T. DORANDI, *Nell'officina dei classici*, Roma 2007 (in particolare 83-97).

[9] Cfr. *CIo* VI,2,8.

[10] Cfr. *HE*, VI,24,1.

Nel database *TLG* Origene risulta essere il primo ad utilizzare l'avverbio φαρισαϊκῶς; ciò non basta per affermare che egli sia l'autore di un simile sviluppo, nondimeno tale novità andrà considerata nell'esame della occorrenza[11].

Il fatto stesso che esista l'avverbio è indicativo: la forma avverbiale (connessa con l'aggettivo φαρισαϊκός, -ή, -όν) indica come alcune caratteristiche relative a tale gruppo giudaico fossero considerate comunemente distintive di esso, tanto da essere sintetizzate e tipizzate nel linguaggio con un avverbio o aggettivo. La forma in realtà è rara (9 attestazioni in tutto il corpus di testi in greco raccolti); più comune l'aggettivo φαρισαϊκός, -ή, -όν (79 ricorrenze in autori dal I al XV secolo d. C) che non compare negli scritti origeniani.

3.1 *CIo* VI,8,48-52[12]

Οἱ δὲ ἀπὸ τῶν φαρισαίων ἀπεσταλμένοι οὐδὲν περιεργασαμένων πρὸς τὰ εἰρημένα τῶν λευϊτῶν καὶ ἱερέων, οἱονεὶ ὑβριστικὰς καὶ ἀνοητοτέρας προσάγουσι τῷ βαπτιστῇ φωνὰς διὰ τοῦ […] καὶ σχεδὸν οὐ μαθεῖν βουλόμενοι ὡς οἱ προειρημένοι ἱερεῖς καὶ λευῖται ἀποστέλλουσιν, ἀλλὰ κωλῦσαι ἀπὸ τοῦ βαπτίζειν ἴσως οἰόμενοι οὐδενὸς ἑτέρου ἔργον τυγχάνειν τὸ βαπτίζειν ἢ Χριστοῦ καὶ Ἠλίου καὶ τοῦ προφήτου[13]. (*CIo* VI,8,48-72)

Dall'altra parte, coloro che sono stati inviati dai Farisei, che non si prendevano assolutamente cura di come avessero parlato i sacerdoti e i leviti, parlano al Battista con una certa altezzosità che non è molto distinta da una maggiore stupidità […] Per dirla in poche parole, i Farisei non inviano l'ambasciata per informarsi, come fanno, invece, i sacerdoti e i leviti, ma per impedire che Giovanni continui a battezzare, essendo convinti che il battezzare sia una funzione esclusiva del Cristo, di Elia, e del Profeta per eccellenza[14].

Nel libro VI del *Commento al vangelo di Giovanni* Origene riprende, in Cesarea Marittima, il lavoro interrotto ad Alessandria; nei primi V libri di fatto aveva commentato il prologo giovanneo, ora continua l'analisi considerando la testimonianza che Giovanni il Battista dà del Cristo, di sé stesso

---

[11] Cfr. *CIo* VI,22,121 e il paragrafo 7,6 di questo capitolo.

[12] Contrariamente a quanto fatto per altri autori per Origene, visto l'elevato numero di ricorrenze del sostantivo φαρισαῖος, ho scelto di riportare solo le frasi più importanti del discorso e non tutte le singole citazioni.

[13] ORIGÈNE, *Commentaire sur saint Jean*, II, C. BLANC, ed., *SCh* 157, Paris 1970, 166. Per il testo greco ho scelto di usare l'edizione del *Commento al Vangelo di Giovanni* fatta da C. Blanc per *SCh* la quale riprende sostanzialmente il testo greco dall'edizione critica di E. Preuschen del 1903 (*GCS* 10), con alcuni aggiornamenti.

[14] ORIGENE, *Commento al vangelo di Giovanni*, V. LIMONE, ed., Roma 2013[2], 419-421. Utilizzo la

e del suo ruolo. Tale testimonianza è divisa in tre parti: la prima è Gv 1,15, ove il Battista parla del Cristo; la seconda, Gv 1,19-23, è la risposta che egli dà alle domande dei sacerdoti e leviti inviati da Gerusalemme; la terza è la replica ai farisei, Gv 1,24-27. Quest'ultima è evidentemente d'interesse per questo studio.

Origene tratta specificatamente della terza parte della testimonianza in *CIo* VI,22, ma si premura in *CIo* VI,8 di precisare come e a che punto occorra separare le due parti precedenti, riportate con continuità nel vangelo di Giovanni. Esaminando il testo, l'autore osserva una diversità nel tipo e nel tono della domanda fatta dai sacerdoti e leviti da quella successivamente posta dai farisei: questi ultimi non si curano di come avessero parlato i primi, cioè in modo educato e commisurato al loro ruolo di ministri di Dio (*CIo* VI,8,52), ma si esprimono, secondo Origene, in modo arrogante, altezzoso e sostanzialmente stupido. Lo scopo dell'ambasciata dei farisei non è tanto conoscere cosa stia accadendo, quanto impedire che Giovanni battezzi, poiché tale azione era di esclusiva pertinenza del Cristo, di Elia e del profeta.

In *CIo* VI,8,48-52 il sostantivo φαρισαῖος compare 5 volte, ma, quanto ad informazioni sui farisei, la parte più interessante è *CIo* VI,8,52, malgrado colà sia presente una sola ricorrenza del sostantivo. Nel vangelo di Giovanni i farisei compaiono per la prima volta in Gv 1,24, conseguentemente è la prima volta che Origene considera tale gruppo nel suo commentario, eppure, senza alcuna introduzione esplicativa, sottolinea come gli emissari dei farisei non siano affatto interessati a conoscere chi avessero davanti, piuttosto essi sono interessati a far rispettare una "regola" ed impedire una azione illecita (battezzare); contrapponendosi, negativamente, ai sacerdoti e leviti che, al contrario, sono rispettosi e desiderosi della verità, come si confà a degni ministri di Dio.

I farisei sono presentati come l'anti-tipo dei ministri di Dio con una immediatezza tale da far pensare che, per Origene, tale prospettiva non necessitasse d'introduzione alcuna per i suoi lettori, cioè come se essa potesse essere data per scontata. I farisei hanno delle caratteristiche specifiche e acquisite: sono arroganti, stolti e considerano l'osservanza delle regole e dei ruoli più importanti della ricerca della verità.

---

traduzione italiana di Limone, cronologicamente l'ultima pubblicata. Come in altri casi essa non è una traduzione letterale, ma si sforza di rendere il senso dell'originale greco. In questo caso, ad esempio, il sostantivo farisei è presente una sola volta in *CIo* VI,8,52, ma la traduzione lo riporta due volte per chiarezza e scorrevolezza dell'italiano.

Il fatto che i farisei ritengano il battezzare legittimo solo per il Cristo, Elia e il profeta è una informazione in qualche modo nuova: tale "convinzione" non compare altrove come specifica di questo gruppo; la questione ha una certa articolazione, difatti lo stesso Origene si premura di commentarla in *CIo* VI,23,125-126.

3.2 *CIo* VI,22-24

I capitoli dal 22 al 29 del sesto libro del *Commento al vangelo di Giovanni* sono dedicati alla spiegazione di Gv 1,24-25, dunque in particolare alla domanda che gli inviati dei farisei fanno a Giovanni sul perché egli battezzi, pur non essendo né il Cristo, né Elia, né il profeta. Si tratta di un discorso articolato che Origene fa considerando i passi paralleli o correlati negli altri vangeli. Il nucleo centrale è il battesimo di Giovanni, dunque l'autore ricerca tutto ciò che possa esser considerato connesso, analizzando situazioni in qualche modo comparabili, ricercando nei detti di Gesù, o esaminando singole parole guida che considera significative e correlate: si tratta di una esegesi specifica, a tutto tondo, attenta al testo originale e alle sue diverse versioni, alla filologia, alla geografia, al senso letterale delle parole e a quello spirituale, ai richiami scritturistici, in grado di connettere aspetti diversi pur di ricercare nel testo biblico la verità e l'insegnamento per la vita del cristiano[15].

Il discorso è dunque articolato, mette a confronto i testi evangelici paralleli e quanto è possibile accertare o desumere, principalmente da contesti biblici, sui personaggi considerati.

Οἱ δὲ φαρισαῖοι, ἅτε κατὰ τὸ ὄνομα ὄντες διῃρημένοι τινὲς καὶ στασιώδεις, τὸ μὴ ὁμονοεῖν παριστᾶσιν τοῖς ἐν τῇ μητροπόλει Ἰουδαίοις καὶ τοῖς λειτουργοῖς τῆς τοῦ θεοῦ θεραπείας, ἱερεῦσι καὶ λευΐταις[16]. (*CIo* VI,22,120)

I Farisei, che sono un popolo pieno di sdegno e appartato – come dice il loro nome – dimostrano di non essere d'accordo con l'opinione dei Giudei di Gerusalemme e dei sacerdoti e dei leviti, ovvero degli esercenti del culto divino[17].

CIo VI,22,120 presenta brevemente, ma in modo incisivo, i farisei: essi sono στασιώδεις, (faziosi, sediziosi o anche litigiosi) e sono διῃρημένοι (divisi) dagli altri "come dice il loro nome". Certamente non si tratta di un

---

[15] Origene considera come fruitore possibile del suo lavoro non tanto il cristiano comune, quanto l'ἐκκλησιαστικός, l'uomo di chiesa, dotato di una formazione superiore al comune fedele.

[16] ORIGÈNE, *Commentaire sur saint Jean,* II, 220.

[17] ORIGENE, *Commento al vangelo di Giovanni,* 455.

commento favorevole, considerando anche che questa è la prima volta che il termine compare nel vangelo di Giovanni: da subito due sono le specificità sottolineate per i farisei, la litigiosità (ma anche, a seconda di come si voglia rendere στᾰσιῴδης, la faziosità, la sediziosità, l'essere sdegnosi) e l'essere separati, caratteristica indicata anche come radice del loro nome. Parte del metodo di lavoro di Origene è:

> confrontare i passaggi evangelici di cui ci stiamo occupando con altri passaggi simili, per poter rilevare la sostanziale analogia di passaggi, solo in apparenza, molto diversi gli uni dagli altri e la pregnanza di altri che, invece, sembrano chiaramente analoghi fra loro[18] (*CIo* VI,24,127).

Dunque la litigiosità dei farisei e la loro propensione alla contrapposizione possono essere accertate dai brani evangelici in cui interrogano Gesù[19], con l'intento di coglierlo in fallo; alla base evangelica, preponderante, va affiancato il peso della letteratura cristiana antecedente all'Alessandrino, che difficilmente ha mancato di accentuare la dimensione antagonista nella figura letteraria dei farisei, e che Origene, studioso e letterato attento, ha recepito.

Quanto all'essere distinti o separati[20] dei farisei, in connessione con l'etimologia del loro nome, è una nota trattata da diversi padri della chiesa, ma è difficile stabilire i primi che abbiano riportato la connessione fra il nome φαρισαῖοι e *perushim*, inteso quest'ultimo nell'accezione di separati[21]. Per quanto mi è dato sapere Origene è uno dei primi padri a proporre questa

---

[18] ORIGENE, *Commento al vangelo di Giovanni*, 461.

[19] Ad esempio Mc 12.13, Lc 11,53-54, Lc 20,20. Lo stesso Origene in *CIo* VI,22,120 dice che si comprende meglio (in questo caso la domanda dei farisei, ma si può intendere anche come metodo generale) tal brano: «se noi assommiamo i vari elementi che sono sparsi qua e là nei quattro vangeli» (ORIGENE, *Commento al vangelo di Giovanni*, 455). Questa affermazione attesta anche la visione sincronica che l'autore ha dei quattro vangeli.

[20] Origene ritorna sull'essere separati dei farisei in *CIo* XIII,55,380, nel *FrIo* XXXIV del commento a Giovanni, in *CMtS* 9,16,20-23 e *CMtS* 20,35,26-30.

[21] I passaggi più antichi che ho potuto identificare sono in: Pseudo-Tertulliano *Adversus omnes haereses* 1,1; *Pseudo-Clementinae Homeliae* 11,28,4; Origene *CIo* VI,22,120, *CIo* XIII,22,580, *FrIo* XXXIV. Lo scritto dello pseudo-Tertulliano è datato fra gli inizi del III e quelli del IV secolo, con maggiore probabilità per l'estremo più tardo; le Omelie pseudo-clementine probabilmente sono redatte nel IV secolo (prima di Nicea) su materiale preesistente. Quella di Origene potrebbe essere una delle prime spiegazioni, in chiave filologica, del nome fariseo negli scrittori cristiani. Giovanni Pini suggerisce una interpretazione similare per un passo di Clemente Alessandrino *Strom.* VI,18,164. Tale interpretazione mi sembra discutibile (in questo caso sembrerebbe che sia la presupposta etimologia di farisei a suggerire al Pini la lettura della frase di Clemente in tal senso, vedi Cap. VII paragrafo 3.5). Cfr. anche E. SCHÜRER, *The history of Jewish People in the Time of Jesus Christ*, G. VERMES – F. MILLAR – M. BLACK, ed., II, London – New York 2014, 397 e nota 54.

spiegazione del nome, che successivamente sarà ripresa da diversi autori, fra cui Girolamo, Epifanio, Isidoro di Siviglia[22].

Interessante osservare come l'autore si premuri d'indicare che i farisei non siano d'accordo con l'opinione degli "esercenti del culto divino" cioè dei sacerdoti e leviti, ovvero dei giudei della "capitale" (Gerusalemme).

Il discorso sottolinea, esponendo le ragioni per cui i farisei interrogano Gesù, come la loro intenzione non sia quella di conoscere la verità su Giovanni Battista, quanto piuttosto di rimproverarlo e impedirgli di battezzare, poiché egli ha ammesso di non essere né il messia, né Elia, né il profeta.

Se Origene inserisce la nota sulla rudezza, scortesia e ottusità dei farisei rispetto agli emissari dei giudei, sacerdoti e leviti, è perché egli ha già sintetizzato una prospettiva precisa sui farisei. Nella contrapposizione con gli altri emissari, per i quali è annotato il loro essere ministri di Dio, si potrebbe leggere di converso che i farisei in realtà non lo siano, mancando di quella apertura al divino che è ricerca della verità e attesa.

Questa visione dei farisei è già la somma di quanto Adamantio ha raccolto nella lettura sincronica[23] e nella sua analisi esegetica di tutti i vangeli. Difatti, subito dopo, per illuminare le affermazioni appena fatte si riferisce a Mt 3,7-10, dove Giovanni appella i farisei e i sadducei che vengono a ricevere il battesimo come vipere, intimando loro di fare frutti degni di conversione. Il problema addotto e sottolineato è che questi venivano al battesimo senza frutto di penitenza, ritenendosi giustificati in virtù del padre Abramo.

Ταῦτα γὰρ ὑπὸ τοῦ βαπτιστοῦ εἴρηται παρὰ τῷ Ματθαίῳ ἰδόντος πολλοὺς τῶν φαρισαίων καὶ σαδδουκαίων ἐρχομένους ἐπὶ τὸ βάπτισμα, δηλονότι οὐκ ἔχοντας καρποὺς μετανοίας καὶ φαρισαϊκῶς ἀλαζονευομένους ἐν ἑαυτοῖς ἐπὶ τῷ Ἀβραὰμ ὡς πατρί[24]. (*CIo* VI,22,121)	Secondo Matteo, il Battista proferisce queste parole vedendo molti Sadducei e Farisei che venivano al battesimo, sicuramente senza alcun frutto di penitenza e, perfino, ricolmi di farisaico orgoglio per il padre Abramo[25].

---

[22] Epifanio, *Panarion* Eresia 16,1,7; Girolamo, *Altercatio Luciferani et Othodoxi* XXIII; Isidoro di Siviglia *Etimologie* VIII,4,3.

[23] Per Origene i quattro vangeli sono espressione di un'unica verità, dunque le informazioni e le vicende contenute in esse vanno utilizzate assieme, contemporaneamente, a ricostruire il quadro generale. Anche quando vi sono differenze cronologiche nelle narrazioni, esse vanno ricomposte con una interpretazione, in caso, spirituale: chiamo questa lettura sincronica dei vangeli.

[24] ORIGÈNE, *Commentaire sur saint Jean*, II, 222.

[25] ORIGENE, *Commento al vangelo di Giovanni*, 457. Limoni rende φαρισαϊκῶς ἀλαζονευομένους ἐν ἑαυτοῖς con *ricolmi di farisaico orgoglio*, una traduzione non letterale.

Il vanto farisaico consiste appunto nel ritenersi già giustificati in virtù dell'appartenenza alla discendenza abramitica, prescindendo da un impegno personale e concreto di conversione ed espiazione. L'espressione di questa pretesa dei farisei con l'avverbio φαρισαϊκῶς è molto interessante: per poter utilizzare un aggettivo o un avverbio occorre che il significato sia comprensibile dai lettori in modo sostanzialmente univoco; l'avverbio o l'aggettivo testimoniano quindi la fissazione nel linguaggio di un certo modo di fare "farisaico" e il fatto che tale espressione sia condivisa all'interno di un certo gruppo. Origene, considerando quanto presentato nei vangeli sui farisei, esprime un giudizio sintetico negativo e lo propone come una interpretazione non solo condivisibile, ma già condivisa, almeno all'interno del cerchio dei suoi lettori.

Da un punto di vista cronologico siamo di fronte ad una delle più antiche ricorrenze di tale avverbio (e dell'aggettivo correlato φαρισαϊκός). Già negli scritti degli autori cristiani precedenti la figura dei farisei è connessa e caratterizzata spesso attraverso i rimproveri di Mt 23, e dunque il *tipo* farisaico aveva già acquisito tratti caratteristici sostanzialmente negativi e legati all'ipocrisia, cioè alla distanza enorme fra una dottrina e una condotta pubblica da un lato, e la vita personale dall'altro. Nondimeno abbiamo potuto notare, negli altri scrittori esaminati, come tale figura presentasse oscillazioni, anche notevoli, fra autore ed autore: ad esempio Clemente Alessandrino, proveniente dallo stesso ambiente geografico e culturale e di poco precedente a Origene, non ha grande interesse per i farisei, né presenta una loro caratterizzazione così netta.

Nel suo grande lavoro esegetico Origene percorre tutti i vangeli e armonizza i diversi brani nei quattro racconti in una visione unica. Nel seguito del suo commento, in *CIo* VI,23, 123, si premura di motivare la sua accusa di ipocrisia ai farisei ricorrendo alla parabola di Luca 18,9-14, dove un pubblicano e un fariseo pregano nel tempio di Gerusalemme e solo il primo ne esce giustificato, poiché il secondo non fa che mostrare una superbia basata sulla sicurezza delle sue azioni e del suo stato. È un altro esempio del modo di procedere di Origene tramite una analisi sincronica della Scrittura per ricostruire un quadro a tutto tondo dei personaggi e delle situazioni nel suo puntiglioso commento, versetto dopo versetto, del vangelo di Giovanni: in *CIo* VI,23,123 l'analisi della parabola di Luca è utilizzata come testimonianza della presunzione dei farisei (φαρισαῖοι περιαυτόλογοι, *CIo* VI,23,123,1), mentre Mt 3,7 (Mt 23,13) viene utilizzato per sostanziare l'ipocrisia del loro andare da Giovanni per insidiarlo con domande che sono veleno di vipera[26] (*CIo* VI,23,123,1). Un quadro decisamente negativo.

In *CIo* VI,25 Origene spiega perché i farisei (e i sadducei) siano appellati da Giovanni come vipere: mentre le persone che venivano dalla Giudea, da Gerusalemme e dalla regione del Giordano a farsi battezzare da Giovanni confessavano i propri peccati (Mt 3,5 e Mc 1,5), dei farisei e sadducei non si dice che lo facessero, perciò essi incorrono nell'ira del Battista. Ecco un'altra nota negativa riguardo al comportamento e all'indole dei farisei, e un'altra attestazione del metodo di analisi "sincronica" dei vangeli dell'Alessandrino.

La questione se l'avverbio φαρισαϊκῶς sia o meno una creazione di Origene potrebbe essere riformulata in termini diversi: al tempo di Origene il modo di agire attribuito ai farisei era già tanto stereotipato da poter essere proposto in forma avverbiale? Oppure è stato il suo lavoro di commento, amplio e puntiglioso, ad enucleare una ben determinata figura per i farisei, sicché essa fosse espressa, d'ora in avanti, in modo sintetico ed univoco e essere così recepita dai lettori?

Ad ogni modo, a prescindere dalla possibilità di un'attribuzione specifica, il cambiamento nel linguaggio testimonia un cambiamento nella percezione dei farisei, una maturazione e una cristallizzazione della figura percepita e condivisa al tempo di Origene. Sia che questi l'abbia fissata, sia che l'abbia assunta dal contesto culturale, siamo di fronte ad una pietra miliare, ad un punto notevole nella storia dello sviluppo della figura letteraria dei farisei.

Nel seguito del commento a Gv 1,24-25 Origene continua ad esaminare i passi connessi con il battesimo dato da Giovanni: a partire da *CIo* VI,23,124 discute sulla domanda posta dai farisei "Perché dunque battezzi, se non sei tu il Cristo né Elia né il Profeta?" con l'intento di verificare perché essi attribuiscano solo a questi tre personaggi la prerogativa di amministrare il battesimo. Puntualmente si premura di mostrare l'infondatezza di tale assunzione, anche confrontandosi dialetticamente con l'opinione opposta propugnata da Eracleone (*CIo* VI,23,126.).

---

[26] «Dunque, essi si recano al battesimo da ipocriti – come li chiama il Salvatore nelle accuse contro di loro – ma al Battista non sfugge il veleno di vipere e aspidi, che ancora è presente nella loro bocca, relativamente a quanto è scritto: "C'è veleno di aspidi sotto le loro labbra"» (*CIo* VI,23,123). Tale concentrazione di note negative sui farisei, fatta trascurando altri gruppi ebraici presenti nei vangeli o anche l'esame del parallelo Lc 3,7 (dove al battesimo convergono le folle), è sviluppata in *CIo* VI,25-28. Vedi par. 3.3.

Eracleone, maestro gnostico del II secolo discepolo di Valentino, aveva scritto un commento al vangelo di Giovanni, nel quale concordava con la pretesa dei farisei che il battesimo spettasse ai soli tre personaggi menzionati nella domanda. L'opera del maestro gnostico è andata perduta, se ne conservano frammenti in scritti successivi, fra cui appunto il commento a Giovanni di Origene. Questi, considerando l'opera di Eracleone, dimostra con diverse citazioni delle Scritture e ragionamenti come la pretesa dei farisei fosse infondata, ma concorda quanto alle loro cattive maniere e al loro mal pensare:

Οὐκ ἀπιθάνως δέ φησιν πυνθάνεσθαι τοὺς φαρισαίους κατὰ τὴν αὐτῶν πανουργίαν, οὐχὶ ὡς μαθεῖν θέλοντας[27]. (*CIo* VI,22,126)

Invece, per quanto riguarda ciò che dice, egli afferma che: "i Farisei vengono ad informarsi non spinti dall'autentico desiderio di sapere, ma piuttosto dal loro mal pensare[28].

Evidentemente già Eracleone aveva sottolineato come negativo l'atteggiamento degli inviati dei farisei davanti a Gesù, leggendovi l'espressione di un agire con πανουργία, malizia. Questa lettura dunque era già presente nel II secolo, a testimonianza di una visione sui farisei caratteristicamente determinata, che Origene raccoglie e dettaglia.

Quanto al fatto che il battesimo dovesse essere amministrato solamente dal messia, da Elia o dal profeta, tale norma è presentata come specifica convinzione dei farisei. Sebbene la domanda sia fatta dagli emissari dei farisei, l'opinione che essa sia una convinzione particolare di tale gruppo è sottolineata tanto da Origene quanto dal da lui citato Eracleone. Non è chiaro da dove origini tale convinzione, fatta sua dal maestro gnostico, e confutata in seguito da Origene. Entrambi pare abbiano come riferimento unico Gv 1,25, dove sono gli emissari dei farisei a porre la domanda, ma nel vangelo di Giovanni non si afferma che tale opinione fosse esclusiva del gruppo.

3.3 *CIo* VI,25-29

La sezione del libro VI, capitoli 25-30, è interessante perché l'autore si premura di spiegare perché, nella delegazione mandata da Gerusalemme ad interrogare il Battista, concentri le note negative sui soli farisei. L'auto-

---

[27] ORIGÈNE, *Commentaire sur saint Jean,* II, 228.
[28] ORIGENE, *Commento al vangelo di Giovanni,* 461.

re sembra intercettare la possibile obiezione che nei brani evangelici che egli utilizza per commentare Gv 1,24-25 spesso i farisei non sono i destinatari delle accuse oppure non compaiono affatto: ad esempio Mt 3,7 considera farisei e sadducei, ma il parallelo Lc 3,7 indica come fossero le folle ad andare al Giordano dal Battista.

Origene stesso dunque sembra percepire il fatto che il suo commento di Gv 1,24-25 mostri una specifica caratterizzazione dei farisei, e che tale scelta debba essere motivata. Se l'argomento deve essere discusso e comprovato è implicito che vi possano essere letture alternative (non congruenti ovviamente per l'autore) oppure che i testi analizzati non mostrino esplicitamente il senso sottolineato. Il lavoro svolto da Origene porta a un di più oltre il testo poiché ne enuclea un senso specifico, come se estraesse una certa sostanza da uno stato grezzo purificandola: le informazioni sui farisei che usa paiono provenire dai vangeli, ma la sintesi che ne fa, l'immagine che ne scaturisce, li caratterizza in modo univocamente negativo.

Vale la pena seguire lo sviluppo del procedimento di Origene in questi capitoli, per comprendere il suo metodo esegetico e come mostri la validità delle sue affermazioni.

La linea che Origene segue in *CIo* VI,25-30 è quella di considerare la domanda sulla legittimità del battesimo di Giovanni, Gv 1,25, formulata dai farisei e considerare i passi in cui questi battezzi: Mt 3,7 offre la compresenza tanto del battesimo quanto dei farisei e sadducei e per di più dell'affermazione, usata a mo' di epiteto, "Razza di vipere". Ciò permette di collegare gli emissari farisei con un comportamento disdicevole, poiché, analizzando i vangeli sinottici, Origene distingue il comportamento delle genti (Lc 3,7) che vengono al battesimo confessando i propri peccati (Mc 1,5), da quello degli scribi e farisei che non li confessano. Solo Marco cita la confessione dei peccati, ma i sinottici non affermano esplicitamente che scribi e farisei non facessero tale ammissione a differenza di altri. La distinzione è dedotta da Origene dal fatto che in Matteo essi sono apostrofati da Giovanni Battista in malo modo, e la ragione del "razza di vipere" sta proprio nel fatto che essi volessero esimersi da tale confessione.

Attentamente l'autore considera anche i paralleli in Luca e Marco, leggendo le differenze presenti (Luca considera le genti che vanno al battesimo, Marco gli abitanti della Giudea e Gerusalemme) come prova della esistenza di due gruppi: quello delle genti provenienti dalle regioni dintorno che riconoscono le proprie colpe e quello dei farisei e sadducei che vanno al battesimo senza professare i peccati, espressione della loro ipocrisia. I farisei dunque hanno un frutto, ma esso è *falso* (*CIo* VI,28) e l'albero che porta frutti cattivi, come dice il Battista (Mt 3,10), deve essere reciso con l'ascia. L'affermazione di Giovanni è letta come una risposta che «si adatta perfettamente alla loro vanagloria ed ipocrisia»[29] (*CIo* VI,28,146). I farisei partecipano al battesimo di Giovanni senza professare i propri peccati, dunque senza fede perché sono convinti che il suo battesimo provenga dagli uomini (*CIo* VI,29,152) e non dal cielo, ma avendo paura della reazione della folla vi si sottopongono egualmente e non esprimono le loro convinzioni. Questa ultima considerazione ha come sfondo Lc 20,1-6 (e i paralleli sinottici[30]) ovvero la risposta che Gesù dà ai capi dei sacerdoti, anziani e scribi allorquando essi mettono in questione la sua autorità; la risposta di Gesù ripropone la polemica sulla natura del battesimo di Giovanni, ma occorre annotare che fra coloro che pongono la questione a Gesù non sono annoverati i farisei.

A questo punto il discorso aggancia la figura di Gesù tramite il riferimento al Battista in Lc 7,33 (//Mt 11,18) e alla necessità di specificare ancora la distinzione fra le folle che proficuamente ricevono il battesimo da Giovanni e i farisei (*CIo* VI,29,150). In Lc 7,33 Gesù riporta l'accusa a Giovanni di essere indemoniato e questo conduce alla ulteriore connessione con Mt 12,24 (//Lc 11,15) dove è Gesù stesso ad essere accusato dai farisei di collusione con Beelzebùl. Quest'ultimo riferimento permette a Origene di "comprovare" la temerarietà dei farisei nel diffamare il Salvatore e conseguentemente, ripercorrendo la catena all'indietro, anche Giovanni Battista, e così "dimostrare" la cattiva fede dei farisei nella domanda sulla legittimità nel conferire il battesimo (*CIo* VI,29,152).

La scelta dei riferimenti e delle connessioni, se da un lato mostra la competenza dell'Alessandrino nelle Sacre Scritture, dall'altro evidenzia come vi sia un preconcetto, un *bias* negativo, che guida le scelte: leggendo i vangeli si apprende che i farisei sono spesso antagonisti di Gesù, i loro comportamenti sono spesso stigmatizzati e sono oggetto di duri rimproveri, e d'altro canto tali prese di posizione sono stemperate da farisei di buona volontà (Nicodemo, Gv 3,1ss) o dal fatto che Gesù frequentò le case di farisei (Lc 7,36s, Lc 11,37, Lc 14,1). Per Origene vale il principio che i vangeli, quando differiscono, non possono essere in contraddizione o erro-

---

[29] ORIGENE, *Commento al vangelo di Giovanni*, 471.

[30] Lc 20,1-8 è preferibile a Mt 21,23-27 e Mc 11,27-33 perché riporta il timore della lapidazione, considerata da Origene, assente negli altri due.

re (*CIo* VI,34,171-172), ma esprimono angolazioni differenti di una unica verità; ne consegue che è necessaria una attenta ricerca di una armonizzazione (nella dimensione di una spiegazione spirituale) che sia in grado di coniugare i vari aspetti e portare alla comprensione dell'unica verità[31]. Nel caso dei farisei il risultato è la "monotonia" della loro figura letteraria.

Tale processo è presente anche in altri scrittori a lui precedenti, ma non è altrettanto dettagliato ed esplicitato; nel caso dell'Adamantio si potrebbe parlare della consapevolezza di tale procedura: il fatto che decida di dedicare alcuni capitoli all'analisi dei passi che ha usato per definire la presunzione, l'ipocrisia (*CIo* VI,23,123), il disprezzo (*CIo* VI,23,120) dei farisei indica la percezione di aver effettuato una operazione che debba essere comprovata. Non si può affermare che Origene sia conscio di costruire una immagine specifica dei farisei, ma è conscio di aver identificato l'immagine dei farisei, quale essa è, chiarificata dalla sua lettura sincronica dei vangeli. In quest'ottica Origene sarebbe uno dei primi autori a mostrare esplicitamente la consapevolezza di aver identificato, a suo parere, la specificità della figura dei farisei, costituendo un momento importante nello sviluppo della cronologia farisaica.

Il fatto di aver dovuto "dispiegare" in vari capitoli (*CIo* VI,25-29) la sua ricerca mostra la sicurezza della sua analisi e dei risultati raggiunti, (anche nel confronto con altri esegeti a lui antecedenti), ma anche la necessità di spiegare tale sintesi tipologica ad uso dei suoi lettori. Questa considerazione potrebbe sostenere l'argomento della novità della sintesi origeniana sui farisei, nei termini di una cristallizzazione "definitiva" espressa nella formulazione di un avverbio ad hoc; ma gli elementi sono pochi e ambigui da permettere solamente un'ipotesi di lavoro.

---

[31] La questione in generale è più complessa: all'inizio del decimo libro Origene affronta le questioni delle dissonanze storiche presenti nei vangeli: i quattro vangeli ammettono differenze grandi, soprattutto fra i sinottici e Giovanni, di cui va ricercato un significato intellegibile, pena la perdita della fede (*CIo* X,3,10), tramite una "interpretazione analogica". I vangeli vanno analizzati puntualmente, soprattutto quando presentano differenze, alcune possono essere comprese, altre non possono essere ridotte in un piano storico, poiché essi riportano la verità spirituale in una narrazione storica. Lo scopo degli evangelisti «era quello di esporre la verità, quando ciò era possibile, tanto sotto l'aspetto spirituale, quanto sotto quello corporeo; quando, però, non era possibile sotto entrambi gli aspetti, essi intendevano dare la priorità a quello spirituale sull'altro» (*CIo* X,5,20, ORIGENE, *Commento al vangelo di Giovanni*, 563). L'azione dell'esegeta è primariamente ritrovare la verità "spirituale" legata all'azione di Dio nella storia della salvezza, il cui racconto è una rappresentazione storica di realtà più profonde (*CIo* X,4,17). La narrazione è soggetta a tutte le limitazioni umane dei narratori, ma ciò non inficia né la verità trasmessa né la buona intenzione degli scrittori ispirati.

3.4 *CIo* VI,30-31;38, *CIo* VI,49,257

Nella sezione *CIo* VI,30-39 Origene commenta Gv 1,26-27, ovvero la risposta che il Battista dà alla domanda postagli dai farisei in Gv 1,25 quanto alla liceità del suo battesimo.

La prima ricorrenza dei farisei appare in una citazione del commento di Eracleone al vangelo giovanneo, dunque essa non sarebbe da iscrivere all'Adamantio ma al filosofo gnostico. Per Eracleone la risposta di Giovanni non era collegata alla domanda fattagli, in quanto il Battista stava esprimendo un suo pensiero. Origene rigetta questa tesi ritenendo impossibile che il Battista rispondesse ad una domanda affermando tutt'altra cosa. I farisei in questo caso non hanno un ruolo particolare, e la citazione scaturisce dalla loro presenza nei versetti commentati.

Altre due ricorrenze si presentano in *CIo* VI,30,155 nel commento alla risposta alla parte della domanda: «perché dunque battezzi se non sei il Cristo …?». Il paragrafo evidenzia come i farisei fossero in attesa della venuta del messia ma, aspettassero un uomo perfetto e santo, e non avessero previsto l'incarnazione, cioè la natura divina del Cristo: per questo nella risposta (Gv 1,26) il Battista dice «uno che voi non conoscete».

È vero che i farisei sono coinvolti nel discorso in quanto presenti nel testo di Giovanni commentato, ma è altresì vero che molti se non tutti gli ebrei stavano aspettando il messia, una figura importantissima (certamente con diverse caratteristiche e varianti proprie dei vari gruppi giudaici), ma non di natura divina. Il fatto di ascrivere caratteristiche generali ai soli farisei, certamente introduce un *bias* negativo, poiché essi soli, fra gli ebrei, restano attori della incapacità di leggere la vera natura di Gesù, un'accusa importante della polemica patristica antigiudaica.

In *CIo* VI,31,159 Origene commenta l'affermazione «io vi battezzo con acqua» (Gv 1,26) considerando espressioni simili nei vangeli. In questo processo cita Mt 3,7 nel quale figurano i farisei e fa un riferimento alla risposta del Battista agli emissari dei farisei in Gv 1,26. Queste due citazioni, la prima diretta, la seconda indiretta, non sembrano aggiungere o togliere nulla alla rappresentazione origeniana dei farisei.

In *CIo* VI,38 continua a commentare le parole «in mezzo a voi sta uno che non conoscete» (Gv 1,26) considerando come il Figlio di Dio, il Logos permei tutta la creazione e dunque anche coloro che pongono la questione a Giovanni sulle ragioni del suo battezzare: ogni uomo è dotato di logos. Il Battista ha la conoscenza della presenza del Logos (Figlio di Dio), mentre coloro che pongono la domanda no, sebbene anch'essi, in quanto uomini, siano esseri "logici". Origene rileva come la frase «voi non lo conoscete» sia un biasimo di Giovanni verso i farisei, i quali non riconoscono quello che il Battista al contrario ha riconosciuto bene. Sebbene i farisei siano presenti in virtù della questione da loro posta in Gv 1,24-25, tuttavia essi soli sono presentati, ancora una volta, come detentori di tale ignoranza.

Commentando Gv 1,29 in *CIo* VI,49,257 Origene riepiloga le tre testimonianze che il Battista ha già dato fino a quel punto: la prima in Gv 1,15, la seconda in Gv 1,19, la terza in Gv 1,26-27, rispondendo alle aspre domande dei farisei. L'aggettivo utilizzato, πικρός, specifica il tono delle richieste dei farisei, sintetizzando (forse anche in modo un po' ironico) quanto detto su di loro nel commento dei versetti specifici.

3.5 *CIo* X,3; 8;21

Nel decimo libro l'analisi del testo giovanneo parte da Gv 2,12 e affronta subito lo scoglio della diversa cronologia della vita pubblica di Gesù presentata dai vangeli sinottici e da Giovanni. La questione in generale è quale sia il peso da dare alle differenze, talvolta notevoli, nelle diverse narrazioni evangeliche. L'analisi di Origene è interessante poiché afferma che la composizione dei vangeli segue due elementi: l'ispirazione dello Spirito e il racconto dei fatti inerenti alla storia di Gesù. Diversi narratori possono raccontare cose dette e fatte da Dio in modo diverso, a seconda del momento in cui Egli si manifesta e in relazione al progresso spirituale dell'uomo fatto oggetto della rivelazione. Nel vangelo coesistono dunque un elemento umano e un elemento divino, dunque i vangeli non sono pura storia, ma una rappresentazione storica di realtà più profonde (*CIo* X,4,17). I quattro vangeli vanno esaminati ricercandovi il senso spirituale, la verità ispirata da Dio, e considerando attentamente tutti gli aspetti. Lo scopo degli evangelisti è stato quello (*CIo* X,5,20) di «esporre la verità, quando ciò era possibile, tanto sotto l'aspetto spirituale, quanto sotto quello corporeo[32]». Essendo però il secondo legato alla contingenza è anche soggetto ai limiti del narratore, alla sua capacità di rappresentare una realtà trascendente o anche semplicemente alla possibilità di commettere errori sul piano materiale. Tali limiti non inficiano la verità su Dio, ma richiedono una analisi attenta dei testi per comprendere l'aspetto spiritua-

---

[32] ORIGENE, *Commento al vangelo di Giovanni*, 563.

le, spiegare quando possibile quello "materiale" ed evidenziare gli errori: «Tutte queste considerazioni mi sono state dettate dallo scopo di dimostrare, mediante l'interpretazione spirituale, la corrispondenza delle apparenti contraddizioni tra i vangeli[33]» (*CIo* X,6,27).

Nella discussione del quadro cronologico riportato da Giovanni, Origene enumera una serie di episodi fra cui la visita di Nicodemo, capo dei farisei[34] (*CIo* X,3,12), a Gesù di notte (Gv 3,1ss). L'episodio non è trattato o evidenziato in modo particolare dall'autore, preso a discutere sulle diverse cronologie dei vangeli nell'intento di contemperare differenze e verità dei testi ispirati. Va osservato che l'Adamantio non coglie qui l'occasione per sottolineare una qualche caratteristica negativa dei farisei in genere, ma neanche sottolinea positivamente la figura di Nicodemo[35].

In *CIo* X,8 Origene continua ad esaminare diversità presentate dagli evangelisti arrivando a considerare le differenze espresse sui discepoli: in *CIo* X,8,34 rileva come in Gv 4,1 i farisei riportino che Gesù battezzasse con i suoi discepoli (notizia presente anche in Gv 3,22), mentre nei sinottici Gesù non battezza mai. L'unico commento che si può fare su questa osservazione è che Origene dà la priorità a Gv 4,1 dove si dice che "Gesù era venuto a sapere che i farisei avevano sentito dire: «Gesù fa più discepoli e battezza più di Giovanni»", cioè una chiacchiera riportata (malignamente?) a Gesù, mentre Gv 3,22 testimonia direttamente il fatto del battesimo. Se in tale priorità possa ravvisarsi una volontà di sottolineare l'essere malelingue dei farisei è difficile da dimostrare.

Nella sezione dedicata al commento di Gv 2,14-17 (*CIo* X,20-34), cioè alla salita di Gesù a Gerusalemme e alla cacciata dei venditori e cambiavalute dal tempio, Origene confronta i passi omologhi dei vangeli per esaminare la diversità fra la narrazione e cronologia di Giovanni e quella dei sinottici. L'Autore conclude che in Giovanni vi sono due venute di Gesù a Gerusalemme, mentre negli altri tre vangeli una sola. Per dettagliare questa sua affermazione Origene in *CIo* X,21 cita letteralmente uno dopo l'altro Mt 21,1-9, Mc 11,1-12, Lc 19,29-41. I farisei appaiono in quest'ultima citazione specificatamente nel versetto Lc 19,39 riportato in *CIo* X,21,127.

---

[33] ORIGENE, *Commento al vangelo di Giovanni*, 567.

[34] Origene in *CIo* X,3,12 definisce Nicodemo capo dei farisei, mentre in Gv 3,1 è detto fariseo e capo dei giudei.

[35] Il frammento XXXIV considera l'incontro fra Gesù e Nicodemo e riporta alcuni commenti interessanti sui farisei.

3.6 *CIo* XIII,39,255; 55,380

Commentando Gv 4,35 Origene ricapitola rapidamente la sequenza cronologica dei capitoli Gv 2, 3 e 4 per mostrare che la frase "non dite voi: ci sono ancora quattro mesi e poi viene la mietitura?" non è pronunciata da Gesù in inverno, ovvero quattro mesi prima della mietitura, dunque deve essere intesa in senso spirituale. Nella sua ricostruzione cronologica in *CIo* XIII,39,255 considera Gv 4,1 riportando che i farisei sapevano che Gesù faceva più discepoli e battezzava più di Giovanni. Si tratta di una citazione indiretta che al più indica come l'autore tenesse questo passo come punto di riferimento cronologico importante, essendo fra l'altro l'introduzione al passo sull'incontro e sulla discussione di Gesù con la samaritana (Gv 4,5,41).

Discutendo il versetto Gv 4,44, "Ma Gesù stesso aveva attestato che un profeta non riceve onore nella sua patria[36]", Origene considera, sulla falsariga di Lc 11,47-49 o Mt 23,27-31, come i profeti non solo siano disprezzati in patria, ma vengano loro innalzati monumenti pieni di ornamenti (*CIo* XIII,55,378), sicché si onora ciò che è morto e non è più, mentre si disprezza lo Spirito che vivifica le loro parole: questo «significa trascurare lo spirito vivificante, presente nell'intenzione dei loro scritti, per aderire e dedicare ogni cura alla "lettera che uccide", nella convinzione che la bellezza della profezia risieda nell'accettare la pura lettera[37]». Questa considerazione è subito dopo specificata per gli scribi e farisei:

Ἔργον δὲ τοῦτο τῶν ταλανιζομένων ἀπὸ τοῦ κυρίου γραμματέων καὶ φαρισαίων, γραμματέων μὲν ὀνομαζομένων τῶν ἐπωνύμων ψιλοῦ τοῦ γράμματος, φαρισαίων δὲ τῶν ἀποδιηρημένων καὶ τὴν θείαν ἑνότητα ἀπολωλεκότων· φαρισαῖοι γὰρ ἑρμηνεύονται· «οἱ διῃρημένοι»[38]. (*CIo* XIII,55,380)	E questo è ciò che fanno gli Scribi e i Farisei, contro cui il Signore ha lanciato i suoi "guai a voi"[39]: il nome di Scribi, applicato agli uni, deriva appunto dalla pura lettera, mentre quello di Farisei si applica agli altri, perché sono separati e hanno perduto l'unità divina: il nome "Farisei" significa appunto i "separati"[40].

---

[36] ORIGENE, *Commento al vangelo di Giovanni*, 815.
[37] ORIGENE, *Commento al vangelo di Giovanni*, 821. Cfr. *CMtS 24-28*.

Questo brano ha diversi punti interessanti: il primo è la proposta di una etimologia sia per il nome scriba che per il nome fariseo. Il primo deriva dalla "lettera", e qui il greco (γραμμᾶτεύς) è esplicito e ne risulta una spiegazione quasi tautologica.

L'etimologia del nome fariseo/i riprende quella già vista in *CIo* VI,22,120 e trattata anche nel frammento XXXIV (che commenta Gv 3,1), quindi potrebbe essere (almeno) la terza volta che l'autore la ripropone nel suo commento giovanneo[41]. Il nome farisei per Origene significa οἱ διῃρημένοι, stesso participio utilizzato in *CIo* VI,22,120 e nel frammento XXXIV. È interessante osservare come il verbo scelto διαιρέω abbia sia il significato di separare – mettere a parte (per isolare) che quello di separare – distinguere (per specificare), ricalcando l'ebraico *prs* che ha la stessa duplice sfumatura (la radice ebraica *prs* è citata espressamente nella sua traslitterazione greca[42] "φαρὲς" nel frammento XXXIV alla riga 19 e alla riga 22).

---

[38] Origène, *Commentaire sur saint Jean,* 3 vol., 242.

[39] La traduzione in italiano di Vito Limone (identica a quella di Eugenio Corsini per i tipi UTET del 1968), nel tentativo di far comprendere al meglio il pensiero di Origene, introduce elementi che non sono presenti nell'originale greco: il participio ταλανιζόμενος riferito a scribi e farisei è reso con «ha lanciato i suoi "guai a voi"», ma più letteralmente la prima frase potrebbe esser resa con: «questa è l'opera degli scribi e dei farisei biasimati dal Signore». Benché la polemica più forte e conosciuta di Gesù con i farisei sia certamente quella dei "guai a voi" di Mt 23, qui l'inserimento del "guai a voi" è una scelta interpretativa che aggiunge una caratterizzazione che Origene non ha inserito.

Questo potrebbe essere considerato un esempio del tempo moderno di quanto accaduto in passato: nel testo greco i guai non ci sono, e il traduttore introducendoli inserisce un elemento e un *bias* ulteriore sconosciuti all'originale.

[40] Origene, *Commento al vangelo di Giovanni*, 821. Vedi anche sopra nota 21.

[41] Del commento di Giovanni sono stati trasmessi i libri I, II, VI, X, XIII, XIX (parte), XX, XXVIII, XXXII, parti dei libri IV e V e frammenti sparsi, non è possibile escludere che nelle parti mancanti Origene non sia tornato su tale argomento. È di un qualche interesse notare come il riferimento etimologico sia presente (nelle parti giunte fino a noi) in relazione ai capitoli iniziali (Gv 1,24-25, Gv 3,1, Gv 4,43-44), mentre non appare in seguito. Potrebbe essere un indice del fatto che essa sia considerata una questione "introduttiva" sui farisei, una loro caratteristica essenziale, ma una volta introdotta e spiegata (brevemente) non vi sia ragione di riprenderla e approfondirla nel prosieguo del commentario. Visti gli ampi omissis nella trasmissione dell'opera, questa considerazione non può che rimanere ipotetica. Sull'etimologia di farisei anche: Epifanio, *Panarion, haer.* 16,1,7, Ps.Clemente, *Hom.* 11,28,4; Ps.Tertulliano, *Adversus omnes haereses* I.

[42] Interessante come in questo frammento scelga la traslitterazione di פרש in φαρες (e non φαρας o altro). Nella proposta del significato di φαρισαῖος essa risulta evidentemente vicina a tale nome, ma non so se questo possa essere addotto come ragione della scelta. Origene, supponendo che sia l'autore del frammento, conosceva l'ebraico, e normalmente è attento ai particolari linguistici. Eusebio di Cesarea (*Quaestiones evangelicae ad Stephanum* XXII, 909,27) ed Epifanio (*Panarion, haer.* 16, 1,7) ripropongono la stessa traslitterazione, dipendendo probabilmente da Origene.

Origene legge la radice nel senso di un isolamento per distinguersi dagli altri, difatti usa per i farisei ἀποδιῃρημένων, da ἀπο-διαιρέω,
verbo che specifica una distinzione per allontanamento. Sono incline
a pensare che Origene non abbia scelto tale verbo a caso, ma abbia
voluto precisare univocamente il senso da dare a διῃρημένοι, come separazione da altri[43], sostanziando così le conseguenze che ne derivano
quanto al *typos* farisaico.

A questa precisazione l'autore aggiunge che questa separazione ha
come conseguenza la perdita della unità divina (θεία ἑνότης). Cosa intende Origene con tale unità divina? Nei testi greci di Origene pervenuti fino a noi, tale accoppiata di termini ricorre solo qui. L'interpretazione più probabile è che i farisei, isolandosi, dunque allontanandosi dallo
Spirito vivificante avrebbero rotto l'unione con Dio[44]. Di fatto l'opera
degli scribi e farisei sarebbe quella descritta nei paragrafi precedenti, di
cui *CIo* XIII,55,380 costituisce una specificazione per le due tipologie
ebraiche: entrambi avrebbero «trascurato lo Spirito vivificante, presente nell'intenzione degli scritti per aderire e dedicare ogni cura alla "lettera che uccide"[45]» (*CIo* XIII,55,379). L'uso della sola scrittura, cioè
della Sacra Scrittura privata del senso spirituale, elimina da essa il riferimento alle verità divine e conseguentemente tronca il rapporto con
Dio; di qui, in particolar modo per i farisei propensi "all'isolamento",
la nota della perdita dell'unità divina.

Questa lettura potrebbe essere sostanziata[46] dal frammento XXXIV nel
quale si afferma che farisei professano «una interpretazione rigorosamente
letterale della legge e dei Profeti», si separano «dalla totalità dell'altro
popolo ebraico, come se fossero superiori per sapienza e per l'atteggiamento morale[47]»; quindi caratteristico dei farisei sarebbe una orgogliosa
superiorità, ostentata con la separazione dalle persone inferiori; l'orgoglio
è proprio quel sentimento unilaterale che isola l'individuo (o la casta) e ne
altera i rapporti sociali, in questo caso anche quelli spirituali.

---

[43] È l'interpretazione riportata esplicitamente in *CMtS* 9,16,20-23, *CMtS* 20,35,26-30.

[44] Vedi anche *CIo* XIX, 4,23,24 e commento.

[45] ORIGENE, *Commento al vangelo di Giovanni*, 821.

[46] Il condizionale è d'obbligo, considerando i problemi nella attribuzione certa dei frammenti del commento di Giovanni a Origene stesso.

[47] ORIGENE, *Commento al vangelo di Giovanni*, 1341. Cfr. *CMtS* 9,16,20-23.

3.7 *CIo* XIX, 1-6

La sezione *CIo* XIX, 1-6 commenta il versetto Gv 8,19: «Rispose Gesù: "Voi non conoscete né me né il Padre mio; se conosceste me, conoscereste anche il Padre mio"»; che è parte del dialogo fra Gesù e i farisei iniziato in Gv 8,13 con l'obiezione di questi ultimi: «Tu dai testimonianza di te stesso; la tua testimonianza non è vera».

La questione che affronta Origene è la compatibilità fra due affermazioni contrastanti: «Voi mi conoscete e sapete di dove sono» (Gv 7,28) detta agli abitanti di Gerusalemme e «Voi non conoscete né me né il Padre» (Gv 8,19) detta ai farisei. Visto che il contesto dei due dialoghi è sostanzialmente lo stesso, Gerusalemme e il tempio dove Gesù insegna e si confronta con i maggiorenti ebrei (i capi in generale, i capi dei sacerdoti, gli scribi e i farisei) al cospetto del popolo e della folla, l'autore si chiede quale sia effettivamente la ragione di tali affermazioni antitetiche, ritenendo che la differenza non sia da ricercare nei destinatari delle due affermazioni, la prima fatta agli abitanti di Gerusalemme, la seconda ai farisei, poiché comunque sono pronunciate alla presenza di un pubblico ampio e vario.

La soluzione alla questione è (*CIo* XIX, 2,7): «"Voi mi conoscete e sapete di dove sono", Gesù lo dice di sé in quanto uomo; mentre quando dice: "Voi non conoscete né me né il Padre mio", egli si riferisce alla sua divinità[48]». La dimostrazione di questo assunto si sviluppa nei primi due capitoli del XIX libro in cui i farisei compaiono 5 volte, sempre in relazione a Gv 8,13-19. Un certo interesse lo ha l'ultima di queste ricorrenze, in *CIo* XIX, 2,11, poiché il non capire le parole di Gesù da parte dei farisei consegue dalla loro limitatezza (τὸ ταπεινὸν τῶν φαρισαίων). *Τὸ ταπεινὸν* è reso con meschinità da Corsini[49] e con malvagità da Limoni[50]. Entrambi i termini danno una accentuazione negativa, ma quello del Limoni sembra eccedere quanto scritto da Origene. Malvagio è colui che è indifferente o che prova compiacimento nel fare del male, ταπεινός sembrerebbe indicare piuttosto,

---

[48] ORIGENE, *Commento al vangelo di Giovanni*, 853.

[49] ORIGENE, *Commento al vangelo di Giovanni*, E. CORSINI, ed., edizione ebook Novara 2013, 583.

[50] ORIGENE, *Commento al vangelo di Giovanni*, 855. La traduzione di Limoni, un poco convoluta in questo passo, trascura di nominare i farisei, presenti nell'originale greco. Probabilmente la sua traduzione di ταπεινός con malvagità è legata a *CIo* XIX, 3,14 dove la malvagità (πονηρία) comporta l'incapacità di riconoscere il Signore, e tale malvagità è attribuita anche ai farisei; nondimeno si tratta di una traslazione che eccede il testo originale per una precomprensione applicata con generalità.

da parte dei farisei, una limitatezza (nel senso di "bassezza"), una grettezza tale da essere impossibilitati a fare o comprendere qualcosa.

Certamente Origene generalmente dà dei farisei una caratterizzazione negativa, con responsabilità specifiche per i loro errori e atteggiamenti che talvolta potrebbero essere sintetizzati come malvagi, intendendo una lucida volontà di compiere il male, ma non in questo caso: l'intero contesto è negativo sui farisei, anche per quanto ne segue, ma occorre anche considerare il lessico usato dall'autore, per cogliere sfumature da lui utilizzate. Altrimenti si ripropone, nel tempo presente, la stessa modalità di ridefinizione fatta da diversi padri nei primi secoli, i quali spesso rilessero la figura dei farisei nei vangeli epurando sfumature, dissonanze e contraddizioni a favore di una rappresentazione monotonamente negativa, tanto da diventare tipologica. Questo è anche il percorso di Origene, ma nello studio della sua rappresentazione dei farisei sarebbe incorretto accettare semplificazioni.

Nella sezione *CIo* XIX, 3-6 φαρισαῖοι ricorre 6 volte, mentre Origene sviluppa il discorso su come sia possibile conoscere, o meno, sia Gesù che il Padre. In *CIo* XIX, 3 Origene riporta l'interpretazione degli eterodossi, che potremmo intendere sinteticamente (e grossolanamente) come gli gnostici, per i quali il Padre di Cristo non è il Dio dei giudei: infatti se Gesù dice ai farisei che non conoscono il Padre suo è perché questi adorano il Demiurgo che è, appunto, diverso dal Padre. Questa parte del ragionamento non aggiunge nulla alla figura dei farisei, che ovviamente sono giudei e che hanno fede nel Dio unico.

La posizione degli eterodossi viene utilizzata da Origene per approfondire il significato della conoscenza di Dio come Padre all'interno delle Sacre Scritture. Durante questo discorso in *CIo* XIX, 3,15, considerando come la malvagità (πονηρία) impedisca la conoscenza del Signore e in contraddittorio con le posizioni degli eterodossi, afferma che «i farisei non conoscevano il Padre perché non vivevano secondo la volontà del Demiurgo[51]». Questa nota riporta sui farisei una intenzionalità negativa, malvagia, derivando fra l'altro dal paragone con i figli del sacerdote Eli i quali, pur essendo a servizio nel tempio di Silo, essendo uomini perversi non erano in grado di riconoscere il Signore (1 Sam 2,12). Accostamento davvero nefasto per i farisei[52].

---

[51] ORIGENE, *Commento al vangelo di Giovanni*, 857.
[52] Si potrebbe vedere una connessione con il discorso nell'intorno di *CIo* VI,22,120, quanto alla

Seguendo nel suo argomentare, in *CIo* XIX,4,21 l'Alessandrino considera come dalla non conoscenza del Padre da parte dei farisei ne consegua la loro mancanza di fede nel Padre. Addentrandosi nello spiegare cosa comporti la conoscenza di qualcuno, Adamantio indica come la conoscenza comporti un'unione con il conosciuto, come ad esempio in Gen 4,1 dove Adamo conobbe sua moglie Eva, e come in 1 Cor 6,16-17, dove è detto che chi si unisce con una prostituta forma con lei un solo corpo e chi si unisce al Signore forma con lui un solo spirito. *CIo* XIX,4,24 ribadisce che i farisei non conoscevano né il Padre né il Figlio, non avendo con loro unione alcuna. È interessante come la conoscenza sia declinata nel senso della unione, cioè di un mescolarsi delle persone che si conoscono; per indicare l'unirsi delle persone che mutuamente si conoscono Origene usa qui il verbo ἑνόω, richiamando in qualche modo la θεία ἑνότης di *CIo* XIII,55,380, e dandone una possibile chiarificazione.

CIo XIX,6 conclude il commento a Gv 8,19 ed inizia con una sintesi sui farisei che, per quanto detto nei capitoli precedenti, non conoscono il Padre di Cristo né come Padre né come Dio che ha dato la legge, ne consegue che non credono nel Padre e Dio di Gesù e non (ri)conoscono neanche il Cristo. Tale mancanza di conoscenza, con la conseguente mancanza di fede, è però conseguenza della incapacità, colpevole, di unirsi al Signore per formare con lui un solo Spirito; tale incapacità è legata ad una lettura e ad una osservanza solo letterale della legge, tanto da escludere la conoscenza dello Spirito che ispira e vivifica le Scritture, ovvero di Dio stesso. Uno è Dio: «il Demiurgo è il Dio dei profeti, il Padre di Cristo, il nostro Dio e nostro Padre[53]» (*CIo* XIX,5,32). Il Logos è la chiave della conoscenza di Dio, è lui che rivela il Padre: «E come nel tempio c'erano gradini per cui si accedeva al centro del tempio, così, forse, tutti i nostri gradini sono costituiti dall'Unigenito di Dio[54]» (*CIo* XIX,6,38).

I farisei tale via, il Figlio, non l'hanno voluta percorrere. Pur non essendo certamente i farisei, tra i gruppi ebraici, gli unici a non aver riconosciuto in Gesù il messia e l'Unigenito di Dio, tuttavia Origene, commentando Gv 8,19 non sente di specificare tale aspetto, anche se discutendo Gv 7,25-29

---

differenza fra ministri del culto divino: colà sacerdoti e leviti della capitale dei giudei sono aperti a conoscere la verità su Giovanni Battista, mentre i farisei non lo sono. Qui l'incapacità dei farisei di conoscere il Padre è connessa al comportamento dei figli del sacerdote Eli, ministri del culto in Silo, formati nella liturgia, ma uomini disonesti e perversi tanto da non riconoscere il Signore.

[53] ORIGENE, *Commento al vangelo di Giovanni*, 865.

[54] ORIGENE, *Commento al vangelo di Giovanni*, 867.

entrano nel suo discorso "alcuni abitanti di Gerusalemme", ovvero una compagine più ampia.

Nel seguito il ragionamento si allarga prendendo in considerazione la prospettiva di certi gruppi cristiani contemporanei all'autore, gli eterodossi, i quali, considerando gli stessi versetti, affermavano l'esistenza del Demiurgo come Dio distinto dal Padre di Gesù. Per Origene è più cogente confutare l'errore "attuale" degli eterodossi discutendolo con attenzione, piuttosto che sviscerare le posizioni ("antiche") dei due diversi gruppi presentati come destinatari delle due affermazioni antitetiche di Gv 7,28 e Gv 8,19. Così facendo, nella economia di *CIo* XIX, 1-6, i farisei restano gli attori principali a rappresentare la compagine ebraica, con il ruolo di antagonisti al giusto modo di leggere la legge e di conoscere Dio.

3.8 *CIo* XIX, 10,63; 17,106; 17,108; 18,116

Questo gruppo di ricorrenze è legato strettamente ai passi evangelici citati: in *CIo* XIX, 10,63 i farisei compaiono nella citazione diretta di Gv 18,3; in *CIo* XIX, 17,106 le due ricorrenze sono nella introduzione alla citazione diretta di Gv 7,47 e nella citazione stessa; in *CIo* XIX, 17,108 nella introduzione alla citazione di Gv 8,13-18 riportato subito dopo.

Più interessante è *CIo* XIX, 18,116 dove Origene sta commentando Gv 8,22, «Dicevano allora i Giudei: "Vorrà forse uccidersi, dice: Dove vado io, voi non potete venire[55]?"», e in particolare discute su come si debba intendere la volontà di Gesù di consegnarsi al giudizio e alla morte. In questa analisi cita i tre annunzi della passione in Matteo a rappresentare la volontarietà del Signore nell'andare verso la sua passione.

Caratteristica di tutti gli annunci della passione, e anche di quelli di Matteo, è l'assenza dei farisei nel consesso di coloro che concorrono al processo e morte di Gesù[56]. In particolare, nel primo annuncio della passione in Matteo sono anziani, sommi sacerdoti e scribi che faranno soffrire Gesù (Mt 16,21), ma nella citazione di Origene compaiono in sequenza i capi dei sacerdoti, i farisei e gli scribi; dunque gli anziani, nella citazione di Origene, sono sostituiti dai farisei e compaiono dopo i sommi sacerdoti. Non è facile stabilire le ragioni di una tale sostituzione, anche perché nelle citazioni degli altri due annunci della passione sono riferiti correttamente

---

[55] ORIGENE, *Commento al vangelo di Giovanni*, 887. Il commento al versetto Gv 8,22 è svolto in *CIo* XIX, 15-19.

[56] Ad eccezione di Gv 18,3 dove compaiono prima dell'arresto.

coloro che causeranno la morte di Gesù (sommi sacerdoti e scribi in Mt 20,18, gli uomini in Mt 17,22). Si deve supporre un errore che potrebbe essere ascritto a diverse cause: al fatto che Origene dettando il commento a stenografi potesse citare il vangelo a memoria; un possibile errore nel passaggio del testo fra stenografi e calligrafi o in qualche punto della catena di edizione; o infine un errore imputabile ad un copista. In quest'ultimo caso il problema sarebbe accaduto posteriormente al processo di edizione, in un qualsiasi momento della trasmissione dei manoscritti fino a noi[57].

Se l'errore fosse originato da una sorta di lapsus dell'autore, ciò mostrerebbe come Origene ascrivesse anche i farisei fra i protagonisti principali della passione di Gesù, e dunque li catalogasse mentalmente fra i colpevoli della morte del messia al pari dei sommi sacerdoti, degli scribi e, forse più, degli anziani che vanno a sostituire. Anche se l'errore non fosse originato dall'autore stesso, il fatto che sia sfuggito alla catena di controllo nella "edizione del testo", potrebbe indicare come i farisei fossero comunque percepiti, in tale contesto contiguo ad Origene, come parte colpevole della passione del Cristo.

Le ultime frasi del paragrafo *CIo* XIX, 18,116 sono dedicate a specificare come la morte di Gesù sia da imputarsi a tutti i presenti al processo (quelli che gridarono "Crocifiggilo! Crocifiggilo!" in Lc 23,21 e Gv 19,6), un vasto e variegato gruppo, e non si sia trattato di una sorta di suicidio del Nazareno.

3.9 *CIo* XX,34,299

Nel ragionamento per dimostrare che un uomo possa essere figlio di Dio in misura maggiore di un altro, Origene cita del vangelo di Matteo il secondo guai rivolto agli scribi e farisei (Mt 23,15), visto che essi, fatto un proselito, lo rendono figlio della Geenna il doppio di quello che sono loro stessi[58]: se si può essere, in senso negativo, figli della Geenna due volte, allora, al contrario, si può essere figli di Dio due volte.

---

[57] Quanto al possibile errore di un copista, vorrei far notare che tanto Corsini quanto Limoni nelle loro traduzioni riportano, nella citazione di Mt 16,21 all'interno del testo, la sequenza "anziani, sommi sacerdoti, scribi", mostrando di correggere il testo greco della edizione critica di E. Preuschen utilizzato come riferimento da entrambi: cfr. ORIGENE, *Werke IV, Der Johanneskommentar*, E. PREUSCHEN, ed., Leipzig-Berlin 1903, 319. L'edizione di C. Blanc segue qui quella di Preuschen e traduce in francese la sequenza fedelmente all'originale greco: cfr. ORIGÈNE, *Commentaire sur saint Jean, IV*, C. BLANC, ed., *SCh* 290, Paris 1982, 118-119.

[58] Cfr. *CMtS* 16. Concetto già presente in Giustino *Dial.* 122,1.

Le due presenze di farisei, assieme agli scribi, sono nella introduzione alla citazione e nella citazione stessa.

3.10 *CIo* XXVIII,11-12

CIo XXVIII,11 commenta Gv 11,46, dove si riporta che alcuni giudei andarono a riferire ai farisei della rivitalizzazione di Lazzaro in Betania. Origene vuole focalizzare le ragioni di tale azione, oltre a darne una lettura spirituale.

Le prime due ricorrenze, *CIo* XXVIII,11,76 e *CIo* XXVIII,11,77,2, non hanno un grande interesse: la prima è la citazione del versetto nel titolo del capitolo, la seconda riporta che i fatti furono riferiti ai farisei, senza specificazioni d'interesse.

La terza, *CIo* XXVIII,11,77,9, sottolinea come la notizia riferita avesse lo scopo di stimolare l'invidia che già avevano i farisei verso Gesù. Il greco (πονηρὸν ζῆλον) indica appunto invidia, ovvero uno "zelo malvagio" che calzerebbe bene con lo stereotipo farisaico, tanto quanto allo "zelo", quanto alla πονηρία connessa ai farisei, ad esempio nel contesto di *CIo* XIX,3 oppure *CMt* XII,4.

Le seguenti occorrenze di farisei compaiono nella citazione diretta di Gv 11,47 (*CIo* XXVIII,11,79) e ancora in relazione con la notizia loro riferita sul miracolo di Lazzaro (*CIo* XXVIII,11,81 e 82).

Il capitolo dodicesimo del XXVIII libro presenta delle specificazioni interessanti sui farisei e sul loro culto: l'autore commenta due versetti, Gv 11,47-48, nei quali i sommi sacerdoti convocano il sinedrio per decidere il da farsi con Gesù, in considerazione dei grandi miracoli che compie, da ultimo la rivitalizzazione di Lazzaro.

La prima ricorrenza di φαρισαῖοι cade nel titolo del capitolo che è la citazione diretta di Gv 11,47. Successivamente Origene analizza il comportamento dei sommi sacerdoti e dei farisei, preoccupati che i grandi segni compiuti da Gesù convincessero tutto il popolo a credere in lui, con la conseguenza dell'abbandono della σωματικῆς λατρείας, cioè del culto di tipo corporeo celebrato dai leviti e dai sacerdoti nel luogo santo (*CIo* XXVIII,12,86). La conseguenza di un tale abbandono sarebbe stata, ai loro occhi, drammatica, poiché più nessuno si sarebbe professato giudeo e tutto il popolo sarebbe passato sotto i romani.

Per farisei e sacerdoti è importantissimo il culto nel tempio, che Origene definisce "fisico", in opposizione al vero culto, quello spirituale (Rm 12,1, λογική λατρεία) voluto da Dio mediante Cristo. La σωμᾰτική λατρεία compare almeno tre volte nel commento: in *CIo* XIII,17,105 dove è riferita ai giudei in generale, e in *CIo* XXVIII,12,86 e 95 dove risulta una caratteristica fondamentale del culto ebraico, tanto da essere difesa ad ogni costo da farisei e sommi sacerdoti.

Il timore dei sommi sacerdoti e dei farisei di essere soppiantati dà modo ad Origene di effettuare una lettura anagogica (*CIo* XXVIII,12,93) della perdita del culto nel tempio, nel senso che «il ruolo della gente d'Israele fu occupato da coloro che provenivano dai Gentili, e quello che non era popolo ebbe la possibilità di diventare popolo di Dio[59]» (*CIo* XXVIII,12,94). I sommi sacerdoti e i farisei sono così posti all'interno della dinamica apologetica della sostituzione[60] di Israele con il nuovo popolo di Dio costituito da tutti i credenti in Gesù Cristo, il nuovo e vero Israele, erede della promessa.

Dalle parole dei sommi sacerdoti e farisei si può dedurre che, per Origene, il loro modo di agire si sostanzi sulla loro malvagità (κακία), che è contraddittoria e cieca (*CIo* XXVIII,12,89): contraddittoria perché essi pensavano di poter tender insidie a uno tanto potente da poter compiere tali miracoli, cieca perché uno in grado di compiere tali prodigi sarebbe stato in grado di mettersi al di sopra delle loro insidie; di fatto non riconoscono la potenza divina manifestata da tali miracoli. In *CIo* XIX,3,15 già si era visto che la malvagità (πονηρία) impedisce di (ri)conoscere il Signore.

CIo XXVIII,12,95 specifica meglio il ruolo dei sacerdoti e dei farisei: «I Sommi Sacerdoti, infatti, tutto il culto ebraico fisico [σωματικὴ λατρεία], i Farisei e tutta l'interpretazione letterale della legge [τὸ γράμμα τοῦ νόμου διδασκαλία] tendono insidie contro Gesù, che è la verità[61]»; ai sacerdoti è connesso il culto "corporeo", ai farisei l'insegnamento letterale della legge[62]. Tanto i sacerdoti che farisei hanno come scopo primario quello di garantire l'esistenza loro e del proprio ruolo, per questo ostacolano la manifestazione del vero; a questo punto Origene paragona lo scopo di questi due gruppi, via Gal 5,17, al desiderio della carne, raffronto assai forte, soprattutto se si considera come in Gal 5,19 le opere della carne siano fornicazione, impurità …

---

[59] ORIGENE, *Commento al vangelo di Giovanni*, 1107.

[60] Cfr. sul tema ad esempio *CMt* XI,13, XII,4, XV,26, XVI,3; *CIo* XVIII, 211-223.

[61] ORIGENE, *Commento al vangelo di Giovanni*, 1109.

[62] "Ippolito" riporta che proprio dei farisei è interpretare la legge e promuovere maestri in tale disciplina (*Ref.* IX, 28,3); inoltre in *Comm. in Danielem* IV, 33,6 riporta che essi credevano di conoscere la legge, ma per essi era sigillata, mentre risultava aperta ai credenti.

Sommi sacerdoti e farisei costituiscono una minaccia per Gesù in quanto rappresentano un culto e una lettura della legge corporei, legati a scopi ed obiettivi terreni e abietti, pervicacemente erronei, tanto da inchiodare loro stessi, e coloro che li ascoltano, in una esistenza lontana dallo Spirito vivificante.

Per Origene tuttavia (*CIo* XXVIII,12,96) lo Spirito è più forte della carne, il sacerdozio del Salvatore è sommo e autentico, la sua dottrina è spirituale, e «tutto ciò ha la facoltà di sciogliere il sinedrio dei Sommi sacerdoti e dei farisei che minacciano Gesù[63]».

Nondimeno l'errore segnalato per i sacerdoti e farisei ha il rischio di riproporsi nel tempo contemporaneo all'autore, che lo ravvisa (*CIo* XXVIII,13,97) in «coloro che cercano di dissolvere la dottrina spirituale di Cristo con la conservazione del legalismo ebraico [τοῦ σωματικοῦ Ἰουδαϊσμοῦ συστάσεως][64]».

Sempre più Origene specifica come il grande problema attribuito ai farisei sia quello di un legame alla lettera della Scrittura, inteso come un modo di vivere "corporale" che si oppone allo spirituale, generato dal Salvatore stesso. Colpevole gli appare, soprattutto davanti a segni inequivocabili della divinità di Gesù, la pervicacia nella loro condotta, la cui radice è in ciò che è radicalmente opposto allo Spirito, ovvero una malvagità che assume i toni di una radicalità definitiva. Certamente il ragionamento portato avanti nel commento di Gv 11,47 ha per oggetto non solo i farisei, ma i sommi sacerdoti e si estende a tutti coloro che, al tempo di Gesù o nella contemporaneità di Origene, promuovano la conservazione dell'impostazione "corporale" ebraica. Tuttavia la caratterizzazione della figura dei farisei ne risulta ulteriormente specificata.

Ci si potrebbe chiedere a chi possa riferirsi Origene quando parla di «coloro che cercano di dissolvere la dottrina spirituale di Cristo con la conservazione del legalismo ebraico». La risposta, visti i pochi elementi, è assai difficile: si potrebbe vedervi tanto una indicazione di una qualche corrente "giudeo cristiana", sia di esponenti di una interpretazione letterale della Scrittura, non necessariamente legati ad una qualche matrice giudaica.

---

[63] ORIGENE, *Commento al vangelo di Giovanni*, 1109.

[64] ORIGENE, *Commento al vangelo di Giovanni*, 1109. La traduzione del Limoni non è letterale: il legalismo ebraico, a parer suo, esprime il concetto che vuole esprimere Origene, però non riporta l'opposizione fra somatico (corporale, fisico) e spirituale, fra l'impostazione somatica giudaica e la dottrina spirituale di Cristo.

3.11 *CIo* XXVIII,14,115; 17,151; 18,156

In *CIo* XXVIII,14,115 viene citato Mc 14,43 e l'arrivo da Gesù di Giuda Iscariota con una folla armata mandata dai capi dei sacerdoti, dagli scribi e dagli anziani. Di per sé la menzione sarebbe poco interessante, se non fosse che il testo del commentario riporta una sequenza diversa da quella di Marco, in *CIo* XXVIII,14,115 compaiono nell'ordine: scribi, farisei e anziani. Sembrerebbe un errore simile a quello osservato in *CIo* XIX,18,116; in quel caso i farisei avevano preso il posto degli anziani, comparendo fra capi dei sacerdoti e scribi e alterando l'ordine presente nel versetto citato, Mt 16,21.

Anche in questo caso sorge il quesito: chi ha commesso l'errore? L'autore, qualcuno nella catena di edizione dell'opera (dunque nella cerchia di Origene), un copista successivo? L'inserimento dei farisei in un versetto evangelico in cui non esistono è una sorta di lapsus, che sta ad indicare una percezione dei farisei diversa rispetto al vangelo? Nei vangeli certamente non si può dire che i farisei non siano coinvolti o non siano responsabili della passione del Nazareno[65], ma di fatto non compaiono nei racconti[66] e negli annunci della passione.

Per Origene, osservando la meticolosità del suo lavoro esegetico e il rispetto per il testo stesso, si potrebbe considerare la possibilità di un lapsus, cioè una espressione involontaria della sua considerazione del ruolo dei farisei nel racconto della passione, prescindendo dalle evidenze letterali. Se così fosse, la figura dei farisei sarebbe tanto cristallizzata nella mente dell'autore da superare, episodicamente, il controllo vigile e attento dell'esegeta[67].

Queste considerazioni potrebbero rafforzare l'idea che al tempo di Origene la figura letteraria dei farisei fosse cristallizzata e condivisa (vedi anche il paragrafo 7.6 di questo capitolo), almeno nell'entourage dell'autore e nel suo pubblico.

Se invece si considerasse l'errore dipendente da un qualche copista del manoscritto in epoche successive, evidentemente non si potrebbe usarlo in nessun modo per rafforzare la tesi della fissazione della tipo-

---

[65] Cfr. ad esempio Gv 11,53.57.

[66] Con la parziale eccezione di Gv 18,3.

[67] La prospettiva cambia di poco se si volesse attribuire l'errore non all'autore, ma a qualche suo collaboratore: l'abbaglio sarebbe sfuggito ai successivi controlli proprio perché non percepito dai controllori, cioè dalla sua scuola/cerchia.

logia farisaica al tempo della stesura del commento origeniano al vangelo di Giovanni. In quest'ultimo caso si può notare come le edizioni di Preuschen e di Blanc riportino l'errore (cioè le sequenze evangeliche alterate) sia per *CIo* XIX,18,116 che per *CIo* XXVIII,14,115 senza correzioni (mentre sia Corsini che Limone in entrambi i casi correggono sequenza e nomi con i dati evangelici); un approfondimento della questione richiederebbe un'analisi dei manoscritti e competenze che trascendono lo scopo della ricerca e le capacità di chi scrive. Personalmente, appoggiato dalle evidenze delle edizioni critiche, propenderei per ritenere meno probabile l'errore di un copista successivo al lavoro di edizione del commento, ma si resta nel campo delle ipotesi e convincimenti personali.

I capitoli dal 13 al 21 del ventottesimo libro sono dedicati al commento di Gv 11,49-52, cioè all'intervento di Caifa, sommo sacerdote, durante la seduta del sinedrio. Una delle questioni principali discusse è come e perché Caifa, fra i nemici del Nazareno, poté fare una profezia vera su Gesù: affermando che fosse meglio che perisse un solo uomo piuttosto che tutto il popolo, di fatto enunciò proprio la missione del Salvatore. In *CIo* XXVIII,18,151 Origene riporta che alcuni siano dell'opinione che Caifa avesse profetizzato per opera di una potenza malvagia, poiché il suo scopo non era quello di persuadere alla fede i membri del sinedrio, quanto piuttosto far infuriare ulteriormente i sommi sacerdoti e farisei colà riuniti affinché condannassero a morte Gesù. La menzione e il contesto non aggiungono nulla alla figura letteraria dei farisei.

Appena un po' più interessante è *CIo* XXVIII,18,156 dove si afferma che le parole di Caifa, «voi non capite nulla» (Gv 11,49), sono veritiere perché esprimono l'ignoranza dei sommi sacerdoti e dei farisei, i quali non conoscevano Gesù in quanto verità, sapienza, giustizia e pace. Si ribadisce indirettamente come l'ottusità dei sommi sacerdoti e farisei fosse dovuta alla cattiva intenzione di permanere in un culto e in una lettura della legge corporali, impedendo loro di riconoscere il Salvatore (*CIo* XXVIII,12,95).

3.12 *CIo* XXVIII,22-23

CIo XXVIII 22 si occupa di commentare Gv 11,53. Nell'area di nostro interesse la questione ruota attorno alla decisione presa da sommi sacerdoti e farisei di uccidere Gesù, spinti dall'intervento di Caifa (Gv 11,49-50). La questione è chi o cosa abbia spinto Caifa a parlare in tal modo, visto che la sua intenzione non era certo buona, ma proferì una profezia vera. L'autore rileva come vi sia lo Spirito Santo all'origine delle parole di Caifa e della conseguente decisione dei sacerdoti e farisei. Le tre ricorrenze, *CIo* XXVIII 22,186.188.189, ricadono tutte in questo contesto.

Il capitolo 23 del ventottesimo libro commenta Gv 11,54, particolarmente il fatto che Gesù, dopo la deliberazione del sinedrio, si ritira in una località vicina al deserto, Efraim (*CIo* XXVIII,23,198). Non sapendo come rintracciarlo, i sommi sacerdoti e farisei per catturarlo ebbero bisogno di Giuda (*CIo* XXVIII 23,203), il quale, essendo discepolo, conosceva il posto dove il Nazareno si era nascosto e, «presa con sé la coorte e le guardie dei sommi sacerdoti [e dei farisei], andò lì con lanterne, torce ed armi[68]» (*CIo* XXVIII,23,204, che cita direttamente Gv 18,3).

3.11 *CIo* XXVIII,26

CIo XXVIII,26 commenta Gv 11,57; la prima ricorrenza di farisei cade proprio nel titolo del capitolo, che è la citazione del versetto: i sommi sacerdoti e farisei avevano ordinato che si denunciasse dove fosse Gesù per catturarlo. Questo fatto è letto da Origene non solo in senso letterale, ma anche analogico: gli ordini dei sommi sacerdoti e farisei sono diversi da quelli di Dio, essi, osserva Origene citando Mt 15,9 (// Mc 7,7), insegnano «dottrine che sono comandamenti degli uomini[69]» (*CIo* XXVIII,26,246) e non di Dio. Tali ordini sono propri di giudei secondo il corpo (τῶν σωματικῶν τυγχάνοντες Ἰουδαίων) e quindi contrari a Gesù (*CIo* XXVIII,26,247).

---

[68] ORIGENE, *Commento al vangelo di Giovanni*, 1145. Limone esclude i farisei dalla traduzione, mentre sono presenti tanto nel testo greco, quanto in Gv 18,3, che è il versetto citato da Origene.

[69] ORIGENE, *Commento al vangelo di Giovanni*, 1157. Per la traduzione della citazione di Mt 15,9 Limoni si appoggia alla traduzione CEI, ma nel testo la dottrina è al singolare. Sia Matteo che Marco si rifanno a Is 29,13. Il fatto che Origene ribadisca che tali giudei "corporali" insegnino una dottrina che è composta da comandamenti di uomini potrebbe riferirsi alla accusa fatta da diversi padri agli ebrei di aver trasmesso la legge ricevuta da Mosè al Sinai adulterandola con aggiunte umane sì da traviarla completamente (Es. Ireneo, *Adversus haereses* IV, 12,1, Tolomeo, *Lettera a Flora* (in *Panarion*, eresia XXXIII, 3,1 – 7,10), Pseudo Tertulliano, *Adversus omnes haereses* 1,1, Pseudo Clemente, *Hom.* II,38).

Viene ribadita la dimensione "carnale" dei farisei e dei sommi sacerdoti opposta a quella spirituale propria di Gesù e conseguentemente dei credenti in lui. I primi non riconoscono la dimensione divina, spirituale, di Gesù e neanche comprendono come sia lo stesso Spirito a condurre la vicenda terrena del Salvatore. Il loro essere σωματικός li classifica fra quei giudei secondo il corpo e li distingue conseguentemente dai giudei "spirituali" che hanno riconosciuto il Cristo.

Questo modo di essere diviene esplicitamente prototipico:

Καὶ φήσεις πάντα τὸν περιεργαζόμενον τὰ περὶ τὸν χριστιανισμὸν ἐπὶ τῷ αὐτὸν ἀνατρέπειν καὶ κατηγορεῖν φαρισαῖόν τινα εἶναι καὶ οὐκ ἀγαθὸν ἀρχιερέα, ἄλλων λόγων διδόντα ἐντολάς, οἷς οἴεται διδάξειν αὐτὸν τὰ περὶ τὸν Ἰησοῦν, ἵνα μηνυθέντα αὐτὸν αὐτῷ πιάσῃ καὶ ὑβρίσας ἀποκτείνῃ.»[70] (*CIo* XXVIII,26,248)

E dunque, si può dire che chiunque si interessa del cristianesimo con l'intenzione di confutarlo e condannarlo è, in un certo senso e in certo modo, egli stesso un Fariseo e un cattivo Sommo Sacerdote, il quale, sotto diverse sembianze, si impone egli stesso su coloro che possono dargli informazioni su Gesù, in modo che egli sia catturato, oltraggiato e infine ammazzato, dopo evidentemente che egli sia stato trovato[71].

L'immagine di censori implacabili dei farisei e sommi sacerdoti, esplicitamente è staccata dal contesto storico e biblico e riportata in ogni tempo ed ogni luogo. Un tal modo di fare, condannare e confutare il cristianesimo, diviene tipologico: chiunque agisca così può essere a ragione definito fariseo e un cattivo[72] sommo sacerdote.

Siamo di fronte ad una vera e propria definizione tipologica: fariseo (e cattivo sommo sacerdote) è colui che si interessa del cristianesimo per confutarlo e condannarlo. Forse vale la pena sottolineare come Origene senta di dover specificare, in questa "definizione", il cattivo sommo sacerdote, mentre ai farisei non è legato alcun aggettivo: si potrebbe intendere che ci sono sommi sacerdoti[73] buoni e sommi sacerdoti non buoni. Per i farisei il problema non si pone. Essi esistono in un sol modo! Il loro tipo è totalmente monotono.

---

[70] Origène, *Commentaire sur saint Jean*, V, 176.

[71] Origene, *Commento al vangelo di Giovanni*, 1157.

[72] Letteralmente in greco è "non buono".

[73] In Eb 4,14 sommo sacerdote è un titolo attribuito a Gesù, dunque esso ammette una accezione eminentemente positiva.

4. **I farisei nei frammenti del *Commento al vangelo di Giovanni***

Dell'intero commentario sul vangelo di Giovanni sono stati trasmessi nove libri, gli altri sono andati persi, nondimeno diversi frammenti sono riportati nelle catene. Il problema[74] è che non tutti i frammenti attribuiti ad Origene sono effettivamente suoi e occorre considerare che gli stralci possono presentarsi in una forma rimaneggiata rispetto all'originale. Inoltre vi sono frammenti di commento a versetti illustrati nei libri trasmessi che non coincidono affatto con il testo del commentario origeniano[75].

Per natura propria i frammenti riportati nelle catene vanno considerati come stralci di opere ritenute importanti, di cui si vuole cogliere e conservare punti salienti: siamo nella dimensione dell'*excerptum*, dell'estratto, metodologia fra l'altro comune fra gli autori antichi[76]. Questo modo di citare degli scrittori antichi aveva vari scopi, poteva costituire una serie di "appunti" necessari per una propria opera o come "prontuario" di studio e ulteriori citazioni. Con ciò vorrei notare che uno stralcio di una certa opera può certamente esser fatto da uno scrittore diverso dall'autore, ma talvolta gli stessi autori derivavano la loro opera da raccolte di pensieri o citazioni da loro stessi preparate. Nel caso di Origene non si può trascurare l'ipotesi che possano essere riportate nelle catene anche brani di opere perdute, fra cui gli *Stromati* o i suoi *Scholia*.

I φαρισαῖοι compaiono in cinque frammenti del *Commento al vangelo di Giovanni* (*FrIo*) per un totale di 9 ricorrenze: frammenti XXXIV, LXV, LXVI, LXXVIII, LXXXV.

4.1 *FrIo* XXXIV – *Gv* 3,1

È difficile stabilire se il frammento sia parte originale del commento di Giovanni o meno. Heine, nella sua discussione sulla affidabilità della at-

---

[74] Cfr R. E. HEINE, «Can the Catena Fragments of Origen's Commentary on John Be Trusted?», *Vigiliae Christianae* 40/2 (1986), 118-134. È interessante osservare che alcuni frammenti sono *excerpta* del commentario e mostrano il modo di "citare" di alcuni padri. L'articolo di Heine ha il grande pregio di presentare il problema della paternità dei frammenti presenti nelle catene connessi con Origene, ma va considerato come uno studio preliminare, che richiede ulteriori approfondimenti.

[75] La questione è complessa, già 30 dei frammenti riportati nella edizione critica di *CIo* di Preuschen sono di altro autore o sono presenti nelle catene con autore indicato diverso da Origene o come anonimi. Altri frammenti mostrano connessioni con il materiale presente nel commentario a diversi livelli, che vanno dal presentare alcune citazioni del commento a riferire per grandi linee tematiche trattate nell'opera. Vi sono frammenti che presentano materiale non riconducibile facilmente a quanto trattato nel commento a Giovanni di Origene.

[76] Cfr. T. DORANDI, *Nell'officina dei classici*, Roma 2007.

tribuzione origeniana, ipotizza in generale che i frammenti dal VI al LV[77] potrebbero non provenire dai libri perduti del commentario.

Dal punto di vista di questo studio il *FrIo* XXIV è molto interessante, in esso leggiamo: Nicodemo è fariseo e notabile dei giudei, si reca da Gesù di notte anche per evitare che gli altri farisei lo vedano (la visita notturna simboleggia che Nicodemo non crede nel carattere divino della persona che va ad incontrare, dunque non è ancora stato illuminato); i farisei puntano ad avere una posizione rilevante e speciale nel giudaismo, professando una condotta risoluta e una interpretazione rigorosa della legge e dei profeti; conseguentemente essi sono pieni di alterigia e alterigia sprezzante; il nome farisei esprime il loro carattere perché deriva dall'ebraico φαρὲς (così traslitterato) che significa separato; difatti essi si separano dalla restante parte del popolo ritenendosi superiori per sapienza e condotta di vita.

Non si può dire che tali caratteristiche non siano presenti, in modo diffuso, nelle parti trasmesse del commento a Giovanni di Origene; anche per quanto riguarda l'etimologia del nome vi sono dei richiami a *CIo* VI,22,120 e *CIo* XIII,55,380, in tutti e tre i casi viene usato il participio οἱ διῃρημένοι per spiegare l'etimologia del nome.

Piuttosto potrebbe sorprendere proprio la concentrazione delle caratteristiche che l'analisi del commento a Giovanni hanno sottolineato: il frammento esplicitamente afferma che il carattere dei farisei è condizionato dalla loro volontà di mettersi al di sopra degli altri tramite una condotta rigorosa e una interpretazione letterale della legge. I farisei si sentono in tal modo superiori al resto del popolo per sapienza e condotta di vita e volontariamente, superbi e altezzosi, se ne separano.

Certamente il frammento sta trattando di un fariseo, Nicodemo, dunque parrebbe normale che questa sia l'occasione per dare delle notizie o caratterizzazioni dei farisei; però va ricordato come Origene, nel sesto libro, proponga immediatamente una caratterizzazione negativa dei farisei, senza ritenere necessario introdurla e spiegarla (*CIo* VI,8,48-52).

Si potrebbe considerare la possibilità che il frammento possa essere un *excerptum* realizzato da un terzo, il cui scopo era quello di avere un estratto sintetico di alcune pagine del commento esegetico.

In questo caso (ipotetico) il contenuto potrebbe ricalcare l'originale origeniano, pur senza coincidervi.

---

[77] R. E. Heine, «Can the Catena Fragments…», 131.

Il frammento presenta esplicitamente la traslitterazione dell'ebraico *prs* in φαρὲς[78], caratteristica rara fra i padri greci, ripresa da Eusebio di Cesarea (*Quaestiones evangelicae ad Stephanum*, VII domanda 5 [XXII, 909,27]) ed Epifanio (*Panarion, haer.* 16,1,7). Non potendo stabilire se il *FrIo* XXXIV sia effettivamente di Origene, non è possibile affermare che egli sia stato il primo a proporla esplicitamente. Certamente ad Origene non mancavano le conoscenze linguistiche per farlo, ma occorre rimanere sul piano delle ipotesi.

Tanto Eusebio (che disponeva della biblioteca di Origene a Cesarea) quanto Epifanio hanno una buona conoscenza delle opere di Origene, mostrando talvolta una diretta dipendenza da esse. Il fatto che solo questi due autori riportino esplicitamente tale traslitterazione, considerando il loro legame con l'Adamantio, potrebbe costituire un indizio della provenienza del frammento da un ambito origeniano.

Il *FrIo* XXXIV certamente è una testimonianza importante sulla figura dei farisei nell'ambito patristico, tanto per la tipologia di figura letteraria dei farisei, quanto per l'esplicitazione di una etimologia ben precisa. L'impossibilità di attribuire con sicurezza al maestro alessandrino la paternità del frammento ne diminuisce in parte l'importanza, poiché ne impedisce una datazione e dunque il suo uso come l'attestazione dell'esistenza di tali attribuzioni e caratteristiche all'inizio del III secolo. Occorre comunque considerare che questo frammento propone temi e lessico sui farisei assai vicini a quelli riscontrati nel *Commento al vangelo di Giovanni*, di cui potrebbe essere un estratto. In questo caso, prescindendo per un attimo da chi e quando l'abbia realizzato, risulterebbe comunque un'attestazione del pensiero e dell'opera di Origene.

4.2 *FrIo* LXV – *Gv* 9,16

Il frammento LXV è uno stralcio di un commento a Gv 9,16: dialogando con il cieco dalla nascita guarito da Gesù di sabato (Gv 9,13-17), alcuni farisei affermano che colui che violi il sabato non può venire da Dio, opinione smentita dal commentatore ricordando (Mt 12,6) come i sacerdoti operino

---

[78] L'autore del commento propone una traslitterazione in greco dell'ebraico *prs* in φαρὲς; si tratta di una delle possibili traslitterazioni, ma la sola, per quanto mi è dato sapere, nei padri greci. Questa traslitterazione è ripresa (in latino) in *CMtS* 9,16,20-23 e *CMtS* 20,35,26-30. Per R. Mayer ciò mostra come alcuni padri conoscessero il termine aramaico, con significato di appartato - separato, cfr. R. MEYER, «Φαρισαῖος», *GLNT*, IX, 861.

nel tempio di sabato, senza che ciò comporti la violazione del precetto. Dunque l'errore quanto al sabato, rileva l'autore, è da attribuirsi solo ad alcuni farisei, e non a tutti[79]: difatti, osserva, il testo giovanneo attribuisce l'affermazione di Gv 9,16 solo ad alcuni farisei (ἐκ τῶν Φαρισαίων τινές); tale specificazione è ripresa direttamente nel testo del frammento (*FrIo* LXV,6). I farisei dunque, attenti alla letteralità della legge e al culto divino, possono errare, ma in questo caso l'errore non è esteso alla loro totalità.

4.3 *FrIo* LXVI – *Gv* 9,14

Il *FrIo* LXVI commenta Gv 9,14, come *FrIo* LXV, e considera il dialogo fra il cieco nato guarito e i farisei (Gv 9,13-17). Il commentatore sottolinea come il cieco descriva la sua guarigione in modo diverso e meno dettagliato ai farisei rispetto a quanto fatto prima con quanti lo conoscevano (i vicini e quanti lo avevano visto Gv 9,8). Per l'autore del frammento tale differenza è dovuta a due fattori: il primo è che il mendicante risponde prima a quelle persone con le quali aveva un rapporto, mentre con i farisei non sentiva di averlo; il secondo è che le prime risposte sono dettagliate perché l'ex cieco vi ravvisa il desiderio di sapere (φιλομάθεια), mentre nelle domande dei farisei percepisce malignità (κακοήθεια) e risponde brevemente. La malignità sottesa alle domande dei farisei non sembra lontana da quella ravvisata in *CIo* VI,22,126 nella domanda posta dai farisei a Giovanni Battista.

4.4 *FrIo* LXXVIII – *Gv* 11,2

Il commentatore identifica in Maria, sorella di Lazzaro la donna che entra in casa del fariseo Simone, lava con le lacrime e unge i piedi di Gesù (in Lc 7,36-38). L'occorrenza del sostantivo è presente nel testo in relazione a tale episodio evangelico, senza caratterizzazioni particolari della figura dei farisei.

4.5 *FrIo* LXXXV – *Gv* 11,51

Il *FrIo* LXXXV è uno dei casi in cui il versetto commentato, Gv 11,51, è presente nelle parti del *Commento al vangelo di Giovanni* trasmesse fino a noi, specificatamente in *CIo* XXVIII,13-21. Il commento nel frammento non coincide con quello nell'opera esegetica.

---

[79] Si può notare una analogia di tale appunto con quello fatto nel romanzo pseudo-clementino in *Hom.* 11,28,4, *Hom.* 11,29,1, *Rec.* 6,11,3.

Si tratta dunque di un caso adatto allo studio, utile per rilevare in che modo il testo del frammento sia stato elaborato, con l'obiettivo di trarne informazioni[80] sulla metodica dell'estratto (*excerptum*), con l'auspicio che esse possano essere utili per valutare anche quei frammenti di cui non si è conservato il corrispettivo nei libri giunti fino a noi.

Il *FrIo* LXXXV sintetizza in 14 linee circa 14 pagine del commentario, dandone un sunto sufficientemente accurato degli argomenti più importanti[81]. Tuttavia questa sintesi omette moltissime citazioni bibliche, essenzializza e semplifica i passaggi più complessi (e talvolta convoluti) del commentario, elimina tanti dettagli della esegesi analogica (allegorica) di Origene.

La parte di interesse per questo studio consiste nelle tre righe finali del frammento, 12-14, nelle quali compaiono una volta i farisei. Esse sintetizzano una parte del capitolo *CIo* XXVIII,22, le righe 190, 5-15 in: «Allo stesso modo di alcuni tra gli eterodossi che male intendono la Scrittura, anche i Farisei comprendono le parole dette da Caifa secondo la loro interpretazione[82]». Sicuramente questa frase compendia il ragionamento del corrispondente brano del commentario, ma la sintesi è "feroce".

Origene certamente compara gli eterodossi al modo di agire dei sommi sacerdoti e dei farisei a partire dall'interpretazione della profezia di Caifa: il suggerimento di Caifa è per il sinedrio la conferma della necessità di condannare Gesù, mentre nella economia della salvezza è profezia della redenzione.

Sommi sacerdoti e farisei percepiscono quindi il significato basso, terreno delle parole, non avendo la capacità di afferrarne il senso spirituale. Ma a questa considerazione Origene arriva dopo aver a lungo discusso le parole di Caifa, l'azione o meno dello Spirito Santo in tale profezia, ed essersi confrontato con prospettive diverse dalle sue.

Sebbene il senso principale sia sostanzialmente trasmesso, l'articolazione della esegesi dell'Adamantio è ovviamente persa. Vale la pena notare come nel frammento gli eterodossi siano comparati ai soli farisei, senza menzionare i sommi sacerdoti. Una forma comune di selezione e focalizzazione per sintesi: l'autore del frammento considera solo i farisei come espressione del modo di agire stigmatizzato.

---

[80] È proprio l'operazione che fa Heine sul frammento 85 nel suo articolo: R. E. Heine, «Can the Catena Fragments…», 120-124.

[81] Cfr. R. E. Heine, «Can the Catena Fragments…», 124.

[82] Origene, *Commento al vangelo di Giovanni*, 1419.

5. I farisei nel *Commento al vangelo di Matteo,* testo greco

Il *Commento al vangelo di Matteo* (*CMt*) è un'opera scritta a Cesarea all'incirca durante i primi anni del regno di Filippo l'arabo (244-249), periodo assai prolifico e importante per l'Alessandrino[83]. È il periodo della maturità e della massima attività di Origene, prima del suo imprigionamento e tortura all'inizio della persecuzione di Decio.

Il *Commento al vangelo di Matteo* era composto da venticinque libri, secondo quanto riportato da Eusebio e Girolamo, ma l'opera è giunta mutila ai nostri tempi: si conserva una traduzione anonima latina che riporta il commento da Mt 12,9 a Mt 27,63; in greco sono giunti solo otto volumi che trattano da Mt 13,36 a Mt 22,33 (*CMt*). Si definisce *Vetus Interpretatio* (*VetInt*) la parte della traduzione latina comune con il testo in greco e *Series veteris interpretationis commentariorum Origenis in Matthaeum,* o più brevemente *Commentariorum Series* (*CMtS*), la sezione tramandata solo in latino.

Per questa ricerca si è utilizzata, ovviamente, la parte giunta in greco (*CMt*) e *Commentariorum Series* (*CMtS*)[84], unica testimonianza integrale disponibile per Mt 22,34 – 27,63[85].

In *CMt* si contano 77 occorrenze di φαρισαῖος:

φαρισαῖοι (33)

φαρισαίων (25)

φαρισαίους (12)

φαρισαίοις (6)

φαρισαίου (1)

---

[83] Cfr. Origene, *Commento a Matteo / 1, Libri X e XI*, G. Bendinelli, ed., Roma 2008, 7.

[84] Per la traduzione italiana, ho utilizzato i volumi dedicati al commento di Matteo nella collana Opere di Origene di Città nuova: Origene, *Commento a Matteo. 4 voll.*, G. Bendinelli, ed., Roma 2008 – 2018; Origene, *Commento a Matteo Series, 2 voll.*, G. Bendinelli ed., Roma 2004, 2006. Per i testi in greco e latino ho utilizzato le edizioni critiche di *GCS*, in particolare Origenes, *Origenes Matthäuserklärung I, Die griechisch erhaltenen Tomoi*, E. Benz – E. Klostermann. ed., *GCS* 40, Leipzig 1935; Origenes, *Origenes Matthäuserklärung. II, Die lateinische Übersetzung der Commentariorum series*, E. Klostermann – U. Treu, ed., *GCS* 38 Leipzig 1976 (ristampa anastatica dell'edizione di Klostermann del 1933). Per identificare un passo specifico in tali edizioni critiche si riporta in sequenza dopo l'abbreviazione del titolo dell'opera il capitolo, la pagina della edizione critica, la riga in tale pagina: ad esempio *CMtS* 1,2,15 indica il primo capitolo, la seconda pagina, la riga 15 del testo come riportato in: Origenes, *Origenes Matthäuserklärung. II, GCS* 38, Leipzig 1933. Interessante per l'analisi: G. Bendinelli, *Il commentario a Matteo di Origene. L'ambito della metodologia scolastica dell'antichità*, Studia Ephemeridis Augustinianum 60, Roma 1997.

[85] L'edizione critica di Klostermann riporta una serie di frammenti in greco per il commento di Mt 22,34 – 27,63, ritrovati principalmente nelle catene, la cui origine e stato di conservazione del testo vanno valutati con attenzione.

5.1 *CMt* X,14; 20

In *CMt* X,14 Origene commenta Mt 13,51-52. I farisei compaiono nella citazione diretta di Mt 23,13 assieme agli scribi, poiché l'Alessandrino sta illustrando il senso dell'affermazione di Gesù: «Per questo ogni scriba, divenuto discepolo del regno dei cieli …» (Mt 13,52) e in particolare le caratteristiche di tale scriba. Origene sottolinea come, in generale, lo scriba sia capace della sola interpretazione letterale della legge, e come solo il vangelo sia in grado di elevare alle realtà spirituali. Scribi e farisei sono l'esemplificazione di coloro che sono istruiti nell'insegnamento letterale della legge, ma costoro sono rozzi, poiché non intendono le realtà delle Scritture, il loro senso anagogico. Il discorso ruota principalmente attorno al termine scriba, al suo significato e alla possibilità che tutti diventino discepoli del Regno dei cieli. La figura dei farisei resta nell'ombra dello scriba legato alla lettera, ma oltre a ciò non vi sono altre caratterizzazioni specifiche.

In *CMt* X,20 si affrontano i versetti Mt 14,1-2, specificatamente Origene vuole illustrare il significato delle parole di Erode quando, sentendo parlare di Gesù, pensa si tratti di Giovanni il Battista risorto dai morti. Cosa intendeva Erode con "risorto dai morti"? Origene introduce la sua analisi considerando le opinioni di alcuni gruppi giudaici del tempo di Gesù: in generale riporta che i giudei avevano diverse convinzioni su questioni importanti della fede, alcune false altre vere. In particolare considera i sadducei e i farisei: i primi hanno opinioni false: i morti non resuscitano, non vi sono angeli, e interpretano in senso allegorico i testi che vi si riferiscono, senza dar loro alcun valore di verità storica; al contrario i farisei hanno una opinione veritiera perché credono negli angeli e nella risurrezione dei morti. Queste informazioni sui sadducei e farisei sono presenti nei vangeli e negli *Atti degli Apostoli*[86], l'unica nota particolare è l'affermazione che i sadducei danno solo un valore figurato, allegorico (τροπολογούμενος) e non reale a quei testi della Scrittura che parlano di angeli e di risurrezione.

Nel seguito del discorso Origene riporta come convinzione comune del tempo che Giovanni fosse un profeta, tanto che i farisei ebbero paura di rispondere alla domanda di Gesù sulla provenienza e natura del battesimo di Giovanni Battista (Mt 21,25, Mc 11,39, Lc 20,4). Questa parte si configura come una citazione indiretta dei vangeli sinottici, e in generale non vi è un ulteriore ruolo o commento ascritto ai farisei.

---

[86] Ad esempio Mc 12,18, At 23,8.

5.2 *CMt* XI, 8-16

A partire dall'ottavo capitolo dell'undicesimo libro inizia una discussione sulla tradizione degli antichi, contrapposta ai [veri] comandamenti di Dio. L'occasione è il commento di Mt 15,1 dove farisei e scribi si avvicinano a Gesù e gli chiedono perché i suoi discepoli trasgredissero la tradizione degli antichi, cioè quella di prendere cibo solo dopo aver lavato le mani. Origene sottolinea la capziosità dei farisei e scribi giunti da Gerusalemme per accusare il maestro non di aver trasgredito un comandamento di Dio (ἐντολή θεοῦ), ma una tradizione di antichi giudei (παράδοσις μίᾰ Ἰουδαϊκῶν πρεσβυτέρων). L'esegeta sottolinea trattarsi di un'accusa fatta da persone amanti della "contestazione" (φῐλαίτιοι), evidenziando poi di converso la pietà (εὐλάβεια) dei discepoli di Gesù, i quali non violano alcun comandamento divino.

Farisei e scribi sono descritti come persone inclini alla lite, essi si focalizzano malevolmente sulla trasgressione di tradizioni umane, trascurando volontariamente di considerare il comandamento divino contenuto nella legge. Il ritratto è ovviamente negativo e richiama *CIo* VI,8, 52, dove la domanda rivolta dagli emissari dei farisei a Giovanni Battista non ha lo scopo di conoscere, ma di impedirgli di battezzare, rivelando stoltezza e arroganza.

Ne segue, nel commentario a Matteo, un'analisi esplicativa della differenza fra il comandamento divino e la tradizione degli uomini, ovvero il rapporto dei seguaci di Gesù con la legge e le tradizioni, che si estende dal capitolo 8 fino al capitolo 11.

Il capitolo 9 approfondisce il rimprovero fatto da Gesù a farisei e scribi di trasgredire il comandamento di Dio per seguire la propria tradizione (Mt 15,3): inizia la discussione su ciò che è dichiarato *korbàn* da taluni allo scopo di evitare di dare il vitalizio o un aiuto economico ai genitori, in riferimento a Mc 7,11 (Mt 16,5). Per Origene Gesù chiarifica come due comandamenti essenziali della legge, "onora il padre e la madre" e inoltre "chi maledice il padre o la madre sia messo a morte" (Mt 15,4), siano annullati dalla pratica "furbesca" di dichiarare dono consacrato a Dio ciò che è dovuto ai genitori. Per la comprensione di tale pratica l'Alessandrino si appoggia su informazioni ricevute da un ebreo suo contemporaneo, a testimonianza che tale modo di fare fosse conosciuto (se non praticato) al suo tempo.

Quest'ultima informazione è interessante, perché testimonia come la ricerca di Origene si svolgesse anche in dialogo con gli ebrei suoi coetanei, e che le informazioni ricavate fossero considerate da lui importanti per comprendere il contesto delle Scritture: in questo caso l'ebreo aveva fornito l'informazione che dichiarare *korbàn* un certo debito era il modo per costringere debitori insolventi a versare quanto dovuto non più al creditore, ma sul conto dei poveri. I debitori insolventi, sentendosi impegnati non più verso un uomo, ma verso Dio stesso, si sentivano obbligati a pagare il dovuto sul conto dei poveri a nome del creditore. Di qui derivava però la pratica infausta di dichiarare *korbàn* ciò che fosse dovuto ai genitori, sicché questi non osassero richiederlo per sé, visto che il dovuto era stato consacrato a Dio. Questa, osserva Origene, è la pratica criticata da Gesù, poiché contrasta con i comandamenti divini; solo i farisei andavano insegnando tali cose[87] perché erano gente avida di denaro come riporta, sottolinea l'esegeta, l'evangelista Luca (Lc 16,14[88]). Ecco dunque che il discorso si focalizza sui soli farisei, i quali diventano tipo di tale atteggiamento; difatti poco più avanti, sempre nel capitolo 9, Origene considera il caso a lui attuale di anziani (πρεσβύτεροι) o capi del popolo (ἀρχόντες τοῦ λαοῦ), in generale dei responsabili della comunità cristiana, che pretendono elemosine per i poveri anche da quei cristiani in stato d'indigenza e con i propri cari in stato di povertà. Così facendo venivano sottratte loro le limitate risorse necessarie a supportare i parenti in difficoltà; colui che si comporta in tale modo si può definire fratello dei farisei (ἀδελφὸς ... Φαρισαίων). L'esemplarità del comportamento malevolo dei farisei è così evidente da poter essere utilizzata per stigmatizzare tale condotta in ogni tempo!

In *CMt* XI,11,78 i farisei compaiono nella citazione diretta di Mc 7,3-4, aggregati a tutti i giudei che osservano le norme di purità.

CMt XI,13 considera Mt 15,12 e sottolinea come lo scandalo dei farisei al discorso di Gesù derivi dalle loro perverse opinioni e dalla cattiva interpretazione della legge, il che li estrania dalla piantagione del Padre celeste: essi sono sradicati perché non hanno accolto Gesù il messia, vera vite del Padre. Dunque Gesù ordina ai discepoli di lasciarli stare (Mt 15,14) considerandoli, secondo Origene, malati inguaribili. La loro malattia è la cecità, l'incapacità di vedere, oltre la legge, le cose di lassù; una incapacità sorda ad ogni richiamo, principalmente all'insegnamento di Gesù che affranca le folle dalla interpretazione letterale della Torah. I farisei non percepiscono

---

[87] Cfr. ORIGENE, *Commento a Matteo / 1*, 235.

[88] «I farisei, che erano attaccati al denaro, ascoltavano tutte queste cose e si facevano beffe di lui» (Lc 16,14).

la loro cecità, ma al contrario si fanno guida cieca di altri ciechi, destinandosi ad una sicura caduta (Mt 15,14).

Origene ribadisce che la malattia, cioè l'errore resistente ad ogni correzione, consiste nel pervicace permanere nell'interpretazione letterale della legge, rifiutando, colpevolmente, la liberazione portata da Cristo: egli è colui in grado di rivelare le cose di lassù ed affrancare dai divieti umani, dalle prescrizioni e dalle tradizioni degli uomini. Permanere in tale errore ha come conseguenza l'essere sradicati dalla piantagione del Signore, la quale continuerà a crescere con altre piante, ovvero fuor di metafora, con altri e nuovi fedeli. Si ripresenta qui il tema della sostituzione di quei fedeli all'antica Alleanza che non ne riconoscono la continuità nella nuova, con i nuovi figli del patto, eredi tramite il Cristo. La figura del fariseo si mostra sempre più come il prototipo dell'ebreo pervicace, la cui ottusità colpevole lo porta ad estraniarsi dal popolo di Dio, e ad essere sostituito dai credenti in Cristo.

La dimensione esemplare di un tale comportamento supera l'ambito storico – evangelico, per presentarsi come tipo di tutti coloro che agiscano in tal modo, anche nella contemporaneità dello scrittore e nella dinamica della comunità cristiana.

Le ultime due ricorrenze del nome farisei in questa sezione cadono in *CMt* XI,16 dove, commentando Mt 15,21-22, Origene ipotizza che Gesù si ritiri nella zona di Tiro e Sidone per evitare i farisei che, scandalizzati per il suo insegnamento sulla purità (ma non solo), complottavano contro di lui, sottraendosi al pericolo non essendo ancora arrivato il tempo della passione.

5.3 *CMt* XII,1-4

Il dodicesimo libro del *Commento al vangelo di Matteo* si apre sul versetto Mt 16,1, con i sadducei e i farisei che si avvicinano a Gesù per metterlo alla prova chiedendo un segno dal cielo. Immediatamente Origene nota come i due gruppi abbiano opinioni assai diverse su verità sostanziali: i farisei credono nella resurrezione dei morti e in un mondo futuro, al contrario i sadducei non vi credono e non pensano esista alcunché dopo la morte. Malgrado le notevoli divergenze i sadducei e farisei si alleano sotto il comune obiettivo di mettere alla prova Gesù (*CMt* XII,1).

Già in *CMt* X,20 Origene aveva sottolineato le differenti prospettive antropologiche ed escatologiche dei sadducei e dei farisei, qui il discorso è ripreso per rimarcare come un nemico terzo e comune sia in grado di accordare fazioni distanti fra loro, se non avversarie; un accadimento comune questo, tanto nella storia biblica quanto nel presente dello scrittore, allorquando persone o gruppi divergenti, nella filosofia greca o in diversi sistemi di pensiero, si alleano per attaccare i discepoli di Cristo. La prospettiva supera la dimensione storica o strettamente esegetica, per diventare esemplare: improbabili alleanze divengono possibili per uno scopo comune e, nel presente della comunità cristiana, lo scopo è quello di attaccare Gesù, la verità, nella persona dei suoi discepoli: il processo dialettico parte dall'episodio evangelico per illustrare un comportamento umano presente nella storia antica e contemporanea, per focalizzare nella attualità l'attacco da parte di molteplici presunti detentori di verità all'unica vera, il Cristo e la sua chiesa.

Rimane così sottolineato il gioco "politico" di coloro che si alleano, ritenendo necessario metter da parte i propri convincimenti pur di distruggere l'avversario comune: la lotta a Cristo e ai suoi è più importante delle proprie verità. Si evidenzia da un lato l'incoerenza degli oppositori di Gesù (che consistenza può avere una verità e la sua fede in essa, se la si può metter da parte, anche temporaneamente, per uno scopo "superiore?), dall'altro il loro comportamento spregevole, malvagio, ora come allora. Tutto lo sviluppo del discorso in pratica promuove i farisei e i sadducei ad esempio paradigmatico per ogni tempo di tale comportamento abietto e incongruente, e sostanzia ancor meglio la tipologia specifica dei farisei, ciechi, incoerenti e meschini.

Infatti all'inizio del secondo capitolo del dodicesimo libro (*CMt* XII,2) Origene ritorna sulla divergenza fra i farisei e i sadducei quanto alla resurrezione, professata dai soli farisei, i quali non esitano a metterla da parte per consociarsi con i sadducei (che non vi credono) e assieme per mettere alla prova Gesù chiedendogli un segno dal cielo (Mt 16,1): la richiesta stessa costituisce un atto d'accusa, nota l'Alessandrino, poiché mette in dubbio tutti i miracoli e i prodigi già compiuti dal Salvatore fino a quel momento. Essi sono dunque segni di un ambito terreno e non celeste, cioè frutto di una alleanza con Beelzebul, principe dei demoni. Il riferimento qui è a Mt 9,34 e Mt 12,24 dove, in entrambi i casi, sono proprio i farisei a sospettare che la cacciata dei demoni operata dal Nazareno fosse espressione della sua contiguità con il principe dei demoni invece che della sua speciale relazione con Dio (se non proprio segno di divinità). Per Origene ciò è segno dell'incapacità di discernere fra gli spiriti che vengono da Dio e quelli invece che promanano dalla terra, una incapacità colpevole poiché la conoscenza della Sacra Scrittura e la sua retta interpretazione forniscono esempi e parametri per un corretto discernimento (*CMt* XII,3).

La risposta di Gesù in Mt 16,4, secondo Origene, sottolinea l'adulterio perpetrato dai farisei e sadducei nei confronti delle antiche scritture: «Una generazione malvagia e adultera pretende un segno!»; Gesù chiama i suoi avversari «generazione *malvagia* a motivo della qualità prodotta in loro dal maligno (la malvagità è volontaria produzione del male)[89]» (*CMt* XII,4) e adultera perché «farisei e sadducei, avendo abbandonato quella che in senso figurato è detta "marito", cioè la parola di verità, o Legge, avevano commesso adulterio con la menzogna e la legge del peccato[90]».

Più avanti in *CMt* XII,4 l'adulterio dei farisei e sadducei è ulteriormente specificato: considerando l'anima la sposa e la legge il marito, l'adulterio consiste nello scegliere una legge diversa da quella che Dio le ha dato, cioè la legge che in sé ha il Logos; Egli era già presente nella legge data a Mosè, ma si fa presente totalmente in Cristo. Adulterio, spiega Origene, è sia lasciare la legge della mente (quella donata da Dio) per la legge della carne, sia corrompere la legge stessa inserendovi, anche solo in parte, tradizioni umane.

Nel seguito del discorso si considera come Cristo avesse un rapporto sponsale con la sinagoga[91] dei giudei, l'adulterio di quest'ultima porta alla risoluzione di questo rapporto da parte dello sposo[92] e alla scelta di prendere un'altra moglie, «una prostituta cioè coloro che vengono dalle nazioni[93]». Si ripresenta qui il tema della sostituzione del popolo eletto con le genti che accolgono Cristo, ma è interessante notare come il tema partito dalle osservazioni, affatto benevole, su farisei e sadducei, si generalizzi e abbracci infine l'intero popolo ebraico. Questa operazione ha l'effetto di ridurre la distanza fra l'identità dei due gruppi ebraici e quella, più vasta e generica, del popolo giudaico, e al contempo proietta la malvagità e l'adulterio, riscontrati per farisei e sadducei, alla globalità della nazione. Visto che l'abbandono da parte di Dio ha avuto conseguenze drammatiche (segno della consegna del libello di ripudio alla sinagoga è la distruzione di Gerusalemme con il tempio e il culto ad esso connesso, cfr. *CMt* XIV,19) qui la responsabilità viene caricata principalmente su farisei e scribi, cifra del giudeo malvagio e adultero.

---

[89] ORIGENE, *Commento a Matteo / 2, Libri XII e XIII*, G. BENDINELLI, ed., Roma 2012, 117.

[90] ORIGENE, *Commento a Matteo / 2*, 117.

[91] L'analogia di Cristo sposo della sinagoga è ripresa in *CMt* XIV,19-20.

[92] Origene in *CMt* XIV 19 spiega le ragioni della consegna del libello di ripudio.

[93] ORIGENE, *Commento a Matteo / 2*, 123.

5.4 *CMt* XII,5-6; 8

CMt XII,5 sviluppa il commento a Mt 16,5-12, con particolare attenzione a Mt 16,6 ovvero al lievito dei farisei e sadducei. Lo stesso vangelo in Mt 16,12 spiega come il lievito sia l'insegnamento (διδαχή) dei farisei e sadducei. Nel capitolo precedente (*CMt* XII,4) già Origene aveva caratterizzato fortemente i farisei e sadducei, malvagi e adulteri per aver attaccato il Cristo e per aver abbandonato la legge donata loro da Dio per una legge carnale; ora l'autore del commento specifica come l'insieme dei loro insegnamenti sia come un impasto avariato dai fermenti di male che essi vi hanno posto.

Gesù è il pane vivo e vero disceso da cielo e si contrappone decisamente al lievito stantio dei farisei e sadducei; vi è però un cammino che i discepoli devono fare per lasciare l'impasto che è vecchio ed è superato in Cristo perché l'insegnamento basato sulla lettera è adulterato per l'aggiunta di tradizioni e insegnamenti umani. Il cammino da farsi non è semplice perché occorre identificare gli errori e prestare costante attenzione per non ricadervi: difatti Gesù, nota Origene, chiede ai suoi di vedere e vigilare, ed egli stesso li guida a cibarsi del vero pane, la verità che è lui medesimo.

I discepoli nei vangeli scoprono il cibo buono, fatto di azzimi di verità e sincerità, lo stesso devono fare i discepoli di ogni tempo: l'Alessandrino fa l'esempio di coloro che divengono cristiani, ma scelgono di vivere σωματικῶς[94] alla maniera dei giudei, così facendo essi si nutrono del pane dei farisei[95] (φαρισαίων ἄρτον) e non del pane di vita disceso dal cielo. In generale tutti coloro che non comprendono la dimensione spirituale della legge e come essa contenga l'ombra dei beni futuri, non hanno attenzione e non percepiscono il lievito dei farisei (ζύμης τῶν φαρισαίων). Coloro invece che respingono la resurrezione dei morti, come molti fra gli eterodossi (πολλοί γε ἐν τοῖς ἑτεροδόξοις), sono impastati con il lievito dei sadducei.

Il pane (ἄρτος) dei farisei è dunque connesso con l'atteggiamento di continuare a vivere, sebbene cristiani, secondo costumi giudaici: è un modo di fare legato ad una visione carnale che non alimenta l'anima spirituale del discepolo, ma lo porta ad allontanarsi da una condotta adatta a rimanere in Cristo.

---

[94] Anche se qui l'avverbio può essere ben reso con *esteriormente*, nondimeno la traduzione italiana di Scognamiglio (ORIGENE, *Commento a Matteo / 2*, 127) maschera il senso che Origene dà a tutto ciò che è corporale, inteso in opposizione a spirituale.

[95] Cfr. ORIGENE, *Commento a Matteo / 2*, 127.

Il lievito (ζύμη) dei farisei è invece connesso con una recessione probabilmente ancora più importante. Origene sta parlando della prospettiva teleologica che orienta l'agire e il credere del cristiano: impastare la propria vita con il lievito dei farisei significa rientrare nella lettera e negare l'accesso a quei beni che Cristo ha donato come eredità comune dei credenti. È una negazione intrinseca e subdola che avvelena la vita nello spirito e la riporta alla "carnalità"; oggi si direbbe che tale lievito impoverisca, fino ad annullare, la prospettiva escatologica del cristiano.

Se il pane e il lievito dei farisei sono dei pericoli attuali per la vita dei credenti, essi divengono per ogni tempo cifra degli errori che essi incarnano, sganciandosi dalla narrazione evangelica e, in questo senso, da una dimensione "storica". Gli errori dei cristiani giudaizzanti e ortodossi sono connessi alle dottrine e ai modi di fare dei farisei e sadducei. Nel seguito del discorso l'Alessandrino specifica ancor meglio la tipologia di errore dei primi: essi credono giustamente nella resurrezione dei morti, al contrario dei sadducei, ma hanno una visione letterale della legge e soprattutto aggiungono alla vera dottrina elementi umani. Le conseguenze non sono solo di snaturare la legge e renderla inutile, ma tale mistura di vero e falso rende difficile riconoscere ciò che è buono e ciò che non lo è. Il tipo del fariseo può avere un suo "fascino" in grado di sedurre i più semplici, i meno attenti o meno formati. L'errore dei sadducei si può riconoscere facilmente, perché negano la resurrezione, ma è più difficile scorgere il pericolo nel mix di verità e menzogna dei farisei.

Anche questo aspetto entra nelle caratteristiche proprie della tipologia farisaica: la subdola mimetizzazione del pericolo dietro uno schermo di verità.

In CMt XII,6 Origene, riferendosi a Mt 16,11, ribadisce come il discorso di Gesù sul lievito sia tropologico: la dottrina dei farisei e sadducei è chiamata lievito in senso figurato (τροπικῶς ζύμης εἰρημένης). Il concetto è ripreso anche in *HLv* 5,7 dove è specificato che tale lievito consiste nella dottrina umana dei farisei, cioè nella trasmissione di tradizioni e precetti umani: in questo modo tale dottrina non ha più origine o radici divine, ma è meramente umana alla stregua della grammatica o della retorica[96]. Anche

---

[96] «Il Signore nei Vangeli chiama lievito la dottrina umana dei farisei che tramandavano tradizioni, precetti di uomini, mentre dice ai discepoli: Guardatevi dal lievito dei farisei. Parimenti è dottrina umana, per esempio, la grammatica, o la retorica, o anche la dialettica»: ORIGENE, *Omelie sul Levitico*, M. I. DANIELI, ed., Roma 1985, 116. Edizione critica del testo latino: ORIGENES, *Homilien zum Hexateuch in Rufins Übersetzung. Teil 1: Die Homilien zu Genesis, Exodus und Leviticus*, W. A. BAEHRENS, ed., *GCS* 29, Leipzig 1920, 347.

questo accostamento della dottrina umana dei farisei a discipline utili (ma non per il sacrificio eucaristico precisa *CMt* XII,6) ribadisce l'idea che essa possa presentare un certo interesse o fascino proprio per il suo ambiguo mescolare tradizioni e precetti umani a quelli divini.

Nel seguente capitolo 8 di *CMt* XII, Origene si chiede, retoricamente, se i discepoli avessero compreso, prima che Gesù lo spiegasse loro, che il lievito era figura della dottrina dei farisei e scribi; anche la samaritana che Gesù incontra al pozzo di Giacobbe inizialmente ritiene che l'acqua offerta dal Signore sia un'acqua sensibile, e solo dopo il dialogo con Gesù giunge alla comprensione. In entrambi i casi le parole di Gesù vanno recepite in senso tropologico, figurato, ribadendo, al termine di *CMt* XII,8, che la dottrina dei farisei e sadducei è una pasta cruda, esempio di incompiutezza.

5.5 *CMt* XIV,16-18

I capitoli dal 16 al 18 di *CMt* XIV commentano la domanda che i farisei fanno a Gesù sulla liceità del ripudio della moglie seguendo Mt 19,3-9. All'inizio di *CMt* XIV,16 Origene nota che diversi personaggi hanno interrogato Gesù per metterlo alla prova, il dottore della legge e gli scribi, ma sceglie di focalizzarsi sulla malizia della domanda posta dai farisei; essi presumono che qualsiasi risposta darà Gesù la potranno usare contro di lui: se il Nazareno si fosse mostrato favorevole alla liceità del ripudio sarebbe stato accusato di dissolvere i legami familiari per futili motivi, al contrario l'avrebbero tacciato di consentire la convivenza con una donna sposata.

Nell'analisi della risposta di Cristo, Origene sottolinea come il Salvatore non si sottragga all'insidia, ma la usi per insegnare la verità anche ai «farisei che si gloriano degli scritti di Mosè[97]». I farisei tenevano dunque in somma importanza la Torah, come anche altri ebrei, ma questo non impedisce loro di agire malevolmente.

Il tema della legge di Mosè e delle sue prescrizioni viene qui introdotto e sarà ripreso più specificatamente nel seguente capitolo 18.

Il capitolo 16 analizza i termini maschio e femmina, uomo e donna legando i primi alla umanità creata a immagine di Dio e i secondi alla creazione dei corpi: la prima è la creatura razionale, la seconda la creatura umana corporale[98], connessa con la colpa premondana. Sottolineando la

---

[97] ORIGENE, *Commento a Matteo / 3. Libri XIV e XV*, G. BENDINELLI, ed., Roma 2015, 129.

[98] *CMt* XIV è trasmesso sia in greco che in una antica traduzione latina (*Vetus Interpretatio*). Questo aspetto della visione antropologica origeniana non è ripreso completamente dalla traduzio-

doppia creazione dell'uomo, Origene prepara il terreno per alcune considerazioni nei seguenti capitoli 17 e 18.

In *CMt* XIV,17 l'esegeta osserva come l'unione coniugale sia anche immagine della unione di Cristo con la chiesa sua sposa, ma vi è stata una sposa precedente, la sinagoga, che è stata ripudiata. O meglio essa stessa si allontanò dal marito quando «si mise a fornicare, indotta in adulterio dal Maligno e assieme a lui ordì trame contro il marito e lo fece mettere a morte nel dire: *Togli tale uomo dalla terra* e *Crocifiggilo, crocifiggilo!* Fu dunque lei ad allontanarsi, più che il marito a mandarla via e ripudiarla[99]». L'allontanamento della prima moglie è possibile per il suo peccato di fornicazione con il maligno, ovvero per l'unica eccezione ammessa, in Matteo (Mt 19,9), all'indissolubilità terrena del matrimonio. Nella economia della salvezza:

> Colui che in principio *(essendo di condizione divina)* creò colui che è a immagine, e fece lui maschio e la Chiesa femmina, a entrambi fece dono dell'unità secondo l'immagine.
> Per amore della Chiesa l'uomo, cioè il Signore, […] si unì *a sua moglie,* precipitata quaggiù, e i due sono diventati quaggiù una carne sola. Per amore di lei, anch'egli divenne carne, […] e fu proprio Dio a congiungere questi che non sono più due, ma sono diventati una sola carne, ordinando che l'uomo non separi la Chiesa dal Signore[100] (*CMt* XIV,17).

La relazione sponsale fra Cristo e la chiesa ha una dimensione più profonda e inalienabile dopo l'incarnazione rispetto a quella che esisteva fra il Logos e la sinagoga. Non è proprio di questo lavoro approfondire il tema complesso della antropologia e della soteriologia origeniane, ma queste brevi citazioni aiutano a focalizzare la chiusura di *CMt* XIV,17; ai farisei è detto: «*Ciò che Dio congiunse, l'uomo non separi.* Ma a coloro che sono superiori ai Farisei si potrebbe dire: *Che niente separi quel che Dio congiunse,* né principato, né potestà»[101]. Coloro che sono superiori ai farisei probabilmente sono i cristiani che possono intendere il piano di salvezza di Dio, essi intendono la legge spiritualmente e la rileggono e la completano nella incarnazione del Figlio e nella sua unione con la chiesa.

---

ne latina, probabilmente per evitare possibili connessioni con la gnosi (valentiniana). Cfr. A. ORBE, *La teologia dei secoli II e III. Il confronto della Grande Chiesa con lo gnosticismo*, I, A. ZANI, ed., Roma 1996², 318-334.

[99] ORIGENE, *Commento a Matteo / 3*, 135.

[100] ORIGENE, *Commento a Matteo / 3*, 135-137.

[101] ORIGENE, *Commento a Matteo / 3*, 139.

Gesù parla con i farisei perché essi hanno la possibilità di comprenderlo, soprattutto quando Egli dialoga utilizzando una esegesi della Torah. Tuttavia una comprensione piena del piano di Dio è possibile solo ad un livello diverso, più elevato, legato in modo ineffabile alla illuminazione portata da Cristo. Senza quest'ultimo passo il destino dei farisei è il ripudio.

Se in *CMt* XIV,16 e 17 Origene ha sviluppato il significato della unione coniugale fra uomo e donna, anche in riferimento alla unione di Cristo con la sinagoga, in *CMt* XIV,18 viene ripreso il tema della legge di Mosè e della sua dimensione "composita": Origene analizza la risposta di Gesù (Mt 19,8) sottolineando come l'atto di ripudio fu concesso da Mosè per la durezza del cuore umano. Tale comandamento, presente nella legge, ha una origine non direttamente divina: a Mosè fu dato il potere di legiferare, ed egli lo fece accompagnando ai precetti divini norme umane, necessarie alla convivenza sociale.

Nella legge mosaica dunque vi è una parte spirituale, derivata direttamente da Dio, e un'altra parte, si potrebbe dire, naturale. Origene ricorda che, elevandosi al vangelo di Cristo, si dovrebbe cercare il senso spirituale della legge anche nei precetti "naturali", perché anch'essi ispirati dallo Spirito[102]. In *CMt* XIV,18 Origene risolve così la natura composita[103] della legge mosaica. I farisei non hanno un ruolo particolare in *CMt* XIV,18, se non per il fatto che la discussione ruota attorno alla questione da loro posta a Gesù.

Si può aggiungere che in questo capitolo non si ripete o si sviluppa l'accusa fatta ai farisei e sadducei in *CMt* XII,4 di snaturare la Torah con l'aggiunta di tradizioni e precetti umani; evidentemente l'indicazione di Mosè sul libello di ripudio e le tradizioni e i precetti umani ascritti a farisei e sadducei sono posti su piani diversi: la prima è ispirata da Dio, i secondi no.

---

[102] Sul tema della dimensione spirituale e naturale della legge mosaica si veda la nota 24 in ORIGENE, *Commento a Matteo / 3*, 138.

[103] In questo studio abbiamo già incontrato il tema della natura composita della legge mosaica in Giustino (*Dial.* 44,1-2), in Ireneo per il quale la legge farisaica è il degrado della primitiva legge data da Dio (*Adv. haer.* IV,12,1), e in Tolomeo nella *Lettera a Flora*. Occorre notare che tale unione fra divino e umano nella stessa legge mosaica è una nozione problematica. Sicuramente la distinzione era necessaria per spiegare la selezione fatta delle parti dell'AT da tenere in maggior o minore considerazione (ad esempio tutte le indicazioni sul culto del tempio e del sacrificio, come pure quelle inerenti al sacerdozio) così da poter continuare ad usarle nella chiesa accanto alle scritture della nuova Alleanza. Le *Homiliae* pseudo-clementine hanno la dottrina delle false pericopi per spiegare la coesistenza nella Sacra Scrittura di brani veri e di altri falsi inseriti dalla figura del falso profeta (vedi Cap. X).

5.6 *CMt* XVII,13-14

I farisei compaiono assieme ai sommi sacerdoti in *CMt* XVII,13 e 14 in relazione a Mt 21,45-46: essi cercano Gesù per prenderlo, ma per paura della folla che lo considerava un profeta, devono desistere. Origene considera le diverse sfumature e significati dei due verbi usati all'inizio[104] di Mt 21,45, ζητέω (cercare) e κρᾰτέω (regnare, conquistare). Si può *cercare* Gesù per arrestarlo, come fecero i sommi sacerdoti e i farisei, oppure lo si può *cercare* per farlo proprio, come l'amata cerca l'amato nel Cantico.

I sommi sacerdoti e i farisei volevano prendere il Logos, ma l'incapacità di farlo è letta come l'impossibilità di comprendere chi veramente è Gesù, perché questa comprensione è possibile solo all'uomo spirituale, l'unico in grado di valutare e giudicare le dottrine dei saggi e degli eretici. I sommi sacerdoti e i farisei vogliono arrestare Gesù per impedirne l'operato: si dimostrano così incapaci di comprendere chi hanno davanti e il loro agire evidenzia come il senso vero di Gesù non sia accessibile a coloro che vogliano confutarlo. E ciò è vero in ogni tempo per gli eretici e gli avversari della "dottrina" cristiana.

Sommi sacerdoti e farisei mancano della dimensione spirituale, sono ottusi e materiali, e sono promossi a esempio dei nemici della fede *tout court*.

In *CMt* XVII,14 Origene esamina la parte finale di Mt 21,46: "perché lo considerava un profeta". Il timore della folla impedisce a sommi sacerdoti e farisei di arrestare Gesù, ma Origene osserva come tale opinione, riduttiva e non totalmente falsa non possa essere considerata bonariamente: le verità parziali su Dio sono pericolose, come ad esempio quelle degli eretici monarchiani che affermano sì la divinità del Figlio assieme però all'essere una sola l'ipostasi di Padre e Figlio.

A questa notazione si connettono, nel quattordicesimo capitolo di *CMt* XVII, due osservazioni: la prima è che nella antica traduzione latina vengono ad un certo punto citati "principes et Pharisaei" quando nel testo greco essi non compaiono affatto[105]. L'antica traduzione latina qui riprende il testo greco ma lo "semplifica" e fa apparire anche capi e i farisei come incapaci di comprendere la reale dimensione divina di Gesù malgrado la loro scienza; tuttavia nel testo greco sono presenti solo le folle e solo esse,

---

[104] Mt 21,45: «καὶ ζητοῦντες αὐτὸν κρατῆσαι».

[105] Si veda ORIGENE, *Commento a Matteo / 4. Libri XVI e XVII*, G. BENDINELLI, ed., Roma 2018, 250. Il brano corrisponde al testo greco *CMt* XVII,17,35-47 se si considera la numerazione delle righe del testo greco in *TLG*, che si riferisce alla edizione di Klostermann, *GCS* 38.

considerando Gesù un profeta, hanno una conoscenza parziale di lui. Il traduttore latino in qualche modo fa un cortocircuito e chiama i capi e i farisei ad interpretare il ruolo (antagonista) di coloro che hanno una conoscenza parziale della persona di Gesù. Certamente altrove Origene ha considerato i farisei e i maggiorenti degli ebrei legati alla lettera, dunque autocostretti in una dimensione corporale, limitante rispetto alla conoscenza che può portare lo Spirito. Qui il traduttore raccoglie questo discorso, lo considera valido generalmente, e non esita a offrire ai suoi lettori una versione secondo lui più chiara del testo originale.

È una sorta di selezione "letteraria" che tende a far sopravvivere il concetto e scartare il materiale dal quale il concetto è stato desunto, cancellando variazioni ed eccezioni. Si tratta di un modo di procedere comune nei padri e che abbiamo visto altre volte nel corso di questo studio: ad esempio quando si procede alla citazione diretta o indiretta dei vangeli, allorquando sono presentati nella citazione i soli farisei al posto della associazione con scribi, o sacerdoti presenti nel testo originale... oppure quando i farisei compaiono al posto di altri gruppi nominati nei vangeli.

L'associazione dei farisei con i capi nella traduzione latina mostra come il traduttore consideri responsabili dell'antagonismo a Gesù i *principes* – chi se non i maggiorenti del popolo ebraico possono essere considerati responsabili della opposizione a Gesù – ma a tali capi sono associati i farisei: in tal modo essi non solo ricevono il ruolo di antagonisti, ma sono considerati potenti (e colpevoli) quanto i primi.

La seconda osservazione è che Origene, nella seconda parte di *CMt* XVII, 14, mostra una grande attenzione al testo dei vangeli quando considera i passi (a suo parere) vicini a Mt 21,45-46, cioè Lc 19,47-48 e Mc 11,18: nei due versetti di Luca compaiono i sacerdoti, gli scribi e i capi del popolo, ma non i farisei; l'Alessandrino si mostra preciso nelle citazioni e nel commento, mai considerando o citando i farisei fuori posto, contrariamente a quanto visto ad esempio in *CIo* XIX, 18, 116, e anche rispetto al traduttore latino di *CMt* XVII,14.

5.7 *CMt* XVII,25-26; 28-29

Nei capitoli che vanno dal 25 al 29 del XVII libro del *Commento al vangelo di Matteo* Origene esamina i versetti Mt 22,15-22 con una progressione, direi, esemplare: esamina dapprima il senso letterale (*CMt* XVII,25-26) a partire dal contesto storico, ne considera lo sviluppo nei vangeli sinottici, ne analizza le possibili interpretazioni tropologiche (*CMt* XVII,27-28) per poi dedurne indicazioni sul discepolato e sull'incontro di ogni credente con il Cristo, parola di Dio, nella chiesa (*CMt* XVII,28).

È interessante come Origene ponga come presupposto al suo percorso esegetico la ricerca storica sul contesto nel quale i testi sono ambientati, ricercando le fonti che possano essere di aiuto. In *CMt* XVII,25 dice: «Abbiamo infatti trovato testi storici del tempo di Tiberio Cesare[106]», riferendosi, considerando i fatti riportati, con ogni probabilità a *La guerra giudaica* di Flavio Giuseppe. La domanda sulla liceità del tributo a Cesare posta a Gesù dai discepoli dei farisei e degli erodiani è contestualizzata dall'esegeta all'interno degli scontri fra giudei e romani, nei quali il tema delle tasse da pagare all'imperatore avevano un ruolo importante.

La ricerca storica permette ad Origene anche di evidenziare la differenza di posizioni fra farisei ed erodiani proprio sul tributo a Cesare, con i primi che vi sono contrari e con i secondi che vi sono favorevoli. All'esegeta preme evidenziare quanto siano stridenti le due posizioni (*CMt* XVII,26): i farisei si oppongono al tributo perché erano considerati accuratissimi nell'osservanza degli insegnamenti giudaici (ἐδόκουν εἶναι οἱ ἀκριβοῦντες τὰ Ἰουδαίων μαθήματα Φαρισαῖοι). Il participio usato per descrivere il modo in cui i farisei seguono gli insegnamenti giudaici deriva dal verbo ἀκριβόω, evidentemente connesso con quella ἀκρίβεια tante volte e da tanti autori associata al modo di fare ed essere di questa fazione.

Nel capitolo precedente (*CMt* XVII,25) Origene aveva spiegato come l'erezione di statue nel tempio avesse portato a insurrezioni dei giudei contro i romani e come vi fosse un acceso confronto interno «se loro, pur essendo consacrati a Dio e sua porzione, fossero tenuti a dare il tributo alle autorità, o fossero invece tenuti a combattere per la libertà, dal momento che non era loro dato di vivere come volevano[107]»: i farisei sotto questo aspetto sono presentati come i "campioni" della fedeltà alla legge, fedeli al comandamento di non farsi immagine alcuna e fieramente liberi in quanto popolo eletto.

Di converso gli erodiani sono l'esemplificazione di coloro che non solo pagavano i tributi, ma «inculcavano di pagare il tributo a Cesare[108]» (*CMt* XVII,26). Le due posizioni sembrerebbero inconciliabili, con uno iato non

---

[106] ORIGENE, *Commento a Matteo / 4*, 285.
[107] ORIGENE, *Commento a Matteo / 4*, 285,287.
[108] ORIGENE, *Commento a Matteo / 4*, 287.

solo politico, ma religioso evidente. Di fatto, i due gruppi, avendo una osservanza diversa della legge, hanno una fede differente.

Nondimeno i farisei, nota Origene, inviando i propri discepoli in compagnia degli erodiani, promuovono un'alleanza con un gruppo che ha posizioni religiose e politiche opposte alle proprie. La situazione richiama, ad esempio, l'alleanza fra sadducei e farisei in *CMt* XII,1-2, cioè la scelta di mettere da parte le proprie verità pur di combattere il Cristo e la sua chiesa.

Il piano dei farisei ed erodiani, sottolinea l'Alessandrino, mostra come entrambi i gruppi fossero disposti ad andare contro le proprie posizioni: se Gesù si fosse pronunciato negativamente sull'obbligo di versare il tributo a Cesare gli erodiani lo avrebbero consegnato ai romani, nemici dei farisei e dei giudei osservanti in generale; se Gesù avesse ceduto alle lusinghe dei discepoli dei farisei, che lo adulavano rimarcando la sua veridicità, la sua indipendenza e il suo insegnare la via di Dio (Mt 22,16), e «si fosse espresso in linea con l'idea dei farisei sulla non liceità del tributo a Cesare, l'avrebbero consegnato agli erodiani[109]». I farisei, pur di conseguire il loro obiettivo, si mostrano disposti a rinnegare i propri principi e lasciare che fosse consegnata ai propri nemici una persona che sta affermando pubblicamente ciò per cui essi stessi combattono. E, colmo della contraddizione, lo fanno appellandosi alla verità e alla via di Dio.

È evidente come i farisei non emergano affatto positivamente dalla esegesi origeniana, ma qui la questione ha una dimensione un po' più generale: visto che i farisei sono presentati, in un certo senso, come i campioni dei giudei che si ribellano a Roma in nome della propria libertà e della osservanza della legge, allora la prospettiva negativa evidenziata per i farisei è proiettata sui giudei osservanti in generale.

In *CMt* XVII,27 i farisei non sono menzionati nel testo greco, mentre sono presenti nell'antica traduzione latina: in questo caso il traduttore si premura di specificare che coloro che esagerano nell'insegnare le leggi di Dio, che indicano di trascurare gli aspetti corporali e che non pagano il tributo a Cesare, sono i farisei[110]. L'intento è certamente quello di chiarificare il testo originale, ma tale spiegazione aggiunge e specifica note non presenti nel testo originale, ed è legata ad un background che il traduttore assume come palese e acquisito.

---

[109] ORIGENE, *Commento a Matteo / 4*, 289.
[110] Cfr. ORIGENE, *Commento a Matteo / 4*, 290-291.

Che i farisei assumano un carattere generale, in qualche modo rappresentativo dell'intera compagine dei giudei credenti e osservanti, lo si vede in *CMt* XVII,28: «Si possono poi prendere i Farisei come i maestri delle varie tradizioni giudaiche[111]», mentre gli erodiani sono presentati come gli esponenti di un giudaismo "superficiale" e connesso con un modo di pensare soggetto al re (Erode?). Quello che interessa è che i farisei sono definiti come i maestri delle differenti tradizioni giudaiche (τῶν διαφόρων Ἰουδαϊκῶν παραδόσεων). In questo modo Origene focalizza sui soli farisei l'azione di insegnare e trasmettere le varie tradizioni, facendone i responsabili della trasmissione di ciò che definisce la compagine dei giudei credenti e osservanti[112].

Il fatto che i farisei siano definiti maestri è un dato che si ritrova in diversi autori: ad esempio in Giustino i farisei sono visti come un sottogruppo dei maestri giudei (*Dial.* 102,5); in autori successivi il loro ruolo di maestri delle tradizioni assume un maggiore rilevo (ad esempio per "Ippolito" in *Ref.* IX, 28,4 una delle caratteristiche proprie dei farisei è quella di promuovere maestri della legge). In Origene questo ruolo è ben definito: essi sono i maestri responsabili della trasmissione delle tradizioni, in positivo, perché trasmettono quella che è l'identità giudaica connessa con la legge mosaica, in negativo perché sono anche i responsabili dell'adulterazione delle tradizioni e della legge stessa[113], piegate ai propri interessi e ai giochi "politici".

Se fino ad Origene altri padri avevano identificato e sottolineato una figura tipologica simile, la stringente esegesi dell'Alessandrino "razionalmente" e sequenzialmente ordinata (esegesi letterale con la ricerca storica, analisi di precedenti interpretazioni, analisi tropologica) la "dimostra" in un modo paradigmatico e la rende difficilmente contestabile, ovvero ne fa un modello definitivo.

Un'ultima nota a margine della fine del capitolo 28: coloro che sono venuti a mettere alla prova Gesù, discepoli dei farisei ed erodiani, non essendo riusciti nel loro intento se ne vanno. Per Origene si evidenziano così

---

[111] ORIGENE, *Commento a Matteo / 4*, 294-295; *CMt* XVII,28,662,18-19: «δύνανται δὲ οἱ μὲν Φαρισαῖοι λαμβάνεσθαι εἰς τοὺς διδασκάλους τῶν διαφόρων Ἰουδαϊκῶν παραδόσεων».

[112] Al contrario gli erodiani sono proposti come l'esempio di un giudaismo più semplice che vede la propria identità legata all'autorità del re e non alle tradizioni connesse con la legge giudaica.

[113] Anche secondo il romanzo pseudo-clementino i farisei trasmettono le antiche tradizioni, perché essi sono i depositari della chiave del regno dei cieli, ma al contempo hanno la responsabilità del nascondimento di tale chiave. Nonostante la somiglianza tra questa visione e il ruolo positivo ascritto da Origene ai farisei come maestri che trasmettono le antiche tradizioni, l'articolazione della tipologia farisaica è molto differente nelle due visioni (vedi Cap. X).

due gruppi: coloro che non hanno alcuna intenzione d'imparare dal maestro, e i discepoli che gli restano accanto; in generale i primi «sono coloro che lasciano la Parola di Dio, non credono in essa, e vanno via dopo che l'hanno ascoltata[114]». In un certo senso tutta la compagine ebraica che non ha riconosciuto il Cristo è presentata qui: i farisei, espressione dei giudei credenti ed osservanti, e gli erodiani, giudei "nominali" e "conniventi" con il potere, ferventi e tiepidi, entrambi hanno rifiutato e insidiato il Cristo.

In *CMt* XVII,29 viene affrontato il commento della domanda che i sadducei fanno a Gesù (Mt 22,23-33) sulla resurrezione. Il discorso verte essenzialmente sui sadducei e sulla resurrezione. I farisei compaiono per la citazione della domanda del fariseo sul comandamento più importante della legge (Mt 22,36) e per il quesito sul messia che Gesù stesso pone ai farisei (Mt 22,41), ma non si osservano caratterizzazioni o particolarità notevoli.

6. I farisei nelle *Commentariorum series* (*CMtS*)

La necessità di considerare *CMtS* in questo studio deriva dal fatto che il *Commento a Matteo* di Origene, relativamente alla parte che va da Mt 22,34 a Mt 27,63 esiste, estensivamente, solo in questa traduzione latina[115]. In tale sezione sono riportati capitoli importanti, come ad esempio Mt 23 con le accuse di Gesù ai farisei, ma è anche l'unica testimonianza di un commento di Origene alla passione di Gesù, momento particolare per la presenza-assenza dei farisei su tale scena.

Il problema evidentemente è se tale traduzione possa essere considerata affidabile, ovvero se rispecchi fedelmente o meno il testo e il pensiero dell'Alessandrino: si tratta di una questione complessa[116]. In generale la critica ritiene la sostanziale fedeltà del testo latino al pensiero origeniano, pur riconoscendo la possibilità di adattamenti ed errori: da un lato si riconoscono i limiti del traduttore quanto alla conoscenza della lingua greca, dall'altro si nota come gli antichi traduttori si assumessero talvolta l'onere di interpretare e di "chiarire" il testo originale in base al proprio linguaggio, cultura e, per gli scritti cristiani, in base alla propria visione teologica.

---

[114] ORIGENE, *Commento a Matteo / 4*, 295.

[115] Sono stati ritrovati diversi frammenti in greco di questa sezione del commento a Matteo, principalmente nelle catene. Questi frammenti, la cui attribuzione e trasmissione vanno valutati, non permettono la ricostruzione dell'intera opera. Cfr. nota 85.

[116] Per una presentazione del tema si possono consultare le introduzioni in ORIGENE, *Commento a Matteo / 3* e *4*, ORIGENE, *Commento a Matteo Series / 1*, G. BENDINELLI, ed., Roma 2004.

Nella ipotesi di un unico autore per *VetInt* e *CMtS* è possibile proiettare la sostanziale fedeltà riscontrata nel testo latino con il corrispondente greco pervenutoci (*CMt*) anche sulla parte trasmessa solo in latino (*CMtS*).

Non è noto l'autore (o gli autori) della traduzione latina né si conosce con esattezza il periodo in cui sia stata eseguita, le datazioni proposte spaziano dal V al VI secolo.

La distanza temporale fra Origene e la redazione della traduzione impedisce di riferire direttamente all'Alessandrino i risultati dell'analisi del testo, possibilmente dipendenti dal linguaggio e dalla cultura del traduttore. A tal proposito ho già notato gli scostamenti della traduzione rispetto al greco in *CMt* XVII,14 e *CMt* XVII,27 dove il testo latino cita i farisei, assenti nell'originale e dove il traduttore ha inserito attribuzioni per i farisei, con intento chiarificatore per il proprio pubblico, non corrispondenti a quelle nel testo greco.

Coscienti di tali limitazioni, procediamo comunque all'esame delle ricorrenze dei farisei in *CMtS*, assumendo l'ipotesi, espressa dalla maggioranza degli specialisti, di una sostanziale (ma non letterale) corrispondenza con il testo greco, pur sapendo che i risultati non potranno essere direttamente utilizzati per la definizione della figura dei farisei in Origene.

6.1 *CMtS* 1-2

CMtS 1-2 commenta Mt 22,35-36 dove si legge che, dopo che Gesù ha chiuso la bocca ai sadducei (Mt 22,23-33), i farisei si riuniscono e uno di loro pone a Gesù, per metterlo alla prova, il quesito su quale sia il grande comandamento. I due capitoli non mostrano elementi interessanti quanto alla figura dei farisei, l'unica nota di un certo rilievo è in *CMtS* 1,2,15[117] dove si dice che chiunque non si abbandoni al Verbo e non voglia imparare qualcosa da lui è fratello di quel fariseo che chiamò Gesù maestro, pur non essendo suo discepolo e pur non volendo imparare nulla da lui.

6.2 *CMtS* 5-6

Il commento di Mt 22,41-46 impegna i capitoli *CMtS* 5-8, i farisei sono nominati direttamente nel quinto e nel sesto. La questione riguarda le domande che Gesù pone ai farisei su chi sia il Cristo e di chi sia figlio (Mt

---

[117] Si fa riferimento alla edizione critica di E. Klostermann del 1933, ristampata in copia anastatica a cura di U. Treu nel 1976; la sequenza dei numeri indica il capitolo, la pagina della edizione critica, la riga in tale pagina. ORIGENES, *Origenes Matthäuserklärung. II.*

22,42). L'incapacità di rispondere si conclude con il fatto che nessuno osa più interrogare Gesù. Origene presenta due letture di questo fatto: la prima (*CMtS* 5), la più semplice e diretta, è che Gesù volesse arginare l'ardire dei farisei (e dei sadducei, considerati nel commento dei versetti precedenti). Con le loro questioni essi volevano mettere alla prova Gesù e al contempo sembravano piuttosto proporre delle affermazioni; il loro atteggiamento non era quello di discepoli desiderosi d'imparare, piuttosto si davano arie da dottori della legge, pur non essendolo. Ecco dunque che Gesù, con il suo incedere, li confonde davanti alla gente e li mette a tacere.

La seconda spiegazione (*CMtS* 6) è più "spirituale": i farisei conoscevano il messia nella sola dimensione della economia umana. Essi sapevano, dalle Scritture, che egli sarebbe stato figlio di Davide. Gesù con le sue domande vuole stimolare i farisei perché vadano finalmente oltre l'economia umana, per entrare nella comprensione del Cristo come figlio di Dio. I farisei non possono rispondere a Gesù e tacciono perché non si distaccano da una interpretazione letterale delle Scritture, anzi, trascurando gli oracoli profetici sul messia (Is 7,14 e Nm 24,17), dimostrano di averne una conoscenza limitata; la loro lettura parziale delle scritture in realtà non gli permette di afferrare la storia che Dio fa con il suo popolo nei termini di una economia divina e non meramente umana.

È interessante osservare come in *CMtS* 5 siano considerati sadducei e farisei, mentre in *CMtS* 6 solo i farisei restino come oggetto del discorso. Sadducei e farisei si atteggiano a dottori della legge e lo stesso Gesù dimostra che non lo sono, ma quando si tratta di spiegare la visione limitata sulla economia di salvezza, Origene considera i soli farisei: sono loro a non comprendere le Scritture e non essere capaci di andare oltre la lettera, malgrado gli sforzi di Gesù.

6.3 *CMtS* 9-12

Nei quattro capitoli *CMtS* 9-12 viene commentato Mt 23,1-12. I farisei compaiono ovviamente nelle citazioni dirette di Mt 23,2 ed anche in notazioni all'interno del commento. A partire da *CMtS* 9,16,16 Origene comincia a parlare degli scribi e farisei seduti sulla cattedra di Mosè: l'Alessandrino rileva come l'affermazione di Gesù sia rivolta ad un pubblico ampio, i discepoli assieme alle folle, e dunque abbia valore generale[118]. Coloro che

---

[118] Nella prima parte del capitolo 9 Origene ha indicato come Gesù a volte parli solo con i suoi discepoli, altre solo con le folle, e altre ancora ai due gruppi assieme. Le diverse situazioni hanno indicazioni e valore differenti.

si vantano di essere interpreti della legge mosaica siedono sulla cattedra di Mosè: gli scribi sono quelli che non si discostano dalla interpretazione letterale della legge; i farisei invece sono (*CMtS* 9,16,20-23) coloro «che nel professare qualcosa di più grande si dissociano come i migliori dalla moltitudine, per questo fatto si chiamano *farisei*, che significa "divisi e segregati" (*fares*, infatti, vuol dire divisione[119])». Immediatamente dopo Origene afferma che è ancora possibile vedere presso i giudei scribi e farisei seduti sulla cattedra di Mosè (*CMtS* 9,16,23-25).

Sono due informazioni interessanti, la prima quanto alla etimologia del nome farisei e la seconda quanto alla presenza attuale di scribi e farisei fra i giudei al tempo di Origene.

L'indicazione della derivazione del nome dall'ebraico *fares* è riportata in greco nel *FrIo* XXXIV del commento al vangelo di Giovanni (φαρὲς) nel quale è usato il participio οἱ διῃρημένοι per indicare il separarsi dei farisei dagli altri. Lo stesso verbo greco è usato similmente anche in *CIo* VI,22,120 e *CIo* XIII,55,380, ad indicare l'origine del nome del gruppo, ma senza riferimento esplicito a φαρὲς. La spiegazione della etimologia a partire da *fares* è ripresa in *CMtS* 20,35,26-30[120]. La connessione con i testi in greco fa arguire che tale indicazione sia di Origene e non sia una aggiunta del traduttore latino.

Per l'Alessandrino il nome farisei deriva dalla scelta fatta dal gruppo di dividersi dagli altri ritenendosi migliori; Origene però tiene a sottolineare come essi insegnino un qualcosa di più della interpretazione letterale degli scribi, ed è questo più che li distingue e li inorgoglisce. Esattamente in cosa consista questa "espansione" non è spiegato, ma si può pensare che in ciò consistesse lo specifico dell'insegnamento o della tradizione trasmessa dai farisei. Vi si potrebbe scorgere un riferimento a una serie di tradizioni derivate dalla Scrittura, ma non strettamente contenute in essa[121] e anche possibilmente erronee, sulla linea della tradizione degli uomini di Mc 7,8ss.

Quanto alla presenza "attuale" di scribi e farisei sulla cattedra di Mosè, essa potrebbe essere un'attestazione della esistenza di farisei al tempo di

---

[119] *CMtS* 9,16,20-23: «Qui autem maius aliquid profitentes dividunt se ipsos quasi meliores a multis, secundum hoc Pharisaei dicuntur, quod interpretatur DIVISI et SEGREGATI (Phares enim DIVISIO appellatur)». Per la traduzione italiana di *CMtS* uso: ORIGENE, *Commento a Matteo Series / 1*, 137.

[120] Anche *CMtS* 27,46,14-15 indica il senso del nome farisei come separati, utilizzando però *praecisi*.

[121] Si potrebbe anche ipotizzare che tale "espansione" rispetto alla lettera delle Scritture consista in quella che generalmente viene definita la Torah orale. Ma non vi sono elementi per comprovare tale ipotesi.

Origene[122], ma va tenuto conto anche della dimensione retorica del contesto: nel seguito, l'affermazione serve a Origene per dire che i discepoli di Gesù, i quali comprendono e spiegano Mosè in senso spirituale, hanno ben diritto di sedere sulla cattedra dell'insegnamento, anzi sono migliori di scribi e farisei che dicevano e non mettevano in pratica. In realtà, dopo l'avvento di Cristo la cattedra mosaica è sostituita dalla cattedra della chiesa, «che è la cattedra e il trono di Cristo[123]» (*CMtS* 9,17,4). E come malamente occupavano la cattedra di Mosè scribi e farisei, così vi è il rischio che maestri indegni occupino la cattedra della chiesa, replicando gli errori antichi.

Mi pare che l'attualizzazione esegetica di Mt 23,2 abbia un ruolo prioritario per Origene, e deve essere considerata la possibilità che l'affermazione della presenza attuale di scribi e farisei sulla cattedra dell'insegnamento mosaico non abbia una dimensione storica. Certamente gli ebrei contemporanei di Origene, non riconoscendo la venuta del Cristo, continuano, per l'Alessandrino, a mostrare una interpretazione letterale e limitata delle Scritture[124], similmente agli scribi e farisei del tempo di Gesù.

Sebbene ritenga che l'affermazione della presenza degli scribi e farisei sulla cattedra di Mosè abbia una dimensione prevalentemente retorica, ciò non toglie che essa esprima la percezione di una presenza attuale dei due gruppi ascrivibile ad Origene[125]; in questo caso ritengo che l'influenza del traduttore sia minima: l'ipotesi fatta deriva dal senso del discorso, che suppongo prossimo a quello fatto da Origene.

La parte iniziale di *CMtS* 10 continua sulla linea di attualizzazione nella vita della chiesa dei comportamenti stigmatizzati per gli scribi e farisei: anche nella comunità cristiana vi sono persone che ammaestrano in modo mirabile, ma non seguono ciò che insegnano. Da un lato ciò conferma la dimensione esegetica e retorica del discorso dell'Alessandrino, dall'altro introduce un'altra questione nella quale sono implicati i farisei (*CMtS* 10,19,6-13): perché Gesù in Mt 23,3 indica di praticare e osservare tutto ciò che scribi e farisei dicono, invece gli apostoli comandano ai pagani convertiti di osservare solo alcuni precetti e non la legge intera (At 15,28-29)?

---

[122] Vedi par. 7.5.

[123] ORIGENE, *Commento a Matteo Series / 1*, 137.

[124] Ad esempio cfr. *CIo* XXVIII,12,95, *CMt* XII,4; par. 7.3 di questo capitolo.

[125] Semmai si volesse interpretare *CMtS* 9,16,23-25 come un indizio possibile della presenza dei farisei agli inizi del III secolo, ciò deve esser fatto in modo indiretto, cioè analizzando la percezione presentata dall'autore del contesto giudaico in termini farisaici. Tema interessante ma al di fuori dei limiti di questo studio.

Scribi e farisei «sono i dottori giudei che insegnano i comandamenti della legge secondo la lettera[126]», ma essi non accedono alla legge spirituale, non hanno un cuore puro e una retta fede, sicché i loro discorsi e conclusioni non sono che vaniloqui, e conseguentemente tali «sono la circoncisione, i pani azzimi, la Pasqua, e la legge sul puro e sull'impuro secondo la lettera[127]» (*CMtS* 10,19,19-22). I discepoli di Gesù intendono il senso della legge e mettono in pratica tutti i comandamenti spirituali di essa, dunque essi osservano e mettono in pratica ciò che scribi e farisei dicono, ma non fanno (*CMtS* 10,20,6-11). In tal modo i tratti distintivi della religione ebraica sono dichiarati, in mancanza della comprensione apportata da Cristo, discorsi vuoti. Prescindendo per un attimo dal comportamento moralmente riprovevole di scribi e farisei, essi sono presentati come esponenti di una realtà superata e svuotata di significato dall'avvento di Cristo: essa non ha più ragione di esistere, sostituita dalla nuova economia inaugurata da Gesù e compresa dai suoi discepoli. A prescindere dalla questione se scribi e farisei esistano, e in che forma, al tempo di Origene, nella sua visione essi sono comunque una sorta di reperto archeologico (assieme alle espressioni della religione ebraica), segno di un passato che non ha ragione di essere.

Da *CMtS* 10,20,29 riprende il discorso sugli scribi e farisei seduti sulla cattedra di Mosè per sottolineare come essi compiano le loro pratiche religiose di pietà pubblicamente per essere ammirati dagli uomini, a differenza dei discepoli di Gesù che agiscono nel segreto per essere graditi a Dio: nel segreto pregano, fanno elemosine, con azzimi invisibili celebrano la Pasqua, cioè si nutrono con il corpo e sangue di Cristo. Origene riprende i punti che ha identificato come caratteristici della religione e pietà giudaica e li mostra superati dai discepoli della chiesa. La contrapposizione duale fra scribi e farisei quali presunti dottori della legge e i discepoli di Gesù non fa che ribadire il superamento della pietà antica a favore di quella cristiana, contribuendo a ribadire, e dunque fissare, due stereotipi: quello degli scribi e farisei maestri della lettera e della sola esteriorità e quello della chiesa come nuovo e vero popolo dell'Alleanza. Anche quando Origene traccia le lodi del discepolo di Cristo lo fa appoggiandosi alla descrizione delle azioni superficiali e vuote degli scribi e farisei: il campione cristiano si staglia come il positivo formato per contrasto sulle negatività degli

---

[126] ORIGENE, *Commento a Matteo Series / 1*, 141. *CMtS* 10,19,7-8: «*scribae et Pharisaei sedentes super cathedram Moysi* sunt Iudaeorum doctores, secundum litteram docentes legis mandata*».

[127] ORIGENE, *Commento a Matteo Series / 1*, 143.

scribi e farisei. Tanto è migliore il discepolo di Cristo quanto è peggiore lo scriba e fariseo in cerca delle sole apparenze.

Sostanzialmente questo rimane il tema per i seguenti due capitoli, *CMtS* 11-12, con una nota interessante: in *CMtS* 11 l'edizione critica di Klostermann affianca al testo latino il corrispondente greco, ritrovato come frammento in una catena. Malgrado sia difficile in generale determinare quanto il frammento ritrovato in compilazioni fatte in epoche molto più tarde sia fedele al testo primitivo, in questo caso il confronto è interessante.

Il tema è Mt 23,6, in particolare il fatto che scribi e farisei allarghino i loro filatteri e allunghino le frange dei loro vestiti (*CMtS* 11,21,17-19). Nel testo latino in *CMtS* 11,21,25 compaiono scribi e farisei i quali tutto fanno per essere ammirati dagli uomini, scrivono brani della legge su due pergamene, una la portano in casa, a modo di corona, l'altra la portano al braccio. Questi ritagli vengono da loro chiamati filatteri. Il testo greco corrisponde sostanzialmente al latino, tranne per il fatto che non sono citati scribi e farisei: in greco non è specificato esattamente chi scriva e porti i filatteri, restando sul generico. Probabilmente la specificazione dei due gruppi è stata fatta dal traduttore allo scopo di chiarire il testo al suo pubblico: chi mai potrebbero essere quelle persone che agiscono per farsi vedere e portano i filatteri se non scribi e farisei?

Effettivamente considerando il contesto di *CMtS* 9-12 la risposta non può che essere questa, ma va sottolineato come il traduttore latino non considerasse altra possibilità, cioè non comprende l'indeterminazione del testo greco la quale poteva voler significare la possibilità che altri pii ebrei, oltre a scribi e farisei, portassero i filatteri. Informazione probabilmente nota all'attento Origene, meno scontata per il traduttore, probabilmente vissuto almeno un paio di secoli dopo l'Alessandrino.

6.4 *CMtS* 13-14

La sezione di *CMtS*, che va dal capitolo 13 al capitolo 16, commenta Mt 23,13, ovvero il primo *guai* proferito da Gesù alla volta degli scribi e farisei. I farisei compaiono esplicitamente in *CMtS* 13 e 14.

Il primo commento che fa Origene riguarda l'esistenza stessa di tali rimproveri, i *guai*: queste forti accuse da parte di Gesù evidenziano come Dio agisca quale un padre che corregge i propri figli per il loro bene (*CMtS* 13). Questo dovrebbe far riflettere, dice l'Alessandrino, coloro che affermano l'esistenza di due dei: un dio della legge, non buono, tanto da proferire maledizioni per i peccatori, e un dio buono rivelatosi tramite Gesù nel NT. La verità, afferma Origene, è che uno solo è Dio, capace di correggere i suoi figli, tanto nel AT quanto nel NT, colpendo i peccati affinché il peccatore desista e si salvi, come appunto fa Gesù con gli scribi e i farisei.

In questo senso scribi e farisei hanno la possibilità, ascoltando i rimproveri loro diretti, di cambiare e salvarsi. Si tratta di una nota positiva, a favore dei due gruppi ebraici: non sono condannati a priori. Di fatto però essi non accolgono i rimproveri del maestro e permangono nell'errore.

Scribi e farisei, chiudendo il Regno dei cieli, commettono due colpe: non entrano loro e non lasciano entrare altri (*CMtS* 13).

Il primo *guai* di Mt 23,13 può essere interpretato in due modi (*CMtS* 14) uno semplice, connesso al testo evangelico, e uno collegato con la realtà attuale della comunità cristiana.

Nel primo caso l'invettiva di Gesù va riferita direttamente agli scribi e farisei che sono presso i giudei (*CMtS* 14,26,7); già questa espressione è interessante poiché pone nel presente del narratore l'esistenza di scribi e farisei, ribadendo così quanto già visto in *CMtS* 9,16,23-25. Continuando a leggere *CMtS* 14 scribi e farisei sono coloro che impediscono l'insegnamento di Gesù e collegano i segni da lui compiuti non con Dio ma con Beelzebul, principe dei demoni. La loro azione di contrasto alla trasmissione della fede è descritta anche nei confronti dei discepoli di Gesù, dunque dopo la sua morte, in un'epoca nella quale si stabilisce un contrasto fra la comunità cristiana e la "sinagoga". Questa generica indicazione, priva di riferimenti temporali precisi, accompagna però l'affermazione, fatta poco prima sulla presenza attuale di scribi e farisei fra i giudei (*CMtS* 14,26,7-8), rafforzandola.

Il secondo modo di leggere il *guai* di Gesù è considerarlo nella comunità cristiana: tutti coloro che con la loro cattiva condotta inducono altri a peccare (soprattutto se si tratti di persone di spicco della comunità come i dottori che insegnano il vangelo) anche essi chiudono il Regno di Dio davanti agli uomini. Questa attualizzazione di Mt 23,13 sul presente della chiesa, anche se non cita direttamente scribi e farisei, promuove le azioni loro ascritte ad una dimensione stereotipa atemporale.

6.5 *CMtS* 16

CMtS 16 commenta Mt 23,15 e affronta il tema del proselitismo di scribi e farisei. Per Origene, se prima della venuta di Cristo il farsi giudeo era un vantaggio, dopo costituisce un errore grave, con una duplice colpa: la responsabilità di scribi e farisei che inducono un simile passaggio, e la responsabilità di chi lo compie senza aver ricercato attentamente la verità. Il pagano che passa al giudaismo diviene figlio della Geenna due volte: lo era da pagano, lo diventa ancor più da giudeo, poiché manca il battesimo di Cristo che lo renderebbe figlio di Dio.

Giustamente dunque, per Origene, Gesù inveisce contro gli scribi e farisei[128] di dottrine giudaiche perché essi inducono gli stranieri a giudaizzare[129], insegnando loro ad accusare i cristiani e condannarli come fu condannato Gesù. Tali scribi e farisei di dottrine giudaiche (*iudaica verba*) non sono solo maestri di una *secta*[130] ma inculcano nei proseliti l'odio a Cristo e ai suoi discepoli.

6.6 *CMtS* 17

In *CMtS* 17 passa a commentare il terzo (Mt 23,16-22) della serie dei *guai* proferiti da Gesù in Mt 23,13ss. In questa invettiva matteana gli scribi e farisei non sono esplicitamente citati, ma sono apostrofati come guide cieche. Sorprende che Origene, nel suo commento, si riferisca ai soli farisei, tralasciando gli scribi: per l'Alessandrino in Mt 23,16-22 Gesù condanna le tradizioni dei farisei, così come in Mt 15,5-6 li aveva accusati (assieme agli scribi) di aver cancellato la parola di Dio (il quarto comandamento) con una tradizione umana. Origene si riferisce al suo commento di Mt 15,6 (e della dottrina del *korbàn*) fatto in *CMt* XI, 9. Qui viene ribadito che i farisei hanno delle tradizioni proprie erronee, come quella di giurare e di stabilire la validità del giuramento attraverso una capziosa analisi dell'oggetto sul quale si giura. Per Origene l'intento del Salvatore è quello di volgere coloro che insegnano tali tradizioni umane verso i comandamenti divini: la questione se un giuramento sia più o meno valido a seconda che lo si basi su un oggetto nel tempio o per il tempio stesso è errata, ingannevole ed inutile. E tali sono dunque le tradizioni umane dei farisei.

Interessante però che in *CMtS* 17,32,16 riferisca ai giudei in genere, e non ai farisei, la consuetudine di giurare per il cielo (Mt 23,22). Il contesto evangelico non mi pare suggerisca una tale distinzione, che va ascritta ad una opinione di Origene oppure ad una notizia da lui ricavata altrove.

---

[128] La condanna del proselitismo giudaico, a partire da Mt 23,15, è già in Giustino *Dial.* 17,2, dove i giudei sono rimproverati di inviare emissari in tutta la terra per diffondere calunnie sui cristiani.

[129] *CMtS* 16,26,6-8: «Haec convenienter dicuntur post adventum Christi ad scribas et Pharisaeos Iudaicorum verborum, qui diligenter circumeunt plurima loca mundi, ut advenas iudaizare suadeant».

[130] In *CMtS* 16,30,12 è utilizzato il termine *secta*, inteso con un'accezione neutra, alla stregua del termine greco αἵρεσις, dunque con un significato prossimo a scuola di pensiero o maniera di pensare.

Ad ogni modo la sintesi posta a conclusione di *CMtS* 17 è lapidaria: ai giudei (cioè alle persone convenute) Gesù proibisce di seguire le tradizioni dei farisei. Esse sono capziose, fallaci e ingannevoli.

6.7 *CMtS* 19-20

In *CMtS* 19-20 viene commentato Mt 23,23. In aderenza al testo la discussione dell'Alessandrino torna a considerare assieme scribi e farisei accusati di compiere i precetti minimi della legge, come le decime sulle spezie, per poi tralasciare i precetti più grandi e importanti su giudizio, misericordia e fede; i cristiani devono essere attenti a non replicare tali comportamenti in essere presso i giudei, cioè le finzioni degli scribi e farisei, per non incorrere anche loro nella condanna di Gesù (*CMtS* 19). Il commento di Origene procede nella sua consueta modalità tropologica: dal testo evangelico estrae uno o più sensi spirituali o morali utili ai fedeli. Tale esegesi riafferma, qui come in tutti gli altri *guai*, l'esemplarità del comportamento ipocrita di scribi e farisei, sganciandolo dal testo e dal contesto storico per proiettarlo come tipo negativo a monito di ogni generazione cristiana.

In *CMtS* 20 Origene propone una distinzione fra scribi e farisei: si possono definire scribi «tutti quelli che reputano che nelle Scritture non ci sia niente di più di quanto mostri la parola semplice della Scrittura, anzi disprezzano coloro i quali *scrutano la profondità di Dio*[131]»; sui farisei dice:

> Similiter Pharisaei sunt omnes qui iustificant semetipsos et dividunt se a caeteris »dicentes: noli mihi adpropriare, quoniam mundus sum«. Interpretantur autem Pharisaei secundum nomen Phares DIVISI, qui se ipsos a ceteris diviserunt; Phares autem dicitur Hebraica lingua DIVISIO. (*CMtS* 20,35,26-30).

Possiamo dividere le informazioni presenti in questo breve testo su tre piani: un piano storico, un piano etimologico, un piano morale. I farisei si divisero dagli altri ebrei tanto che il loro nome deriva dall'ebraico *fares* che significa divisione. Questa separazione è legata al percepirsi puri e al voler mantenere (e sottolineare) tale purezza. Si dicono farisei tutti coloro che giustificano sé stessi e si dividono dagli altri.

Supponendo che il latino rispetti il pensiero del testo greco, abbiamo qui un'altra sintesi del procedere di Origene, in particolare sui farisei: egli raccoglie informazioni sul contesto evangelico, sull'etimologia e sull'u-

---

[131] ORIGENE, *Commento a Matteo Series / 1*, 175.

so delle parole per costruire la sua analisi e derivarne un senso ulteriore spirituale. Per i farisei l'etimologia e la notizia "storica" sono connessi: la separazione dagli altri è dovuta, sembrerebbe, a ragioni di purità, forse anche in senso rituale, ma soprattutto nel senso di percepire sé stessi come i giusti attuatori dei precetti della legge, cioè i puri migliori degli altri. In questo caso la separazione è vista come una scelta dei farisei volta a garantire e sottolineare la loro condizione rispetto ad altri che non seguivano le stesse norme.

L'attenzione dei farisei alle cose minime e il loro trascurare i precetti "pesanti" della legge, sottolineata nel testo evangelico e rimarcata ed espansa da Origene, diviene esempio per comportamenti analoghi nelle comunità cristiane, soprattutto da parte delle persone più importanti o in vista.

Di un'analisi o di una dimostrazione si tende a ritenere le conclusioni, lasciando indietro il processo e spesso utilizzando il punto di arrivo come partenza di ulteriori considerazioni e ricerche.

Del processo esegetico di Origene sui farisei ciò che tende a restare sono le conclusioni: tutti coloro che si comportano ipocritamente, adempiendo pubblicamente i precetti minimi per nascondere le grandi mancanze, sono farisei. E nel tempo, per i lettori e coloro che usano l'opera dell'Alessandrino, la conclusione si isola sempre più dai presupposti e dall'analisi, restando atemporale e definitivamente tipologica.

Quanto alla indicazione della etimologia del nome farisei derivata dall'ebraico *fares*[132], essa coincide con quanto visto in *CMtS* 9,16,20-23. Il concetto espresso è sovrapponibile, con la differenza che in *CMtS* 9 i farisei sono definiti separati oltre che divisi (*divisi et segregati*).

Sebbene il *FrIo* XXXIV non possa essere attribuito con certezza all'Alessandrino, e che le altre due attestazioni appartengano ad una traduzione latina fatta fra il V e VI secolo, l'insieme delle testimonianze fa protendere per la genesi origeniana del *fares*. Inoltre fra i primi scrittori latini che indicano *fares* come origine del termine farisei vi sono Girolamo[133] e

---

[132] Vedi anche par. 4.1 sul *FrIo* XXXIV.

[133] Hieronymus, *Liber quaestionum Hebraicarum in Genesim*, P. de Lagarde, ed., *CCSL* 72, Turnhout 1959, 59; Ambrosius Mediolanensis, *Explanatio psalmorum XII*, M. Petschenig, ed., *CSEL* 64, Lipsiae 1919, 308; Id., *Expositio evangelii secundum Lucam*, M. Adriaen, ed., *CCSL* 14, Turnhout 1957, 88. Secoli dopo questa linea è ripresa da: Christianus Stabulensis, *Expositio in euangelium Matthaei*, CC CM 224, 70. 408. 421; Heiricus Autissiodorensis, *Homiliae per circulum anni*, CC CM 116, hom. 30; Rabano Mauro, *Commentaria in Genesim*, PL 107, liber: 3, caput: 28, col.: 627, linea: 24; *Etymologiarum sive Originum libri XX*, CPL 1186, lib. 7, Cap. 6, par. 40.

Ambrogio, che avevano conoscenza delle opere di Origene e dalle quali potrebbero dipendere per questa nota etimologica.

6.8 *CMtS* 21-23

Nell'affrontare il commento di Mt 23,25-26 Origene evidenzia come le attitudini e il modo di interpretare letteralmente la legge degli scribi e farisei siano spiritualmente dannosi. Tre sono le linee sviluppate:

1) l'invettiva di Gesù in Mt 23,25-26 colpisce chi si premura di apparire giusto (cioè monda l'esterno del bicchiere), ma trascura il cuore (l'interno) e la coscienza (*CMtS* 21);

2) le parole della Scrittura sono come dei recipienti di un nutrimento spirituale, l'attenzione va posta al cibo spirituale (interno) e non agli aspetti letterali (esterno) come fanno scribi e farisei (*CMtS* 22);

3) per questo gli scribi e farisei curano il senso esteriore e comune delle Scritture, identificando una santità e una purezza esteriore mentre i discepoli di Cristo purificano il senso interiore e spirituale, cercando di recepire il mistero e superando i significati esteriori delle parole (*CMtS* 23).

Solo i cristiani, pulendo l'interno del loro cuore ed esercitando una lettura spirituale e proficua delle Scritture, ritroveranno mondi anche gli aspetti esteriori della persona e della parola di Dio. Al contrario l'esegesi letterale, esemplificata negli scribi e farisei, è dannosa e obnubilante.

6.9 *CMtS* 24-28

CMtS 24 commenta Mt 23,27-28, i farisei compaiono assieme agli scribi nella citazione iniziale dei versetti da esaminare. Tuttavia Origene sviluppa nel capitolo alcune immagini interessanti: il punto di partenza è Mt 23,27, dove Gesù dice che scribi e farisei ipocriti assomigliano a sepolcri imbiancati, ripuliti fuori ma dentro pieni di ossa e marciume. La discrepanza dentro – fuori, tipica dell'ipocrita, è raffigurata anche con la figura del mimo che imita le sembianze di qualcuno senza esserlo, oppure come con la maschera (*persona*[134]) teatrale. Certamente queste immagini sono legate con ipocrita (ὑποκριτής), cioè con un ambito teatrale e da tale contesto scaturiscono. Ad ogni modo il riprendere più volte l'esempio di qualcuno che recita a soggetto (o imita un tal personaggio) testimonia come il soggetto o il personaggio sia oramai ben fissato, pronto per essere recitato, reite-

---

[134] Anche personaggio o parte teatrale.

ratamente e costantemente. Ma anche pronto per essere adattato ad altre situazioni, omologhe sì, ma sempre basate sul soggetto primo: così taluni possono essere simulatori [alla maniera degli scribi e i farisei] del martirio, dell'episcopato, del presbiterato, del diaconato …

Da *CMtS* 25 l'Alessandrino inizia a commentare Mt 23,29-36. Si tratta dell'ultimo *guai* proferito da Gesù contro scribi e farisei, colpevoli di seguire la condotta dei loro padri i quali uccisero i profeti inviati da Dio, mentre loro, i figli, uccidono profeti, sapienti e scribi inviati dal Cristo. In Mt 23,35 è riportata la notizia dell'uccisione di Zaccaria figlio di Barachia. Origene discute se tale Zaccaria[135] sia il profeta, definito appunto in Zc 1,1 "figlio di Barachia", oppure se sia il padre di Giovanni il Battista. La scelta ricade su quest'ultimo per una tradizione, apocrifa[136], accolta dall'Alessandrino: Zaccaria sarebbe stato ucciso dagli scribi e farisei fra santuario e altare perché aveva consentito a Maria, dopo il parto, di entrare in una zona del tempio permessa solo alle vergini.

Scribi e farisei sono colpevoli di un crimine riprovevole, sia perché uccidono un giusto e per di più in un luogo sacro, sia perché non credono alla testimonianza di Zaccaria sulla verginità *post partum* di Maria[137].

L'edizione critica di Klostermann affianca, per buona parte della sezione *CMtS* 25,42,14 – 25,43,34, al testo latino il corrispondente greco ritrovato in una catena. La corrispondenza fra i due testi è abbastanza buona, ed in entrambe le versioni scribi e farisei sono presentati come i colpevoli dell'omicidio di Zaccaria, padre di Giovanni Battista.

In *CMtS* 26 Origene spiega perché Gesù imputi a scribi e farisei il sangue di Zaccaria e non quello di Giovanni Battista: quest'ultimo fu ucciso da Erode ed è anche scritto (riferendosi a Mt 21,25-26) che sebbene scribi e farisei non avessero creduto in lui, non gli fecero nulla, perché la folla lo

---

[135] Del profeta Zaccaria non è riferita una morte violenta, che invece colpisce Zaccaria figlio di Joiada (2 Cr 24,20s) ucciso nel santuario. Flavio Giuseppe in *BI* 4.334-344 riferisce di Zaccaria figlio di Baris ucciso anch'esso nel tempio.

[136] Cfr. *CMt* X,18. È interessante osservare come Origene risolva una questione non affrontabile con le sole scritture canoniche attraverso una tradizione apocrifa. L'affermazione di Gesù (Mt 23,35) non ha riscontri nelle Scritture: oltre al fatto che Zaccaria profeta non è stato ucciso, scribi e farisei del tempo di Gesù non avrebbero potuto ucciderlo perché egli appartiene ad un'epoca decisamente precedente. Per dirimere casi simili le informazioni della Sacra Scrittura possono essere ampliate tramite gli scritti apocrifi.

[137] Agli occhi degli scribi e farisei, come descritti da Origene, probabilmente la colpa più grande di Zaccaria è quella di aver violato una legge del tempio, più grave di aver dato testimonianza alla nascita verginale di Cristo.

riteneva un profeta. Sebbene Origene utilizzi nella sua argomentazione Mt 21,25-26, va considerato che nel testo evangelico coloro che discutono con Gesù nel tempio sono i capi dei sacerdoti e gli anziani, mentre in *CMtS* 26 egli sta argomentando su scribi e farisei[138].

Evidentemente Origene considera scribi e farisei come parte, o esponenti, degli anziani e dei capi dei sacerdoti, cioè come i rappresentati della *intellighenzia* giudaica. Una simile assimilazione, considerando l'attenzione esegetica di Origene, pare strana: è possibile che l'Alessandrino compia la sostituzione semplicemente perché oramai, dopo il lungo argomentare sui *guai* verso scribi e farisei, essi hanno conquistato il "palcoscenico" della narrazione e sostituiscono tutti gli altri avversari di Gesù. Si tratterebbe di una sostituzione indotta dal lungo argomentare su scribi e farisei, non proprio un lapsus, ma l'espressione di un convincimento interno che ha la meglio sulla accuratezza dell'esegesi evangelica.

Anche altrove abbiamo incontrato degli "errori" similari, ad esempio in *CIo* XIX,15-19 e in *CIo* XXVIII,14,115, ma il contesto qui forse comporta una diversa intenzionalità: nella sua analisi esegetica Origene ha considerato scribi e farisei come esistenti nel suo presente[139] (almeno narrativo) quale cifra di quegli ebrei attaccati ad una lettura letterale della legge, incapaci di comprendere le verità spirituali e quindi nemici di Gesù e dei discepoli. Tali nemici hanno contrastato l'opera dello Spirito, tanto prima della venuta di Cristo quanto dopo, facendosi nemici della chiesa (es. *CMtS* 13-14). Nel suo commento ai guai più volte l'Alessandrino ha sottolineato che anche figure di spicco all'interno della comunità cristiana agiscono al modo di scribi e farisei (es. *CMtS* 9-10). Un simile processo argomentativo promuove l'attualità di scribi e farisei sia nella compagine ebraica (in termini di presenza storica o narrativa) sia nella dimensione esemplificativa di una serie di errori spirituali e dottrinali anche nelle comunità cristiane.

In questo senso parlare di lapsus potrebbe non essere corretto, perché non si tratta tanto di uno scambio, quanto del risultato della estrazione da parte di Origene della figura sintetica di tutti i giudei che non hanno, colpevoli di un attaccamento irragionevole alla lettera, accettato Cristo. Tale figura diviene tanto essenziale e forte da avere una funzione sinonimica: qui scribi e farisei sono i nemici, il loro nome sussume tutti gli altri oppositori giudei di Gesù prima e della sua chiesa dopo. Ci si potrebbe interrogare se

---

[138] Anche nei testi evangelici paralleli non compaiono né scribi né farisei.
[139] Cfr. *CMtS* 9,16,23-25, *CMtS* 14,26,7.

tale prospettiva non rispecchi la percezione che Origene avesse dei giudei a lui noti, ovvero se il giudaismo da lui conosciuto non avesse una forte caratterizzazione farisaica, ma la risposta a tale quesito necessiterebbe di una analisi e approfondimenti specifici su questo autore al di fuori del tema di questa ricerca.

CMtS 27 riprende il tema del senso letterale e spirituale delle Scritture: «il senso spirituale e profetico della Scrittura è celato nel racconto dell'argomento proposto, per cui tutta la Scrittura è intesa dai mediocri secondo il senso storico, dagli spirituali e perfetti secondo il mistero spirituale[140]». I farisei sono fra coloro che considerano il solo racconto o senso storico delle Scritture trascurandone le intime verità, che sono le anime e gli spiriti dei profeti che le hanno scritte. Così facendo è come se venerassero i corpi dei profeti deposti nelle lettere e nei libri alla stregua di tombe. Dunque

> [...] recte Pharisaei sunt appellati (id est PRAECISI), qui spiritalia prophetarum a corporali historia praeciderunt, quasi animam prophetarum expellentes a corpore et occidentes ipsas prophetias et exanimes facientes quasi nihil spiritale habentes (*CMtS* 27,46,14-18).

I farisei sono colpevoli di cancellare il senso spirituale delle Scritture, e così facendo uccidere, con l'enunciazione della sola lettera, i profeti stessi che in essa posero le verità spirituali più grandi e importanti.

Il nome farisei, che significa *praecisi*, indica per l'Alessandrino questa loro caratteristica: la recisione drammatica del contenuto spirituale delle Scritture da quello letterale. In questo caso l'etimologia del nome farisei è resa attraverso il verbo *praecido*[141], per meglio seguire l'articolazione del discorso. In *CMtS* 9,16,20-23 e in *CMtS* 20,35,26-30 l'ebraico *fares* era stato reso con il verbo *divido*, indicando come i farisei avessero scelto loro stessi di separarsi dagli altri. Qui il concetto è ripreso a sottolineare come la scelta dei farisei in realtà testimoni un aspetto deleterio della loro visione esegetica, della loro dottrina e del loro comportamento: essi stessi sono i separatori del corpo dall'anima spirituale della Scrittura, con la conseguenza di ucciderla e di uccidere tutti i profeti passati e presenti.

---

[140] ORIGENE, *Commento a Matteo Series / 1*, 195. Cfr. *CMtS* 27,45,24-27.

[141] Si potrebbe ravvisare una connessione con la *akribeia*, attribuita ai farisei ad esempio da Giuseppe Flavio e dagli *Atti degli Apostoli*, per il tramite *paroshim* (cfr. A.I. BAUMGARTEN, «The name of the Pharisees», *JBL 102* (1983), 420), inteso nel senso di coloro che specificano (dividono per chiarificare). In questo caso l'uso del verbo *praecido* (da parte del traduttore latino) rispecchierebbe l'attenzione di Origene ai diversi aspetti della etimologia di farisei.

La loro ipocrisia, da questo punto di vista, consiste nel costruire monumenti sepolcrali che contengono solo una storia corporale, cioè la sola lettera delle Scritture e dei profeti (*CMtS* 27,46,18-20).

Vale la pena osservare che nella prima parte di *CMtS* 27, i farisei compaiono soli, sganciati dagli scribi, i quali ricompaiono a partire da *CMtS* 27,47,27). Dunque le critiche fin qui mosse, in *CMtS* 27, riguardano loro soli.

L'azione degli scribi della legge e dei farisei non si limita ad una azione nefasta sulle Scritture, che togliendo loro il senso spirituale, impedisce di ravvisarvi l'annuncio del messia e riconoscerlo in Gesù, ma si estende contro i sapienti del vangelo e gli scribi del Nuovo Testamento. Cioè l'azione avversa di scribi e farisei continua nella denigrazione delle scritture cristiane, ovvero del fondamento della comunità cristiana. Lo sguardo nel tempo non si ferma qui, ma idealmente prosegue considerando i conflitti interni ai cristiani: sono farisei spirituali (*spiritales Pharisaei*, *CMtS* 27,48,9) quegli eretici che flagellano i cristiani con la loro maldicenza, perseguendoli fisicamente e spiritualmente, allo scopo di estrometterli dalla legge, dai profeti, dal vangelo e dagli apostoli. Detta in altro modo l'azione di questi farisei "spirituali" è quello di estromettere dall'insieme delle Sacre Scritture, Primo e Secondo Testamento, il vero senso cristiano, il vero vangelo di Cristo.

L'ampiezza temporale dell'analisi dell'Alessandrino, dai farisei e scribi evangelici agli eterodossi attenti a promuovere il "loro" vangelo, ancora una volta proietta la figura dei farisei in una dimensione atemporale ovvero definitivamente tipologica,

CMtS 28 esamina Mt 23,37-39, in particolare Origene si chiede il perché Gesù dica ai suoi ascoltatori, fra i quali vi erano scribi e farisei («qui gloriabantur quae legis sunt et prophetarum caute cognoscere», *CMtS* 28,49,20-21), che Gerusalemme abbia ucciso profeti a lei inviati da Dio; il problema che si pone l'autore è quale sia il riscontro biblico di questo detto di Gesù, ovvero su quali fonti si possa basare. Posto che su scribi e farisei non vi è altro in questo capitolo, tuttavia è interessante la discussione che l'Alessandrino fa sulle fonti extra canoniche: «Propterea videndum, ne forte oporteat ex libris secretioribus qui apud Iudaeos feruntur ostendere verbum Christi, et non solum Christi sed etiam discipulorum eius [...]» (*CMtS* 28,50,6-8). La soluzione non è banale, poiché, fermo restando la priorità dei testi canonici, ogni testo apocrifo, che possa portare indicazioni utili e interessanti, va valutato con attenzione, per evitare falsi e indicazioni errate. Il discorso è interessante, perché da un lato conferma la ricerca esegetica a tutto campo dell'Alessandrino, dall'altro indica la possibilità di ritrovare nella sua grande opera informazioni sui farisei provenienti da scritti apocrifi, ritenuti da lui affidabili, come nel caso di *CMtS* 25,42,14 – 25,43,16[142].

6.10 *CMtS* 32

In *CMtS* 32 i farisei compaiono una sola volta (*CMtS* 32, 58,4), mentre Origene enumera gli scopi, e quindi il tipo, delle persone che si accostano a Gesù: i discepoli si avvicinano a Gesù per interrogarlo, i farisei per metterlo alla prova, altri ancora per imparare da lui.

6.11 *CMtS* 77

Commentando Mt 26,6-13 Origene rileva come tutt'e quattro gli evangelisti abbiamo un episodio similare in cui una donna unge o lava i piedi a Gesù (Mc 14,3-9, Gv 12,1-8, Lc 7, 37-50). In Luca l'episodio si svolge in casa del fariseo Simone. Origene ritiene che gli evangelisti abbiano considerato tre episodi distinti riguardanti tre donne differenti: quello di Mt 26,6-13//Mc 14,3-9, quello di Gv 12,1-8 e infine Lc 7,37-50. In una lettura allegorica l'Alessandrino indica che le diverse tipologie di donne indichino tipi differenti di fedeli (*CMtS* 77,182,10-17): quelli che versano olio prezioso sul capo di Gesù, altri cospargono i piedi, altri si limitano a ungere solamente, altri poi non compiono tale azione. Il fariseo Simone appartiene a quest'ultimo gruppo, lumicino di coda.

6.12 *CMtS* 89

Nel considerare il versetto Mt. 26, 36 Origene, commentando Gesù orante al Getsemani, rileva che per il cristiano non è importante il luogo ove si prega a differenza dei giudei. Tuttavia si deve evitare di pregare con i malvagi, affinché il lievito di coloro che non pregano con cuore puro non corrompa la pasta dell'unità. Occorre però misura e ragionevolezza per non essere come il fariseo, che pregando nel tempio, criticò e disprezzò il pubblicano (Lc 18,9-14).

6.13 *CMtS* 132

Come consuetudine Origene cita all'inizio di un capitolo, o di una serie di capitoli, i versetti del vangelo che saranno commentati. All'inizio di

---

[142] Vedi nota 136.

CMtS 132 viene riportato Mt 27,39-43. La sorpresa è, nella citazione, la presenza dei farisei accanto ai capi dei sacerdoti, agli scribi e anziani che si fanno beffe del crocifisso. Si tratta di un'aggiunta a Mt 27,41 dove, appunto, i farisei non compaiono.

In altri casi abbiamo incontrato delle sostituzioni, ovvero l'inserimento dei farisei al posto di altri gruppi o maggiorenti ebraici (es. *CIo* XIX,15-19 e *CIo* XXVIII,14,115) nel contesto dell'annuncio della passione o della passione stessa di Gesù. È come se l'esegeta non si "rassegnasse" all'assenza dei farisei dal contesto della passione di Cristo e, ravvisandone la responsabilità quanto a tutto ciò che ha portato al processo, condanna e morte di Gesù, li reinserisse nel novero di coloro che nei vangeli esplicitamente presero parte alla passione (o che sono nominati negli annunci di questa).

In *CMtS* 132,268,8 ci troviamo di fronte ad una aggiunta, operazione più difficile da catalogare come possibile svista o lapsus: una cosa è scambiare un nome per un altro, un'altra è aggiungere qualcosa ad un versetto evangelico. Chiunque abbia associato i farisei ai tre gruppi già citati in Mt 27,41 lo ha fatto perché li ritiene corresponsabili alla stregua dei capi dei sacerdoti, degli anziani e scribi della morte del messia, e li affianca sulla scena dell'ultimo terribile scherno fatto a Gesù poco prima della sua morte.

Trattandosi di una traduzione latina non è dato sapere se l'aggiunta sia opera del traduttore o dell'autore del commento. Origene, sebbene si sia dimostrato sempre attento e fedele alla Sacra Scrittura, altrove ha, come indicato, mostrato casi di reinserimento dei farisei per sostituzione. Dunque non è impossibile pensare a lui come all'autore di tale aggiunta. Ma scambiare non è aggiungere, cioè l'intenzionalità intrinseca in una tale operazione, quasi una correzione esplicita del testo evangelico, mi fa pensare piuttosto all'azione del traduttore, piuttosto che dell'attento esegeta alessandrino.

6.14 *CMtS* 145

Il capitolo *CMtS* 145 è dedicato alla discussione di Mt 27,62-66. I farisei compaiono assieme ai capi dei sacerdoti nella citazione iniziale dei versetti da commentare, specificatamente Mt 27,62 e in una ripresa di tale versetto in *CMtS* 145,298,28.

La particolarità del capitolo è che nel commento, ad eccezione dei due passi indicati, il discorso verte sui capi dei sacerdoti, senza che il ruolo dei farisei venga evidenziato in modo particolare. L'indirizzo dell'autore è chiaro fin dalle prime righe: «Rationis est interrogare principes sacerdotum. qui venerunt ad Pilatum [...]» (*CMtS* 145,297,29-30). Qui dei farisei che accompagnano i sacerdoti in Mt 27,62 non vi è traccia. Origene sottolinea come i capi dei sacerdoti si rechino da Pilato presentando la profezia di Gesù sulla sua resurrezione come un piano fraudolento dei suoi discepoli per confermarla rubandone la salma. È vero che qui l'Alessandrino si riferisce al processo di Gesù davanti al sinedrio, quando egli fu interrogato alla presenza dei capi dei sacerdoti, ma si trascura l'evidente presenza dei farisei nel versetto commentato. Si avrebbe qui una sorta di distonia: altrove (es. *CMtS* 132) i farisei sono inseriti nel contesto della passione di Gesù, quasi non se ne potesse fare a meno, qui al contrario, pur presenti nel versetto analizzato, non sono considerati.

Forse l'unica considerazione pregnante è che in una opera così grande ed estesa, come il *Commento al vangelo di Matteo*, possono esserci differenze dovute alle accentuazioni che l'autore ha scelto di dare in un tal commento anziché in un altro, pur trattando degli stessi personaggi.

In *CMtS* 145 saremmo di fronte a quella eccezione che conferma la regola, o meglio la tipologia. Sicuramente e stranamente Origene qui perde un'occasione per stigmatizzare l'incapacità dei farisei, oltre quella dei capi dei sacerdoti, di non comprendere le parole di Gesù e di darne una lettura materiale e malevola.

7. Prima Analisi

Origene è stato un autore importante da molti punti di vista, un caposcuola nella storia dell'esegesi e della catechesi cristiana[143]: la sua opera e il suo insegnamento hanno influenzato tanto i suoi contemporanei quanto generazioni di cristiani dopo la sua morte. La stima e l'importanza riconosciutagli già dai suoi contemporanei gli fornirono mezzi notevoli per la stesura delle sue opere e alla sua scuola accorsero studenti da diverse comunità cristiane, alcuni dei quali assunsero ruoli importanti nelle chiese di provenienza.

L'opera di Origene costituisce un vero e proprio monumento esegetico e teologico, il cui influsso è stato molto importante, probabilmente in una dimensione superiore a quella di altri autori considerati in questo studio. Quanto è vero in generale, lo è anche in particolare per la sua visione e la sua presentazione dei farisei: contenuta principalmente nella sua opera esegetica, essa ha raggiunto e influenzato generazioni di scrittori ecclesiastici.

---

[143] Vedi nota 2.

7.1 *La dimensione esemplare dell'esegesi origeniana*

Uno dei punti di forza dell'Alessandrino è il suo modo di fare esegesi: esso si sviluppa dall'attenta analisi del testo biblico, ricercando informazioni sul contesto per inquadrarne il significato nell'ambito della storia e della cultura dello scrittore ispirato[144], ne analizza le parole, origine e significato, valuta varianti del testo, per comprendere meglio il senso della Scrittura; paragona testi biblici per trovare concordanze e spiegare discordanze[145], senza disdegnare l'uso di fonti extra canoniche quando lo reputi necessario per illuminare brani complessi[146]; considera le interpretazioni possibili di un tal brano, comprese quelle date da altri prima di lui[147], confutando quelle erronee; usa un'esegesi allegorica per evidenziare il senso spirituale nascosto nella lettera ed attualizzarlo nella vita del cristiano e della chiesa. È una analisi a tutto campo che utilizza la filologia e tutte le discipline disponibili al suo tempo e da lui ritenute utili.

Questo modo di analizzare il testo biblico ha un duplice impatto: da un lato la profondità di analisi e la sua "struttura[148]" fa della esegesi di Origene un riferimento in qualche modo ineludibile, dall'altro lato esso, partendo dalla lettera e arrivando al presente del fedele e della chiesa, proietta i risultati ottenuti con una ricerca diacronica in una dimensione atemporale. Ovvero quando l'esegeta isola e stigmatizza un certo comportamento (o una certa dottrina) a partire dalle Scritture, esso diviene monito per tutte le generazioni cristiane affinché non sia replicato; se il processo è applicato al carattere di taluni personaggi, ed è reiterato più volte, il ruolo esemplare, già presente nei testi considerati, è amplificato, fino a divenire sinonimico degli errori o comportamenti condannati.

---

[144] Es. In *CMt* XVII,25 Origene afferma di aver ricercato i testi storici del tempo di Tiberio, riferendosi probabilmente agli scritti di Flavio Giuseppe. Lo studio dell'esegesi origeniana è un campo vastissimo, cfr. ad esempio H. J. Vogt, «Origen of Alexandria», in C. Kannengiesser, ed., *Handbook of patristic exegesis*, I, Leiden – Boston 2006, 536-574.

[145] Es. *CIo* VI,22,24.

[146] Es. in *CMtS* 25, *CMtS* 28.

[147] Es. in *CIo* VI,23,126 riferisce l'interpretazione di Eracleone su Gv 1,26-27, per poi proporre la sua.

[148] Certamente parlare di struttura quanto al modo di fare esegesi di Origene è per molti versi improprio: la sua esegesi è molto complessa e varia a seconda dei passi commentati, tuttavia essa segue una sorta di filo conduttore, applicato con libertà e non sempre nello stesso ordine, per cui come l'uomo è formato di corpo anima e spirito così la Scrittura ha tre significati da esplorare, uno letterale, uno morale e uno spirituale (Cfr. *De Principiis* IV, 2,4); tali significati vanno ricercati ed esplorati per avere la piena comprensione della parola di Dio.

7.2 *I farisei in Origene*

L'analisi della figura dei farisei in Origene è stata fatta, come indicato nell'introduzione, sulle parti dei commentari a Giovanni e Matteo giunti fino a noi. Delle 203 occorrenze di φαρισαῖος rintracciate in greco, 180 sono presenti in questi commentari; a queste va aggiunto l'occorrenza dell'avverbio φαρισαϊκῶς in *CIo* VI,22,121. Sono state esaminate anche le 74 occorrenze di *pharisaeus* nella sezione del commento a Matteo pervenuta solo in traduzione latina (*CMtS*), a complemento della parte trasmessa in greco, soprattutto perché essa riporta la discussione del capitolo 23 di Matteo, con i suoi "famigerati" guai su scribi e farisei.

La prima nota interessante, e per alcuni versi sorprendente, è il carattere definitivo proposto da Origene per i farisei: ad esempio nel vangelo di Giovanni i farisei compaiono per la prima volta in Gv 1,24, versetto commentato a partire da *CIo* VI,8. In *CIo* VI,8,52 è presente la prima menzione, nel commento giovanneo, dei farisei, eppure i loro emissari sono presentati subito come l'anti-tipo dei buoni ministri di Dio: sono arroganti, stolti e considerano l'osservanza delle leggi prioritaria rispetto alla ricerca della verità.

Certamente in un commentario confluisce tutta la ricerca di un esegeta, dunque ogni affermazione e considerazione è frutto di un lungo lavoro di studio, di una maturazione sviluppata durante l'insegnamento e in opere precedenti. Occorre rilevare che tutto questo lavoro ha portato ad una figura dei farisei ben definita, ed è indicativo come all'inizio del commentario giovanneo essa non necessiti di essere introdotta in nessun modo: Origene non lo ritiene necessario, o perché lo ha fatto precedentemente in altre opere, o perché lo ritiene un dato scontato, condiviso o condivisibile.

7.3 *Caratteristiche dei farisei in Origene*

Una delle caratteristiche più importanti dei farisei in Origene è il loro attaccamento ad una esegesi letterale: essi conoscono le Scritture, ma in realtà non le intendono poiché hanno scelto di non accogliere il Cristo, che è il Logos, la chiave per conoscere il Padre (*CIo* XIX,6). Senza la conoscenza del Figlio non è possibile conoscere il Padre né avere lo Spirito che guida il fedele oltre la legge verso l'unione con Dio. I farisei hanno scelto di non riconoscere il Cristo malgrado i segni compiuti (che i farisei mettono in dubbio, *CMt* XII,2), sono resi ciechi dalla loro cattiva condotta che impedisce loro di accogliere Gesù come messia e Dio: conoscono le Scritture e sono legati al culto del tempio, ma essendo attaccati ai propri privilegi, come i figli del sacerdote Eli in Silo, sono incapaci di riconoscere il Signore (*CIo* XIX,3,15). Essi si nutrono di un pane corporale (*CMt* XII,5), la lettera della legge, e vivono una σωμᾰτική λατρεία, il culto materiale proprio dei giudei (*CIo* XXVIII,12,86), contrapposti al cibo spirituale delle Scritture illuminate dal Logos e al culto spirituale, λογική λατρεία, voluto da Dio in Cristo e posto in essere dai cristiani.

CIo XXVIII,12,95 specifica, nel contesto giudaico, come i farisei siano principalmente legati all'interpretazione letterale della legge, mentre i sommi sacerdoti siano piuttosto connessi con il culto materiale; entrambi, volendo garantire il loro ruolo sociale, avversano la verità del Logos. Essi non solo scelgono di non riconoscere in Gesù il Cristo, pur avendone mezzi ed evidenze, ma agiscono malvagiamente avversando lui e i suoi discepoli.

Ai farisei è riconosciuto un ruolo nella società giudaica connesso con l'insegnamento della legge: essi sono i maestri delle tradizioni giudaiche (*CMt* XVII,28), dunque svolgono la funzione importante di trasmettere ciò che costituisce l'identità ebraica. Il problema è che, essendo dottori che insegnano secondo la lettera (*CMtS* 10,19,7-8), non solo sono impediti a comprendere la verità della Scrittura, ma ciò li porta ad essere sradicati dalla piantagione (*CMt* XI,13) che il Signore si è coltivata nel tempo: una sola è la rivelazione contenuta nelle Scritture, iniziata dalla creazione, sviluppata nella economia di salvezza narrata dalle Sacre Scritture e infine ricapitolata e portata a compimento in Cristo. Non accettare il Signore significa escludersi dal senso pieno della legge (unico e visibile nella continuità fra Primo e Secondo Testamento): si tratta di un'abiura poiché essi scelgono una legge spogliata del Logos, cioè epurata del senso pieno (*CMt* XII,4); di fatto si è di fronte ad un matrimonio snaturato e dunque annullato. Conseguentemente il Logos, lo sposo, ha lasciato l'adultera sinagoga dei giudei per sposare la prostituta, cioè la chiesa costituita dai pagani (*CMt* XII,4, *CMt* XIV,17). Il ruolo e la responsabilità dei farisei, espressione dei giudei che vivono "somaticamente", in tale sostituzione è peculiare.

Il problema non è solo vivere una legge "svuotata" del senso pieno, ma anche il fatto che tale legge[149] sia stata modificata dai farisei con l'aggiunta di tradizioni umane: essi insegnano dottrine che sono comandamenti umani

---

[149] Per Origene la legge ha una dimensione composita: essa consta di una parte spirituale derivata Dio e di una parte naturale ispirata dallo spirito, come ad esempio la possibilità data da Mosè di ripudiare la propria moglie (*CMt* XIV,18); i precetti naturali vanno considerati con una lettura spirituale, che ne faccia comprendere il senso, la finalità, e il loro valore attuale. Capacità che i farisei non hanno, a causa della loro interpretazione meramente letterale della Torah.

(*CIo* XXVIII 26,246) e con le loro tradizioni umane arrivano ad annullare i comandamenti di Dio come nel caso della pratica del *korbàn* (*CMt* XI,9).

I farisei non solo pervertono la legge di Dio, ma per calcolo sono disposti ad andare contro le posizioni che ritengono con più forza: ad esempio in *CMt* XII,1-2 si sottolinea come essi si alleino con i sadducei, che non credono nella resurrezione, oppure in *CMt* XVII,25-26 si evidenzia come essi si coalizzino con gli erodiani, collusi con il potere e favorevoli alla dominazione romana (sono favorevoli a pagare il tributo a Casare). Non si tratta qui di mostrare una osservanza superficiale sulle cose minime a danno dei precetti più importanti della legge (*CMtS* 19-20), ma di mettere da parte punti essenziali del proprio credo (la resurrezione dei morti, la osservanza scrupolosa della legge quanto al non farsi idoli e alla libertà) allo scopo di combattere Cristo e i suoi discepoli. È un agire decisamente perverso e malvagio che mostra come essi non tenessero, in fondo, alla dottrina che professavano, quanto piuttosto al calcolo politico e ai propri interessi.

Il distacco fra una condotta pratica basata sul proprio vantaggio e la ostentazione di una superiorità nella conoscenza e nella applicazione della legge sono ampiamente discussi da Origene nel commento al capitolo 23 di Matteo (*CMtS* 9-28).

7.4 *L'etimologia di farisei*

È interessante come Origene connetta il giudizio morale sui farisei con la etimologia del nome: farisei deriva dall'ebraico significando separati. Tale separazione è il risultato della loro scelta di distinguersi dagli altri ritenendosi superiori: in *CIo* VI,22,120 sono descritti come στασιώδεις, (sediziosi) e διῃρημένοι (separati) dagli altri; in *CIo* XIII,22,580 essi sono οἱ διῃρημένοι perché si sono separati ed hanno perduto l'unità divina (perseverando nell'interpretazione letterale della Scrittura hanno rotto l'unità spirituale con Dio). *FrIo* XXXIV va ancora oltre presentando esplicitamente la parola ebraica da cui il nome deriva: φαρὲς, una possibile traslitterazione dell'ebraico *prs*. In questo frammento è specificato come διῃρημένοι, riferito ai farisei, esprima la loro volontà di porsi al di sopra degli altri per condotta religiosa ed interpretazione letterale della legge. Fra i possibili significati di *prs FrIo* XXXIV ne sceglie uno in particolare, che è quello appunto di separare[150]. Questa linea è

---

[150] Un altro significato *prs* considerato per l'etimologia di *perushim* è quello di distinguere con precisione, in questo caso il nome farisei significherebbe interpreti, coloro che distinguono per specificare. Cfr. A. I. Baumgarten, «The name of the Pharisees», 420.

ripresa in *CMtS* 9,16,20-23 e *CMtS* 20,35,26-30 dove si precisa che *phares*, origine ebraica del nome, significa divisione. In particolare *CMtS* 9,16,20-23 specifica come i farisei si siano divisi dagli altri sentendosi migliori, mentre *CMtS* 20,35,26-30 indica che il senso di superiorità si basa sul percepirsi mondi, per cui la separazione è attuata per sottolineare e preservare tale stato di superiore purezza.

Anche *CMtS* 27,46,14-18 connette l'etimologia del nome con il giudizio morale: in questo caso i farisei sono i *praecisi* perché hanno separato il contenuto spirituale delle Scritture (nel caso specifico si sta parlando dei profeti) da quello letterale.

Baumgarten ha messo in connessione la *akribeia*, attribuita ai farisei, con un significato di *prs*, inteso nel senso di distinguere con precisione[151]. In questo caso il nome farisei significherebbe interpreti, coloro che distinguono per specificare. La *akribea* dei farisei in sé non è una caratteristica negativa, lo diviene se tale accuratezza è usata in modo sbagliato o fuorviante. Per Origene gli ebrei, e con loro i farisei, possono essere degli accurati studiosi delle Scritture (VT) e possedere strumenti esegetici raffinati, i quali però, senza la guida dello Spirito Santo, portano ad una interpretazione "letterale", cioè mutilata, della Sacra Scrittura[152].

L'uso del verbo *praecido* in *CMtS* 27,46,14 (con il senso di tagliare, fare a pezzi, ma anche sezionare) sarebbe l'ultimo tassello[153] di uno sviluppo che, per i farisei, parte dall'essere accurati (e capaci) interpreti della legge e termina nella loro separazione dagli altri e dal senso pieno della Scrittura.

Le conoscenze linguistiche e l'analisi etimologica sono il fondamento del ritratto origeniano dei farisei, un fondamento articolato che recepisce i diversi significati di *prs* e li inserisce, riadattandoli, in una precisa figura tipologica. Lo sviluppo *prs – akribeo – diaireo – praecido* non è una semplice connessione di significati e assonanze linguistiche, ma l'espressione di una visione e di un programma teologico ed ecclesiologico.

Per Origene farisei è un *nomen omen*, un nome che in sé contiene non tanto il destino, quanto la loro essenza: l'essere separati dei farisei per l'Alessandrino è la conseguenza della loro scelta di non riconoscere il messia:

---

[151] Cfr. A. I. BAUMGARTEN, «The name of the Pharisees», 420.

[152] Per l'accusa di letteralismo fatta da Origene agli ebrei cfr. P. W. MARTENS, «Why does Origen accuse the Jews of "Literalism"?».

[153] La considerazione è fatta sull'uso del verbo *praecido* e della lettura data alla etimologia nel testo latino. Ovviamente è difficile sapere cosa dell'originale greco sia reso dal traduttore latino con il verbo *praecido*.

mancando lo Spirito Santo, il loro essere attenti interpreti della scrittura da un lato li separa, colpevolmente, dalla verità (il senso pieno/spirituale della Scrittura), dall'altro essi si separano orgogliosamente dagli altri per garantire ed esaltare la loro superiorità; la scelta di separarsi dalla unione con Dio e di vivere della sola "lettera" li qualifica come avversari dello Spirito di verità apportato da Cristo e della chiesa.

Nella discussione moderna sull'origine del nome, alcuni studiosi hanno ipotizzato che originariamente il gruppo non si definisse farisei, ma che questo sia stata una definizione data da altri, probabilmente con un senso avversativo[154]. Successivamente, quando tale designazione divenne comune, il gruppo se ne sarebbe appropriato. Viene da chiedersi se Origene, fra i primi scrittori ecclesiastici a proporre tale etimologia[155], la proponga non solo perché primariamente rispecchi la sua visione dei farisei, ma anche perché abbia raccolto qualche informazione a riguardo. Sappiamo infatti come l'Alessandrino non disdegnasse affatto interrogare e colloquiare con ebrei del suo tempo per acquisire conoscenze e informazioni utili al suo lavoro esegetico (es. *CMt* XI,9).

La composizione dei due significati di *prs* (separare e specificare) per la etimologia di farisei, anche come possibile spiegazione dell'accettazione da parte del gruppo di una denominazione denigratoria fatta dall'esterno, non è certo nuova: la commenta G. F. Moore nel 1927[156] riferendola a H. Graetz (1878). Viene da chiedersi se questa ipotesi non possa trovare un indizio di corroborazione in Origene e nei suoi rapporti con gli ebrei suoi contemporanei.

7.5 *La presenza "attuale" dei farisei nei commentari di Origene*

I contatti dell'Alessandrino con ebrei coevi introducono un altro quesito interessante: in taluni punti dei commentari sembra trasparire una presenza in qualche modo attuale dei farisei, che possiamo declinare in due aspetti. Nel primo tale presenza è suggerita dal testo del commentario, come in *CMtS* 9,16,23-25 dove si dice che fra i giudei si possano ancora vedere scribi e farisei seduti sulla cattedra di Mosè, o in *CMtS* 14,26,7 dove l'in-

---

[154] Cfr. Ad esempio R. MEYER, «Φαρισαῖος», *GLNT*, IX, 861-862; E. SCHÜRER, *The history of the Jewish people in the age of Jesus Christ (175 b.C.-a.D. 135)*, II, 397-398.

[155] Vedi commento a *CIo* VI,22, 120.

[156] Cfr. G. F. MOORE, *Judaism in the first centuries of the Christian Era: the age of the Tannaim*, I, Cambridge 1927, 62. Moore non cita il riferimento al lavoro di Graetz, probabilmente H. GRAETZ, *Geschichte der Juden*, II, Leipzig 1878³,71-86. La prima edizione di questo volume è del 1855-6.

vettiva di Gesù è riferita a scribi e farisei che sono presso i giudei. Anche quando l'Alessandrino descrive il proselitismo dei farisei (e degli scribi) in *CMtS* 16 come un'attività nefasta, perché essi inducono i pagani a convertirsi al giudaismo (passaggio inutile dopo l'avvento del messia) e ad odiare Cristo e i suoi discepoli, tale azione non sembra relegata solamente al passato.

Il secondo aspetto è più generale: i farisei si oppongono non solo a Gesù, ma anche ai suoi discepoli dopo di lui, con una azione che sembra protrarsi nel tempo, fino a rispecchiare le controversie fra comunità cristiane ed ebraiche. Il loro ruolo paradigmatico di giudei pervicaci è derivato dalla analisi esegetica dell'Alessandrino, che abbiamo visto essere accompagnata da una indagine che non disdegna contatti con esponenti delle comunità ebraiche. Viene allora da chiedersi se la figura paradigmatica dei farisei non rispecchi in qualche modo la situazione delle comunità ebraiche conosciute da Origene: una prima ipotesi che si potrebbe fare è che il giudaismo conosciuto da Origene fosse di stampo farisaico; si avrebbe allora una ulteriore ragione per la sua scelta di considerare i farisei come tipo dei giudei pervicaci. Questa ipotesi però cozza decisamente con la scarsa presenza dei farisei nei primi scritti rabbinici[157].

Questa linea di lettura deve essere corretta nei termini di una percezione da parte dei padri, e in particolare di Origene, di alcune particolarità delle comunità ebraiche lette in termini "farisaici", ovvero nella prospettiva dei farisei come rappresentati, principalmente, dai testi evangelici.

Con questo non voglio diminuire il ruolo primario della costruzione tipologica, basata su una rilettura sistematica dei vangeli e sulla sua attualizzazione, ma essa potrebbe esser stata in qualche modo confermata o sostanziata anche dal confronto-scontro con un giudaismo con caratterizzazioni percepite come farisaiche. Tale visione deve essere valutata all'interno degli ultimi sviluppi della ricerca[158], considerando la poliedricità delle comunità ebraiche (e cristiane) dei primi secoli, ma anche quella sorta di riappropriazione delle proprie radici da parte dei rabbi a partire dal III-IV secolo[159].

---

[157] S.J.D. Cohen, «The forgotten Pharisees», in J. Sievers – A.-J. Levine, ed., *The Pharisees,* Grand Rapids 2021, forthcoming.

[158] J. Sievers e A.-J. Levine hanno raccolto una serie di studi, molti dei quali presentati nel recente convegno internazionale *Jesus and the Pharisees*, tenuto dal 7 al 9 maggio 2019 presso il Pontificio Istituto Biblico, nel volume: J. Sievers – A.-J. Levine, ed., *The Pharisees,* Grand Rapids 2021. Questa pubblicazione presenta lo stato dell'arte quanto alla ricerca sui farisei.

[159] Cfr. Ad esempio S.J.D. Cohen, «The Significance of Yavneh ...»; R. Kalmin, «Pharisees in

L'ipotesi di lavoro di Yoshiko Reed[160], di confrontare l'immagine che i saggi danno di sé stessi nella *Mishnà, Tosefta* e *Talmud* con quella riportata dagli scrittori ecclesiastici in relazione con i maestri dei tempi di Gesù, potrebbe trovare supporto anche dalle caratteristiche dei farisei, maestri fra i giudei (*CMt* XVII,28), come sintetizzate ed esposte da Origene.

7.6 L'avverbio φαρισαϊκῶς (e l'aggettivo φαρισαϊκός) a partire da *CIo* VI,22,121

L'avverbio φαρισαϊκῶς ricorre 11 volte nel database *TLG* (di cui tre volte nella variante φαρισσαϊκῶς) in scritti che vanno dal III al XIII-XIV secolo. Cronologicamente la prima attestazione è nel *CIo* VI,22,121, cui segue quella di Leonzio di Gerusalemme, nel *Testimonia Sanctorum* opera della metà del VI secolo, nella variante φαρισσαϊκῶς.

L'aggettivo correlato φαρισαϊκός, -ή, -όν ricorre 79 volte, con una prima attestazione, in ordine cronologico, attribuita allo Pseudo-Clemente, ritrovata in uno dei due compendi fatti da Simeone Metrafaste agiografo del X sec. Il fatto che *TLG* consideri Pseudo-Clemente un autore del I secolo influenza tale cronologia. In realtà il romanzo pseudo-clementino è stato redatto probabilmente nel IV secolo[161], certamente su materiale antecedente; inoltre, trattandosi di un compendio realizzato nel X secolo, la questione è ancora più complessa: si dovrebbe analizzare il testo per vedere se la ripresa fatta da Simeone sia letterale. Posto che la datazione potrebbe anche coincidere con quella della fonte di Simeone (quale essa sia) ad ogni modo non sarebbe possibile ipotizzare una datazione anteriore al IV secolo. E, a mio avviso, si rischia di peccare di ottimismo pensando che un testo tanto complesso, trasmesso in modi e lingue diverse, possa essere arrivato al X secolo senza alcuna modifica.

Le successive ricorrenze sono presenti negli scritti di autori dei secoli IV-V: Atanasio di Alessandria (295/300-373, 10 ric.), Gregorio Nisseno (335 ca.-395 ca., 2 ric.), Gregorio Nazianzeno (330 ca.-390, 1 ric.), Basilio di Cesarea (330ca.-379, 1 ric.), Giovanni Crisostomo (†407; 1 ric.), Teodoreto (393 ca.-458, 2 ric.), Efrem il Siro[162] (306 ca.-373, 2 ric.), Cirillo d'Alessandria (370/380-444, 1 ric.), Teodoro di Mopsuestia (350 ca.-428, 1 ric.).

Rabbinic Literature of Late Antiquity»; A. Yoshiko Reed, «When did Rabbis become Pharisees?»; Bourgel, «The Holders of the "Word of Truth"».

[160] Cfr. A. Yoshiko Reed, «When did Rabbis become Pharisees?», 297.

[161] Cfr. J. Trevjano, «Clementine (pseudo)», *NDPAC*, I, 1077-1091.

[162] Efrem ha scritto in siriaco, ma le sue opere iniziarono ad essere tradotte in greco prestissimo, se non quando era ancora in vita subito dopo la sua morte.

Quella di Origene in *CIo* VI,22,121 potrebbe essere fra le prime attestazioni dell'uso di un avverbio derivato dal nome farisei, dunque una espressione linguistica della fissazione della figura semantica, e dunque letteraria, di ciò che si considerava loro caratteristico e determinante. L'aggettivo correlato φαρισαϊκός prende piede nel IV secolo, pur con un numero di ricorrenze limitato; non si tratta evidentemente di una parola di uso diffuso, ma indicativa per i fini di questo studio.

L'aggettivo latino *pharisaicus* ha poche ricorrenze (12 nel database *Library of Latin Texts – Series A* e *B* di *Brepolis* su una finestra temporale che va dal periodo antico fino al 735 d.C.), 6 se si considerano autori fino al V sec. Le prime attestazioni sono nella traduzione latina dell'*Adversus haereses* di Ireneo, la cui realizzazione è anteriore al 420, con datazioni proposte che vanno dal III agli inizi del V sec. I curatori della edizione critica dell'opera per la collana *Sources Chrétiennes*[163] mostrano confidenza nella fedeltà all'originale greco della versione latina. Ad ogni modo non è possibile, a mio avviso, stabilire se l'aggettivazione fosse presente nell'originale greco (perduto), oppure sia una inserzione/interpretazione dell'anonimo traduttore latino; sicuramente si tratta di una delle prime espressioni di tale aggettivazione, ma non mi pare possibile retrodatarne con sicurezza l'uso al tempo di Ireneo di Lione.

Da questo breve excursus possiamo trarre alcune indicazioni: l'uso (piuttosto raro) dell'aggettivo o dell'avverbio farisaico è attestato nel IV secolo, probabilmente originandosi in un'epoca precedente, forse nel III secolo. Origene è uno degli scrittori che mostra più ricorrenze del termine farisei ed uno dei primi ad usare la forma avverbiale. Considerando la distribuzione statistica dei lemmi farisei e dell'aggettivo correlato[164], si vede come vi sia un valore relativamente alto della sua frequenza[165] nel IV secolo, per poi subire un decremento dopo il V secolo.

Se invece consideriamo l'aggettivo φαρισαϊκός esso si palesa in concomitanza del massimo delle ricorrenze del sostantivo nel IV sec. per poi

---

[163] Una descrizione delle fonti, dei manoscritti e delle diverse traduzioni si può trovare nell'introduzione all'edizione critica dei cinque libri dell'*Adversus haereses* pubblicata, sotto la direzione di Adelin Rousseau, nella collana *Sources Chrétiennes*, numeri 100*, 152, 210, 263, 293.

[164] Vedi Cap. I.

[165] Per frequenza di una certa parola in un dato secolo si intende il numero di occorrenze di tal lemma in un dato secolo diviso il numero complessivo di parole trasmesse nello stesso secolo; si tratta dunque di un valore pesato per tenere in conto la variabilità della quantità di parole conservate per i diversi secoli. Vedi Cap. I.

subire una diminuzione nelle ricorrenze e frequenza dal V al VII sec. Successivamente la frequenza risale, in opposizione a quella del sostantivo che resta sotto il valor medio.

Gli andamenti delle ricorrenze del sostantivo e dell'aggettivo potrebbero suggerire come l'aggettivo prenda piede proprio nel periodo in cui il sostantivo è maggiormente presente nei testi a noi pervenuti. L'andamento nel tempo dell'aggettivo e del sostantivo potrebbero suggerire alcune ipotesi di lavoro: seguendo il trend delle ricorrenze di φαρισαῖος, ipotizzando che sia legato ad un "interesse" per i farisei, allora esso riscuoterebbe la massima attenzione nel IV secolo, per poi diminuire in seguito; l'andamento di φαρισαϊκός potrebbe essere legato alla cristallizzazione della figura tipologica, cioè alla fissazione di un significato determinato e condiviso di ciò che sarebbe fariseo; dunque la dimensione semantica e tipologica sarebbe fissata nel IV secolo, e resterebbe tale anche quando la presenza del sostantivo va diminuendo nei secoli seguenti.

Considerando le due ipotesi fatte, massimo "interesse" per i farisei nel IV secolo e definitiva fissazione e diffusione della tipologia nello stesso periodo, il III secolo, si presenta come uno snodo importante nel quale cresce l'interesse e al contempo si fissa la tipologia farisaica; queste ipotesi aprono una serie di domande: perché l'"interesse" per i farisei è massimo nel IV secolo[166] e poi diminuisce? Cosa si sviluppa nel III secolo e ha il massimo nel IV che porta alla cristallizzazione della dimensione semantica del termine e poi decresce successivamente?

A prescindere dalle questioni che si aprono nello sviluppo di queste ipotesi, il lavoro di Origene nel III secolo assume importanza proprio nel tracciare la cristallizzazione della tipologia e il suo sviluppo.

7.7 *La cristallizzazione della tipologia farisaica*

Nel commento a *CIo* VI,25-29 ho sottolineato come Origene sia consapevole che la selezione di brani presa dagli altri vangeli per commentare Gv 1,24-25 porti ad una specifica caratterizzazione dei farisei, tanto che si

---

[166] Sarebbe interessante confrontare l'andamento dei termini anche nella letteratura rabbinica; la questione però non è banale poiché il termine *perushim* non identifica esclusivamente la fazione giudaica e le ricorrenze sono poche: cfr. E. Rivkin, «Defining the pharisees: the tannaitic sources», *HUCA* 40 (1969), 205-249. Nondimeno è interessante come nella letteratura rabbinica l'identificazione dei saggi con i farisei o il riferimento ai farisei come antesignani dei maestri prenda piede nel IV secolo: cfr. R. Kalmin, «Pharisees in Rabbinic Literature of Late Antiquity», *Sidra* 24/25 (2010), VII-XXVIII.

premura di motivare tale scelta con dovizia di particolari: la necessità di spiegare e discutere la scelta in diversi capitoli indica come essa non sia scontata e che la linea sia decisa seguendo una determinata prospettiva sui farisei. La tipologia farisaica che ne scaturisce in generale, e in questo libro del commento a Giovanni in particolare, è ben determinata e non sembra ammettere eccezioni: la sua cristallizzazione è espressa attraverso l'avverbio φαρισαϊκῶς (*CIo* VI,22,121), a testimonianza di una evoluzione tale da avere una espressione linguistica.

Una caratterizzazione negativa della figura dei farisei è presente in molti padri, ma in Origene la tipologia assume un ruolo e una definizione chiara e monotonamente determinata. Certamente essa non è una invenzione dell'Alessandrino, ma è da lui "dimostrata" esegeticamente e ulteriormente sviluppata.

La decisione con cui Origene espone la figura dei farisei, pervicaci e ipocriti maestri dei giudei, selezionando i brani evangelici che la certifichino, non conosce quei "tentennamenti" proposti dalla ricerca moderna sui farisei la quale mostra la poliedricità di tale figura sottolineando personaggi e passi del Nuovo Testamento in cui i farisei non abbiano una caratterizzazione antagonista o negativa[167]. Un esempio è Nicodemo che va da Gesù di notte: l'episodio è commentato in *CIo* X,3,12, ma Origene non considera per nulla la volontà di questo capo dei farisei (*CIo* X,3,12) di conoscere la verità su Gesù, attitudine opposta a quella da lui generalmente attribuita ai farisei. Anche *FrIo* XXXIV considera l'episodio di Nicodemo, ma in esso nulla si dice di positivo su questo capo dei farisei, mentre ancora si sottolinea l'attitudine superba e separatista della fazione giudaica.

È difficile pensare che un esegeta attento come Origene non conosca i brani del NT in cui i farisei non si mostrano come avversari irriducibili. Certamente egli conosce la tradizione interpretativa (e generalmente negativa) sui farisei degli scrittori ecclesiastici prima di lui. Ma tale "tradizione" è sufficiente a influenzare tanto l'esegeta da indurlo a non mostrare nessuna attenzione a episodi e personaggi del NT "favorevoli" ai farisei?

7.8 *Gli obiettivi della tipologia farisaica origeniana*

Nel capitolo X di questa tesi si discute dei romanzi pseudo-clementini, nei quali la figura dei farisei non assume una dimensione tipologica monolitica come in Origene. Caratteristica dei romanzi pseudo-clementini è una

---

[167] Cfr. ad esempio J. Sievers, «Who Were the Pharisees?».

visione teologica (ed ecclesiologica) basata su una rilettura storiografica dell'era apostolica, per alcuni versi alternativa a quella proposta dagli *Atti degli Apostoli* e propria di molte altre comunità cristiane. In questi scritti solo alcuni farisei[168] sono condannati dai guai gesuani, non tutti! Ai farisei è riconosciuto un ruolo importante nella trasmissione delle antiche tradizioni che permane attuale ed essenziale nella economia della salvezza.

Anche per Origene i farisei sono i maestri delle varie tradizioni giudaiche (es. *CMt* XVII,28,662,18-19), ma maestri decisamente cattivi.

La dottrina dei romanzi pseudo-clementini è una dottrina esoterica, spesso caratteristica di gruppi dalle dimensioni ridotte, o meglio comunità consapevoli della loro particolarità in un contesto diverso e più ampio.

Origene si muove in un'altra dimensione: egli è esponente di comunità cristiane che hanno la percezione di appartenere all'unica chiesa di Cristo, la cui dottrina si basa sui vangeli e sull'insegnamento degli apostoli. Una dottrina che deve essere difesa dagli errori degli eterodossi, poiché vi è la pretesa di una ortodossia e di una dimensione universale.

Che la tipologia farisaica di Origene sia, anche, una risposta, nei termini di una blindatura, a espressioni di altre comunità o gruppi?

Qualche lieve indizio lo si è visto in *CIo* XVIII,13,97 dove potrebbero essere considerati dei cristiani che permangono nel giudaismo (a questo gruppo si rimprovera di dissolvere la dottrina spirituale di Cristo con la materialità del giudaismo).

Penso si possano considerare due aspetti: da un lato è possibile che la tipologia farisaica origeniana risponda, più o meno direttamente, a visioni dottrinali ed ecclesiologiche di comunità cristiane considerate ai confini della ortodossia, se non oltre; probabilmente in questi gruppi era considerata possibile la convivenza della fede in Cristo con il mantenere costumi giudaici, o anche la possibilità di comunità miste, dove cristiani con prassi giudaica potessero convivere, o coesistere in qualche modo, con cristiani provenienti dai gentili[169].

L'altro aspetto che deve essere considerato, e che probabilmente ha il rilievo maggiore, è l'antagonismo delle comunità cristiane verso le comunità ebraiche, espresso nella pretesa di essere il vero Israele che ha soppian-

---

[168] Cfr. *Hom.* 11,29,1: *Rec.* 6,11,2-3.

[169] Ciò va inteso come la possibilità dell'esistenza di comunità di cristiani giudaizzanti, ma anche la possibilità di una coesistenza fra cristiani gentili e "giudeo-cristiani", o anche l'ammissione di una duplice via di salvezza per i cristiani e per gli ebrei; tutte possibilità adombrate ad esempio nelle pseudo-clementine (cfr. es. *Hom.* 8,5-7, *Hom.* 11,28,4, *Hom.* 11,29,1, *Rec.* 6,11,2-3. Questo tema è ripreso nel Cap. X).

tato l'antico, bloccato nella interpretazione letterale della legge e incapace di riconoscere i nuovi tempi inaugurati da Cristo. Questo antagonismo è cristallizzato tipologicamente nella figura dei farisei. In questa linea di lettura va considerata la possibilità che le comunità giudaiche, nello sviluppo della loro identità specifica, possano aver acquisito caratteristiche lette, dalla controparte cristiana, in termini farisaici.

7.9 *Il fariseo come sinonimo di avversario e ipocrita*

Ho già accennato come parte della analisi esegetica di Origene consti nella attualizzazione di quanto conosciuto e specificato nel presente della vita del cristiano e della sua comunità. Questa traslazione ha l'effetto d'isolare il valore esemplificativo di un tale comportamento o personaggio dal contesto di partenza, per farne monito o insegnamento per i cristiani di ogni tempo. L'effetto però è anche quello di proiettare tali comportamenti e personaggi in una dimensione atemporale: di fatto questa è l'essenza della tipologia.

Origene reiterando il suo metodo esegetico sui passi evangelici (scelti con accuratezza) che coinvolgono i farisei dimostra la loro tipologia, e ne fa esplicitamente una figura viva a prescindere dal contesto evangelico o storico di appartenenza, lasciando da parte anche qualsiasi conflitto con le comunità ebraiche: un chiaro esempio è *CIo* XXVIII,26,248: «chiunque si interessa del cristianesimo con l'intenzione di confutarlo e condannarlo è, in un certo senso e in certo modo, egli stesso un Fariseo [...][170]». Farisei non sono più e solo i giudei nemici di Gesù e della sua chiesa, ma qualsiasi loro avversario a prescindere dall'origine etnica, anche all'interno della chiesa.

L'esegesi origeniana promuove così una sinonimia fra fariseo e un modo di essere ottuso, pervicacemente malevolo, superbo e concentrato sulle apparenze (ipocrita). Ma ciò che per l'Alessandrino è un punto di arrivo di una ricerca, diviene conclusione che i posteri utilizzeranno in modo distaccato dai prodromi, fino ad essere recepita, dopo lungo tempo ed infinite iterazioni, nei termini di una sinonimia fra fariseo ed ipocrita, valida in sé e svincolata da ogni background.

L'effetto ultimo di tale processo è l'accezione data al termine fariseo nelle lingue moderne, spesso inteso come persona ipocrita che caratterizza e limita le proprie azioni ad un vuoto formalismo.

---

[170] ORIGENE, *Commento al vangelo di Giovanni*, 1157. La frase continua includendo anche l'essere un cattivo sommo sacerdote, ma qui interessa la dimensione prototipica dei farisei. Vedi commento a *CIo* XXVIII,26.

Il ruolo di Origene nello sviluppo della tipologia farisaica è, a mio avviso, quello del grande "ratificatore": la figura era già stata delineata prima di lui, principalmente a partire dai vangeli, da diversi scrittori ecclesiastici; l'Alessandrino raccoglie tale tradizione e la sviluppa in modo "sistematico" e monolitico.

Il termine "ratificatore" non tragga in inganno: Origene non è un innovatore perché non trasforma la tipologia farisaica in qualcosa di nuovo e originale, tuttavia definendola come mai prima ne fa un monumento tipologico usato da molti, e difficile da contrastare. Con Origene si definisce una nuova era, quella del paradigma farisaico destinato a perpetuarsi per lunghissimo tempo prima di esser criticato e messo in crisi.

APPENDICE CAP. IX

1. Tabella Contesto biblico delle occorrenze di fariseo in Origene

	Citazione diretta	Citazione indiretta o contesto biblico
CIo VI,8,48,3	.	Gv 1,24
CIo VI,8,48,8		Gv 1,24
CIo VI,8,49,3		Gv 1,24
CIo VI,8,50,6		Gv 1,24
CIo VI,8,52,1		Gv 1,24
CIo VI,22,n,1	Gv 1,24-25	
CIo VI,22,120,1		Gv 1,24
CIo VI,22,121,2		Gv 1,24
CIo VI,22,121,4		Gv 1,24
CIo VI,23,123,1		Lc 18,10-11
CIo VI,23,123,3	Lc 18,10	
CIo VI,23,123,4	Lc 18,11	
CIo VI,23,126,1		Gv 1,25
CIo VI,23,126,7		Gv 1,25
CIo VI,25,132,2	Gv 1,24	
CIo VI,25,132,3		Gv1,24,
CIo VI,25,132,5	Mt 3,7	
CIo VI,25,133,7		Mt 3,7
CIo VI,25,133,13		Mc 1,5, Mt 3,7
CIo VI,25,134,7		Mt 3,7
CIo VI,26,135,3		Gv 1,24
CIo VI,26,135,4		Gv 1,24
CIo VI,27,139,3		Mt 3,7
CIo VI,27,140,5		Mt 3,8
CIo VI,27,141,1		Mt 3,8
CIo VI,27,142,1		Mt 3,9, Lc 3,8
CIo VI,27,142,5		Mt 3,9
CIo VI,28,143,1		Mt 3,9, Lc 3,8, Os 10,13
CIo VI,28,146,4		Gv 1,24
CIo VI,28,147,9		Gv 1,25

CIo VI,28,148,1		Mt 3,7, Lc 3,7
CIo VI,28,148,4		Gv 1,24
CIo VI,28,149,8		Mt 3,7
CIo VI,29,151,2		Mt 3,7
CIo VI,29,152,5		Lc 20,4-6
CIo VI,29,152,7		Mt 12,24
CIo VI,30,153,2		Gv 1,25
CIo VI,30,155,2		Gv 1,26
CIo VI,30,155,4		Gv 1,26
CIo VI,31,159,2	Mt 3,7	
CIo VI,31,159,8		Gv 1,24
CIo VI,38,190,7		Gv 1,26
CIo VI,49,257,8		Gv 1,15; 1,19, 1,24-27.
CIo X,3,12,1		Gv 3,1s
CIo X,8,34,2		Gv 4,1
CIo X,21,127,18	Lc 19,28-41	
CIo XIII,39,255,2		Gv 4,1
CIo XIII,55,380,2		Mt 23
CIo XIII,55,380,4		
CIo XIII,55,380,5		
CIo XIX,1,1,9		Gv 8,13
CIo XIX,1,2,2		Gv 8,13
CIo XIX,1,2,6		Gv 8,19
CIo XIX,2,8,3	Gv 8,13	
CIo XIX,2,10,8		Gv 8,14
CIo XIX,2,11,5		Gv 8,18
CIo XIX,3,12,4		Gv 8,19,
CIo XIX,3,12,6		Gv 8,19, Gv 7,25-28
CIo XIX,3,15,3		
CIo XIX,4,21,5		Gv 8,19
CIo XIX,4,24,4		Gv 8,19
CIo XIX,6,33,1		
CIo XIX,10,63,3	Gv 18,3	
CIo XIX,17,106,3		Gv 7,47
CIo XIX,17,106,6	Gv 7,47	

CIo XIX,17,108,4		Gv 8,13-18
CIo XIX,18,116,4	Mt 16,21	
CIo XX,34,299,3		Mt 23,15
CIo XX, 34,299,5	Mt 23,15	
CIo XXVIII,11,76	Gv 11,46	
CIo XXVIII,11,77,2		Gv 11,46
CIo XXVIII,11,77,9		Gv 11,46
CIo XXVIII,11,79,2	Gv 11,47	
CIo XXVIII,11,81,4		Gv 11,46
CIo XXVIII,11,82,2		Gv 11,46
CIo XXVIII,12, n,1	Gv 11,47	
CIo XXVIII,12,86,1		Gv 11,47
CIo XXVIII,12,89,2		Gv 11,47
CIo XXVIII,12,94,7		
CIo XXVIII,12,95,2		
CIo XXVIII,12,96,5		
CIo XXVIII,14,115,7	Mc 14,13	
CIo XXVIII,17,151,5		Gv 11,47
CIo XXVIII,18,156,5		
CIo XXVIII,22,186,1		Gv 11,47
CIo XXVIII,22,188,4		Gv 11,53
CIo XXVIII,22,189,6		Gv 11,53
CIo XXVIII,22,190,13		Gv 11,49-50
CIo XXVIII,23,198,4		Gv 11,53-54
CIo XXVIII,23,203,3		
CIo XXVIII,23,204,3	Gv 18,3	
CIo XXVIII,26,n,1	Gv 11,57	Gv 11,57
CIo XXVIII,26,244,4		Gv 11,57
CIo XXVIII,26,247,2		Gv 11,57
CIo XXVIII,26,248,3		
FrIo 34,2		Gv 3,1s
FrIo 34,10		Gv 3,1s
FrIo 34,16		
FrIo 65,1		Gv 9,16
FrIo 65,5		Mt 12,5, Gv 9,16

FrIo 65,6	Gv 9,16	
FrIo 66,15		Gv 9,13-16
FrIo 78,8		Lc 7,37
FrIo 85,13		Gv 11,51
CMt X,14,39	Mt23,13	
CMt X,20,12		
CMt X,20,26		Mt 21,25 // Mc 11,30 // Lc 20,4
CMt XI,8,1	Mt 15,1	
CMt XI,8,6		Mt 15,1
CMt XI,8,10		Mt 15,1
CMt XI,8,21		Mt 15,1
CMt XI,8,29		
CMt XI,9,19		Mt 15,3
CMt XI,9,27		
CMt XI,9,62		Mc 7,11, Mt 16,5
CMt XI,9,65		
CMt XI,9,69	Lc 16,14	
CMt XI,9,77		
CMt XI,10,13		Mt 15,3, Mc 7,11
CMt XI,11,78	Mc 7,3-4	
CMt XI,13,5		Mt 15,12
CMt XI,13,18		Mt 15,14
CMt XI,14,6		Mt 15,13
CMt XI,14,12		
CMt XI,14,32		
CMt XI,14,58		
CMt XI,16,6		Mt 15,12
CMt XI,16,14		
CMt XII,1,1n	Mt 16,1	
CMt XII,1,5		
CMt XII,1,5		
CMt XII,2,2		Mt 16,1,
CMt XII,2,28		Mt 12,38
CMt XII,2,43		Mt 12,24.38
CMt XII,3,2		Rif Mt 12,38-39

CMt XII,4,4		Mt 16,4
CMt XII,4,40		Mt 16,4
CMt XII,5,13		Mt 16,6
CMt XII,5,16		Mt 16,6
CMt XII,5,19		Mt 16,6
CMt XII,5,24		Mt 16,6
CMt XII,5,26		Mt 16,6
CMt XII,5,30		Mt 16,6
CMt XII,5,31		Mt 16,6
CMt XII,5,36		Mt 16,6
CMt XII,5,43		Mt 16,7
CMt XII,5,46	Mt 16,6	
CMt XII,5,51		Mt 16,6s
CMt XII,6,5	Mt 16,11	
CMt XII,6,8		Mt 16,5-12
CMt XII,6,12		Mt 16,5-12
CMt XII,6,27		Mt 16,5-12
CMt XII,8,3		Mt 16,6.
CMt XII,8,15		Mt 16,6
CMt XIV,16,2n	Mt 19,3	
CMt XIV,16,22		Mt 19,3ss
CMt XIV,16,42		Mt 19,3
CMt XIV,16,77		Mt 19,4; Gen 1,27
CMt XIV,16,180		Mt 19,4-9
CMt XIV,17,60		Mt 19,6
CMt XIV,17,63		Mt 19,6, Col 1,16).
CMt XIV,18,2		Mt 19,7
CMt XIV,18,20		Mt 19,8
CMt XVII,13,2n	Mt 21,45-46	
CMt XVII,13,10	Mt 21,45	
CMt XVII,13,45		Mt 21,47, Ct. 3,2-3,
CMt XVII,13,69		Mt 21,47
CMt XVII,14,32		Mt 21,46.
CMt XVII,25,2n	Mt 22,15	
CMt XVII,25,73		Mt 22,16

CMt XVII,26,4		Mt 22,16
CMt XVII,26,15		Mt 22,15ss
CMt XVII,26,20		Mt 22,15ss
CMt XVII,26,31		Mt 22,16
CMt XVII,26,36		Mt 22,16
CMt XVII,26,47		Mt 22,15ss
CMt XVII,26,54		Mt 22,18
CMt XVII,28,33		
CMt XVII,29,12	Mt 22,15	
CMt XVII,29,59		Mt 22,36
CMt XVII,29,63		Mt 22,41
CMtS 1,1,1	Mt 22,34	
CMtS 1,2,6		Mt 22,35
CMtS 1,2,15		Mt 22,35
CMtS 2,3,21		Mt 22,36.
CMtS 2,3,31		Mt 22,36
CMtS 2,4,21		Mt 22,36
CMtS 2,5,8		Mt 22,36
CMtS 5,9,7	Mt. 22, 41	
CMtS 5,9,16		Mt 22,41
CMtS 5,9,23		Mt 22,42
CMtS 5,9,24		Mt 22,42
CMtS 5,9,25		Mt 22,41-46.
CMtS 5,9,28		Mt 22,15-46
CMtS 6,10,27		Mt 22,42
CMtS 6,11,23		Mt 22,46
CMtS 9,14,15	Mt. 23,1-12.	
CMtS 9,16,17	Mt 21,2	
CMtS 9,16,22		Mt 23,2
CMtS 9,16,25		Mt 23,2
CMtS 9,16,25		Mt 23,2
CMtS 9,16,30		Mt 23,2
CMtS 9,17,5	Mt 23,2	
CMtS 10,19,7		Mt 23,2, At 15,28-29
CMtS 10,20,7	Mt 23,2	

CMtS 10,20,29	Mt 23,2-3	
CMtS 11,21,25		Mt 23,3.5.
CMtS 11,22,10		Mt 23,5
CMtS 12,22,22		Mt 23,6-7
CMtS 13,24,23	Mt 23,13	
CMtS 13,25,6	Mt 23,13	
CMtS 13,25,18	Mt 32,13	
CMtS 13,25,19		Mt 23,13
CMtS 13,25,21		Mt 23,13
CMtS 14,26,1		Mt 23,13
CMtS 14,26,7		Mt 23,13
CMtS 16,29,3	Mt 23,15	
CMtS 16,29,7		Mt 23,15
CMtS 16,29,16		Mt 23,15
CMtS 16,29,18		Mt 23,15
CMtS 16,29,33		Mt 23,15
CMtS 17, 31,20		Mt 23,16-22
CMtS 17,31,22		Mt 15,5
CMtS 17,31,23		Mt 15,5
CMtS 17,31,29		Mt 23,16-22
CMtS 17,32,20		Mt 23,16-22
CMtS 19,34,14	Mt 23,23	
CMtS 19,35,8		Mt 23,23
CMtS 19,35,21		Mt 23,23
CMtS 20,35,26		
CMtS 20,35,28		
CMtS 21,37,1	Mt 23,25	
CMtS 21,37,3	Mt 23,26	
CMtS 22,38,3		Mt 23,26
CMtS 23,38,34		Mt 23,26.
CMtS 24,39,11	Mt 23,27	
CMtS 25,40,23	Mt 23,29	
CMtS 25,42,11		Mt 23,35
CMtS 25,42,23		Mt 23,35
CMtS 26,44,17		Mt 23,33

CMtS 26,44,18		Mt 23,33; Mt 21,25-26.
CMtS 26,45,12		Mt 23,34-26
CMtS 27,46,14		Mt 23,34
CMtS 27,46,14		Mt 23,34
CMtS 27,48,4		Mt 23,34
CMtS 27,48,10		Mt 23,34
CMtS 28,49,20		Mt 23,37-39
CMtS 32,58,4		Mt. 24, 2-3
CMtS 77,178,31		Mt 26,13, Lc. 7,37ss
CMtS 77,179,14	Lc 7,37	
CMtS 77,182,17		Lc 7,46
CMtS 89,205,5		Lc 18,13
CMtS 132,268,8	Mt 27,41	
CMtS 145,297,22	Mt 27,62	
CMtS 145,298,,28	Mt 27,62	

CAPITOLO X

Il romanzo pseudo-clementino

1. Introduzione[1]

Generalmente con *pseudo-clementine* ci si riferisce ad un corpo di scritti che narrano della vita e dei viaggi di Clemente con l'apostolo Pietro: si tratta di una antica narrazione che, seguendo lo schema del romanzo ellenistico, rappresenta il più antico esempio di romanzo cristiano, nonché una delle novelle di maggior successo tanto da esser ripresa in traduzioni e forme diverse nei secoli.

Due sono le più antiche recensioni di questa narrazione: *Recognitiones* (Ritrovamenti) e *Homiliae* (Omelie), esse riportano essenzialmente la stessa storia, con coincidenze testuali anche letterali, ma anche con varie differenze. Entrambe le versioni della novella sono precedute da uno scambio di lettere fra Clemente, Pietro e Giacomo, allo scopo di rafforzare l'autorità dello scritto presentando Clemente[2] come discepolo di Pietro e suo erede

---

[1] Per una prima presentazione delle *pseudo-clementine*: R. Trevijano, «Clementine (pseudo)», *NDPAC*, 1077-1083: oppure si possono considerare le introduzioni alle traduzioni: F. S. Jones, *The Syriac Pseudo-Clementines. An Early Version of the First Christian Novel*, Turnhout 2014, 13-47; Pseudo-Clemente, *I Ritrovamenti (Recognitiones)*, Cola, S., ed., Roma 1993, 9-34. Per una introduzione alle pseudo-clementine si possono considerare fra gli altri: F. Amsler – al., ed., *Nouvelles intrigues pseudo-clémentines: actes du Deuxiéme Colloque International sur la Littérature Apocryphe Chrétienne, Lausanne-Genève, 30 août-2 septembre 2006*, Prahins 2008; uno degli studiosi più considerati nel campo delle pseudo-clementine, Frederick Stanley Jones, ha raccolto i suoi più importanti lavori sul tema in: F. S. Jones, *Pseudoclementina Elchasaiticaque Inter Judaeochristiana: Collected Studies,* Leuven 2012; la raccolta contiene anche una storia della ricerca sulle pseudo clementine: «The Pseudo-Clementines: A History of Research», 50-113. Per una introduzione alla datazione dei vari testi pseudo-clementini: J.N. Bremmer, «Pseudo-Clementines: Texts, Dates, Places, Authors and Magic», contenuta in una raccolta di studi curata dallo stesso autore: J.N. Bremmer, ed., *The Pseudo-Clementines*, Leuven 2010.

[2] Sotto il cappello autoritativo di Clemente di Roma sono stati posti diversi altri scritti (oltre *1 Clemente*), fra cui, per esempio, *2 Clemente, Lettere ai vergini*, le *Costituzioni Apostoliche*.

sulla cattedra di Roma[3]. Le *Homiliae* (o anche *Klementia*[4]) constano di tre scritti (la lettera di Pietro a Giacomo, la risposta di Giacomo, la lettera di Clemente a Giacomo) seguiti da 20 libri, il tutto in greco; le *Recognitiones* (*Ritrovamenti* o *Ritrovamento*[5]) sono composti dalla iniziale lettera di Clemente, seguita da dieci libri; l'originale greco è perduto, fatta eccezione per alcuni *excerpta* in alcuni scrittori cristiani, ma sopravvive la traduzione in latino di Rufino, datata all'incirca al 406 d.C.

Le *Homiliae* sono trasmesse da due soli manoscritti greci[6], mentre le *Recognitiones* sono riportate, nella traduzione latina, da almeno 120 codici. Delle *pseudo-clementine* esistevano traduzioni in diverse lingue, testimoniate da frammenti in armeno, arabo[7] e siriaco. Di notevole importanza è la traduzione in siriaco, attestata già in un manoscritto datato al 411 d.C., che ha trasmesso una versione di *Rec.* 1-4 e *Hom.* 10-14. Si tratta di una testimonianza antica e importante per lo studio dei testi, soprattutto in considerazione della datazione assai più tarda dei due manoscritti che conservano le *Homiliae* in greco.

Tanto le *Homiliae* quanto le *Recognitiones* sono datate al IV secolo e attribuite, probabilmente, ad autori differenti; tuttavia le grandi somiglianze hanno spinto gli studiosi ad ipotizzare l'esistenza di uno scritto originario comune, dal quale le due versioni siano state successivamente derivate. Questo scritto primitivo sarebbe databile alla prima metà del III secolo e si suppone come luogo di origine la Siria. Questo scritto primitivo (*Basic Writing* o *Grundschrift*) è stato ricostruito (ipoteticamente) attraverso le citazioni e i frammenti riportati in alcuni scrittori ecclesiastici (da questi testi si deriva il titolo *Periodoi Petrou* attribuito allo scritto primitivo)

---

³ Cfr. *Lettera di Clemente a Giacomo, fratello del Signore*, 2; G.B. Bazzana, ed., «Le omelie pseudoclementine», in C. Giannotto, ed., *Ebrei credenti in Gesù. Le testimonianze degli autori antichi*, Milano 2012, 573-576.

⁴ *Klementia* è il titolo apposto sul *Parisinus gr.* 930, traente il testo greco delle *Homiliae*, oltre che la denominazione con cui diversi padri si riferiscono a questo scritto, cfr. F.S. Jones, *The Syriac Pseudo-Clementines,* 14 nota 4.

⁵ Il titolo originale era singolare, ma nella prima edizione del 1504 nel titolo fu usato il plurale per un fraintendimento della introduzione di Rufino. Da allora il nome convenzionale è rimasto al plurale. *Recognitio* è solitamente tradotto con Ritrovamento. Cfr. F.S. Jones, *The Syriac Pseudo-Clementines,* 14-15; *Paradysus Heraclidis, Epistola Clementis, Recognitiones Petri apostoli. Complementum epistole Clementis. Epistola Anacleti,* Iacobus Stapulensis, ed., Paris 1504.

⁶ *Parisinus gr.* 930 del XII sec. e *Ottobonianus* 443 del XIV sec.

⁷ Ma anche in slavonico ed etiopico. La storia e l'evoluzione del romanzo pseudo-clementino nel tempo e nelle diverse aree linguistiche e culturali sono assai complesse, e il confine fra traduzione, riedizione e riscrittura non sono definiti.

e il confronto critico fra le *Homiliae* e le *Recognitiones*. Questa novella originale dovrebbe esser stata a sua volta composta a partire da materiali preesistenti: una trama romanzesca sul ritrovamento da parte di Clemente dei suoi familiari ingloba, a mo' di canovaccio, materiale da altre fonti fra cui i sermoni missionari di Pietro (*Kerigmata Petrou*), i racconti di viaggi di Pietro e i suoi incontri/scontri con Simone (il mago), una storia del popolo di Dio, dalla creazione alla chiesa primitiva. Quest'ultima storia deriverebbe da una fonte antica, databile al II secolo, e sarebbe riportata in *Rec.* 1,27-71, costituendo un'antichissima attestazione di un cristianesimo (anti-paolino) di forte matrice giudaica[8].

Il romanzo pseudo-clementino raccoglie e trasmette dunque una serie di tradizioni e informazioni non solo antiche, ma anche provenienti da comunità cristiane di matrice giudaica. Si tratta di un reperto "archeologico" di primaria importanza, e una delle non molte fonti che ci introducono nella particolare prospettiva di queste comunità così vicine al giudaismo[9].

---

[8] Cfr. F.S. JONES, *An Ancient Jewish Christian Source on the History of Christianity: Pseudo Clementine Recognitions 1.27–71*, Atlanta 1995. Il romanzo pseudo-clementino si presenta dunque come un sito archeologico, in cui i reperti di epoche differenti sono presenti in livelli sovrapposti. L'identificazione, la datazione e la separazione dei reperti dei vari livelli è assai complessa, anche perché nel caso di un'opera letteraria non si ha l'indicazione della antichità dalla profondità di scavo. Semplificando, per il romanzo pseudo-clementino potremmo identificare tre fasi: nella prima si possono collocare i materiali più antichi, come ad esempio la storia che va dalla creazione alla chiesa primitiva (*Rec.* 1,27-71), collocabile attorno al II secolo; tali fonti sarebbero state riunite in una prima narrazione, lo scritto primitivo, nella prima metà del III secolo: da questo primo racconto sarebbero poi derivate successivamente, intorno al IV secolo, le redazioni giunte fino a noi come *Homiliae* e *Recognitiones*.

[9] Non ho voluto utilizzare fin qui il termine giudeo-cristiano o giudeo-cristianesimo, visto che essi, soprattutto negli ultimi anni, sono diventati dei termini caratterizzati da una certa ambiguità: Quali sono le caratteristiche specifiche del/i giudeo-cristianesimo/i? Già la formulazione della domanda, dovendo riflettere la complessità del fenomeno, non risulta ben posta. Considerando la chiesa del primo secolo verrebbe da chiedere chi siano i non giudei-cristiani. Paiono insufficienti a definire questa categoria, e quindi conseguentemente le comunità giudeo-cristiane, tanto il criterio etnico, quanto ad esempio l'appartenenza o meno a comunità paoline. Tale difficoltà si estende anche ai secoli successivi. Si potrebbero considerare una serie di tratti caratterizzanti che possano accomunare comunità giudeo-cristiane: la visione della legge mosaica come istituzione valida in eterno ed indispensabile per ottenere la salvezza; un certo anti-paolinismo, ovvero la condanna di Paolo di Tarso quando dichiara superata la legge mosaica; l'uso di scritture diverse da quelle che saranno considerate "canoniche"; un limitato influsso della tradizione filosofica greca; una cristologia generalmente (ma non esclusivamente) adozionista (cfr. G. RINALDI, *Cristianesimi nell'antichità. Sviluppi storici e contesti geografici (Secoli I-VIII)*, Chieti – Roma 2008, 366). Ma anche queste poche e generiche note potrebbero non essere adeguate a identificare efficacemente ed univocamente la tipologia: per addivenire ad una definizione di giudeo-cristianesimo occorre la decisa categorizzazione tanto di giudaismo che di cristianesimo, in modo da definire qualcosa che non sia né l'uno né l'altro e sia specificatamente diverso.

L'interesse di questo studio per il romanzo pseudo-clementino riguarda proprio tale prospettiva: come erano considerati i farisei in queste comunità? La loro figura differisce da quella rappresentata negli altri scritti latini e greci esaminati?

Sebbene la datazione del periodo di redazione finale delle pseudo-clementine (IV secolo) le ponga al di fuori della finestra temporale scelta per questo studio, va considerato che esse utilizzano fonti e materiali fatti risalire almeno ai secoli precedenti, inoltre si tratta di una testimonianza peculiare in greco e latino di una tradizione generalmente non recepita e non trasmessa[10] dalla "grande chiesa".

2. I farisei nel romanzo pseudo-clementino

Il termine *fariseo* ricorre cinque volte nelle *Homiliae*:

Hom. 3,18,2	Φαρισαῖοι
Hom. 11,28,4	Φαρισαίων
Hom. 11,29,2	Φαρισαῖοι
Hom. 11,29,2	Φαρισαῖε
Hom. 18,3,4	Φαρισαίῳ

A confronto consideriamo, per le sole *Homiliae*, alcuni altri lemmi:

Ἰουδαῖος	46 volte
Ἑβραῖος	9 volte
γραμμᾰτεύς	5 volte
Σαδδουκαῖοι	2 volte
Ἐσσηνός	mai
Διδάσκαλος	45 volte

Anche solo considerando la fluidità nei primi secoli tanto del cristianesimo quanto del giudaismo, l'operazione risulta ardua. Cfr. M. Pesce, «Sul concetto di giudeo-cristianesimo», *RSB* 15 (2003), 21-44; J. Carleton Paget, «The Definition of the Term 'Jewish Christian'/'Jewish Christianity' in the History of Research», in Id., ed., *Jews, Christians and Jewish Christians in Antiquity*, Tübingen 2010, 289–324; F.S. Jones, ed, *The Rediscovery of Jewish Christianity: From Toland to Baur*, Atlanta 2012; C. Giannotto, *Ebrei credenti in Gesù. Le testimonianze degli autori antichi*, «Introduzione», Milano 2012, 9-212: l'ampia introduzione di Giannotto offre una storia della ricerca sul "giudeo-cristianesimo", una storia del fenomeno e una sezione su "cosiddetti vangeli giudeo-cristiani".

[10] Il campo di ricerca in questo caso potrebbe essere la letteratura in siriaco, per rintracciare testi e opere riconducibili a comunità cristiane vicine al giudaismo, senza escludere la possibilità che tali tradizioni possano sopravvivere anche in lingue diverse (es. armeno, slavonico …).

Da un punto di vista quantitativo, i *farisei* hanno una bassa frequenza nelle *Homiliae*, con una presenza inferiore a *giudei* e, anche se con un altro ordine di grandezza, a *ebrei*.

Nelle *Recognitiones* (traduzione latina di Rufino) il lemma ricorre otto volte:

Rec. 1,54,6	Pharisaei
Rec. 1,59,1	Pharisaeus
Rec. 1,63,1	Pharisaeos
Rec. 2,30,1	Pharisaeos
Rec. 2,46,3	Pharisaei
Rec. 6,11,2	Pharisaeorum
Rec. 6,11,3	Pharisaei
Rec. 6,11,3	Pharisaee

Anche in questo caso i *Pharisaei* sono nominati molto meno dei *Iudaei*; altri termini sono riportati per indicare gli ordini di grandezza.

Iudaeus[11]	36 volte
Hebraeus	18 volte
Sadducaei	3 volte
Scriba	7 volte
Esseni	mai
Magister	37

Non si può certo determinare l'interesse per un certo argomento o categoria da parte di un autore solo dalla frequenza di uso di parole chiave, nel caso poi che le ricorrenze di un certo termine siano poche, estrapolare informazioni da una base dati limitata può portare a risultati inesatti. Nondimeno, dal punto di vista delle sole ricorrenze, non parrebbero un argomento centrale né nelle *Homiliae* né nelle *Recognitiones*. Il termine è un po' più frequente nella traduzione latina di Rufino, ma viste le quantità in gioco le differenze non sono significative.

Prima di addentrarci nell'esame dei brani in cui sono citati esplicitamente i farisei è il caso di indicare per grandi linee quali siano le concordanze[12] fra *Homiliae* e *Recognitiones* e quali le differenze macroscopiche.

---

[11] Sono conteggiate le occorrenze sostantivate, come per *hebraeus*.

[12] Per concordanze e differenze riprendo estensivamente *Écrits apocryphes chrétiens*, II, P. GEOLTRAIN – J.-D. KAESTLI, ed., Paris 2005, 1181-1182.

Concordanze (per grandi linee):

Homiliae	Recognitiones
1,2	1
3	2-3
4-7	–
8; 9	4
10; 11,1-19	5
11,19-36	6
12; 13	7
14; 15	8, 9
16 - 19	–
20	10

Le differenze principali sono:

Hom. 1: Clemente incontra Barnaba ad Alessandria invece che a Roma come in *Rec.* 1.

Hom. 2,19 – *Hom.* 3,29: insegnamento di Pietro sulle false pericopi contenute nelle Scritture, senza paralleli in *Rec.*

Rec. 1,26 – 74: Pietro narra la storia dalla creazione del mondo fino al presente, questo racconto non ha corrispettivi in *Hom.*, nelle quali vi è invece l'insegnamento di Pietro sulle false pericopi. In particolare in *Rec.* 1,43-74 si svolge un dibattito fra gli apostoli e i giudei, anch'esso senza paralleli in *Hom.*

Hom. 4-6: a Tiro Clemente dibatte con Apione sul politeismo, la mitologia e l'allegoria; in *Rec.* 10,15-28 Clemente critica la mitologia greca e a seguire (*Rec.* 10,29-41) Niceta e Aquila condannano l'uso dell'allegoria.

Hom. 7: Pietro nel suo viaggio verso Tripoli si ferma a Tiro, Sidone e Beirut predicando e organizzando le chiese, mentre in *Rec.* 3,1 il viaggio da Cesarea a Tripoli è appena accennato.

Hom. 14-19: a Laodicea Pietro si confronta con Simone il mago alla presenza di Fausto, in *Rec.* 2,1-3,50 il dibattito si svolge in Cesarea in tre giorni.

Hom. 20,1-10: Pietro fa un discorso ai suoi discepoli sul male nel mondo, mancante in *Rec.*

Le *Homiliae* terminano con la partenza di Pietro per Antiochia, mentre le *Recognitiones* si concludono con il battesimo del padre di Clemente in questa città.

Con queste brevi note è possibile considerare, per grandi linee, se i brani nei quali sono citati i farisei appartengano a narrazioni comuni o alle parti specifiche delle due versioni del romanzo pseudo-clementino.

2.1 *Homiliae*

Le *Homiliae* presentano la versione del romanzo pseudo-clementino giunta fino a noi in lingua originale. Esse sono ovviamente da considerarsi anteriori alla traduzione delle *Recognitiones* di Rufino, e costituiscono una fonte di grande valore per lo studio delle dottrine della comunità cristiana nel cui ambito si sono sviluppate. Va osservato comunque che la base documentale per il testo greco è molto limitata poiché consiste in due soli manoscritti di epoca tarda[13].

Le ricorrenze dei farisei cadono in tre sezioni dell'opera: *Hom.* 3,18,2, *Hom.* 11,28,3 – 11,29,2, *Hom,* 18,3,4. La prima, *Hom.* 3,18,2 appartiene alla sezione *Hom.* 2,19 – *Hom.* 3,29 dell'insegnamento di Pietro sulle false pericopi, che non ha paralleli in *Recognitiones*, mentre le seguenti due hanno parallelismi rispettivamente in *Rec.* 6,11 e in *Rec.* 3,37-38[14].

2.1.1 *Homilia* 3,18,2

3,18 (1) μὴ ἀπατᾶσθε. ὁ πατὴρ ἡμῶν οὐδὲν ἠγνόει. ὁπότε καὶ ὁ δημοσίᾳ κείμενος νόμος, ἀγνοίας ἐνκλήματι διὰ τοὺς ἀναξίους σκέπων αὐτόν, τοὺς ἀληθείας γλιχομένους ἐπ' αὐτὸν ἀναπέμπει λέγων· «Ἐξέτασον τὸν πατέρα σου καὶ ἐρεῖ σοι, τοὺς πρεσβυτέρους σου, καὶ (2) ἀναγγελοῦσίν σοι».

τοῦτον ἐχρῆν τὸν πατέρα ζητῆσαι, τούτους τοὺς πρεσβυτέρους ἐπιζητῆσαι. ἀλλ' οὐκ ἐξήτησας τίνος ἐστὶν ὁ τῆς βασιλείας χρόνος, τίνος ἡ τῆς προφητείας καθέδρα, καίτοι αὐτοῦ ἑαυτὸν μηνύοντος τῷ λέγειν· «Ἐπὶ τῆς καθέδρας Μωυσέως ἐκάθισαν οἱ γραμματεῖς καὶ οἱ Φαρισαῖοι· πάντα ὅσα λέγουσιν ὑμῖν, ἀκούετε αὐτῶν».

Non vi ingannate. Nostro padre non ignorava nulla; quandanche la legge posta pubblicamente, a causa degli indegni, gli rivolge un'accusa d'ignoranza, ella rimanda a lui coloro che desiderano la verità, dicendo: «Chiedi a tuo padre, e te lo dirà; ai tuoi anziani, e te lo dichiareranno».

Era necessario interrogassero questo padre, interrogassero questi anziani. Ma tu non hai cercato di sapere qual è il tempo del regno, quale la cattedra della profezia, tuttavia lui stesso ha dichiarato di sé dicendo: «Sulla cattedra di Mosè si sono seduti gli scribi e i farisei; tutto ciò che vi dicono, ascoltatelo».

---

[13] Vedi nota 6.
[14] In *Rec.* 3,37-38 non compaiono i farisei.

(3) αὐτῶν δὲ εἶπεν ὡς τὴν κλεῖδα τῆς βασιλείας πεπιστευμένων, ἥτις ἐστὶν γνῶσις, ἣ μόνη τὴν πύλην τῆς ζωῆς ἀνοῖξαι δύναται, δι' ἧς μόνης εἰς τὴν αἰωνίαν ζωὴν εἰσελθεῖν ἔστιν. ἀλλὰ ναί (φησίν), κρατοῦσι μὲν τὴν 3.19. (1) κλεῖν, τοῖς δὲ βουλομένοις εἰσελθεῖν οὐ παρέχουσιν[15]. (*Hom.* 3,18,1-3,19,1)

Disse, avendo affidato a quelli la chiave del regno, che è la conoscenza, la sola che può aprire la porta della vita, attraverso quella sola è possibile entrare nella vita eterna. Sì, diciamo, loro detengono la chiave, ma loro non lasciano entrare coloro che lo vogliono[16].

Il terzo libro delle *Homiliae* si svolge a Cesarea e racconta il mattino dell'ultimo dei tre giorni di dibattito fra Pietro e Simone il mago.

In *Hom.* 3,1-28 Pietro parla, in casa, dunque privatamente, con i suoi discepoli, fra cui Clemente, del dibattito pubblico che egli avrà con Simone lo stesso giorno. Nella conversazione Pietro indica che l'intento principale dell'avversario sarà quello di mostrare, attraverso l'uso delle Sacre Scritture, l'esistenza di due dei: il creatore dell'universo e un altro dio che ha promulgato la legge (*Hom.* 3,2). Uno dei problemi nell'affrontare e smentire Simone è che l'uso della Scrittura in sé non è dirimente, perché esistono passaggi della legge che possono essere utilizzati per mostrare la pluralità divina, ma questi sono falsi (*Hom.* 3,3) e sono stati inseriti nelle Scritture da una volontà malvagia e permessi da Dio per provare gli uomini (*Hom.* 3,5).

Questo ci introduce alla particolare visione delle *Homiliae* sulla presenza di false pericopi[17] nelle Scritture, sul profeta di verità e sulla dottrina delle sizigie (delle coppie opposte): tutto è stato creato dall'unico Dio per coppie contrarie, cielo e terra, giorno e notte … solo l'uomo fra le cose create ha la capacità di controllarsi, di essere giusto o ingiusto (*Hom.* 2,15); a partire dalla creazione dell'uomo Dio ha invertito la sequenza delle coppie, sicché prima si presenta ciò che è piccolo poi ciò che è grande, prima il mondo poi l'eternità, prima l'ignoranza poi la conoscenza … Così accade

---

[15] Il testo greco delle *Homiliae* è ripreso dalla edizione critica a cura di B. *Rehm* e *G. Strecker* nella collana *GCS*, nella terza edizione del 1992: *Die Pseudoklementinen I. Homilien*, B. Rehm – G. Strecker, ed., *GCS* 42, Berlin 1992[3], 62-63.

[16] Se non specificato altrimenti, la traduzione italiana è del sottoscritto.

[17] Cfr. G. B. Bazzana, «Apelles and the Pseudo-Clementine Doctrine of the False Pericopes» in G. Aragione – R. Gounelle, ed., *"Soyez des changeurs avisés." Controverses exégétiques dans la littérature apocryphe chrétienne*, Strasbourg 2012, 11–32; K. Coblentz Bautch, «Obscured by the Scriptures, Revealed by the Prophets: God in the Pseudo-Clementine Homilies» in A. D. DeConick – G. Adamson, ed., *Histories of the Hidden God: Concealment and Revelation in Western Gnostic, Esoteric, and Mystical Traditions*, Durham 2013, 120-136; D. H. Carlson, *Jewish-Christian Interpretation of the Pentateuch in the Pseudo-Clementine Homilies*, Minneapolis 2013, 51–75.

anche per gli uomini: da Adamo nacque prima Caino e poi il giusto Abele, da Abramo Ismaele e poi Isacco, Aronne prima di Mosè ... Nella storia dell'umanità, da Adamo in poi, l'errore, o meglio l'inganno e la falsità sono entrati nel mondo ad opera del serpente ingannatore tramite Eva, l'opera di Dio è quella di contrastare la falsità o il profeta di falsità, cioè colui che presenta l'errore come buono. Dio opera nella storia tramite il vero profeta, un unico essere che si presenta durante la storia della salvezza in diversi personaggi, in Adamo, nei patriarchi, in Mosè e infine, vero compimento e rivelazione del verbo divino, in Gesù (*Hom.* 2,16-17). Un profeta di verità si presenta nella storia umana sempre a seguito della manifestazione di un profeta di falsità (*Hom.* 2,33); una delle prime coppie di opposti sono Caino e Abele; alcune coppie sono assai interessanti: ad esempio quella di Giovanni Battista e Gesù oppure quella di Simone Mago e Pietro, impegnato a portare ai gentili la verità, contro la falsità promulgata da Simone come vangelo. Senza il vero profeta sarebbe assai difficile, se non impossibile, distinguere il vero dal falso, visto che la menzogna è presente nelle Scritture ed appare persuasiva agli uomini, soprattutto ai gentili.

Quando la legge fu messa per iscritto al Sinai furono inscritte, ad opera della falsa profezia, alcune false pericopi contro l'unico vero Dio. Tuttavia assieme alla legge scritta Mosè diede, per ordine di Dio, un'istruzione particolare (e orale) a settanta uomini scelti affinché essi potessero istruire altri a distinguere la verità dalle false pericopi (*Hom.* 2,38). Esiste dunque una "tradizione" non scritta, la quale ha il compito di aiutare gli uomini a seguire la verità.

Posta la difficoltà di affrontare Simone sulla base delle sole Scritture per affermare la monarchia di Dio (*Hom.* 3,9-10), il discorso di Pietro si volge sul profeta di verità, per mostrarne la presenza e la forza nella storia: caratteristica del profeta di verità è la conoscenza di tutto, del presente e del futuro (*Hom.* 3,11), tale spirito di conoscenza e di profezia si è mostrato chiaramente in Cristo (*Hom.* 3,15), ma esso deve essere presente in tutte le espressioni del vero profeta, anche in Adamo. Ma come coniugare lo spirito di prescienza di Dio con il peccato? Se Adamo ha peccato allora non poteva avere lo spirito di prescienza né di conoscenza, altrimenti non sarebbe caduto nell'errore. Infatti, per il Pietro pseudo-clementino, Adamo non ha peccato (*Hom.* 3,21), e la descrizione del suo peccato nella Bibbia è una delle false pericopi introdotte dal profeta di falsità[18].

---

[18] La vera colpevole del peccato è Eva, natura femminile (*Hom.* 3,22), che si contrappone ad Adamo, è lei che ha introdotto nel mondo la falsa profezia e l'impurità.

La menzione dei farisei si presenta proprio nella parte in cui Pietro espone ai suoi come sia ben possibile che Adamo abbia sempre avuto lo spirito di prescienza di Dio. In *Hom.* 3,17 Pietro inizia a mostrare come Adamo in realtà non abbia peccato considerando Dt 32,7, cioè l'invito di Mosè, nel suo cantico prima di morire, a interrogare la storia fatta da Dio e narrata da ogni padre e dagli anziani: rileggendo con la giusta chiave la Scrittura si può comprendere la grandezza (e l'innocenza) di Adamo.

La verità è accessibile a coloro che la cercano, ed essa va rintracciata interrogando il padre e gli anziani, ovvero il vero profeta e coloro che sono testimoni, veraci, delle cose passate, in modo da sottrarsi all'inganno presente anche in alcune parti delle Scritture (*Hom.* 3,18,1-2). A questo punto gli autori/redattori[19] citano Mt 23,2 dove Cristo, vero profeta, afferma che sulla cattedra di Mosè, la cattedra della profezia (*Hom.* 3,18,2), si sono seduti gli scribi e i farisei, e che quanto essi dicono va ascoltato.

Il discorso pone una forte connessione fra la cattedra della profezia (che è la cattedra di Mosè), gli anziani, gli scribi con i farisei e la verità: se il padre per antonomasia è il vero profeta[20], il primo cui rivolgersi è Adamo, e gli anziani sono coloro che trasmettono la verità ricevuta[21]; richiamando Dt 32,7 tali anziani sono collegati agli ebrei eredi e portatori dell'Alleanza, loro siedono sulla cattedra della profezia. Il riferimento è a quei settanta istruiti da Mosè (*Hom.* 2,38), ai quali fu data oralmente la legge di Dio perché servisse da norma (*Hom.* 3,37,1). Questa importantissima parte della legge, strumento per discernere la verità, è patrimonio degli ebrei e non è stata tolta loro: anzi, lo stesso Cristo ha detto che sulla cattedra di Mosè siedono ora scribi e farisei, e che il loro insegnamento, erede di quello mosaico, va ascoltato[22]. Dunque la via per la verità, la via della conoscenza passa per gli scribi e i farisei che siedono sulla cattedra di Mosè.

---

[19] Considerando la storia e la natura complessa delle pseudo-clementine sarebbe improprio indicare un autore per le forme finali del romanzo, probabilmente l'opera è il risultato di operazione di edizione di fonti e stadi diversi; d'altro canto anche le azioni di redazione non sono state banalmente una collezione di testi preesistenti. Per designare coloro che hanno portato alla forma finale dello scritto ho preferito utilizzare la designazione autori/redattori, la quale, anche se ridondante, appare più corretta.

[20] *Hom.* 2,6,2: «Ma il profeta di verità è colui che sa ogni cosa ad ogni momento … (Egli è) senza difetto, misericordioso, il solo a cui è stato affidato il compito di guidare alla verità», G.B. Bazzana, ed., «Le omelie pseudoclementine», in C. Giannotto, ed., *Ebrei credenti in Gesù*, 578. Cfr. anche *Hom* 3,17,1; *Hom.* 3,21,1; *Hom.* 3,26,1.

[21] *Hom.* 3,51,1 «E' ben noto anche che Gesù, benché le scritture fossero a disposizione di tutti, ha rinviato alla autorità degli scribi e dei maestri perché essi conoscevano le parti veritiere della Legge». G.B. Bazzana, ed., «Le omelie pseudoclementine», 590.

[22] Cfr. anche *Hom.* 3,51,1.

Durante il dibattito con Simone, al mattino dello stesso giorno (*Hom.* 3,50), Pietro evidenzia come Gesù accusi i sadducei (e non altri) di non conoscere le Scritture (il riferimento è a Mc 12,24), ma egli stesso rimandò i suoi discepoli agli scribi e ai maestri, indicando così come questi conoscessero la verità della autentica legge[23] (*Hom.* 3,51,1). In questo caso non sono nominati i farisei, ma i *didaskaloi*, ma il concetto è ribadito: per gli autori/redattori delle *Homiliae* la catena di trasmissione della verità, sebbene avversata e incontrando difficoltà, non si è mai interrotta, e nel presente della narrazione, nell'epoca apostolica, essa passa per gli scribi e i farisei (o i maestri). Essi detengono nel presente (narrativo) la chiave della conoscenza, che permette l'ingresso nel Regno e nella vita eterna.

Gli autori/redattori delle *Homiliae* utilizzano l'affermazione di Gesù in Mt 23,2-3, ma omettono la parte finale di Mt 23,3 dove Gesù dice, degli scribi e farisei, che essi dicono e non fanno, quindi vanno ascoltati ma non imitati. Questa accusa di ipocrisia provoca una frattura nella trasmissione della Torah perché essi non praticano la legge, ma la raccontano. L'omissione permette di evitare tale cesura nella trasmissione della tradizione e inserisce scribi e farisei in una prospettiva diversa da quella di Mt 23,3.

Nel contesto del discorso di Pietro (*Hom.* 3,1-28) scribi e farisei non sono ipocriti, ovvero non vi è scissione fra l'insegnamento e le opere, piuttosto essi costituiscono l'ultimo anello nella trasmissione della chiave del Regno, che è la conoscenza, consegnata agli anziani ebrei e mai tolta loro.

Il seguito di *Hom* 3,18,3 riprende Mt 23,13 dove Gesù accusa gli scribi e farisei ipocriti di chiudere «il regno dei cieli davanti alla gente; di fatto non entrate voi, e non lasciate entrare nemmeno quelli che vogliono entrare»; il concetto di chiave della conoscenza è mutuato da Lc 11,52[24], dove Gesù sta rimproverando i dottori della legge di aver portato via la chiave della conoscenza, restando incapaci di entrarvi e impedendo ad altri di farlo.

Se si considerasse solo il retroterra evangelico della citazione indiretta, principalmente di Mt 23,13 (assieme a Lc 11,52) in *Hom.* 3,18,3, si dovrebbe leggere un'accusa fortissima agli scribi e ai farisei, poiché essi sono i depositari di una chiave di fondamentale importanza, sono gli inca-

---

[23] «E' ben noto anche che Gesù, benché le scritture fossero a disposizione di tutti, ha rinviato all'autorità degli scribi e dei maestri perché essi conoscevano le parti veritiere della legge». *Hom.* 3,51,1, G.B. Bazzana, ed., «Le omelie pseudoclementine», 590.

[24] Le chiavi del regno dei cieli compaiono anche in Mt 16,19 nel contesto della professione di fede e del primato di Pietro. Tuttavia nel conferire il mandato a Pietro di aprire e chiudere non vi è riferimento a coloro che possano sottrarre tale chiave o impedire l'accesso.

ricati di trasmetterla attraverso le generazioni, a loro è riconosciuto un ruolo cruciale nella trasmissione della verità e della salvezza, eppure il loro
modo di svolgere tale compito sarebbe decisamente fallace e colpevole.

Il seguito del discorso di Pietro dà indicazioni diverse: il blocco operato
dagli scribi e farisei è stato la causa della venuta del vero profeta in Cristo,
per proclamare anche ai gentili ciò che fin dal principio era trasmesso in
segreto a coloro che ne erano degni (*Hom.* 3,19)[25].

In *Hom.* 8,6 Pietro afferma che Gesù è nascosto agli ebrei che hanno
preso Mosè come maestro, mentre Mosè è nascosto a coloro che credono
in Gesù, ma unico è l'insegnamento che entrambi impartiscono, e Dio accoglie colui che crede nell'uno o nell'altro maestro; inoltre Dio stesso ha
nascosto agli uni (gli ebrei) un maestro poiché sapevano già cosa fare, e lo
ha rivelato ad altri (i gentili) che non sapevano cosa fare.

Inoltre (*Hom.* 8,7) Pietro afferma che gli ebrei non sono condannati per
la loro ignoranza di Gesù, per il fatto che Lui stesso si è nascosto loro.
Dunque essi, in generale, non sono riprovati se obbediscono ai comandamenti di Mosè e non odiano colui che non conoscono (Gesù). Allo stesso
modo coloro che vengono dai gentili non sono condannati per non aver
conosciuto Mosè, il quale è stato nascosto dallo stesso Dio, e anche loro
non sono condannati affatto se seguono ciò che ha detto Gesù e non odiano
colui che non conoscono (Mosè).

Nell'ottica della dottrina del vero profeta Mosè e Gesù coincidono, ma hanno una missione diversa: per la salvezza degli ebrei il primo, per la salvezza
dei gentili il secondo. Tanto gli uni quanto gli altri possono salvarsi seguendo
i rispettivi maestri, anche ignorando gli uni quello degli altri: un solo Dio, due
vie di salvezza equivalenti (*Hom.* 8,6-7). Conseguentemente non vi è frattura
nella trasmissione della rivelazione divina, fissata nella legge mosaica (scritta
e orale), e nel passaggio dal popolo eletto al mondo dei gentili: il fatto che
gli ebrei non riconoscano Gesù non comporta la perdita della loro eredità, e i
gentili che credono in Gesù non prendono il loro posto, diventando il nuovo
Israele. Non solo, il possibile mutuo nascondimento è permesso da Dio stesso.

In questo quadro d'insieme la responsabilità e la colpevolezza degli
scribi e farisei, che avendo ricevuto la chiave del Regno, cioè la cono-

---

[25] Cfr. A.Y. REED, «"Jewish Christianity" as Counter-history? The Apostolic Past in Eusebius' Ec-
clesiastical History and the Pseudo-Clementine Homilies", in G. GARDNER – K. OSTERLOH, ed., *Antiquity in Antiquity: Jewish and Christian Pasts in the Greco-Roman World*, Tübingen 2008, 173–216.
L'articolo è stato ripreso dall'autrice in A.Y. REED, *Jewish-Christianity and the History of Judaism.
Collected Essays*, Tübingen 2018, 175-216.

scenza, non lasciano entrare coloro che lo vogliono (*Hom.* 3,18,3), sono ridimensionate.

La questione della chiave del Regno (dei cieli) è ripresa anche in *Hom.* 18,15-17: Pietro commenta Mt 11,25 per rispondere a Simone (il mago) che usa il versetto per dimostrare come ci siano cose tenute nascoste ai saggi e rivelate agli infanti, come anche vi siano cose nascoste a Gesù stesso (in riferimento a Mt 11,27); dunque, conclude Simone, se egli avesse ignorato qualcosa, non sarebbe potuto essere Dio onnisciente (*Hom.* 18,11). Nella spiegazione di Mt 11,25 Pietro, discutendo di come non vi siano cose nascoste a Dio (ovvero che non vi sia un dio demiurgo e uno creatore) sottolinea come il nascondimento di talune cose ai saggi possa essere stata un'azione di correzione nei loro confronti: il fatto stesso che la chiave sia stata nascosta loro implica che essa in precedenza fosse depositata presso di loro. Dio non ha agito ingiustamente (*Hom.* 18,16), al contrario egli volle che essi sperimentassero in prima persona ciò che avevano fatto ad altri. A chi è degno è dovuta la conoscenza di ciò che non sa, ma a chi è indegno, anche se sembra averla e per altri aspetti è saggio, tale conoscenza è tolta e data a coloro che sono degni. Ad ogni modo nulla è nascosto ai figli d'Israele (*Hom.* 18,17) poiché, sebbene le cose che appartengono al Regno siano state nascoste loro, tuttavia la via che porta al Regno, cioè la corretta condotta di vita, non era stata loro nascosta.

Anche in questo caso è palese un'ambivalenza: anche ai saggi, che possiedono la chiave del Regno, cioè la conoscenza, qualora si rendessero colpevoli di impedire l'accesso ad altri, tale chiave può esser tolta e passata ad altri; tuttavia l'accesso al Regno non è loro precluso poiché essi hanno comunque nella legge, norma di vita, la via che vi conduce. Anche qui è ribadito il concetto che l'errore ha come conseguenza il passaggio della chiave del Regno ai gentili (bimbi quanto ad istruzione nella conoscenza della verità), ma ciò non comporta l'esclusione degli ebrei che non hanno conosciuto Gesù (*Hom.* 8,7).

La figura dei farisei (e degli scribi) che siedono sulla cattedra di Mosè non raccoglie la determinazione negativa che ha generalmente in Mt 23: essi sono gli eredi legittimi di coloro che ricevettero la legge e che la trasmettono correttamente (parte scritta e parte orale) alle generazioni; il loro ruolo si accompagna al vero profeta, Mosè e Gesù, per rendere possibile la conoscenza della verità, e dunque la salvezza, tanto agli ebrei quanto ai gentili. E anche quando si rendono colpevoli di non rendere disponibile la chiave del Regno a coloro che la desiderano, tale comportamento errato non è totalmente colpevole, poiché ciò rientra nei piani di Dio, il quale in Gesù manifesta anche ai gentili l'Alleanza, la legge e la salvezza.

Il tema della chiave del Regno, incontrato anche in alcuni scritti dei primi secoli (ad es. *Dial.* 17,4, *VgTom Logion* 39[26]) ricorre più volte nelle pseudo-clementine (viene ripreso anche in *Rec.* 2,30), e assume un ruolo non secondario nel quadro dottrinale e nella visione storiografica degli autori/redattori del romanzo.

2.1.2 *Homilia* 11,28,3-4; 11,29,1-2

11,28 (3) καλὸν γὰρ τὰ ἀληθῆ τὸ καθαρεύειν, οὐχ ὡς ὅτι προηγεῖται τῆς κατὰ τὴν καρδίαν καθάρσεως ἡ τοῦ σώματος ἁγνεία, ἀλλ' ὡς ὅτι ἕπεται τῷ ἀγαθῷ τὸ καθάριον.
(4) καὶ γὰρ ὁ διδάσκαλος ἡμῶν ἐνίους τῶν ἐν ἡμῖν Φαρισαίων καὶ γραμματέων, οἵ εἰσιν ἀφωρισμένοι καὶ τὰ νόμιμα ὡς γραμματεῖς τῶν ἄλλων πλεῖον εἰδότες, ὅμως διήλεγχεν αὐτοὺς ὡς ὑποκριτάς, ὅτι μόνα τὰ ἀνθρώποις φαινόμενα ἁγνεύοντες τὰ τῆς καρδίας καθαρὰ καὶ
11,29 (1) θεῷ μόνῳ ὁρώμενα παρελίμπανον. ῥητῇ οὖν ταύτῃ φωνῇ ἐχρήσατο τὰ ἀληθῆ πρὸς τοὺς ὑποκριτὰς αὐτῶν, οὐ πρὸς πάντας. ἐνίων γὰρ καὶ

(2) ἐπακούειν ἔλεγεν, ὅτι τὴν Μωυσέως ἐπιστεύθησαν καθέδραν. πλὴν πρὸς τοὺς ὑποκριτὰς ἔλεγεν· «Οὐαὶ ὑμῖν, γραμματεῖς καὶ Φαρισαῖοι ὑποκριταί, ὅτι καθαρίζετε τοῦ ποτηρίου καὶ τῆς παροψίδος τὸ ἔξωθεν, ἔσωθεν δὲ γέμει ῥύπους. Φαρισαῖε τυφλέ, καθάρισον πρῶτον τοῦ ποτηρίου καὶ τῆς παροψίδος τὸ ἔσωθεν, ἵνα γένηται καὶ τὰ ἔξω αὐτῶν καθαρά[27]». (*Hom.* 11,28,3-11,29,2)

Infatti, purificarsi è veramente un bene, non come se la purezza del corpo fosse da considerarsi superiore alla purificazione del cuore, ma perché quello che è più puro segue il bene.

E infatti il nostro maestro accusò alcuni dei nostri [tra noi] farisei e scribi di essere ipocriti, benché essi siano "separati" e, come scribi, conoscano i comandamenti meglio degli altri; lo fece perché essi purificavano le parti che sono visibili agli esseri umani, mentre trascuravano la purezza del cuore, che è visibile solo a Dio[28]. Ecco, in verità, la parola che disse verso quelli fra loro che erano ipocriti e non verso tutti. Perché raccomandava di ascoltarne alcuni, poiché a loro era stata affidata la cattedra di Mosè.

Tuttavia disse rivolto agli ipocriti: "Guai a voi scribi e farisei ipocriti perché pulite l'esterno della coppa e del piatto e l'interno è pieno di sporcizia. Fariseo cieco, purifica prima l'interno della coppa e del piatto affinché anche l'esterno sia pulito".

---

[26] Il commento di *Lg* 39 è svolto nel capitolo III.

[27] *Die Pseudoklementinen I. Homilien*, 168.

[28] Per *Hom.* 11,28,3-4 la traduzione è ripresa da G.B. BAZZANA, ed., «Le omelie pseudoclementine», 593-594. La traduzione talvolta non è letterale.

L'undicesimo libro delle *Homiliae* narra del quarto giorno del confronto fra Pietro e Simone (mago) a Tripoli. In questo giorno la disputa affronta i temi del battesimo e della purità, con un ampio parallelismo nelle *Recognitiones*: *Hom.* 11,2-3; 11,19-33 // *Rec.* 6,2-14 (nelle *Recognitiones* questo dibattito è affrontato nel terzo giorno in Tripoli). L'*Homilia* 11 è trasmessa anche in siriaco.

Uno dei temi più importanti affrontati nelle pseudo-clementine sono gli insegnamenti etici, caratterizzati da una prospettiva alquanto giudaica[29]: ad esempio è fatto obbligo di sposarsi, vi è una grande attenzione alla purità, ovvero ad evitare di contaminarsi con le offerte agli idoli, con il sangue, con i rapporti sessuali. L'impurità va eliminata attraverso una serie di lavacri, da effettuarsi ogni giorno.

Il battesimo è fondamentale, necessario perché opera la rinascita a Dio dall'acqua, cambiando «la prima origine derivata dal desiderio[30]» e ottenendo così la salvezza (*Hom.* 11,26). Il battesimo è necessario a tutti, giusti e ingiusti: per i giusti perché è ciò che manca loro per ottenere la salvezza, per gli ingiusti perché rimette i peccati commessi per ignoranza; per entrambi il battesimo non deve essere rimandato, poiché ne va della propria salvezza. Il battesimo allontana lo spirito malvagio e consente all'uomo di essere guidato dallo Spirito di Dio (*Hom.* 11,27). Le azioni buone dei battezzati devono essere accompagnate dalla purità: «siccome siete esseri umani che hanno qualcosa in più degli animali irrazionali [...], purificate il cuore dalle malvagità utilizzando la ragione celeste e immergete il corpo nel lavacro[31]» (*Hom.* 11,28,3).

Qui per lavacro non si intende il battesimo, ma il bagno necessario a mondare la persona da quelle impurità minori, come ad esempio lavarsi dopo i rapporti sessuali[32]. La purità ha una dimensione razionale, specifica

---

[29] Cfr. G.B. Bazzana, ed., «Le omelie pseudoclementine», 575-576.

[30] G.B. Bazzana, ed., «Le omelie pseudoclementine», 592.

[31] G.B. Bazzana, ed., «Le omelie pseudoclementine», 593.

[32] «Ma anche dopo l'unione sessuale bisogna immergersi. Se siete esitanti a fare questo, riflettete su come seguite scrupolosamente le regole di purezza, quando rendete culto agli idoli insensibili» (*Hom.* 11,30,2); G.B. Bazzana, ed., «Le omelie pseudoclementine», 594. È interessante notare qui che l'autore delle *Homiliae* proponga ai lettori l'esempio delle regole di purità seguite nei culti idolatrici pagani, che essi probabilmente non solo conoscevano, ma praticavano. La "catechesi petrina" pseudo-clementina è rivolta a pagani, proponendo loro però un'etica con connotazioni ebraiche. Le norme proposte ai pagani ricalcano quelle raccomandate dalla comunità di Gerusalemme quando Paolo e Barnaba la visitarono per dirimere la questione su come incorporare i pagani nella comunità dei credenti (At 15,1-30): «Ciò che piace a Dio è rivolgere preghiere a lui, pregarlo come a colui che concede tutto attenendosi alla Legge del giudizio, astenendosi dalla tavola dei demoni,

dell'uomo, ma essa supera tale dimensione divenendo culto a Dio, poiché solo ciò che è puro segue Dio: l'uomo giusto purifica tutto sé stesso, esterno e interno, ricercando la purezza del corpo come condizione per la purezza del cuore.

A questo punto, *Hom.* 11,28,4, gli autori/redattori riprendono in modo indiretto Mt 23,25-26, indicando come il "nostro maestro" disputò con gli scribi e farisei perché essi purificavano le parti visibili dell'uomo trascurando la purezza del cuore. La ripresa dell'accusa di ipocrisia a scribi e farisei, come declinata in Mt 23, non stupisce, costituendo una sorta di *topos* citato ampiamente dagli autori cristiani dei primi secoli. Eppure questa ripresa in *Hom.* 11,28,4 ha delle caratteristiche peculiari: il maestro accusò «ἐνίους τῶν ἐν ἡμῖν Φαρισαίων καὶ γραμματέων», ovvero la disputa è con alcuni, e non con tutti, i farisei e gli scribi che sono fra noi (o anche dei nostri).

Gli autori/redattori tengono a specificare che non tutti i farisei e scribi (nelle *Homiliae* l'ordine della coppia è invertito rispetto a Matteo, con i farisei posti al primo posto) siano stati tacciati d'ipocrisia da Gesù, inoltre è sottolineato come essi siano dei nostri, cioè è espressa l'appartenenza di farisei e scribi allo stesso gruppo cui appartengono gli autori/redattori: la comunità cristiana di riferimento per gli scrittori comprende anche farisei e scribi.

Hom. 11,28,4 esprime altre due specificazioni interessanti: questo sottogruppo di farisei e scribi si dimostra ipocrita, malgrado essi siano "separati" (ἀφωρισμένοι) e in quanto scribi conoscano i comandamenti (la legge mosaica) meglio degli altri. La conoscenza dei comandamenti è certamente una cosa positiva, ma dal contesto della frase anche l'essere separati parrebbe una connotazione favorevole. La questione è cosa significhi ἀφωρισμένοι, ovvero in che senso o modo i farisei pongano dei confini che li distinguono, li separano da altri o da altro. Con buona probabilità vi è un riferimento ad una possibile interpretazione della etimologia dell'ebraico *perushim*[33], nel senso appunto di separazione, ma non vi sono indicazioni da cosa o da chi o in che senso essi siano separati o si separino.

La traduzione siriaca specifica che essi erano separati poiché erano migliori[34], mentre il passo parallelo delle *Recognitiones* riporta che farisei e scribi sembravano essere migliori e separati dal popolo comune (*Rec.* 6,11,2). Se si considerassero assieme le tre versioni, interpolandole, sem-

---

non gustare carne morta, non venire a contatto con sangue e purificarsi da ogni contaminazione» (*Hom.* 7,4,2); G.B. Bazzana, ed., «Le omelie pseudoclementine», 591-592.

[33] Sulla etimologia di *perushim* in alcuni padri vedi Cap. IX par. 3.2.

[34] F. S. Jones, *The Syriac Pseudo-Clementines*, 284.

brerebbe che la separazione sia connessa con un senso di superiorità attribuita a farisei e scribi, quindi con una connotazione negativa; d'altro canto questa lettura è sostanziata principalmente dalla traduzione latina, mentre il testo greco non si esprime esplicitamente.

Ad ogni modo siamo di fronte ad una presentazione dei farisei e scribi, connessa con i guai matteani, assai particolare perché il gruppo generale dei farisei e scribi non ha una connotazione negativa: essi conoscono bene, in quanto scribi, i comandamenti e sono separati o distinti da altri, inoltre sono una parte della comunità cristiana cui si riferiscono le *Homiliae*; solo una frazione di essi è rimbrottata dal Maestro per essere ipocriti, poiché puliscono ciò che è visibile agli uomini e non il cuore, che è visibile solo a Dio.

Solo un sottogruppo di farisei e scribi è colpevole di fronte a Dio. Una prospettiva davvero originale: essa permette la convivenza dell'accusa di ipocrisia di Gesù con la possibilità di essere farisei e scribi e soprattutto esserlo anche nella comunità cristiana. Il tipo farisaico non è cattivo in sé, al contrario lo sono coloro che si comportano ipocritamente. La tipologia farisaica come di ebreo pervicace nel rifiuto del messia e nemico dei credenti in Gesù qui non esiste, anzi sembra quasi sia presentata una riformulazione attenta ad allontanarla.

Il seguito del discorso continua in questa prospettiva: in *Hom.* 11,29,1 si ribadisce che il Maestro utilizzi tali termini verso quelli fra loro, farisei e scribi, che erano ipocriti e non verso tutti gli altri. A questo segue una specificazione, che suona come una prova scritturistica di quanto affermato: in *Hom.* 11,29,2 si ribadisce, con riferimento a Mt 23,2-3, come sia necessario ascoltare alcuni di loro (probabilmente i non ipocriti) poiché ad essi è stata affidata la cattedra di Mosè, cioè la cattedra della profezia (*Hom.* 3,18,2; *Hom.* 3,51,1).

Ancora una volta il gruppo dei farisei e scribi è distinto in due, la parte degli ipocriti, il cui comportamento è riprovevole, e la parte di coloro che conoscono e seguono la legge di Mosè effettivamente (integralmente si potrebbe dire). Questi ultimi hanno un ruolo importante poiché, nell'ambito del contesto pseudo-clementino, tramandando la tradizione mosaica, hanno parte nella trasmissione della vera profezia.

I guai di Gesù sono rivolti esclusivamente agli ipocriti, per loro l'autore riporta la citazione esplicita di Mt 23,25-26, che, guarda caso, è presentata in tutta la sua forza solo ora, dopo aver premesso (e ripetuto) la distinzione fra farisei e scribi ipocriti e non.

Il seguito di *Hom.* 11,29 si premura di specificare come la questione riguardi l'uomo puro, colui la cui mente è illuminata dalla conoscenza (di

Dio) e così impara ad essere buono. Questo uomo ha attenzione sia per l'esterno del corpo che per l'interno, poiché dalla negligenza del corpo non può venire la cura della conoscenza. L'uomo puro e dunque buono, che appartiene alla comunità dei fedeli al Maestro, ha come prospettiva il culto a Dio e la salvezza, mentre colui che purifica solo l'esterno lo fa per la lode degli astanti e nulla ottiene presso Dio. Quest'ultimo non è parte della comunità dei salvati, ed effettivamente non fa parte della comunità cristiana o, nel caso, lo è solo nominalmente. L'uso di Mt 23,25-26 è funzionale ad esemplificare questa prospettiva e al contempo integrare nella comunità (almeno in via di principio) anche i farisei e gli scribi. Ma soprattutto essa ingloba nell'etica della comunità cristiana una purità globale vicina a quella ebraica.

La specificazione ἐν ἡμῖν apre un interrogativo: farisei e scribi sono parte attuale della comunità cristiana di riferimento di colui che ha scritto o redatto il testo? Ovvero si potrebbe avere qui un indizio della esistenza dei farisei in un dato periodo storico? La questione certamente è complessa: l'autore sta facendo parlare Pietro, il discepolo più stimato di Gesù (*Hom.* 1,15) esimio esponente della comunità di Antiochia[35] (e non solo), campione di fede e sapienza, contrapponendolo a Simone.

La narrazione si pone in un determinato periodo storico: nella prima parte del romanzo pseudo-clementino Clemente a Roma sotto il regno di Tiberio Cesare, in primavera, viene a conoscenza di un tale che in Giudea predica il regno dell'invisibile Dio (*Hom.* 1,6); il riferimento è a Gesù. Nel successivo autunno Clemente incontra Barnaba che annuncia il vangelo in Roma. Quando quest'ultimo torna in Giudea (forse per la Pasqua), Clemente decide di seguirlo giorni dopo. La menzione di Gesù in questo punto iniziale della narrazione ci dà un riferimento temporale importante: l'incontro di Clemente con Barnaba e l'inizio del suo viaggio avviene (nella narrazione) quando il Nazareno è ancora vivo, probabilmente si tratta dell'ultimo anno di vita di Gesù. I viaggi di Clemente e le predicazioni di Pietro sono successive a questo momento, e sono da inquadrare grossomodo fra l'anno della morte di Gesù e prima della morte di Pietro.

Il riferimento è ai primi anni della comunità cristiana, Pietro, Giacomo, Barnaba sono i discepoli che hanno conosciuto Gesù. Essi costituiscono la prima generazione apostolica la quale ha il compito di trasmettere l'e-

---

[35] Nel romanzo pseudo-clementino Pietro è esponente di riferimento della chiesa di Antiochia, Giacomo, fratello del Signore, è esponente di riferimento della chiesa di Gerusalemme.

sperienza e la fede ricevuta direttamente dal Nazareno alla generazione successiva, che non ha conosciuto il Cristo. Negli *Atti degli Apostoli* la figura di Simone il mago è presentata dopo la morte di Stefano e dopo la prima persecuzione della comunità cristiana, quando Filippo scende in Samaria e colà lo incontra; in Samaria arrivano successivamente Giovanni e Pietro, il quale corregge e converte Simone (At 8,1-25). Questo è il quadro temporale e narrativo all'interno del quale le *Homiliae* (come pure le *Recognitiones*) sono sviluppate.

Hom. 11,28,3 – 11,29,2 può indicare che per gli autori/redattori i farisei e gli scribi fossero parte della comunità (o delle comunità) che aveva Pietro come riferimento. Rimanendo nella dimensione temporale della narrazione siamo nei primi anni dopo la morte del Cristo. L'informazione in sé non è nuova, in quanto anche in At 15,5 è indicato che alcuni della "setta" dei farisei erano diventati credenti.

Il dato sarebbe assai più interessante se ἐν ἡμῖν si potesse riferire non solo al tempo della narrazione, ma al presente degli autori/redattori: si tratterebbe di passare grossomodo da informazioni ascritte alla metà del I secolo ad un periodo molto successivo, agli inizi del III secolo se ci si riferisce all'ipotetica datazione dello scritto base (dal quale sono sviluppate le *Homiliae* e le *Recognitiones*), o ben oltre, se si considera il periodo della redazione del romanzo, probabilmente nel IV secolo (la specificazione "fra noi" è presente nella traduzione siriaca[36] delle *Homiliae*, il cui più antico manoscritto è datato al 411[37]).

Gli autori/redattori delle *Homiliae*, pur narrando fatti inseriti in un contesto storico antecedente a loro, stanno presentando una dottrina che ritengono attualmente autoritativa. Difatti essa è esposta, per la maggior parte, da Pietro, principe degli apostoli e sommo esponente della prima generazione apostolica la cui missione specifica è la trasmissione della fede: tutte le generazioni di discepoli devono ricevere la sapienza che deriva dalla conoscenza della verità, ovvero del vero profeta. Pietro appartiene ad una comunità cristiana (intesa come gruppo di comunità o chiese locali) che è riferimento per tutte le altre in tutti i tempi. Il racconto dei viaggi, i discorsi degli apostoli, in primis Pietro, e il periodo scelto indicano come gli autori/redattori vogliano proporre (con una forma letteraria diversa) uno scritto con una autorità almeno prossima a quella degli *Atti degli Apostoli* di Luca[38].

---

[36] Cfr. F.S. JONES, *The Syriac Pseudo-Clementines*, 284.

[37] Cfr. F.S. JONES, *The Syriac Pseudo-Clementines*, 39.

[38] In generale si potrebbero considerare le pseudo-clementine come una ri-narrazione degli *Atti degli Apostoli*, allo scopo di presentare la propria visione storiografica e dottrinale.

Il romanzo pseudo-clementino presenta, nella narrazione, quella che per l'autore è la corretta dottrina, correggendo al contempo quelle che egli ritiene erronee e pericolose per la vita cristiana: Simone (mago) in pratica è il personaggio letterario che coagula in sé tutti questi errori[39] (elementi paolini[40], simoniani, marcioniti[41]) nella dimensione letteraria di antagonista all'apostolo Pietro.

Dunque i nostri autori/redattori, in una narrazione ambientata alla metà del I secolo, affrontano temi a loro cari e attuali. La questione è se in questa attualità siano trascinati o meno, i farisei (e scribi).

Se da un lato At 15,5 fornisce il supporto[42] "storico" per il "fra noi" di Pietro, d'altro canto occorre notare che gli autori/redattori si siano dati da fare per distinguere farisei e scribi "buoni" dagli ipocriti, uscendo da una stereotipizzazione che poteva già essere presente in comunità cristiane antagoniste[43], e che ha radici nello stesso testo evangelico. Perché l'autore ha voluto inserire tali precisazioni nel testo? Quale potrebbe essere il suo interesse?

Probabilmente si deve dedurre che farisei e scribi avessero una importanza all'interno della comunità degli autori/redattori: il che potrebbe essere per una presenza diretta, oppure perché farisei e scribi rappresentavano una figura considerata importante nella trasmissione della verità. In entrambi i casi quando si considera tale comunità cristiana di riferimento si può pensare ad un contesto del IV secolo, con la possibilità di elementi mutuati, tramite lo scritto base o le fonti di quest'ultimo, dal II e III secolo.

Nel suo *When did Rabbis become Pharisees?* la Reed considera come la legge di Dio data a Mosè, e trasmessa dai farisei, risuoni di tradizioni rabbiniche

---

[39] Cfr. D. Coté, «La fonction littéraire de Simon le Magicien dans les Pseudo-Clémentines», *LThPh* 57 (2001), 513-523.

[40] La dimensione dell'antipaolinismo delle pseudo-clementine è ultimamente discussa, ad esempio cfr. G.B. Bazzana, «Paul among His Enemies? Exploring Potential Theological Traits in the Pseudo-Clementines», in I.W. Oliver – G. Boccaccini, ed, *The Early Reception of Paul the Second Temple Jew. Text, Narrative and Reception History,* London 2019, 120-130.

[41] Cfr. L. Cirillo, «L'antipaolinismo nelle Pseudoclementine. Un riesame della questione», in G. Filoramo – C. Giannotto, ed. *Verus Israel. Nuove prospettive sul giudeocristianesimo,* Brescia 2001, 280-303; F.S. Jones, "Marcionism in the Pseudo-Clementines," in A. Frey – R. Gounelle, ed., *Poussières de christianisme et de judaïsme antiques,* Prahins (Suisse) 2007, 225–244.

[42] Per un inquadramento più preciso andrebbero considerati, oltre agli Atti canonici, anche gli atti, legende ed epistole della letteratura cosiddetta apocrifa, valutandone datazione e contenuti. Per lo studio attuale e per il punto in questione, il riferimento ad AT 15 mi pare sufficiente.

[43] Se si considera anche solo la dimensione antimarcionita delle pseudo-clementine, essa ci proietta in un periodo successivo agli inizi del II secolo, che corrisponde con la datazione suggerita e generalmente accettata per la redazione dello scritto base (inizi del II secolo); d'altro canto si deve considerare come la redazione delle *Homiliae* sia datata nel IV sec. circa.

che furono sviluppate nel III e IV secolo, quando la Torah orale iniziò ad acquisire uno status autoritativo paragonabile a quello della legge scritta[44]. Questa osservazione suggerisce l'ipotesi che i farisei, nella redazione finale delle *Homiliae*, siano figura dei *rabbi* come intesi nel giudaismo contemporaneo, ovvero siano la testimonianza nell'ambito cristiano dello sviluppo del giudaismo "rabbinico" nelle comunità ebraiche nello stesso periodo e nella stessa area geografica[45] (la Siria e la Palestina romana del IV secolo circa). Un giudaismo che non è percepito come antagonista, ma al contrario come portatore di tradizioni importantissime e garante della trasmissione di verità essenziali per la salvezza.

In quest'ottica deve essere considerato lo sforzo fatto dagli autori per riconfigurare le accuse di ipocrisia di Matteo 23: da un lato gli autori/redattori si premurano di mantenere ben saldi farisei (e scribi) sulla cattedra di Mosè (Mt 23,2-3), dall'altro di dirottare le accuse di ipocrisia solo su alcuni, salvaguardando l'integrità dei farisei come gruppo: l'errore di alcuni non può inficiare la bontà dell'insieme.

L'autorità di Pietro è riconosciuta quasi come assoluta in generale, l'altra figura apostolica che gli può essere paragonata è quella di Giacomo fratello del Signore in Gerusalemme. Clemente da Roma deve raggiungere Cesarea per incontrare Pietro e seguirlo nel suo viaggio, grossomodo lungo la costa mediterranea da Cesarea Marittima fino ad Antiochia: è una zona geografica definita, dove Pietro, fra gli apostoli, ha piena giurisdizione tanto, ad esempio, da nominare vescovi in quelle comunità che lo necessitino. Lo stesso viaggio infine è focalizzato su Antiochia, in qualche modo sede dell'apostolo e uno dei punti di irradiazione (assieme a Gerusalemme) della missione apostolica. Si tratta di un'area geografica inclusa nella Palestina romana e nella Siria dove le comunità cristiane considerate si riferiscono ad Antiochia e Gerusalemme; non vi sono indicazioni o connessioni sostanziali di comunità che hanno come riferimento l'apostolo Paolo.

Se si guarda alla vicenda di Clemente, che parte da Roma per cercare la verità, e tornarvi successivamente non solo cristiano, ma vescovo (Epistola di Clemente a Giacomo), si intravede la volontà di connettere la cattedra di Roma (Clemente) con Pietro (Antiochia) e Gerusalemme (Giacomo).

Queste considerazioni sostanzierebbero l'ipotesi che farisei e scribi ritenessero un ruolo importante per quelle comunità cristiane in oriente che

---

[44] Cfr. A.Y. REED, «When Did Rabbies Become Pharisees? Reflections on Christian Evidence for Post-70 Judaism», in A.Y. REED, *Jewish-Christianity and the History of Judaism*, 323.

[45] Cfr. A.Y. REED, «When Did Rabbies Become Pharisees?», 326-327.

avevano come riferimento l'insegnamento di Pietro (Antiochia) e Giacomo (Gerusalemme) e prassi vicine alle comunità giudaiche[46].

Raccogliendo gli elementi sottolineati è possibile dire che in queste comunità cristiane, in questa area geografica, al tempo della redazione delle *Homiliae*, i farisei (e gli scribi) ricoprissero un ruolo di riferimento quanto alla trasmissione della Torah. Ciò non implica necessariamente la loro presenza storica in tali comunità: di fatto la narrazione è svolta nel tempo della prima generazione apostolica; in tale periodo non sorprende la presenza dei farisei nella comunità di Gerusalemme. Sorprende tuttavia la determinazione attuale degli autori/redattori di salvaguardare tale figura dalle accuse d'ipocrisia. Allo stato attuale della conoscenza l'ipotesi migliore è quella che essi, in una relazione osmotica con un giudaismo percepito come prossimo, considerassero i *rabbi* loro contemporanei eredi dei farisei di un tempo.

Questo non preclude la possibilità che, come indicato da At 15, farisei potessero far parte della comunità di Gerusalemme nel I secolo, e che essi possano aver continuato a giocare un ruolo non secondario nelle comunità cristiane sottese alle *Homiliae*. Identità e ruolo che si sono certamente evoluti nel tempo e che comunque sono difficili da specificare, considerando anche l'evoluzione e lo sviluppo del racconto pseudo-clementino nei secoli.

2.1.3 *Homilia* 18,3,4

18,3,(4) καὶ ὁ Πέτρος· Ὅτι τὸ ἀγαθὸν αὐτὸ καὶ δίκαιόν ἐστιν, ἐπάκουσον. αὐτὸς ὁ διδάσκαλος ἡμῶν τῷ εἰπόντι Φαρισαίῳ· «Τί ποιήσας ζωὴν αἰώνιον κληρονομήσω;» πρῶτον ἔφη· «Μή με λέγε ἀγαθόν· ὁ γὰρ ἀγαθὸς εἷς ἐστιν, ὁ πατὴρ ὁ ἐν τοῖς οὐρανοῖς»· εὐθὺς ἐπάξας λέγει· «Εἰ

(5) δὲ θέλεις εἰς τὴν ζωὴν εἰσελθεῖν, τήρησον τὰς ἐντολάς». τοῦ δὲ εἰπόντος· «Ποίας;» ἐπὶ τὰς τοῦ νόμου ἔπεμψεν. οὐκ ἂν δὲ ἕτερόν τινα ἀγαθὸν

E Pietro: ascolta come il buono sia anche giusto. Il nostro maestro disse prima di tutto a un fariseo che chiedeva: "facendo cosa erediterò la vita eterna?" In primo luogo disse: "Non mi chiamare buono; infatti uno solo è buono, il Padre che è nei cieli"; subito aggiunse:

"se vuoi entrare nella vita eterna osserva i comandamenti". Quello disse: "quali?" Indicò quelli della legge.

---

[46] Ma anche una certa distanza da comunità di origine paolina.

(6) σημαίνων ἐπὶ τὰς τοῦ δικαίου ἀνέπεμπεν ἐντολάς. ὅτι δὲ τὸ δίκαιον ἄλλο ἐστὶν καὶ τὸ ἀγαθὸν ἕτερον, καὶ αὐτὸς ὁμολογῶ, ἀλλ' ὅτι τοῦ αὐτοῦ ἐστιν (7) τὸ ἀγαθῷ εἶναι καὶ δικαίῳ, ἀγνοεῖς[47]. (*Hom.* 18,3,4-7)	Se qualcun altro fosse buono non avrebbe indicato i comandamenti del giusto. Vero che altro è il giusto altro il buono, e sono d'accordo, ma tu ignori che è proprio di costui essere buono e giusto.

Nel terzo dibattito di Pietro con Simone in Cesarea, l'argomento generale è ancora quello dell'esistenza dell'unico Dio, contro l'affermazione di Simone della sussistenza di un dio creatore e di un dio legislatore (*Hom.* 18,1): l'altissimo dio (creatore) è buono, mentre il dio legislatore è giusto. Bontà (misericordia) e giustizia non possono coesistere, dunque, secondo Simone, due sono gli dei e distinti nei loro ruoli.

Simone chiede a Pietro di mostrare, tramite le parole del Maestro, come sia possibile essere sia buoni che giusti (*Hom.* 18,3,3). La citazione scelta da Pietro è connessa con Lc 18,18-19: il richiamo di parte di Lc 18,18 è letterale[48], mentre la ripresa successiva di Lc 18,19 risulta leggermente diversa. In generale occorre considerare l'insieme dei paralleli sinottici, Mt 19,16-17 e Mc 10,17-18.

Ciò che è interessante per il nostro studio è che nei sinottici colui che interroga Gesù è un ἄρχων in Luca, un εἷς προσελθὼν in Matteo, un προσδραμὼν εἷς in Marco, ma mai un fariseo[49].

Nei sinottici il dialogo fra Gesù e l'interlocutore si snoda fra la domanda fatta a Gesù, la sua risposta con l'obiezione riguardo all'esser chiamato buono, la presentazione dei comandamenti e il suo invito ad andare oltre.

Hom. 18,3,4 riprende indirettamente lo svolgimento del dialogo fra Gesù e l'interlocutore, ma non vi è considerata la parte relativa alla vendita di beni, condizione per andare oltre le prescrizioni della legge. Di fatto ci si focalizza sulla obiezione di Gesù alla qualifica di buono, solo Dio è buono (che è appunto l'argomento di Simone), e sui comandamenti come via per la vita eterna.

Che l'osservanza dei comandamenti sia la strada che conduce alla salvezza è un tema caro agli autori/redattori delle *Homiliae*: in *Hom.* 8,5 si ribadisce che la salvezza è raggiunta praticando le cose insegnate dal profeta di verità, Mosè per gli ebrei, Gesù per i chiamati dalle nazioni, poiché

---

[47] *Die Pseudoklementinen I. Homilien*, 242.

[48] Nel senso che coincide con il testo attualmente recepito per Lc (e coincide con Lc 10,25).

[49] In Lc 10,25 si tratta di un νομικός τις, un maestro della legge.

di fatto il loro insegnamento coincide; in *Hom.* 11,16 il timorato di Dio (θεοσεβής, il gentile convertito al culto dell'unico Dio) pratica la legge tanto quanto il pio ebreo, tanto da poter esser considerato egli stesso ebreo; ma chi non segue la legge è un greco, cioè un peccatore, a prescindere se sia etnicamente un ebreo o meno.

Colui che pone la domanda a Gesù nei sinottici è descritto come un attento osservante (fin dalla giovinezza: Lc 18,21, Mt 19,20, Mc 10,20) della legge mosaica: non solo la conosce bene, ma la pratica con attenzione e con continuità. Visto che *Hom.* 18,3,4 non considera l'ulteriore richiesta di Gesù (la vendita dei beni) né tantomeno la triste ritirata dell'interlocutore, la sua figura non è viziata dalla rinuncia o dalla impossibilità di seguire la via indicata da Gesù.

Quando in *Hom.* 11,28,4 gli autori/redattori difendono farisei e scribi dall'accusa di ipocrisia, si specifica che essi conoscano (in quanto scribi) i comandamenti meglio degli altri, inoltre essi occupano la cattedra di Mosè e sono incaricati di trasmettere la Torah, scritta e orale. Probabilmente il fariseo compare qui proprio per la sua dimensione positiva nelle *Homiliae*: chi meglio di lui, che conosce e pratica la legge, può interrogare il Maestro, ricercando, saggiamente, la via alla vita eterna?

Il fariseo di *Hom.* 18,3,4 sta ponendo la giusta domanda: è interesse di ogni sapiente conoscere la via per la vita eterna. E tale via consiste nell'osservanza dei comandamenti, non altro. In quest'ottica egli ha una dimensione positiva, e una proposizione globale diversa da quella dei sinottici, ma coerente con il quadro soteriologico delle *Homiliae*.

Nella sezione parallela *Rec.* 3,37-38 il discorso non coinvolge i farisei: in *Rec.* 3,37,9 vi è una allusione indiretta alla risposta data da Gesù sull'essere solo Dio buono, ma tale risposta è riportata come data agli ebrei in generale[50], non ad un individuo, né tantomeno ad un esponente delle fazioni giudaiche.

2.2. *Recognitiones*

Come per le *Homiliae* la redazione del racconto a partire dallo scritto base è avvenuta all'incirca nel IV secolo, con una stesura che ha similitudini e differenze da quella delle *Homiliae*, sommariamente indicate nella

---

[50] *Rec.* 3,37,9: «denique Hebraeis qui de deo ita opinabantur, quod solum bonus esset, dicebat magister noster, ut et iustitiam eius quaererent». Il testo latino delle *Recognitiones* è ripreso dalla edizione critica di B. Rehm e G. Strecker nella collana GCS: *Die Pseudoklementinen II. Rekognitionen in Rufins Übersetzung*, B. REHM – G. STRECKER, *ed.*, GCS 51, Berlin 1994², 123.

introduzione a questo capitolo. Tre delle occorrenze di *pharisaeus* cadono nel primo libro, ai capitoli 54, 59, 63, dunque risultano contenute nella sezione *Rec.* 1,27-71, specifica delle *Recognitiones* e considerata dalla critica derivata da un'antica fonte[51] dalle caratteristiche particolari e talvolta diverse da quelle rintracciabili nel resto dello scritto.

Le *Recognitiones* sono state trasmesse integralmente solo in traduzione latina (in siriaco sono giunti i primi quattro libri, sono stati ritrovati frammenti in armeno e arabo), mentre sono pochi i frammenti rintracciati dell'originale greco in opere di autori ecclesiastici successivi[52]. La questione ovviamente è quanto le traduzioni possano essere aderenti all'originale, ovvero quanto sia stato consistente l'adattamento dell'originale ad una nuova lingua e conseguentemente ad una cultura di un periodo storico diverso. La traduzione latina è stata fatta attorno al 406 da Rufino di Aquileia, mentre la versione siriaca dovrebbe essere precedente, anche se non di molto[53].

2.2.1 *Rec.* 1,54,6-7

6 Scribae quoque et Pharisaei in aliud schisma deducuntur.
7 sed hi baptizati ab Iohanne, et velut clavem regni caelorum verbum veritatis tenentes ex Moysei traditione susceptum, occultarunt ab auribus populi[54].
(*Rec.* 1,52,6-7)

Anche gli scribi e i farisei vengono poi trascinati in un altro scisma:
battezzati da Giovanni e possedendo il Verbo della verità ricevuto dalla tradizione mosaica come chiave del regno dei cieli, lo tennero nascosto non parlandone alla gente[55].

Rec. 1,27-71 si può dividere sommariamente in due parti, nella prima, *Rec.* 1,27-42 ripercorre la storia della salvezza dalla creazione fino alla manifestazione di Gesù, la seconda parte, *Rec.* 1,43-71 racconta i primi sette anni della comunità cristiana in Gerusalemme dopo la morte di Gesù.

---

[51] Cfr. F.S. JONES, *An Ancient Jewish Christian Source.*

[52] Il frammento più grande è stato rintracciato (sebbene nel manoscritto la fonte non sia indicata) nel *Erotapokriseis* dello Pseudo Cesareo di Nazianzo (550 circa) e nella *Lettera* 3,24 attribuita a Nilo di Ancira. Cfr. F. S. JONES, *The Syriac Pseudo-Clementines*, 27.

[53] F.S. Jones considera, per addivenire ad una datazione, il *Commentario al Diatessaron* di Efrem, il quale pare conoscere almeno la traduzione in siriaco delle *Recognitiones*; la traduzione in siriaco sarebbe anteriore alla morte di Efrem, nell'ipotesi che tale commentario sia effettivamente di tale autore, esiliato e morto in Edessa nel 373; Cfr. F. S. JONES, *The Syriac Pseudo-Clementines*, 41.

[54] *Die Pseudoklementinen II. Rekognitionen* 39.

[55] PSEUDO-CLEMENTE, *I Ritrovamenti*, 99-100.

In *Rec.* 1,54,1 narra come il nemico (il "diavolo") comprendendo come fosse vicina la venuta del Cristo, e dunque l'abolizione dei sacrifici e l'istituzione della grazia del battesimo, si adoperò per produrre diversi scismi nel popolo, sperando che «se mai si fosse potuto cancellare il precedente peccato, la colpa successiva non si sarebbe più potuta correggere[56]». Gli scismi prodotti sono quattro: il primo è quello dei "cosiddetti sadducei" (*Rec.* 1,54,2) iniziato ai tempi di Giovanni il Battista, il secondo quello dei samaritani, il terzo quello degli scribi e farisei (*Rec.* 1,54,6), il quarto quello dei discepoli (alcuni) di Giovanni il Battista[57] (*Rec.* 1,54,8); in tutto i gruppi giudaici considerati sono cinque[58].

Lo scisma dei sadducei consiste nella negazione della resurrezione, essi si considerano più giusti degli altri e si separano dall'assemblea del popolo; il primo a proporre tale dottrina fu Dositeo, seguito da Simone. Anche i samaritani non credono nella resurrezione e affermano il Garizim come il luogo dove adorare Dio; essi aspettano il profeta annunciato da Mosè, ma Dositeo[59] impedì loro di riconoscerlo in Gesù. Scribi e farisei furono battezzati da Giovanni, possedevano la parola di verità ricevuta dalla tradizione mosaica, che è la chiave del Regno dei cieli, la nascosero alle orecchie del popolo; la "devianza" degli scribi e farisei consiste in questo nascondimento. Alcuni fra i discepoli di Giovanni il Battista, ritenendosi importanti, si separarono dal popolo e proclamarono come Cristo il Battista.

La posizione degli scribi e farisei[60] appare un po' particolare; gli altri gruppi hanno accuse ben chiare: negare la resurrezione per sadducei e sa-

---

[56] *Rec.* 1,54,1; G.B. Bazzana, ed., «Il cosiddetto documento giudeocristiano di *Riconoscimenti* 1,27,1 – 1,71,6», in C. Giannotto, ed., *Ebrei credenti in Gesù*, 631-632.

[57] «Sed et ex discipulis Iohannis, qui videbantur esse magni, segregarunt se a populo et magistrum suum velut Christum praedicarunt», *Rec.* 1,54,8 (*Die Pseudoklementinen II. Rekognitionen,* 39) si può intendere che non tutti i discepoli di Giovanni seguirono questa posizione; la traduzione siriaca indica come i più puri fra i discepoli del Battista si distaccarono dal popolo e venerarono il loro maestro; cfr. F.S. Jones, *An Ancient Jewish Christian Source*, 89.

[58] Per un confronto con altre liste di fazioni giudaiche vedi tabella in appendice.

[59] Dositeo si presenta come un personaggio ponte, appare nella compagine dei sadducei e successivamente nei samaritani. Tramite lui anche Simone suo discepolo, è connesso con i samaritani sicché la notizia si accorda con altre testimonianze della tradizione eresiologica cristiana (es. Giustino, *I Apol.* 26,2-3, *Dial.* 120,6; Ireneo, *Adv. haer.* I,23,1-5; "Ippolito", *Elenchos* VI,7; Epifanio, *Panarion, haer.* 21).

[60] La figura degli scribi e farisei in Rec. 1,27-71 è analizzata da un recente articolo di Jonathan Bourgel, con interessanti comparazioni con la tradizione rabbinica: J. Bourgel, «The Holders of the "Word of Truth": The Pharisees in Pseudo-Clementine Recognitions 1.27–71», *JECS* 25 (2017), 171-200.

maritani, non riconoscere il messia in Gesù per i samaritani e i seguaci di Giovanni il Battista. Inoltre sono i sadducei e (alcuni) dei seguaci di Giovanni il Battista, a separarsi dal popolo, e non, come spesso riportato[61] in altri scritti dei primi secoli, i farisei. La colpa dei farisei non è quella di negare qualche elemento essenziale della corretta dottrina, quanto di conoscere la verità e, malgrado ciò, averla nascosta al popolo.

La prima caratterizzazione riportata in *Rec.* 1,54,7 è che scribi e farisei sono stati battezzati da Giovanni, un dato che contraddice Lc 7,30[62]; in Mt 3,7-9 Giovanni il Battista apostrofa duramente i farisei e i sadducei che andavano da lui per farsi battezzare, ma qui non vi è indicazione, o meno, se essi abbiano ricevuto il battesimo (l'accoglienza ricevuta non deporrebbe a favore). Nella storia della salvezza narrata in *Rec.* 1,27-42, Giovanni il Battista non appare[63], e il battesimo presentato in *Rec.* 1,39 è quello fatto nel nome del Cristo, in grado di cancellare tutti i peccati e preparare all'eternità. In *Rec.* 1,27-71 non vi è una caratterizzazione positiva[64] o negativa del Battista: sono i suoi discepoli (o una parte di essi) a cadere nell'errore. Anche il battesimo di Giovanni non ha gran peso in *Rec.* 1,27-71, né una qualche caratterizzazione.

Possiamo però dare per scontato che fosse nota e chiara agli autori la differenza fra i due battesimi, già solo considerando le opere di Luca e Matteo (es. Mt 3,7-10, At 19,1-9), testi conosciuti e usati tanto in *Rec.* 1,27-71 come in generale nelle pseudo-clementine.

Scribi e farisei si sottopongono ad un lavacro di penitenza, essi riconoscono di averne bisogno, comunque si uniscono a coloro che richiedono questo battesimo, in attesa di colui che deve venire. La prospettiva sembra piuttosto diversa da quella di Lc 7,30 e di Mc 3,7-10, quasi a costituirne una correzione[65].

Nel *Panarion* 30,13,4 Epifanio riporta uno stralcio del vangelo degli ebioniti, una versione, per lui, corrotta del vangelo di Matteo: «Ci fu Gio-

---

[61] Cfr. nelle pseudo clementine *Hom.* 11,29,2; spesso, come visto in questo studio, i farisei sono considerati i separati generalmente in connessione con la (presunta) etimologia del loro nome (es. Origene, *CIo.* VI, 22, 120).

[62] Lc 7,30 considera i farisei e i dottori della legge: «Ma i farisei e i dottori della Legge, non facendosi battezzare da lui, hanno reso vano il disegno di Dio su di loro».

[63] Giovanni Battista appare in *Rec.* 1,53 come riferimento temporale, in Rec. 1,54 e in Rec. 1,60 nella diatriba fra un discepolo del Battista e Simone il cananeo: qui il punto è se Giovanni sia più grande o meno di Gesù, visto che in Mt 11,11 è detto essere il più grande fra i nati da donna.

[64] In *Hom.* 2,23 il ritratto di Giovanni il Battista è considerato, seguendo la dottrina delle sizigie, l'antecedente di Gesù, cioè un profeta di falsità fra i cui discepoli vi era Simone il mago.

[65] Cfr. J. BOURGEL, «The Holders of the "Word of Truth"», 175.

vanni che battezzava e uscirono incontro a lui i Farisei e furono battezzati e tutta Gerusalemme pure[66]». È interessante che la "corruzione" sottolineata da Epifanio vada in una direzione similare a quella di *Rec.* 1,54,6, coinvolgendo l'intera Gerusalemme; tant'è che in *Pan.* 30,15,1 è detto che gli ebioniti usano altri libri, oltre il loro vangelo, cioè i cosiddetti viaggi di Pietro scritti da Clemente (Περίοδοι καλούμεναι Πέτρου). La relazione fra gli ebioniti e le pseudo-clementine è una questione complessa[67] che esula dallo specifico di questo studio; certamente la descrizione che ne fa Epifanio in *Pan.* 30 mostra punti vicini a quelli della comunità sottesa alle pseudo-clementine: l'osservanza della legge giudaica con una attenzione alla purità rituale (con bagni quotidiani e anche dopo i rapporti sessuali), l'avversione per i sacrifici, Cristo inteso come profeta di verità[68], il divieto di mangiare alcuni cibi[69], la veridicità di parte della legge (ovvero la presenza di false pericopi), una certa tendenza antipaolina[70]. Jones afferma la dipendenza di *Rec.* 1,54,6 dal *Vangelo degli Ebioniti*[71], però occorre osservare come vi siano differenze non piccole: i farisei compaiono soli (non sono nominati gli scribi o altri gruppi), essi si fanno battezzare con tutta Gerusalemme, anzi, essendo presentati per primi, sembrerebbe che fossero loro i primi a presentarsi al lavacro e/o che abbiano una posizione particolare rispetto alla popolazione della città. In altre opere dei primi secoli si osserva spesso che quando gli autori riprendono un passo evangelico, dove i farisei compaiono assieme ad altri gruppi, con un intento esemplificativo, essi soli sono presentati a mostrare l'atteggiamento stigmatizzato: classicamente quando si parla di ipocrisia in relazione a Mt 23, talvolta sono i soli farisei a raccogliere tale ruolo, mentre gli scribi scompaiono. E questo accade più di sovente negli scritti più tardi, oppure nelle traduzioni di opere più antiche (es. Origene *CMt* XVII, 27) ove pesa una figura dei

---

[66] Epifanio di Salamina, *Panarion. Libro Primo*, G. Pini, ed., Brescia 2010, 439.

[67] La letteratura a riguardo non è certo poca: cfr. F.S. Jones, «The Pseudo-Clementines: A History of Research», 50-113.

[68] Pan. 3,3-5, 34,6 indica come alcuni ebioniti ritenessero che Cristo come spirito fosse presente in Adamo e nei patriarchi, il che mostra affinità con la presentazione del profeta di verità di *Hom.* 3,20, che riappare nelle diverse epoche con diversi nomi.

[69] Mentre, secondo Epifanio, gli ebioniti non si cibano di carni (*Pan.* 30,15,3-4, 30,22), *Rec.* 1,30,1 riporta il divieto di mangiare sangue (in linea con i precetti noachici e il decreto di Atti 15,29).

[70] Epifanio propone gli ebioniti come decisamente ostili a Paolo (*Pan.* 16,8-9, 25,1. Ma anche Ireneo *Adv. haer.* I,26,2), sebbene l'antipaolinismo delle pseudo-clementine sia discusso, non mancano elementi contrari all'apostolo delle genti, come ad esempio in *Rec.* 1, 70.

[71] Cfr. F.S. Jones, *An Ancient Jewish Christian Source*, 148-149.

farisei già definitivamente negativa. Va considerata la possibilità che la presenza dei soli farisei in una ripresa di un brano evangelico, ove siano originariamente presenti assieme ad un altro gruppo, possa essere indizio non di antichità, ma di appartenenza ad un periodo più tardo[72].

Il fatto che il *Vangelo degli Ebioniti* consideri i soli farisei a farsi battezzare, potrebbe suggerire piuttosto una ideologizzazione della figura dei farisei più spinta di quella di *Rec.* 1,54,6, ove compaiono con gli scribi: i farisei, sono il primo e l'unico gruppo citato (nel *Vangelo degli Ebioniti*) della compagine ebraica gerosolomitana a farsi battezzare. Si tratta di una cristallizzazione più definita della figura, positiva, dei farisei rispetto a quella di *Rec.* 1,54 e ad essa successiva? È un'ipotesi che non andrebbe scartata a priori[73].

In *Pan.* 30,13,4 e *Rec.* 1,54,6-7, si può ravvisare, a mio parere, l'intento di correggere il dato evangelico[74] e presentarne una versione alternativa, congruente con la narrazione pseudo-clementina delle vicende degli apostoli (che è una revisione della storiografia degli *Atti degli Apostoli* canonico).

Il seguito, *Rec.* 1,54,7, attesta come scribi e farisei posseggano la parola di verità, che è la chiave del Regno dei cieli, ricevuta dalla tradizione di Mosè e l'abbiano nascosta alle orecchie del popolo. È interessante che tale parola sia nascosta *ab auribus populi*[75], come a sottolineare una tradizione da trasmettere oralmente, forse un legame con *Hom.* 2,38, e con l'esistenza di una Torah orale accanto alla scritta, necessaria per arrivare alla verità delle scritture.

La parola di verità, la chiave del Regno dei cieli e la tradizione di Mosè sono tre punti importanti da esaminare.

In *Rec.* 1,54,7 la parola di verità, la chiave del Regno dei cieli e il loro nascondimento derivano dalla rielaborazione di Mt 23,13 e Lc 11,52: la

---

[72] La presenza di una selezione per focalizzazione è indizio di una distanza dal testo evangelico mediata da una figura tipologica farisaica definita, dunque di uno sviluppo che ha richiesto tempo per darsi. L'esempio tipico sono le traduzioni di opere più antiche ove il traduttore, con intento chiarificatore per il suo lettore, sostituisce alle fazioni i soli farisei, poiché "evidentemente" colpevoli delle disgrazie del Cristo (cfr. *CMt* XVII,17,35-47 *CMt* XVII, 27).

[73] Senza escludere anche la possibilità che Epifanio, riportando una fonte a lui antecedente, possa aver, volontariamente o meno, inserito un *bias* anche nella citazione "letterale".

[74] Mt 3,7: Giovanni Battista apostrofa duramente farisei e sadducei che vengono al suo battesimo senza frutti di conversione e nel contesto non si dice che essi abbiano ricevuto il lavacro. *Rec.* 1,54,7 afferma esplicitamente il battesimo da parte di Giovanni.

[75] Questa specificazione non è presente nella traduzione siriaca, cfr. F.S. Jones, *An Ancient Jewish Christian Source*, 88.

chiave è ciò che è necessario per entrare nel Regno e consiste nella parola di verità; la salvezza è connessa con la scoperta della verità, cioè della vera volontà di Dio rimasta adombrata dal peccato durante la storia, ma rivelata da Mosè, dai profeti e infine dal Cristo.

La vera tradizione di Mosè è un altro concetto importante: la cancellazione dei sacrifici, mai voluti da Dio, non fu possibile al tempo di Mosè, sicché egli fu costretto a permettere il sacrificio al Dio unico. Si tratta di una correzione fatta a metà (*Rec.* 1,36), posticipando l'altra metà ad un tempo opportuno, al nuovo profeta in grado di rivelare la sapienza di Dio e, tramite essa, portare gli uomini alla salvezza (*Rec.* 1,39,2) e al trionfo della verità (*Rec.* 1,43,1).

Sorprende come in *Rec.* 1,54,1 la chiave del Regno dei cieli (la parola di verità) sia connessa con la tradizione di Mosè. In Mt 15[76] Gesù discute con scribi e farisei sul loro fraintendimento della tradizione degli antichi, fino a spingersi a negare un comandamento di Dio, l'assistenza dovuta ai propri genitori, per una tradizione umana (*korbàn*, Mc 7,11): Gesù accusa i farisei e gli scribi di annullare un comandamento della Torah scritta (Es 20,12, Dt, 5,16, Es 21,17) tramite la Torah orale, in questo caso la disciplina sul voto santo[77]. La correzione di Gesù è decisa, e punta a sottolineare la precedenza del comandamento scritturistico su ogni tradizione umana, ribadisce come la tradizione degli antichi, la Torah mosaica, sia la tradizione di Dio, al contrario della tradizione umana degli scribi e farisei.

In *Rec.* 1,54,7 la tradizione degli scribi e dei farisei consiste nella vera tradizione di Mosè: l'errore degli scribi e farisei non è quello di avere una tradizione adulterata o errata, ma, pur avendo quella giusta, di averla nascosta alle orecchie del popolo. Inoltre non viene considerato qui il loro mancato ingresso, come se si volesse salvaguardare la loro capacità di comprensione (e di potenziale accesso) e smussare l'impedimento posto ad altri: *Rec.* 1,54,7, riporta che essi *occultarunt ab auribus populi*, che certamente può impedire l'accesso al Regno dei cieli, ma ciò è lasciato implicito.

---

[76] Anche Mc 7,1-13.

[77] La questione è un po' più complessa, poiché anche i voti fatti a Dio sono disciplinati in Nm 30,2ss, e Dt 23,24 e vi è l'obbligo di osservarli una volta fatti. Sarebbe dunque il caso di uno scontro fra due precetti della legge, ma il problema ricade nell'uso, immorale, di un precetto, sì da derivarne un vantaggio personale. Tale modo di fare non è nella Torah scritta, ma si sviluppa in una interpretazione, umana e dibattuta (da Gesù, ma anche nella letteratura rabbinica), che può essere accettata, utilizzata e divenire infine tradizione (cfr. U. Luz, *Vangelo di Matteo*, II, C. Giannotto, ed., Brescia 2010, 526-528; A. Yarbro Collins, *Mark: A Commentary*, H. W. Attridge, ed., Minneapolis 2007, 351-353). Interessante a questo proposito è Origene *CMt* XI,9.

A questo proposito la traduzione siriaca ha alcune differenze significative: scribi e farisei furono istruiti sul fatto che la parola di verità è come la chiave del Regno dei cieli, ma essi la ricevettero da Mosè per nasconderla[78]. In questo caso la prospettiva del traduttore siriaco è ancora più drastica: il nascondimento della parola di verità è stato voluto da Mosè stesso, sicché diviene difficile comprendere in cosa consista la colpa degli scribi e farisei.

Ritornando alla traduzione latina di Rufino, certamente occorre ammettere che la prospettiva degli autori/redattori di *Rec.* 1,54,7 è singolare e la figura degli scribi e farisei ne esce con un'accentuazione che non si può dire positiva, ma neanche negativa: essi sono annoverati fra i gruppi scismatici del popolo ebraico, ma la loro colpa viene mitigata da un contesto che è reso in modo assai diverso da quello proprio di Matteo 15 (o Marco 7).

Il tema della chiave del Regno dei cieli in relazione agli scribi e farisei, è affrontato diverse volte nel romanzo pseudo-clementino (*Hom.* 3,18,2, *Hom.* 18,15-17, *Rec.* 2,30,1, *Rec.* 2,46,3), tanto che si rivela una delle caratterizzazioni più forti dei farisei, anche a prescindere dal tono specifico in ogni brano in cui compare: costante è la relazione fra questi due gruppi e la trasmissione della legge mosaica, Torah scritta e orale; la Torah orale è necessaria alla comprensione della verità nelle Scritture poiché, attraverso essa, si è purificati dalla sapienza divina e, con una vita buona, si perviene alla salvezza.

Diversi studiosi hanno sottolineato la vicinanza di *Rec.* 1,54,7 al *logion 39*[79] del *Vangelo di Tommaso*, supponendo un qualche tipo di dipendenza[80]; senza entrare in una analisi dettagliata occorre considerare le differenze, oltre le similitudini: il *logion 39* è in qualche modo più vicino al contesto evangelico, poiché in esso scribi e farisei hanno ricevuto la chiave della conoscenza, l'hanno nascosta, non sono entrati loro e non hanno permesso di entrare a chi lo volesse. Sono esplicitate l'azione di nascondimento, l'incapacità di entrare (dunque la mancanza di comprensione delle chiavi date loro), l'impedimento all'ingresso (tramite la conoscenza nel Regno) di coloro che desideravano entrare: una sequenza che determina la responsabilità degli scribi e farisei senza possibilità di attenuanti. Questa è una differenza di non poco conto.

---

[78] Cfr. F.S. Jones, *An Ancient Jewish Christian Source*, 88.

[79] Vedi Cap. III.

[80] Cfr. J. Bourgel, «The Holders of the "Word of Truth", 179-178.

A prescindere se vi sia una dipendenza, diretta o mediata, fra *Rec.* 1,54,7 e *logion 39*, va osservato come il tema della chiave/i del Regno/conoscenza ha comunque un retroterra importante nei vangeli canonici (Mt 23,13 e Lc 11,52), riletti e coniugati in differenti tradizioni in diverse comunità cristiane. È possibile che *Rec.* 1,54,7 si riferisca a tradizioni e a scritti non canonici, comuni a diverse comunità di matrice ebraica (ad esempio al cosiddetto *Vangelo degli Ebioniti* accennato sopra, ma non solo), ma essi si presentano spesso (ma non sempre) come una rilettura delle tradizioni espresse nei vangeli canonici e in particolare sinottici, che costituiscono un retroterra importante e, spesso, principale.

La natura redazionale della stesura definitiva delle *Recognitiones* (come pure delle *Homiliae*) complica la comprensione del testo esaminato: l'ipotesi più accreditata è che *Rec.* 1,27-71 sia ascrivibile ad un testo utilizzato dal redattore/i dello scritto base[81], dal quale poi sarebbero derivate, con opera ulteriore di redazione, tanto le *Recognitiones* che le *Homiliae* (queste ultime non riportano o ripropongono il materiale di *Rec.* 1,27-71). F. S. Jones suggerisce una datazione attorno al 200 d.C. per la fonte di *Rec.* 1,27-71, il 220 circa per la redazione dello scritto base[82] e il IV secolo per la redazione definitiva di *Rec* e *Hom*. Se si accettasse una simile cronologia, ci si potrebbe chiedere se la caratterizzazione dei farisei in *Rec.* 1,54,7 sia ascrivibile all'autore della antica fonte, ai redattori del testo base, o a quelli della stesura definitiva (senza contare i possibili influssi dei traduttori).

Ciò che abbiamo certamente a nostra disposizione è la versione finale delle *Recognitiones* come consegnataci da Rufino in latino e dall'anonimo traduttore in siriaco. Nello stadio finale dell'opera i farisei sono presentati con caratteristiche sorprendentemente positive e in contrasto con quanto riportato in altri scritti di autori appartenenti a comunità cristiane non così vicine al giudaismo. Quello che si può ulteriormente considerare è se la rappresentazione dei farisei, generalmente positiva, ammetta differenze all'interno dell'opera e se queste differenze possano essere correlate con sezioni attribuite a periodi diversi.

Rec. 1,54,7 ha caratteristiche un po' diverse da altri passi dove si considera in qualche modo la tradizione mosaica affidata agli scribi e farisei, intesa come chiave del Regno/conoscenza[83]:

---

[81] Cfr. F.S. JONES, *An Ancient Jewish Christian Source*, in particolare 111-138.

[82] Cfr. F.S. JONES, *An Ancient Jewish Christian Source*, 163: ID., *The Syriac Pseudo-Clementines*, 26.

[83] Si considera qui il tema della chiave del regno/conoscenza e si confronta *Rec* 1,54,7 con altri passi inerenti tale motivo. Le mie conclusioni possono apparire diverse da quelle di A. Y. REED,

in *Hom.* 3,18,2 scribi e farisei siedono sulla cattedra di Mosè, a loro è stata affidata la chiave del Regno (conoscenza), ma essi non lasciano entrare coloro che lo vogliono; quest'ultima caratterizzazione aumenta la colpa dei farisei rispetto a *Rec.* 1,54,7.

Rec. 2,30,1 considera il ricevimento della chiave della scienza che apre le porte del Regno dei cieli e il suo nascondimento, ma esplicita come Gesù argomentò con scribi e farisei accusandoli di azioni non buone e di una dottrina non retta; anche qui la responsabilità dei due gruppi è maggiormente sottolineata rispetto a *Rec.* 1,54,7.

Rec 2,46,3 afferma che scribi e farisei si sono impossessati della chiave della dottrina, essi non hanno chiuso, ma hanno impedito che vi si entrasse; affermazione quest'ultima un po' ambivalente, comunque l'impedimento ad entrare è un'espansione rispetto a quanto riportato in *Rec.* 1,54,7.

Da questo rapido confronto si può affermare che *Rec.* 1,54,7, pur non essendo dissimile dai passi affini nelle pseudo-clementine, ha delle specificità che tendono a limitare la responsabilità degli scribi e farisei, quasi a suggerire un'accentuazione positiva rispetto ai brani omologhi considerati.

2.2.2 *Rec.* 1,59,1; 1,63,1

59,1 Pharisaeus autem quidam audiens haec insimulabat Philippum, quod Moysen aequalem diceret Iesu.

2 Cui Bartholomaeus respondens, constanter edocuit, quia non dicimus Iesum aequalem Moysi, sed maiorem;

3 quia Moyses quidem propheta fuit, quod fuit et Iesus, quod autem fuit Iesus, Moyses non fuit, Christus, et ideo maior ille sine dubio, qui et propheta et Christus est, quam ille qui solum propheta est. Haec et his similia plura prosecutus siluit[84]. (*Rec.* 1,59,1)
[...]

È stata poi la volta di un fariseo che, udite queste parole, incolpava Filippo di eguagliare Gesù a Mosè;

ma gli rispose Bartolomeo il quale con fermezza lo informò che Gesù noi non lo diciamo soltanto uguale a Mosè, ma più grande,

perché Mosè era sì un profeta come lo fu anche Gesù, ma che ciò che era Gesù, ossia il Cristo, Mosè non lo era stato. È fuor di dubbio, perciò, che è più grande uno che è insieme profeta e Cristo, di chi è solo profeta. E dopo questo discorso fece silenzio.
[...]

«When Did Rabbies Become Pharisees?», 320 nota 99, ma va considerata la stratificazione di *Rec.* (cioè l'antichità di *Rec.*1,27-71) e i parametri di raffronto.

[84] *Die Pseudoklementinen II. Rekognitionen, 41.*

63,1 Haec igitur et alia huiusmodi prosequentes, consequenter protestati sumus ac docuimus nos imperiti et piscatores, sacerdotes quidem de uno solo deo caeli, Sadducaeos de resurrectione mortuorum, Samaritas de consecratione Hierusalem, non tamen ingressi civitatem ipsorum, sed publice disputantes, Scribas vero et Pharisaeos de regno caelorum, discipulos Iohannis, ne scandalum paterentur in Iohanne[m], omnem vero populum, quia Iesus est Christus aeternus[85]. (*Rec.* 1,63,1)

Siamo andati avanti per un bel po' con queste nostre risposte e come risultato abbiamo istruito, noi ignoranti pescatori ma sacerdoti dell'unico e solo Dio del cielo, i sadducei sulla risurrezione dei morti, i samaritani sullo statuto sacro di Gerusalemme – non siamo entrati però nella loro città ma abbiamo condotto il dibattito all'aperto –, gli scribi e i farisei sul regno dei cieli, e i discepoli di Giovanni a non scandalizzarsi di Giovanni, e tutto il resto della gente sulla verità che Gesù è il Cristo eterno[86].

Dopo aver introdotto i diversi scismi in seno al popolo giudaico (*Rec.* 1,53,5-1,54,9) inizia al cospetto del popolo nel tempio di Gerusalemme il dibattito, voluto dal sommo sacerdote Caifa, fra lui, gli apostoli e gli esponenti dei gruppi giudaici. La disputa si svolge in più giorni: nel primo (*Rec.* 1,55,1-1,65,5) sono gli apostoli a rispondere al sommo sacerdote e alle domande di sadducei, samaritani, scribi, farisei e discepoli di Giovanni; nel secondo giorno interviene Giacomo che discute e istruisce il popolo per i successivi sette giorni (*Rec.* 1,66,2 – 1,71,6). Proprio quando il popolo era ormai convinto da Giacomo a farsi battezzare interviene un personaggio ostile (*Rec.* 1,70,1) che con decisione e violenza impedisce al popolo di ascoltare e proseguire nell'intento preso: aggredisce Giacomo, gli apostoli e i credenti in Gesù. Giacomo, scaraventato giù dalla scalinata da questo nemico, sopravvive alla caduta ed è messo in salvo dai fratelli nella fede (*Rec.* 1,70,8-1,71,1). Come conseguenza dell'aggressione violenta cinquemila credenti in Gesù (la comunità cristiana di Gerusalemme) si rifugiano prima a Gerico poi in una località diversa, lontano dalla città (*Rec.* 1,71,5).

All'inizio del dibattito Caifa critica l'introduzione del battesimo di Gesù perché questi cancella i sacrifici a Dio; la risposta di Matteo[87] è interessante perché afferma che una vita onesta e un pensiero retto non sono garanzia per l'ingresso nel Regno dei cieli alla resurrezione dei morti, ma occorre il battesimo di Gesù. La contrapposizione fra il sommo sacerdote,

---

[85] *Die Pseudoklementinen II. Rekognitionen, 44.*

[86] Pseudo-Clemente, *I Ritrovamenti,* 99-100.

[87] In mancanza di Giacomo (presente nel giorno seguente) Matteo probabilmente è il personaggio considerato più importante, forse perché autore del vangelo più usato e considerato nelle pseudoclementine.

garante della applicazione della legge, e l'evangelista, colui che con il suo vangelo ha descritto la Torah di Gesù, sottolinea così che l'ortoprassi nella osservanza della legge mosaica è sì importante, ma non è sufficiente per la salvezza (*Rec.* 1,55,4).

Seguono le obiezioni poste da alcuni esponenti dei gruppi giudaici: un sadduceo indignato nega la resurrezione dei morti (*Rec.* 1,56), come anche un samaritano il quale vi aggiunge la rivendicazione del primato del Garizim su Gerusalemme (*Rec.* 1,57); uno scriba accusa Gesù di essere un mago e non un profeta (*Rec.* 1,58); un fariseo accusa di equiparare Gesù a Mosè (*Rec.* 1,59); un discepolo di Giovanni Battista afferma essere quest'ultimo il Cristo e non Gesù (*Rec.* 1,60).

Le obiezioni degli esponenti dei gruppi giudaici riprendono sostanzialmente le caratteristiche proprie dei gruppi descritte in *Rec.* 1,54, tuttavia parziale eccezione fanno scribi e farisei: se essi erano stati tacciati di aver nascosto la chiave del Regno dei cieli, cioè la parola di verità ricevuta dalla tradizione mosaica (*Rec.* 1,54,7), qui per prima cosa scriba e fariseo mostrano posizioni distinte e muovono critiche diverse: lo scriba accusa Gesù di essere un mago, il fariseo afferma l'impossibilità di eguagliare Mosè a Gesù.

Se si legge *Rec.* 1,55,1-1,65,5 in continuità con *Rec.* 1,54[88], si potrebbe ipotizzare che il nascondimento alle orecchie del popolo sia stato perpetrato attraverso affermazioni false o fuorvianti. In generale il dibattito del primo giorno ruota sul riconoscimento, o meno da parte degli ebrei, di Gesù come Cristo, il profeta annunciato da Mosè venuto a portare a compimento la volontà di Dio, superando definitivamente i sacrifici tramite il battesimo nella triplice invocazione (*Rec.* 1,63,4; 1,69,5). Le obiezioni dello scriba e del fariseo ricadono in questo schema, ma sono diverse: per lo scriba Gesù è un mago, dunque i prodigi fatti sono magie e non segni profetici. Questo squalifica completamente Gesù, identificandolo come un impostore. La risposta di Filippo a questa accusa sottolinea come anche Mosè compì prodigi in Egitto, dunque l'argomento usato si sarebbe dovuto applicare anche a Mosè. Dalla falsità di questa ultima proposizione deriva la falsità dell'accusa di magia a Gesù, e, visto che i due agirono similmente, similmente vanno considerati.

---

[88] Vista la natura redazionale delle *Recognitiones* e del testo base, si potrebbe considerare la differenza di specificazione come derivata dalla composizione di più fonti, raccolte nel testo, ma non perfettamente armonizzate. Tuttavia, almeno nella forma attuale, i redattori hanno voluto presentare (o preservare) differenze fra scribi e farisei come parte del loro intento storiografico e teologico.

L'obiezione del fariseo si inserisce proprio su questo punto, cioè negando la possibilità di equiparare Gesù a Mosè. La questione non è più se Gesù sia un profeta o un impostore, ma se egli sia profeta quanto Mosè. La risposta di Bartolomeo (*Rec.* 1,59,2-3) ribadisce non solo l'essere Gesù un profeta, ma la sua superiorità a Mosè in quanto Cristo. L'intervento successivo di Giacomo di Alfeo (*Rec.* 1,59,4-6) afferma che, essendo Gesù il Cristo, la sua testimonianza è fondamentale per riconoscere quali siano stati i profeti prima di lui; Lebbeo (Taddeo) termina il ciclo delle risposte al fariseo (*Rec.* 1,59,7) ribadendo come Gesù si sia mostrato costantemente benevolo con il popolo attraverso i tanti segni fatti (insegnando, consolando, guarendo) e ricevendo in cambio odio e morte. In un certo senso il cerchio si chiude: partendo dai segni fatti si giunge a ribadire tali prodigi come espressione della somma bontà di Gesù, Cristo, Dio buono in contrapposizione ad una risposta incredula e violenta.

Se lo scriba (e con lui il suo gruppo) afferma che Gesù sia un mago, mente; se il fariseo afferma Gesù essere un profeta inferiore a Mosè, sta certamente affermando una cosa non giusta, ma non ne disconosce la dimensione profetica. Entrambe le affermazioni possono impedire l'accesso alla parola di verità: se Gesù è un mago non va ascoltato, se è inferiore a Mosè quest'ultimo ha la preminenza, e l'insegnamento di Gesù risulta secondario, non risolutivo.

Se si leggono le risposte degli apostoli alle obiezioni/accuse degli esponenti dei diversi gruppi scismatici si può intravvedere una dimostrazione per punti che parte dalla affermazione della resurrezione, segue con la centralità del culto in Gerusalemme, con l'essere Gesù un profeta e un profeta superiore agli altri, anzi l'unico Cristo preannunciato e venuto nel suo popolo. Dei cinque gruppi gli scribi sono al centro, al punto in cui si "dimostra" la dimensione profetica di Gesù, e i farisei seguono e, tramite loro, si "attesta" la specificità messianica di Gesù. Il punto degli scribi costituisce una sorta di snodo, il momento in cui il dibattito "dimostra" progressivamente la specificità e l'importanza di Gesù nella storia di salvezza.

Dopo le repliche agli esponenti dei gruppi giudaici riprende la parola Caifa (*Rec.* 1,61,1-2) mettendo sotto accusa l'insegnamento di Gesù perché aveva proclamato beati i poveri e promesso retribuzioni terrene: se lui è il Cristo il suo insegnamento non pare certo all'altezza del suo ruolo divino e divinizzante. La replica a tale intervento è prima di Tommaso, successivamente è chiamato in causa Pietro, che si atteggia, secondo Caifa, a maestro malgrado sia un umile pescatore ignorante (*Rec.* 1,62,2). Nel suo intervento Pietro fa una sorta di sintesi degli insegnamenti proposti nel dibattito precedente dagli apostoli: essi hanno testimoniato e "istruito i sacerdoti sull'unico Dio del cielo; … i sadducei sulla resurrezione dei morti; … i samaritani sulla sacralità di Gerusalemme; … scribi e farisei sul Regno dei cieli; … i discepoli di Giovanni a non fare di lui una pietra d'inciampo; … tutto il popolo a riconoscere in Gesù il Cristo eterno[89]» (*Rec.* 1,63,1).

È interessante osservare che, in questa sintesi, scribi e farisei tornino ad essere considerati congiuntamente e assieme corretti quanto al Regno dei cieli, cioè sulla cagione del loro scisma (*Rec.* 1,54,1). Vi è una sorta di schema: introdotti gli errori scismatici in *Rec.* 1,54,1, essi sono poi discussi singolarmente (*Rec.* 1,56-60) e infine ricapitolati in *Rec.* 1,63,1. In realtà tutta la sezione è strutturata: il dibattito del primo giorno inizia con Caifa (*Rec.* 1,55), seguono gli interventi dei gruppi e le repliche degli apostoli, si conclude con Caifa (*Rec* 1,61-62) al quale replica Pietro che presenta la sintesi del dibattito. Senza scendere ulteriormente nei temi e nella struttura, intendo sottolineare come, all'interno di una sezione volutamente così strutturata e organizzata, si sia voluto deliberatamente differenziare la posizione degli scribi dai farisei, con la conseguenza di diversificarne responsabilità e colpe accentuandole per gli scribi e alleggerendole per i farisei.

Certamente i farisei sono colpevoli, poiché avendo tutti gli strumenti necessari, ricevuti dalla tradizione mosaica (scritta e orale), pur non disconoscendo esplicitamente la dimensione profetica del Cristo, la pongono in una posizione secondaria rispetto a quella di Mosè. Gesù sarebbe così uno dei tanti profeti inviati da Dio, dopo l'Alleanza al Sinai, a richiamare il popolo alla fedeltà. In questo modo l'insegnamento di Gesù non sarebbe né peculiare, né decisivo per la salvezza. Affermando ciò si nega la purificazione del «battesimo della triplice invocazione» e «l'eucarestia di Cristo Signore[90]» (*Rec.* 1,63,3) come condizioni necessarie per la salvezza.

Se *Rec.* 1,54,7 e *Rec* 1,63,1 condividono lo stesso retroterra evangelico (Mt 23,23 e Lc 11,27), e sono posizionati in sezioni che introducono e concludono la dimostrazione dialettica dell'identità di Gesù (primo giorno), quale è il retroterra di *Rec.* 1,59,1? Il contesto biblico cui si riferisce il fariseo nella sua obiezione si può ricondurre a Dt 34,10: «Non è più sorto in Israele un profeta come Mosè», un riferimento alla

---

[89] G.B. Bazzana, ed., «Il cosiddetto documento giudeocristiano di *Riconoscimenti* 1,27,1 – 1,71,6», 640.

[90] G.B. Bazzana, ed., «Il cosiddetto documento giudeocristiano di *Riconoscimenti* 1,27,1 – 1,71,6», 640.

legge che ben si addice ad un fariseo, conoscitore e testimone della Torah ricevuta da Mosè.

Forse è più interessante osservare come la priorità di Gesù su Mosè prospetti un quadro differente da quello proposto in *Hom.* 8,5-7, dove si pone una certa equivalenza fra i due: la salvezza è possibile seguendo l'uno o l'altro, visto che uno è Dio e uno è l'insegnamento da osservare[91], tanto in Mosè quanto in Gesù. Al contrario Pietro in *Rec.* 1,63,4 ribadisce che non c'è altro modo di salvarsi se non riconoscendo Gesù come Cristo, essendo lavati con il battesimo delle tre invocazioni e partecipando all''eucarestia di Cristo Signore[92]. Questo insegnamento è confermato anche da Giacomo in *Rec.* 1,69,5 per cui si entra nel Regno dei cieli solo attraverso tale battesimo. Questa differenza di prospettiva è propria della antica fonte[93], ripresa in *Rec.* 1,27-71 e riportata nel testo base (cui appartengono *Hom.* 8,5-7 e *Rec.* 4,5).

A partire dal secondo giorno Giacomo, fratello del Signore e da Lui stesso nominato vescovo di Gerusalemme (*Rec.* 1,43,3), interviene nella disputa e nell'ultimo giorno è quasi ucciso per opera del nemico (Paolo[94], antagonista dei cristiani prima della sua conversione, *Rec.* 1,70). In questa sezione non sono nominati i farisei. Ed è proprio questo il punto interessante[95]: molti studiosi hanno visto nell'episodio del tentato omicidio di Giacomo una versione della storia del suo martirio, in particolare in connessione con quella raccontata da Egesippo (*HE* II, 23,4-18) e quella riportata nella *Seconda apocalisse di Giacomo* VII,1[96]. Nella versione di Egesippo i farisei non solo compaiono tre volte, ma assieme agli scribi sono i responsabili dell'uccisione di Giacomo il giusto. Nella narrazione di *Rec.* 1,70 il loro posto è preso da Saulo di cui non sono riportati né la formazione né l'appartenenza farisaica (informazione presente anche

---

[91] Il passo corrispondente a *Hom* 8,5-7 è *Rec.* 4,5: pur seguendone generalmente lo sviluppo, sottolineando l'importanza di Mosè per gli Ebrei e di Gesù per i gentili, il passo delle *Rec.* inserisce una correzione indicando come sia necessario per l'ebreo che crede in Mosè credere anche in Gesù, e per il gentile che crede in Gesù credere anche in Mosè.

[92] Il battesimo delle tre invocazioni è una denominazione presente in *Rec.* 1,63,4 e *Rec.* 1,69,5 che differisce da quella usata in *Rec.* 1,39,2-3, dove si presenta un battesimo di acqua fatto invocando il nome di Gesù. La menzione della eucarestia è particolare di *Rec.* 1,63,3.

[93] Cfr. F.S. JONES, *An Ancient Jewish Christian Source*, 128.

[94] Per Flavio Giuseppe *Ant.* 20.199-203 Giacomo viene ucciso anni dopo la morte di Paolo.

[95] Cfr. J. BOURGEL, «The Holders of the "Word of Truth"», 185-188.

[96] Cfr. F.S. JONES, *An Ancient Jewish Christian Source*, 142-146. Vedi anche Cap. IV par. 2.1 di questa tesi.

in At 23,6; 26,5[97]). Il racconto della *Seconda apocalisse di Giacomo* ha somiglianze con quello di *Rec.* 1,27-71, ma mai coinvolge i farisei e gli scribi. Jones propende per una dipendenza di *Rec.* 1,27-71 dal racconto di Egesippo; sotto tale ipotesi la scomparsa degli scribi e farisei risulterebbe una scelta davvero singolare da parte degli autori/redattori della antica fonte, ripresa in questa sezione delle *Recognitiones*. Ma anche se non si accettasse la dipendenza diretta di *Rec.* 1,70 da Egesippo, quanto piuttosto l'esistenza di diverse tradizioni sul martirio di Giacomo, andrebbe considerato perché i redattori abbiano utilizzato una linea di racconto in cui non compaiono i farisei e abbiano scelto di trascurare completamente i trascorsi farisaici di Paolo.

Se Saulo è il nemico responsabile della violenta aggressione di Giacomo e della mancata conversione di tutto il popolo, non si comprende perché, nel caso i farisei avessero una qualche dimensione negativa, non la si sia utilizzata per caratterizzare ancor più negativamente la figura di Paolo. L'unica risposta sensata è che per l'autore/redattore della antica fonte, i farisei non avessero una connotazione negativa, ma che la loro "reputazione" dovesse essere protetta e/o epurata da elementi sfavorevoli. Questo resta vero anche per i redattori dello scritto base, come pure per quelli della versione definitiva dei *Ritrovamenti*, i quali non hanno apportato correzioni in senso contrario. Di converso appare la volontà, costante nello sviluppo nel tempo del testo, di proporre una visione sui farisei corretta rispetto al vangelo di Matteo e alla storiografia degli *Atti degli Apostoli*. Questa tensione alla edulcorazione parrebbe relativamente costante nel periodo che va dalla stesura della antica fonte in *Rec.* 1,27-71 alla redazione finale delle *Recognitiones*, e propria delle comunità sottese a questi scritti.

Il confronto del ruolo e raffigurazione dei farisei in sezioni ritenute di origine più tardiva rivela sfumature di rappresentazione di un certo interesse, con una diminuzione dell'accento positivo, forse a testimonianza di una evoluzione della figura dei farisei nello sviluppo del romanzo pseudo-clementino verso la sua forma finale.

---

[97] *Rec.* 1,27-71 mostra di conoscere la narrazione degli Atti, mentre mancano riferimenti alle lettere paoline (Cfr. F.S. JONES, *An Ancient Jewish Christian Source*, 142), probabilmente più per scelta che per impossibilità di accedere a tali fonti.

2.2.3 *Rec.* 2,30,1

30,1 similiter quoque etiam erga scribas et Pharisaeos ultimo doctrinae suae tempore gerit, arguens eos super actibus non bonis et non recta doctrina, et quod clavem scientiae quam a Moyse traditam susceperant, occultarent, per quam posset ianua regni caelestis aperiri[98]. (*Rec.* 2,30,1)

30. Una cosa del genere ha fatto pure nell'ultimo periodo del suo insegnamento, quando ha dichiarato guerra agli scribi e ai farisei con l'accusarli di condotta non buona, di insegnamenti non ortodossi, e perché pur avendo ricevuto la chiave della scienza, lasciata loro da Mosè, con la quale era possibile spalancare le porte del regno dei cieli, essi l'avevano tenuta nascosta[99].

Nel primo giorno di discussione in Cesarea Pietro si confronta con Simone sul tema della pace (*Rec.* 2,30-36): malgrado Pietro parli di pace e la invochi, Simone fa notare che Gesù stesso disse di non esser venuto a portare la pace sulla terra, ma la spada (*Rec.* 2,26 in riferimento a Mt 10,34). Nel prosieguo del confronto Pietro spiega che la divisione profetizzata da Gesù accadrà fra coloro che crederanno in lui e coloro che non lo crederanno e avverseranno il suo insegnamento (*Rec.* 2,29): «In ogni casa, infatti, quando comincerà a scavarsi un fosso tra chi crede e chi non crede, l'opposizione sarà inevitabile: i non credenti si metteranno contro chi ha la fede, mentre questi costituiranno di per sé un'accusa contro il loro incallito errore e contro i peccatori viziosi[100]».

Lo scontro in una certa famiglia, su Gesù come profeta di verità e messia, potrebbe riferirsi ad un duro confronto all'interno di un certo gruppo che riceve l'annuncio sulla fede in lui e sul suo insegnamento. La frattura evocata esplicitamente potrebbe indicare la separazione, a causa della inconciliabilità delle loro posizioni, fra coloro che riconoscono il messia e coloro che non lo credono tale e combattono il suo insegnamento. La questione è quale gruppo sia qui considerato: nel contesto si sta esaminando la missione dei discepoli di Gesù, in particolare in *Rec.* 2,30,2-6 vi è un richiamo a Mt 10,12-15, ovvero all'invio dei dodici alle pecore perdute della casa d'Israele (Mt 10,5-6). In generale le pseudo-clementine considerano la missione della comunità cristiana verso i pagani (prototipo dei quali è Clemente), che consiste nel portare l'annuncio del Regno e correggere gli

---

[98] *Die Pseudoklementinen II. Rekognitionen*, 69.

[99] Pseudo-Clemente, *I Ritrovamenti*, 135-136.

[100] Pseudo-Clemente, *I Ritrovamenti*, 135.

errori nella religione e cultura pagana (prototipo dell'avversario è Simone il mago che assomma in sé gli errori del mondo ellenistico e varie "eresie"; egli è l'oppugnatore dell'insegnamento degli apostoli). Dunque il gruppo interessato dalla scissione causata dalla fede in Gesù sarebbe primariamente quello dei pagani raggiunti dal vangelo.

Va altresì considerato che la comunità che porta avanti la missione nelle pseudo-clementine è espressione di un cristianesimo vicino al giudaismo, dal quale si differenzia proprio per la fede in Cristo[101]; perciò non può essere esclusa una lettura in termini di doloroso conflitto nella compagine dei credenti provenienti dall'ebraismo. Questa lettura, sebbene possibile, mi pare secondaria nel contesto missionario delle pseudo-clementine. Nello specifico infatti la discussione è ambientata in Cesarea Marittima, città dell'impero e importante porto sul Mediterraneo, nell'atrio di un grande edificio (*Rec.* 2,19) dove è convenuta molta gente della città, un pubblico composito, probabilmente costituito prevalentemente (ma non esclusivamente) da pagani; l'obiettivo della discussione è (di)mostrare davanti gli astanti la verità, cioè Gesù come il vero profeta e l'esistenza di un unico Dio. Questo inquadramento farebbe intendere che la metafora della famiglia frazionata al suo interno si riferisca primariamente alla rottura all'interno di un gruppo di non credenti.

Nello sviluppo della discussione in *Rec.* 2,30,1 però l'esempio che viene portato è quello di Gesù che discute con gli scribi e farisei *super actibus non bonis et non recta doctrina*, e sull'aver nascosto la chiave della conoscenza, ricevuta da Mosè, che apre le porte del Regno dei cieli. Nel contesto richiamato di Mt 23,13 e Lc 11,52 la polemica è sostanzialmente interna al popolo ebraico, visto che il mandato affidato da Gesù ai suoi discepoli era verso le pecore perdute d'Israele (Mt 10,5-6, richiamato dalla citazione di Mt 10,12-15 in *Rec.* 2,30,3-5), tuttavia subito dopo la sua morte la missione si era allargata ai samaritani e ai pagani (At 8; 10). E proprio questi ultimi erano l'oggetto dell'azione missionaria della comunità cristiana soggiacente ai redattori delle pseudo-clementine. In qualche modo è l'esempio di una discussione tenuta da Gesù *ad intra*, ripresa ed adattata dagli autori/redattori *ad extra*, cioè ai destinatari (pagani) della loro azione missionaria.

Gli scribi e i farisei sono accusati di azioni non buone e di una non retta dottrina, un'espressione un po' strana, convoluta: come se non si volessero

---

[101] Ma che avverte una differenza con un cristianesimo che si propone come il nuovo e vero Israele.

usare gli aggettivi diretti (azioni *cattive* e dottrina *errata*) per definire le loro azioni e la loro dottrina. Da ciò nasce il sospetto che il testo latino mantenga una sfumatura dell'originale, appunto il non dichiarare le azioni e la dottrina degli scribi e farisei definitivamente cattive ed errata. Considerando azioni e dottrina il biasimo investe completamente l'essere degli scribi e farisei, poiché è criticata tanto la prassi (azioni) quanto il pensiero (dottrina) dei due gruppi[102].

I due gruppi sono biasimati poi per l'aver nascosto la chiave della conoscenza, consegnata loro da Mosè e da loro custodita, chiave necessaria ad aprire le porte del Regno dei cieli. Il quadro generale sicuramente è più critico rispetto a *Rec* 1,54,57, poiché all'azione del nascondimento si accompagna l'accusa di una dottrina non retta ed azioni non buone.

L'opposizione fra credenti e non credenti è sostanziata da esempi tratti dalla predicazione di Gesù, il quale era stato lui stesso rifiutato da alcuni e aveva annunciato che nelle città visitate dalla missione dei dodici (Mt 10,12,15 in *Rec.* 2,30,2-6) non tutte le case li avrebbero accolti. Questa esemplificazione proietta gli scribi e farisei nel novero di coloro che non hanno accolto gli inviati del maestro, cioè nella categoria degli avversari del Nazareno: visto che vi sono solo due vie, «o si accoglie la vera fede e si diviene figli della pace e figli di Dio, oppure non la si accoglie e si è denunciati come nemici della pace e di Dio» (*Rec.* 2,30,6), non vi è qui la possibilità di una via intermedia. La prospettiva sembra abbastanza diversa da quella, ad esempio, di *Hom.* 8,5-6, dove si intravedono due vie parallele alla salvezza tanto per coloro che credono in Gesù quanto per i discendenti di Mosè che non lo conoscono. Va osservato comunque che le premesse dei due discorsi non sono le stesse, perché *Hom.* 8,5-6 considera possibile la salvezza per i credenti in Mosè che seguano i comandamenti e non odino Gesù, ovvero credenti nell'unico Dio che abbiano una dottrina corretta e una ortoprassi; in *Rec.* 2,30,1 scribi e farisei hanno azioni non buone e una non corretta dottrina. In questo senso le due prospettive potrebbero esser considerate non come contrastanti, piuttosto come specificazioni di situazioni diverse.

Tuttavia la netta polarizzazione di *Rec.* 2,29-30 fra credenti in Gesù e suoi oppositori, sembra attirare scribi e farisei nella categoria dei nemici della pace e di Dio. Il testo latino sembra però trasmettere dei cenni di resistenza ad una simile definizione, come una tensione ad opporsi alla

---

[102] In questo senso si potrebbe dire che i farisei, e gli scribi, non sono ipocriti poiché pensiero ed azioni coincidono!

monotonicità di tale caratterizzazione: in *Rec.* 2,30,1 «arguens eos super actibus non bonis et non recta doctrina», sembrerebbe, come già indicato, un modo per non fare affermazioni definitive, ovvero non dipingere la situazione in due soli colori, bianco e nero, buono e cattivo, piuttosto in sfumature di grigio.

La traduzione siriaca offre una versione un po' differente da quella latina: Gesù rimprovera agli scribi e farisei il loro insegnamento malvagio e le loro azioni disoneste, ma non a tutti bensì a quelli che nascosero l'insegnamento di Mosè ricevuto come la chiave del palazzo regale[103]. La versione siriaca dunque propone esplicitamente una clausola alla condanna degli scribi e farisei in modo da restringerla ai soli colpevoli, una parte specifica degli appartenenti ai due gruppi. Dunque, nella traduzione siriaca, c'è spazio per scribi e farisei che non hanno nascosto la chiave, i quali hanno una retta dottrina e compiono azioni giuste. Siamo sulla linea delle simili specificazioni presenti in *Hom.* 11,24,4 e in *Rec.* 6,11,3.

È difficile dire quale delle due traduzioni possa csscrc più vicina all'originale greco perduto. Ovviamente la versione latina propone una figura dei farisei (e scribi) complessivamente polarizzata in modo negativo, e sospinta dal lato degli oppositori a Gesù. Nondimeno, l'esitazione rilevata in *Rec.* 2,30,1, potrebbe esser la traccia, nella traduzione latina, di un originale greco non altrettanto polarizzato, forse più vicino a *Hom.* 11,24,4.

Ad ogni modo, il confronto con *Rec.* 1,54,7 mostra come, nel passo qui considerato, vi sia una maggiore esplicitazione delle colpe degli scribi e farisei: al nascondimento della chiave (già in *Rec.* 1,54,7) si aggiungono azioni non buone e una non retta dottrina. Se si accoglie l'ipotesi dell'appartenenza di *Rec.* 2,30 allo scritto base, ovvero una genesi successiva a quella della sezione *Rec.* 1,27-71[104], si potrebbe leggere l'inasprimento delle colpe ascritte agli scribi e farisei come una evoluzione rispetto al testo più antico, una evoluzione (ma non una rivoluzione) della loro rappresentazione in una dimensione meno benevola. Ci si potrebbe chiedere se questa evoluzione rifletta un cambiamento della situazione della comunità dietro gli scrittori/redattori dell'antica fonte rispetto a quella dei redattori dello scritto base e/o della versione finale dell'opera.

Se consideriamo lo sviluppo del discorso in *Rec.* 2,29-30, è chiara la polarizzazione fra "buoni" e "cattivi", fra i credenti in Cristo e i non cre-

---

[103] Cfr. F.S. Jones, *The Syriac Pseudo-Clementines,* 147.
[104] Cfr. Introduzione a questo capitolo e nota 8.

denti, i quali, permanendo nell'errore, non sono in grado di condurre una vita buona e cadono in peccati viziosi. I credenti devono rispondere e smascherare l'errore, liberando la verità e aprendo la via alla salvezza: questa è proprio la missione di Pietro nel confutare Simone il mago e al contempo formare Clemente.

In questo contesto qual è il ruolo degli scribi e farisei? Quando si considerano gli oppositori di Gesù non si possono non considerare scribi e farisei: la loro dimensione rappresentativa nel contesto dei vangeli canonici, in particolare in Matteo e in Mt 23, è una sorta di scoglio ineliminabile. La dimostrazione di Pietro in *Rec.* 2,30 raccoglie il milieu dai vangeli, ma, come altrove nelle pseudo-clementine, scribi e farisei non divengono l'espressione somma dell'ebreo tanto pervicace da essere nemico malevolo di Gesù e di tutti i suoi seguaci; o meglio è come se le pseudo-clementine resistessero a questo cliché. L'obiezione presente nella traduzione siriaca sembrerebbe esprimere proprio una resistenza ad una simile narrativa, distinguendo scribi e farisei "buoni" da quelli "cattivi". Anche la traduzione latina, pur mancando di tale distinzione, continua a ritenere che scribi e farisei posseggano la chiave della scienza lasciata loro da Mosè, cioè che conoscano la verità: definitivamente non li si può dire ignoranti[105]. Si può notare come *Rec.* 2,30,1 non riporti né che scribi e farisei non siano entrati, né che altri siano stati impediti di entrare, come al contrario indicato in Mt 23,13 e come parzialmente ripreso in *Hom.* 3,18,2 e *Rec.* 2,46,3.

Anche in *Rec.* 2,30 scribi e farisei hanno un ruolo nella trasmissione della chiave della scienza, essi sono custodi dell'eredità mosaica, ruolo importante nella storia della salvezza. Non sembra che gli errori commessi tolgano loro questo ruolo: la dottrina degli scribi e farisei coincide con la dottrina mosaica (contrariamente a quanto indicato in Mt 15,1-5 o Mc 7,8-13) la cui validità e utilità non vengono meno, a prescindere dal nascondimento.

Nella contemporaneità del dibattito fra Pietro e Simone il mago, chi trasmette alle genti la chiave della scienza? Coloro che credono in Cristo: in primis Pietro, gli apostoli e i fratelli delle comunità in comunione con la chiesa di Gerusalemme guidata da Giacomo. Sono costoro che, in Cristo, raccolgono l'eredità mosaica e la trasmettono alle genti. In questo qua-

---

[105] In Origene una delle caratteristiche dei farisei è quella di non comprendere il vero senso delle scritture e quella di permanere così nell'ignoranza; cfr. ad esempio *CIo* XIX,6, il par. 7.3 del Cap. IX di questa tesi.

dro scribi e farisei, latori della tradizione lasciata loro da Mosè, sono visti come un riferimento: sono antesignani la cui eredità va raccolta, ma il cui comportamento va biasimato allorquando i loro eredi, coevi alla missione ai gentili, si pongano fra i non credenti in Cristo.

2.2.4 *Rec.* 2,46,3-4

46,3 unus est enim verus, qui est Iudae-orum deus, et ob hoc dominus noster Ie-sus Christus docebat quaerendum esse non deum quem bene noverant, sed re-gnum et iustitiam eius, quam scribae et Pharisaei, suscepta scientiae clave, non concluserant, sed excluserant[106].

4 nam si ignorassent verum deum, numquam utique huius rei scientiam relinquens, quae erat omnium caput, culparet eos de parvis et minimis, 5 id est quod dilatarent fimbrias suas et pri-mos accubitus in conviviis vindicarent et quod in quadruviis stantes orarent, et alia his similia, quae utique ex conpa-ratione magni huius capitis, ignorantiae dei, exigua videntur et parva[107]. (*Rec.* 2,46,3-4)

Uno solo infatti è il Dio vero, quello dei giudei; e per questo nostro Signore Gesù Cristo insegnava che bisognava cercare non Dio, da essi ben conosciuto, ma il suo regno e la sua giustizia che gli scri-bi e i farisei, impossessatisi della chiave della dottrina, non avevano chiuso ma avevano impedito che vi si entrasse.
Se infatti non avessero conosciuto il vero Dio non li avrebbe mai incolpati – prima ancora di dargli questa cono-scenza primaria e fondamentale – di tra-sgressioni leggere e insignificanti, come ad esempio di allungare le loro filattèrie e di pretendere nei banchetti i primi po-sti, di fermarsi a pregare nei crocicchi delle strade e altre piccolezze del genere che, in verità, paragonate a questo fatto fondamentale dell'ignoranza di Dio ap-paiono banali bazzecole[108].

In *Rec.* 2,36 Pietro fa la sua professione di fede sul Dio unico, creatore del mondo e giudice giusto: di qui inizia, nel primo giorno a Cesarea, la sezione della discussione con Simone sull'unico e solo Dio che si estende fino a *Rec.* 2,69[109]. In *Rec.* 2,38 Simone risponde affermando la sua fede nell'esistenza di molteplici dei fra i quali vi è uno, sconosciuto a tutti, che è il dio di tutti gli dei. A questo punto Pietro, prima di proseguire nella dia-

---

[106] Se si considera che il pronome relativo *quam* è sì declinato su *iustitiam,* perché è il sostantivo più vicino, ma essendo *regnum et iustitiam eius* citazione di Mt 6,33 si potrebbe considerare il prono-me relativo ad entrambi i termini, considerati a mo' di endiadi. In questo caso allora sia il regno che la giustizia sono assieme l'oggetto dei due verbi che descrivono l'azione di scribi e farisei.

[107] *Die Pseudoklementinen II. Rekognitionen,* 79.

[108] Pseudo-Clemente, *I Ritrovamenti,* 147-148.

[109] Il materiale corrispondente in *Homiliae* è *Hom.* 16,5-15; 18,4-22; 17,4-19.

triba, vuole fissare il terreno di confronto e chiede a Simone su quali testi voglia provare la sua affermazione: sulle Scritture dei giudei (*quae in auctoritate habentur*), su autori greci, o su altri scritti? Simone concorda (*Rec.* 2,39) nell'utilizzare unicamente la legge dei giudei, poiché essa ha un'autorità indiscussa, anche se, aggiunge, ognuno la interpreta a suo modo. È interessante come i due avversari concordino tanto sull'autorità assoluta delle Scritture, quanto alle molteplici possibili interpretazioni di essa[110].

La discussione si svolge utilizzando passi tratti principalmente dal pentateuco, confrontati ed esaminati per determinare la verità dell'una o dell'altra parte: l'operazione di Pietro è quella di far emergere nella legge quei punti essenziali che possono essere il metro di veridicità per tutti gli altri, e addivenire alla verità dell'unico Dio dei giudei. Tali punti chiave sono in relazione con il vero profeta, l'unico che permetta di accedere, tramite i suoi insegnamenti, alle verità nascoste (*Rec.* 2,45,4; 1,74,4). In *Rec.* 2,46,3 il discorso di Pietro considera Mt 6,33 ricordando che Gesù indicava di cercare prima di tutto il Regno di Dio e la sua giustizia. Così facendo si evidenzia come i suoi uditori, i giudei, non necessitassero di cercare Dio, che già ben conoscevano, ma il Regno, passo ulteriore verso la salvezza.

Questa ricerca del Regno dei cieli e della sua giustizia richiama nella narrazione, ancora una volta, gli scribi e i farisei che, dice Pietro, posseggono la chiave della conoscenza (*suscepta scientiae clave*), e *non concluserant, sed excluserant*. Il seguito del discorso è sorprendente (*Rec.* 2,46,4): Gesù ha accusato scribi e farisei di mancanze (*culparet eos de parvis et minimis*) piccole e di poca importanza, in conseguenza del fatto che non poteva essere imputata loro l'ignoranza di Dio, mancanza enormemente più grande. Le colpe, leggere e insignificanti, rimproverate ai farisei sono: allungare i filatteri, scegliere i primi posti nei banchetti, pregare ai crocicchi delle strade e simili (Mt 23,5-7; 6,5).

Il processo è assai interessante, prima di tutto quando Pietro deve considerare il Dio dei giudei in relazione alla predicazione di Gesù, si riferisce agli scribi e farisei; così facendo essi sono proposti come i rappresentanti dei giudei. A scribi e farisei Gesù non può che rimproverare mancanze mi-

---

[110] In *Rec.* 1,21,8-9 Pietro afferma come solo attraverso la conoscenza del vero profeta sia possibile comprendere la verità delle Scritture, egli è quell'interprete in grado di far emergere la verità (il pensiero del legislatore) in ciò che è scritto, che resterebbe altrimenti incomprensibile o darebbe adito ad errori. Difatti in *Rec.* 1,22,1 Pietro inizia ad esporre a Clemente i capitoli della legge che sembravano far problema. Soggiace a queste affermazioni la dottrina delle false pericopi, più apertamente esposta nella *Homiliae* (es. *Hom.* 2,38~52; 3,3-10).

nori visto che loro, avendo la chiave della scienza, conoscono le verità più importanti, prima fra tutte la conoscenza dell'unico Dio.

Sembra che scribi e farisei godano di uno statuto particolare quando si affronta il discorso dell'unico Dio: sono loro che sono presi in considerazione attraverso una sorta di cliché, la composizione di Mt 23,13 e Lc 11,52, cioè il possesso della chiave della conoscenza e del Regno. Questa affermazione esprime una dimensione così importante e così positiva da lasciar trasparire solo le mancanze secondarie, obliterando accuse più consistenti: è sorprendente come, pur avendo richiamato Mt 23, sia taciuta tutta la dinamica dei guai proferiti da Gesù e l'accusa di ipocrisia.

Se si considera come gli autori/redattori delle *Recognitiones* conoscano ed usino il vangelo di Matteo, l'impressione è che essi stiano proponendo una contro-narrativa all'immagine degli scribi e farisei per come scaturisce da Mt 23, e per come essa sia usata in molti scrittori ecclesiastici dei primi secoli. Ad esempio Origene propone una visione opposta rilevando come massima espressione dell'ipocrisia farisaica stia proprio nel rispettare i precetti minimi, nascondendo le omissioni più gravi sotto un'aurea di grande osservanza (*CMtS* 19).

Gli autori/redattori sembrano voler deliberatamente ridimensionare i punti più caldi della critica negativa della dottrina e degli usi dei farisei (e degli scribi) proposti da altre comunità cristiane. In *Rec.* 2,46,3-4 scribi e farisei sono presentati come latori della retta dottrina, la loro prassi è errata solo per costumi di secondaria importanza. Certamente hanno delle responsabilità, questo è impossibile negarlo per i rilievi fatti loro da Gesù nei vangeli, ma proprio la narrazione evangelica è riarrangiata e selezionata per far sì che tali colpe non possano esser viste come una condanna inappellabile. Anzi, il fatto stesso che le mancanze siano considerate e ammesse (parzialmente) indica come, a chi scrive le *Recognitiones*, sia nota la polemica antigiudaica che fa perno proprio su una rilettura estremizzante dei racconti evangelici sui farisei (e scribi).

Pietro, al termine di *Rec.* 2,46, afferma che, rispetto al grosso problema della ignoranza di Dio, le piccolezze rimproverate a scribi e farisei da Gesù «exigua videntur et parva». Se si considera, ad esempio, come Origene reputasse colpa assai grave la lettura letterale che i giudei (e in particolare i farisei) facevano della Scrittura, poiché ciò impediva di giungere, attraverso lo Spirito nella parola, alla vera conoscenza di

Dio[111], sembra trovarsi qui di fronte ad una asserzione costruita a specchio. Nelle *Recognitiones* (ma in generale nelle pseudo-clementine) la conoscenza di Dio unico è la cosa più importante per l'uomo, ed essa è un patrimonio acquisito per i giudei, vieppiù per scribi e farisei. Rischiano la salvezza, e per questo sono oggetto di missione, i pagani che non conoscono Dio e falsi profeti che lo disconoscono.

Tanto i discepoli di Gesù quanto i giudei sono accomunati dalla fede nell'unico Dio: le critiche avanzate da alcuni credenti verso gli ebrei, in particolare attraverso la figura di scribi e farisei, sono questioni di secondaria importanza. Scribi e farisei non sono il nemico, piuttosto, in quanto credenti, appartengono allo stesso insieme, all'interno del quale esistono sì differenziazioni (e anche errori), ma esse sono piccole rispetto al criterio d'inclusione.

Pietro ricorda come Gesù non dica ai giudei che lo ascoltavano di cercare Dio, piuttosto indicava loro il Regno e la sua giustizia (*sed regnum et iustitiam eius*); due sono i gradini indicati verso la salvezza: primo è credere in Dio, secondo cercare il Regno e la sua giustizia. Entrambi gli *step* devono essere superati per addivenire alla salvezza.

Per scribi e farisei il primo gradino è superato di *default*, ma il secondo deve essere affrontato: essi hanno la chiave della conoscenza ma *non concluserant, sed excluserant*. Sia in Mt 23,13 che in Lc 11,52 l'azione riferita a scribi e farisei (Mt) o dottori della legge (Lc) è quella di non essere entrati e di non aver permesso di entrare a coloro che lo volevano.

Il latino nella parte finale di *Rec.* 2,46,3 è così sintetico da risultare criptico: Gesù Cristo insegnava che occorre cercare non Dio, il quale essi ben conoscevano, «sed regnum et iustitiam eius, quam scribae et Pharisaei, suscepta scientiae clave, non concluserant, sed excluserant». Dunque Gesù insegna agli astanti che è necessario cercare il Regno e la sua giustizia. Non è facile specificare esattamente il senso dei verbi *concludo* ed *excludo*, considerando anche la possibilità che il loro oggetto non sia esclusivamente la giustizia, ma anche il Regno[112].

Il verbo *concludo* significa chiudere, nel senso di rinchiudere assieme cose o animali, in senso figurato anche dedurre o portare a compimento; il verbo *excludo* significa chiudere fuori[113]. Gli scribi e i farisei non hanno

---

[111] Ad es. *CIo* XIII, 55,379-380; cfr. questa tesi Cap. IX, par. 3,6.

[112] Vedi nota 106.

[113] Cfr. voci «concludo», «excludo» in L. CASTIGLIONI – S. MARIOTTI, *IL vocabolario della lingua latina*, Torino 2007[4].

chiuso la giustizia (e il Regno) di Gesù (o di Dio) può significare che: essi non hanno compreso, nel senso di far propria, la giustizia (e il Regno), ma l'hanno respinta; oppure essi non hanno compiuto la giustizia di Gesù (e il suo Regno), ma l'hanno impedita.

Chiaramente l'uso dei due verbi richiama la figura del chiudere - aprire una porta, connessa con la metafora della chiave, cioè la figura evangelica del chiudere o meno la porta del Regno dei cieli. Qui però il discorso è declinato in modo differente: scribi e farisei, avendo preso la chiave della scienza, hanno superato certamente il primo gradino della retta fede, la conoscenza dell'unico Dio, ma falliscono il secondo: non sono in grado di comprendere/compiere la giustizia di Dio, conseguentemente non sono in grado di addivenire alla salvezza, ovvero, detto in altro modo, di entrare nel Regno dei cieli. Una conseguenza implicita di tale azione è l'impossibilità per altri, che volessero contare sulla loro dottrina, di entrare anch'essi. In questo senso, *suscepta scientiae clave*, indicherebbe che essi non solo hanno ricevuto, ma hanno tenuto per sé la chiave della scienza, non facendone parte ad altri, impedendo loro la via verso la salvezza.

La traduzione siriaca presenta grossomodo lo stesso andamento logico, ma con differenze non di poco conto: il testo indica come il Signore Gesù Cristo esortò quelli che lo ascoltavano di ricercare, non Dio, del quale conoscevano bene l'esistenza, ma la sua giustizia, che quegli scribi ricevettero dalla tradizione di Mosè e nascosero come la chiave adatta ad entrare nel palazzo regale. *Rec.* 2,46,4 in siriaco è abbastanza vicina al latino, visto che il Signore non li esortò a cercare Dio, poiché essi già conoscevano colui che è più grande di ogni cosa, ma li trovò colpevoli in questioni decisamente piccole[114]. I farisei non sono nominati e compaiono solo gli scribi, scelti a rappresentare coloro che ascoltavano la predicazione di Gesù. Non compare né il termine giudei, né si definisce Dio come Dio dei giudei. Sono gli scribi che ricevettero la giustizia dalla tradizione di Mosè, come chiave per il palazzo regale e la nascosero. Essi sono rimproverati dal Signore per questioni di poco conto, come le frange dei loro vestiti, e fibbie dei loro sandali e il loro pregare nei mercati ecc.

Comune a entrambe le traduzioni è la giustizia, che nascosta (siriaco), non compresa (latino), è un grosso ostacolo per raggiungere la salvezza. Chiunque impedisca l'ingresso nel Regno compie un'azione decisamente negativa e riprovevole. Il testo siriaco, non nominando i farisei, garantisce

---

[114] Cfr. F.S. JONES, *The Syriac Pseudo-Clementines*, 161.

loro la completa estraneità a queste azioni, mentre il latino li coinvolge in modo paritetico con gli scribi.

È difficile stabilire quale delle due traduzioni sia più vicina all'originale perduto e come i rispettivi traduttori abbiano compreso e reso il testo greco. La mancata menzione dei farisei in siriaco apre la questione se essi fossero presenti o meno nell'originale greco: è il traduttore latino che li ha reinseriti (per risonanza evangelica ad esempio) o il siriaco che li ha esclusi? Questioni complesse e di difficile soluzione. Nondimeno l'analisi dei testi effettivamente disponibili permette di evidenziare le prospettive dei diversi traduttori: in questo caso la versione siriaca è quella che salvaguarda di più i farisei, escludendoli totalmente dalle critiche rivolte agli scribi.

In qualche modo *Rec* 2,46,3 e *Rec.* 2,46,4 possono apparire in contraddizione: prima vien detto che scribi e farisei escludono la giustizia di Gesù (o di Dio), con la conseguenza implicita d'impedire la via verso la salvezza (*Rec.* 2,46,3), il che sembrerebbe una colpa assai grave, poi in *Rec.* 2,46,4 si sottolinea come Gesù rimproveri a scribi e farisei solo questioni di poco conto, rispetto alla essenziale conoscenza dell'unico Dio.

La linea, probabilmente, è quella di ridimensionare senza negare, ridefinire senza escludere: scribi e farisei hanno in comune con gli autori/redattori (e la loro comunità) la stessa fede nell'unico Dio e la tradizione di Mosè, chiave della sapienza. Entrambi gli elementi pongono scribi e farisei, rappresentanti scelti dei giudei, nella compagine dei credenti nell'unico Dio. Scribi e farisei non sono nemici invisi, ipocriti latori di una prassi della quale non comprendono ragione e senso ulteriore. Conseguentemente non vi è una frattura incolmabile fra credenti in Gesù e giudei (di cui scribi e farisei sono i rappresentanti), ma un confine definito, importante, ma potenzialmente[115] valicabile.

La retorica antigiudaica è, a mio parere, volutamente respinta e ridisegnata dagli autori/redattori delle *Recognitiones* proprio attraverso una diversa espressione della figura degli scribi e farisei. Se la retorica antigiudaica è respinta, ciò non significa una assoluzione totale: l'*excluserant* finale di

---

[115] Questa affermazione ha una conseguenza "ecclesiologica" sulla composizione della comunità dei credenti: la chiave della scienza non è stata eliminata, essa è tutt'ora valida, è nelle mani degli scribi e farisei. Sussiste allora la possibilità di recuperarla ed usarla, sia da parte degli scribi e farisei che da parte di altri. In questo caso saremmo di fronte ad un confine permeabile (solo da un lato): recuperare la chiave della conoscenza comporta riconoscere Gesù come il Cristo ed entrare nel novero dei credenti in Dio e nel suo messia Gesù; dunque nella comunità "cristiana". Per gli autori/redattori delle *Recognitiones* l'obiettivo è la costituzione della comunità dei credenti in Gesù, siano essi ebrei che pagani. Una visione inclusiva, che ammette la convivenza fra cristiani ed ebrei credenti in Cristo.

Rec. 2,46,3 ricorda come la colpa degli scribi e farisei ha conseguenze drammatiche, perché pone l'impossibilità di giungere alla salvezza, tanto per sé, quanto, implicitamente, per altri, una conseguenza terribile per ogni uomo e soprattutto per ogni credente.

La figura degli scribi e farisei in *Rec.* 2,46,3 (come anche *Rec.* 2,30,1) raccoglie gli elementi già presentati nel capitolo 1 quanto al Regno, alla chiave, alla tradizione di Mosè, riarrangiandoli in un contesto diverso a partire da Mt 6,33, con una sottolineatura più esplicita della conseguenza drammatica della loro azione per loro stessi e per altri.

2.2.5 *Rec.* 6,11,2-4

11,1 bonum est autem et puritati conveniens, etiam corpus aqua diluere. bonum vero dico non quasi principale illud in quo mens purificatur, sed quod sequela sit illius boni hoc in quo caro diluitur.

2 sic enim et magister noster quosdam Pharisaeorum et Scribarum, qui videntur esse ceteris meliores et a vulgo separati, increpabat, dicens eos hypocritas, quia ea solum quae hominibus videbantur, purificabant, corda vero quae solus deus aspicit, inquinata relinquebant et sordida.

3 ad quosdam ergo ex ipsis, non ad omnes dicebat: "Vae vobis, Scribae et Pharisaei hypocritae, quia mundatis calicis et parabsidis quod deforis est, intus autem plena sunt sordibus. Pharisaee caece, munda prius quod intus est, et quod deforis est erit mundum".

4 vere enim si mens mundetur luce scientiae, cum ipsa fuerit munda ac splendida, tunc etiam eius qui deforis est hominis ipsa necessario curam gerit, id est carnis suae, ut et ipsa purificetur[116]. (*Rec.* 6,11,1-4)

È inoltre cosa buona, e utile alla purezza, lavarsi. Dico che è cosa buona, non mettendola sullo stesso piano di ciò che ci purifica l'anima, ma in quanto il lavarsi il corpo è una conseguenza di quel bene.

Il nostro Maestro rimproverava infatti certi farisei e scribi, che passavano per essere migliori degli altri e distanti dal popolino, accusandoli di ipocrisia perché nettavano solamente le cose che la gente poteva vedere, mentre lasciavano inquinati e sporchi i loro cuori che soltanto Dio vede.

Ad alcuni di essi, dunque, non a tutti, diceva: "Guai a voi, scribi e farisei ipocriti che pulite la parte esterna dei bicchieri e dei piatti mentre dentro sono pieni di sozzure! Fariseo cieco, purifica prima quel che c'è dentro e anche l'esterno sarà puro!".

In realtà, se la mente viene purificata dalla luce della dottrina, una volta resa monda e brillante è essa stessa a prendersi cura, per forza di cose, dell'esterno dell'uomo, vale a dire della sua propria carne, perché anche questa sia pulita[117].

---

[116] *Die Pseudoklementinen II. Rekognitionen*, 193-194.

[117] PSEUDO-CLEMENTE, *I Ritrovamenti*, 269. La traduzione di Cola talvolta privilegia il rendere il senso del discorso al lettore piuttosto che una traduzione letterale.

Nelle *Recognitiones* il tema del discorso di Pietro al mattino del terzo giorno è il battesimo (*Rec.* 6,8-9) e la purità (*Rec.* 6,10-14). La sezione corrisponde a *Hom.* 11,26-33, collocata cronologicamente al quarto giorno in Tripoli. Considerando in generale il parallelismo fra *Rec.* 6,2-14 e *Hom.* 11,2-3; 11,19-33 si attribuisce questa sezione al testo base[118].

Da *Rec.* 6,9 Pietro sta illustrando la necessità del battesimo per ottenere la salvezza, altrimenti irraggiungibile: tutti devono battezzarsi, tanto il giusto, per completare la propria perfezione, quanto l'ingiusto, per la remissione dei peccati fatti per ignoranza. Al battesimo deve seguire una buona condotta sicché appaia chiaramente che il battezzato sia simile al Padre che lo ha rigenerato (*Rec.* 6,10). La buona condotta è un modo di dare gloria a Dio e seguire la sua volontà, che è quella di aborrire omicidio e adulterio, rifuggire dall'odio, dall'avarizia e da tutti i vizi. A questo punto Pietro introduce la necessità della continenza, che non è tanto una imposizione quanto «un'osservanza tipica della religione… una condizione richiesta a motivo di purità a chiunque adora Dio[119]». Il primo esempio di tale continenza proposto da Pietro è quello del marito che evita i rapporti sessuali con la moglie durante le mestruazioni derivandolo dalle indicazioni della legge (Lv 15,24; 18,19). In *Rec.* 6,11 Pietro dice che il lavarsi è indice e conseguenza di una purificazione dell'anima: «In realtà, se la mente viene purificata dalla luce della dottrina, una volta resa monda e brillante è essa stessa a prendersi cura […] dell'esterno dell'uomo, […] della sua propria carne, perché anche questa sia pulita[120]» (*Rec.* 6,11,4).

È a questo punto che vengono chiamati in causa *quosdam Pharisaeorum et Scribarum*, rimproverati dal Maestro per essere ipocriti (*Rec.* 6,11,2); il riferimento è primariamente a Mt 23: scribi e i farisei apparivano essere migliori degli altri e separati dal popolo (*qui videntur esse ceteris meliores et a vulgo separati*), ma erano ipocriti perché pulivano solamente le cose che sono visibili agli uomini, mentre lasciavano i loro cuori impuri e sordidi. È interessante come gli autori/redattori si curino di specificare che il rimprovero riguardi alcuni degli scribi e dei farisei, non tutti (*non ad omnes*). Il rimprovero continua in *Rec.* 6,11,3 con la citazione esplicita di Mt 23,25-26, anche qui gli autori/redattori tengono a specificare: *ad quosdam ergo ex ipsis, non ad omnes dicebat*, dunque il rimprovero è rivolto soltanto ad alcuni di essi, specificatamente quelli che si dimostrano ipocriti.

---

[118] Cfr. F.S. JONES, *The Syriac Pseudo-Clementines*, 18.

[119] PSEUDO-CLEMENTE, *I Ritrovamenti*, 268.

[120] PSEUDO-CLEMENTE, *I Ritrovamenti*, 269.

È piuttosto evidente come la purità stia a cuore agli autori/redattori delle *Recognitiones*, in funzione di una ortoprassi che palesa una unità profonda fra l'interno e l'esterno dell'uomo: *qui intrinsecus mundus est, mundetur sine dubio et extrinsecus* (*Rec.* 6,11,6). Ciò che è disdicevole è la discrepanza fra una purità esteriore, fatta per piacere alla gente, e la purezza della mente e del cuore, ovvero l'ipocrisia. Tale modo di essere è proprio solo di alcuni scribi e farisei e non di tutti; inoltre gli scribi e farisei ipocriti, e solo loro, passano per essere migliori degli altri e si separano dalla gente comune. Queste ultime due caratteristiche denotano un'altezzosità che porta al distaccarsi superbamente dagli altri.

Le caratteristiche negative riportate (ad esempio) in Mt 23 si scaricano solo su un sottogruppo specifico di scribi e farisei, salvaguardando gli altri e lasciandoli nella categoria dei credenti in Dio e degli osservanti della legge.

Il discorso segue abbastanza da vicino *Hom.* 11,29,3-4; 11,29,1-2 con alcune differenze: in *Hom.* 11,29,4 si indica che scribi e farisei siano separati e in quanto scribi conoscano i comandamenti meglio degli altri; non è specificata la ragione della separazione. In *Rec.* 6,11,2 sembra che la distanza apposta fra scribi e farisei dal popolo sia da imputarsi alla loro altezzosa superbia. Si direbbe quasi una spiegazione voluta per esplicitare un concetto che è implicito o sotteso in *Hom.* 11,29,4.

Si potrebbe discutere se il sentirsi migliori degli altri e il separarsi dalla gente comune siano caratteristiche degli scribi e farisei in generale, oppure siano specifiche del "sottogruppo ipocrita": la costruzione della frase in latino sembrerebbe indicare l'attribuzione di queste caratteristiche proprio a quegli scribi e farisei che sono definiti ipocriti.

Si potrebbe anche leggere fra le righe un velato tentativo di argomentare l'etimologia di farisei (*a vulgo separati*) appunto come separati, un accenno legato non ad una ricerca "storica", ma ad una considerazione morale: i farisei sarebbero "i separati" per via della loro superbia. Va rimarcato però che tale considerazione sembrerebbe legata ad un sottoinsieme specifico di scribi e farisei, i quali non sono volutamente equiparati all'intero gruppo, al quale si dovrebbe riferire la spiegazione etimologica, né si distinguono i farisei (ai quali si riferirebbe l'etimologia) dagli scribi.

Forse per le specificazioni "moraleggianti" di *Rec.* 6,11,2 riguardo all'esser migliori e separati dalla gente comune, si potrebbe ipotizzare piuttosto, vista la loro mancanza in *Hom.* 11,28,4, l'intervento di redattori e del traduttore che, nell'intento di chiarificare, abbiano esplicitato una loro lettura del testo base (più aderente a *Hom.* 11,28,4), forse originariamente non tanto esplicito.

Una differenza più importante di *Rec.* 6,11,2-3 rispetto a *Hom.* 11,29,2 è la mancanza della raccomandazione del Maestro di ascoltare alcuni scribi e farisei (quelli non ipocriti), poiché a loro era stata affidata la cattedra di Mosè. Scribi e farisei in *Rec.* 6,11,2-3 vanno certamente distinti in ipocriti e non, ma non sono qui indicati come i depositari di una tradizione e di una conoscenza derivante da Mosè stesso.

In generale, dunque, si può dire che *Rec.* 6,11,2-3 sicuramente punta a ridefinire la figura di scribi e farisei rispetto a Mt 23, lasciando che i rimproveri di Gesù cadano esclusivamente sul sottoinsieme specifico degli ipocriti, distinto dal gruppo generale, ma tralascia di sottolineare il loro ruolo di custodi della tradizione mosaica (derivato da Mt 23,2-3) riportato altrove (es. *Rec.* 1,54,7, *Rec.* 2,30, *Hom.* 3,18,3), ma soprattutto presente nella sezione parallela *Hom.* 11,29,2.

Dunque in *Rec.* 6,11,2-3 la figura dei farisei (e degli scribi) non ipocriti ha una dimensione generalmente positiva, ma in modo ridotto rispetto al passo parallelo delle *Homiliae*. Quale sia la ragione di tale differenza è difficile da stabilire: in primo luogo è difficile comprendere a quale stadio sia da attribuire la differenza, ovvero se si debba considerare *Hom.* 11,28,2 – 11,29,2 più antica e anche più vicina al testo base rispetto a *Rec.* 6,11,2-3. Sotto questa ipotesi le variazioni si potrebbero attribuire ai redattori delle *Recognitiones* in greco o anche alla successiva traduzione in latino. Probabilmente solo il ritrovamento del testo greco perduto potrà dirimere tali quesiti.

Sia in *Hom.* 11,28,4 che in *Rec.* 6,11,2 è presentata la sequenza *farisei e scribi* e sono gli unici casi nelle pseudo-clementine che generalmente riportano l'ordine inverso (scribi e farisei) come in Mt 23[121]. La sequenza invertita in questi specifici brani è attestata anche dalla traduzione siriaca: è particolare che tanto il traduttore latino che siriaco abbiano lasciato invariata la sequenza, senza apportare nessuna correzione, soprattutto in prossimità di una citazione evangelica. Se da un lato si può dedurre che la sequenza "invertita" fosse presente nel testo base e che essa sia stata preservata nel tempo, dall'altro ci si chiede quale sia il motivo di tale costanza. Si potrebbe considerare la fedeltà dei traduttori al testo greco, e che i redattori abbiano utilizzato la sezione così com'era in entrambe le versioni del romanzo.

---

[121] La sequenza scribi farisei si conserva nella citazione diretta di Mt 23,25-26 in *Hom.* 11,29,2 e in *Rec.* 6,11,3.

Eppure le differenze nelle due versioni indicano come delle modifiche siano state fatte, ma non per la sequenza dei nomi. Probabilmente la soluzione più semplice è che l'ordine della sequenza non sia stato considerato importante e semplicemente sia stato lasciato così com'era.

La frase in *Homiliae* ha una struttura particolare: per prima cosa ἐν ἡμῖν precede direttamente farisei e scribi, sebbene si accordi con entrambi i sostantivi, ma potrebbe indicare una relazione un po' più stretta con i farisei, foss'anche come riferimento a At 15,5; inoltre si dice che farisei e scribi siano rimproverati da Gesù per essere ipocriti, benché separati e in quanto scribi conoscano i comandamenti meglio degli altri: si potrebbe intendere che la categoria più importante siano i farisei, i quali, in quanto anche scribi[122], ben conoscono la legge. Questa "priorità" nel testo greco delle *Homiliae* (probabilmente presente nel testo base) sarebbe rimasta anche nelle altre versioni e traduzioni, anche quando la frase fu riarrangiata, discostandosi dalla struttura originaria.

3. Prima analisi

3.1 *I farisei nelle pseudo-clementine: generalità*

Il lemma *farisei* non è frequente nelle pseudo-clementine, compare 5 volte nelle *Homiliae* e 8 volte nelle *Recognitiones*. Molto più frequente è l'uso di *giudei* (Ἰουδαῖος 46 ricorrenze, *Iudaeus* 36), che è il termine più usato per riferirsi al popolo ebraico, un po' meno frequente è l'uso di *ebrei* (Ἑβραῖος 9 ricorrenze, *Hebraeus* 18 ricorrenze). Sebbene l'importanza statistica del lemma sia piuttosto ridotta, i risultati che scaturiscono dall'analisi dei passi in cui compaiono sono inusuali rispetto a quanto osservato nelle altre opere considerate in questo studio.

I farisei compaiono in coppia con gli scribi che generalmente li precedono, seguendo l'ordine con cui appaiono ad esempio in Mt 23: delle otto volte in cui compare la coppia, solo due presentano la sequenza invertita, ciò succede nei passi paralleli *Hom.* 11,28,4 e *Rec.* 6,11,2. Curiosamente però quando gli autori/redattori subito dopo (*Hom.* 11,29,2 e *Rec.* 6,11,3) citano Mt 23,25-26 la sequenza torna ad essere quella del vangelo di Matteo.

Scribi e farisei assumono un ruolo importante nel quadro dottrinale delle pseudo-clementine: essi non solo conoscono i comandamenti (*Hom.*

---

[122] Una non troppo lontana analogia potrebbe essere Mc 2,16 nel quale si può tradurre scribi dei farisei, indicando che fra i farisei vi fossero scribi.

11,29,2; *Hom.* 18,3,4) *Rec.* 6,11,4), ma sono seduti sulla cattedra di Mosè (*Hom.* 3,18,2, *Hom.* 11,29,1). Tale posizione li pone in un ruolo strategico: quando la legge fu messa per iscritto furono inserite delle false pericopi ad opera della falsa profezia, ma Dio diede, tramite Mosè, oltre alla Torah scritta, una istruzione particolare (orale) a settanta uomini in modo che essi potessero istruire gli altri a distinguere le false dalle vere pericopi (*Hom.* 2,38). La dottrina di Mosè, cioè questa tradizione scritta e orale, viene trasmessa da coloro che sono seduti sulla cattedra di Mosè, appunto scribi e farisei. Tale conoscenza è essenziale per la salvezza, poiché costituisce la chiave del Regno dei cieli (*Hom.* 3,18,2; *Rec.* 1,54,7; *Rec.* 2,30,1). Scribi e farisei posseggono questa chiave (*Hom* 3,18,3; *Rec.* 1,54,7; *Rec.* 2,30,1; *Rec.* 2,46,4), anzi è stata affidata loro (*Hom.* 3,18,3). Purtroppo tale chiave è trattenuta da loro (*Hom.* 3,18,3), nascosta (*Rec.* 2,30,1) non parlandone alla gente (*Rec.* 1,54,7), impedendo ad altri di entrare (*Hom.* 3,18,3; *Rec.* 2,46,3).

Se da un lato questa prospettiva raccoglie quanto espresso nei vangeli (cattedra di Mosè Mt 23,2-3; chiave del Regno Mt 23,13, Lc 11,52), essa per diversi aspetti se ne distacca decisamente: la tradizione degli scribi e farisei è quella di Mosè (*Rec.* 1,54,7), non è una tradizione adulterata in contrasto con la parola di Dio come rimproverato da Gesù in Mt 15,2-6; non solo, proprio la Torah orale degli scribi e farisei permette di discernere la verità nelle Scritture e avviarsi verso la salvezza.

Assai caratteristico è il modo in cui le pseudo-clementine utilizzano Mt 23: da questo capitolo "estraggono" i passi che si accordano con la loro prospettiva e riarrangiano l'accusa di ipocrisia di Gesù. Il Nazareno non rimprovera tutti gli scribi e farisei (*Hom.* 11,29,1: *Rec.* 6,11,2-3), ma solo coloro che non si curano della purità, poiché un cuore puro purifica anche il corpo (*Hom.* 11,28,3, *Rec.* 6,11,1.4).

Origene è un autore che ha sintetizzato la tipologia del fariseo come il campione degli ebrei pervicaci, legati alla lettera e dunque incapaci di percepire e vivere la dimensione spirituale e soteriologica delle Scritture. Questa prospettiva, paradigmatica di un sentire comune a molti scrittori ecclesiastici dei primi secoli, non solo misura la distanza dalla visione degli autori/redattori delle pseudo-clementine, ma la propone come una contro-narrativa: le pseudo-clementine non solo rielaborano Mt 23 scegliendone le parti per loro importanti e minimizzando le sfavorevoli (solo alcuni sono ipocriti), ma consegnano a farisei e scribi un ruolo essenziale nella conoscenza della verità, dell'unico Dio, e della via verso la salvezza. Essi hanno un posto ineludibile nella storia di salvezza portata avanti da Dio, senza comunque tacere impedimenti che dovevano essere palesi: trattenere o nascondere la chiave comporta la preclusione all'ingresso nel Regno dei cieli. Quello che mi pare di scorgere è una determinazione a fronteggiare una polemica antigiudaica, evidentemente nota, e considerata erronea.

Scribi e farisei dovevano avere un ruolo o un'importanza per le comunità sottese alle pseudo-clementine: l'insieme dei credenti è composto tanto da ebrei che da gentili convertiti e uniti dalla fede nell'unico Dio (dei giudei, *Rec.* 2,46,3). Questo insieme ammette differenze, principalmente il credere o meno in Gesù, ma non così importanti da divenire criterio di esclusione. I pagani che caparbiamente negano la verità, come Simone mago, sono i nemici da combattere e da conquistare alla fede. La missione della comunità cristiana, il cui motore più importante appare Pietro (in comunione con Giacomo), è rivolta principalmente ai gentili, di cui Clemente è il campione. Ciò non toglie che l'abolizione dei sacrifici e il battesimo nel nome di Gesù costituisca la pienezza della storia della salvezza e passaggio ulteriore[123] per la salute dell'anima (*Rec.* 1,39, *Hom.* 11,25 // *Rec.* 6,8). I giudei sono in una posizione privilegiata, poiché conoscono, a differenza dei gentili, l'unico vero Dio e i suoi comandamenti[124], primo passo ineliminabile verso la salvezza; come portatori della tradizione mosaica e conoscitori dei comandamenti scribi e farisei sono figura eminente dei giudei, rappresentandoli, in questo senso, al meglio.

Se il primo passo verso la salvezza da parte dei giudei è compiuto di *default*, il secondo, credere in Gesù, nei suoi insegnamenti e farsi battezzare, non è altrettanto scontato. Le pseudo-clementine conoscono tale difficoltà, espressa dalla analogia della chiave del Regno, il cui possesso non garantisce l'entrata, né per sé né per altri (*Hom.* 3,18,3, *Rec.* 1,54,7, *Rec.* 2,30,1, *Rec.* 2,46,3). Un effetto del riconoscere o meno il messia può essere la divisione della comunità dei credenti in coloro che riconoscono Gesù e coloro che riconoscono solo Mosè. Questa divisione, possibile, non è necessaria: *Hom.* 8,5-7 considera come sia possibile che Gesù sia nascosto a coloro che hanno Mosè come maestro, tale nascondimento ha una

---

[123] La prospettiva qui è quella del perfezionamento: l'unica comunità dei credenti prosegue il suo cammino verso il regno. Ai giudei è chiesto di vivere la vera tradizione di Mosè (che non contemplava i sacrifici se non come norma temporanea) e acquisire, tramite il battesimo, il cambiamento apportato da Cristo. Ai pagani è chiesto di più: l'abbandono di culto, cultura e costumi.

[124] Per questo Gesù rimproverò loro solo mancanze minori come allungare le filatterie, cercare i primi posti, pregare ai crocicchi per farsi vedere (*Rec.* 2,46,4-5).

ragione, «Dio stesso nascose un maestro ad alcuni perché già sapevano cosa fare, e lo rivelò ad altri perché non sapevano cosa fare» (*Hom.* 8,6,5). Non vi è condanna né per ebrei che non conoscono Gesù, né per i gentili che non conoscono Mosè, purché entrambi compiano i precetti indicati dai rispettivi maestri e non odino gli uni il maestro degli altri (*Hom.* 8,7,1-2). Sebbene il parallelo *Rec.* 4,5 presenti differenze[125], la tensione è per una possibile coesistenza, non per la sostituzione del popolo del primo patto. Una missione ai giudei è probabilmente adombrata dalla predicazione di Giacomo in Gerusalemme in *Rec.* 1,69, la quale aveva convinto tutti i giudei presenti, sommo sacerdote incluso, a farsi battezzare, azione impedita violentemente da Paolo, ancora non convertito e di cui non si menziona la provenienza farisaica[126], che ha come conseguenza l'abbandono della città santa da parte di molti cristiani (*Rec.* 1,71).

Le pseudo-clementine riconoscono a scribi e farisei un ruolo di riferimento: sono loro i detentori di quella tradizione mosaica ininterrottamente trasmessa dai padri, una Torah orale importante quanto la scritta, sono loro i maestri cui rivolgersi per conoscere le parti veritiere della legge[127]. Se si accoglie l'osservazione di Annette Yoshiko Reed su una vicinanza di questa prospettiva con tradizioni rabbiniche sviluppate nel III e IV secolo[128], proprio quando la Torah orale andava acquistando un'importanza paragonabile alla scritta, si potrebbe riconoscere nella figura degli scribi e farisei "pseudo-clementini" quella dei *rabbi* nelle contemporanee comunità ebraiche, progressivamente sviluppatisi come eredi dei farisei.

Tale ruolo di riferimento spiega la necessità di relegare l'accusa di ipocrisia solo a quegli scribi e farisei che non vivono coerentemente, non purificando l'interno come l'esterno, non fanno opere buone e non sono sulla via della salvezza.

La comunanza di dottrine e di figure referenziali fra le comunità cristiane sottese agli autori/redattori delle pseudo-clementine e le contigue comunità ebraiche pone l'interrogativo sul tipo di relazione esistente fra i due gruppi. Per questo studio si pone la domanda se e come scribi e farisei fossero presenti in queste comunità cristiane. L' ἐν ἡμῖν detto da Pietro in

---

[125] *Rec.* 4,5 indica come sia necessario per l'ebreo credere anche in Gesù e per il gentile credere anche in Mosè.

[126] Con l'intento evidente di evitare una caratterizzazione negativa dell'essere fariseo.

[127] Cfr. par. 2.1.1, *Hom.* 3,51,1.

[128] Cfr. par. 2.1.2, A.Y. REED, «When Did Rabbies Become Pharisees?», 326-327; J. BOURGEL, «The Holders of the "Word of Truth"».

Hom. 11,28,4 esiste nel presente narrativo e si accorda con At 15,5 per la presenza di farisei nella prima comunità di Gerusalemme, ma non è sufficiente a dimostrare la presenza attuale, nelle comunità che hanno prodotto le pseudo-clementine, di farisei[129] (e scribi). Certamente l'inciso sottolinea ulteriormente la vicinanza di queste comunità cristiane alla tradizione di Mosè, e l'importanza attribuita ai maestri che la tramandavano, significando la possibilità di un dialogo con i *rabbi* contemporanei.

Sulla composizione delle comunità cristiane cui appartengono gli autori/redattori delle pseudo-clementine non si può dire molto, tuttavia si può presumere una composizione variegata: sicuramente il romanzo descrive una missione che è iniziata dagli apostoli, dunque provenendo dai giudei, ma si espande ai gentili.

Ciò non esclude la possibilità della presenza in seno alla comunità di persone di provenienza e/o di formazione ebraica considerati, benevolmente, alla stregua di scribi e farisei.

3.2 *Differenze di rappresentazione dei farisei nelle Homiliae e nelle Recognitiones*

Il miglior modo per evidenziare differenze fra le due versioni del romanzo pseudo-clementino sarebbe quello di confrontare sezioni omologhe nei due testi, purtroppo i brani dove compaiono i farisei per lo più non coincidono:
- *Hom.* 3,18,2 si trova nella sezione dedicata alla esposizione della dottrina delle false pericopi, *Hom.* 2,19 – 3,29, che non ha parelleli in *Rec.*
- *Hom.* 18,3,4 appartiene alla discussione sul Dio buono e giusto, *Hom.* 18,1-3, che ha il corrispettivo in *Rec.* 3,37-38, ma in quest'ultima sezione non compaiono i farisei.
- *Rec.* 1,54,6-7; 1,59,1; 1,63,1 appartengono a *Rec.* 1,27-71, identificata come una antica sezione, che non ha paralleli in *Hom.*
- *Rec.* 2,30,1 appartiene ad una sezione, *Rec.* 2,20-36a, che è sintetizzata in *Hom.* 3,30-32 ma essa non ha un esatto parallelo, tant'è che nella sezione corrispettiva di *Hom.* non compaiono farisei.
- *Rec.* 2,46,3-4, appartiene ad una sezione che generalmente è riportata in *Hom.* 16, ma di fatto essa non ha corrispettivo.

---

[129] Al più si potrebbe supporre la presenza di saggi e/o maestri latori di quella tradizione mosaica trasmessa dagli scribi e farisei di provenienza o di formazione ebraica.

L'unica eccezione è il parallelismo di *Hom*. 11,28,1 - 11,29,4 con *Rec*. 6,11,1-6. Lo sviluppo del ragionamento nei due brani è simile, ma si osservano subito alcune differenze: in *Rec*. 6,11,2 per prima cosa non compare ἐν ἡμῖν presente in *Hom*. 11,28,4, inoltre dei farisei e scribi si dice che appaiono come migliori degli altri e separati dal popolino, mentre in *Hom*. si dice che essi sono separati e, in quanto scribi, conoscano i comandamenti meglio degli altri. La traduzione siriaca riporta sia il "tra noi" che la separazione in quanto migliori degli altri[130].

Le *Homiliae* non esplicitano il motivo della separazione, connesso con una nota di superbia, e riportano una indicazione di appartenenza, o vicinanza, di farisei e scribi alla comunità cristiana. Interessante osservare come qui la narrazione, in entrambe le versioni, riporti la sequenza farisei e scribi[131], mentre nella citazione di Mt 23,25-26 sia ripreso l'ordine evangelico, osservato nel resto dei brani dove compaiano assieme scribi e farisei.

Hom. 11,29,1 specifica come il Signore raccomandasse di ascoltare alcuni dei farisei perché ad essi era stata affidata la cattedra di Mosè, specificazione presente nella traduzione siriaca, ma del tutto mancante in *Rec*. 6,11,3. Si tratta di una omissione non di poco conto, poiché è il punto nodale che congiunge farisei e scribi con la tradizione di Mosè e con la verità attraverso un detto di Gesù (Mt 23,2-3), ed esplicitamente li qualifica come i saggi custodi della conoscenza.

Il fatto che le ricorrenze di farisei appaiano, con la sola eccezione appena commentata, in sezioni non parallele conferma come le due tradizioni siano indipendenti, ovvero indica come i differenti redattori abbiano scelto di riprendere e sviluppare le loro fonti secondo criteri non coincidenti. Anche quando le ricorrenze cadono in sezioni generalmente presenti in entrambe le edizioni delle pseudo-clementine, esse non hanno corrispettivi l'uno nell'altra: è il caso ad esempio di *Rec*. 2,30,1 e *Rec*. 2,46,3-4 i cui argomenti e svolgimento hanno omologhi di massima in *Hom*. 3,30-32 e *Hom*. 16, ma nei quali farisei (e scribi) non compaiono. Ciò nonostante la rappresentazione dei farisei è generalmente simile in entrambe le versioni del romanzo e ruota sostanzialmente sul cliché generato a partire da Mt 23,13 e Lc 11,52: scribi e farisei posseggono la chiave della conoscenza essenziale per accedere al Regno dei cieli.

---

[130] Dunque la traduzione siriaca attesta sia la versione greca, ma anche una specificità della latina, esempio di come quest'ultima sia la testimone di una tradizione differente da quella delle *Homiliae*.

[131] Cfr. par. 2.2.5.

Vi sono tuttavia delle differenze che possono essere apprezzate nella rappresentazione della figura dei farisei nelle due opere. Il ruolo dei farisei come custodi della tradizione scritta e orale che scaturisce da Mosè è meglio definito in *Homiliae*, dove si inserisce nel quadro della dottrina delle false pericopi (*Hom.* 2,19 - 3,29): l'esistenza di una Torah orale è esplicitata in *Hom.* 2,18 in riferimento ai settanta saggi istruiti da Mosè; scribi e farisei compaiono in *Hom.* 3,18,2 in relazione a quei padri depositari di quella conoscenza, essendo loro stessi titolari della cattedra della profezia, cioè la cattedra di Mosè, perciò devono essere ascoltati (Mt 23,2-3). Tale conoscenza è la chiave del Regno dei cieli, cioè della vita eterna (Mt 23,13; Lc 11,52). Il possesso della cattedra di Mosè e la necessità di ascoltare scribi e farisei non ipocriti è ribadito in *Hom.* 11,29,2.

Nelle *Recognitiones* la questione dei capitoli della legge che fanno problema è risolta attraverso la figura del vero profeta[132] che si manifesta in diversi personaggi nella storia (da Adamo fino al compimento in Gesù) portando agli uomini quella conoscenza necessaria per discernere la verità (e dunque anche le pericopi false) e giungere alla salvezza. *Recognitiones* non utilizza la figura della cattedra di Mosè affidata agli scribi e farisei, ma fa perno direttamente sulla chiave della conoscenza come chiave del Regno dei cieli. La cattedra di Mosè non solo non compare ma, come già indicato, in *Rec.* 6,11,3 è omessa, malgrado sia presente nel parallelo *Hom.* 11,29,1. Il legame dei farisei e scribi con Mosè è esplicitato in *Rec.* 1,54,7 e in *Rec.* 2,30,1 connettendoli con la tradizione di Mosè, ma non li si dice titolari della cattedra.

La trasmissione della tradizione di Mosè da parte degli scribi e farisei non è però senza problemi perché non misero a disposizione tale chiave del Regno ad altri: tale azione è declinata con sfumature diverse: in *Homiliae* solo una volta è detto che essi, pur avendo la chiave, non fecero entrare coloro che lo desideravano (*Hom.* 3,18,3), in *Recognitiones* il concetto è ribadito più volte. In *Rec.* 1,54,7 la chiave è nascosta non parlandone alla gente, in *Rec.* 2,30,1 è semplicemente nascosta, *Rec.* 2,46,3 il possesso della chiave della conoscenza non garantisce a scribi e farisei il compimento della giustizia e del Regno.

Nelle *Recognitiones* l'accentuazione delle colpe dei farisei non è solo attraverso la sottolineatura, per ripetizione, della mancata trasmissione della chiave del Regno, ma vi sono espressioni che indicano una loro condot-

---

[132] Cfr. ad esempio *Rec.* 1,21,8-9, *Rec.* 1,22,1.

ta e dottrina "inadeguata": in *Rec.* 2,30,1 scribi e farisei hanno condotta non buona e insegnamenti non ortodossi proprio perché hanno nascosto la chiave del Regno; in *Rec.* 2,46,3 essi non sono capaci di compiere la giustizia ed entrare nel Regno predicati da Gesù.

La figura degli scribi e farisei nelle *Recognitiones*, rispetto alle *Homiliae*, è un po' più legata all'immagine della chiave e sono sottolineate maggiormente le loro responsabilità nel mancato ingresso, loro e altrui, nel Regno. In qualche modo *Recognitiones*, in un quadro generale comunque non ostile, recepisce maggiormente le accuse rivolte, in altri scritti di autori cristiani, di incapacità da parte degli ebrei (di cui i farisei spesso sono i campioni negativi) di abbracciare l'insegnamento di Gesù. Ciò non crea grande sorpresa poiché, sempre per grandi linee, gli autori/redattori delle *Recognitiones* sono maggiormente attenti ad indicare l'insegnamento di Gesù come essenziale per la salvezza (es. *Rec.* 2,30,6, *Hom.* 8,5-6). Il non abbracciarlo, malgrado la preparazione, dottrinale e di ortoprassi, ricevuta dalla tradizione mosaica, è un errore grave.

3.3 *Uno sviluppo storico della figura dei farisei nelle pseudo-clementine?*

La ricerca sulle pseudo-clementine ne ha indicato uno sviluppo nel tempo: una serie di materiali è raccolto in un primo racconto, il testo base, dal quale successivamente furono sviluppate due versioni, *Homiliae* e *Recognitiones*. Se si potessero collegare i brani in cui compaiono i farisei con le varie fasi[133], si potrebbero ricercare differenze ed evidenziare se la loro rappresentazione abbia subito uno sviluppo nel tempo.

I farisei compaiono in *Rec.* 1,27-71, sezione identificata come una delle parti più antiche. Diverso è il discorso per quanto riguarda il testo base: il principale criterio utilizzato per delimitarlo è considerare le sezioni omologhe nei due racconti. Seguendo la ricostruzione di Jones[134] appartengono al testo base le sezioni:

Rec. 2,20-36a // *Hom.* 3,30-32
Rec. 2,36b-69 // *Hom.* 16,5-15a; 18,4-22; 17,4-19
Rec. 3,37-38 // *Hom.* 18,1-3
Rec. 6,2-14 // *Hom.* 11,2-3; 11,19-33

---

[133] Cfr. Introduzione a questo capitolo e nota 8.
[134] F. S. Jones, *The Syriac Pseudo-Clementines*, 16-19.

Quando si vanno ad analizzare le prime tre sezioni identificate come appartenenti al testo base, le parti relative ai farisei non coincidono[135] in *Rec.* e *Hom.* Sembrerebbe che, in questi casi, i farisei siano richiamati nel discorso come per appoggiare questo o quel ragionamento, il che è il proprio di una operazione redazionale; ma rimane assai difficile legare tale composizione all'azione dei redattori del testo base o piuttosto delle diverse versioni delle pseudo-clementine.

L'ultimo caso restante, *Hom.* 11,28,3 – 11,29,2 // *Rec.* 6,11,2-4, è l'unico a mostrare un chiaro parallelismo quanto ai farisei, ma proprio perché unico le indicazioni che se ne possono ricavare sono limitate.

Di per sé la ricostruzione dell'andamento di una narrazione primordiale a partire da redazioni successive è una operazione che implica sostanziali margini d'incertezza e difficilmente può portare alla ricostruzione del testo primordiale, che di fatto, non esiste più. Piuttosto il confronto di sezioni omologhe aiuta a comprendere tratti comuni e specificità delle due versioni, e dare un quadro abbozzato di quello che avrebbe potuto essere il testo base.

Nella sezione più antica, *Rec.* 1,27-71 i farisei (e gli scribi) compaiono fra gli scismi in seno al popolo giudaico: sono battezzati da Giovanni e posseggono il verbo di verità ricevuto dalla tradizione mosaica che è la chiave del Regno dei cieli, ma lo nascosero non parlandone al popolo (*Rec.* 1,54,6-7). Il fulcro della descrizione è il possesso della chiave del Regno, connessa con la verità e con la tradizione mosaica, nascosta (connessione con Mt 23,13, Lc 11,52). Il problema specifico dei farisei è quello di ritenere Mosè come il profeta, e perciò di non potergli equiparare in alcun modo Gesù (*Rec.* 1,59,1). La questione fra gli apostoli e gli scribi e farisei ruota sulla questione del Regno dei cieli (*Rec.* 1,63,1), questo è il punto essenziale ancora ribadito: nel Regno si entra tramite quella tradizione di Mosè che è la verità e la chiave, tradizione non rinnegata, né modificata, ma sussunta dal Cristo per la salvezza di tutti gli uomini. Scribi e farisei non hanno svolto il loro ruolo di depositari e "trasmettitori" in seno al popolo giudaico (ma anche per gli altri uomini) della chiave consegnata loro.

Farisei (e scribi) in questa sezione non sono separati dal popolo, come lo sono invece i sadducei e i discepoli di Giovanni, i quali lo fanno con senso di superiorità. Questa è una nota caratteristica di *Rec.* 1,54 che non si ritrova in altri passi di *Rec.* o *Hom.* "posteriori": al contrario in *Hom.* 11,28,4

---

[135] Vedi par. 3.2.

// *Rec.* 6,11,2 si accenna alla separazione di alcuni scribi e farisei connessa con il loro sentirsi migliori.

Il fatto che scribi e farisei si siano sottoposti al battesimo di Giovanni (*Rec.* 1,54,7), in palese contrasto con Lc 7,30, evidenzia l'intenzione di ridisegnare la loro figura rispetto ai tratti più negativi presenti nei vangeli, ripresi e sottolineati da autori di diverse comunità cristiane. Nello stesso senso si può leggere la separazione nelle posizioni di opposizione di scribi e farisei agli apostoli in *Rec.* 1,58-59, lasciando il solo scriba a proporre Gesù come un mago millantatore, accusa ben più infamante di non riconoscere Gesù allo stesso livello di Mosè (*Rec.* 1,59,1). Ancora più indicativa è la mancanza, nel racconto dell'aggressione di Giacomo, di ogni riferimento al Paolo fariseo, o al ruolo dei farisei tenuto in altri racconti[136] del martirio del fratello del Signore; assenze comprensibili solo in ragione di preservare i farisei dal ruolo di antagonisti di un campione cristiano qual'era Giacomo.

Il *milieu* della chiave del Regno probabilmente è ripreso nel testo base (fase successiva), e specificato nelle due versioni del romanzo (fase finale). Presumibilmente al testo base appartiene la distinzione fra scribi e farisei ipocriti e non, attestato da *Hom.* 11,28,4.11,29,1 // *Rec.* 6,11,2-3 e dalla traduzione siriaca, anch'essa espressione della volontà di salvaguardare i due gruppi dall'accusa di ipocrisia, una delle più forti nel vangelo di Matteo e con tanto seguito in comunità cristiane di altro tipo.

Specifico delle *Homiliae* è l'attribuire esplicitamente agli scribi e farisei la cattedra di Mosè (Mt 23,2), a sottolineare maggiormente, nel quadro della dottrina delle false pericopi, il loro ruolo nella catena di trasmissione della verità, come detentori di quella Torah scritta, ma soprattutto orale, necessaria a comprendere le scritture, dunque il senso della storia di salvezza fatta da Dio, ed entrare nel Regno. Il ruolo non è svolto pienamente per loro colpa (*Hom.* 3,18,3) poiché non lasciano entrare coloro che lo vogliono.

Le *Recognitiones*, pur raccogliendo sostanzialmente gli stessi elementi, sottolineano l'incapacità da parte degli scribi e farisei di compiere la giustizia e il Regno di Gesù, passo ulteriore e necessario per perfezionare la fede nell'unico Dio (*Rec.* 2,30,1; 2,46,3). Dunque pur avendo una posizione privilegiata rispetto ai pagani (*Rec.* 2,46,4), la loro dottrina e la loro condotta non sono buone. Si potrebbe dire che, pur possedendo la chiave della conoscenza lasciata loro da Mosè non sono degni della sua cattedra.

---

[136] Cfr. Cap. IV par. 2.1e par. 2.2.2 di questo capitolo.

È come se il milieu essenziale della chiave del Regno si sviluppi con il passare del tempo esplicitando caratteristiche implicite, probabilmente in dialogo (se non scontro) con prospettive di chiese cristiane meno vicine al giudaismo, e meno benevole quanto al ruolo svolto dai farisei.

Curioso, ad esempio, che farisei (e scribi) non siano loro i separati in *Rec.* 1,27-71, ma alcuni, non tutti, lo divengano in *Hom*, 11,28,4 (// *Rec.* 6,11,2). Se si accetta che tale sviluppo sia connesso con il testo base, e questo risalga alla prima metà del III secolo, si pone una singolare coincidenza con la grande opera esegetica di Origene, uno dei principali fautori della sistematizzazione della figura (negativa) dei farisei e fra i primi a proporre una etimologia del loro nome connesso con il loro essere separati.

Se si considera la vicinanza delle comunità cristiane soggiacenti alle pseudo-clementine al giudaismo e la loro avversione per gli errori derivanti dalla cultura ellenistica (di cui Simone mago è il campione), non sorprenderebbe se la contro-narrazione pseudo-clementina fosse costruita a specchio sui punti essenziali della tipologia farisaica, come sintetizzati da chiese cristiane di matrice ellenistica, ad esempio quella di Alessandria[137], di cui Origene è esponente di spicco e di grande seguito.

---

[137] Secondo *Hom.* 2,22,3 Simone Mago apprese la cultura ellenistica e le arti magiche in Alessandria d'Egitto.

APPENDICE CAP. X

Tabella 1: Contesto biblico delle occorrenze di fariseo in *Hom.* e *Rec.*

	Citazione diretta	Citazione indiretta o contesto biblico
Hom. 3,18,2	Mt 23,2	Mt 23,2-3
Hom. 11,28,4		Mt 23,13s; in particolare Mt 23,25-27
Hom. 11,29,2		Mt 23,2
Hom. 11,29,2	Mt 23,25-26	
Hom. 18,3,4	Lc 18,18	Lc 18,18-19; Mt 19,16-17; Mc 10,17-18
Rec. 1,54,6-7		Mt 3,7-9; Mt 23,2-3
Rec. 1,59,1		
Rec. 1,63,1		
Rec. 2,30,1		Mt 23,2-3; Mt 23,13; Lc 11,52
Rec. 2,46,3		Mt 6,33; Mt 23,13; Lc 11,52; Mt 23,5-7; Mt 6,5
Rec. 6,11,2		Mt 23,25-27
Rec. 6,11,3	Mt 23,25-26	

CONCLUSIONE

L'obiettivo di questo lavoro è quello di valutare se i padri e gli scritti cristiani dei primi secoli possano essere una fonte per lo studio dei farisei, da inserire accanto alle basi documentarie già acquisite: NT, scritti di Flavio Giuseppe, letteratura rabbinica.

La questione, come abbiamo visto, ha un duplice aspetto[1]: vi è una prospettiva che si potrebbe definire storica, ovvero la ricerca di informazioni sui farisei trasmesse all'interno di scritti cristiani dei primi secoli; vi è una prospettiva tipologica (e dunque teologica), ovvero la rappresentazione che i padri danno dei farisei. Quest'ultimo inquadramento fornisce indicazioni sulla percezione, in seno alle comunità cristiane, dei farisei e in generale del rapporto con il contesto giudaico di cui essi sono parte. Non si tratta ovviamente di prospettive nuove: ad esempio quando Flavio Giuseppe racconta la storia del popolo ebraico dà una serie di informazioni storiche sui farisei; nei vangeli canonici i farisei sono rappresentati spesso in scene di contrapposizione con Gesù, un contesto "letterario" che esprime la percezione da parte degli evangelisti dei farisei e del loro ruolo nella società giudaica. In entrambi i casi si tratta di informazioni preziose per definire l'identità e la storia dei farisei.

Le due prospettive, storica e tipologica, esprimono, da un lato l'interesse a conoscere chi erano i farisei, dall'altro quale sia stato il loro ruolo, diretto o percepito, nello sviluppo delle comunità cristiane, e nelle coeve comunità ebraiche, dei primi secoli.

L'analisi statistico lessicografica e lo studio delle occorrenze hanno fornito una serie d'informazioni utili a caratterizzare e valutare i padri (e scritti cristiani del II e III sec.) come fonte per lo studio dei farisei e del loro ruolo nelle comunità cristiane dei primi secoli.

I risultati dello studio vanno esaminati in un ordine inverso di quello delle questioni aperte nell'introduzione: è necessario considerare prima il

---

[1] Cfr. Introduzione, in particolare par. 1.1 e 1.2.

ruolo dei farisei negli scritti selezionati per definire poi che tipo di fonte possano essere i padri per lo studio dei farisei, in particolare se essi trasportino informazioni storiche sulla compagine ebraica. Gli scritti cristiani antichi non hanno generalmente un intento storico, come ad esempio le opere di Flavio Giuseppe o Tacito, ma esprimono la propria visione della storia in funzione della economia divina, con intenti polemici, anti-eretici, esegetici, apologetici ... Solo dopo aver evidenziato i punti essenziali della figura dei farisei, e il loro ruolo nella prospettiva teologica degli scritti esaminati, si può esprimere una valutazione globale sui padri quale fonte di studio dei farisei.

1. Sintesi dei punti nodali per la definizione della tipologia farisaica nei secoli II e III

L'analisi statistica lessicografica del Cap. I ha prospettato, quantitativamente, un andamento vario, ma generalmente crescente dell'uso di *fariseo* fino al IV – V secolo[2], suggerendo uno sviluppo nel tempo dell'impiego del termine. In questo ambito è stato scelto sia l'intervallo temporale d'indagine ritenuto più interessante, sia gli autori o scritti considerati più significativi: i primi tre secoli si presentano come il retroterra che prepara e sostanzia la crescita dell'uso del sostantivo nel IV. In pratica si è effettuata un'operazione di campionamento in modo da ottenere le informazioni necessarie per abbozzare un quadro generale, cioè identificare l'esistenza di specifiche dinamiche di sviluppo nell'uso del termine. Sebbene in ogni capitolo si sia cercato di evidenziare eventuali legami di dipendenza o relazione fra autori e scritti, l'analisi specifica produce una serie di informazioni interessanti, ma peculiari dell'autore o scritto considerati e spesso insufficienti per sé a identificare tendenze o fenomeni di carattere generale.

Se un indizio da solo non prova alcunché, l'insieme di essi può portare a scovare, come nelle migliori indagini, il colpevole: ciò che non è stato possibile identificare nello studio focalizzato sul termine in un singolo autore, è possibile inferire assommando i vari indizi emersi nelle singole analisi. Come per ricostruire un grande mosaico occorre considerare assieme i vari frammenti per ricostruire il disegno generale, così è necessario giustapporre le conclusioni di ogni capitolo (i paragrafi "prima analisi") per cercare di ricostruire un quadro generale di sviluppo dell'uso del termine.

---

[2] L'andamento varia a seconda se si consideri il *corpus* greco o latino, cfr. Cap. I, par. 4.1, 4.3.

Figura 16. Mosaico nella sinagoga di Sefforis, ricostruito in base a frammenti
e similitudini con altre immagini dello stesso tipo. La ricostruzione del quadro
generale sui farisei procede allo stesso modo, assommando le informazioni raccolte
e interpolandole con altre a ricostruire le parti mancanti.

Per favorire tale visione d'insieme mi pare opportuno ricapitolare, brevemente, i punti essenziali acquisiti nei capitoli dal II al X:

Giustino (Cap. II) mostra una tipologia farisaica abbozzata ma non definita, con due caratteristiche salienti: la prima, i farisei sono una figura piuttosto secondaria nel *Dialogo con Trifone* eppure, seconda caratteristica,
molti temi specifici della tipologia farisaica, come sviluppata e precisata
da autori successivi, sono già delineati; i farisei sono un sottogruppo dei
maestri ebrei responsabili della trasmissione dell'identità giudaica e antagonisti di Gesù, dai quali ereditano le specificità con una caratterizzazione
negativa. La loro presenza nel *Dialogo* è connessa principalmente, ma non
esclusivamente, con le narrazioni evangeliche.

Nel *Vangelo di Tommaso* (Cap. III) i farisei compaiono esplicitamente
solo due volte, ma sono l'unica fazione giudaica citata. Un trattamento
particolare in un quadro generale di disinteresse per elementi storici e geografici, come anche per la passione e resurrezione del Cristo totalmente
assenti nei detti. I farisei sono fra coloro che impediscono la conoscenza
del Vivente, accusa assai grave per la compagine farisaica, apparentemente relegata, per le sole due menzioni esplicite, ad un ruolo secondario.

Egesippo (Cap. IV) discute dei farisei all'interno del racconto della morte di Giacomo il Giusto: essi hanno la responsabilità di aver impedito la re-

alizzazione dell'unione del popolo giudaico con i credenti in Gesù. Il racconto dimostra letterariamente la tipologia farisaica come quella di giudei tanto pervicaci da opporsi allo svolgimento della economia della salvezza, cioè alla riunione in Gerusalemme di tutte le genti per adorare Dio Padre rivelato da Gesù e predicato dagli apostoli, Giacomo in primis.

Ireneo (Cap. V), pur mantenendo anch'egli una dimensione secondaria per i farisei, propone una dimostrazione "teologica" del loro tipo: hanno alterato la legge che avevano il compito di trasmettere nelle generazioni, con il risultato ultimo di impedire il riconoscimento del messia in Gesù e intralciare così il piano di salvezza di Dio.

L'"Ippolito" (Cap. VI) autore dell'*Elenchos* pone i giudei come punto di snodo fra l'eresia e l'ortodossia: essi hanno ricevuto la legge di Mosè, principio di ogni rivelazione e sapienza, le sono stati fedeli (al contrario degli eretici) e l'hanno trasmessa nelle generazioni. In connessione con l'opera di Flavio Giuseppe, i farisei sono descritti, brevemente, come una delle tre fazioni giudaiche, con caratteristiche a metà strada fra quelle negative dei sadducei e quelle eccelse degli esseni. L'autore, nel suo intento di sistematizzazione dell'eresia, non desume le sue informazioni sui farisei dalle narrazioni evangeliche, piuttosto da quanto ha potuto raccogliere nelle fonti "storiche" a lui accessibili.

L'"Ippolito" (o "Ippoliti") esegeta (Cap. VI) deriva la figura dei farisei dalla Scrittura risultandone una dimensione antagonista a Gesù Cristo, e considera la caduta in disgrazia degli ebrei (esiliati dalla patria, senza più alcuna gerarchia e senza fazioni interne, fra cui i farisei) come la punizione divina dovuta al non aver riconosciuto e accolto il messia[3].

In Clemente Alessandrino (Cap. VII) i farisei vivono nei riferimenti ai vangeli canonici, dai quali riprendono alcune caratteristiche: quanto vi è di buono fra i giudei è espresso dalla giustizia degli scribi e farisei, essa è la via di salvezza aperta da Dio, ma che necessita del perfezionamento di Cristo.

Tertulliano (Cap. VIII) presenta i farisei in stretta relazione con i vangeli canonici come i rivali della fede e responsabili della condanna a morte di Gesù. La loro figura esprime, nel presente della narrazione, ciò che è estratto dalle narrazioni evangeliche: i farisei sono espressione tipica dei giudei che hanno, colpevolmente e caparbiamente, rifiutato il Cristo. Siamo di fronte ad una figura tipologica che, per la definizione dei suoi contorni e per la sua mancanza di sfumature, si può definire pressoché compiuta.

---

[3] Cfr. Cap. VI, par. 3,22, *Fragmenta in Psalmos* 28.

Origene (Cap. IX) è un punto di svolta nello sviluppo della tipologia farisaica: la sua ampia opera di commento alla Scrittura dimostra in modo esegetico il fondamento del tipo farisaico, esponente definitivo di un ebreo caparbiamente attaccato ad una interpretazione letterale della Scrittura, esegesi erronea perché incapace di rivelarne il senso pieno, costringendo l'uomo ad un'esistenza corporale e alla perdita della salvezza rivelata dallo Spirito in Cristo.

Il romanzo pseudo-clementino (Cap. X) si propone come la visione alternativa alla narrativa sintetizzata da Origene: i rimproveri di Gesù sono diretti solo a quei farisei che sono ipocriti, cioè a una parte di coloro che hanno il compito fondamentale, e ancora attuale, di trasmettere la tradizione mosaica, espressione di una Alleanza valida e perfezionata da Cristo. La comunità dei fedeli ha una dimensione inclusiva: ebrei e cristiani (anche di origine pagana) credendo nell'unico Dio hanno molto in comune, tanto che non è esclusa, se non la convivenza, la coesistenza di gruppi di fedeli con costumi ebraici con fedeli cristiani anche provenienti dai pagani. *Hom.* 8,6-7 arriva ad ipotizzare il raggiungimento della salvezza per quegli ebrei che conoscendo e vivendo la legge mosaica non odino colui che non conoscono (Gesù). La narrazione pseudo-clementina della figura dei farisei sembra costruita a specchio sui punti essenziali della polemica anti-farisaica basata principalmente sulla rilettura del cap 23 di Matteo: essi sono ripercorsi e modificati in modo che le colpe, pur presenti, siano ridotte e non giungano a condanne senza condizionale.

Questa breve sintesi, esposta in un ordine grossomodo cronologico, in congiunzione con i risultati della analisi statistico lessicografica del Cap. I fa intravvedere uno sviluppo cronologico della tipologia farisaica, in particolare nel II e III secolo.

2. Lo sviluppo temporale della tipologia farisaica nei primi secoli

La figura dei farisei nei padri e negli scritti del II e III secolo si sviluppa nel tempo a partire dalle narrazioni evangeliche, base principale per quasi tutti gli scrittori ecclesiastici. A questa fonte primaria va accompagnato l'ambiente giudaico ed ellenistico del I secolo, soggiacente ai vangeli e potenzialmente espresso in opere perdute, ma eventualmente accessibili ad autori del II secolo. Un esempio di quest'ultimo ambito è l'opera di Flavio Giuseppe, espressione purtroppo unica e ovviamente dipendente, per i contenuti, dalla prospettiva culturale e politica dello scrittore[4]. Nondimeno essa costituisce una fonte importante, almeno per l'autore dell'*Elenchos*. Questo insieme, vangeli di Gesù e contesto giudaico ed ellenistico, costituisce l'*humus* originario dal quale attingono le opere e gli autori analizzati.

Nel II secolo l'importanza dei farisei è limitata: essi sono un argomento marginale per Giustino e anche per il *Vangelo di Tommaso*, ma all'avvicinarsi della fine del secolo l'importanza del loro ruolo, pur rimanendo secondario, cresce: in Egesippo sono impedimento all'unificazione dei credenti, in Ireneo hanno adulterato la legge e impedito il riconoscimento del messia, nell'*Elenchos* sono la via di mezzo fra i giudei cattivi, i sadducei, e gli eccellentissimi esseni.

L'approssimarsi del passaggio al III secolo segna una determinazione ancora più stringente della tipologia con Ireneo e prepara lo sviluppo verso una definizione ancora più netta agli inizi del III secolo con Tertulliano e infine con Origene, il quale esprime la maturità del tipo farisaico, punto di partenza a sua volta per gli autori dei tempi successivi.

Si può parlare di un inizio in sordina della tipologia farisaica, già espressa *in nuce* nei vangeli canonici, poiché essa deve attendere la metà del II secolo, con Giustino, per essere considerata in altri scritti. Successivamente lo sviluppo del tipo subisce una rapida accelerazione nella seconda metà del II secolo, per giungere a compimento nei primi decenni del III secolo.

Non è facile identificare le ragioni di un simile andamento temporale; un aspetto rilevante sicuramente è l'uso e l'esegesi dei vangeli canonici: la loro importanza è andata certamente crescendo dal periodo della loro redazione al tempo in cui hanno acquisito valenza "canonica", divenendo un riferimento normativo per le comunità cristiane. Un processo che, quanto alla canonicità e normatività, si è andato concludendo nel II secolo e ha visto lo sviluppo di una "esegesi" del Nuovo Testamento, considerato oramai Scrittura Sacra al pari del Primo Testamento.

Giustino si riferisce alle memorie degli apostoli per le sue discussioni con Trifone, testimoniando uno stadio avanzato, ma probabilmente ancora non definitivo, della "canonicità" dei racconti evangelici. Ireneo ha già una prospettiva diversa: egli si affida ad un'analisi attenta della Scrittura (AT e NT) per confutare la deriva eretica gnostica, la quale proponeva prove scritturistiche della propria visione cosmologica e teologica.

---

[4] Una molteplicità di fonti permetterebbe di pesare le informazioni dell'una con quelle di un'altra, limitando imprecisioni o alterazioni riportate da un certo autore. Purtroppo non è questo il caso.

Questo crescente ricorso ad una lettura attenta del NT, in particolare dei vangeli, alla ricerca di ciò che è propriamente cristiano e di ciò che non lo è, trascina i farisei dei vangeli nel dibattito teologico, delineandone una tipologia che esprime la crescente comprensione di sé delle comunità cristiane: il fariseo, già antagonista di Gesù, diviene esempio di antagonista dei cristiani, specificando un'immagine che scaturisce dal confronto con le comunità giudaiche, con i gruppi giudaizzanti e con le teologie di alcune comunità cristiane che una "maggioranza" considera incompatibili con una corretta identità cristiana. È il tema della definizione di una ortodossia e, di converso, di ciò che è eretico[5], che vede, guarda caso, Giustino fra gli antesignani, e che conosce il suo sviluppo proprio nel II e III secolo[6].

Si potrebbe allora considerare lo sviluppo della tipologia farisaica come un epifenomeno del dibattito teologico dei primi secoli, allorquando le comunità cristiane ricercavano la propria identità a confronto tanto con le radici e le comunità giudaiche, quanto con la cultura del loro tempo: al crescere del dibattito interno ed esterno, cresce il ricorso e lo studio del riferimento fondante, la Sacra Scrittura e in particolare i vangeli, e cresce conseguentemente anche il ruolo, pur rimanendo comunque secondario, e la specificità dei farisei.

Origene costituisce un punto di svolta di questo processo poiché "dimostra" la tipologia farisaica con la sua attenta esegesi in un modo tale che essa resterà come monumento di riferimento per generazioni di scrittori cristiani.

L'ipotesi che l'andamento temporale della tipologia farisaica sia connesso con il dibattito teologico dei primi secoli, ovvero con l'uso del NT in testi esegetici o nel dibattito eresiologico, andrebbe valutata considerando la mancanza di tale correlazione negli scritti dove i farisei non sono presenti. Si tratta di una operazione lunga e complessa, che esula dai limiti di questo studio; tuttavia qualche breve nota è possibile[7]: considerando ad esempio gli

---

[5] Anche *l'Elenchos*, che è connesso con l'opera di Flavio Giuseppe, quanto alla presenza dei farisei, ricade in tale ipotesi di lavoro poichè è una opera che ha lo scopo di sistematizzare il tema della eresia ed ortodossia.

[6] Il tema della eresia e del suo sviluppo è molto grande, lo studio considerato come essenziale da molti specialisti è: A. Le Boullec, *La notion d'hérésie dans la littérature grecque. II-III siècle*, I-II, Paris 1985; alcuni altri riferimenti utili ad una prima introduzione al tema: M. Simonetti, *Ortodossia ed Eresia tra I e II Secolo*, Messina 1994; E. Norelli, ed., «Costruzioni dell'eresia nel cristianesimo antico», *RSCr* 2/2009; M. Pesce, «La relazione tra il concetto di eresia e la storia del cristianesimo», *AnnSE* 31/1 (2014), 151-168.

[7] Per una prima introduzione agli scritti cristiani dei primi secoli: C. Moreschini – E. Norelli, *Storia della letteratura cristiana antica greca e latina*, I, Brescia 2019²; M. Simonetti – E. Prinzivalli, *Storia della letteratura cristiana antica*, Bologna 2010.

scritti dei padri apostolici[8] essi sono generalmente poco interessati alle narrazioni della vita di Gesù, piuttosto si focalizzano sulla comunità e sulla vita cristiana; in questo gruppo di antichi scritti non sono menzionati i farisei. I più antichi scritti degli apologeti greci[9], ad eccezione di Giustino, per ragioni diverse, non mostrano un grande interesse per il NT né per i farisei[10]. Anche le prime opere poetiche cristiane[11] non mostrano tracce dei farisei.

Più complesso appare l'insieme degli apocrifi dell'AT e del NT, nei quali alcune opere, una esigua minoranza, nominano i farisei[12]. In questo caso la relazione con il NT va valutata caso per caso. Per quanto riguarda il *Vangelo di Tommaso* (Cap. III) i farisei sono inseriti in un contesto polemico contro coloro che non comprendono la conoscenza portata da Cristo, ovvero ricadono in un dibattito legato alla definizione della identità specifica della comunità. Le menzioni dei farisei in questo contrasto polemico sono declinate anche, ma non solo, con delle relazioni[13] ai vangeli canonici.

3. Le traiettorie della tipologia farisaica

Se una delle ragioni dello sviluppo temporale della tipologia farisaica è la connessione con il dibattito teologico e il ricorso al NT nei primi secoli, allora è anche possibile ipotizzare delle linee di sviluppo connesse con le prospettive teologiche degli autori e delle comunità cui essi appartengono.

---

[8] Mi riferisco a: *Didachè, Lettera di Barnaba, Lettera di Clemente, II lettera di Clemente* a Corinto, *Lettere di Ignazio di Antiochia, Lettera di Policarpo* a Filippi, *Martirio di Policarpo, Spiegazione dei detti del Signore* (conservata in frammenti) di Papia di Gerapoli, *Il Pastore di Erma*.

[9] Aristide di Atene (*Apologia*), Taziano (*Contro i greci*), Atenagora (*Supplica per i cristiani, Sulla risurrezione dei morti*), Teofilo di Antiochia (*Ad Autolico*), *A Diogneto*.

[10] Certamente il discorso è complesso e le ragioni varie: ad esempio Taziano nel *Contro i greci*, arriva a mai menzionare Cristo.

[11] *Odi di Salomone, Oracoli sibillini cristiani*.

[12] La quantità di questi scritti ne impedisce una breve enumerazione. Quanto agli apocrifi dell'AT mi riferisco a quelli cristiani o rielaborati da autori cristiani, per una introduzione cfr. P. SACCHI, *Introduzione agli apocrifi dell'Antico Testamento*, Brescia 2011; per gli apocrifi nel NT cfr. M. ERBETTA, *Gli apocrifi del Nuovo Testamento*, I-III, Casale Monferrato 1966-81. Per gli apocrifi che contengono menzione dei farisei cfr. Appendice Cap. I.

Un altro gruppo di scritti cristiani sono gli atti dei martiri, una tipologia di opere la cui datazione è spesso difficile e in molti casi posteriore al periodo di interesse di questo studio. In questo gruppo le opere più antiche non mostrano un grande interesse per i farisei, il che non sorprende considerando il genere letterario.

[13] Le relazioni con i vangeli canonici sono evidenti in *Lg* 39, più complesso è il caso di *Lg* 102: cfr. Cap. III, in particolare par. 3.1 e 3.2.

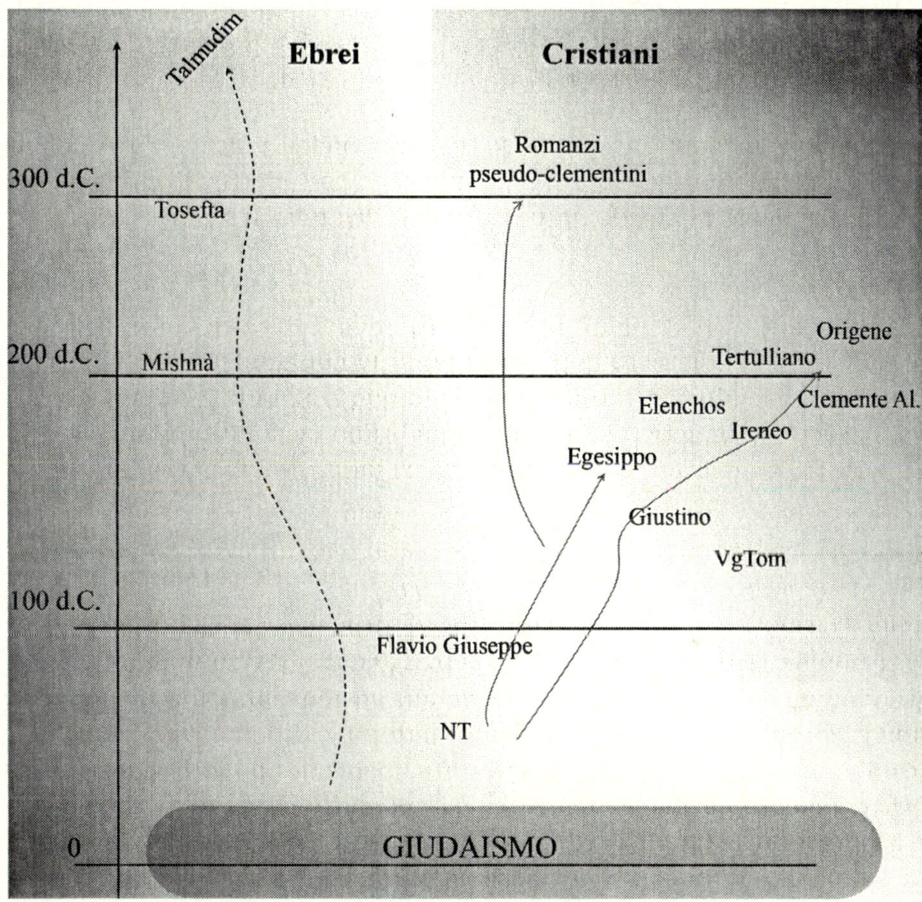

Figura 17. Le traiettorie della tipologia farisaica

Una traiettoria possibile è quella che, originandosi dal contesto del NT, ha un suo punto di sviluppo in Giustino e procede fino ad arrivare a Origene. È la traiettoria che definirei della "grande chiesa" poiché è lo sviluppo che sarà fatto proprio da quella chiesa che vorrà porsi come unico rappresentante del cristianesimo, sottolineando le note della unità e della cattolicità. L'evoluzione della tipologia farisaica in questo ambito procede accanto alla definizione della propria identità cristiana, considerata come l'unica e vera espressione ed attuazione dell'insegnamento di Cristo; ogni altra prospettiva cristiana è considerata erronea e deve essere combattuta ed eliminata dal contesto ecclesiale. In questo ambito la tipologia dei farisei cresce isolando sempre più il fariseo come il rappresentante dell'avversario ebreo, incapace di comprendere le novità apportate dall'evento Cristo ed oppositore della chiesa.

Come abbiamo visto Giustino costituisce un primo timido passo in questa accentuazione, anche se di fatto egli resta aperto, almeno formalmente, al dialogo con la compagine ebraica. Un altro punto notevole su questa linea di sviluppo è rappresentato da Ireneo[14] per il quale i farisei sono colpevoli di aver alterato la legge e così impedire la salvezza. Uno sviluppo notevole, certamente preparato dagli autori a lui precedenti, espresso con forza all'interno del confronto con gli eretici gnostici. Su questa linea possiamo inserire Tertulliano, per il quale i farisei sono gli avversari della fede colpevoli della morte del messia, tipo "ricavato" per lo più all'interno della polemica anti-marcionita e promosso ad una dimensione così esemplare da perdere alcune caratterizzazioni specifiche presenti nei vangeli, come ad esempio le differenze rispetto ad altre fazioni giudaiche.

L'ultimo punto di questa traiettoria è costituito da Origene, colui che dimostra il fariseo come il malevolo avversario di Cristo e dei cristiani, uomo materiale che impedisce a sé e ad altri di pervenire alla lettura spirituale della Scrittura (e dunque alla pienezza di vita in Cristo) per l'ostinazione in una esegesi letterale inutile e dannosa. Per il grande successo della sua opera, Origene è anche un punto di partenza e di ulteriore diffusione di tale tipologia, ampiamente ripresa nei secoli successivi e sopravvissuta, in molte linee esegetiche e teologiche, alle condanne delle crisi origeniste. È questa la tipologia che è sostanzialmente perdurata nei secoli, giungendo a sostanziare l'accentuazione negativa di fariseo nelle lingue moderne.

La traiettoria della grande chiesa non è l'unica possibile: la tipologia farisaica espressa nel romanzo pseudo-clementino, peraltro complessa e variegata, ha caratteristiche per diversi versi alternative a quella espressa da Origene. Per alcuni aspetti essa sembra costruita a specchio su quella espressa dalla grande chiesa in modo da limitare le responsabilità e le colpe dei farisei o confinarle ad un sottogruppo farisaico particolare. Definisco traiettoria pseudo-clementina la linea di sviluppo che ha come esito la figura di fariseo, quale espressa nel romanzo pseudo-clementino[15].

---

[14] Il quale è fra i primi a considerare le diverse chiese diffuse nel mondo come espressione di una unica chiesa caratterizzata da una unica fede, cfr. *Adv. haer.* I,10,1-2.

[15] Si tratta di una approssimazione poiché le due espressioni del racconto (*Homiliae* e *Recognitiones*) mostrano delle differenze nella rappresentazione dei farisei; inoltre vi è una certa differenziazione della figura dei farisei nei diversi strati redazionali delle novelle: cfr. Cap. X, in particolare par. 3.2 e 3.3.

Questa linea di sviluppo, partendo anch'essa dal sostrato neotestamentario, diverge dalla traiettoria della grande chiesa restando più vicina al contesto giudaico. In Egesippo i farisei sono colpevoli di aver impedito l'unione dei fedeli alla legge mosaica e dei fedeli in Cristo, sul punto di realizzarsi in Gerusalemme per opera di Giacomo. Sebbene non realizzata per colpa di alcuni, tale unione era stata considerata possibile, una posizione non distante dalla visione ecclesiologica dei racconti pseudo-clementini. Egesippo dunque, pur non potendo rientrare in questa traiettoria, è testimone di una prospettiva sulla comunità dei credenti che lo pone in una posizione collaterale allo sviluppo della traiettoria pseudo-clementina.

La traiettoria della grande chiesa, riassunta in Origene, e quella pseudo-clementina esprimono due poli distinti dello sviluppo della figura dei farisei: uno propone un'immagine definitivamente negativa, l'altro una immagine decisamente più sfumata ed espressione di comunità con una identità più vicina al contesto giudaico. Due risultati diversi legati al diverso sviluppo di comunità e chiese distinte, esiti di storie differenti. Le comunità sottese ai racconti pseudo-clementini non hanno avuto lo sviluppo e l'affermazione della grande chiesa; avversate da quest'ultima, sono diminuite per dimensione e importanza nei secoli, relegate nell'oriente dell'Impero Romano e anche oltre[16]. Per questo ulteriori specificazioni della traiettoria pseudo-clementina necessitano di ricerche nell'ambito della letteratura cristiana in lingue diverse dal greco e latino, come quella in siriaco, nella quale rintracciare le espressioni di quelle comunità e chiese che si consideravano eredi della tradizione giacobita.

Fra i due poli quasi contrapposti vanno contemplate posizioni intermedie, latrici di una tipologia farisaica con caratteristiche sfumate rispetto a quelle presentate da Origene e dalle pseudo-clementine. L'*Elenchos*, con la sua sistematizzazione dell'eresia, è vicino alla prospettiva della grande chiesa, eppure esprime un giudizio sugli ebrei, e sui farisei, non totalmente negativo: sebbene essi non abbiano riconosciuto il Cristo sono comunque la religione che, trasmettendo la tradizione mosaica, ha trasportato l'antica rivelazione della verità nel tempo; verità tradita dagli eretici e portata al massimo splendore dai credenti in Cristo. L'*Elenchos*, pur inserendosi nella traiettoria della grande chiesa, pone i farisei in una posizione mediana fra i gruppi ebraici (i

---

[16] Un quadro sintetico sullo sviluppo del cristianesimo nell'area orientale dell'Impero e oltre l'Eufrate può essere trovato in G. Rinaldi, *Cristianesimi nell'antichità. Sviluppi storici e contesti geografici (Secoli I-VIII)*, Chieti – Roma 2008.

farisei non sono eccellenti come gli esseni, ma neanche invisi come i sadducei) che permette loro di sfuggire ad una condanna definitiva.

Il *Vangelo di Tommaso* è espressione di una linea teologica particolare e anche la figura dei farisei ha caratteristiche peculiari: essi sono l'unico gruppo giudaico presente nei detti chiamato ad interpretare il ruolo dei reazionari che, propugnando un insegnamento oramai superato, impediscono di acquisire la conoscenza del Vivente. Il contrasto con tali reazionari è una espressione della propria visione teologica e soteriologica, incentrata sul ruolo essenziale dell'apostolo Tommaso, prototipo del vero credente, opposta a quella insufficiente degli esterni alla comunità. I farisei hanno in *VgTom* una dimensione negativa, antitetica ai veri credenti, ma non si può dire che il tipo farisaico in questa opera sia una espressione, neanche collaterale, della traiettoria della grande chiesa. In comune con quest'ultima sono le relazioni con i vangeli canonici, ma il tipo farisaico in *VgTom* è declinato anche con figure estranee al contesto evangelico (es. il cane nella mangiatoia di *Lg* 102). Il *Vangelo di Tommaso* dunque è un'espressione di una traiettoria che ha punti di partenza in comune con quella della grande chiesa, ma una espressione diversa, frutto di una comunità ai confini, o anche oltre, con lo gnosticismo.

La figura dei farisei in Clemente Alessandrino è un esempio di una prospettiva ancora diversa e per questo interessante: la sua attenzione per i farisei è sorprendentemente limitata, considerando come egli appartenga alla stessa comunità cristiana nella quale è maturato, non molti anni dopo, Origene. In Clemente Alessandrino la filosofia ellenista ha una importanza tale da costituire il "testamento dei greci", affiancabile al testamento ricevuto dagli ebrei[17]. Entrambi i testamenti necessitano del perfezionamento apportato dal Logos di Dio. In questo ambito i farisei hanno un ruolo davvero defilato, e appena più sottolineato negativamente rispetto al contesto evangelico utilizzato nel discorso. Clemente Alessandrino è l'esempio di un autore per il quale i farisei sono del tutto secondari, pressoché inutili per l'espressione della sua prospettiva teologica. Certamente, rispetto al nostro tema, Clemente Alessandrino può essere inserito nella linea della grande chiesa, ma solo in modo davvero marginale, considerando il suo apporto minimale allo sviluppo della tipologia farisaica. Piuttosto è un esempio di relativo disinteresse per i farisei, che in realtà è il dato più comune negli autori e scritti cristiani (e non) dei primi secoli[18].

---

[17] Cfr. Cap. VII, in particolare par. 4.

[18] Nel Cap. I i dati della frequenza del termine fariseo mostrano come il disinteresse per questa fazione giudaica sia il dato statisticamente maggioritario.

Quest'ultima considerazione permette di ricapitolare i risultati della analisi lessicografico-statistica assieme a quelli ricavati dallo studio delle occorrenze nei singoli autori: se la presenza dei farisei è secondaria nella globalità degli scritti greci e latini dei primi secoli, l'importanza della loro tipologia nei secoli analizzati, non lo è: essa è connessa con il dibattito teologico sull'identità cristiana all'interno delle comunità dei credenti in Gesù, rispecchiandone le caratteristiche specifiche, come ad esempio la soteriologia e l'ecclesiologia.

Nel grafico di figura 17 compare la traccia di una possibile traiettoria della figura dei farisei in seno alla letteratura ebraica dei primi secoli. Si tratta ovviamente di un campo esterno ai limiti di questo studio, che attende una ricerca sistematica per poter definire i contorni della figura letteraria dei farisei e l'esistenza di uno o più possibili sviluppi di tale figura in seno a tale letteratura. Alcuni studi suggeriscono una evoluzione nelle tradizioni riguardanti i farisei in seno alla letteratura rabbinica, in relazione con il contesto religioso e culturale in cui le comunità ebraiche si sono trovate a svilupparsi[19], includendo le "relazioni" con le comunità cristiane. In un suo articolo Shaye J.D. Cohen considera la nozione di *antipodality* per esprimere la contemporanea distanza e relazione di due testi, uno dal vangelo di Marco e uno dal Talmud Babilonese[20]. Il concetto è mutuato dalla geometria dove i punti antipodali sono quelli massimamente distanti su di una sfera, sono i punti che una retta passante per il centro della sfera stacca sulla superficie di essa. Cohen usa la similitudine per risaltare come i due testi siano al contempo distanti e in relazione: se il brano del Talmud Babilonese (*B. Eruvin* 21b–22a) è scritto in contrapposizione ai versetti del vangelo di Marco (Mc 7,1-23), esso differisce ovviamente da esso ma si instaura una relazione di antitesi. Sono prospettive interessanti, meritevoli di ulteriori ricerche, che sostengono l'immagine di una mutua definizione delle comunità ebraiche e cristiane[21], realizzatesi nel tempo l'una rispetto all'altra, in una relazione spesso di contrapposizione, di cui la figura dei

---

[19] R. KALMIN, «Pharisees in Rabbinic Literature of Late Antiquity», *Sidra* Vol. כד/כה (תש"ע / 2010), VII-XXVIII; ID., *Migrating Tales: The Talmud's Narratives and Their Historical Context*, Berkeley 2014, in particolare il capitolo 6 «Pharisees».

[20] S. J. D. COHEN, «Antipodal Texts: B. Eruvin 21b–22a and Mark 7:1–23 on the Tradition of the Elders and the Commandment of God» in R. S. BOUSTAN, ed., *Envisioning Judaism Studies in Honor of Peter Schäfer on the Occasion of his 70th Birthday*, Tübingen 2013, 965-983.

[21] Cfr. fra gli altri P. SCHÄFER, *The Jewish Jesus. How Judaism and Christianity Shaped Each Other*, Princeton 2012.

farisei, nei rispettivi ambiti letterari, potrebbe essere traccia. La linea di sviluppo della tipologia farisaica in figura 17 rappresenta l'estremo opposto a quello della grande chiesa, uno sviluppo "antipodale", ancora da definire, ma parte necessaria dello schema suggerito.

Negli ultimi anni diversi ricercatori hanno avanzato la necessità di allargare la base documentaria per meglio comprendere lo sviluppo tanto del cristianesimo quanto del giudaismo: la loro evoluzione è avvenuta non solo all'interno dei confini dell'Impero Romano, ma anche oltre, soprattutto ad est, nell'area mesopotamica. Dunque occorre aggiungere ai *corpora* usualmente utilizzati, greco e latino per l'ambito dell'Impero Romano, *corpora* in altre lingue per recuperare le influenze culturali e sociali degli altri contesti di crescita. In primo luogo il giudaismo si è sviluppato anche nell'area dell'esilio babilonese, da cui la necessità di recuperare le influenze culturali e sociali dovute all'Impero Persiano. Successivamente va considerato, accanto agli influssi dell'ellenismo e del contesto socio-culturale dell'Impero Romano, il peso dell'Impero Sassanide; un ambito assai importante visto che, ad esempio, il Talmud Babilonese è stato redatto colà raccogliendo tradizioni antecedenti. È stato appunto lo studio del Talmud Babilonese e delle sue tradizioni ad evidenziare la necessità di approfondire il retroterra culturale sociale e religioso del regno sassanide in primis, e quello in generale dell'area mesopotamica e delle zone circostanti poi.

Questi studi hanno presto trovato nel *corpus* letterario in siriaco una fonte importantissima di studio, ed essendo costituito prevalentemente da scritti di origine cristiana ben presto si sono presentate relazioni interessanti fra tradizioni cristiane ed ebraiche. In breve l'insieme degli scritti in siriaco, che solo da pochi decenni ha iniziato ad essere tradotto e pubblicato in lingue moderne, è divenuto area di ricerca non solo per gli studiosi interessati al cristianesimo, ma anche per quelli interessati allo sviluppo del giudaismo. Entrambi hanno riscoperto le relazioni, d'incontro e scontro, fra le comunità di diversa fede e con esse tradizioni condivise o interdipendenti[22].

---

[22] Di seguito, senza alcuna pretesa di esaustività, alcuni riferimenti utili ad una prima introduzione a questo ambito di ricerca: J. H. HAN – A. YOSHIKO REED, «Reorienting Ancient Judaism. Syrian, Mesopotamian, and Persian Perspectives», *Journal of Ancient Judaism*, vol. 9, Issue 2, 2018, questo numero della rivista contiene altri articoli sul tema e va considerato una monografia sull'argomento; M. BAR-ASHER SIEGAL, *Early Christian Monastic Literature and the Babylonian Talmud*, New York 2013; ID., «Judaism and Syriac Christianity», in: *The Syriac World*, D. KING, ed., New York 2018, 146-156; R. KALMIN, *Migrating tales: the Talmud's narratives and their historical context*, Berkeley 2014, di

Questo quadro si accorda, in qualche modo, con il ventaglio di traiettorie presentato per la tipologia farisaica: ho evidenziato come da un lato la traiettoria della grande chiesa, legata allo sviluppo delle comunità cristiane all'interno dell'Impero Romano, si contrapponga con lo sviluppo della traiettoria pseudo-clementina, connessa con comunità cristiane caratterizzate da una teologia ed ecclesiologia particolari, da localizzare in Siria e nella parte orientale dell'Impero Romano (se non oltre). Il successo della novella pseudo-clementina ne ha portato alla traduzione in diverse lingue, fra cui il greco e latino, veicolando così le prospettive di comunità cristiane diverse da quelle della grande chiesa, nei *corpora* letterari "occidentali".

Lo sviluppo degli studi nella letteratura in siriaco e in altre lingue, provenienti dall'oriente cristiano e dall'area mesopotamica, potrebbe portare all'identificazione di altre traiettorie per la tipologia farisaica, dettagliando lo schema abbozzato in figura 17 sia nell'area di mezzo, sia nell'area di destra, giudaica.

4. La lettura patristica dei farisci tramite il vangelo di Gesù (~NT)

Avendo tratteggiato il ruolo della tipologia farisaica e le traiettorie di sviluppo connesse con diverse comunità di credenti si può tornare a valutare la questione in che modo i padri possano costituire una fonte storica per lo studio dei farisei. La questione è se e come ricavare informazioni storiche da opere che generalmente non sono trattati di storia, ma che propongono la propria visione della economia divina di salvezza, come anche la propria prospettiva sulla relazione con gli altri credenti (cristiani e non) e con i pagani.

L'analisi delle occorrenze nei vari scritti ha evidenziato una generale dipendenza dai racconti evangelici[23] o dagli scritti del NT. Il che non può stupire visto che le narrazioni evangeliche, e gli altri scritti del NT, sono il riferimento fondante e inalienabile per i cristiani, anche nel periodo in cui il canone neotestamentario non era stato ancora definito[24]. Qualsiasi

---

particolare interesse è il Cap. 6 *Pharisees*; A. M. BUTTS – S. GROSS, ed., *Jews and Syriac Christians. Intersections across the First Millennium*, Tübingen 2020.

[23] Una eccezione è costituita dall'*Elenchos*, in cui le informazioni sui farisei dipendono generalmente da Flavio Giuseppe, nondimeno lo scopo dell'autore è quello di realizzare un manuale sulla eresia per permettere ai cristiani di discernere ciò che è ortodosso e ciò che non lo è. Quadro nel quale i vangeli sono un presupposto ineludibile.

[24] L'evento Gesù e il suo racconto è un riferimento essenziale anche prima della definizione del canone: ad esempio Ignazio di Antiochia nelle sue lettere, pur non avendo citazioni esplicite dei

credente in Gesù Cristo non può prescindere dalle narrazioni sul Nazareno prima e anche sui suoi discepoli poi: ne va della definizione della persona di Gesù, cioè della comprensione della sua divino-umanità e della trasmissione della sua eredità per il tramite degli apostoli. Non a caso molte comunità cristiane si riferivano ad un certo apostolo come fondatore, utilizzato come tramite per la trasmissione del vangelo di Gesù.

Per i padri il riferimento al vangelo di Gesù è obbligato e normativo: esso misura ogni aspetto della vita della persona e della comunità. La questione della propria identità specifica di credenti in Cristo è un quesito che deve avere come riferimento l'identità specifica di Gesù: è una questione cristologica, soteriologica ed ecclesiologica, poiché occorre comprendere chi fosse Gesù, il modo in cui si possa, per suo tramite, addivenire alla salvezza e come ciò possa darsi nella comunità cristiana.

Quando i padri considerano la propria identità al confronto con i giudei e con i giudaizzanti, lo fanno sempre per il tramite dell'elemento fondante, il vangelo di Gesù e le tradizioni apostoliche che convergono, a partire grossomodo dalla seconda metà del II secolo, nel NT: l'ebreo loro contemporaneo è misurato tramite le categorie neotestamentarie, ovvero attraverso la figura che ne è data nei vangeli. I farisei sono una delle categorizzazioni di *giudeo* nel NT e sono soprattutto presenti in contesti polemici con Gesù: essi offrono il sostrato fondamentale per leggere ogni confronto/scontro nel presente della vita ecclesiale, anche a secoli di distanza dall'evento Cristo.

---

vangeli, esprime la sua volontà di conformarsi a Cristo per il tramite del martirio. Il vangelo di Gesù è annunciato dalla chiesa apostolica e le varie tradizioni, orali e scritte, convergono nella redazione dei vangeli e nella raccolta di una serie di scritti considerati essenziali per la vita della comunità cristiana. Papia di Gerapoli testimonia una fase di transizione in cui la tradizione orale aveva una prevalenza su quella scritta: nei frammenti della sua *Esposizione degli oracoli del Signore* racconta la genesi dei vangeli, eppure Papia ritiene la tradizione trasmessa oralmente superiore a quella scritta. In ogni caso rimane centrale il ruolo delle narrazioni della vita di Gesù e dei suoi detti, sia per il tramite degli apostoli e dei santi presbiteri, sia attraverso i vangeli. PAPIA DI HIERAPOLIS, *Esposizione degli oracoli del Signore. I frammenti*, E. NORELLI, ed., Milano 2005, 139-153, 230-335.

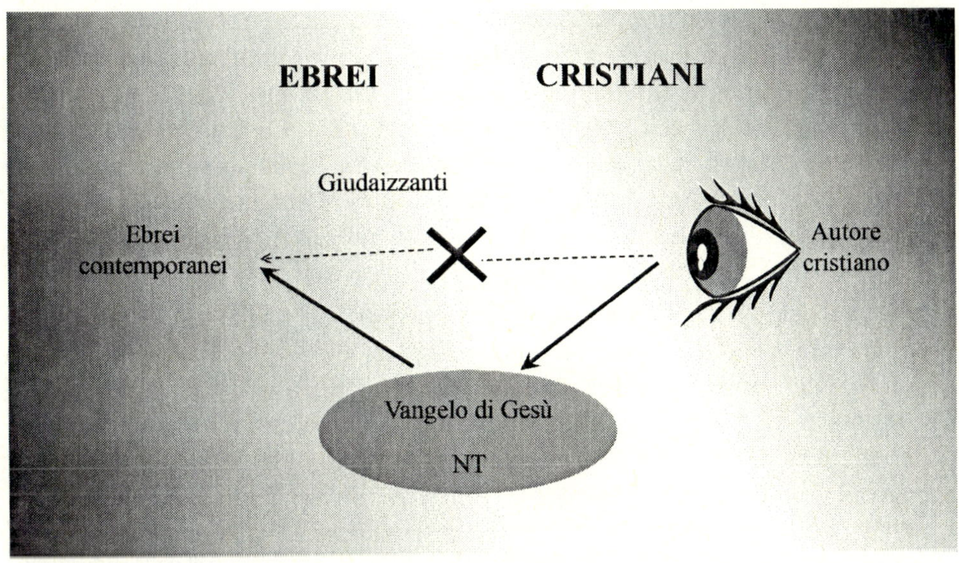

Figura 18. Prospettiva degli autori cristiani sugli ebrei loro contemporanei

Allorquando i padri identificano la figura dei farisei come rappresentante dell'avversario di Gesù e della sua chiesa, il legame con gli ebrei non credenti in Gesù è fondamentale: sono loro che, non accettando la venuta del messia, si pongono in una incompatibilità esplicita con la comunità dei credenti in Cristo. Tuttavia la tipologia assorbe anche avversari di altro tipo, come ad esempio cristiani che accettavano la venuta del messia ma al contempo ribadivano la prevalenza della Torah su qualsiasi altro scritto e/o facevano propria una condotta di vita basata su feste, liturgie e costumi giudaici. L'espressione del dialogo/contrasto con l'altro da sé nei padri non può essere considerata solamente una questione *ad extra*, ma anche una questione *ad intra*. I farisei non impersonano solo i caparbi ebrei, ma anche i cristiani giudaizzanti e, successivamente, i nemici della chiesa, gli eretici o anche gli appartenenti alla stessa comunità cristiana con una condotta morale riprovevole[25].

Nella analisi degli scritti considerati non si sono trovati elementi che possano far considerare i padri come una fonte diretta per lo studio dei

---

[25] Cfr. ad esempio Cap. IX, par. 6.3 e 6.4: Origene attualizza la figura di scribi e farisei nella comunità cristiana indicando come in essa vi siano insegnanti che non vivono ciò che insegnano (*CMtS* 10), oppure taluni che con la loro cattiva condotta inducono altri a peccare (*CMtS* 14).

farisei dopo la distruzione del tempio di Gerusalemme. Ciò non significa che nei padri non si possano trovare informazioni importanti per lo studio del giudaismo post 70, ma indica come tale operazione non sia immediata.

Se le descrizioni degli ebrei, e quindi dei farisei, nei padri sono sempre mediate dal riferimento fondante, allora occorre pesare ogni informazione tramite delle tipologie sviluppate a partire dai vangeli, identificarne l'oggetto e confrontarle con le informazioni desunte dagli scritti e dalle tradizioni ebraiche contemporanee alle fonti cristiane considerate. Un processo complesso che investe diverse aree di competenza, i cui risultati dipendono non solo dalle capacità e precisione dei ricercatori[26], ma anche dalla quantità di fonti a disposizione e che ammetterà necessariamente delle approssimazioni.

Non a caso gli studi più interessanti[27] in quest'ambito sono quelli che hanno visto l'uso della letteratura pseudo-clementina a confronto con le informazioni desunte dagli scritti rabbinici dei primi secoli. Il fatto che la tipologia farisaica delle pseudo-clementine si sviluppi in contesto più prossimo al giudaismo delle altre opere considerate indica come esse possano contenere elementi più facilmente identificabili e confrontabili con quelli estratti dalla letteratura ebraica post 70.

Lo studio svolto può contribuire a questa linea di ricerca avendo tratteggiato lo sviluppo delle possibili traiettorie della tipologia farisaica, identificandone il legame con la questione identitaria delle comunità cristiane dei primi secoli, e indicandone la pluralità e le caratteristiche essenziali. Da queste informazioni si possono inferire sia gli ambiti più interessanti di ricerca, sia i criteri per l'analisi e la catalogazione di altri scritti e padri non considerati.

5. La dimensione teologica della tipologia farisaica

La riflessione teologica dei padri dei primi secoli non procede sistematicamente nell'accezione moderna del termine, ma si esprime in forme diverse e molto spesso attraverso figure tipologiche[28].

---

[26] Probabilmente una tale ricerca abbracciando ambiti tanto diversi, difficilmente potrà essere un campo affrontabile da una sola persona, ma necessiterà del lavoro contemporaneo e coordinato di studiosi con diverse competenze specifiche.

[27] Un elenco esaustivo sarebbe troppo lungo, mi limito ad indicare come punto di partenza il lavoro della professoressa A. Yoshiko Reed, per buona parte raccolto in: A.Y. REED, *Jewish-Christianity and the History of Judaism. Collected Essays*, Tübingen 2018. Cfr. anche con Cap. X.

[28] Cfr. ad esempio l'oramai classico: H. RAHNER, *Symbole der Kirche. Die Ekklesiologie der*

La figura dei farisei è connessa con una serie di questioni fondanti la comunità cristiana:

1) la prima riguarda l'interpretazione dell'evento Cristo, la sua natura umano-divina ovvero la sua relazione con Dio. Il dibattito con gli ebrei verte proprio sulla natura e ruolo del Nazareno, se egli sia o meno il messia atteso; ma anche all'interno delle comunità cristiane i primi secoli sono impegnati a definire la natura di Cristo e la sua relazione con Dio Padre. Il tipo dei farisei è parte di questo dibattito fin dall'inizio[29] nei vangeli, ma si sviluppa nei padri a partire da Giustino in poi, rimanendo importante in tutti gli scritti e padri considerati. Il tipo farisaico quale avversario si delinea al crescere della definizione della identità cristiana, fondamentalmente compresa in relazione all'identità riconosciuta a Gesù; identità cristiana comunitaria che specifica e isola chi è al di fuori di essa. La tipologia farisaica arriva infine ad esprimere non solo la distanza dagli ebrei, ma anche dagli eretici e persino da cristiani con condotta morale abietta[30].

2) Una seconda questione fondante per le comunità cristiane è l'uso della Scrittura e il ruolo riconosciuto agli scritti neotestamentari. Già nel *Dialogo con Trifone* i maestri giudei, di cui i farisei risultano un sottogruppo, sono responsabili della trasmissione dell'identità giudaica, nella quale la legge (e la sua interpretazione) ha un ruolo primario. Il detto di Gesù in Mt 23,2, sugli scribi e farisei seduti sulla cattedra di Mosè da ascoltare ma non imitare, è uno dei versetti più utilizzati dai padri quanto alla trasmissione della tradizione mosaica, al suo uso e alla sua importanza nella comunità dei credenti. Una cattiva trasmissione ha conseguenze devastanti, poiché impedisce di leggere il Primo Testamento come prologo necessario al Nuovo, dunque ostacola il riconoscimento del Cristo, prefigurato in Mosè e nei profeti, e impedisce la salvezza. Il modo in cui si interpreta la Scrittura è importantissimo, i farisei sono spesso considerati come custodi della Scrittura, ma anche incapaci di una esegesi corretta (es. Ireneo e Origene) poiché

Väter, Salzburg 1964; traduzione italiana: *Simboli della Chiesa. L'ecclesiologia dei Padri*, Milano 1995[2].

[29] La questione sul ruolo e natura di Gesù è ovviamente presente già nei vangeli. Qui resto nei limiti scelti per questo studio.

[30] La distanza dagli ebrei è già presente in Giustino ed è ribadita ad esempio da Ireneo, il quale chiaramente pone anche una differenziazione essenziale dagli eretici gnostici, e la comparazione fra i farisei e membri ipocriti della comunità cristiana è esplicitamente proposta in Origene.

spesso legata alla lettera e non ad un senso ulteriore, più profondo, disvelato da una lettura spirituale. Solo una esegesi legata allo Spirito permette di comprendere la Scrittura e percepire la profonda unità fra Primo e Secondo Testamento. La figura dei farisei è profondamente connessa con i temi della corretta trasmissione della tradizione e di una esegesi veritiera della Parola di Dio.

3) Dal precedente punto ne deriva un terzo in una specificazione soteriologica: tradizione e Scrittura sono funzionali alla conoscenza di Dio e al conseguimento della salvezza eterna. Se i farisei hanno un ruolo nella trasmissione della tradizione e della Scrittura allora la loro tipologia è legata anche al come si possa conseguire la salvezza. Se da un lato la traiettoria della grande chiesa comporta infine l'assunto che solo nella chiesa vi sono tutte le condizioni per la salvezza, la situazione non è altrettanto chiara nelle pseudo-clementine: *Hom.* 8,6-7 arriva ad ipotizzare una salvezza accessibile per gli ebrei a prescindere dalla conoscenza di Cristo purché si osservi integralmente la tradizione mosaica trasmessa dai farisei (e scribi). Anche se quest'ultima ipotesi probabilmente deve esser letta come una possibilità limite, la tipologia farisaica è inserita sul dibattito quanto ai mezzi e al luogo necessari ad entrare nel Regno dei cieli. Un aspetto di tale questione è declinato dal concetto di chiave del Regno dei cieli (Lc 11,52 // Mt 23,13), ripreso ed espresso in modi diversi nei testi analizzati.

4) Le affermazioni di *Hom* 8,6-7 certamente non mettono in discussione l'assunto *salus extra ecclesiam non est*[31], poiché la questione riguarda piuttosto la concezione di comunità dei credenti sottesa alla visione pseudo-clementina.

5) Ad ogni modo questa considerazione mostra il legame della tipologia farisaica con l'ecclesiologia degli autori che la specificano (quarta questione), nei termini delle condizioni per appartenere alla comunità cristiana o per esserne estraniati, come anche il ruolo della comunità ai fini del conseguimento della salvezza.

Lo sviluppo della tipologia farisaica avviene dunque in connessione con la riflessione teologica patristica, specificata nei termini moderni di cristologia, esegesi, soteriologia, ecclesiologia[32]: di converso la figura dei farisei

---

[31] Epistola 72 di Cipriano a papa Stefano, da cui: *Extra Ecclesiam nulla salus.*

[32] La segmentazione ha una dimensione eminentemente esplicativa, poiché tali aspetti non esistono separatamente, vieppiù nella teologia patristica.

è indice di tali aspetti, ovvero trasporta caratterizzazioni che presentano lo sviluppo teologico degli autori e delle loro comunità.

Lo studio della figura dei farisei nei padri dei primi secoli è un contributo alla ricerca in molteplici campi all'interno della chiesa primitiva, e come tale, ha una dimensione non solo teologica in generale, ma, interrogando gli elementi essenziali della identità cristiana in relazione al mistero di Cristo, dogmatica.

6. **Possibili sviluppi**

Le conclusioni di questo studio palesano anche gli aspetti che andrebbero ulteriormente sviluppati: sebbene si tratti di uno dei primi tentativi di catalogare la presenza dei farisei negli scritti dei padri e di presentarne uno studio sistematico, sarebbe necessario includere scritti ed autori antichi in greco e latino non considerati. Un aspetto certamente interessante è quello degli apocrifi che, essendo in relazione con la Scrittura e in particolare con il NT, potrebbero portare ad ulteriori specificazioni delle linee di sviluppo della tipologia.

Più volte ho rimarcato la necessità di estendere la ricerca nella letteratura in siriaco, con la possibilità di specificare ancor meglio le traiettorie di sviluppo della tipologia farisaica con elementi provenienti da tradizioni diverse da quelle generalmente contenute nella letteratura cristiana greca e latina. È possibile che la letteratura cristiana siriaca dei primi secoli veicoli prospettive teologiche diverse da quelle confluite e trasmesse dalla grande chiesa.

In questo modo si accrescerebbero, probabilmente, gli elementi da confrontare con quelli desunti dall'analisi della letteratura rabbinica, alla ricerca di elementi utili a definire meglio lo sviluppo nei primi secoli delle nascenti identità ebraiche e cristiane.

La stessa analisi lessicografica statistica andrebbe ampliata considerando lingue diverse, come appunto il siriaco. Un simile approccio anche per la letteratura rabbinica sarebbe certamente interessante, a patto di riuscire a risolvere la polisemia di *perushim*, focalizzando la ricerca sui soli appartenenti alla fazione farisaica[33].

Un ulteriore e importante ambito di ricerca è quello inerente al nome stesso fariseo: si tratta con tutta probabilità di una definizione data da esterni e in seguito accettata anche all'interno del gruppo. La ricerca di

---

[33] Cfr. Introduzione par. 2.

definizioni alternative, o di ricerche per caratterizzazioni piuttosto che per nome esplicito[34], potrebbero contribuire ad allargare la base documentaria sui farisei.

È evidente che si tratti di ambiti ampi e importanti, conseguenza del fatto che questo studio, fra i primi del suo tipo, si è posto dei limiti stringenti per permetterne la concreta fattibilità. D'altronde tutti gli studi pionieristici in un certo campo producono più questioni di quante possano risolverne, poiché le nuove basi poste dischiudono prospettive prima non esplicitate, elementi non considerati o relazioni non espresse. Un parametro che esprime l'innovazione di uno studio non è solo quante questioni aperte riesca a definire, ma anche quanti nuovi fronti di ricerca riesca a dischiudere.

---

[34] Cfr. Introduzione del Cap. I. L'esempio tipico è "coloro che cercano soluzioni facili", una possibile definizione dei farisei negli scritti di Qumran. Sull'etimologia di *farisei* alcuni passi esaminati presentano elementi interessanti: per l'autore *dell'Elenchos* i farisei sono definiti con un soprannome connesso con le opinioni professate (*Ref.* IX,28,3) e disquisiscono metodicamente sulle cose impure e pure; per Origene il nome farisei deriva dall'ebraico φαρὲς (*FrIo* XXXIV) significando διῃρημένοι (*CIo* VI,22,120, *CIo* XIII,55,380), *divisi* (*CMtS* 9,16,20-23, *CMtS* 20,35,26-30), *praecisi* (*CMtS* 27,46,14-18). Però l'Alessandrino sembrerebbe, nella sua visione sui farisei, unire l'accurata conoscenza (e pratica dei precetti) della legge con la separazione dalla verità cagionata dal colpevole distacco dal senso spirituale della Scrittura. L'antica ipotesi, per la quale occorrerebbe comporre i due significati di *prs* (separare e specificare) per spiegare l'etimologia di farisei e l'accettazione di una definizione (denigratoria) dal gruppo, potrebbe trovare nell'ambito patristico qualche indizio (cfr. Cap. IX par. 7.4).

SIGLE E ABBREVIAZIONI

acLL	*Archive of Celtic-Latin Literature.*
ALD	*Aristoteles Latinus Database.*
Adv. haer.	Ireneo, *Adversus haereses*
I Apol.	Giustino, *I Apologia*
An.	Tertulliano, *De anima*
AnnSE	*Annali di storia dell'esegesi*
Ant.	Flavio Giuseppe, *Antiquitates Iudaicae*
Apocrypha	*Apocrypha: revue internationale des littératures apocryphes*
Bapt.	Tertulliano, *De baptismo*
BI	Flavio Giuseppe, *Bellum Iudaicum*
Carn.	Tertulliano, *De carne Christi*
CCSL	*Corpus Christianorum Series Latina*
CEI	Conferenza Episcopale Italiana
Ca.	circa
Cap.	capitolo
cfr.	confronta
CIo	Origene, *Commentarii in evangelium Joannis.*
CMt	Origene, *Commentarii in evangelium Matthaeum*
CMtS	*Series veteris interpretationis commentariorum Origenis in Matthaeum.*
CSEL	*Corpus Scriptorum Ecclesiasticorum Latinorum*
DCH	Clines, D. J. A., ed., *The Dictionary of Classical Hebrew*, I-VIII, Sheffield (Uk) 1993-2011.
DENT	Balz, H. – Schneider, G., ed., *Dizionario esegetico del Nuovo Testamento*, Brescia 2004.
Dial.	Giustino, *Dialogo con Trifone*
ed.	editore/i
fig.	Figura
Flac.	Cicerone, *Difesa di Lucio Valerio Flacco*
Fr. In Ps.	*Ippolito, Fragmenta in Psalmos*

Frlo	Origene, *Frammenti su Giovanni*
GCS	*Die Griechischen Christlichen Schriftsteller der ersten drei Jahrhunderte*
GLNT	KITTEL, G., - FRIEDRICH, G., ed., *Grande Lessico del Nuovo Testamento* I-XV, Paideia Editrice, Brescia 1965-1992.
HE	Eusebio, *Storia ecclesiastica.*
HLv	Origene, *Omelie sul Levitico*, (DANIELI, M.I. ed.), Roma 1985.
Hom.	*Homiliae* pseudo clementine.
HThR	*Harvard Theological Review.*
HUCA	*Hebrew Union College Annual.*
Id.	idem
Idol.	Tertulliano, *De idololatria*
in Dan	"Ippolito", *Commentarium in Danielem.*
Iud.	Tertulliano, *Adversus Iudaeos*
JBL	*Journal of biblical literature.* Atlanta (Ga.)
JECS	*Journal of Early Christian studies.*
JQR	*Jewish Quarterly Review.*
JSJ	*Journal for the study of Judaism in the Persian, Hellenistic and Roman period.* Leiden
JNTS	*Journal for the Study of the New Testament.* Philadelphia
Lg	detto del *Vangelo di Tommaso*
LLT-A	*Library of Latin Texts, Series A*
LLT-B	*Library of Latin Texts, Series B*
LThPh	*Laval théologique et philosophique*, Québec
Marc.	Tertulliano, *Adversus Marcionem*
MGH	*Monumenta Germaniae Historica*
Mon.	Tertulliano, *De monogamia*
n.	numero/i
ndr.	nota del redattore
NDPAC	DI BERARDINO, A., ed., *Nuovo dizionario patristico e di antichità cristiane*, Genova 2007[2]
NHC	Nag Hammadi Codex
NHMS	Nag Hammadi and Manichaean Studies
NHS	Nag Hammadi Studies
NT	Nuovo Testamento
Or.	Tertulliano, *De oratione*
par.	paragrafo

Pat.	Tertulliano, *De patientia*
PCB	Pontificia Commissione Biblica
Ped.	Clemente Alessandrino, *Pedagogo.*
PG	Patrologia Greca
PL	Patrologia Latina
PO	Patrologia Orientalis
POxy	Papirus Oxyrhynchus
Praes.	Tertulliano, *De praescriptione haereticorum*
Prax.	Tertulliano, *Adversus Praxean*
Pud.	Tertulliano, *De pudicitia*
PUG	Pontificia Università Gregoriana
REAug	*Revue des études augustiniennes et patristiques*
Rec.	Ritrovamenti pseudo clementini
Ref.	Ippolito, *Refutatio omnium haeresium*
REJ	*Revue des études juives*
Res.	Tertulliano, *De carnis resurrectione*
RSB	*Ricerche storico bibliche.* Bologna
RSCr	*Rivista di storia del cristianesimo*
RThPh	*Revue de théologie et de philosophie*
SCh	*Sources Chrétiennes*
Strom.	Clemente Alessandrino, *Stromati.*
TLG	*Thesaurus Linguae Graecae,* A Digital Library of Greek Literature.
VChr	*Vigiliae Christianae*
VetInt	*Vetus Interpretatio.* Traduzione latina del *Commento al vangelo Matteo* di Origene, sezione da Mt 13,36 a Mt 22,33 (trasmessa anche in greco, *CMt*)
VgTom	*Vangelo di Tommaso*
Vita	Flavio Giuseppe, *Autobiografia*
ZNTW	*Zeitschrift für die Neutestamentliche Wissenschaft und die Kunde der älteren Kirche*

BIBLIOGRAFIA[1]

Edizioni e traduzioni

Ambrosius Mediolanensis, *Explanatio psalmorum XII*, Petschenig, M., ed., *CSEL* 64, Lipsiae 1919, 308.

————, *Expositio evangelii secundum Lucam*, M. Adriaen, ed., *CCSL* 14, Turnhout 1957.

Apollinare di Gerapoli, *Sur la Pâque*, Perler, O., ed., *SCh* 123, Paris 1966.

Clemens Alexandrinus, *Band 1 Protrepticus und Paedagogus*, Treu, U. – Stählin, O., ed., *GCS* 12, Berlin 1970³.

————, *Band 3 Stromata. Buch VII und VIII. Excerpta ex Theodoto - Eclogae propheticae quis dives salvetur – Fragmente*, Treu, U. – Stählin, O., ed., *GCS* 17, Berlin 1970².

————, *Band 2. Stromata Buch I-VI*, Treu, U. – Früchtel, L. – Stählin, O., ed., *GCS* 52, Berlin 1985⁴.

————, *Clementis Alexandrini Paedagogus*, Marcovich, M. – van Winden, J. C. M., ed., Leiden – Boston 2002.

Clément d'Alexandrie, *Le pédagogue, livre III*, Marrou, H.-I. – Matray, C. – Mondésert, C., ed., *SCh* 158, Paris 1970.

Clemente Alessandrino, *Il pedagogo*, Tessore, D., ed., Roma 2005.

Clemente di Alessandria, *Gli Stromati, note di vera filosofia*, Rizzi, M. – Pini, G., ed., Milano 2006.

Costituzioni dei Santi Apostoli per mano di Clemente, Spada, D. – Salachas, D., ed., Roma 2001.

Didascalia Apostolorum: The Syriac Version Translated and Accompanied by the Verona Latin Fragments, Connolly, R. H., ed., Oxford 1929.

Écrits apocryphes chrétiens, II, Geoltrain, P. – Kaestli, J.-D., ed., Paris 2005.

---

[1] Le note bibliografiche qui presentate non hanno l'obiettivo della esaustività, ma sono funzionali allo studio svolto: sono riportati i testi citati e quelli utilizzati per questo lavoro.

EGESIPPO, «I frammenti degli Ὑπομνήματα di Egesippo», COCCO, E., ed., in CIRILLO, L. – RINALDI, G., ed., *Roma, la Campania e l'Oriente cristiano antico. Giubileo 2000. Atti del Convegno di studi. Napoli 9-11 ottobre 2000*, Napoli 2004, 327-396.

—————, *I frammenti degli* Ὑπομνήματα *di Egesippo: edizione del testo, traduzione, studio critico*, Tesi dottorale, ANTONELLI, C., ed., Univ. Ginevra 2012.

Els Evangelis Apòcrifs, PUIG I TÀRRECH, A., ed., Barcellona 2008; trad. it. *I Vangeli apocrifi*, I-II, GIANNOTTO, C., ed., Cinisello Balsamo 2012.

EPIFANIO DI SALAMINA, *Panarion. Libro Primo*, PINI, G., ed., Brescia 2010.

—————, *Panarion: eresie 74-80, Compendio della fede*, CIARLO, D., ed., Roma 2015.

EPIPHANIUS, *Band 1 Ancoratus und Panarion haer. 1-33*, HOLL, K. – BERGERMANN, M. – COLLATZ, C.-F., ed, *GCS* N.F. 10, Berlin 2013.

ERBETTA, M., *Gli Apocrifi del Nuovo Testamento*, I-III, 1966-1981.

EUSÈBE DE CÉSARÉE, *Histoire ecclésiastique, tome I. Livres I-IV*, BARDY, G., ed., *SCh* 31, Paris 2001[3].

EUSEBIO DI CESAREA, *Storia Ecclesiastica*, MIGLIORE, F. – BORZI, S. – LO CASTRO, G., ed., I-II, Roma 2005[2].

—————, *Domande e risposte sui vangeli*, ZAMAGNI, C., ed., Milano 2018.

EUSEBIUS CAESARIENSIS, *Band 2, Teil 1-3 Die Kirchengeschichte*, SCHWARTZ, E. – MOMMSEN, T. – WINKELMANN, F, ed., *GCS* N.F. 6, Berlin 1999.

FLAVIUS JOSEPHUS, *Opera. Edidit et apparatu critico instruxit Benedictus Niese*, NIESE, B., ed., I-VII, Berlin 1885-1895.

FLAVIO GIUSEPPE, *Autobiografia*, JOSSA, G., ed., Napoli 1992.

—————, *Storia dei Giudei: da Alessandro Magno a Nerone: "Antichità giudaiche," Libri XII-XX*, SIMONETTI, M., ed., Milano 2002.

—————, *Antichità Giudaiche*, MORALDI, L., ed., I-II, Torino 2006[2].

FLAVIUS JOSÈPHE, *Les antiquités juives*, NODET, E. ed., I-V, Paris 2001-2010.

FLAVIUS JOSEPHUS, *Flavius Josephus: Translation and Commentary*. Vol. 1b, *Judean War 2*, MASON, S., ed., Leiden 2008.

GIROLAMO, *Commento a Isaia (14-18)*, MAISANO, R., ed., Roma 2015.

—————, *Opere di Girolamo: Opere storiche e agiografiche*, DEGÓRSKI, B. ed., XV, Roma 2014.

HIERONYMUS, *Liber quaestionum Hebraicarum in Genesim*, DE LAGARDE, P., ed., *CCSL* 72, Turnhout 1959.

GIUSTINO, *Dialogo con Trifone*, VISONÀ, G., ed., Milano 2009[2].

JUSTIN MARTYR, *Dialogue avec Tryphon. Édition critique, traduction et commentaire*, BOBICHON, P., ed., I-II, Fribourg 2003.

HIPPOLYTE, *Commentaire sur Daniel*, BARDY, G. – LEFÈVRE, M., ed., *SCh* 14, Paris 1947.

IPPOLITO, *Contro Noeto*, SIMONETTI, M., ed., Bologna 2000.

—————, *Le benedizioni di Giacobbe*, SIMONETTI, M., ed., Roma 1982.

'IPPOLITO', *Confutazione di tutte le eresie*, MAGRIS, A., ed., Brescia 2012.

HIPPOLYTUS, *Werke. Exegetische und homiletische Schriften*, BONWETSCH, G. N. – ACHELIS, H., ed., *GCS* 1, Leipzig 1897.

—————, *Werke. Refutatio omnium haeresium*, WENDLAND, P., ed., *GCS* 26, Berlin 1916.

—————, *Refutatio omnium haeresium*, MARCOVICH, M., ed., Berlin 1986.

—————, *Werke. Kommentar zu Daniel*, BONWETSCH, G. N. – RICHARD, M., ed., *GCS* N.F. 7, Berlin 2000.

IRÉNÉE DE LYON, *Contre les Hérésies*, ROUSSEAU, A. – al., ed., I-IX, *SCh* 100 */**, 152, 153, 210, 211, 263, 264, 293, 294, Paris 1965-1982.

IRENEO DI LIONE, *Contro le eresie e gli altri scritti*, BELLINI, E. – MASCHIO, G., ed., Milano 1997[2].

—————, *Contro le eresie: smascheramento e confutazione della falsa gnosi*, I-II, COSENTINO, A. ed., Roma 2009.

MÉLITON DE SARDES, *Sur la Pâque et fragments*, PERLER, O. ed., *SCh.* 123, Paris 1966.

Nag Hammadi Codex II, 2-7 together with XIII,2, Brit. Lib. Or. 4926(I), and P.Oxy. I, 654, 655*, LAYTON, B., ed., I, NHS 20, Leiden 1989.

ORIGÈNE, *Commentaire sur saint Jean, 5 voll.*, BLANC, C. ed., I-V, *SCh* 120, 157, 222, 290, 385, Paris 1966, 1970, 1975, 1982, 1992.

—————, *Commentaire sur le Cantique des cantiques*, I, BRÉSARD, L. – CROUZEL, H., ed., *SCh* 375, Paris 1991.

ORIGÉNE, *Commento al vangelo di Giovanni*, CORSINI, E., ed., Torino 1968. Prima edizione ebook Novara 2013.

—————, *Omelie sul Levitico*, DANIELI, M. I., ed., Roma 1985.

—————, *Commento a Matteo Series*, I-II, BENDINELLI, G., ed., Roma 2004, 2006.

—————, *Commento al Cantico dei Cantici*, SIMONETTI, M., ed., Roma 2005[5].

—————, *Commento a Matteo*, I-IV, BENDINELLI, G., ed., Roma 2008, 2012, 2015, 2018.

—————, *Commento al vangelo di Giovanni*, LIMONE, V. ed., Milano 2013[2].

ORIGÉNES, *Origenis Philosophumena sive omnium haeresium Refutatio*, MILLER, E., ed., Oxford 1851.

—————, *Origenes Werke, vol. 4, Der Johanneskommentar*, PREUSCHEN, E., ed., *GCS* 10, Leipzig 1903.

—————, *Homilien zum Hexateuch in Rufins Übersetzung. Teil 1: Die Homilien zu Genesis, Exodus und Leviticus*, BAEHRENS, W. A., ed., *GCS* 29, Leipzig 1920.

—————, *Origenes Matthäuserklärung. I, Die griechierhaltenen Tomoi*, BENZ, E. – KLOSTERMANN, E., ed., *GCS* 40, Leipzig 1935.

—————, *Origenes Matthäuserklärung. II, Die lateinische Übersetzung der Commentariorum series*, KLOSTERMANN, E. – TREU, U., ed., *GCS* 38, Leipzig 1976.

PAPIA DI HIERAPOLIS, *Esposizione degli oracoli del Signore. I frammenti*, NORELLI E., ed., Milano 2005.

Paradysus Heraclidis, Epistola Clementis, Recognitiones Petri apostoli. Complementum epistole Clementis. Epistola Anacleti, IACOBUS STAPULENSIS, ed., Paris 1504.

PREUSCHEN, E., *Antilegomena. Die Reste der ausserkanonischen Evangelien und urchristlichen Überlieferungen*, Gießen 1905[2].

PSEUDO-IPPOLITO, *Confutazione di tutte le eresie*, COSENTINO, A., ed., Roma 2017.

PTOLÉMÉE, *Lettre a Flora*, QUISPEL, G., ed., *SCh* 24 bis, Paris 1966[2].

PSEUDO-CLEMENTE, *I ritrovamenti*, COLA, S. ed., Roma 1993.

—————, *Die Pseudoklementinen I. Homilien*, REHM, B. – STRECKER, G., ed., *GCS* 42, Berlin 1992[3].

—————, *Die Pseudoklementinen II. Rekognitionen in Rufins Übersetzung*, REHM, B. – STRECKER, G., ed., *GCS* 51, Berlin 1994[2].

—————, «Le omelie pseudoclementine», BAZZANA, G.B., ed., in GIANNOTTO, C., ed., *Ebrei credenti in Gesù. Le testimonianze degli autori antichi*, Milano 2012, 573-598.

—————, «Il cosiddetto documento giudeocristiano di *Riconoscimenti* 1,27,1 – 1,71,6», BAZZANA, G.B., ed., in GIANNOTTO, C., ed., *Ebrei credenti in Gesù. Le testimonianze degli autori antichi*, Milano 2012, 599-648.

PSEUDO-TERTULLIANUS, *Adversus omnes haereses*, KROYMANN, E., ed., *CCSL* 2, Turnhout 1954, 1401-1410.

TERTULLIAN, *Aduersus Marcionem*, EVANS, E., ed., Oxford 1972.

TERTULLIANO, *Opere scelte*, MORESCHINI, C., ed., Torino 1999[2].

—————, *Opere apologetiche*, MORESCHINI, C. – PODOLAK, P., ed., Roma 2006.

TERTULLIANO, *Opere catechetiche*, ISETTA, S. – MATTEOLI, S. – PISCITELLI, T. – STURLI, V., ed., Roma 2008.

——————, *Opere dottrinali. Vol. 3/2a*, MICAELLI, C. – MORESCHINI, C. – TOMMASI MORESCHINI, C., ed., Roma 2010.

——————, *Opere dottrinali. Vol. 3/2b*, MORESCHINI, C. – PODOLAK, P., ed., Roma 2010.

——————, *Opere montaniste. Vol 4/1*, AZZALI BERNARDELLI, G. – RUGGIERO, F. – SANSI, E. – SCHIPANI, C., ed., Roma 2011.

——————, *Opere montaniste. Vol 4/2*, CAPONE, A. – ISETTA, S. – MATTEOLI, S. – PERŠIČ, A. – UGLIONE, R., ed., Roma 2012.

——————, *Questione previa contro gli eretici. De praescriptione Haereticorum*, REFOULÉ, R. F. – CARPIN, A., ed., Bologna 2012.

——————, *Le uniche nozze*, UGLIONE, R., ed., Torino 2017[2].

TERTULLIANUS, Q.S.F., *Adversus Praxean*, KROYMANN, E. – EVANS, E., ed., CCSL 2, Turnhout 1954, 1159-1205.

——————, *De Anima*, WASZINK, H., ed., CCSL 2, Turnhout 1954, 779-869.

——————, *De baptismo*, BORLEFFS, J.W.P., ed., CCSL 1, Turnhout 1954, 277 295.

——————, *De oratione*, DIERCKS, G. F., ed., CCSL 1, Turnhout 1954, 257-274.

——————, *De patientia*, BORLEFFS, J.W.P., ed., CCSL 1, Turnhout 1954, 299-317.

——————, *De monogamia*, DEKKERS, E., ed., CCSL 2, Turnhout 1954, 1229-1253.

——————, *De idolatria*, REIFFERSCHEID, A. – WISSOWA, G., ed., CCSL 2, Turnhout 1954, 1101-1124.

——————, *De carne Christi*, KROYMANN, E., ed., CCSL 2, Turnhout 1954, 873-917.

——————, *De pudicitia*, DEKKERS, E., ed., CCSL 2, Turnhout 1954, 1281-1330.

——————, *De resurrectione mortuorum*, BORLEFFS, G.P., ed., CCSL 2, Turnhout 1954, 921-1012.

——————, *Tertulliani Adversus Iudaeos*, TRÄNKLE, H., ed., Wiesbaden 1964.

——————, *De idololatria*, WASZINK, J.H. – VAN WINDEN, J.C.M., ed., Leiden 1987.

TERTULLIEN, *Contre Marcion. Tome I (Livre I)*, I-V, BRAUN, R., ed., SCh 365, Paris 1990.

——————, *Contre Marcion. Tome III (Livre III)*, BRAUN, R., ed., SCh 399, Paris 1994.

TERTULLIEN, *Contre Marcion. Tome IV (Livre IV)*, BRAUN, R. – MORESCHINI, C., ed., *SCh* 456, Paris 2001.

—————, *Contre Marcion. Tome V (Livre V)*, BRAUN, R. – MORESCHINI, C. ed., *SCh* 483, Paris 2004.

—————, *La pudicité*, MUNIER, C. – MICAELLI, C., ed. *SCh* 394, Paris 1993.

VANGELO DI TOMMASO, «The Gospel According to Thomas», LAYTON, B., ed., in *Nag Hammadi Codex II, 2-7 together with XIII,2*, Brit. Lib. Or. 4926(I), and P.Oxy. I, 654, 655*, B. LAYTON, ed., vol. I, Leiden 1989, 52-93.

—————, «The Greek Fragments», ATTRIDGE, H. W., ed., in *Nag Hammadi Codex II,2-7 together with XIII,2*, Brit. Lib. Or. 4926(I), and P.Oxy. I, 654, 655*, LAYTON, B., ed., I, Leiden 1989, 96-128.

—————, *Evangelium Thomae copticum*, appendix I, BETHGE, H.-G., ed., in ALAND, K., *Synopsis Quattuor Evangeliorum. Locis parallelis evangeliorum apocryphorum et patrum adhibits*, Editio quindecima revisa, Stuttgard 1996, 517-546.

—————, *The Original Gospel of Thomas in Translation: with a Commentary and New English Translation of the Complete Gospel*, DECONICK, A. D., ed., London 2006.

—————, *The Gospel of Thomas. Original Text with Commentary, Translated from German by Gesine Schenke Robinson*, PLISH, U.-K., ed., Stuttgart 2008.

—————, *Il Vangelo secondo Tommaso*, GROSSO, M., ed., Roma 2011.

—————, *The Gospel of Thomas: Introduction and Commentary*, GATHERCOLE, S. J., ed., Leiden 2014.

ZAHN, T., ed., *Forschungen zur Geschichte des neutestamentlichen Kanons und der altkirchlichen Literatur*, I-X, Leipzig, 1881-1929.

STUDI

AMSLER, F., – al., ed., *Nouvelles intrigues pseudo-clémentines: actes du Deuxiéme Colloque International sur la Littérature Apocryphe Chrétienne, Lausanne-Genève, 30 août-2 septembre 2006*, Prahins 2008.

ANTONELLI, C., «Hégésippe chez Eusèbe. Histoire Ecclésiastique, IV, 21-22: Διαδοχή et origine des hérésies», *Apocrypha* 22/1 (2011), 185-232.

ARANDA PÉREZ, G. – GARCÍA MARTÍNEZ, F. – PÉREZ FERNÁNDEZ, M., *Letteratura giudaica intertestamentaria*, Brescia 1998.

ARAGIONE, G., «Bibliographie sur l'Elenchos et la question de l'auteur (1940-2010)», in *Des éveques, des écoles et des hérétiques. Actes du Colloque international sur la "Réfutation de toutes les hérésies", Genève, 13-14 juin 2008,* Prahins 2011, 315-323.

——————, – NORELLI, E., ed., *Des éveques, des écoles et des hérétiques. Actes du Colloque international sur la "Réfutation de toutes les hérésies", Genève, 13-14 juin 2008,* Prahins 2011.

AZIZA, C., *Tertullien et le judaisme,* Paris 1977.

BACQ, P., *De l'ancienne a la nouvelle Alliance selon S. Irenee : unité du livre iv de l'Adversus Haereses,* Paris 1978.

BAGATTI, B., «San Giustino nella sua patria», *Agustinianum* 19 (1979), 319-331.

BAR-ASHER SIEGAL, M., *Early Christian Monastic Literature and the Babylonian Talmud,* New York 2013.

——————, «Judaism and Syriac Christianity», in: *The Syriac World,* KING, D., ed., New York 2018, 146-156.

BAR-KOCHVA, B., *The Image of the Jews in Greek Literature: The Hellenistic Period,* Berkeley 2010.

BAUMBACH. G., «Φαρισαῖος», in *Exegetisches Wörterbuch zum Neuen Testament,* BALZ H. – SCHNEIDER G., ed., Stuttgard 1992; trad. it. *DENT,* SOFFRITTI, O., cd., Brescia 2004.

BAUMGARTEN, A. I., «The name of the Pharisees», *JBL 102* (1983), 411-428.

——————, «Josephus and Hippolytus on the Pharisees», *HUCA* 55 (1984), 1-25.

——————, «Rivkin and Neusner on the Pharisees», in RICHARDSON, P. – WESTERHOLM, P., ed., *Law in Religious Communities of the Roman Period,* Waterloo 1991, 109-126.

BAZZANA, G. B., «Apelles and the Pseudo-Clementine Doctrine of the False Pericopes» in ARAGIONE, G. – GOUNELLE, R., ed., *"Soyez des changeurs avisés." Controverses exégétiques dans la littérature apocryphe chrétienne,* Strasbourg 2012, 11–32.

——————, «Paul among His Enemies? Exploring Potential Theological Traits in the Pseudo-Clementines», in OLIVER, I.W. – BOCCACCINI, G., ed, *The Early Reception of Paul the Second Temple Jew. Text, Narrative and Reception History,* London 2019, 120-130.

BECKER, A. H. – REED, A. Y., ed., *The Ways that Never Parted: Jews and Christians in Late Antiquity and the Early Middle Ages,* Tübingen 2003.

BENDINELLI, G., *Il commentario a Matteo di Origene. L'ambito della metodologia scolastica dell'antichità,* Studia Ephemeridis Augustinianum 60, Roma 1997.

BERGMEIER, R., «Die Drei Jüdischen Schulrichtungen Nach Josephus Und Hippolyt Von Rom: Zu den Paralleltexten Josephus, B.J. 2,119-166 und Hippolyt, Haer. IX 18,2-29,4», *JSJ 34* (2003), 443-470.

BOCCACCINI, G., «Esiste una letteratura farisaica del secondo tempio?», in R. PENNA, ed., *Fariseismo e origini cristiane. Atti del VII Convegno di Studi Neotestamentari (Rocca di Papa, 12-15 Settembre 1997),* RSB 2/1999, Bologna 1999, 23-41.

BOBICHON, P., «Autorités religieuses juives et "sectes" juives dans l'œuvre de Justin Martyr», *REAug* 48 (2002), 3-22.

—————, «Persécutions, calomnies, "birkat ha-minim" et émissaires juifs de propagande antichrétienne dans les écrits de Justin Martyr», *REJ,* 162 [3-4] (2003), juillet-décembre 2003, 403-441.

—————, «Comment Justin a-t-il acquis sa connaissance exceptionnelle des exégèses juives?», *RThPh* 139 (2007), 99-124.

BOURGEL, J., «The Holders of the "Word of Truth": The Pharisees in Pseudo-Clementine Recognitions 1.27–71», *JECS* 25 (2017), 171-200.

BOYARIN, D., *Border Lines. The Partition of Judeo-Christianity*, Philadelphia 2004.

—————, «Justin Martyr Invents Judaism», *Church History* 70/3 (2001), 427-461.

BREMMER, J.N., ed., *The Pseudo-Clementines*, Leuven 2010.

BUTTS, A. M. – GROSS, S., ed., *Jews and Syriac Christians. Intersections across the First Millennium,* Tübingen 2020.

CARLETON PAGET, J., «The Definition of the Term 'Jewish Christian'/'Jewish Christianity' in the History of Research», in ID., ed., *Jews, Christians and Jewish Christians in Antiquity*, Tübingen 2010, 289–324.

CARLSON, D. H., *Jewish-Christian Interpretation of the Pentateuch in the Pseudo-Clementine Homilies*, Minneapolis 2013, 51–75.

CAVALLINI, A., *La penna del pavone*, Roma 2016.

CHILDS, B.S., *The struggle to understand Isaiah as Christian scripture*, Grand Rapids (MI) – Cambridge (U.K.) 2004, 37-44.

CICCARESE, M. P., *Animali Simbolici. Alle origini del bestiario cristiano II (leone – zanzara)*, Bologna 2007.

CIRILLO, L., «L'antipaolinismo nelle Pseudoclementine. Un riesame della questione», in FILORAMO, G. – GIANNOTTO, C., ed. *Verus Israel. Nuove prospettive sul giudeocristianesimo*, Brescia 2001, 280-303.

CLINES, D. J. A., ed., «פרשׁ», *DCH*, VI, 786-787.

COBLENTZ BAUTCH, K., «Obscured by the Scriptures, Revealed by the Prophets: God in the Pseudo-Clementine Homilies» in DECONICK, A. D. – ADAMSON, G., ed., *Histories of the Hidden God: Concealment and Revelation in Western Gnostic, Esoteric, and Mystical Traditions*, Durham 2013, 120-136.

COHEN, S. J. D., «The Significance of Yavneh: Pharisees, Rabbis, and the End of Jewish Sectarianism», *HUCA* 55 (1984), 27-53.

——————, «The Political and Social History of the Jews in Greco-Roman Antiquity: The State of the Question», in KRAFT R. – NICKELBURG G.W.E., ed., *Early Judaism and Its Modern Interpreters*, Atlanta 1986, 33-51.

——————, «Were Pharisees and Rabbis the Leaders of Communal Prayer and Torah Study in Antiquity? The Evidence of the new Testament, Josephus, and the Church Fathers», in DEVER W. G. – WRIGHT J. E. ed., *The echoes of many texts. Reflections on Jewish and Christian Traditions. Essays in Honor of Lou H. Silberman*, Atlanta 1997.

——————, *From the Maccabees to the Mishnah*, Louisville KY 2014.

——————, «Antipodal Texts: B. Eruvin 21b–22a and Mark 7:1–23 on the Tradition of the Elders and the Commandment of God» in BOUSTAN, R. S., ed., *Envisioning Judaism Studies in Honor of Peter Schäfer on the Occasion of his 70th Birthday*, Tübingen 2013, 965-983.

——————, «The forgotten Pharisees», in SIEVERS, J. – LEVINE, A.-J., ed., *The Pharisees,* Grand Rapids 2021, 283-291.

COTÉ, D., «La fonction littéraire de Simon le Magicien dans les Pseudo-Clémentines», *LThPh* 57 (2001), 513-523.

CROUZEL, H. – PRINZIVALLI, E., «Origene», *NDPAC*, 3665-3680.

D'ANNA, A., «Giustino, *philosopus et martyr*», in BELLIA G. – GARRIBA D., ed., *L'ellenizzazione del cristianesimo dal I al II secolo, Atti del XIII Convegno di Studi Neotestamentari (Ariccia, 10-12 settembre 2009)*, *RSB* 2/2011, Bologna 2011, 145-159.

DAVIES, T., *The Gospel of Thomas and Christian Wisdom,* New York 1983.

DECONICK, A. D., *Recovering the Original Gospel of Thomas: a History of the Gospel and Its Growth*, London 2005.

DEINES, R., *Die Pharisäer: ihr Verständnis im Spiegel der christlichen und jüdischen Forschung seit Wellhausen und Graetz*, Tübingen 1997.

——————, «The Pharisees between "Judaisms" and "Common Judaism"», in CARSON, D.A. – O'BRIEN, P. T. – SEIFRID, M.A., ed., *Justification and Variegated Nomism. vol. 1: The Complexities of Second Temple Judaism*, Tübingen 2001, 443-504.

DEINES, R., «Pharisaei, Pharisees», in CANCIK H. - SCHNEIDER H., - SALAZAR C. F, ed., *New Pauly: Brill's Encyclopaedia of the Ancient World*, X, Leiden - Boston 2007, 923-927.

—————, «Pharisees», in COLLINS J. J. – HARLOW D. C., ed., *The Eedermans Dictionary of Early Judaism*, Grand Rapids - Cambridge 2010, 1061-1063.

—————, «The social profile of the Pharisees», in BIERINGER R. – GARCÍA MARTÍNEZ F. – POLLEFEYT D. – TOMSON P. J., ed., *The New Testament and Rabbinic Literature*, Leiden - Boston 2010, 111-132.

DORANDI, T., *Nell'officina dei classici. Come lavoravano gli autori antichi*, Roma 2007.

DEN DULK, M., «Justin Martyr and the Authorship of the Earliest Anti-Heretical Treatise», *VChr* 72 (2018), 471-483.

DUNN, G. D., «Jews and Christians in Tertullian's Carthage», in *Text and the Material World*, Fs. G. Clarke, MINCHIN, E. – JACKSON, H., ed., Uppsala 2017, 255-266.

DUNN, J. D. G., *Parting of the Ways: Between Christianity and Judaism and Their Significance for the Character of Christianity*, London 1991, 2006².

—————, ed., *Jews and Christians: The Parting of the Ways, A.D. 70 to 135*, Tübingen 1992.

FELDMAN, L. H., *Jew and Gentile in the Ancient World*, Princeton 1993.

—————, «Philo, Pseudo-Philo, Josephus, and Theodotus on the Rape of Dinah», *JQR* 94/2 (Spring 2004), 253–277.

FREDRIKSEN, P. – ODED, I., «Christian anti-Judaism: polemics and policies», in KANTZ S. T., ed., *The Cambridge History of Judaism*, IV, Cambridge 2006.

FLOHR, M., *The World of the Fullo. Work, Economy and Society in Roman Italy*. Oxford 2013.

GATHERCOLE, S. J., «Named testimonia to the Gospel of Thomas: an expanded inventory and analysis», *HThR* 105 (n.1, Jan. 2012), 53-58.

—————, *The composition of the Gospel of Thomas: original language and influences*, Cambridge 2012.

GEORGES, T., «Justin's School in Rome – Reflections on Early Christian "Schools"», *Zeitschrift für Antikes Christentum / Journal of Ancient Christianity* 16 (2012), 75-87.

GIANNOTTO, C., «I farisei e la legge negli scritti gnostici», in PENNA, R., ed., *Fariseismo e origini cristiane*, *RSB* 2/1999, Bologna 1999, 171-187.

—————, ed., *Ebrei credenti in Gesù. Le testimonianze degli autori antichi*, Milano 2012.

GOODACRE, M., *Thomas and the Gospels: the case for Thomas' familiarity with the Synoptics*, Grand Rapids (MI) 2012.

GOODMAN, M., *Mission and Conversion. Proselytizing in the Religious History of the Roman Empire*, Oxford 1994.

GOODSPEED, E. J., *Die ältesten Apologeten*, Göttingen 1915, 90-265.

GRAETZ, H., *Geschichte der Juden*, II, Leipzig 1878[3].

GROSSO, M., «Osservazioni sui *testimonia* origeniani del Vangelo secondo Tommaso (in *Luc. hom.* I,1; *contra Celsum* VIII,15; in *Ier. hom. lat.* I,3; in *Jesu Nave hom.* IV,3)», in *Adamantius* 15 (2009), 177-194.

——————, *Detti segreti. Il Vangelo di Tommaso nell'antichità*, Acireale – Roma 2012.

HAN, J. H. – REED, A. Y., «Reorienting Ancient Judaism. Syrian, Mesopotamian, and Persian Perspectives», *Journal of Ancient Judaism*, vol. 9, Issue 2, 2018.

HAYS, C., «Marcion vs. Luke: A Response to the Plädoyer of Matthias Klinghardt», *ZNTW* 99/2 (July 2008), 213-232.

HEIDL, G., «Some Traces of an Ancient Latin Compilation of Origen's Commentary on Genesis»' *REAug* 46 (2000), 3-30.

HEINE, R. E., «Can the Catena Fragments of Origen's Commentary on John Be Trusted?», *VChr* 40/2 (1986), 118-134.

HENGEL, M., DEINES, R., «E. P. Sanders' 'Common Judaism', Jesus, and the Pharisees», *JTS* 46 (1995), 1-70.

KALMIN, R., «Pharisees in Rabbinic Literature of Late Antiquity», *Sidra* 24/25[2] (2010), VII-XXVIII.

——————, *Migrating Tales: The Talmud's Narratives and Their Historical Context*[3], Berkeley 2014.

KLAWANS, J., *Josephus and the Theologies of Ancient Judaism*, New York –Oxford 2012, 223–228.

KLINGHARDT, M., «The Marcionite Gospel and the Synoptic Problem: A New Suggestion», *Novum Testamentum* 50 (2008), 1-27.

KUHLI, H., Ἰουδαῖος, *Exegetisches Wörterbuch zum Neuen Testament*, in BALZ H. – SCHNEIDER G., ed., Stuttgart 1992; trad. it. *Dizionario esegetico del Nuovo Testamento*, SOFFRITTI, O., ed., Brescia 2004.

ILAN, T., «The Attraction of Aristocratic Women to Pharisaism during the Second Temple Period», *HThR* 88/1 (Jan 1995), 1-33.

---

[2] Sidra è pubblicato da Bar-Ilan University Press, Ramat Gan Israel.

[3] Di particolare interesse è il capitolo 6: «Pharisees».

JNTS 36/3, March 2014 (edizione dedicata al *Vangelo di Tommaso*).

JONES, F.S., *An Ancient Jewish Christian Source on the History of Christianity: Pseudo-Clementine Recognitions 1.27–71*, Atlanta 1995.

——————, "Marcionism in the Pseudo-Clementines," in FREY A. – GOUNELLE R., ed., *Poussières de christianisme et de judaïsme antiques*, Prahins (Suisse) 2007, 225–244.

——————, «The Pseudo-Clementines: A History of Research», in JONES, F.S., *Pseudoclementina Elchasaiticaque Inter Judaeochristiana: Collected Studies,* Leuven 2012, 50-113.

——————, *Pseudoclementina Elchasaiticaque Inter Judaeochristiana: Collected Studies,* Leuven 2012.

——————, ed, *The Rediscovery of Jewish Christianity: From Toland to Baur*, Atlanta 2012.

——————, *The Syriac Pseudo-Clementines. An Early Version of the First Christian Novel*, Turnhout 2014.

JOSSA, G., *I gruppi giudaici ai tempi di Gesù*, Brescia 2001.

DE LANGE, N. R. M., *Origen and the Jews: studies in the Jewish-Christian relations in third-century Palestine*, Cambridge 1976.

La Bibbia nella polemica antiebraica, AnnSE 14/1 (1997).

LEVINE, A.-J., «Ripartiamo da Chagall», *L'Osservatore Romano* 105 (9 maggio 2019), Città del Vaticano 2019, 4.

——————, «Preaching and Teaching the Pharisees», in SIEVERS, J. – LEVINE, A.-J., ed., *The Pharisees,* Grand Rapids 2021, 403-427.

LE BOULLUEC, A., *La notion d'hérésie dans la littérature grecque IIe-IIIe siècles*, I-II., Paris 1985.

LIEBOWITZ, E., «Hypocrites or Pious Scholars? The Image of the Pharisees in Second Temple. Period Texts and Rabbinic Literature», *Melilah* 11 (2014), 53-67.

LIEU, J. M., *Image and reality: the Jews in the world of the Christians in the second century*, Edinburgh 1996.

——————, *Marcion and the Making of a Heretic*, Cambridge 2015, 15-47.

LUZ, U., *Vangelo di Matteo*, I-IV, GIANNOTTO, C., ed., Brescia 2006-2014.

MANNS, F., *Le Judéo-christianisme, mémoire ou prophétie?*, Paris 2000.

MARGUERAT, C. D., ed., *Le déchirement. Juifs et chrétiens au premier siècle*, Genève 1996.

MARTENS, P. W., «Why does Origen accuse the Jews of "Literalism"?: A Case Study of Christian Identity and Biblical Exegesis in Antiquity», *Adamantius* 13 (2007).

MARTENS, P. W., «Revisiting the Allegory/Typology Distinction: The Case of Origen», *JECS* 16 (2008), 283-317.

MASON, S., *Josephus and the New Testament*, Peabody (MA) 1992; trad. it. *Flavio Giuseppe e il Nuovo Testamento*, Torino 2001.

——————, *Flavius Josephus on the Pharisees. A Composition-Critical Study*, Boston – Leiden 2001.

——————, «The Historical Problem of the Essenes», in FLINT, P. W. – DUHAIME, J. –BAEK, K. S., ed., *Celebrating the Dead Sea Scrolls: A Canadian Collection*, Atlanta 2011, 201-251.

MEES, M., «Clemente di Alessandria», *NDPAC* 1066-1073.

MEIER, J. P., *A Marginal Jew. Rethinking the Historical Jesus. Vol. 3. Companions and Competitors*, Doubleday, New York 2001; trad. italiana, *Un ebreo marginale. Ripensare il Gesù Storico. 3. Compagni e antagonisti*, Brescia 2007[2].

METZGER, B. M., *The Canon of the New Testament*, Oxford 1989; trad. it. *Il canone del Nuovo Testamento*, Brescia 1997.

MEYER, R. – WEISS, H.F., «Φαρισαῖος», *GLNT*, IX, 857-956.

MEYERS, E., «*Purity Concerns and Common Judaism in Light of Archaeology*», in SIEVERS, J. – LEVINE, A.-J., ed., *The Pharisees,* Grand Rapids 2021, 41-54.

MICAELLI, C. «Note critiche ed esegetiche al testo del De resurrectione di Tertulliano», *Vetera Christianorum* 26 (1989), 275-286

MIMOUNI, S. C., – MARAVAL, P., *Le Christianisme des origines à Constantin*, Paris 2006.

MIMOUNI, S. C., *Early Judaeo-Christianity. Historical Essays*, Leuven 2012.

MYLLYKOSKI, M., «James the Just in History and Tradition: Perspectives of Past and Present Scholarship (Part II)», *Currents in Biblical Research* 6/2007, 11-98.

MOLL, S., *The Arch-Heretic Marcion*, Tübingen 2010.

MOORE, G. F., *Judaism in the first centuries of the Christian Era: the age of the Tannaim*, I, Cambridge 1927.

MORESCHINI C. – NORELLI E., *Storia della letteratura cristiana antica greca e latina*, I, Brescia 2019[2].

MORRISON, C., «Chi erano i farisei? E cosa significa davvero il loro nome?», *Avvenire* 7 maggio 2019, 24.

——————, «Interpreting the Name "Pharisee"», in SIEVERS, J. – LEVINE, A.-J., ed., *The Pharisees,* Grand Rapids 2021, 3-19.

NEUSCHÄFER, B., *Origenes als Philologe*, I-II, Basel 1987.

NEUSNER, J., *The rabbinic Traditions about the Pharisees Before 70*, I-III, Leiden 1971.

—————, – CHILTON, B. D., ed., *In Quest of the Historical Pharisees*, Waco (TX) 2007.

NOAM, V., « The Story of King Jannaeus (*b. Qidduśin* 66a): A Pharisaic Reply to Sectarian Polemic», *HThR* 107/1 (2014), 31–58.

—————, «Pharisaic Halakha as Emerging from 4QMMT», in SIEVERS, J. – LEVINE, A.-J., ed., *The Pharisees,* Grand Rapids 2021, 55-79.

NORELLI, E., «Que pouvons-nous reconstituer du *Syntagma* contre les hérésies de Justin? Un exemple», *RThPh* 139 (2007), 167-181.

—————, ed., «Costruzioni dell'eresia nel cristianesimo antico», *RSCr* 2/2009, 323-434.

—————, «Marcione e la costruzione dell'eresia come fenomeno universale in Giustino Martire», *RSCr* 2/2009, 363-388.

NUVOLONE, F.G., – NORELLI, E., ed., Justin Martyr. *Nouvelles hypothèses. Journée du Groupe Suisse d'Etudes Patristiques, Fribourg l^er avril 2006, RThPh* 139 (2007).

ORBE, A., «Ireneo di Lione», *NDPAC*, 2609-2621.

—————, *Teología de san Ireneo: comentario al libro IV e V del «Adversus haereses»*, I-IV, Madrid 1985-97.

—————, *La teologia dei secoli II e III. Il confronto della Grande Chiesa con lo gnosticismo*, I, ZANI, A., ed., Roma 1996², 318-334.

OTRANTO, G., *Esegesi biblica e storia in Giustino (Dial 63-84)*, Bari 1979.

—————, *Giudei e cristiani a Cartagine tra II e III secolo: l'Adversus Iudaeos di Tertulliano*, Bari 1979.

—————, «La polemica antigiudaica negli scritti cristiani del II secolo», in STEFANI, P., ed., *Quando i cristiani erano ebrei*, Brescia 2010, 127-163.

PAGELS, E., *Beyond Belief: The Secret Gospel of Thomas*, New York 2003.

PATTERSON, S.J., *The Gospel of Thomas and Jesus*, Sonoma CA 1993.

—————, *The Gospel of Thomas and Christian origins: essays on the Fifth Gospel*, Leiden – Boston 2013.

PENNA, R. (ed.), *Fariseismo e origini cristiane. Atti del VII Convegno di Studi Neotestamentari (Rocca di Papa, 12-15 Settembre 1997), RSB* 2/1999, Bologna 1999.

PERRIN, N., *Thomas and Tatian: The Relationship between the Gospel of Thomas and the Diatessaron*, Atlanta 2002.

—————, *Thomas, the Other Gospel*, Louisville – London 2007; trad. it. *Tommaso, l'altro vangelo*, Brescia 2008.

PERROTTA, R., *Hairéseis. Gruppi, movimenti e fazioni del giudaismo antico e del cristianesimo (da Filone Alessandrino a Egesippo)*, Bologna 2008.

PESCE, M., «Sul concetto di giudeo-cristianesimo», *RSB* 15 (2003), 21-44.

——————, «La relazione tra il concetto di eresia e la storia del cristianesimo», *AnnSE* 31/1 (2014), 151-168.

PETITMENGIN, P., «Errata tertullianea», in BIRAUD, M. – GRANAROLO, J. ed., *Autour de Tertullien*, fs. René Braun, II, Nice 1991, 35-46.

PICKUP., M., «Matthew's and Mark's Pharisees», in NEUSNER J. – CHILTON B. D., ed., *In Quest of Historical Pharisees*, Waco (TX) 2007, 67-112.

PRIEST, J. F., «The Dog in the Manger: In Quest of a Fable», *The Classical Journal* 81 (1985), 49-58.

PRINZIVALLI, E., ed., *Il commento a Giovanni di Origene: il testo e i suoi contesti*, Rimini 2005.

PRITZ, R. A., *Nazarene Jewish Christianity. From the End of the New Testament Period Until Its Disappearance in the Fourth Century*, Jerusalem 1988.

PUMMER, R., *The Samaritans in Flavius Josephus*, Tübingen 2009.

RAMELLI, I., «Gnosi - Gnosticismo», *NDPAC*, 2664-2380.

RAHNER, H., *Symbole der Kirche. Die Ekklesiologie der Väter*, Salzburg 1964; traduzione italiana: *Simboli della Chiesa. L'ecclesiologia dei Padri*, Milano 1995².

REALE, G., *Il pensiero antico*, Milano 2001.

REED, A.Y., «When did Rabbis become Pharisees? Reflections on Christian Evidence for Post-70 Judaism», in REED, A.Y., *Jewish-Christianity and the History of Judaism. Collected Essays*, Tübingen 2018, 295-329.

——————, *Jewish-Christianity and the History of Judaism. Collected Essays*, Tübingen 2018.

RINALDI, G., *Cristianesimi nell'antichità. Sviluppi storici e contesti geografici (Secoli I-VIII)*, Chieti – Roma 2008.

RIVKIN, E., «Defining the Pharisees: The Tannaitic Sources», *HUCA* 40 (1969), 205-249.

——————, *A Hidden Revolution: The Pharisees' Search for the Kingdom Within*, Abington Press, Nashville 1978.

ROSEN, D., «Panel discussion: Will the Real Pharisees Please Stand Up?», intervento al congresso "Jesus and the Pharisees- An Interdisciplinary Reappraisal", 8 maggio 2019 [ultima consultazione: 10.03.2021], <https://www.youtube.com/watch?time_continue=2&v=YPpNya1zsUk>.

ROSSÉ, G., *Atti degli Apostoli. Commento Esegetico e teologico*, Roma 1998.

Rossé, G., *Il vangelo di Luca. Commento esegetico e teologico*. Roma 2012[5].

Roth, D. T., «Marcion's Gospel and Luke: the history of research in current debate», *JBL* 127 (no 3, Fall 2008), 513-527).

Roukema, R., «Origen, the Jews, and the New Testament», in Roukema R., – Amirav, H., ed., *The "New Testament" as a Polemical Tool : Studies in Ancient Christian Anti-Jewish Rhetoric and Beliefs*, Göttingen 2018, 241-253.

Sacchi, P., *Introduzione agli apocrifi dell'Antico Testamento*, Brescia 2011

Saldarini, A. J., «Pharisees», in Freedman D. N., ed., *The Anchor Bible Dictionary*, V, New York 1992, 289-303.

————————, *Pharisees, Scribes and Sadducees in Palestinian Society. A Sociological Approach*, Grand Rapids Mich. 1988, 2001; trad. italiana, *Farisei, scribi e sadducei nella società palestinese. Ricerca sociologica*, Brescia 2003.

Sanders, E. P., *Judaism, Practice and Belief 63 BCE - 66 CE*, London - Philadelphia 1992; trad. italiana, *Il giudaismo. Fede e prassi (63 a.C. - 66 d.C.)*, Brescia 1999.

Schreckenberg, H., *Die christlichen Adversus-Judaeos-Texte und ihr literarisches und historisches Umfeld (1.-11.Jh.)*, Frankfurt am Main 1982, 1998[4].

Schäfer, P., *The Jewish Jesus. How Judaism and Christianity Shaped Each Other*, Princeton 2012.

Scholten, C., «Hippolytos II (von Rom)», in *Reallexikon für Antike und Christentum. Sachwörterbuch zur Auseinandersetzung des Christentums mit der antiken Welt*, XV, Stuttgart 1991, 492-551.

————————, «Autor, Anliegen und Publikum der Refutatio», in G. Aragione, – E. Norelli, ed., *Des éveques, des écoles et des hérétiques. Actes du Colloque international sur la "Réfutation de toutes les hérésies", Genève, 13-14 juin 2008*, Prahins 2011, 135-166.

Schürer, E., *The history of the Jewish people in the age of Jesus Christ (175 b.C.-a.D. 135)*, A new English version revised and edited by Geza Vermes, Fergus Millar, Matthew Black, Edinburgh 1973 – London 2014; trad. italiana, *Storia del popolo giudaico al tempo di Gesù Cristo: 175 a.C.-135 d.C*, Brescia 1985 - 1998.

Schwartz, D. R., «Josephus and Nicolaus on the Pharisees», *JSJ* 14 (1983).

Sgherri, G., *Chiesa e Sinagoga nelle opere di Origene*, Milano 1982.

Sheridan, M., ed., *Ancient Christian Commentary on Scripture. Old Testament II. Genesis 12-50*, Downers Grove (IL) 2002.

SIEVERS, J., *The Hasmoneans and Their Supporters: From Mattathias to the Death of John Hyrcanus I*, Atlanta 1990.

—————, «Who Were the Pharisees?», in CHARLESWORTH, J. H. ed., *Hillel and Jesus*, Minneapolis 1997, 137-155.

—————, – LEVINE, A.-J., ed., *The Pharisees*, Grand Rapids 2021; trad. italiana, *I farisei*, Cinisello Balsamo (MI) 2021.

SIMONETTI, M., *Lettera e/o allegoria. Un contributo alla storia dell'esegesi patristica*, Studia Ephemeridis «Augustinianum» 23, Roma 1985.

—————, *Ortodossia ed Eresia tra I e II Secolo*, Messina 1994.

SIMONETTI, M. – PRINZIVALLI, E., *Storia della letteratura cristiana antica*, Bologna 2010.

SINISCALCO, P., «Tertulliano», *NDPAC*, 5303-5317.

SKARSAUNE, O., *The Proof from Prophecy. A Study in Justin Martyr's Proof-Text Tradition: Text-Type, Provenance, Theological Profile*, Leiden 1987.

SKEB, M., «"Pharisees" and Early Christian Heresiology», in SIEVERS, J. – LEVINE, A.-J., ed., *The Pharisees*, Grand Rapids 2021, 257-277.

SMITH, G., *Guilt by Association: Heresy Catalogues in Early Christianity*, New York 2015.

STEMBERGER, G., *Pharisäer, Sadduzäer und Essener*, Stuttgart 1991; trad. italiana, *Farisei, Sadducei, Esseni*, Brescia 1993.

—————, «Pharisäer», in *Reallexikon für Antike und Christentum. Sachwörterbuch zur Auseinandersetzung des Christentums mit der antiken Welt*, XXVII *Pelagius – Porträt*, Stuttgart 2016, 553-573.

STERN, M., *Greek and Latin Authors on Jews and Judaism*, I-III, Jerusalem 1976 - 1984.

STORI, E., *Tommaso in Siria. La ricezione del* Vangelo secondo Tommaso *nella letteratura cristiana di Siria (II-V secolo)*, tesi dottorale, Torino 2011.

—————, «*Vangelo di Tommaso* e *Diatessaron*, traiettorie parallele. Il *Diatessaron* e i problemi della ricerca», *Adamantius* 18 (2012).

STRANGE, J.F., «Archeology and the Pharisees», in NEUSNER, J. – CHILTON, B.D., ed., *In quest of historical Pharisees*, Waco (TX) 2007, 237-251.

TREVIJANO, R., «Clementine (pseudo)», *NDPAC*, 1077-1083.

TYSON, J. B., *Marcion and Luke-Acts: A Defining Struggle*, Columbia (S.C.) 2006.

URO, R., ed., *Thomas at the Crossroads: Essays on the Gospel of Thomas*, Edinburgh 1998.

—————, *Thomas: Seeking the Historical Context of the Gospel of Thomas*, Edinburgh 2003.

Uscatescu, A., *Fullonicae y Tinctoriae en el Mundo Romano*, Barcelona 1994.

Van Den Hoeck, A., *Clement of Alexandria and His Use of Philo in the Stromateis*, Leiden 1988.

——————, «Techniques of Quotation in Clement of Alexandria. A View of Ancient Literary Working Methods», *VChr* 50/3 (1996), 223-243.

Van Oort, J., (ed.), *Gnostica, Judaica, Catholica. Collected Essays of Gilles Quispel,* NHMS 55, Leiden 2008.

Visonà, G., «Sopravvivenze farisaiche nel *Dialogo* di Giustino con l'ebreo Trifone?», in Penna R., ed., *Fariseismo e origini cristiane. Atti del VII Convegno di Studi Neotestamentari (Rocca di Papa, 12-15 Settembre 1997), RSB 2/1999*, Bologna 1999, 189-214.

——————, «L'uso delle scritture nel *Dialogo con Trifone* di Giustino», in Pitta A., ed., *L'uso delle scritture nel I e II sec. d.C. Atti dell'XI Convegno di Studi Neotestamentari e Anticocristiani (Ciampino, 7-10 settembre 2005), RSB 2/2007*, Bologna 2007.

Vitelli, M., «Popolarità e influenza dei farisei nel giudaismo palestinese del I secolo», in Durante Mangoni M. B. - Jossa G., *Giudei e Cristiani nel I secolo. Continuità, separazione, polemica*, Trapani 2006, 13-66.

Vogt, H. J., «Origen of Alexandria», in Kannengiesser, C., ed., *Handbook of patristic exegesis*, I, Leiden – Boston 2006, 536-574.

Yarbro Collins, A., *Mark: A Commentary*, Attridge, H. W., ed., Minneapolis 2007.

Zeitlin, S., «The Account of the Essenes in Josephus and the Philosophumena», *JQR* 49 (1959), 292-299).

Williams, D. S., «Josephus or Nicolaus on the Pharisees?», *REJ 156 (1-2)*, janvier-juin 1997, 43-58.

INDICE DEGLI AUTORI CITATI

INDICE GENERALE

Finito di stampare nel mese di Ottobre 2022
presso Mediagraf - Noventa Padovana